ŒUVRES COMPLÈTES

DE

VOLTAIRE

18

DICTIONNAIRE PHILOSOPHIQUE

II

ANCIENNE MAISON J. CLAYE

PARIS. — IMPRIMERIE A. QUANTIN ET Cie

RUE SAINT-BENOIT

ŒUVRES COMPLÈTES

DE

VOLTAIRE

NOUVELLE ÉDITION

AVEC

NOTICES, PRÉFACES, VARIANTES, TABLE ANALYTIQUE

LES NOTES DE TOUS LES COMMENTATEURS ET DES NOTES NOUVELLES

Conforme pour le texte à l'édition de BEUCHOT

ENRICHIE DES DÉCOUVERTES LES PLUS RÉCENTES

ET MISE AU COURANT

DES TRAVAUX QUI ONT PARU JUSQU'A CE JOUR

PRÉCÉDÉE DE LA

VIE DE VOLTAIRE

PAR CONDORCET

ET D'AUTRES ÉTUDES BIOGRAPHIQUES

Ornée d'un portrait en pied d'après la statue du foyer de la Comédie-Française

---

DICTIONNAIRE PHILOSOPHIQUE

II

PARIS

GARNIER FRÈRES, LIBRAIRES-ÉDITEURS

6, RUE DES SAINTS-PÈRES, 6

1878

DICTIONNAIRE
PHILOSOPHIQUE

BLASPHÈME[1].

C'est un mot grec qui signifie *atteinte à la réputation*. *Blasphemia* se trouve dans Démosthène. De là vient, dit Ménage, le mot de *blâmer*. *Blasphème* ne fut employé dans l'Église grecque que pour signifier *injure faite à Dieu*. Les Romains n'employèrent jamais cette expression, ne croyant pas apparemment qu'on pût jamais offenser l'honneur de Dieu comme on offense celui des hommes.

Il n'y a presque point de synonymes. *Blasphème* n'emporte pas tout à fait l'idée de *sacrilége*. On dira d'un homme qui aura pris le nom de Dieu en vain, qui dans l'emportement de la colère aura ce qu'on appelle *juré le nom de Dieu* : C'est un blasphémateur; mais on ne dira pas : C'est un sacrilège. L'homme sacrilége est celui qui se parjure sur l'Évangile, qui étend sa rapacité sur les choses consacrées, qui détruit les autels, qui trempe sa main dans le sang des prêtres.

Les grands sacriléges ont toujours été punis de mort chez toutes les nations, et surtout les sacriléges avec effusion de sang.

L'auteur des *Instituts au droit criminel* compte parmi les crimes de lèse-majesté divine au second chef l'inobservation des fêtes et des dimanches. Il devait ajouter l'inobservation accompagnée d'un mépris marqué : car la simple négligence est un péché, mais non pas un sacrilége, comme il le dit. Il est absurde de mettre dans le même rang, comme fait cet auteur, la simonie, l'enlèvement d'une religieuse, et l'oubli d'aller à vêpres un jour de fête. C'est un grand exemple des erreurs où tombent les jurisconsultes qui, n'ayant pas été appelés à faire des lois, se mêlent d'interpréter celles de l'État.

---

1. *Questions sur l'Encyclopédie*, troisième partie, 1770. (B.)

Les blasphèmes prononcés dans l'ivresse, dans la colère, dans l'excès de la débauche, dans la chaleur d'une conversation indiscrète, ont été soumis par les législateurs à des peines beaucoup plus légères. Par exemple, l'avocat que nous avons déjà cité dit que les lois de France condamnent les simples blasphémateurs à une amende pour la première fois, double pour la seconde, triple pour la troisième, quadruple pour la quatrième. Le coupable est mis au carcan pour la cinquième récidive, au carcan encore pour la sixième, et la lèvre supérieure est coupée avec un fer chaud; et pour la septième fois on lui coupe la langue. Il fallait ajouter que c'est l'ordonnance de 1666.

Les peines sont presque toujours arbitraires : c'est un grand défaut dans la jurisprudence. Mais aussi ce défaut ouvre une porte à la clémence, à la compassion ; et cette compassion est d'une justice étroite : car il serait horrible de punir un emportement de jeunesse comme on punit des empoisonneurs et des parricides. Une sentence de mort pour un délit qui ne mérite qu'une correction n'est qu'un assassinat commis avec le glaive de la justice.

N'est-il pas à propos de remarquer ici que ce qui fut blasphème dans un pays fut souvent piété dans un autre?

Un marchand de Tyr, abordé au port de Canope, aura pu être scandalisé de voir porter en cérémonie un oignon, un chat, un bouc ; il aura pu parler indécemment d'*Isheth*, d'*Oshireth*, et d'*Horeth*; il aura peut-être détourné la tête, et ne se sera point mis à genoux en voyant passer en procession les parties génitales du genre humain plus grandes que nature. Il en aura dit son sentiment à souper, il aura même chanté une chanson dans laquelle les matelots tyriens se moquaient des absurdités égyptiaques. Une servante de cabaret l'aura entendu ; sa conscience ne lui permet pas de cacher ce crime énorme. Elle court dénoncer le coupable au premier shoen qui porte l'image de la vérité sur la poitrine, et on sait comment l'image de la vérité est faite. Le tribunal des shoen ou shotim condamne le blasphémateur tyrien à une mort affreuse, et confisque son vaisseau. Ce marchand était regardé à Tyr comme un des plus pieux personnages de la Phénicie [1].

Numa voit que sa petite horde de Romains est un ramas de flibustiers latins qui volent à droite et à gauche tout ce qu'ils trouvent, bœufs, moutons, volailles, filles. Il leur dit qu'il a parlé

---

[1]. Voltaire fait allusion ici à l'affaire du chevalier La Barre.

à la nymphe Égérie dans une caverne, et que la nymphe lui a donné des lois de la part de Jupiter. Les sénateurs le traitent d'abord de blasphémateur, et le menacent de le jeter de la roche Tarpéienne la tête en bas. Numa se fait un parti puissant. Il gagne des sénateurs qui vont avec lui dans la grotte d'Égérie. Elle leur parle; elle les convertit. Ils convertissent le sénat et le peuple. Bientôt ce n'est plus Numa qui est un blasphémateur. Ce nom n'est plus donné qu'à ceux qui doutent de l'existence de la nymphe.

Il est triste parmi nous que ce qui est blasphème à Rome, à Notre-Dame de Lorette, dans l'enceinte des chanoines de San-Gennaro, soit piété dans Londres, dans Amsterdam, dans Stockholm, dans Berlin, dans Copenhague, dans Berne, dans Bâle, dans Hambourg. Il est encore plus triste que dans le même pays, dans la même ville, dans la même rue, on se traite réciproquement de blasphémateur.

Que dis-je? des dix mille Juifs qui sont à Rome, il n'y en a pas un seul qui ne regarde le pape comme le chef de ceux qui blasphèment; et réciproquement les cent mille chrétiens qui habitent Rome à la place des deux millions de joviens[1] qui la remplissaient du temps de Trajan, croient fermement que les Juifs s'assemblent les samedis dans leurs synagogues pour blasphémer.

Un cordelier accorde sans difficulté le titre de blasphémateur au dominicain, qui dit que la sainte Vierge est née dans le péché originel, quoique les dominicains aient une bulle du pape qui leur permet d'enseigner dans leurs couvents la conception maculée, et qu'outre cette bulle ils aient pour eux la déclaration expresse de saint Thomas d'Aquin.

La première origine de la scission faite dans les trois quarts de la Suisse, et dans une partie de la basse Allemagne, fut une querelle dans l'église cathédrale de Francfort, entre un cordelier dont j'ignore le nom, et un dominicain nommé Vigan[2].

Tous deux étaient ivres, selon l'usage de ce temps-là. L'ivrogne cordelier, qui prêchait, remercia Dieu dans son sermon de ce qu'il n'était pas jacobin, jurant qu'il fallait exterminer les jacobins blasphémateurs qui croyaient la sainte Vierge née en péché

---

1. Joviens, adorateurs de Jupiter. (*Note de Voltaire.*)
2. Voltaire a déjà raconté le fait dans son *Essai sur les Mœurs*, chapitre cxxix. Il y revient dans son *Avis sur les parricides imputés aux Calas, etc.*, paragraphe viii. Voyez les *Mélanges*, année 1766.

mortel, et délivrée du péché par les seuls mérites de son fils; l'ivrogne jacobin lui dit tout haut : « Vous en avez menti, blasphémateur vous-même. » Le cordelier descend de chaire, un grand crucifix de fer à la main, en donne cent coups à son adversaire, et le laisse presque mort sur la place.

Ce fut pour venger cet outrage que les dominicains firent beaucoup de miracles en Allemagne et en Suisse. Ils prétendaient prouver leur foi par ces miracles. Enfin ils trouvèrent le moyen de faire imprimer, dans Berne, les stigmates de notre Seigneur Jésus-Christ à un de leurs frères lais nommé Jetser [1] : ce fut la sainte Vierge elle-même qui lui fit cette opération; mais elle emprunta la main du sous-prieur, qui avait pris un habit de femme, et entouré sa tête d'une auréole. Le malheureux petit frère lai, exposé tout en sang sur l'autel des dominicains de Berne à la vénération du peuple, cria enfin au meurtre, au sacrilége; les moines, pour l'apaiser, le communièrent au plus vite avec une hostie saupoudrée de sublimé corrosif : l'excès de l'acrimonie lui fit rejeter l'hostie [2].

Les moines alors l'accusèrent devant l'évêque de Lausanne d'un sacrilége horrible. Les Bernois, indignés, accusèrent eux-mêmes les moines; quatre d'entre eux furent brûlés à Berne, le 31 mai 1509, à la porte de Marsilly.

C'est ainsi que finit cette abominable histoire, qui détermina enfin les Bernois à choisir une religion, mauvaise à la vérité à nos yeux catholiques, mais dans laquelle ils seraient délivrés des cordeliers et des jacobins.

La foule de semblables sacriléges est incroyable. C'est à quoi l'esprit de parti conduit.

Les jésuites ont soutenu pendant cent ans que les jansénistes étaient des blasphémateurs, et l'ont prouvé par mille lettres de cachet. Les jansénistes ont répondu, par plus de quatre mille volumes, que c'étaient les jésuites qui blasphémaient. L'écrivain des *Gazettes ecclésiastiques* prétend que tous les honnêtes gens blasphèment contre lui; et il blasphème du haut de son grenier contre tous les honnêtes gens du royaume. Le libraire du gazetier

---

1. Voyez, tome XII, la note 1 de la page 292.
2. Voyez les *Voyages de Burnet*, évêque de Salisbury; l'*Histoire des dominicains de Berne*, par Abraham Ruchat, professeur à Lausanne; le *Procès-verbal de la condamnation des dominicains*; et l'*Original du procès*, conservé dans la bibliothèque de Berne. Le même fait est rapporté dans l'*Essai sur les Mœurs et l'Esprit des nations*, chapitre CXXIX. Puisse-t-il être partout ! Personne ne le connaissait en France il y a vingt ans. (*Note de Voltaire.*)

blasphème contre lui, et se plaint de mourir de faim. Il vaudrait mieux être poli et honnête.

Une chose aussi remarquable que consolante, c'est que jamais, en aucun pays de la terre, chez les idolâtres les plus fous, aucun homme n'a été regardé comme un blasphémateur pour avoir reconnu un Dieu suprême, éternel et tout-puissant. Ce n'est pas sans doute pour avoir reconnu cette vérité qu'on fit boire la ciguë à Socrate, puisque le dogme d'un Dieu suprême était annoncé dans tous les mystères de la Grèce. Ce fut une faction qui perdit Socrate. On l'accusa au hasard de ne pas reconnaître les dieux secondaires : ce fut sur cet article qu'on le traita de blasphémateur.

On accusa de blasphème les premiers chrétiens par la même raison; mais les partisans de l'ancienne religion de l'empire, les joviens, qui reprochaient le blasphème aux premiers chrétiens, furent enfin condamnés eux-mêmes comme blasphémateurs sous Théodose II.

Dryden a dit :

> This side to day and the other to morrow burns,
> And they are all God's almighty in their turns

> Tel est chaque parti, dans sa rage obstiné,
> Aujourd'hui condamnant, et demain condamné.

BLÉ ou BLED[1].

SECTION PREMIÈRE.

ORIGINE DU MOT ET DE LA CHOSE.

Il faut être pyrrhonien outré pour douter que *pain* vienne de *panis*. Mais pour faire du pain il faut du blé. Les Gaulois avaient du blé du temps de César; où avaient-ils pris ce mot de *blé?* On prétend que c'est de *bladum*, mot employé dans la latinité barbare du moyen âge par le chancelier Desvignes, *de Vineis*, à qui l'empereur Frédéric II fit, dit-on, crever les yeux.

Mais les mots latins de ces siècles barbares n'étaient que d'anciens mots celtes ou tudesques latinisés. *Bladum* venait donc

---

1. Les six sections de cet article sont de 1770, *Questions sur l'Encyclopédie*, troisième partie. (B.)

de notre *blead;* et non pas notre *blead* de *bladum.* Les Italiens disaient *biada;* et les pays où l'ancienne langue romance s'est conservée disent encore *blia.*

Cette science n'est pas infiniment utile ; mais on serait curieux de savoir où les Gaulois et les Teutons avaient trouvé du blé pour le semer. On vous répond que les Tyriens en avaient apporté en Espagne, les Espagnols en Gaule, et les Gaulois en Germanie. Et où les Tyriens avaient-ils pris ce blé? Chez les Grecs probablement, dont ils l'avaient reçu en échange de leur alphabet.

Qui avait fait ce présent aux Grecs? C'était autrefois Cérès sans doute ; et quand on a remonté à Cérès, on ne peut guère aller plus haut. Il faut que Cérès soit descendue exprès du ciel pour nous donner du froment, du seigle, de l'orge, etc.

Mais comme le crédit de Cérès, qui donna le blé aux Grecs, et celui d'Isheth ou Isis, qui en gratifia l'Égypte, est fort déchu aujourd'hui, nous restons dans l'incertitude sur l'origine du blé.

Sanchoniathon assure que Dagon ou Dagan, l'un des petits-fils de Thaut, avait en Phénicie l'intendance du blé. Or son Thaut est à peu près du temps de notre Jared. Il résulte de là que le blé est fort ancien, et qu'il est de la même antiquité que l'herbe. Peut-être que ce Dagon fut le premier qui fit du pain, mais cela n'est pas démontré.

Chose étrange! nous savons positivement que nous avons l'obligation du vin à Noé, et nous ne savons pas à qui nous devons le pain. Et, chose encore plus étrange! nous sommes si ingrats envers Noé, que nous avons plus de deux mille chansons en l'honneur de Bacchus, et qu'à peine en chantons-nous une seule en l'honneur de Noé notre bienfaiteur.

Un Juif m'a assuré que le blé venait de lui-même en Mésopotamie, comme les pommes, les poires sauvages, les châtaignes, les nèfles, dans l'Occident. Je le veux croire jusqu'à ce que je sois sûr du contraire, car enfin il faut bien que le blé croisse quelque part.

Il est devenu la nourriture ordinaire et indispensable dans les plus beaux climats, et dans tout le Nord.

De grands philosophes dont nous estimons les talents, et dont nous ne suivons point les systèmes[1], ont prétendu, dans l'*Histoire naturelle du chien*, page 195, que les hommes ont fait le blé; que nos pères, à force de semer de l'ivraie et du gramen, les ont changés en froment. Comme ces philosophes ne sont pas de notre

---

1. Buffon.

avis sur les coquilles[1], ils nous permettront de n'être pas du leur sur le blé. Nous ne pensons pas qu'avec du jasmin on ait jamais fait venir des tulipes. Nous trouvons que le germe du blé est tout différent de celui de l'ivraie, et nous ne croyons à aucune transmutation. Quand on nous en montrera, nous nous rétracterons.

Nous avons vu, à l'article Arbre a pain, qu'on ne mange point de pain dans les trois quarts de la terre. On prétend que les Éthiopiens se moquaient des Égyptiens, qui vivaient de pain. Mais enfin, puisque c'est notre nourriture principale, le blé est devenu un des plus grands objets du commerce et de la politique. On a tant écrit sur cette matière que si un laboureur semait autant de blé pesant que nous avons de volumes sur cette denrée, il pourrait espérer la plus ample récolte, et devenir plus riche que ceux qui, dans leurs salons vernis et dorés, ignorent l'excès de sa peine et de sa misère.

SECTION II[2].

RICHESSE DU BLÉ.

Dès qu'on commence à balbutier en économie politique, on fait comme font dans notre rue tous les voisins et les voisines qui demandent: Combien a-t-il de rentes, comment vit-il, combien sa fille aura-t-elle en mariage, etc.? On demande en Europe: L'Allemagne a-t-elle plus de blé que la France? L'Angleterre recueille-t-elle (et non pas récolte-t-elle) de plus belles moissons que l'Espagne? Le blé de Pologne produit-il autant de farine que celui de Sicile? La grande question est de savoir si un pays purement agricole est plus riche qu'un pays purement commerçant.

La supériorité de pays du blé est démontrée par le livre, aussi petit que plein, de M. Melon[3], le premier homme qui ait raisonné en France, par la voie de l'imprimerie, immédiatement après la déraison universelle du système de Law. M. Melon a pu tomber dans quelques erreurs relevées par d'autres écrivains instruits, dont les erreurs ont été relevées à leur tour. En attendant qu'on relève les miennes, voici le fait.

L'Égypte devint la meilleure terre à froment de l'univers

---

1. Voyez dans les *Mélanges*, année 1768, le chapitre xv *Des Singularités de la nature*.
2. Voyez la note de la page 5.
3. Voyez dans les *Mélanges*, année 1738, une des notes sur les *Observations sur messieurs Jean Law*, etc.

lorsqu'après plusieurs siècles, qu'il est difficile de compter au juste, les habitants eurent trouvé le secret de faire servir à la fécondité du sol un fleuve destructeur, qui avait toujours inondé le pays, et qui n'était utile qu'aux rats d'Égypte, aux insectes, aux reptiles et aux crocodiles. Son eau même, mêlée d'une bourbe noire, ne pouvait désaltérer ni laver les habitants. Il fallut des travaux immenses et un temps prodigieux pour dompter le fleuve, le partager en canaux, fonder des villes dans un terrain autrefois mouvant, et changer les cavernes des rochers en vastes bâtiments.

Tout cela est plus étonnant que des pyramides ; tout cela fait, voilà un peuple sûr de sa nourriture avec le meilleur blé du monde, sans même avoir presque besoin de labourer. Le voilà qui élève et qui engraisse de la volaille supérieure à celle de Caux. Il est vêtu du plus beau lin dans le climat le plus tempéré. Il n'a donc aucun besoin réel des autres peuples.

Les Arabes ses voisins, au contraire, ne recueillent pas un setier de blé depuis le désert qui entoure le lac de Sodome, et qui va jusqu'à Jérusalem, jusqu'au voisinage de l'Euphrate, à l'Yémen, et à la terre de Gad : ce qui compose un pays quatre fois plus étendu que l'Égypte. Ils disent : Nous avons des voisins qui ont tout le nécessaire ; allons dans l'Inde leur chercher du superflu ; portons-leur du sucre, des aromates, des épiceries, des curiosités ; soyons les pourvoyeurs de leurs fantaisies, et ils nous donneront de la farine. Ils en disent autant des Babyloniens ; ils s'établissent courtiers de ces deux nations opulentes qui regorgent de blé ; et en étant toujours leurs serviteurs, ils restent toujours pauvres. Memphis et Babylone jouissent, et les Arabes les servent ; la terre à blé demeure toujours la seule riche ; le superflu de son froment attire les métaux, les parfums, les ouvrages d'industrie. Le possesseur du blé impose donc toujours la loi à celui qui a besoin de pain ; et Midas aurait donné tout son or à un laboureur de Picardie.

La Hollande paraît de nos jours une exception, et n'en est point une. Les vicissitudes de ce monde ont tellement tout bouleversé, que les habitants d'un marais, persécutés par l'Océan, qui les menaçait de les noyer, et par l'Inquisition, qui apportait des fagots pour les brûler, allèrent au bout du monde s'emparer des îles qui produisent des épiceries, devenues aussi nécessaires aux riches que le pain l'est aux pauvres. Les Arabes vendaient de la myrrhe, du baume et des perles à Memphis et à Babylone ; les Hollandais vendent de tout à l'Europe et à l'Asie, et mettent le prix à tout.

Ils n'ont point de blé, dites-vous ; ils en ont plus que l'Angleterre et la France. Qui est réellement possesseur du blé ? c'est le marchand qui l'achète du laboureur. Ce n'était pas le simple agriculteur de Chaldée ou d'Égypte qui profitait beaucoup de son froment. C'était le marchand chaldéen ou l'Égyptien adroit qui en faisait des amas, et les vendait aux Arabes ; il en retirait des aromates, des perles, des rubis, qu'il vendait chèrement aux riches. Tel est le Hollandais ; il achète partout, et revend partout ; il n'y a point pour lui de mauvaise récolte ; il est toujours prêt à secourir pour de l'argent ceux qui manquent de farine.

Que trois ou quatre négociants entendus, libres, sobres, à l'abri de toute vexation, exempts de toute crainte, s'établissent dans un port ; que leurs vaisseaux soient bons, que leur équipage sache vivre de gros fromage et de petite bière, qu'ils fassent acheter à bas prix du froment à Dantzick et à Tunis, qu'ils sachent le conserver, qu'ils sachent attendre, et ils feront précisément ce que font les Hollandais.

SECTION III [1].

HISTOIRE DU BLÉ EN FRANCE.

Dans les anciens gouvernements ou anciennes anarchies barbares, il y eut je ne sais quel seigneur ou roi de Soissons qui mit tant d'impôts sur les laboureurs, les batteurs en grange, les meuniers, que tout le monde s'enfuit, et le laissa sans pain régner tout seul à son aise [2].

Comment fit-on pour avoir du blé, lorsque les Normands, qui n'en avaient pas chez eux, vinrent ravager la France et l'Angleterre ; lorsque les guerres féodales achevèrent de tout détruire ; lorsque ces brigandages féodaux se mêlèrent aux irruptions des Anglais ; quand Édouard III détruisit les moissons de Philippe de Valois, et Henri V celles de Charles VI ; quand les armées de l'empereur Charles-Quint et celles de Henri VIII mangeaient la Picardie ; enfin, tandis que les bons catholiques et les bons réformés coupaient le blé en herbe, et égorgeaient pères, mères et enfants, pour savoir si on devait se servir de pain fermenté ou de pain azyme les dimanches ?

Comment on faisait ? Le peuple ne mangeait pas la moitié de

---

1. Voyez la note de la page 5.
2. C'était un *Chilpéric*. La chose arriva l'an 562. (*Note de Voltaire.*)

son besoin : on se nourrissait très-mal ; on périssait de misère ; la population était très-médiocre ; des cités étaient désertes.

Cependant vous voyez encore de prétendus historiens qui vous répètent que la France possédait vingt-neuf millions d'habitants du temps de la Saint-Barthélemy.

C'est apparemment sur ce calcul que l'abbé de Caveyrac a fait l'apologie de la Saint-Barthélemy : il a prétendu que le massacre de soixante et dix mille hommes, plus ou moins, était une bagatelle dans un royaume alors florissant, peuplé de vingt-neuf millions d'hommes qui nageaient dans l'abondance.

Cependant la vérité est que la France avait peu d'hommes et peu de blé, et qu'elle était excessivement misérable, ainsi que l'Allemagne.

Dans le court espace du règne enfin tranquille de Henri IV, pendant l'administration économe du duc de Sully, les Français, en 1597, eurent une abondante récolte : ce qu'ils n'avaient pas vu depuis qu'ils étaient nés. Aussitôt ils vendirent tout leur blé aux étrangers, qui n'avaient pas fait de si heureuses moissons, ne doutant pas que l'année 1598 ne fût encore meilleure que la précédente. Elle fut très-mauvaise ; le peuple alors fut dans le cas de Mlle Bernard, qui avait vendu ses chemises et ses draps pour acheter un collier ; elle fut obligée de vendre son collier à perte pour avoir des draps et des chemises. Le peuple pâtit davantage. On racheta chèrement le même blé qu'on avait vendu à un prix médiocre.

Pour prévenir une telle imprudence et un tel malheur, le ministère défendit l'exportation, et cette loi ne fut point révoquée. Mais sous Henri IV, sous Louis XIII et sous Louis XIV, non-seulement la loi fut souvent éludée, mais quand le gouvernement était informé que les greniers étaient bien fournis, il expédiait des permissions particulières sur le compte qu'on lui rendait de l'état des provinces. Ces permissions firent souvent murmurer le peuple ; les marchands de blé furent en horreur, comme des monopoleurs qui voulaient affamer une province. Quand il arrivait une disette, elle était toujours suivie de quelque sédition. On accusait le ministère plutôt que la sécheresse ou la pluie[1].

---

1. Mais cela n'est arrivé que par la faute du ministère, qui, se mêlant de faire des règlements sur le commerce des blés, donnait droit au peuple de lui imputer les disettes qu'il éprouvait. Le seul moyen d'empêcher ces disettes est d'encourager par la liberté la plus absolue le commerce et les emmagasinements de blé, de chercher à éclairer le peuple, et à détruire le préjugé qui lui fait détester les marchands de blé. (K.)

Cependant, année commune, la France avait de quoi se nourrir, et quelquefois de quoi vendre. On se plaignit toujours (et il faut se plaindre pour qu'on vous suce un peu moins); mais la France, depuis 1661 jusqu'au commencement du xviii° siècle, fut au plus haut point de grandeur. Ce n'était pas la vente de son blé qui la rendait si puissante, c'était son excellent vin de Bourgogne, de Champagne, et de Bordeaux; le débit de ses eaux-de-vie dans tout le Nord, de son huile, de ses fruits, de son sel, de ses toiles, de ses draps, des magnifiques étoffes de Lyon et même de Tours, de ses rubans, de ses modes de toute espèce; enfin les progrès de l'industrie. Le pays est si bon, le peuple si laborieux, que la révocation de l'édit de Nantes ne put faire périr l'État. Il n'y a peut-être pas une preuve plus convaincante de sa force.

Le blé resta toujours à vil prix : la main-d'œuvre par conséquent ne fut pas chère; le commerce prospéra, et on cria toujours contre la dureté du temps.

La nation ne mourut pas de la disette horrible de 1709; elle fut très-malade, mais elle réchappa. Nous ne parlons ici que du blé, qui manqua absolument; il fallut que les Français en achetassent de leurs ennemis mêmes; les Hollandais en fournirent seuls autant que les Turcs.

Quelques désastres que la France ait éprouvés, quelques succès qu'elle ait eus; que les vignes aient gelé, ou qu'elles aient produit autant de grappes que dans la Jérusalem céleste, le prix du blé a toujours été assez uniforme, et, année commune, un setier de blé a toujours payé quatre paires de souliers depuis Charlemagne [1].

Vers l'an 1750, la nation, rassasiée de vers, de tragédies, de comédies, d'opéras, de romans, d'histoires romanesques, de réflexions morales plus romanesques encore, et de disputes théologiques sur la grâce et sur les convulsions, se mit enfin à raisonner sur les blés.

On oublia même les vignes pour ne parler que de froment et de seigle. On écrivit des choses utiles sur l'agriculture : tout le monde les lut, excepté les laboureurs. On supposa, au sortir de l'Opéra-Comique, que la France avait prodigieusement de blé à vendre. Enfin le cri de la nation obtint du gouvernement, en 1764, la liberté de l'exportation [2].

---

1. Mais il y a eu souvent d'énormes différences d'une année à l'autre; et c'est ce qui cause la misère du peuple, parce que les salaires n'augmentent pas à proportion. (K.)

2. Cette liberté fut limitée; il ne sortit que très-peu de blé, et bientôt les mauvaises récoltes rendirent toute exportation impossible. Il résulterait deux

Aussitôt on exporta. Il arriva précisément ce qu'on avait éprouvé du temps de Henri IV ; on vendit un peu trop ; une année stérile survint ; il fallut pour la seconde fois que Mlle Bernard revendît son collier pour ravoir ses draps et ses chemises. Alors quelques plaignants passèrent d'une extrémité à l'autre. Ils éclatèrent contre l'exportation qu'ils avaient demandée : ce qui fait voir combien il est difficile de contenter tout le monde et son père.

Des gens de beaucoup d'esprit, et d'une bonne volonté sans intérêt, avaient écrit avec autant de sagacité que de courage en faveur de la liberté illimitée du commerce des grains. Des gens qui avaient autant d'esprit et des vues aussi pures écrivirent dans l'idée de limiter cette liberté ; et M. l'abbé Galiani[1], Napolitain, réjouit la nation française sur l'exportation des blés ; il trouva le secret de faire, même en français, des dialogues aussi amusants que nos meilleurs romans, et aussi instructifs que nos meilleurs livres sérieux. Si cet ouvrage ne fit pas diminuer le prix du pain, il donna beaucoup de plaisir à la nation, ce qui vaut beaucoup mieux pour elle. Les partisans de l'exportation illimitée lui répondirent vertement. Le résultat fut que les lecteurs ne surent plus où ils en étaient : la plupart se mirent à lire des romans en attendant trois ou quatre années abondantes de suite qui les mettraient en état de juger. Les dames ne surent pas distinguer davantage le froment du seigle. Les habitués de paroisse continuèrent de croire que le grain doit mourir et pourrir en terre pour germer.

SECTION IV[2].

DES BLÉS D'ANGLETERRE.

Les Anglais, jusqu'au XVIIe siècle, furent des peuples chasseurs et pasteurs, plutôt qu'agriculteurs. La moitié de la nation courait le renard en selle rase avec un bridon ; l'autre moitié nourrissait des moutons et préparait des laines. Les siéges des pairs ne sont encore que de gros sacs de laine, pour les faire souvenir qu'ils doivent protéger la principale denrée du royaume. Ils commen-

---

grands biens d'une liberté absolue de l'exportation : l'encouragement de l'agriculture, et une plus grande constance dans le prix du grain. (K).

1. L'abbé Ferdinand Galiani, né dans l'Abbruze Citérieure, vint à Paris, en 1759, en qualité de premier secrétaire d'ambassade. Ses *Dialogues sur le commerce des blés*, qu'il écrivit en français, et que revirent Grimm et Diderot, parurent à Paris en 1770, in-8°. (E. B.)

2. Voyez la note de la page 5.

cèrent à s'apercevoir, au temps de la restauration, qu'ils avaient aussi d'excellentes terres à froment. Ils n'avaient guère jusqu'alors labouré que pour leurs besoins. Les trois quarts de l'Irlande se nourrissaient de pommes de terre, appelées alors *potatoes*, et par les Français *topinambous*, et ensuite *pommes de terre*. La moitié de l'Écosse ne connaissait point le blé. Il courait une espèce de proverbe en vers anglais assez plaisants, dont voici le sens :

>   Si l'époux d'Ève la féconde
>   Au pays d'Écosse était né,
> A demeurer chez lui Dieu l'aurait condamné,
>   Et non pas à courir le monde.

L'Angleterre fut le seul des trois royaumes qui défricha quelques champs, mais en petite quantité. Il est vrai que ces insulaires mangent le plus de viande, le plus de légumes, et le moins de pain qu'ils peuvent. Le manœuvre auvergnac et limousin dévore quatre livres de pain, qu'il trempe dans l'eau, tandis que le manœuvre anglais en mange à peine une avec du fromage, et boit d'une bière aussi nourrissante que dégoûtante, qui l'engraisse.

On peut encore, sans raillerie, ajouter à ces raisons l'énorme quantité de farine dont les Français ont chargé longtemps leur tête. Ils portaient des perruques volumineuses, hautes d'un demi-pied sur le front, et qui descendaient jusqu'aux hanches. Seize onces d'amidon saupoudraient seize onces de cheveux étrangers, qui cachaient dans leur épaisseur le buste d'un petit homme ; de sorte que dans une farce, où un maître à chanter du bel air, nommé *M. des Soupirs*, secouait sa perruque sur le théâtre, on était inondé pendant un quart d'heure d'un nuage de poudre. Cette mode s'introduisit en Angleterre, mais les Anglais épargnèrent l'amidon.

Pour venir à l'essentiel, il faut savoir qu'en 1689, la première année du règne de Guillaume et de Marie, un acte du parlement accorda une gratification à quiconque exporterait du blé, et même de mauvaises eaux-de-vie de grain sur les vaisseaux de la nation.

Voici comme cet acte, favorable à la navigation et à la culture, fut conçu [1] :

---

1. Cette prime ne pouvait avoir d'autre effet que de tenir le blé en Angleterre au-dessus du taux naturel. En la considérant relativement à la culture, elle a pour objet de faire cultiver plus de terres en blé qu'on n'en cultiverait sans cela, ce qui est une perte réelle, parce qu'on ferait rapporter à ces mêmes terres des productions d'une valeur plus grande. Il n'est juste d'encourager la culture du blé aux

Quand une mesure nommée *quarter*, égale à vingt-quatre boisseaux de Paris, n'excédait pas en Angleterre la valeur de deux livres sterling huit schellings au marché, le gouvernement payait à l'exportateur de ce quarter cinq schellings — 5 liv. 10 s. de France ; à l'exportateur du seigle, quand il ne valait qu'une livre sterling et douze schellings, on donnait de récompense trois schellings et six sous — 3 liv. 12 s. de France. Le reste, dans une proportion assez exacte.

Quand le prix des grains haussait, la gratification n'avait plus lieu ; quand ils étaient plus chers, l'exportation n'était plus permise. Ce règlement a éprouvé quelques variations ; mais enfin le résultat a été un profit immense. On a vu par un extrait de l'exportation des grains, présenté à la chambre des communes, en 1751, que l'Angleterre avait vendu aux autres nations en cinq années pour 7,405,786 liv. sterling, qui font cent soixante et dix millions trois cent trente-trois mille soixante et dix-huit livres de France. Et sur cette somme, que l'Angleterre tira de l'Europe en cinq années, la France en paya environ dix millions et demi.

L'Angleterre devait sa fortune à sa culture, qu'elle avait trop longtemps négligée ; mais aussi elle la devait à son terrain. Plus sa terre a valu, plus elle s'est encore améliorée. On a eu plus de chevaux, de bœufs et d'engrais. Enfin on prétend qu'une récolte abondante peut nourrir l'Angleterre cinq ans, et qu'une même récolte peut à peine nourrir la France deux années.

Mais aussi la France a presque le double d'habitants ; et en ce cas l'Angleterre n'est que d'un cinquième plus riche en blé, pour nourrir la moitié moins d'hommes : ce qui est bien compensé par les autres denrées, et par les manufactures de la France.

SECTION V [1].

MÉMOIRE COURT SUR LES AUTRES PAYS.

L'Allemagne est comme la France, elle a des provinces fertiles en blé, et d'autres stériles ; les pays voisins du Rhin et du Danube, la Bohême, sont les mieux partagés. Il n'y a guère de grand commerce de grains que dans l'intérieur.

dépens d'une autre culture que dans les pays où la récolte ne suffit pas, année commune, à la subsistance du peuple, parce que ce serait un mal pour une nation de ne pas être indépendante des autres pour la denrée de nécessité première, du moins tant que les préjugés mercantiles subsisteront. (K.)

1. Voyez la note de la page 5.

La Turquie ne manque jamais de blé, et en vend peu. L'Espagne en manque quelquefois, et n'en vend jamais. Les côtes d'Afrique en ont, et en vendent. La Pologne en est toujours bien fournie, et n'en est pas plus riche.

Les provinces méridionales de la Russie en regorgent; on le transporte à celles du nord avec beaucoup de peine; on en peut faire un grand commerce par Riga.

La Suède ne recueille du froment qu'en Scanie; le reste ne produit que du seigle; les provinces septentrionales, rien.

Le Danemark, peu.

L'Écosse, encore moins.

La Flandre autrichienne est bien partagée.

En Italie, tous les environs de Rome, depuis Viterbe jusqu'à Terracine, sont stériles. Le Bolonais, dont les papes se sont emparés parce qu'il était à leur bienséance, est presque la seule province qui leur donne du pain abondamment.

Les Vénitiens en ont à peine de leur cru pour le besoin, et sont souvent obligés d'acheter des firmans à Constantinople, c'est-à-dire des permissions de manger. C'est leur ennemi et leur vainqueur qui est leur pourvoyeur.

Le Milanais est la terre promise, en supposant que la *terre promise* avait du froment.

La Sicile se souvient toujours de Cérès; mais on prétend qu'on n'y cultive pas aussi bien la terre que du temps d'Hiéron, qui donnait tant de blé aux Romains. Le royaume de Naples est bien moins fertile que la Sicile, et la disette s'y fait sentir quelquefois, malgré San-Gennaro.

Le Piémont est un des meilleurs pays.

La Savoie a toujours été pauvre, et le sera.

La Suisse n'est guère plus riche; elle a peu de froment: il y a des cantons qui en manquent absolument.

Un marchand de blé peut se régler sur ce petit mémoire; et il sera ruiné, à moins qu'il ne s'informe au juste de la récolte de l'année et du besoin du moment.

RÉSUMÉ.

Suivez le précepte d'Horace : Ayez toujours une année de blé par-devers vous; *provisæ frugis in annum*[1].

---

1. Livre Iᵉʳ, épître xviii, vers 109.

SECTION VI [1].

BLÉ, GRAMMAIRE, MORALE.

On dit proverbialement : « manger son blé en herbe ; être pris comme dans un blé ; crier famine sur un tas de blé. » Mais de tous les proverbes que cette production de la nature et de nos soins a fournis, il n'en est point qui mérite plus l'attention des législateurs que celui-ci :

« Ne nous remets pas au gland quand nous avons du blé. »

Cela signifie une infinité de bonnes choses, comme par exemple :

Ne nous gouverne pas dans le XVIIIe siècle comme on gouvernait du temps d'Albouin, de Gondebald, de Clodivick, nommé en latin *Clodovæus;*

Ne parle plus des lois de Dagobert, quand nous avons les œuvres du chancelier d'Aguesseau, les discours de MM. les gens du roi, Montclar, Servan, Castillon, La Chalotais, Dupaty, etc. ;

Ne nous cite plus les miracles de saint Amable, dont les gants et le chapeau furent portés en l'air pendant tout le voyage qu'il fit à pied du fond de l'Auvergne à Rome ;

Laisse pourrir tous les livres remplis de pareilles inepties, songe dans quel siècle nous vivons ;

Si jamais on assassine à coups de pistolet un maréchal d'Ancre, ne fais point brûler sa femme en qualité de sorcière, sous prétexte que son médecin italien lui a ordonné de prendre du bouillon fait avec un coq blanc, tué au clair de la lune, pour la guérison de ses vapeurs ;

Distingue toujours les honnêtes gens, qui pensent, de la populace, qui n'est pas faite pour penser ;

Si l'usage t'oblige à faire une cérémonie ridicule en faveur de cette canaille, et si en chemin tu rencontres quelques gens d'esprit, avertis-les par un signe de tête, par un coup d'œil, que tu penses comme eux, mais qu'il ne faut pas rire ;

Affaiblis peu à peu toutes les superstitions anciennes, et n'en introduis aucune nouvelle ;

Les lois doivent être pour tout le monde ; mais laisse chacun suivre ou rejeter à son gré ce qui ne peut être fondé que sur un usage indifférent ;

1. Voyez la note de la page 5.

Si la servante de Bayle meurt entre tes bras, ne lui parle point comme à Bayle, ni à Bayle comme à sa servante ;

Si les imbéciles veulent encore du gland, laisse-les en manger ; mais trouve bon qu'on leur présente du pain.

En un mot, ce proverbe est excellent en mille occasions.

BŒUF APIS (PRÊTRES DU) [1].

Hérodote raconte que Cambyse, après avoir tué de sa main le dieu bœuf, fit bien fouetter les prêtres ; il avait tort, si ces prêtres avaient été de bonnes gens qui se fussent contentés de gagner leur pain dans le culte d'Apis, sans molester les citoyens ; mais s'ils avaient été persécuteurs, s'ils avaient forcé les consciences, s'ils avaient établi une espèce d'inquisition et violé le droit naturel, Cambyse avait un autre tort, c'était celui de ne les pas faire pendre [2].

BOIRE A LA SANTÉ [3].

D'où vient cette coutume ? est-ce depuis le temps qu'on boit ? Il paraît naturel qu'on boive du vin pour sa propre santé, mais non pas pour la santé d'un autre.

Le *propino* des Grecs, adopté par les Romains, ne signifiait pas : Je bois afin que vous vous portiez bien ; mais : Je bois avant vous pour que vous buviez ; je vous invite à boire.

Dans la joie d'un festin, on buvait pour célébrer sa maîtresse, et non pas pour qu'elle eût une bonne santé. Voyez dans Martial (liv. I, ép. LXXII) :

> Nævia sex cyathis, septem Justina bibatur.

> Six coups pour Nevia, sept au moins pour Justine [4].

Les Anglais, qui se sont piqués de renouveler plusieurs cou-

---

1. Dans les *Questions sur l'Encyclopédie,* troisième partie, 1770, l'article Bœuf Apis se composait de l'article Apis du *Dictionnaire philosophique,* mais avec l'intercalation (après le mot *Sacrilége*) de ce qu'on lit ici. (B.)

2. Voyez Apis. (*Note de Voltaire.*)

3. *Questions sur l'Encyclopédie,* troisième partie, 1770. (B.)

4. Voltaire n'a pas fait attention à l'usage des anciens de boire autant de coups qu'il y avait de lettres dans le nom de la personne qu'on voulait célébrer. Il aurait dû non-seulement écrire Nævia (et non *Nevia*), mais encore ne pas ajouter dans sa traduction les mots *au moins,* qui forment un contre-sens. (B.)

tumes de l'antiquité, boivent à l'honneur des dames : c'est ce qu'ils appellent *toster*; et c'est parmi eux un grand sujet de dispute si une femme est tostable ou non, si elle est digne qu'on la toste.

On buvait à Rome pour les victoires d'Auguste, pour le retour de sa santé. Dion Cassius rapporte qu'après la bataille d'Actium le sénat décréta que dans les repas on lui ferait des libations au second service. C'est un étrange décret. Il est plus vraisemblable que la flatterie avait introduit volontairement cette bassesse. Quoi qu'il en soit, vous lisez dans Horace (liv. IV, od. v) :

> Hinc ad vina redit lætus, et alteris
>   Te mensis adhibet deum :
> Te multa prece, te prosequitur mero
> Defuso pateris; et laribus tuum
> Miscet numen, uti Græcia Castoris,
>   Et magni memor Herculis.
> Longas o utinam, dux bone, ferias
> Præstes Hesperiæ ! dicimus integro
> Sicci mane die; dicimus uvidi
>   Quum sol Oceano subest.

> Sois le dieu des festins, le dieu de l'allégresse;
>   Que nos tables soient tes autels.
> Préside à nos jeux solennels,
>   Comme Hercule aux jeux de la Grèce.
> Seul tu fais les beaux jours, que tes jours soient sans fin !
> C'est ce que nous disons en revoyant l'aurore,
> Ce qu'en nos douces nuits nous redisons encore,
>   Entre les bras du dieu du vin [1].

On ne peut, ce me semble, faire entendre plus expressément ce que nous entendons par ces mots : « Nous avons bu à la santé de Votre Majesté. »

C'est de là, probablement, que vint, parmi nos nations barbares, l'usage de boire à la santé de ses convives : usage absurde, puisque vous videriez quatre bouteilles sans leur faire le moindre bien ; et que veut dire *boire à la santé du roi*, s'il ne signifie pas ce que nous venons de voir ?

Le *Dictionnaire de Trévoux* nous avertit « qu'on ne boit pas à la santé de ses supérieurs en leur présence ». Passe pour la France

---

1. Dacier a traduit *sicci* et *uvidi* : dans nos prières du soir et du matin. (*Note de Voltaire.*)

et pour l'Allemagne ; mais en Angleterre c'est un usage reçu. Il y a moins loin d'un homme à un homme à Londres qu'à Vienne.

On sait de quelle importance il est en Angleterre de boire à la santé d'un prince qui prétend au trône : c'est se déclarer son partisan. Il en a coûté cher à plus d'un Écossais et d'un Irlandais pour avoir bu à la santé des Stuarts.

Tous les whigs buvaient, après la mort du roi Guillaume, non pas à sa santé, mais à sa mémoire. Un tory nommé Brown, évêque de Cork en Irlande, grand ennemi de Guillaume, dit qu'il mettrait un bouchon à toutes les bouteilles qu'on vidait à la gloire de ce monarque, parce que *cork* en anglais signifie *bouchon*. Il ne s'en tint pas à ce fade jeu de mots ; il écrivit, en 1702, une brochure (ce sont les mandements du pays) pour faire voir aux Irlandais que c'est une impiété atroce de boire à la santé des rois, et surtout à leur *mémoire* ; que c'est une profanation de ces paroles de Jésus-Christ : « Buvez-en tous ; faites ceci en mémoire de moi. »

Ce qui étonnera, c'est que cet évêque n'était pas le premier qui eût conçu une telle démence. Avant lui, le presbytérien Prynne avait fait un gros livre contre l'usage impie de boire à la santé des chrétiens.

Enfin il y eut un Jean Geré, curé de la paroisse de Sainte-Foi, qui publia « la divine potion pour conserver la santé spirituelle par la cure de la maladie invétérée de boire à la santé, avec des arguments clairs et solides contre cette coutume criminelle, le tout pour la satisfaction du public ; à la requête d'un digne membre du parlement, l'an de notre salut 1648 ».

Notre révérend père Garasse, notre révérend père Patouillet, et notre révérend père Nonotte, n'ont rien de supérieur à ces profondeurs anglaises. Nous avons longtemps lutté, nos voisins et nous, à qui l'emporterait.

BORNES DE L'ESPRIT HUMAIN [1].

On demandait un jour à Newton pourquoi il marchait quand il en avait envie, et comment son bras et sa main se remuaient à sa volonté. Il répondit bravement qu'il n'en savait rien. Mais du moins, lui dit-on, vous qui connaissez si bien la gravitation des planètes, vous me direz par quelle raison elles tournent dans un

---

1. *Questions sur l'Encyclopédie*, troisième partie, 1770. (B.)

sens plutôt que dans un autre ; et il avoua encore qu'il n'en savait rien.

Ceux qui enseignèrent que l'Océan était salé de peur qu'il ne se corrompît, et que les marées étaient faites pour conduire nos vaisseaux dans nos ports [1], furent un peu honteux quand on leur répliqua que la Méditerranée a des ports, et point de reflux. Musschenbroeck lui-même est tombé dans cette inadvertance.

Quelqu'un a-t-il jamais pu dire précisément comment une bûche se change dans son foyer en charbon ardent, et par quelle mécanique la chaux s'emflamme avec de l'eau fraîche ?

Le premier principe du mouvement du cœur dans les animaux est-il bien connu ? sait-on bien nettement comment la génération s'opère ? a-t-on deviné ce qui nous donne les sensations, les idées, la mémoire ? Nous ne connaissons pas plus l'essence de la matière que les enfants qui en touchent la superficie.

Qui nous apprendra par quelle mécanique ce grain de blé que nous jetons en terre se relève pour produire un tuyau chargé d'un épi, et comment le même sol produit une pomme au haut de cet arbre, et une châtaigne à l'arbre voisin ? Plusieurs docteurs ont dit : Que ne sais-je pas ? Montaigne disait : Que sais-je ?

Décideur impitoyable, pédagogue à phrases, raisonneur fourré, tu cherches les bornes de ton esprit. Elles sont au bout de ton nez.

Parle : m'apprendras-tu par quels subtils ressorts
L'éternel artisan fait végéter les corps ? etc. [2]

Nos bornes sont donc partout ; et avec cela nous sommes orgueilleux comme des *paons*, que nous prononçons *pans*.

BOUC [3].

BESTIALITÉ, SORCELLERIE.

Les honneurs de toute espèce que l'antiquité a rendus aux boucs seraient bien étonnants, si quelque chose pouvait étonner ceux qui sont un peu familiarisés avec le monde ancien et moderne. Les Égyptiens et les Juifs désignèrent souvent les rois et

---

1. L'abbé Pluche, dans le *Spectacle de la nature*. Voyez ci-après l'article CALEBASSE.
2. Dans ses *Questions sur l'Encyclopédie*, Voltaire citait cinquante-quatre autres vers du quatrième de ses *Discours sur l'homme*.
3. *Questions sur l'Encyclopédie*, troisième partie, 1770. (B.)

les chefs du peuple par le mot de *bouc*. Vous trouverez dans Zacharie[1] : « La fureur du Seigneur s'est irritée contre les pasteurs du peuple, contre les boucs ; elle les visitera. Il a visité son troupeau la maison de Juda, et il en a fait son cheval de bataille. »

[2] « Sortez de Babylone, dit Jérémie aux chefs du peuple ; soyez les boucs à la tête du troupeau. »

Isaïe s'est servi aux chapitres x et xiv du terme de *bouc*, qu'on a traduit par celui de *prince*.

Les Égyptiens firent bien plus que d'appeler leurs rois *boucs* ; ils consacrèrent un bouc dans Mendès, et l'on dit même qu'ils l'adorèrent. Il se peut très-bien que le peuple ait pris en effet un emblème pour une divinité ; c'est ce qui ne lui arrive que trop souvent.

Il n'est pas vraisemblable que les shoen ou shotim d'Égypte, c'est-à-dire les prêtres, aient à la fois immolé et adoré des boucs. On sait qu'ils avaient leur bouc *Hazazel*, qu'ils précipitaient, orné et couronné de fleurs, pour l'expiation du peuple, et que les Juifs prirent d'eux cette cérémonie, et jusqu'au nom même d'*Hazazel*, ainsi qu'ils adoptèrent plusieurs autres rites de l'Égypte.

Mais les boucs reçurent encore un honneur plus singulier ; il est constant qu'en Égypte plusieurs femmes donnèrent avec les boucs le même exemple que donna Pasiphaé avec son taureau. Hérodote raconte que lorsqu'il était en Égypte, une femme eut publiquement ce commerce abominable dans le nome de Mendès : il dit qu'il en fut très-étonné, mais il ne dit point que la femme fût punie.

Ce qui est encore plus étrange, c'est que Plutarque et Pindare, qui vivaient dans des siècles si éloignés l'un de l'autre, s'accordent tous deux à dire qu'on présentait des femmes au bouc consacré[3]. Cela fait frémir la nature. Pindare dit, ou bien on lui fait dire :

> Charmantes filles de Mendès,
> Quels amants cueillent sur vos lèvres
> Les doux baisers que je prendrais ?
> Quoi ! ce sont les maris des chèvres !

Les Juifs n'imitèrent que trop ces abominations. Jéroboam institua des prêtres pour le service de ses veaux et de ses

---

1. Chapitre x, v. 3. (*Note de Voltaire.*)
2. Chapitre L, v. 8. (*Id.*)
3. M. Larcher, du collége Mazarin, a fort approfondi cette matière (*Id.*)

boucs¹. Le texte hébreu porte expressément *boucs*. Mais ce qui outragea la nature humaine, ce fut le brutal égarement de quelques Juives qui furent passionnées pour des boucs, et des Juifs qui s'accouplèrent avec des chèvres. Il fallut une loi expresse pour réprimer cette horrible turpitude. Cette loi fut donnée dans le *Lévitique*², et y est exprimée à plusieurs reprises. D'abord c'est une défense éternelle de sacrifier aux velus avec lesquels on a forniqué. Ensuite une autre défense aux femmes de se prostituer aux bêtes³, et aux hommes de se souiller du même crime. Enfin il est ordonné⁴ que quiconque se sera rendu coupable de cette turpitude sera mis à mort avec l'animal dont il aura abusé. L'animal est réputé aussi criminel que l'homme et la femme; il est dit que leur sang retombera sur eux tous.

C'est principalement des boucs et des chèvres dont il s'agit dans ces lois, devenues malheureusement nécessaires au peuple hébreu. C'est aux boucs et aux chèvres, aux *asirim*, qu'il est dit que les Juifs se sont prostitués : *asiri*, un bouc et une chèvre; *asirim*, des boucs et des chèvres. Cette fatale dépravation était commune dans plusieurs pays chauds. Les Juifs alors erraient dans un désert où l'on ne peut guère nourrir que des chèvres et des boucs. On ne sait que trop combien cet excès a été commun chez les bergers de la Calabre, et dans plusieurs autres contrées de l'Italie. Virgile même en parle dans sa troisième églogue⁵ : le

    Novimus et qui te, transversa tuentibus hircis

n'est que trop connu.

On ne s'en tint pas à ces abominations. Le culte du bouc fut établi dans l'Égypte, et dans les sables d'une partie de la Palestine. On crut opérer des enchantements par le moyen des boucs, des égypans, et de quelques autres monstres auxquels on donnait toujours une tête de bouc.

La magie, la sorcellerie passa bientôt de l'Orient dans l'Occident, et s'étendit dans toute la terre. On appelait *sabbatum* chez les Romains l'espèce de sorcellerie qui venait des Juifs, en confondant ainsi leur jour sacré avec leurs secrets infâmes. C'est de là qu'enfin être sorcier et aller au sabbat fut la même chose chez les nations modernes.

---

1. Livre II, *Paralip.*, chapitre xi, v. 15. (*Note de Voltaire.*)
2. *Lévit.*, chapitre xvii, v. 7. (*Id.*)
3. Chap. xviii, v. 23. (*Note de Voltaire.*)
4. Chapitre xx, v. 15 et 16. (*Id.*)
5. Vers 8.

De misérables femmes de village, trompées par des fripons, et encore plus par la faiblesse de leur imagination, crurent qu'après avoir prononcé le mot *abraxa*, et s'être frottées d'un onguent mêlé de bouse de vache et de poil de chèvre, elles allaient au sabbat sur un manche à balai pendant leur sommeil, qu'elles y adoraient un bouc, et qu'il avait leur jouissance.

Cette opinion était universelle. Tous les docteurs prétendaient que c'était le diable qui se métamorphosait en bouc. C'est ce qu'on peut voir dans les *Disquisitions* de Del Rio et dans cent autres auteurs. Le théologien Grillandus, l'un des grands promoteurs de l'Inquisition, cité par Del Rio[1], dit que les sorciers appellent le bouc *Martinet*. Il assure qu'une femme qui s'était donnée à *Martinet* montait sur son dos et était transportée en un instant dans les airs à un endroit nommé *la noix de Bénévent*.

Il y eut des livres où les mystères des sorciers étaient écrits. J'en ai vu un à la tête duquel on avait dessiné assez mal un bouc, et une femme à genoux derrière lui. On appelait ces livres *Grimoires* en France, et ailleurs l'*Alphabet du diable*. Celui que j'ai vu ne contenait que quatre feuillets en caractères presque indéchiffrables, tels à peu près que ceux de l'*Almanach du berger*.

La raison et une meilleure éducation auraient suffi pour extirper en Europe une telle extravagance ; mais au lieu de raison on employa les supplices. Si les prétendus sorciers eurent leur grimoire, les juges eurent leur code des sorciers. Le jésuite Del Rio, docteur de Louvain, fit imprimer ses *Disquisitions magiques* en l'an 1599 : il assure que tous les hérétiques sont magiciens, et il recommande souvent qu'on leur donne la question. Il ne doute pas que le diable ne se transforme en bouc et n'accorde ses faveurs à toutes les femmes qu'on lui présente[2]. Il cite plusieurs jurisconsultes qu'on nomme démonographes[3], qui prétendent que Luther naquit d'un bouc et d'une femme. Il assure qu'en l'année 1595, une femme accoucha dans Bruxelles d'un enfant que le diable lui avait fait, déguisé en bouc, et qu'elle fut punie ; mais il ne dit pas de quel supplice.

Celui qui a le plus approfondi la jurisprudence de la sorcellerie est un nommé Boguet, grand-juge en dernier ressort d'une abbaye de Saint-Claude en Franche-Comté. Il rend raison de tous les supplices auxquels il a condamné des sorcières et des sorciers :

---

1. *Del Rio*, page 190. (*Note de Voltaire*).
2. Page 180. (*Id.*)
3. Page 181. (*Id.*)

le nombre en est très-considérable. Presque toutes ces sorcières sont supposées avoir couché avec le bouc.

On a déjà dit[1] que plus de cent mille prétendus sorciers ont été exécutés à mort en Europe. La seule philosophie a guéri enfin les hommes de cette abominable chimère, et a enseigné aux juges qu'il ne faut pas brûler les imbéciles[2].

BOUFFON, BURLESQUE[3].

BAS COMIQUE.

Il était bien subtil ce scoliaste qui a dit le premier que l'origine de *bouffon* est due à un petit sacrificateur d'Athènes, nommé Bupho, qui, lassé de son métier, s'enfuit, et qu'on ne revit plus. L'aréopage, ne pouvant le punir, fit le procès à la hache de ce prêtre. Cette farce, dit-on, qu'on jouait tous les ans dans le temple de Jupiter, s'appela *bouffonnerie*. Cette historiette ne paraît pas d'un grand poids. Bouffon n'était pas un nom propre; *bouphonos* signifie *immolateur de bœufs*. Jamais plaisanterie chez les Grecs ne fut appelée *bouphonia*. Cette cérémonie, toute frivole qu'elle paraît, peut avoir une origine sage, humaine, digne des vrais Athéniens.

Une fois l'année, le sacrificateur subalterne, ou plutôt le boucher sacré, prêt à immoler un bœuf, s'enfuyait comme saisi d'horreur, pour faire souvenir les hommes que, dans des temps plus sages et plus heureux, on ne présentait aux dieux que des fleurs et des fruits, et que la barbarie d'immoler des animaux innocents et utiles ne s'introduisit que lorsqu'il y eut des prêtres qui voulurent s'engraisser de ce sang, et vivre aux dépens des peuples. Cette idée n'a rien de bouffon.

Ce mot de *bouffon* est reçu depuis longtemps chez les Italiens et chez les Espagnols; il signifiait *mimus, scurra, joculator;* mime, farceur, jongleur. Ménage, après Saumaise, le dérive de *bocca inflata*, boursouflé; et en effet on veut dans un bouffon un visage rond et la joue rebondie. Les Italiens disent *buffone magro*, maigre

---

1. Voyez ci-dessus l'article Bekker, ci-après l'article Brachmanes (à la fin) ; et dans les *Mélanges*, année 1766, soit l'*Avis au public sur les parricides imputés aux Calas et aux Sirven*, soit le paragraphe ix du *Commentaire sur le livre Des Délits et des Peines*.
2. Voyez Bekker. (*Note de Voltaire.*)
3. *Questions sur l'Encyclopédie*, troisième partie, 1770. (B).

bouffon, pour exprimer un mauvais plaisant qui ne vous fait pas rire.

Bouffon, bouffonnerie, appartiennent au bas comique, à la Foire, à Gilles, à tout ce qui peut amuser la populace. C'est par là que les tragédies ont commencé, à la honte de l'esprit humain. Thespis fut un bouffon avant que Sophocle fût un grand homme.

Aux XVIe et XVIIe siècles, les tragédies espagnoles et anglaises furent toutes avilies par des bouffonneries dégoûtantes[1].

Les cours furent encore plus déshonorées par les bouffons que le théâtre. La rouille de la barbarie était si forte que les hommes ne savaient pas goûter des plaisirs honnêtes.

Boileau *(Art poétique*, ch. III, 393-400) a dit de Molière :

> C'est par là que Molière, illustrant ses écrits,
> Peut-être de son art eût remporté le prix
> Si, moins ami du peuple, en ses doctes peintures
> Il n'eût point fait souvent grimacer ses figures,
> Quitté pour le bouffon l'agréable et le fin,
> Et sans honte à Térence allié Tabarin.
> Dans ce sac ridicule où Scapin s'enveloppe [2],
> Je ne reconnais plus l'auteur du *Misanthrope.*

Mais il faut considérer que Raphaël a daigné peindre des grotesques. Molière ne serait point descendu si bas s'il n'eût eu pour spectateurs que des Louis XIV, des Condé, des Turenne, des ducs de La Rochefoucauld, des Montausier, des Beauvilliers, des dames de Montespan et de Thiange ; mais il travaillait aussi pour le peuple de Paris, qui n'était pas encore décrassé ; le bourgeois aimait la grosse farce, et la payait[3]. Les *Jodelets* de Scarron étaient à la mode. On est obligé de se mettre au niveau de son siècle avant

---

1. Voyez ART DRAMATIQUE. (*Note de Voltaire.*)

2. Il n'existe aucune édition de Boileau qui ne porte *s'enveloppe ;* mais M. P. Lami croit que c'est une faute d'impression qui, de la première édition, a passé dans toutes les autres. Il propose de lire : *l'enveloppe.* Voyez ses *Observations sur la tragédie romantique,* 1824, in-8°, page 16. (B.)
— Le fait avéré que Molière remplissait le rôle de *Scapin* dans sa pièce et non celui de *Géronte* donne tort à la proposition de P. Lami. Voyez *OEuvres complètes de Molière,* nouvelle édition, par M. Louis Moland, Paris, Garnier frères, tome VI, page 416.

3. « Pour défendre Molière du reproche que lui adresse Boileau, dit M. Bazin, on a souvent allégué la nécessité où il était de plaire aux plus humbles spectateurs par des farces ; et l'on a oublié que, sauf les *Fourberies de Scapin* et le *Médecin malgré lui,* toutes ses pièces bouffonnes ont été faites pour la cour, tandis que toutes ses comédies sérieuses ont été offertes d'abord au public : ce qui déplace entièrement le blâme et l'excuse. »

d'être supérieur à son siècle ; et, après tout, on aime quelquefois à rire. Qu'est-ce que la *Batrachomyomachie* attribuée à Homère, sinon une bouffonnerie, un poëme burlesque ?

Ces ouvrages ne donnent point de réputation, et ils peuvent avilir celle dont on jouit.

Le bouffon n'est pas toujours dans le style burlesque. Le *Médecin malgré lui*, les *Fourberies de Scapin*, ne sont point dans le style des *Jodelets* de Scarron. Molière ne va pas rechercher des termes d'argot comme Scarron, ses personnages les plus bas n'affectent point des plaisanteries de Gilles ; la bouffonnerie est dans la chose, et non dans l'expression. Le style burlesque est celui de *Don Japhet d'Arménie*.

> Du bon père Noé j'ai l'honneur de descendre,
> Noé qui sur les eaux fit flotter sa maison,
> Quand tout le genre humain but plus que de raison.
> Vous voyez qu'il n'est rien de plus net que ma race,
> Et qu'un cristal auprès paraîtrait plein de crasse.
>
> (Acte I, scène II.)

Pour dire qu'il veut se promener, il dit qu'il *va exercer sa vertu caminante*. Pour faire entendre qu'on ne pourra lui parler, il dit :

> Vous aurez avec moi disette de loquelle.
>
> (Acte I, scène II.)

C'est presque partout le jargon des gueux, le langage des halles ; même il est inventeur dans ce langage.

> Tu m'as tout compissé, pisseuse abominable.
>
> (Acte IV, scène XII.)

Enfin la grossièreté de sa bassesse est poussée jusqu'à chanter sur le théâtre :

> Amour nabot,
> Qui du jabot
> De don Japhet
> As fait
> Une ardente fournaise...
> Et dans mon pis
> As mis
> Une essence de braise.
>
> (Acte IV, scène V.)

Et ce sont ces plates infamies qu'on a jouées pendant plus d'un siècle alternativement avec *le Misanthrope*, ainsi qu'on voit passer dans une rue indifféremment un magistrat et un chiffonnier.

Le *Virgile travesti* est à peu près dans ce goût; mais rien n'est plus abominable que sa *Mazarinade :*

> Mais mon Jules n'est pas César;
> C'est un caprice du hasard,
> Qui naquit garçon et fut garce,
> Qui n'était né que pour la farce....
> Tous tes desseins prennent un rat
> Dans la moindre affaire d'État.
> Singe du prélat de Sorbonne,
> Ma foi, tu nous la bailles bonne :
> Tu n'es à ce cardinal duc
> Comparable qu'en aqueduc.
> Illustre en ta partie honteuse,
> Ta seule braguette est fameuse.
> . . . .
>
> Va rendre compte au Vatican
> De tes meubles mis à l'encan....
> D'être cause que tout se perde,
> De tes caleçons pleins de merde.

Ces saletés font vomir et le reste est si exécrable qu'on n'ose le copier. Cet homme était digne du temps de la Fronde. Rien n'est peut-être plus extraordinaire que l'espèce de considération qu'il eut pendant sa vie, si ce n'est ce qui arriva dans sa maison après sa mort [1].

On commença par donner d'abord le nom de poëme burlesque au *Lutrin* de Boileau; mais le sujet seul était burlesque; le style fut agréable et fin, quelquefois même héroïque.

Les Italiens avaient une autre sorte de burlesque qui était bien supérieur au nôtre : c'est celui de l'Arétin, de l'archevêque La Casa, du Berni, du Mauro, du Dolce. La décence y est souvent sacrifiée à la plaisanterie; mais les mots déshonnêtes en sont communément bannis. Le *Capitolo del forno* de l'archevêque La Casa roule à la vérité sur un sujet qui fait enfermer à Bicêtre les abbés Desfontaines, et qui mène en Grève les Duchaufour [2]; cependant il n'y a pas un mot qui offense les oreilles chastes : il faut deviner.

Trois ou quatre Anglais ont excellé dans ce genre: Butler, dans son *Hudibras*, qui est la guerre civile excitée par les puritains

---

1. Allusion à la fortune de sa veuve, qui devint la femme de Louis XIV.
2. Ou plutôt Deschauffours.

tournée en ridicule; le docteur Garth, dans la Querelle des apothicaires et des médecins; Prior, dans son Histoire de l'âme, où il se moque fort plaisamment de son sujet; Philippe, dans sa pièce du *Brillant Schelling*.

Hudibras est autant au-dessus de Scarron qu'un homme de bonne compagnie est au-dessus d'un chansonnier des cabarets de la Courtille. Le héros d'Hudibras était un personnage très-réel qui avait été capitaine dans les armées de Fairfax et de Cromwell : il s'appelait le chevalier Samuel Luke [1].

Le poëme de Garth sur les médecins et les apothicaires est moins dans le style burlesque que dans celui du *Lutrin* de Boileau : on y trouve beaucoup plus d'imagination, de variété, de naïveté, etc., que dans le *Lutrin*; et, ce qui est étonnant, c'est qu'une profonde érudition y est embellie par la finesse et par les grâces. Il commence à peu près ainsi :

> Muse, raconte-moi les débats salutaires
> Des médecins de Londre et des apothicaires.
> Contre le genre humain si longtemps réunis,
> Quel dieu pour nous sauver les rendit ennemis?
> Comment laissèrent-ils respirer leurs malades,
> Pour frapper à grands coups sur leurs chers camarades?
> Comment changèrent-ils leur coiffure en armet,
> La seringue en canon, la pilule en boulet?
> Ils connurent la gloire; acharnés l'un sur l'autre,
> Ils prodiguaient leur vie, et nous laissaient la nôtre.

Prior, que nous avons vu plénipotentiaire en France avant la paix d'Utrecht, se fit médiateur entre les philosophes qui disputent sur l'âme. Son poëme est dans le style d'Hudibras, qu'on appelle *doggerel rhymes:* c'est le *stilo Bernesco* des Italiens.

La grande question est d'abord de savoir si l'âme est toute en en tout, ou si elle est logée derrière le nez et les deux yeux sans sortir de sa niche. Suivant ce dernier système, Prior la compare au pape qui reste toujours à Rome, d'où il envoie ses nonces et ses espions pour savoir ce qui se passe dans la chrétienté.

Prior, après s'être moqué de plusieurs systèmes, propose le sien. Il remarque que l'animal à deux pieds, nouveau-né, remue les pieds tant qu'il peut quand on a la bêtise de l'emmailloter;

---

1. En donnant cet article dans les *Questions sur l'Encyclopédie*, Voltaire reproduisait ici sa traduction en vers du commencement d'*Hudibras*, qui fait partie de la XXIIe des *Lettres philosophiques;* voyez *Mélanges*, année 1734.

et il juge de là que l'âme entre chez lui par les pieds ; que vers les quinze ans elle a monté au milieu du corps ; qu'elle va ensuite au cœur, puis à la tête, et qu'elle en sort à pieds joints quand l'animal finit sa vie.

A la fin de ce poëme singulier, rempli de vers ingénieux et d'idées aussi fines que plaisantes, on voit ce vers charmant de Fontenelle :

> Il est des hochets pour tout âge.

Prior prie la fortune de lui donner des hochets pour sa vieillesse :

> Give us playthings for our old age.

Et il est bien certain que Fontenelle n'a pas pris ce vers de Prior, ni Prior de Fontenelle : l'ouvrage de Prior est antérieur de vingt ans, et Fontenelle n'entendait pas l'anglais.

Le poëme est terminé par cette conclusion :

> Je n'aurai point la fantaisie
> D'imiter ce pauvre Caton,
> Qui meurt dans notre tragédie
> Pour une page de Platon.
> Car, entre nous, Platon m'ennuie.
> La tristesse est une folie :
> Être gai, c'est avoir raison.
> Çà, qu'on m'ôte mon Cicéron,
> D'Aristote la rapsodie,
> De René la philosophie ;
> Et qu'on m'apporte mon flacon.

Distinguons bien dans tous ces poëmes le plaisant, le léger, le naturel, le familier, du grotesque, du bouffon, du bas, et surtout du forcé. Ces nuances sont démêlées par les connaisseurs, qui seuls à la longue font le destin des ouvrages.

La Fontaine a bien voulu quelquefois descendre au style burlesque.

> Autrefois carpillon fretin
> Eut beau prêcher, il eut beau dire,
> On le mit dans la poêle à frire.
>
> (Fable x du livre IX.)

Il appelle les louveteaux, *messieurs les louvats*. Phèdre ne se sert jamais de ce style dans ses fables ; mais aussi il n'a pas la grâce et la naïve mollesse de La Fontaine, quoiqu'il ait plus de précision et de pureté.

BOULEVERT ou BOULEVART [1].

Boulevart, fortification, rempart. Belgrade est le boulevart de l'empire ottoman du côté de la Hongrie. Qui croirait que ce mot ne signifie dans son origine qu'un jeu de boule? Le peuple de Paris jouait à la boule sur le gazon du rempart ; ce gazon s'appelait le *vert*, de même que le marché aux herbes. *On boulait sur le vert.* De là vient que les Anglais, dont la langue est une copie de la nôtre presque dans tous ses mots qui ne sont pas saxons, ont appelé le jeu de boule *bowling-green*, le vert du jeu de boule. Nous avons repris d'eux ce que nous leur avions prêté. Nous avons appelé d'après eux *boulingrins*, sans savoir la force du mot, les parterres de gazon que nous avons introduits dans nos jardins.

J'ai entendu autrefois de bonnes bourgeoises qui s'allaient promener sur le *boulevert*, et non pas sur le *boulevart*. On se moquait d'elles, et on avait tort. Mais en tout genre l'usage l'emporte ; et tous ceux qui ont raison contre l'usage sont sifflés ou condamnés.

BOURGES [2].

Nos questions ne roulent guère sur la géographie ; mais qu'on nous permette de marquer en deux mots notre étonnement sur la ville de Bourges. Le *Dictionnaire de Trévoux* prétend que « c'est une des plus anciennes de l'Europe, qu'elle était le siége de l'empire des Gaules, et donnait des rois aux Celtes ».

Je ne veux combattre l'ancienneté d'aucune ville ni d'aucune famille. Mais y a-t-il jamais eu un empire des Gaules? les Celtes avaient-ils des rois? Cette fureur d'antiquité est une maladie dont on ne guérira pas sitôt. Les Gaules, la Germanie, le Nord, n'ont rien d'antique que le sol, les arbres et les animaux. Si vous voulez des antiquités, allez vers l'Asie, et encore c'est fort peu de chose. Les hommes sont anciens, et les monuments nouveaux : c'est ce que nous avons en vue dans plus d'un article.

Si c'était un bien réel d'être né dans une enceinte de pierre ou de bois plus ancienne qu'une autre, il serait très-raisonnable de faire remonter la fondation de sa ville au temps de la guerre

---

1. *Questions sur l'Encyclopédie*, troisième partie, 1770. (B.) — Le *Dictionnaire de l'Académie* écrit *boulevard*.
2. *Questions sur l'Encyclopédie*, troisième partie, 1770. (B.)

des géants ; mais puisqu'il n'y a pas le moindre avantage dans cette vanité, il faut s'en détacher. C'est tout ce que j'avais à dire sur Bourges.

BOURREAU [1].

Il semble que ce mot n'aurait point dû souiller un dictionnaire des arts et des sciences ; cependant il tient à la jurisprudence et à l'histoire. Nos grands poëtes n'ont pas dédaigné de se servir fort souvent de ce mot dans les tragédies ; Clytemnestre, dans *Iphigénie,* dit à Agamemnon :

> Bourreau de votre fille, il ne vous reste enfin
> Que d'en faire à sa mère un horrible festin.
>
> (Acte IV, scène IV.)

On emploie gaiement ce mot en comédie : Mercure dit dans l'*Amphitryon* (acte I, scène II) :

> Comment ! bourreau, tu fais des cris !

Le joueur dit (acte IV, scène XIII) :

> . . . . Que je chante, bourreau !

Et les Romains se permettaient de dire :

> Quorsum vadis, carnifex ?

Le *Dictionnaire encyclopédique,* au mot Exécuteur, détaille tous les priviléges du bourreau de Paris ; mais un auteur nouveau a été plus loin [2]. Dans un roman d'éducation, qui n'est ni celui de Xénophon, ni celui de *Télémaque,* il prétend que le monarque doit donner sans balancer la fille du bourreau en mariage à l'héritier présomptif de la couronne, si cette fille est bien élevée, et si elle a *beaucoup de convenance avec le jeune prince* [3]. C'est dommage qu'il

---

1. *Questions sur l'Encyclopédie,* troisième partie, 1770. (B.)
2. Roman intitulé *Émile,* livre V. (*Note de Voltaire.*)
3. « Je ne dis pas, écrit J.-J. Rousseau, que les rapports conventionnels soient indifférents dans le mariage ; mais je dis que l'influence des rapports naturels l'emporte tellement sur la leur, que c'est elle seule qui décide du sort de la vie, et qu'il y a telle convenance de goût, d'humeur, de sentiment, de caractère, qui devrait engager un père sage, fût-il prince, fût-il monarque, à donner sans balancer à son fils la fille avec laquelle il aurait toutes ces convenances, fût-elle née dans une famille déshonnête, fût-elle la fille du bourreau. »

n'ait pas stipulé la dot qu'on devait donner à la fille, et les honneurs qu'on devait rendre au père le jour des noces.

Par *convenance* on ne pouvait guère pousser plus loin la morale approfondie, les règles nouvelles de l'honnêteté publique, les beaux paradoxes, les maximes divines, dont cet auteur a régalé notre siècle. Il aurait été sans doute par *convenance* un des garçons... de la noce. Il aurait fait l'épithalame de la princesse, et n'aurait pas manqué de célébrer les hautes œuvres de son père. C'est pour lors que la nouvelle mariée aurait donné des baisers âcres, car le même écrivain introduit dans un autre roman, intitulé *Héloïse,* un jeune Suisse qui a gagné dans Paris une de ces maladies qu'on ne nomme pas, et qui dit à sa Suissesse : *Garde tes baisers, ils sont trop âcres* [1].

On ne croira pas un jour que de tels ouvrages aient eu une espèce de vogue. Elle ne ferait pas honneur à notre siècle si elle avait duré. Les pères de famille ont conclu bientôt qu'il n'était pas honnête de marier leurs fils aînés à des filles de bourreau, quelque *convenance* qu'on pût apercevoir entre le poursuivant et la poursuivie.

Est modus in rebus, sunt certi denique fines,
Quos ultra citraque nequit consistere rectum.

(Hor., lib. I, sat. i.)

BRACHMANES, BRAMES [2].

Ami lecteur, observez d'abord que le P. Thomassin, l'un des plus savants hommes de notre Europe, dérive les brachmanes d'un mot juif *barac* par un C, supposé que les Juifs eussent un C. Ce *barac* signifiait, dit-il, *s'enfuir,* et les brachmanes s'enfuyaient des villes, supposé qu'alors il y eût des villes.

Ou, si vous l'aimez mieux, brachmanes vient de *barak* par un

---

1. Voyez la *Nouvelle Héloïse* de J.-J. Rousseau, lettre xiv de la première partie.
2. *Questions sur l'Encyclopédie,* troisième partie, 1770.
Voyez aussi dans les *Mélanges,* année 1773, les *Fragments historiques sur l'Inde,* chapitre vii. (B.)

— Au xviiie siècle, notre ignorance était la plus complète sur l'Inde. Quelques notions tirées des auteurs grecs, amalgamées avec les renseignements des voyageurs modernes, la bibliothèque orientale d'Herbelot, et le *Théâtre de l'idolâtrie,* par Abraham, tel fut d'abord le bagage. Un jour Voltaire, prenant un traité de controverse contre le vichnouisme pour un des Védas, le déposa à la Bibliothèque du roi comme étant l'*Ézour-Veidam.* Les travaux d'Anquetil-Duperron, de William Jones, vinrent plus tard, ainsi que les relations de Sonnerat, du Père Paulin, de la chanoinesse Polier, etc. (G. A.)

K, qui veut dire *bénir* ou bien *prier*. Mais pourquoi les Biscayens n'auraient-ils pas nommé les brames du mot *bran*, qui exprimait quelque chose que je ne veux pas dire? ils y avaient autant de droit que les Hébreux. Voilà une étrange érudition. En la rejetant entièrement on saurait moins et on saurait mieux.

N'est-il pas vraisemblable que les brachmanes sont les premiers législateurs de la terre, les premiers philosophes, les premiers théologiens?

Le peu de monuments qui nous restent de l'ancienne histoire ne forment-ils pas une grande présomption en leur faveur, puisque les premiers philosophes grecs allèrent apprendre chez eux les mathématiques, et que les curiosités les plus antiques, recueillies par les empereurs de la Chine, sont toutes indiennes, ainsi que les relations l'attestent dans la collection de Duhalde?

Nous parlerons ailleurs du *Shasta*[1]; c'est le premier livre de théologie des brachmanes, écrit environ quinze cents ans avant leur *Veidam*, et antérieur à tous les autres livres.

Leurs annales ne font mention d'aucune guerre entreprise par eux en aucun temps. Les mots d'*armes*, de *tuer*, de *mutiler*, ne se trouvent ni dans les fragments du *Shasta*, que nous avons, ni dans l'*Ézour-Veidam*, ni dans le *Cormo-Veidam*. Je puis du moins assurer que je ne les ai point vus dans ces deux derniers recueils; et ce qu'il y a de plus singulier, c'est que le *Shasta*, qui parle d'une conspiration dans le ciel, ne fait mention d'aucune guerre dans la grande presqu'île enfermée entre l'Indus et le Gange.

Les Hébreux, qui furent connus si tard, ne nomment jamais les brachmanes; ils ne connurent l'Inde qu'après les conquêtes d'Alexandre, et leurs établissements dans l'Égypte, de laquelle ils avaient dit tant de mal. On ne trouve le nom de l'Inde que dans le livre d'*Esther*, et dans celui de *Job*, qui n'était pas Hébreu[2]. On voit un singulier contraste entre les livres sacrés des Hébreux et ceux des Indiens. Les livres indiens n'annoncent que la paix et la douceur; ils défendent de tuer les animaux : les livres hébreux ne parlent que de tuer, de massacrer hommes et bêtes; on y égorge tout au nom du Seigneur; c'est tout un autre ordre de choses.

C'est incontestablement des brachmanes que nous tenons

---

1. Voltaire en a déjà parlé aux articles Ange, section 1re, et Bibliothèque. Il en parle dans plusieurs autres ouvrages : voyez tome XI, pages 51 et 183; et dans les *Mélanges*, année 1776; la neuvième des *Lettres chinoises, indiennes, etc.*
2. Voyez Job. (*Note de Voltaire.*)

l'idée de la chute des êtres célestes révoltés contre le souverain de la nature; et c'est là probablement que les Grecs ont puisé la fable des Titans. C'est aussi là que les Juifs prirent enfin l'idée de la révolte de Lucifer, dans le 1ᵉʳ siècle de notre ère.

Comment ces Indiens purent-ils supposer une révolte dans le ciel sans en avoir vu sur la terre? Un tel saut de la nature humaine à la nature divine ne se conçoit guère. On va d'ordinaire du connu à l'inconnu.

On n'imagine une guerre de géants qu'après avoir vu quelques hommes plus robustes que les autres tyranniser leurs semblables. Il fallait ou que les premiers brachmanes eussent éprouvé des discordes violentes, ou qu'ils en eussent vu du moins chez leurs voisins, pour en imaginer dans le ciel.

C'est toujours un très-étonnant phénomène qu'une société d'hommes qui n'a jamais fait la guerre, et qui a inventé une espèce de guerre faite dans les espaces imaginaires, ou dans un globe éloigné du nôtre, ou dans ce qu'on appelle le *firmament*, l'*empyrée*[1]. Mais il faut bien soigneusement remarquer que dans cette révolte des êtres célestes contre leur souverain, il n'y eut point de coups donnés, point de sang céleste répandu, point de montagnes jetées à la tête, point d'anges coupés en deux, ainsi que dans le poëme sublime et grotesque de Milton.

Ce n'est, selon le *Shasta*, qu'une désobéissance formelle aux ordres du Très-Haut, une cabale que Dieu punit en reléguant les anges rebelles dans un vaste lieu de ténèbres nommé *Ondéra* pendant le temps d'un mononthour entier. Un mononthour est de quatre cent vingt-six millions de nos années. Mais Dieu daigna pardonner aux coupables au bout de cinq mille ans, et leur Ondéra ne fut qu'un purgatoire.

Il en fit des *Mhurd*, des hommes, et les plaça dans notre globe à condition qu'ils ne mangeraient point d'animaux, et qu'ils ne s'accoupleraient point avec les mâles de leur nouvelle espèce, sous peine de retourner à l'Ondéra.

Ce sont là les principaux articles de la foi des brachmanes, qui a duré sans interruption de temps immémorial jusqu'à nos jours : il nous paraît étrange que ce fût parmi eux un péché aussi grave de manger un poulet que d'exercer la sodomie.

Ce n'est là qu'une petite partie de l'ancienne cosmogonie des brachmanes. Leurs rites, leurs pagodes, prouvent que tout était allégorique chez eux; ils représentent encore la vertu sous l'emblème

---

1. Voyez CIEL MATÉRIEL. (*Note de Voltaire.*)

d'une femme qui a dix bras, et qui combat dix péchés mortels figurés par des monstres. Nos missionnaires n'ont pas manqué de prendre cette image de la vertu pour celle du diable, et d'assurer que le diable est adoré dans l'Inde. Nous n'avons jamais été chez ces peuples que pour nous y enrichir, et pour les calomnier.

DE LA MÉTEMPSYCOSE DES BRACHMANES.

La doctrine de la métempsycose vient d'une ancienne loi de se nourrir de lait de vache ainsi que de légumes, de fruits et de riz. Il parut horrible aux brachmanes de tuer et de manger sa nourrice : on eut bientôt le même respect pour les chèvres, les brebis, et pour tous les autres animaux ; ils les crurent animés par ces anges rebelles qui achevaient de se purifier de leurs fautes dans les corps des bêtes, ainsi que dans ceux des hommes. La nature du climat seconda cette loi, ou plutôt en fut l'origine : une atmosphère brûlante exige une nourriture rafraîchissante, et inspire de l'horreur pour notre coutume d'engloutir des cadavres dans nos entrailles.

L'opinion que les bêtes ont une âme fut générale dans tout l'Orient, et nous en trouvons des vestiges dans les anciens livres sacrés. Dieu, dans la *Genèse*[1], défend aux hommes de manger *leur chair avec leur sang et leur âme.* C'est ce que porte le texte hébreu. « Je vengerai, dit-il[2], le sang de vos âmes de la griffe des bêtes et de la main des hommes. » Il dit dans le *Lévitique*[3] : « L'âme de la chair est dans le sang. » Il fait plus ; il fait un pacte solennel avec les hommes et avec tous les animaux[4], ce qui suppose dans les animaux une intelligence.

Dans des temps très-postérieurs, l'*Ecclésiaste* dit formellement[5] : « Dieu fait voir que l'homme est semblable aux bêtes : car les hommes meurent comme les bêtes, leur condition est égale ; comme l'homme meurt, la bête meurt aussi. Les uns et les autres respirent de même : l'homme n'a rien de plus que la bête. »

Jonas, quand il va prêcher à Ninive, fait jeûner les hommes et les bêtes.

Tous les auteurs anciens attribuent de la connaissance aux

---

1. *Genèse*, chapitre IX, v. 4. (*Note de Voltaire.*)
2. *Genèse*, chapitre IX, v. 5. (*Id.*)
3. *Lévitique*, chapitre XVII, v. 14. (*Id.*)
4. *Genèse*, chapitre IX, v. 10. (*Id.*)
5. *Ecclésiaste*, chapitre III, v. 19. (*Id.*)

bêtes, les livres sacrés comme les profanes : et plusieurs les font parler. Il n'est donc pas étonnant que les brachmanes, et les pythagoriciens après eux, aient cru que les âmes passaient successivement dans les corps des bêtes et des hommes. En conséquence ils se persuadèrent, ou du moins ils dirent que les âmes des anges délinquants, pour achever leur purgatoire, appartenaient tantôt à des bêtes, tantôt à des hommes : c'est une partie du roman du jésuite Bougeant, qui imagina que les diables sont des esprits envoyés dans les corps des animaux. Ainsi de nos jours, au bord de l'Occident, un jésuite renouvelle, sans le savoir, un article de la foi des plus anciens prêtres orientaux.

DES HOMMES ET DES FEMMES QUI SE BRULENT CHEZ LES BRACHMANES.

Les brames ou bramins d'aujourd'hui, qui sont les mêmes que les anciens brachmanes, ont conservé, comme on sait, cette horrible coutume. D'où vient que chez un peuple qui ne répandit jamais le sang des hommes ni celui des animaux, le plus bel acte de dévotion fut-il et est-il encore de se brûler publiquement? La superstition, qui allie tous les contraires, est l'unique source de cet affreux sacrifice : coutume beaucoup plus ancienne que les lois d'aucun peuple connu.

Les brames prétendent que Brama leur grand prophète, fils de Dieu, descendit parmi eux, et eut plusieurs femmes ; qu'étant mort, celle de ses femmes qui l'aimait le plus se brûla sur son bûcher pour le rejoindre dans le ciel. Cette femme se brûla-t-elle en effet, comme on prétend que Porcia, femme de Brutus, avala des charbons ardents pour rejoindre son mari? ou est-ce une fable inventée par les prêtres? Y eut-il un Brama qui se donna en effet pour un prophète et pour un fils de Dieu? Il est à croire qu'il y eut un Brama, comme dans la suite on vit des Zoroastres, des Bacchus. La fable s'empara de leur histoire, ce qu'elle a toujours continué de faire partout.

Dès que la femme du fils de Dieu se brûle, il faut bien que des dames de moindre condition se brûlent aussi. Mais comment retrouveront-elles leurs maris qui sont devenus chevaux, éléphants, ou éperviers? comment démêler précisément la bête que le défunt anime? comment le reconnaître et être encore sa femme? Cette difficulté n'embarrasse point les théologiens indous; ils trouvent aisément des *distinguo*, des solutions *in sensu composito, in sensu diviso*. La métempsycose n'est que pour les personnes du commun ; ils ont pour les autres âmes une doctrine plus sublime. Ces âmes étant celles des anges jadis rebelles vont se purifiant ; celles des femmes qui s'immolent sont béatifiées, et retrouvent leurs maris tout purifiés : enfin les prêtres ont raison, et les femmes se brûlent.

Il y a plus de quatre mille ans que ce terrible fanatisme est établi chez un peuple doux, qui croirait faire un crime de tuer une cigale. Les prêtres ne peuvent forcer une veuve à se brûler ; car la loi invariable est que ce dévouement soit absolument volontaire. L'honneur est d'abord déféré à la plus ancienne mariée des femmes du mort : c'est à elle de descendre au bûcher ; si elle ne s'en soucie pas, la seconde se présente, ainsi du reste. On prétend qu'il y en eut une fois dix-sept qui se brûlèrent à la fois sur le bûcher d'un raïa [1] ; mais ces sacrifices sont devenus assez rares : la foi s'affaiblit depuis que les mahométans gouvernent une grande partie du pays, et que les Européans négocient dans l'autre.

Cependant il n'y a guère de gouverneurs de Madras et de Pondichéry qui n'aient vu quelque Indienne périr volontairement dans les flammes. M. Holwell rapporte qu'une jeune veuve de dix-neuf ans [2], d'une beauté singulière, mère de trois enfants, se brûla en présence de Mme Russel, femme de l'amiral, qui était à la rade de Madras : elle résista aux prières, aux larmes de tous les assistants. Mme Russel la conjura, au nom de ses enfants, de ne les pas laisser orphelins ; l'Indienne lui répondit : « Dieu, qui les a fait naître, aura soin d'eux. » Ensuite elle arrangea tous les préparatifs elle-même, mit de sa main le feu au bûcher, et consomma son sacrifice avec la sérénité d'une de nos religieuses qui allume des cierges.

M. Shernoc [3], négociant anglais, voyant un jour une de ces étonnantes victimes, jeune et aimable, qui descendait dans le bûcher, l'en arracha de force lorsqu'elle allait y mettre le feu, et, secondé de quelques Anglais, l'enleva et l'épousa. Le peuple regarda cette action comme le plus horrible sacrilége.

Pourquoi les maris ne se sont-ils jamais brûlés pour aller retrouver leurs femmes ? Pourquoi un sexe naturellement faible et timide a-t-il eu toujours cette force frénétique ? Est-ce parce

---

1. Voltaire a cité plusieurs autres exemples dans le chapitre CLVII de l'*Essai sur les Mœurs*, tome XII, page 439.
2. Voltaire ne donne que dix-huit ans à la veuve, dans la neuvième de ses *Lettres chinoises, indiennes, etc.* Voyez les *Mélanges*, année 1776.
3. Voltaire l'appelle Charnoc, dans la neuvième de ses *Lettres chinoises*.

que la tradition ne dit point qu'un homme ait jamais épousé une fille de Brama, au lieu qu'elle assure qu'une Indienne fut mariée avec le fils de ce dieu? Est-ce parce que les femmes sont plus superstitieuses que les hommes? est-ce parce que leur imagination est plus faible, plus tendre, plus faite pour être dominée?

Les anciens brachmanes se brûlaient quelquefois pour prévenir l'ennui et les maux de la vieillesse, et surtout pour se faire admirer. Calan ou Calanus ne se serait peut-être pas mis sur un bûcher sans le plaisir d'être regardé par Alexandre. Le chrétien renégat Pellegrinus se brûla en public, par la même raison qu'un fou parmi nous s'habille quelquefois en arménien pour attirer les regards de la populace.

N'entre-t-il pas aussi un malheureux mélange de vanité dans cet épouvantable sacrifice des femmes indiennes? Peut-être, si on portait une loi de ne se brûler qu'en présence d'une seule femme de chambre, cette abominable coutume serait pour jamais détruite.

Ajoutons un mot; une centaine d'Indiennes, tout au plus, a donné ce triste spectacle; et nos inquisitions, nos fous atroces qui se sont dits juges, ont fait mourir dans les flammes plus de cent mille de nos frères, hommes, femmes, enfants, pour des choses que personne n'entendait. Plaignons et condamnons les brames; mais rentrons en nous-mêmes, misérables que nous sommes.

Vraiment nous avons oublié une chose fort essentielle dans ce petit article des brachmanes, c'est que leurs livres sacrés sont remplis de contradictions. Mais le peuple ne les connaît pas, et les docteurs ont des solutions prêtes, des sens figurés et figurants, des allégories, des types, des déclarations expresses de Birma, de Brama et de Vitsnou, qui fermeraient la bouche à tout raisonneur.

BULGARES ou BOULGARES [1].

Puisqu'on a parlé des Bulgares dans le *Dictionnaire encyclopédique*, quelques lecteurs seront peut-être bien aises de savoir qui étaient ces étranges gens, qui parurent si méchants qu'on les traita d'*hérétiques*, et dont ensuite on donna le nom en France aux non-conformistes, qui n'ont pas pour les dames toute l'atten-

1. *Questions sur l'Encyclopédie*, troisième partie, 1770. (B.)

tion qu'ils leur doivent; de sorte qu'aujourd'hui on appelle ces messieurs *Boulgares*, en retranchant *l* et *a*.

Les anciens Boulgares ne s'attendaient pas qu'un jour dans les halles de Paris, le peuple, dans la conversation familière, s'appellerait mutuellement *Boulgares*, en y ajoutant des épithètes qui enrichissent la langue.

Ces peuples étaient originairement des Huns qui s'étaient établis auprès du Volga; et de *Volgares* on fit aisément *Boulgares*.

Sur la fin du VIIe siècle, ils firent des irruptions vers le Danube, ainsi que tous les peuples qui habitaient la Sarmatie; et ils inondèrent l'empire romain comme les autres. Ils passèrent par la Moldavie, la Valachie, où les Russes, leurs anciens compatriotes, ont porté leurs armes victorieuses en 1769, sous l'empire de Catherine II.

Ayant franchi le Danube, ils s'établirent dans une partie de la Dacie et de la Mœsie, et donnèrent leur nom à ces pays qu'on appelle encore *Bulgarie*. Leur domination s'étendait jusqu'au mont Hémus et au Pont-Euxin.

L'empereur Nicéphore, successeur d'Irène, du temps de Charlemagne, fut assez imprudent pour marcher contre eux après avoir été vaincu par les Sarrasins; il le fut aussi par les Bulgares. Leur roi, nommé Crom, lui coupa la tête, et fit de son crâne une coupe dont il se servait dans ses repas, selon la coutume de ces peuples, et de presque tous les hyperboréens.

On compte qu'au IXe siècle, un Bogoris, qui faisait la guerre à la princesse Théodora, mère et tutrice de l'empereur Michel, fut si charmé de la noble réponse de cette impératrice à sa déclaration de guerre, qu'il se fit chrétien.

Les Boulgares, qui n'étaient pas si complaisants, se révoltèrent contre lui; mais Bogoris leur ayant montré une croix, ils se firent tous baptiser sur-le-champ. C'est ainsi que s'en expliquent les auteurs grecs du Bas-Empire, et c'est ainsi que le disent après eux nos compilateurs.

Et voilà justement comme on écrit l'histoire [1].

Théodora était, disent-ils, une princesse très-religieuse, et qui même passa ses dernières années dans un couvent. Elle eut tant d'amour pour la religion catholique grecque qu'elle fit mourir, par divers supplices, cent mille hommes qu'on accusait d'être

1. Vers de Voltaire, *Charlot*, I, VII.

manichéens[1]. « C'était, dit le modeste continuateur d'Échard, la plus impie, la plus détestable, la plus dangereuse, la plus abominable de toutes les hérésies. Les censures ecclésiastiques étaient des armes trop faibles contre des hommes qui ne reconnaissaient point l'Église. »

On prétend que les Bulgares, voyant qu'on tuait tous les manichéens, eurent dès ce moment du penchant pour leur religion, et la crurent la meilleure puisqu'elle était persécutée; mais cela est bien fin pour des Bulgares.

Le grand schisme éclata dans ce temps-là plus que jamais entre l'Église grecque, sous le patriarche Photius, et l'Église latine sous le pape Nicolas Ier. Les Bulgares prirent le parti de l'Église grecque. Ce fut probablement dès lors qu'on les traita en Occident d'*hérétiques*, et qu'on y ajouta la belle épithète dont on les charge encore aujourd'hui.

L'empereur Basile leur envoya, en 871, un prédicateur nommé Pierre de Sicile, pour les préserver de l'hérésie du manichéisme; et on ajoute que dès qu'ils l'eurent écouté, ils se firent manichéens. Il se peut très-bien que ces Bulgares, qui buvaient dans le crâne de leurs ennemis, ne fussent pas d'excellents théologiens, non plus que Pierre de Sicile.

Il est singulier que ces barbares, qui ne savaient ni lire ni écrire, aient été regardés comme des hérétiques très-déliés, contre lesquels il était très-dangereux de disputer. Ils avaient certainement autre chose à faire qu'à parler de controverse, puisqu'ils firent une guerre sanglante aux empereurs de Constantinople pendant quatre siècles de suite, et qu'ils assiégèrent même la capitale de l'empire.

Au commencement du xiiie siècle, l'empereur Alexis voulant se faire reconnaître par les Bulgares, leur roi Joannic lui répondit qu'il ne serait jamais son vassal. Le pape Innocent III ne manqua pas de saisir cette occasion pour s'attacher le royaume de Bulgarie. Il envoya au roi Joannic un légat pour le sacrer roi, et prétendit lui avoir conféré le royaume, qui ne devait plus relever que du saint-siège.

C'était le temps le plus violent des croisades; le Bulgare, indigné, fit alliance avec les Turcs, déclara la guerre au pape et à ses croisés, prit le prétendu empereur Baudouin prisonnier, lui fit couper les bras, les jambes et la tête, et se fit une coupe de son

---

[1]. *Histoire romaine* prétendue traduite de Laurent Échard, tome II, page 242. (*Note de Voltaire.*)

crâne, à la manière de Crom. C'en était bien assez pour que les Bulgares fussent en horreur à toute l'Europe : on n'avait pas besoin de les appeler *manichéens,* nom qu'on donnait alors à tous les hérétiques, car manichéen, patarin et vaudois, c'était la même chose. On prodiguait ces noms à quiconque ne voulait pas se soumettre à l'Église romaine.

Le mot de Boulgare, tel qu'on le prononçait, fut une injure vague et indéterminée, appliquée à quiconque avait des mœurs barbares ou corrompues. C'est pourquoi, sous saint Louis, frère Robert, grand inquisiteur, qui était un scélérat, fut accusé juridiquement d'être un *boulgare* par les communes de Picardie. Philippe le Bel donna cette épithète à Boniface VIII [1].

Ce terme changea ensuite de signification vers les frontières de France ; il devint un terme d'amitié. Rien n'était plus commun en Flandre, il y a quarante ans, que de dire d'un jeune homme bien fait : C'est un joli *boulgare ;* un bon homme était un bon *boulgare.*

Lorsque Louis XIV alla faire la conquête de la Flandre, les Flamands disaient en le voyant : « Notre gouverneur est un bien plat boulgare en comparaison de celui-ci. »

En voilà assez pour l'étymologie de ce beau nom.

BULLE [2].

Ce mot désigne la boule ou le sceau d'or, d'argent, de cire, ou de plomb, attaché à un instrument, ou charte quelconque. Le plomb pendant aux rescrits expédiés en cour romaine porte d'un côté les têtes de saint Pierre à droite, et de saint Paul à gauche. On lit au revers le nom du pape régnant, et l'an de son pontificat. La bulle est écrite sur parchemin. Dans la salutation le pape ne prend que le titre de *serviteur des serviteurs de Dieu,* suivant cette sainte parole de Jésus à ses disciples [3] : « Celui qui voudra être le premier d'entre vous sera votre serviteur. »

Des hérétiques prétendent que par cette formule, humble en apparence, les papes expriment une espèce de système féodal par lequel la chrétienté est soumise à un chef qui est Dieu, dont les grands vassaux saint Pierre et saint Paul sont représentés par le

---

1. Voyez Bulle. (*Note de Voltaire.*)
2. *Questions sur l'Encyclopédie,* troisième partie, 1770. (B.)
3. Matthieu, chapitre xx, v. 27. (*Note de Voltaire.*)

pontife leur serviteur, et les arrière-vassaux sont tous les princes séculiers, soit empereurs, rois, ou ducs.

Ils se fondent, sans doute, sur la fameuse bulle *in Cœna Domini*, qu'un cardinal diacre lit publiquement à Rome chaque année, le jour de la cène, ou le jeudi saint, en présence du pape, accompagné des autres cardinaux et des évêques. Après cette lecture, Sa Sainteté jette un flambeau allumé dans la place publique, pour marque d'anathème.

Cette bulle se trouve page 714, tome I du *Bullaire* imprimé à Lyon en 1763, et page 118 de l'édition de 1727. La plus ancienne est de 1536. Paul III, sans marquer l'origine de cette cérémonie, y dit que c'est une ancienne coutume des souverains pontifes de publier cette excommunication le jeudi saint, pour conserver la pureté de la religion chrétienne, et pour entretenir l'union des fidèles. Elle contient vingt-quatre paragraphes, dans lesquels ce pape excommunie :

1º Les hérétiques, leurs fauteurs, et ceux qui lisent leurs livres ;

2º Les pirates, et surtout ceux qui osent aller en course sur les mers du souverain pontife ;

3º Ceux qui imposent dans leurs terres de nouveaux péages ;

10º Ceux qui, en quelque manière que ce puisse être, empêchent l'exécution des lettres apostoliques, soit qu'elles accordent des grâces, ou qu'elles prononcent des peines ;

11º Les juges laïques qui jugent les ecclésiastiques, et les tirent à leur tribunal, soit que ce tribunal s'appelle *audience, chancellerie, conseil,* ou *parlement;*

15º Tous ceux qui ont fait ou publié, feront ou publieront des édits, règlements, pragmatiques, par lesquels la liberté ecclésiastique, les droits du pape et ceux du saint-siége seront blessés ou restreints en la moindre chose, tacitement ou expressément;

14º Les chanceliers, conseillers ordinaires ou extraordinaires, de quelque roi ou prince que ce puisse être, les présidents des chancelleries, conseils ou parlements, comme aussi les procureurs généraux, qui évoquent à eux les causes ecclésiastiques ou qui empêchent l'exécution des lettres apostoliques, même quand ce serait sous prétexte d'empêcher quelque violence.

Par le même paragraphe le pape se réserve à lui seul d'absoudre lesdits chanceliers, conseillers, procureurs généraux et autres excommuniés, lesquels ne pourront être absous qu'après qu'ils auront publiquement révoqué leurs arrêts, et les auront arrachés des registres ;

20º Enfin le pape excommunie ceux qui auront la présomption

de donner l'absolution aux excommuniés ci-dessus ; et afin qu'on n'en puisse prétendre cause d'ignorance, il ordonne :

21° Que cette bulle sera publiée et affichée à la porte de la basilique du prince des apôtres, et à celle de Saint-Jean de Latran ;

22° Que tous patriarches, primats, archevêques et évêques, en vertu de la sainte obédience, aient à publier solennellement cette bulle, au moins une fois l'an.

24° Il déclare que si quelqu'un ose aller contre la disposition de cette bulle, il doit savoir qu'il va encourir l'indignation de Dieu tout-puissant, et celle des bienheureux apôtres saint Pierre et saint Paul.

Les autres bulles postérieures, appelées aussi *in Cœna Domini*, ne sont qu'ampliatives. L'article 21, par exemple, de celle de Pie V, de l'année 1567, ajoute au paragraphe 3 de celle dont nous venons de parler que tous les princes qui mettent dans leurs États de nouvelles impositions, de quelque nature qu'elles soient, ou qui augmentent les anciennes, à moins qu'ils n'en aient obtenu l'approbation du saint-siège, sont excommuniés *ipso facto*.

La troisième bulle *in Cœna Domini*, de 1610, contient trente paragraphes, dans lesquels Paul V renouvelle les dispositions des deux précédentes.

La quatrième et dernière bulle *in Cœna Domini*, qu'on trouve dans le *Bullaire*, est du 1er avril 1627. Urbain VIII y annonce qu'à l'exemple de ses prédécesseurs, pour maintenir inviolablement l'intégrité de la foi, la justice et la tranquillité publique, il se sert du glaive spirituel de la discipline ecclésiastique pour excommunier en ce jour, qui est l'anniversaire de la cène du Seigneur :

1° Les hérétiques ;

2° Ceux qui appellent du pape au futur concile ; et le reste comme dans les trois premières.

On dit que celle qui se lit à présent est de plus fraîche date, et qu'on y a fait quelques additions.

L'*Histoire de Naples* par Giannone fait voir quels désordres les ecclésiastiques ont causés dans ce royaume, et quelles vexations ils y ont exercées sur tous les sujets du roi, jusqu'à leur refuser l'absolution et les sacrements, pour tâcher d'y faire recevoir cette bulle, laquelle vient enfin d'y être proscrite solennellement, ainsi que dans la Lombardie autrichienne, dans les États de l'impératrice-reine, dans ceux du duc de Parme, et ailleurs [1].

---

1. Le pape Ganganelli, informé des résolutions de tous les princes catholiques, et voyant que les peuples à qui ses prédécesseurs avaient crevé les deux yeux com-

L'an 1580, le clergé de France avait pris le temps des vacances du parlement de Paris pour faire publier la même bulle *in Cœna Domini*. Mais le procureur général s'y opposa, et la chambre des vacations, présidée par le célèbre et malheureux Brisson, rendit le 4 octobre un arrêt qui enjoignait à tous les gouverneurs de s'informer quels étaient les archevêques, évêques, ou les grands-vicaires, qui avaient reçu ou cette bulle ou une copie sous le titre *Litteræ processus*, et quel était celui qui la leur avait envoyée pour la publier ; d'en empêcher la publication si elle n'était pas encore faite, d'en retirer les exemplaires, et de les envoyer à la chambre ; et en cas qu'elle fût publiée, d'ajourner les archevêques, les évêques, ou leurs grands-vicaires, à comparaître devant la chambre, et à répondre au réquisitoire du procureur général ; et cependant de saisir leur temporel, et de le mettre sous la main du roi ; de faire défense d'empêcher l'exécution de cet arrêt, sous peine d'être puni comme ennemi de l'État et criminel de lèse-majesté ; avec ordre d'imprimer cet arrêt, et d'ajouter foi aux copies collationnées par des notaires comme à l'original même[1].

Le parlement ne faisait en cela qu'imiter faiblement l'exemple de Philippe le Bel. La bulle *Ausculta, Fili*, du 5 décembre 1301, lui fut adressée par Boniface VIII, qui, après avoir exhorté ce roi à l'écouter avec docilité, lui disait : « Dieu nous a établi sur les rois et les royaumes pour arracher, détruire, perdre, dissiper, édifier et planter, en son nom et par sa doctrine. Ne vous laissez donc pas persuader que vous n'ayez point de supérieur, et que vous ne soyez pas soumis au chef de la hiérarchie ecclésiastique. Qui pense ainsi est insensé ; et qui le soutient opiniâtrement est un infidèle, séparé du troupeau du bon pasteur. » Ensuite ce pape entrait dans le plus grand détail sur le gouvernement de France, jusqu'à faire des reproches au roi sur le changement de la monnaie.

Philippe le Bel fit brûler à Paris cette bulle, et publier à son de trompe cette exécution par toute la ville, le dimanche 11 février 1302. Le pape, dans un concile qu'il tint à Rome la même année, fit beaucoup de bruit, et éclata en menaces contre Philippe le Bel, mais sans venir à l'exécution. Seulement on regarde comme l'ouvrage de ce concile la fameuse décrétale *Unam sanctam*, dont voici la substance :

---

mençaient à en ouvrir un, ne publia point cette fameuse bulle le jeudi de l'absoute l'an 1770. (*Note de Voltaire.*)

1. Le rejet de la bulle *in Cœna Domini* devint un des articles les plus importants de ce qu'on nomma les libertés de l'Église gallicane. (G. A.)

« Nous croyons et confessons une Église sainte, catholique et apostolique, hors laquelle il n'y a point de salut ; nous reconnaissons aussi qu'elle est unique, que c'est un seul corps qui n'a qu'un chef, et non pas deux comme un monstre. Ce seul chef est Jésus-Christ, et saint Pierre son vicaire, et le successeur de saint Pierre. Soit donc les Grecs, soit d'autres, qui disent qu'ils ne sont pas soumis à ce successeur, il faut qu'ils avouent qu'ils ne sont pas des ouailles de Jésus-Christ, puisqu'il a dit lui-même (Jean, chap. x, v. 16) qu'*il n'y a qu'un troupeau et un pasteur.*

« Nous apprenons que dans cette Église et sous sa puissance sont deux glaives, le spirituel et le temporel ; mais l'un doit être employé par l'Église et par la main du pontife ; l'autre pour l'Église et par la main des rois et des guerriers, suivant l'ordre ou la permission du pontife. Or il faut qu'un glaive soit soumis à l'autre, c'est-à-dire la puissance temporelle à la spirituelle ; autrement elles ne seraient point ordonnées, et elles doivent l'être selon l'apôtre. (Rom., chap. XIII, v. I.) Suivant le témoignage de la vérité, la puissance spirituelle doit instituer et juger la temporelle ; et ainsi se vérifie à l'égard de l'Église la prophétie de Jérémie (chap. I, v. 10) : *Je t'ai établi sur les nations et les royaumes, etc.* »

Philippe le Bel, de son côté, assembla les états généraux ; et les communes, dans la requête qu'ils présentèrent à ce monarque, disaient en propres termes : « C'est grande abomination d'ouïr que ce Boniface entende malement comme Boulgare (en retranchant *l* et *a*) cette parole d'esperitualité (en saint Matthieu, chapitre XVI, v. 19) : *Ce que tu lieras en terre sera lié au ciel;* comme si cela signifiait que s'il mettait un homme en prison temporelle, Dieu pour ce le mettrait en prison au ciel. »

[1] Clément V, successeur de Boniface VIII, révoqua et annula l'odieuse décision de la bulle *Unam sanctam,* qui étend le pouvoir des papes sur le temporel des rois, et condamne comme hérétiques ceux qui ne reconnaissent point cette puissance chimérique. C'est en effet la prétention de Boniface que l'on doit regarder comme une hérésie, d'après ce principe des théologiens : « On pèche contre la règle de la foi, et on est hérétique, non-seulement en niant ce que la foi nous enseigne, mais aussi lorsqu'on établit comme de foi ce qui n'en est pas. » (Joan. maj. m. 3, sent. dist. 37, q. 26.)

---

1. Cet alinéa et les deux qui le suivent n'existaient pas en 1770. Ils furent ajoutés dans les éditions de Kehl. (B.)

Avant Boniface VIII, d'autres papes s'étaient déjà arrogé dans des bulles les droits de propriété sur différents royaumes. On connaît celle où Grégoire VII dit à un roi d'Espagne : « Je veux que vous sachiez que le royaume d'Espagne, par les anciennes ordonnances ecclésiastiques, a été donné en propriété à saint Pierre et à la sainte Église romaine. »

Le roi d'Angleterre Henri II ayant aussi demandé au pape Adrien IV la permission d'envahir l'Irlande, ce pontife le lui permit, à condition qu'il imposât à chaque famille d'Irlande une taxe d'un *carolus* pour le saint-siége, et qu'il tînt ce royaume comme un fief de l'Église romaine : « Car, lui écrit-il, on ne doit pas douter que toutes les îles auxquelles Jésus-Christ, le soleil de justice, s'est levé, et qui ont reçu les enseignements de la foi chrétienne, ne soient de droit à saint Pierre, et n'appartiennent à la sacrée et sainte Église romaine. »

BULLES DE LA CROISADE ET DE LA COMPOSITION.

Si l'on disait à un Africain ou à un Asiatique sensé que, dans la partie de notre Europe où des hommes ont défendu à d'autres hommes de manger de la chair le samedi, le pape donne la permission d'en manger par une bulle, moyennant deux réales de plate, et qu'une autre bulle permet de garder l'argent qu'on a volé, que diraient cet Asiatique et cet Africain ? Ils conviendraient du moins que chaque pays a ses usages, et que dans ce monde, de quelque nom qu'on appelle les choses, et quelque déguisement qu'on y apporte, tout se fait pour de l'argent comptant.

Il y a deux bulles sous le nom de la *Cruzada*, la croisade : l'une, du temps d'Isabelle et de Ferdinand ; l'autre, de Philippe V.

La première vend la permission de manger les samedis ce qu'on appelle la *grossura*, les *issues*, les *foies*, les *rognons*, les *animelles*, les *gésiers*, les *ris de veau*, le *mou*, les *fressures*, les *fraises*, les *têtes*, les *cous*, les *hauts-d'ailes*, les *pieds*.

La seconde bulle, accordée par le pape Urbain VIII, donne la permission de manger gras pendant tout le carême, et absout de tout crime, excepté celui d'hérésie.

Non-seulement on vend ces bulles, mais il est ordonné de les acheter ; et elles coûtent plus cher, comme de raison, au Pérou et au Mexique qu'en Espagne. On les y vend une piastre. Il est juste que les pays qui produisent l'or et l'argent payent plus que les autres.

Le prétexte de ces bulles est de faire la guerre aux Maures.

Les esprits difficiles ne voient pas quel est le rapport entre des fressures et une guerre contre les Africains ; et ils ajoutent que Jésus-Christ n'a jamais ordonné qu'on fît la guerre aux mahométans sous peine d'excommunication.

La bulle qui permet de garder le bien d'autrui est appelée la *bulle de la composition*. Elle est affermée, et a rendu longtemps des sommes honnêtes dans toute l'Espagne, dans le Milanais, en Sicile et à Naples. Les adjudicataires chargent les moines les plus éloquents de prêcher cette bulle. Les pécheurs qui ont volé le roi ou l'État, ou les particuliers, vont trouver ces prédicateurs, se confessent à eux, leur exposent combien il serait triste de restituer le tout. Ils offrent cinq, six, et quelquefois sept pour cent aux moines, pour garder le reste en sûreté de conscience ; et, la composition faite, ils reçoivent l'absolution.

Le frère prêcheur [1] auteur du *Voyage d'Espagne et d'Italie*, imprimé à Paris, avec privilége, chez Jean-Baptiste de L'Épine, s'exprime ainsi sur cette bulle [2] : « N'est-il pas bien gracieux d'en être quitte à un prix si raisonnable, sauf à en voler davantage quand on aura besoin d'une plus grosse somme? »

BULLE UNIGENITUS.

La bulle *in Cœna Domini* indigna tous les souverains catholiques, qui l'ont enfin proscrite dans leurs États; mais la bulle *Unigenitus* n'a troublé que la France. On attaquait dans la première les droits des princes et des magistrats de l'Europe; ils les soutinrent. On ne proscrivait dans l'autre que quelques maximes de morale et de piété; personne ne s'en soucia, hors les parties intéressées dans cette affaire passagère; mais bientôt ces parties intéressées remplirent la France entière. Ce fut d'abord une querelle des jésuites tout-puissants, et des restes de Port-Royal écrasé.

Le prêtre de l'Oratoire Quesnel, réfugié en Hollande, avait dédié un commentaire sur le Nouveau Testament au cardinal de Noailles, alors évêque de Châlons-sur-Marne. Cet évêque l'approuva, et l'ouvrage eut le suffrage de tous ceux qui lisent ces sortes de livres.

Un nommé Le Tellier, jésuite, confesseur de Louis XIV, ennemi du cardinal de Noailles, voulut le mortifier en faisant

---

1. Le P. Labat.
2. Tome V, page 210. (*Note de Voltaire.*)

condamner à Rome ce livre qui lui était dédié, et dont il faisait un très-grand cas.

Ce jésuite, fils d'un procureur de Vire en basse Normandie, avait dans l'esprit toutes les ressources de la profession de son père. Ce n'était pas assez de commettre le cardinal de Noailles avec le pape, il voulut le faire disgracier par le roi son maître. Pour réussir dans ce dessein, il fit composer par ses émissaires des mandements contre lui, qu'il fit signer par quatre évêques. Il minuta encore des lettres au roi, qu'il leur fit signer.

Ces manœuvres, qui auraient été punies dans tous les tribunaux, réussirent à la cour; le roi s'aigrit contre le cardinal; Mme de Maintenon l'abandonna.

Ce fut une suite d'intrigues dont tout le monde voulut se mêler d'un bout du royaume à l'autre; et plus la France était malheureuse alors dans une guerre funeste, plus les esprits s'échauffaient pour une querelle de théologie.

Pendant ces mouvements, Le Tellier fit demander à Rome par Louis XIV lui-même la condamnation du livre de Quesnel, dont ce monarque n'avait jamais lu une page. Le Tellier, et deux autres jésuites, nommés Doucin et Lallemant, extrairent cent trois propositions que le pape Clément XI devait condamner; la cour de Rome en retrancha deux, pour avoir du moins l'honneur de paraître juger par elle-même.

Le cardinal Fabroni, chargé de cette affaire, et livré aux jésuites, fit dresser la bulle par un cordelier nommé frère Palerme, Élie capucin, le barnabite Terrovi, le servite Castelli, et même un jésuite nommé Alfaro.

Le pape Clément XI les laissa faire; il voulait seulement plaire au roi de France, qu'il avait longtemps indisposé en reconnaissant l'archiduc Charles, depuis empereur, pour roi d'Espagne. Il ne lui en coûtait, pour satisfaire le roi, qu'un morceau de parchemin scellé en plomb, sur une affaire qu'il méprisait lui-même.

Clément XI ne se fit pas prier; il envoya la bulle, et fut tout étonné d'apprendre qu'elle était reçue presque dans toute la France avec des sifflets et des huées. « Comment donc! disait-il au cardinal Carpegne, on me demande instamment cette bulle, je la donne de bon cœur, et tout le monde s'en moque! »

Tout le monde fut surpris en effet de voir un pape, qui, au nom de Jésus-Christ, condamnait comme hérétique, sentant l'hérésie, malsonnante, et offensant les oreilles pieuses, cette proposition : « Il est bon de lire des livres de piété le dimanche, surtout la sainte Écriture; » et cette autre : « La crainte d'une excommunication injuste ne doit pas nous empêcher de faire notre devoir. »

Les partisans des jésuites étaient alarmés eux-mêmes de cette censure; mais ils n'osaient parler. Les hommes sages et désintéressés criaient au scandale, et le reste de la nation au ridicule.

Le Tellier n'en triompha pas moins jusqu'à la mort de Louis XIV; il était en horreur, mais il gouvernait. Il n'est rien que ce malheureux ne tentât pour faire déposer le cardinal de Noailles; mais ce boute-feu fut exilé après la mort de son pénitent. Le duc d'Orléans, dans sa régence, apaisa ces querelles en s'en moquant. Elles jetèrent depuis quelques étincelles; mais enfin elles sont oubliées, et probablement pour jamais. C'est bien assez qu'elles aient duré plus d'un demi-siècle. Heureux encore les hommes s'ils n'étaient divisés que pour des sottises qui ne font point verser le sang humain!

C.

CALEBASSE.

Ce fruit, gros comme nos citrouilles, croît en Amérique aux branches d'un arbre aussi haut que les plus grands chênes.

Ainsi Matthieu Garo[2], qui croit avoir eu tort en Europe de trouver mauvais que les citrouilles rampent à terre, et ne soient pas pendues au haut des arbres, aurait eu raison au Mexique. Il aurait eu encore raison dans l'Inde, où les cocos sont fort élevés. Cela prouve qu'il ne faut jamais se hâter de conclure. *Dieu fait bien ce qu'il fait*, sans doute; mais il n'a pas mis les citrouilles à terre dans nos climats de peur qu'en tombant de haut elles n'écrasent le nez de Matthieu Garo[3].

La calebasse ne servira ici qu'à faire voir qu'il faut se défier de l'idée que tout a été fait pour l'homme. Il y a des gens qui prétendent que le gazon n'est vert que pour réjouir la vue. Les apparences pourtant seraient que l'herbe est plutôt faite pour les

---

1. *Questions sur l'Encyclopédie*, troisième partie, 1770. (B.)
2. Voyez la fable de Matthieu Garo, dans La Fontaine, livre IX, fable v, *le Gland et la Citrouille*. (*Note de Voltaire.*)
3. Voltaire a parlé de Matthieu Garo dans le sixième des *Discours en vers sur l'homme*.

animaux qui la broutent, que pour l'homme, à qui le gramen et le trèfle sont assez inutiles. Si la nature a produit les arbres en faveur de quelque espèce, il est difficile de dire à qui elle a donné la préférence : les feuilles, et même l'écorce, nourrissent une multitude prodigieuse d'insectes ; les oiseaux mangent leurs fruits, habitent entre leurs branches, y composent l'industrieux artifice de leurs nids ; et les troupeaux se reposent sous leurs ombres.

L'auteur du *Spectacle de la nature*[1] prétend que la mer n'a un flux et un reflux que pour faciliter le départ et l'entrée de nos vaisseaux. Il paraît que Matthieu Garo raisonnait encore mieux : la Méditerranée, sur laquelle on a tant de vaisseaux, et qui n'a de marée qu'en trois ou quatre endroits, détruit l'opinion de ce philosophe.

Jouissons de ce que nous avons, et ne croyons pas être la fin et le centre de tout. Voici sur cette maxime quatre petits vers d'un géomètre ; il les calcula un jour en ma présence : ils ne sont pas pompeux :

> Homme chétif, la vanité te point.
> Tu te fais centre : encor si c'était ligne !
> Mais dans l'espace à grand'peine es-tu *point*.
> Va, sois *zéro* : ta sottise en est digne.

CARACTÈRE[2].

Du mot grec *impression, gravure*. C'est ce que la nature a gravé dans nous.

Peut-on changer de caractère ? Oui, si on change de corps. Il se peut qu'un homme né brouillon, inflexible et violent, étant tombé dans sa vieillesse en apoplexie, devienne un sot enfant pleureur, timide et paisible. Son corps n'est plus le même. Mais tant que ses nerfs, son sang et sa moelle allongée seront dans le même état, son naturel ne changera pas plus que l'instinct d'un loup et d'une fouine.

L'auteur anglais du *Dispensary*, petit poëme très-supérieur aux *Capitoli* italiens, et peut-être même au *Lutrin* de Boileau, a très-bien dit, ce me semble :

> Un mélange secret de feu, de terre et d'eau
> Fit le cœur de César et celui de Nassau.

---

1. Pluche. Voyez ci-devant l'article BORNES DE L'ESPRIT HUMAIN.
2. *Dictionnaire philosophique*, 1764. (B.)

CARACTÈRE.

D'un ressort inconnu le pouvoir invincible
Rendit Slone impudent et sa femme sensible.

Le caractère est formé de nos idées et de nos sentiments : or il est très-prouvé qu'on ne se donne ni sentiments ni idées ; donc notre caractère ne peut dépendre de nous.

S'il en dépendait, il n'y a personne qui ne fût parfait.

Nous ne pouvons nous donner des goûts, des talents ; pourquoi nous donnerions-nous des qualités ?

Quand on ne réfléchit pas, on se croit le maître de tout ; quand on y réfléchit, on voit qu'on n'est maître de rien.

Voulez-vous changer absolument le caractère d'un homme, purgez-le tous les jours avec des délayants jusqu'à ce que vous l'ayez tué. Charles XII, dans sa fièvre de suppuration sur le chemin de Bender, n'était plus le même homme. On disposait de lui comme d'un enfant.

Si j'ai un nez de travers et deux yeux de chat, je peux les cacher avec un masque. Puis-je davantage sur le caractère que m'a donné la nature ?

Un homme né violent, emporté, se présente devant François Ier, roi de France, pour se plaindre d'un passe-droit ; le visage du prince, le maintien respectueux des courtisans, le lieu même où il est, font une impression puissante sur cet homme ; il baisse machinalement les yeux, sa voix rude s'adoucit, il présente humblement sa requête, on le croirait né aussi doux que le sont (dans ce moment au moins) les courtisans au milieu desquels il est même déconcerté ; mais si François Ier se connaît en physionomie, il découvre aisément dans ses yeux baissés, mais allumés d'un feu sombre, dans les muscles tendus de son visage, dans ses lèvres serrées l'une contre l'autre, que cet homme n'est pas si doux qu'il est forcé de le paraître. Cet homme le suit à Pavie, est pris avec lui, mené avec lui en prison à Madrid : la majesté de François Ier ne fait plus sur lui la même impression ; il se familiarise avec l'objet de son respect. Un jour en tirant les bottes du roi, et les tirant mal, le roi, aigri par son malheur, se fâche ; mon homme envoie promener le roi, et jette ses bottes par la fenêtre.

Sixte-Quint était né pétulant, opiniâtre, altier, impétueux, vindicatif, arrogant : ce caractère semble adouci dans les épreuves de son noviciat. Commence-t-il à jouir de quelque crédit dans son ordre, il s'emporte contre un gardien, et l'assomme à coups de poing ; est-il inquisiteur à Venise, il exerce sa charge avec insolence ; le voilà cardinal, il est possédé *dalla rabbia papale :* cette rage l'emporte sur son naturel ; il ensevelit dans l'obscurité sa personne et son caractère ; il contrefait l'humble et le moribond ; on l'élit pape : ce moment rend au ressort, que la politique avait plié, toute son élasticité longtemps retenue ; il est le plus fier et le plus despotique des souverains.

> Naturam expellas furca, tamen usque recurret.
> (Hor., liv. I, ep. ix.)

> Chassez le naturel, il revient au galop.
> (Destouches, *Glorieux,* acte III, scène v.)

La religion, la morale, mettent un frein à la force du naturel ; elles ne peuvent le détruire. L'ivrogne dans un cloître, réduit à un demi-setier de cidre à chaque repas, ne s'enivrera plus, mais il aimera toujours le vin.

L'âge affaiblit le caractère ; c'est un arbre qui ne produit plus que quelques fruits dégénérés, mais ils sont toujours de même nature ; il se couvre de nœuds et de mousse, il devient vermoulu, mais il est toujours chêne ou poirier. Si on pouvait changer son caractère, on s'en donnerait un, on serait le maître de la nature. Peut-on se donner quelque chose? ne recevons-nous pas tout? Essayez d'animer l'indolent d'une activité suivie, de glacer par l'apathie l'âme bouillante de l'impétueux, d'inspirer du goût pour la musique et pour la poésie à celui qui manque de goût et d'oreille, vous n'y parviendrez pas plus que si vous entrepreniez de donner la vue à un aveugle-né. Nous perfectionnons, nous adoucissons, nous cachons ce que la nature a mis dans nous ; mais nous n'y mettons rien.

On dit à un cultivateur : Vous avez trop de poissons dans ce vivier, ils ne prospéreront pas ; voilà trop de bestiaux dans vos prés, l'herbe manque, ils maigriront. Il arrive après cette exhortation que les brochets mangent la moitié des carpes de mon homme, et les loups la moitié de ses moutons ; le reste engraisse. S'applaudira-t-il de son économie? Ce campagnard, c'est toi-même ; une de tes passions a dévoré les autres, et tu crois avoir triomphé de toi. Ne ressemblons-nous pas presque tous à ce vieux général de quatre-vingt-dix ans, qui, ayant rencontré de jeunes officiers qui faisaient un peu de désordre avec des filles, leur dit tout en colère : « Messieurs, est-ce là l'exemple que je vous donne? »

CARÊME.

SECTION PREMIÈRE [1].

Nos questions sur le carême ne regarderont que la police. Il paraît utile qu'il y ait un temps dans l'année où l'on égorge moins de bœufs, de veaux, d'agneaux, de volaille. On n'a point encore de jeunes poulets ni de pigeons en février et en mars, temps auquel le carême arrive. Il est bon de faire cesser le carnage quelques semaines dans les pays où les pâturages ne sont pas aussi gras que ceux de l'Angleterre et de la Hollande.

Ces magistrats de la police ont très-sagement ordonné que la viande fût un peu plus chère à Paris, pendant ce temps, et que le profit en fût donné aux hôpitaux. C'est un tribut presque insensible que payent alors le luxe et la gourmandise à l'indigence : car ce sont les riches, qui n'ont pas la force de faire carême; les pauvres jeûnent toute l'année.

Il est très-peu de cultivateurs qui mangent de la viande une fois par mois. S'il fallait qu'ils en mangeassent tous les jours, il n'y en aurait pas assez pour le plus florissant royaume. Vingt millions de livres de viande par jour feraient sept milliards trois cents millions de livres par année. Ce calcul est effrayant.

Le petit nombre de riches, financiers, prélats, principaux magistrats, grands seigneurs, grandes dames, qui daignent faire servir du maigre [2] à leurs tables, jeûnent pendant six semaines avec des soles, des saumons, des vives, des turbots, des esturgeons.

Un de nos plus fameux financiers [3] avait des courriers qui lui apportaient chaque jour pour cent écus de marée à Paris. Cette dépense faisait vivre les courriers, les maquignons qui avaient vendu les chevaux, les pêcheurs qui fournissaient le poisson, les fabricateurs de filets (qu'on nomme en quelques endroits les *filetiers*), les constructeurs de bateaux, etc., les épiciers chez lesquels on prenait toutes les drogues raffinées qui donnent au poisson un goût supérieur à celui de la viande. Lucullus n'aurait pas fait carême plus voluptueusement.

---

1. Cette première section composait, en 1770, tout l'article dans les *Questions sur l'Encyclopédie*, troisième partie. (B.)
2. Pourquoi donner le nom de *maigre* à des poissons plus gras que les poulardes, et qui donnent de si terribles indigestions ? (*Note de Voltaire*.)
3. Bouret. Voyez ce que Voltaire a déjà dit du carême dans sa *Requête à tous les magistrats*, première partie (*Mélanges*, année 1769).

Il faut encore remarquer que la marée, en entrant dans Paris, paye à l'État un impôt considérable.

Le secrétaire des commandements du riche, ses valets de chambre, les demoiselles de madame, le chef d'office, etc., mangent la desserte du Crésus, et jeûnent aussi délicieusement que lui.

Il n'en est pas de même des pauvres. Non-seulement, s'ils mangent pour quatre sous d'un mouton coriace, ils commettent un grand péché ; mais ils chercheront en vain ce misérable aliment. Que mangeront-ils donc? ils n'ont que leurs châtaignes, leur pain de seigle, les fromages qu'ils ont pressurés du lait de leurs vaches, de leurs chèvres, ou de leurs brebis, et quelque peu d'œufs de leurs poules.

Il y a des Églises où l'on a pris l'habitude de leur défendre les œufs et le laitage. Que leur resterait-il à manger? rien. Ils consentent à jeûner ; mais ils ne consentent pas à mourir. Il est absolument nécessaire qu'ils vivent, quand ce ne serait que pour labourer les terres des gros bénéficiers et des moines.

On demande donc s'il n'appartient pas uniquement aux magistrats de la police du royaume, chargés de veiller à la santé des habitants, de leur donner la permission de manger les fromages que leurs mains ont pétris, et les œufs que leurs poules ont pondus?

Il paraît que le lait, les œufs, le fromage, tout ce qui peut nourrir le cultivateur, sont du ressort de la police, et non pas une cérémonie religieuse.

Nous ne voyons pas que Jésus-Christ ait défendu les omelettes à ses apôtres ; au contraire il leur a dit [1] : *Mangez ce qu'on vous donnera.*

La sainte Église a ordonné le carême ; mais en qualité d'Église elle ne commande qu'au cœur ; elle ne peut infliger que des peines spirituelles ; elle ne peut faire brûler aujourd'hui, comme autrefois, un pauvre homme qui, n'ayant que du lard rance, aura mis un peu de ce lard sur une tranche de pain noir le lendemain du mardi gras.

Quelquefois, dans les provinces, des curés s'emportant au delà de leurs devoirs, et oubliant les droits de la magistrature, s'ingèrent d'aller chez les aubergistes, chez les traiteurs, voir s'ils n'ont pas quelques onces de viande dans leurs marmites, quelques vieilles poules à leur croc, ou quelques œufs dans une armoire lorsque les œufs sont défendus en carême. Alors ils inti-

---

1. Saint Luc, chapitre x, v. 8. (*Note de Voltaire.*)

mident le pauvre peuple; ils vont jusqu'à la violence envers des malheureux qui ne savent pas que c'est à la seule magistrature qu'il appartient de faire la police. C'est une inquisition odieuse et punissable.

Il n'y a que les magistrats qui puissent être informés au juste des denrées plus ou moins abondantes qui peuvent nourrir le pauvre peuple des provinces. Le clergé a des occupations plus sublimes. Ne serait-ce donc pas aux magistrats qu'il appartiendrait de régler ce que le peuple peut manger en carême? Qui aura l'inspection sur le comestible d'un pays, sinon la police du pays?

SECTION II.

Les premiers qui s'avisèrent de jeûner se mirent-ils à ce régime par ordonnance du médecin pour avoir eu des indigestions?

Le défaut d'appétit qu'on se sent dans la tristesse fut-il la première origine des jours de jeûne prescrits dans les religions tristes?

Les Juifs prirent-ils la coutume de jeûner des Égyptiens, dont ils imitèrent tous les rites, jusqu'à la flagellation et au bouc émissaire?

Pourquoi Jésus jeûna-t-il quarante jours dans le désert où il fut emporté par le diable, par le *Knathbull?* Saint Matthieu remarque qu'après ce carême il eut faim; il n'avait donc pas faim dans ce carême?

Pourquoi dans les jours d'abstinence l'Église romaine regarde-t-elle comme un crime de manger des animaux terrestres, et comme une bonne œuvre de se faire servir des soles et des saumons? Le riche papiste qui aura eu sur sa table pour cinq cents francs de poisson sera sauvé; et le pauvre, mourant de faim, qui aura mangé pour quatre sous de petit salé, sera damné!

Pourquoi faut-il demander permission à son évêque de manger des œufs? Si un roi ordonnait à son peuple de ne jamais manger d'œufs, ne passerait-il pas pour le plus ridicule des tyrans? Quelle étrange aversion les évêques ont-ils pour les omelettes?

Croirait-on que chez les papistes il y ait eu des tribunaux assez imbéciles, assez lâches, assez barbares, pour condamner à la mort de pauvres citoyens qui n'avaient d'autres crimes que d'avoir mangé du cheval en carême? Le fait n'est que trop vrai[1]: j'ai

---

1. Voyez dans les *Mélanges*, année 1766, le paragraphe XIII du *Commentaire sur le livre Des Délits et des Peines*, et année 1769, la *Requête à tous les magistrats du royaume*.

entre les mains un arrêt de cette espèce. Ce qu'il y a d'étrange, c'est que les juges qui ont rendu de pareilles sentences se sont crus supérieurs aux Iroquois.

Prêtres idiots et cruels! à qui ordonnez-vous le carême? Est-ce aux riches? ils se gardent bien de l'observer. Est-ce aux pauvres? ils font le carême toute l'année. Le malheureux cultivateur ne mange presque jamais de viande, et n'a pas de quoi acheter du poisson. Fous que vous êtes, quand corrigerez-vous vos lois absurdes?

CARTÉSIANISME[1].

On pu voir à l'article Aristote que ce philosophe et ses sectateurs se sont servis de mots qu'on n'entend point, pour signifier des choses qu'on ne conçoit pas. « Entéléchies, formes substantielles, espèces intentionnelles. »

Ces mots, après tout, ne signifiaient que l'existence des choses dont nous ignorons la nature et la fabrique. Ce qui fait qu'un rosier produit une rose et non pas un abricot, ce qui détermine un chien à courir après un lièvre, ce qui constitue les propriétés de chaque être, a été appelé *forme substantielle;* ce qui fait que nous pensons a été nommé *entéléchie;* ce qui nous donne la vue d'un objet a été nommé *espèce intentionnelle :* nous n'en savons pas plus aujourd'hui sur le fond des choses. Les mots de *force,* d'*âme,* de *gravitation* même, ne nous font nullement connaître le principe et la nature de la force, ni de l'âme, ni de la gravitation. Nous en connaissons les propriétés, et probablement nous nous en tiendrons là tant que nous ne serons que des hommes.

L'essentiel est de nous servir avec avantage des instruments que la nature nous a donnés, sans pénétrer jamais dans la structure intime du principe de ces instruments. Archimède se servait admirablement du ressort, et ne savait pas ce que c'est que le ressort.

La véritable physique consiste donc à bien déterminer tous les effets. Nous connaîtrons les causes premières quand nous serons des dieux. Il nous est donné de calculer, de peser, de mesurer, d'observer : voilà la philosophie naturelle ; presque tout le reste est chimère.

Le malheur de Descartes fut de n'avoir pas, dans son voyage d'Italie, consulté Galilée, qui calculait, pesait, mesurait, obser-

---

1. *Questions sur l'Encyclopédie,* troisième partie, 1770. (B.)

vait; qui avait inventé le compas de proportion, trouvé la pesanteur de l'atmosphère, découvert les satellites de Jupiter, et la rotation du soleil sur son axe.

Ce qui est surtout bien étrange, c'est qu'il n'ait jamais cité Galilée, et qu'au contraire il ait cité le jésuite Scheiner, plagiaire et ennemi de Galilée [1], qui déféra ce grand homme à l'Inquisition, et qui par là couvrit l'Italie d'opprobre lorsque Galilée la couvrait de gloire.

Les erreurs de Descartes sont :

1° D'avoir imaginé trois éléments qui n'étaient nullement évidents, après avoir dit qu'il ne fallait rien croire sans évidence;

2° D'avoir dit qu'il y a toujours également de mouvement dans la nature: ce qui est démontré faux;

3° Que la lumière ne vient point du soleil, et qu'elle est transmise à nos yeux en un instant: démontré faux par les expériences de Roëmer, de Molineux et de Bradley, et même par la simple expérience du prisme;

4° D'avoir admis le plein, dans lequel il est démontré que tout mouvement serait impossible, et qu'un pied cube d'air pèserait autant qu'un pied cube d'or;

5° D'avoir supposé un tournoiement imaginaire dans de prétendus globules de lumière pour expliquer l'arc-en-ciel;

6° D'avoir imaginé un prétendu tourbillon de matière subtile qui emporte la terre et la lune parallèlement à l'équateur, et qui fait tomber les corps graves dans une ligne tendante au centre de la terre, tandis qu'il est démontré que dans l'hypothèse de ce tourbillon imaginaire tous les corps tomberaient suivant une ligne perpendiculaire à l'axe de la terre;

7° D'avoir supposé que des comètes qui se meuvent d'orient en occident, et du nord au sud, sont poussées par des tourbillons qui se meuvent d'occident en orient;

8° D'avoir supposé que dans le mouvement de rotation les corps les plus denses allaient au centre, et les plus subtils à la circonférence: ce qui est contre toutes les lois de la nature;

9° D'avoir voulu étayer ce roman par des suppositions encore plus chimériques que le roman même; d'avoir supposé, contre toutes les lois de la nature, que ces tourbillons ne se confondraient pas ensemble;

10° D'avoir donné ces tourbillons pour la cause des marées et pour celle des propriétés de l'aimant;

---

1. *Principes* de Descartes, troisième partie, page 159. (*Note de Voltaire.*)

11° D'avoir supposé que la mer a un cours continu, qui la porte d'orient en occident;

12° D'avoir imaginé que la matière de son premier élément, mêlée avec celle du second, forme le mercure, qui, par le moyen de ces deux éléments, est coulant comme l'eau, et compacte comme la terre;

13° Que la terre est un soleil encroûté;

14° Qu'il y a de grandes cavités sous toutes les montagnes, qui reçoivent l'eau de la mer, et qui forment les fontaines;

15° Que les mines de sel viennent de la mer;

16° Que les parties de son troisième élément composent des vapeurs qui forment des métaux et des diamants;

17° Que le feu est produit par un combat du premier et du second élément;

18° Que les pores de l'aimant sont remplis de la matière cannelée, enfilée par la matière subtile qui vient du pôle boréal;

19° Que la chaux vive ne s'enflamme, lorsqu'on y jette de l'eau, que parce que le premier élément chasse le second élément des pores de la chaux;

20° Que les viandes digérées dans l'estomac passent par une infinité de trous dans une grande veine qui les porte au foie; ce qui est entièrement contraire à l'anatomie;

21° Que le chyle, dès qu'il est formé, acquiert dans le foie la forme du sang; ce qui n'est pas moins faux;

22° Que le sang se dilate dans le cœur par un feu sans lumière;

23° Que le pouls dépend de onze petites peaux qui ferment et ouvrent les entrées des quatre vaisseaux dans les deux concavités du cœur;

24° Que quand le foie est pressé par ses nerfs, les plus subtiles parties du sang montent incontinent vers le cœur;

25° Que l'âme réside dans la glande pinéale du cervau. Mais comme il n'y a que deux petits filaments nerveux qui aboutissent à cette glande, et qu'on a disséqué des sujets dans qui elle manquait absolument, on la plaça depuis dans les corps cannelés, dans les *nates*, les *testes*, l'*infundibulum*, dans tout le cervelet. Ensuite Lancisi, et après lui La Peyronie, lui donnèrent pour habitation le corps calleux. L'auteur ingénieux et savant qui a donné dans l'*Encyclopédie* l'excellent paragraphe Ame marqué d'une étoile dit avec raison qu'on ne sait plus où la mettre;

26° Que le cœur se forme des parties de la semence qui se dilate. C'est assurément plus que les hommes n'en peuvent savoir : il faudrait avoir vu la semence se dilater, et le cœur se former.

27° Enfin, sans aller plus loin, il suffira de remarquer que son système sur les bêtes, n'étant fondé ni sur aucune raison physique, ni sur aucune raison morale, ni sur rien de vraisemblable, a été justement rejeté de tous ceux qui raisonnent et de tous ceux qui n'ont que du sentiment.

Il faut avouer qu'il n'y eut pas une seule nouveauté dans la physique de Descartes qui ne fût une erreur. Ce n'est pas qu'il n'eût beaucoup de génie; au contraire, c'est parce qu'il ne consulta que ce génie, sans consulter l'expérience et les mathématiques : il était un des plus grands géomètres de l'Europe, et il abandonna sa géométrie pour ne croire que son imagination. Il ne substitua donc qu'un chaos au chaos d'Aristote. Par là il retarda de plus de cinquante ans les progrès de l'esprit humain[1]. Ses erreurs étaient d'autant plus condamnables qu'il avait pour se conduire dans le labyrinthe de la physique un fil qu'Aristote ne pouvait avoir, celui des expériences, les découvertes de Galilée, de Toricelli, de Guéricke, etc., et surtout sa propre géométrie.

On a remarqué que plusieurs universités condamnèrent dans sa philosophie les seules choses qui fussent vraies, et qu'elles adoptèrent enfin toutes celles qui étaient fausses. Il ne reste aujourd'hui de tous ces faux systèmes et de toutes les ridicules disputes qui en ont été la suite qu'un souvenir confus qui s'éteint de jour en jour. L'ignorance préconise encore quelquefois Descartes, et même cette espèce d'amour-propre qu'on appelle *national* s'est efforcé de soutenir sa philosophie. Des gens qui n'avaient jamais lu ni Descartes, ni Newton, ont prétendu que Newton lui avait l'obligation de toutes ses découvertes. Mais il est très-certain qu'il n'y a pas dans tous les édifices imaginaires de Descartes une seule pierre sur laquelle Newton ait bâti. Il ne l'a jamais ni suivi, ni expliqué, ni même réfuté ; à peine le connaissait-il. Il voulut un jour en lire un volume, il mit en marge à sept ou huit pages *error*, et ne le relut plus. Ce volume a été longtemps entre les mains du neveu de Newton.

Le cartésianisme a été une mode en France ; mais les expériences de Newton sur la lumière, et ses principes mathématiques, ne peuvent pas plus être une mode que les démonstrations d'Euclide.

---

1. On ne peut nier que, malgré ses erreurs, Descartes n'ait contribué aux progrès de l'esprit humain : 1° par ses découvertes mathématiques, qui changèrent la face de ces sciences ; 2° par ses discours sur la méthode, où il donne le précepte et l'exemple ; 3° parce qu'il apprit à tous les savants à secouer en philosophie le joug de l'autorité, en ne reconnaissant pour maîtres que la raison, le calcul et l'expérience. (K.)

Il faut être vrai ; il faut être juste ; le philosophe n'est ni Français, ni Anglais, ni Florentin : il est de tout pays. Il ne ressemble pas à la duchesse de Marlborough, qui, dans une fièvre tierce, ne voulait pas prendre de quinquina, parce qu'on l'appelait en Angleterre *la poudre des jésuites*.

Le philosophe, en rendant hommage au génie de Descartes, foule aux pieds les ruines de ses systèmes.

Le philosophe surtout dévoue à l'exécration publique et au mépris éternel les persécuteurs de Descartes, qui osèrent l'accuser d'athéisme, lui qui avait épuisé toute la sagacité de son esprit à chercher de nouvelles preuves de l'existence de Dieu. Lisez le morceau de M. Thomas dans l'*Éloge de Descartes*, où il peint d'une manière si énergique l'infâme théologien nommé Voëtius, qui calomnia Descartes, comme depuis le fanatique Jurieu calomnia Bayle, etc., etc., etc. ; comme Patouillet et Nonotte ont calomnié un philosophe ; comme le vinaigrier Chaumeix et Fréron ont calomnié l'*Encyclopédie* ; comme on calomnie tous les jours. Et plût à Dieu qu'on ne pût que calomnier !

CATÉCHISME CHINOIS[1],

ou

ENTRETIENS DE CU-SU, DISCIPLE DE CONFUTZÉE,
AVEC LE PRINCE KOU,
FILS DU ROI DE LOW, TRIBUTAIRE DE L'EMPEREUR CHINOIS GNENVAN,
417 ANS AVANT NOTRE ÈRE VULGAIRE.

(Traduit en latin par le P. Fouquet, ci-devant ex-jésuite. Le manuscrit est dans la bibliothèque du Vatican, n° 42,759.)

PREMIER ENTRETIEN.

KOU.

Que dois-je entendre quand on me dit d'adorer le ciel (Chang-ti) ?

CU-SU.

Ce n'est pas le ciel matériel que nous voyons ; car ce ciel n'est

---

1. Dans la première édition du *Dictionnaire philosophique*, en 1764, le CATÉCHISME CHINOIS était placé à la suite de l'article CHINE, et était suivi du CATÉCHISME DU JAPONAIS et du CATÉCHISME DU CURÉ. Les éditeurs de Kehl, en le réunissant à beaucoup d'autres dialogues, l'avaient intitulé CU-SU ET KOU. (B.)

autre chose que l'air, et cet air est composé de toutes les exhalaisons de la terre : ce serait une folie bien absurde d'adorer des vapeurs.

KOU.

Je n'en serais pourtant pas surpris. Il me semble que les hommes ont fait des folies encore plus grandes.

CU-SU.

Il est vrai ; mais vous êtes destiné à gouverner ; vous devez être sage.

KOU.

Il y a tant de peuples qui adorent le ciel et les planètes?

CU-SU.

Les planètes ne sont que des terres comme la nôtre. La lune, par exemple, ferait aussi bien d'adorer notre sable et notre boue, que nous de nous mettre à genoux devant la sable et la boue de la lune.

KOU.

Que prétend-on quand on dit : le ciel et la terre, monter au ciel, être digne du ciel?

CU-SU.

On dit une énorme sottise, il n'y a point de ciel ; chaque planète est entourée de son atmosphère, comme d'une coque, et roule dans l'espace autour de son soleil. Chaque soleil est le centre de plusieurs planètes qui voyagent continuellement autour de lui : il n'y a ni haut, ni bas, ni montée, ni descente. Vous sentez que si les habitants de la lune disaient qu'on monte à la terre, qu'il faut se rendre digne de la terre, ils diraient une extravagance. Nous prononçons de même un mot qui n'a pas de sens, quand nous disons qu'il faut se rendre digne du ciel ; c'est comme si nous disions : Il faut se rendre digne de l'air, digne de la constellation du dragon, digne de l'espace.

KOU.

Je crois vous comprendre ; il ne faut adorer que le Dieu qui a fait le ciel et la terre.

CU-SU.

Sans doute ; il faut n'adorer que Dieu. Mais quand nous disons qu'il a fait le ciel et la terre, nous disons pieusement une grande pauvreté. Car, si nous entendons par le ciel l'espace prodigieux dans lequel Dieu alluma tant de soleils, et fit tourner tant de mondes, il est beaucoup plus ridicule de dire *le ciel et la terre* que de dire *les montagnes et un grain de sable*. Notre globe est infiniment moins qu'un grain de sable en comparaison de ces millions de milliards d'univers devant lesquels nous disparaissons. Tout ce que nous pouvons faire, c'est de joindre ici notre faible voix à celle des êtres innombrables qui rendent hommage à Dieu dans l'abîme de l'étendue.

KOU.

On nous a donc bien trompés quand on nous a dit que Fo était descendu chez nous du quatrième ciel, et avait paru en éléphant blanc.

CU-SU.

Ce sont des contes que les bonzes font aux enfants et aux vieilles : nous ne devons adorer que l'auteur éternel de tous les êtres.

KOU.

Mais comment un être a-t-il pu faire les autres?

CU-SU.

Regardez cette étoile ; elle est à quinze cent mille millions de *lis* de notre petit globe ; il en part des rayons qui vont faire sur vos yeux deux angles égaux au sommet ; ils font les mêmes angles sur les yeux de tous les animaux : ne voilà-t-il pas un dessein marqué? ne voilà-t-il pas une loi admirable? Or qui fait un ouvrage, sinon un ouvrier? qui fait des lois, sinon un législateur? Il y a donc un ouvrier, un législateur éternel.

KOU.

Mais qui a fait cet ouvrier ? et comment est-il fait ?

CU-SU.

Mon prince, je me promenais hier auprès du vaste palais qu'a bâti le roi votre père. J'entendis deux grillons, dont l'un disait à l'autre : « Voilà un terrible édifice. — Oui, dit l'autre ; tout glorieux que je suis, j'avoue que c'est quelqu'un de plus puissant que les grillons qui a fait ce prodige ; mais je n'ai point d'idée de cet être-là ; je vois qu'il est, mais je ne sais ce qu'il est. »

KOU.

Je vous dis que vous êtes un grillon plus instruit que moi ; et ce qui me plaît en vous, c'est que vous ne prétendez pas savoir ce que vous ignorez.

DEUXIÈME ENTRETIEN.

CU-SU.

Vous convenez donc qu'il y a un être tout-puissant, existant par lui-même, suprême artisan de toute la nature?

KOU.

Oui ; mais s'il existe par lui-même, rien ne peut donc le borner, et il est donc partout; il existe donc dans toute la matière, dans toutes les parties de moi-même?

CU-SU.

Pourquoi non?

KOU.

Je serais donc moi-même une partie de la Divinité?

CU-SU.

Ce n'est peut-être pas une conséquence. Ce morceau de verre est pénétré de toutes parts de la lumière; est-il lumière cependant lui-même? ce n'est que du sable, et rien de plus. Tout est en Dieu, sans doute; ce qui anime tout doit être partout. Dieu n'est pas comme l'empereur de la Chine, qui habite son palais, et qui envoie ses ordres par des colaos. Dès là qu'il existe, il est nécessaire que son existence remplisse tout l'espace et tous ses ouvrages; et puisqu'il est dans vous, c'est un avertissement continuel de ne rien faire dont vous puissiez rougir devant lui.

KOU.

Que faut-il faire pour oser ainsi se regarder soi-même sans répugnance et sans honte devant l'Être suprême?

CU-SU.

Être juste.

KOU.

Et quoi encore?

CU-SU.

Être juste.

KOU.

Mais la secte de Laokium dit qu'il n'y a ni juste ni injuste, ni vice ni vertu.

CU-SU.

La secte de Laokium dit-elle qu'il n'y a ni santé ni maladie?

KOU.

Non, elle ne dit point une si grande erreur.

CU-SU.

L'erreur de penser qu'il n'y a ni santé de l'âme ni maladie de l'âme, ni vertu ni vice, est aussi grande et plus funeste. Ceux qui ont dit que tout est égal sont des monstres : est-il égal de nourrir son fils ou de l'écraser sur la pierre, de secourir sa mère ou de lui plonger un poignard dans le cœur?

KOU.

Vous me faites frémir; je déteste la secte de Laokium; mais il y a tant de nuances du juste et de l'injuste! on est souvent bien incertain. Quel homme sait précisément ce qui est permis ou ce qui est défendu? Qui pourra poser sûrement les bornes qui séparent le bien et le mal? quelle règle me donnerez-vous pour les discerner?

CU-SU.

Celle de Confutzée, mon maître : « Vis comme en mourant tu voudrais avoir vécu ; traite ton prochain comme tu veux qu'il te traite. »

KOU.

Ces maximes, je l'avoue, doivent être le code du genre humain ; mais que m'importera en mourant d'avoir bien vécu? qu'y gagnerai-je? Cette horloge, quand elle sera détruite, sera-t-elle heureuse d'avoir bien sonné les heures?

CU-SU.

Cette horloge ne sent point, ne pense point ; elle ne peut avoir des remords, et vous en avez quand vous vous sentez coupable.

KOU.

Mais si, après avoir commis plusieurs crimes, je parviens à n'avoir plus de remords?

CU-SU.

Alors il faudra vous étouffer ; et soyez sûr que parmi les hommes qui n'aiment pas qu'on les opprime il s'en trouvera qui vous mettront hors d'état de faire de nouveaux crimes.

KOU.

Ainsi Dieu, qui est en eux, leur permettra d'être méchants après m'avoir permis de l'être?

CU-SU.

Dieu vous a donné raison : n'en abusez, ni vous, ni eux. Non-seulement vous serez malheureux dans cette vie, mais qui vous a dit que vous ne le seriez pas dans une autre?

KOU.

Et qui vous a dit qu'il y a une autre vie?

CU-SU.

Dans le doute seul, vous devez vous conduire comme s'il y en avait une.

KOU.

Mais si je suis sûr qu'il n'y en a point?

CU-SU.

Je vous en défie.

TROISIÈME ENTRETIEN.

KOU.

Vous me poussez, Cu-su. Pour que je puisse être récompensé ou puni quand je ne serai plus, il faut qu'il subsiste dans moi quelque chose qui sente et qui pense après moi. Or comme avant ma naissance rien de moi n'avait ni sentiment ni pensée, pourquoi y en aurait-il après ma mort? que pourrait être cette partie incompréhensible de moi-même? Le bourdonnement de cette abeille restera-t-il quand l'abeille ne sera plus? La végétation de cette plante subsiste-t-elle quand la plante est déracinée? La végétation n'est-elle pas un mot dont on se sert pour signifier la manière inexplicable dont l'Être suprême a voulu que la plante tirât les sucs de la terre? L'âme est de même un mot inventé pour exprimer faiblement et obscurément les ressorts de notre vie. Tous les animaux se meuvent; et cette puissance de se mouvoir, on l'appelle *force active*; mais il n'y a pas un être distinct qui soit cette force. Nous avons des passions; cette mémoire, cette raison, ne sont pas, sans doute, des choses à part; ce ne sont pas des êtres existants dans nous; ce ne sont pas de petites personnes qui aient une existence particulière; ce sont des mots génériques, inventés pour fixer nos idées. L'âme, qui signifie notre mémoire, notre raison, nos passions, n'est donc elle-même qu'un mot. Qui fait le mouvement dans la nature? c'est Dieu. Qui fait végéter toutes les plantes? c'est Dieu. Qui fait le mouvement dans les animaux? c'est Dieu. Qui fait la pensée de l'homme? c'est Dieu.

Si l'âme [1] humaine était une petite personne renfermée dans notre corps, qui en dirigeât les mouvements et les idées, cela ne marquerait-il pas dans l'éternel artisan du monde une impuissance et un artifice indigne de lui? il n'aurait donc pas été capable de faire des automates qui eussent dans eux-mêmes le don du mouvement et de la pensée? Vous m'avez appris le grec, vous m'avez fait lire Homère; je trouve Vulcain un divin forgeron, quand il fait des trépieds d'or qui vont tout seuls au conseil des dieux; mais ce Vulcain me paraîtrait un misérable charlatan s'il avait caché dans le corps de ces trépieds quelqu'un de ses garçons qui les fît mouvoir sans qu'on s'en aperçût.

Il y a de froids rêveurs qui ont pris pour une belle imagination l'idée de faire rouler des planètes par des génies qui les

---

1. Voyez l'article AME, onzième section.

poussent sans cesse ; mais Dieu n'a pas été réduit à cette pitoyable ressource : en un mot, pourquoi mettre deux ressorts à un ouvrage lorsqu'un seul suffit? Vous n'oserez pas nier que Dieu ait le pouvoir d'animer l'être peu connu que nous appelons *matière;* pourquoi donc se servirait-il d'un autre agent pour l'animer?

Il y a bien plus : ce serait cette âme que vous donnez si libéralement à notre corps? d'où viendrait-elle? quand viendrait-elle? faudrait-il que le Créateur de l'univers fût continuellement à l'affût de l'accouplement des hommes et des femmes, qu'il remarquât attentivement le moment où un germe sort du corps d'un homme et entre dans le corps d'une femme, et qu'alors il envoyât vite une âme dans ce germe? et si ce germe meurt, que deviendra cette âme? elle aura donc été créée inutilement, ou elle attendra une autre occasion.

Voilà, je vous l'avoue, une étrange occupation pour le maître du monde ; et non-seulement il faut qu'il prenne garde continuellement à la copulation de l'espèce humaine, mais il faut qu'il en fasse autant avec tous les animaux : car ils ont tous comme nous de la mémoire, des idées, des passions ; et si une âme est nécessaire pour former ces sentiments, cette mémoire, ces idées, ces passions, il faut que Dieu travaille perpétuellement à forger des âmes pour les éléphants, et pour les porcs, pour les hiboux, pour les poissons et pour les bonzes.

Quelle idée me donneriez-vous de l'architecte de tant de millions de mondes, qui serait obligé de faire continuellement des chevilles invisibles pour perpétuer son ouvrage?

Voilà une très-petite partie des raisons qui peuvent me faire douter de l'existence de l'âme.

CU-SU.

Vous raisonnez de bonne foi ; et ce sentiment vertueux, quand même il serait erroné, serait agréable à l'Être suprême. Vous pouvez vous tromper, mais vous ne cherchez pas à vous tromper, et dès lors vous êtes excusable. Mais songez que vous ne m'avez proposé que des doutes, et que ces doutes sont tristes. Admettez des vraisemblances plus consolantes : il est dur d'être anéanti ; espérez de vivre. Vous savez qu'une pensée n'est point matière, vous savez qu'elle n'a nul rapport avec la matière ; pourquoi donc vous serait-il si difficile de croire que Dieu a mis dans vous un principe divin qui, ne pouvant être dissous, ne peut être sujet à la mort? Oseriez-vous dire qu'il est impossible que vous ayez une âme? non, sans doute : et si cela est possible, n'est-il pas très-vraisemblable que vous en avez une? pourriez-vous rejeter un système si beau et si nécessaire au genre humain? et quelques difficultés vous rebuteront-elles?

KOU.

Je voudrais embrasser ce système, mais je voudrais qu'il me fût prouvé. Je ne suis pas le maître de croire quand je n'ai pas d'évidence. Je suis toujours frappé de cette grande idée que Dieu a tout fait, qu'il est partout, qu'il pénètre tout, qu'il donne le mouvement et la vie à tout ; et s'il est dans toutes les parties de mon être, comme il est dans toutes les parties de la nature, je ne vois pas quel besoin j'ai d'une âme. Qu'ai-je à faire de ce petit être subalterne, quand je suis animé par Dieu même? à quoi me servirait cette âme? Ce n'est pas nous qui nous donnons nos idées, car nous les avons presque toujours malgré nous ; nous en avons quand nous sommes endormis ; tout se fait en nous sans que nous nous en mêlions. L'âme aurait beau dire au sang et aux esprits animaux : Courez, je vous prie, de cette façon pour me faire plaisir ; ils circuleront toujours de la manière que Dieu leur a prescrite. J'aime mieux être la machine d'un Dieu qui m'est démontré que d'être la machine d'une âme dont je doute.

CU-SU.

Eh bien! si Dieu même vous anime, ne souillez jamais par des crimes ce Dieu qui est en vous ; et s'il vous a donné une âme, que cette âme ne l'offense jamais. Dans l'un et dans l'autre système vous avez une volonté ; vous êtes libre ; c'est-à-dire vous avez le pouvoir de faire ce que vous voulez : servez-vous de ce pouvoir pour servir ce Dieu qui vous l'a donné. Il est bon que vous soyez philosophe, mais il est nécessaire que vous soyez juste. Vous le serez encore plus quand vous croirez avoir une âme immortelle.

Daignez me répondre : n'est-il pas vrai que Dieu est la souveraine justice?

KOU.

Sans doute; et s'il était possible qu'il cessât de l'être (ce qui est un blasphème), je voudrais, moi, agir avec équité.

CU-SU.

N'est-il pas vrai que votre devoir sera de récompenser les actions vertueuses, et de punir les criminelles quand vous serez sur le trône? Voudriez-vous que Dieu ne fît pas ce que vous-même vous êtes tenu de faire? Vous savez qu'il est et qu'il sera toujours dans cette vie des vertus malheureuses et des crimes impunis ; il est donc nécessaire que le bien et le mal trouvent leur jugement dans une autre vie. C'est cette idée si simple, si naturelle, si générale, qui a établi chez tant de nations la croyance de l'immortalité de nos âmes, et de la justice divine qui les juge quand elles ont abandonné leur dépouille mortelle. Y a-t-il un système plus raisonnable, plus convenable à la Divinité, et plus utile au genre humain?

KOU.

Pourquoi donc plusieurs nations n'ont-elles point embrassé ce système? Vous savez que nous avons dans notre province environ deux cents familles d'anciens Sinous[1], qui ont autrefois habité une partie de l'Arabie Pétrée; ni elles ni leurs ancêtres n'ont jamais cru l'âme immortelle; ils ont leurs *cinq Livres*[2], comme nous avons nos *cinq Kings*; j'en ai lu la traduction: leurs lois, nécessairement semblables à celles de tous les autres peuples, leur ordonnent de respecter leurs pères, de ne point voler, de ne point mentir, de n'être ni adultères ni homicides; mais ces mêmes lois ne leur parlent ni de récompenses ni de châtiments dans une autre vie.

CU-SU.

Si cette idée n'est pas encore développée chez ce pauvre peuple, elle le sera sans doute un jour. Mais que nous importe une malheureuse petite nation, tandis que les Babyloniens, les Égyptiens, les Indiens, et toutes les nations policées ont reçu ce dogme salutaire? Si vous étiez malade, rejetteriez-vous un remède approuvé par tous les Chinois, sous prétexte que quelques barbares des montagnes n'auraient pas voulu s'en servir? Dieu vous a donné la raison, elle vous dit que l'âme doit être immortelle: c'est donc Dieu qui vous le dit lui-même.

KOU.

Mais comment pourrai-je être récompensé ou puni, quand je ne serai plus moi-même, quand je n'aurai plus rien de ce qui aura constitué ma personne? Ce n'est que par ma mémoire que je suis toujours moi: je perds ma mémoire dans ma dernière maladie; il faudra donc après ma mort un miracle pour me la rendre, pour me faire rentrer dans mon existence que j'aurai perdue?

CU-SU.

C'est-à-dire que si un prince avait égorgé sa famille pour régner, s'il avait tyrannisé ses sujets, il en serait quitte pour dire

---

1. Ce sont les Juifs des dix tribus qui, dans leur dispersion, pénétrèrent jusqu'à la Chine; ils y sont appelés *Sinous*. (*Note de Voltaire.*)
2. Le *Pentateuque*.

à Dieu : Ce n'est pas moi, j'ai perdu la mémoire, vous vous méprenez, je ne suis plus la même personne. Pensez-vous que Dieu fût bien content de ce sophisme?

KOU.

Eh bien, soit, je me rends[1]; je voulais faire le bien pour moi-même, je le ferai aussi pour plaire à l'Être suprême ; je pensais qu'il suffisait que mon âme fût juste dans cette vie, j'espérerai qu'elle sera heureuse dans une autre. Je vois que cette opinion est bonne pour les peuples et pour les princes, mais le culte de Dieu m'embarrasse.

QUATRIÈME ENTRETIEN.

CU-SU.

Que trouvez-vous de choquant dans notre *Chu-king*, ce premier livre canonique, si respecté de tous les empereurs chinois ? Vous labourez un champ de vos mains royales pour donner l'exemple au peuple, et vous en offrez les prémices au Chang-ti, au Tien, à l'Être suprême ; vous lui sacrifiez quatre fois l'année ; vous êtes roi et pontife ; vous promettez à Dieu de faire tout le bien qui sera en votre pouvoir : y a-t-il là quelque chose qui répugne?

KOU.

Je suis bien loin d'y trouver à redire ; je sais que Dieu n'a

---

1. Eh bien ! tristes ennemis de la raison et de la vérité, direz-vous encore que cet ouvrage enseigne la mortalité de l'âme ? Ce morceau a été imprimé dans toutes les éditions. De quel front osez-vous donc le calomnier ? Hélas ! si vos âmes conservent leur caractère pendant l'éternité, elles seront éternellement des âmes bien sottes et bien injustes. Non, les auteurs de cet ouvrage raisonnable et utile ne vous disent point que l'âme meurt avec le corps : ils vous disent seulement que vous êtes des ignorants. N'en rougissez pas : tous les sages ont avoué leur ignorance ; aucun d'eux n'a été assez impertinent pour connaître la nature de l'âme. Gassendi, en résumant tout ce qu'a dit l'antiquité, vous parle ainsi : « Vous savez que vous pensez, mais vous ignorez quelle espèce de substance vous êtes, vous qui pensez. Vous ressemblez à un aveugle qui, sentant la chaleur du soleil, croirait avoir une idée distincte de cet astre. » Lisez le reste de cette admirable lettre à Descartes ; lisez Locke ; relisez cet ouvrage-ci attentivement, et vous verrez qu'il est impossible que nous ayons la moindre notion de la nature de l'âme, par la raison qu'il est impossible que la créature connaisse les secrets ressorts du Créateur : vous verrez que, sans connaître le principe de nos pensées, il faut tâcher de penser avec justesse et avec justice ; qu'il faut être tout ce que vous n'êtes pas : modeste, doux, bienfaisant, indulgent ; ressembler à Cu-su et à Kou, et non pas à Thomas d'Aquin ou à Scot, dont les âmes étaient fort ténébreuses, ou à Calvin et à Luther, dont les âmes étaient bien dures et bien emportées. Tâchez que vos âmes tiennent un peu de la nôtre, alors vous vous moquerez prodigieusement de vous-mêmes.

— Dans la censure que la Sorbonne a faite de l'ouvrage de M l'abbé Raynal, les sages maîtres ont dit en latin que M. de Voltaire avait nié la spiritualité de l'âme, et en français qu'il avait nié l'immortalité, *aut vice versa*. (K.)

nul besoin de nos sacrifices ni de nos prières ; mais nous avons besoin de lui en faire ; son culte n'est pas établi pour lui, mais pour nous. J'aime fort à faire des prières, je veux surtout qu'elles ne soient point ridicules : car, quand j'aurai bien crié que « la montagne de Chang-ti est une montagne grasse[1], et qu'il ne faut point regarder les montagnes grasses » ; quand j'aurai fait enfuir le soleil et sécher la lune, ce galimatias sera-t-il agréable à l'Être suprême, utile à mes sujets et à moi-même ?

Je ne puis surtout souffrir la démence des sectes qui nous environnent : d'un côté je vois Laotzée, que sa mère conçut par l'union du ciel et de la terre, et dont elle fut grosse quatre-vingts ans. Je n'ai pas plus de foi à sa doctrine de l'anéantissement et du dépouillement universel qu'aux cheveux blancs avec lesquels il naquit, et à la vache noire sur laquelle il monta pour aller prêcher sa doctrine.

Le dieu Fo ne m'en impose pas davantage, quoiqu'il ait eu pour père un éléphant blanc, et qu'il promette une vie immortelle.

Ce qui me déplaît surtout, c'est que de telles rêveries soient continuellement prêchées par les bonzes qui séduisent le peuple pour le gouverner ; ils se rendent respectables par des mortifications qui effrayent la nature. Les uns se privent toute leur vie des aliments les plus salutaires, comme si on ne pouvait plaire à Dieu que par un mauvais régime ; les autres se mettent au cou un carcan, dont quelquefois ils se rendent très-dignes ; ils s'enfoncent des clous dans les cuisses, comme si leurs cuisses étaient des planches ; le peuple les suit en foule. Si un roi donne quelque édit qui leur déplaise, ils vous disent froidement que cet édit ne se trouve pas dans le commentaire du dieu Fo, et qu'il vaut mieux obéir à Dieu qu'aux hommes. Comment remédier à une maladie populaire si extravagante et si dangereuse ? Vous savez que la tolérance est le principe du gouvernement de la Chine, et de tous ceux de l'Asie ; mais cette indulgence n'est-elle pas bien funeste, quand elle expose un empire à être bouleversé pour des opinions fanatiques ?

CU-SU.

Que le Chang-ti me préserve de vouloir éteindre en vous cet esprit de tolérance, cette vertu si respectable, qui est aux âmes ce que la permission de manger est au corps ! La loi naturelle

---

1. Mons Dei, mons pinguis.
Mons coagulatus, mons pinguis :
Ut quid suspicamini montes coagulatos.
(*Psalm.* LXVII, 16-17.)

permet à chacun de croire ce qu'il veut, comme de se nourrir de ce qu'il veut. Un médecin n'a pas le droit de tuer ses malades parce qu'ils n'auront pas observé la diète qu'il leur a prescrite. Un prince n'a pas le droit de faire pendre ceux de ses sujets qui n'auront pas pensé comme lui; mais il a le droit d'empêcher les troubles, et, s'il est sage, il lui sera très-aisé de déraciner les superstitions. Vous savez ce qui arriva à Daon, sixième roi de Chaldée, il y a quelque quatre mille ans?

KOU.

Non, je n'en sais rien ; vous me feriez plaisir de me l'apprendre.

CU-SU.

Les prêtres chaldéens s'étaient avisés d'adorer les brochets de l'Euphrate ; ils prétendaient qu'un fameux brochet nommé *Oannès*[1] leur avait autrefois appris la théologie, que ce brochet était immortel, qu'il avait trois pieds de long et un petit croissant sur la queue. C'était par respect pour cet *Oannès* qu'il était défendu de manger du brochet. Il s'éleva une grande dispute entre les théologiens pour savoir si le brochet *Oannès* était laité ou œuvé. Les deux parties s'excommunièrent réciproquement, et on en vint plusieurs fois aux mains. Voici comme le roi Daon s'y prit pour faire cesser ce désordre.

Il commanda un jeûne rigoureux de trois jours aux deux partis, après quoi il fit venir les partisans du brochet aux œufs, qui assistèrent à son dîner : il se fit apporter un brochet de trois pieds, auquel on avait mis un petit croissant sur la queue. « Est-ce là votre dieu ? dit-il aux docteurs. — Oui, sire, lui répondirent-ils, car il a un croissant sur la queue. » Le roi commanda qu'on ouvrît le brochet, qui avait la plus belle laite du monde. « Vous voyez bien, dit-il, que ce n'est pas là votre dieu, puisqu'il est laité. » Et le brochet fut mangé par le roi et ses satrapes, au grand contentement des théologiens des œufs, qui voyaient qu'on avait frit le dieu de leurs adversaires.

On envoya chercher aussitôt les docteurs du parti contraire : on leur montra un dieu de trois pieds qui avait des œufs et un croissant sur la queue ; ils assurèrent que c'était là le dieu *Oannès*, et qu'il était laité : il fut frit comme l'autre, et reconnu œuvé. Alors les deux partis étant également sots, et n'ayant pas déjeuné, le bon roi Daon leur dit qu'il n'avait que des brochets à leur donner pour leur dîner ; ils en mangèrent goulument, soit œuvés, soit

---

1. Voltaire reparle du brochet Oannès dans le xie des *Dialogues d'Évhémère*. Voyez *Mélanges,* année 1777.

laités. La guerre civile finit, chacun bénit le bon roi Daon, et les citoyens, depuis ce temps, firent servir à leur dîner tant de brochets qu'ils voulurent.

KOU.

J'aime fort le roi Daon, et je promets bien de l'imiter à la première occasion qui s'offrira. J'empêcherai toujours, autant que je le pourrai (sans faire violence à personne), qu'on adore des Fo et des brochets.

Je sais que dans le Pégu et dans le Tunquin il y a de petits dieux et de petits talapoins qui font descendre la lune dans le décours, et qui prédisent clairement l'avenir, c'est-à-dire qui voient clairement ce qui n'est pas, car l'avenir n'est point. J'empêcherai, autant que je le pourrai, que les talapoins ne viennent chez moi prendre le futur pour le présent, et faire descendre la lune.

Quelle pitié qu'il y ait des sectes qui aillent de ville en ville débiter leurs rêveries, comme des charlatans qui vendent leurs drogues? quelle honte pour l'esprit humain que de petites nations pensent que la vérité n'est que pour elles, et que le vaste empire de la Chine est livré à l'erreur! L'Être éternel ne serait-il que le Dieu de l'île Formose ou de l'île Bornéo? abandonnerait-il le reste de l'univers? Mon cher Cu-su, il est le père de tous les hommes; il permet à tous de manger du brochet; le plus digne hommage qu'on puisse lui rendre est d'être vertueux: un cœur pur est le plus beau de tous ses temples, comme disait le grand empereur Hiao.

CINQUIÈME ENTRETIEN.

CU-SU.

Puisque vous aimez la vertu, comment la pratiquerez-vous quand vous serez roi?

KOU.

En n'étant injuste ni envers mes voisins, ni envers mes peuples.

CU-SU.

Ce n'est pas assez de ne point faire de mal, vous ferez du bien; vous nourrirez les pauvres en les occupant à des travaux utiles, et non pas en dotant la fainéantise; vous embellirez les grands chemins; vous creuserez des canaux; vous élèverez des édifices publics; vous encouragerez tous les arts, vous récompenserez le mérite en tout genre; vous pardonnerez les fautes involontaires.

CATÉCHISME CHINOIS.

KOU.

C'est ce que j'appelle n'être point injuste ; ce sont là autant de devoirs.

CU-SU.

Vous pensez en véritable roi ; mais il y a le roi et l'homme, la vie publique et la vie privée. Vous allez bientôt vous marier ; combien comptez-vous avoir de femmes ?

KOU.

Mais je crois qu'une douzaine me suffira ; un plus grand nombre pourrait me dérober un temps destiné aux affaires. Je n'aime point ces rois qui ont des sept cents femmes[1], et des trois cents concubines, et des milliers d'eunuques pour les servir. Cette manie des eunuques me paraît surtout un trop grand outrage à la nature humaine. Je pardonne tout au plus qu'on chaponne des coqs, ils en sont meilleurs à manger ; mais on n'a point encore fait mettre d'eunuques à la broche. A quoi sert leur mutilation ? Le dalaï-lama en a cinquante pour chanter dans sa pagode. Je voudrais bien savoir si le Chang-ti se plaît beaucoup à entendre les voix claires de ces cinquante hongres.

Je trouve encore très-ridicule qu'il y ait des bonzes qui ne se marient point ; ils se vantent d'être plus sages que les autres Chinois : eh bien ! qu'ils fassent donc des enfants sages. Voilà une plaisante manière d'honorer le Chang-ti que de le priver d'adorateurs ! Voilà une singulière façon de servir le genre humain, que de donner l'exemple d'anéantir le genre humain ! Le bon petit[2] lama nommé *Stelca ed isant Errepi* voulait dire que « tout prêtre devait faire le plus d'enfants qu'il pourrait » ; il prêchait d'exemple, et a été fort utile en son temps. Pour moi, je marierai tous les lamas et bonzes, lamesses et bonzesses qui auront de la vocation pour ce saint œuvre ; ils en seront certainement meilleurs citoyens, et je croirai faire en cela un grand bien au royaume de Low.

CU-SU.

Oh ! le bon prince que nous aurons là ! Vous me faites pleurer de joie. Vous ne vous contenterez pas d'avoir des femmes et des sujets : car enfin on ne peut pas passer sa journée à faire des édits et des enfants : vous aurez sans doute des amis ?

KOU.

J'en ai déjà, et de bons, qui m'avertissent de mes défauts ; je

---

1. Voyez l'article SALOMON.
2. *Stelca ed isant Errepi* signifie, en chinois, (l'abbé) Castel de Saint-Pierre. (*Note de Voltaire.*)

me donne la liberté de reprendre les leurs; ils me consolent, je les console; l'amitié est le baume de la vie, il vaut mieux que celui du chimiste Éreville[1], et même que les sachets du grand Lanourt[2]. Je suis étonné qu'on n'ait pas fait de l'amitié un précepte de religion : j'ai envie de l'insérer dans notre rituel.

CU-SU.

Gardez-vous-en bien, l'amitié est assez sacrée d'elle-même : ne la commandez jamais; il faut que le cœur soit libre; et puis, si vous faisiez de l'amitié un précepte, un mystère, un rite, une cérémonie, il y aurait mille bonzes qui, en prêchant et en écrivant leurs rêveries, rendraient l'amitié ridicule; il ne faut pas l'exposer à cette profanation.

Mais comment en userez-vous avec vos ennemis? Confutzée recommande en vingt endroits de les aimer : cela ne vous paraît-il pas un peu difficile?

KOU.

Aimer ses ennemis! eh, mon Dieu! rien n'est si commun.

CU-SU.

Comment l'entendez-vous?

KOU.

Mais comme il faut, je crois, l'entendre. J'ai fait l'apprentissage de la guerre sous le prince de Décon contre le prince de Vis-Brunck[3] : dès qu'un de nos ennemis était blessé et tombait entre nos mains, nous avions soin de lui comme s'il eût été notre frère; nous avons souvent donné notre propre lit à nos ennemis blessés et prisonniers, et nous avons couché auprès d'eux sur des peaux de tigres étendues à terre; nous les avons servis nous-mêmes : que voulez-vous de plus? que nous les aimions comme on aime sa maîtresse?

CU-SU.

Je suis très-édifié de tout ce que vous me dites, et je voudrais que toutes les nations vous entendissent : car on m'assure qu'il y a des peuples assez impertinents pour oser dire que nous ne connaissons pas la vraie vertu, que nos bonnes actions ne sont que des péchés splendides[4], que nous avons besoin des leçons de leurs

---

1. Lelièvre.
2. Arnoult.
3. C'est une chose remarquable qu'en retournant Décon et Vis-Brunck, qui sont des noms chinois, on trouve Condé et Brunsvick, tant les grands hommes sont célèbres dans toute la terre ! (*Note de Voltaire.*)
4. C'est saint Augustin qui appelle *peccata splendida* les bonnes actions des païens. Voyez dans les *Mélanges*, année 1765, la *Dix-septième lettre sur les miracles;* et, année 1773, le huitième des *Fragments sur l'histoire générale.*

talapoins pour nous faire de bons principes. Hélas! les malheureux! ce n'est que d'hier qu'ils savent lire et écrire, et ils prétendent enseigner leurs maîtres!

SIXIÈME ENTRETIEN.

CU-SU.

Je ne vous répéterai pas tous les lieux communs qu'on débite parmi nous depuis cinq ou six mille ans sur toutes les vertus. Il y en a qui ne sont que pour nous-mêmes, comme la prudence pour conduire nos âmes, la tempérance pour gouverner nos corps : ce sont des préceptes de politique et de santé. Les véritables vertus sont celles qui sont utiles à la société, comme la fidélité, la magnanimité, la bienfaisance, la tolérance, etc. Grâce au ciel, il n'y a point de vieille qui n'enseigne parmi nous toutes ces vertus à ses petits-enfants : c'est le rudiment de notre jeunesse, au village comme à la ville ; mais il y a une grande vertu qui commence à être de peu d'usage, et j'en suis fâché.

KOU.

Quelle est-elle? nommez-la vite ; je tâcherai de la ranimer.

CU-SU.

C'est l'hospitalité; cette vertu si sociale, ce lien sacré des hommes commence à se relâcher depuis que nous avons des cabarets. Cette pernicieuse institution nous est venue, à ce qu'on dit, de certains sauvages d'Occident. Ces misérables apparemment n'ont point de maison pour accueillir les voyageurs. Quel plaisir de recevoir dans la grande ville de Low, dans la belle place de Honchan, dans la maison Ki, un généreux étranger qui arrive de Samarcande, pour qui je deviens dès ce moment un homme sacré, et qui est obligé par toutes les lois divines et humaines de me recevoir chez lui quand je voyagerai en Tartarie, et d'être mon ami intime!

Les sauvages dont je vous parle ne reçoivent les étrangers que pour de l'argent dans des cabanes dégoûtantes ; ils vendent cher cet accueil infâme ; et avec cela, j'entends dire que ces pauvres gens se croient au-dessus de nous, qu'ils se vantent d'avoir une morale plus pure. Ils prétendent que leurs prédicateurs prêchent mieux que Confutzée; qu'enfin c'est à eux de nous enseigner la justice, parce qu'ils vendent de mauvais vin sur les grands chemins, que leurs femmes vont comme des folles dans les rues, et qu'elles dansent pendant que les nôtres cultivent des vers à soie.

KOU.

Je trouve l'hospitalité fort bonne ; je l'exerce avec plaisir, mais je crains l'abus. Il y a des gens vers le Grand-Thibet qui sont fort mal logés, qui aiment à courir, et qui voyageraient pour rien d'un bout du monde à l'autre ; et quand vous irez au Grand-Thibet jouir chez eux du droit de l'hospitalité, vous ne trouverez ni lit ni pot-au-feu ; cela peut dégoûter de la politesse.

CU-SU.

L'inconvénient est petit ; il est aisé d'y remédier en ne recevant que des personnes bien recommandées. Il n'y a point de vertu qui n'ait ses dangers ; et c'est parce qu'elles en ont qu'il est beau de les embrasser.

Que notre Confutzée est sage et saint! il n'est aucune vertu qu'il n'inspire ; le bonheur des hommes est attaché à chacune de ses sentences ; en voici une qui me revient dans la mémoire, c'est la cinquante-troisième :

« Reconnais les bienfaits par des bienfaits, et ne te venge jamais des injures. »

Quelle maxime, quelle loi les peuples de l'Occident pourraient-ils opposer à une morale si pure? En combien d'endroits Confutzée recommande-t-il l'humilité! Si on pratiquait cette vertu, il n'y aurait jamais de querelles sur la terre.

KOU.

J'ai lu tout ce que Confutzée et les sages des siècles antérieurs ont écrit sur l'humilité ; mais il me semble qu'ils n'en ont jamais donné une définition assez exacte : il y a peu d'humilité peut-être à oser les reprendre ; mais j'ai au moins l'humilité d'avouer que je ne les ai pas entendus. Dites-moi ce que vous en pensez.

CU-SU.

J'obéirai humblement. Je crois que l'humilité est la modestie de l'âme : car la modestie extérieure n'est que la civilité. L'humilité ne peut pas consister à se nier soi-même la supériorité qu'on peut avoir acquise sur un autre. Un bon médecin ne peut se dissimuler qu'il en sait davantage que son malade en délire ; celui qui enseigne l'astronomie doit s'avouer qu'il est plus savant que ses disciples ; il ne peut s'empêcher de le croire, mais il ne doit pas s'en faire accroire. L'humilité n'est pas l'abjection ; elle est le correctif de l'amour-propre, comme la modestie est le correctif de l'orgueil.

KOU.

Eh bien! c'est dans l'exercice de toutes ces vertus et dans le culte d'un Dieu simple et universel que je veux vivre, loin des chimères des sophistes et des illusions des faux prophètes. L'amour du prochain sera ma vertu sur le trône, et l'amour de Dieu ma religion. Je mépriserai le dieu Fo, et Laotzée, et Vitsnou, qui s'est incarné tant de fois chez les Indiens, et Sammonocodom, qui descendit du ciel pour venir jouer au cerf-volant chez les Siamois, et les Camis qui arrivèrent de la lune au Japon.

Malheur à un peuple assez imbécile et assez barbare pour penser qu'il y a un Dieu pour sa seule province! c'est un blasphème. Quoi! la lumière du soleil éclaire tous les yeux, et la lumière de Dieu n'éclairerait qu'une petite et chétive nation dans un coin de ce globe! quelle horreur, et quelle sottise! La Divinité parle au cœur de tous les hommes, et les liens de la charité doivent les unir d'un bout de l'univers à l'autre.

CU-SU.

O sage Kou! vous avez parlé comme un homme inspiré par le Chang-ti même; vous serez un digne prince. J'ai été votre docteur, et vous êtes devenu le mien.

CATÉCHISME DU CURÉ [1].

ARISTON.

Eh bien! mon cher Téotime, vous allez donc être curé de campagne?

TÉOTIME.

Oui; on me donne une petite paroisse, et je l'aime mieux qu'une grande. Je n'ai qu'une portion limitée d'intelligence et d'activité; je ne pourrais certainement pas diriger soixante et dix mille âmes, attendu que je n'en ai qu'une; un grand troupeau m'effraye, mais je pourrai faire quelque bien à un petit. J'ai étudié assez de jurisprudence pour empêcher, autant que je le pourrai, mes pauvres paroissiens de se ruiner en procès. Je sais assez de médecine pour leur indiquer des remèdes simples quand ils seront malades. J'ai assez de connaissance de l'agriculture pour leur donner quelquefois des conseils utiles. Le seigneur du lieu et sa femme sont d'honnêtes gens qui ne sont point dévots, et qui

---

1. Ce morceau a paru pour la première fois en 1764 dans la première édition du *Dictionnaire philosophique*. Voltaire le conserva dans les différentes éditions de ce livre, et le reproduisit en 1771 dans le quatrième volume de ses *Questions sur l'Encyclopédie*; il en avait fait la seconde section de l'article CURÉ. (B.)

m'aideront à faire du bien. Je me flatte que je vivrai assez heureux, et qu'on ne sera pas malheureux avec moi.

ARISTON.

N'êtes-vous pas fâché de n'avoir point de femme ? ce serait une grande consolation ; il serait doux, après avoir prôné, chanté, confessé, communié, baptisé, enterré, consolé des malades, apaisé des querelles, consumé votre journée au service du prochain, de trouver dans votre logis une femme douce, agréable, et honnête, qui aurait soin de votre linge et de votre personne, qui vous égayerait dans la santé, qui vous soignerait dans la maladie, qui vous ferait de jolis enfants dont la bonne éducation serait utile à l'État. Je vous plains, vous qui servez les hommes, d'être privé d'une consolation si nécessaire aux hommes.

TÉOTIME.

L'Église grecque a grand soin d'encourager les curés au mariage ; l'Église anglicane et les protestants ont la même sagesse ; l'Église latine a une sagesse contraire, il faut m'y soumettre. Peut-être aujourd'hui que l'esprit philosophique a fait tant de progrès, un concile ferait des lois plus favorables à l'humanité. Mais en attendant, je dois me conformer aux lois présentes : il en coûte beaucoup, je le sais ; mais tant de gens qui valaient mieux que moi s'y sont soumis, que je ne dois pas murmurer.

ARISTON.

Vous êtes savant, et vous avez une éloquence sage ; comment comptez-vous prêcher devant des gens de campagne ?

TÉOTIME.

Comme je prêcherais devant les rois. Je parlerai toujours de morale, et jamais de controverse ; Dieu me préserve d'approfondir la grâce concomitante, la grâce efficace, à laquelle on résiste, la suffisante qui ne suffit pas ; d'examiner si les anges qui mangèrent avec Abraham et avec Loth avaient un corps, ou s'ils firent semblant de manger ; si le diable Asmodée était effectivement amoureux de la femme du jeune Tobie ; quelle est la montagne sur laquelle Jésus-Christ fut emporté par un autre diable ; et si Jésus-Christ envoya deux mille diables, ou deux diables seulement, dans le corps de deux mille cochons, etc., etc.! Il y a bien des choses que mon auditoire n'entendrait pas, ni moi non plus. Je tâcherai de faire des gens de bien, et de l'être ; mais je ne ferai point de théologiens, et je le serai le moins que je pourrai.

ARISTON.

Oh ! le bon curé ! Je veux acheter une maison de campagne

dans votre paroisse. Dites-moi, je vous prie, comment vous en userez dans la confession.

TÉOTIME.

La confession est une chose excellente, un frein aux crimes, inventé dans l'antiquité la plus reculée ; on se confessait dans la célébration de tous les anciens mystères ; nous avons imité et sanctifié cette sage pratique : elle est très-bonne pour engager les cœurs ulcérés de haine à pardonner, et pour faire rendre par les petits voleurs ce qu'ils peuvent avoir dérobé à leur prochain. Elle a quelques inconvénients. Il y a beaucoup de confesseurs indiscrets, surtout parmi les moines, qui apprennent quelquefois plus de sottises aux filles que tous les garçons d'un village ne pourraient leur en faire. Point de détails dans la confession ; ce n'est point un interrogatoire juridique, c'est l'aveu de ses fautes qu'un pécheur fait à l'Être suprême entre les mains d'un autre pécheur qui va s'accuser à son tour. Cet aveu salutaire n'est point fait pour contenter la curiosité d'un homme.

ARISTON.

Et des excommunications, en userez-vous ?

TÉOTIME.

Non ; il y a des rituels où l'on excommunie les sauterelles, les sorciers, et les comédiens. Je n'interdirai point l'entrée de l'église aux sauterelles, attendu qu'elles n'y vont jamais. Je n'excommunierai point les sorciers, parce qu'il n'y a point de sorciers ; et à l'égard des comédiens, comme ils sont pensionnés par le roi, et autorisés par le magistrat, je me garderai bien de les diffamer. Je vous avouerai même, comme à mon ami, que j'ai du goût pour la comédie quand elle ne choque point les mœurs. J'aime passionnément le *Misanthrope*, et toutes les tragédies où il y a des mœurs. Le seigneur de mon village fait jouer dans son château quelques-unes de ces pièces, par de jeunes personnes qui ont du talent : ces représentations inspirent la vertu par l'attrait du plaisir ; elles forment le goût, elles apprennent à bien parler et à bien prononcer. Je ne vois rien là que de très-innocent, et même de très-utile ; je compte bien assister quelquefois à ces spectacles pour mon instruction, mais dans une loge grillée, pour ne point scandaliser les faibles.

ARISTON.

Plus vous me découvrez vos sentiments, et plus j'ai envie de devenir votre paroissien. Il y a un point bien important qui m'embarrasse. Comment ferez-vous pour empêcher les paysans de s'enivrer les jours de fêtes ? c'est là leur grande manière de les célébrer. Vous voyez les uns accablés d'un poison liquide, la tête penchée vers les genoux, les mains pendantes, ne voyant point, n'entendant rien, réduits à un état fort au-dessous de celui des brutes, reconduits chez eux en chancelant par leurs femmes éplorées, incapables de travail le lendemain, souvent malades et abrutis pour le reste de leur vie. Vous en voyez d'autres devenus furieux par le vin, exciter des querelles sanglantes, frapper et être frappés, et quelquefois finir par le meurtre ces scènes affreuses qui sont la honte de l'espèce humaine. Il le faut avouer, l'État perd plus de sujets par les fêtes que par les batailles ; comment pourrez-vous diminuer dans votre paroisse un abus si exécrable ?

TÉOTIME.

Mon parti est pris ; je leur permettrai, je les presserai même de cultiver leurs champs les jours de fêtes après le service divin, que je ferai de très-bonne heure. C'est l'oisiveté de la férie qui les conduit au cabaret. Les jours ouvrables ne sont point les jours de la débauche et du meurtre. Le travail modéré contribue à la santé du corps et à celle de l'âme ; de plus ce travail est nécessaire à l'État. Supposons cinq millions d'hommes qui font par jour pour dix sous d'ouvrage l'un portant l'autre, et ce compte est bien modéré ; vous rendez ces cinq millions d'hommes inutiles trente jours de l'année, c'est donc trente fois cinq millions de pièces de dix sous que l'État perd en main-d'œuvre. Or, certainement Dieu n'a jamais ordonné ni cette perte ni l'ivrognerie [1].

1. Qu'on ne croie pas que ce soit là une idée particulière à Voltaire. Tous les philosophes et philanthropes du xviiie siècle n'envisagent guère autrement l'obligation de se reposer le dimanche, et les raisonnements de Voltaire ne sont même qu'une réminiscence de ceux du charitable abbé de Saint-Pierre, si admiré par J.-J. Rousseau : « Ce serait, dit l'abbé, une grande charité et une bonne œuvre plus agréable à Dieu qu'une pure cérémonie, que de donner aux pauvres familles le moyen de subvenir à leurs besoins et à ceux de leurs enfants, par sept ou huit heures de travail, et les moyens de s'instruire, eux et leurs enfants, à l'église, durant trois ou quatre heures du matin... Pour comprendre de quel soulagement serait aux pauvres la continuation de leur travail, il n'y a qu'à considérer que sur cinq millions de familles qui sont en France, il y en a au moins un million qui n'ont presque aucun revenu que de leur travail, c'est-à-dire qui sont pauvres ; et j'appelle pauvres ceux qui n'ont pas 30 livres tournois de rente, c'est-à-dire la valeur de 600 livres de pain... Ces pauvres familles pourraient gagner au moins cinq sous par demi-jour de fête, l'un portant l'autre, pendant les quatre-vingts et tant de fêtes et dimanches de l'année. Chacune de ces familles gagnerait donc au moins 20 livres par an de plus, ce qui ferait, pour un million de familles, plus de 20 millions de livres. Or, quelle aumône ne serait-ce point qu'une aumône annuelle de 20 millions répandue avec proportion sur les plus pauvres ! » Tome VII. (G. A.)

ARISTON.

Ainsi vous concilierez la prière et le travail ; Dieu ordonne l'un et l'autre. Vous servirez Dieu et le prochain. Mais dans les disputes ecclésiastiques, quel parti prendrez-vous?

TÉOTIME.

Aucun. On ne dispute jamais sur la vertu, parce qu'elle vient de Dieu : on se querelle sur des opinions qui viennent des hommes.

ARISTON.

Oh ! le bon curé ! le bon curé !

CATÉCHISME DU JAPONAIS [1].

L'INDIEN.

Est-il vrai qu'autrefois les Japonais ne savaient pas faire la cuisine, qu'ils avaient soumis leur royaume au grand-lama, que ce grand-lama décidait souverainement de leur boire et de leur manger, qu'il envoyait chez vous de temps en temps un petit lama, lequel venait recueillir les tributs ; et qu'il vous donnait en échange un signe de protection fait avec les deux premiers doigts et le pouce?

LE JAPONAIS.

Hélas ! rien n'est plus vrai. Figurez-vous même que toutes les places de canusi [2], qui sont les grands cuisiniers de notre île, étaient données par le lama, et n'étaient pas données pour l'amour de Dieu. De plus, chaque maison de nos séculiers payait une once d'argent par an à ce grand cuisinier du Thibet. Il ne nous accordait pour tout dédommagement que des petits plats d'assez mauvais goût qu'on appelle *des restes* [3]. Et quand il lui prenait quelque fantaisie nouvelle, comme de faire la guerre aux

---

1. Le *Catéchisme du Japonais* parut en 1764 dans la première édition du *Dictionnaire philosophique*. Les éditeurs de Kehl le déplacèrent, et le réunirent avec d'autres dialogues dans un seul volume ; ils l'avaient intitulé *l'Indien et le Japonais*. (B.)

— Dans ce dialogue, le Japonais figure un Anglais ; les cuisiniers désignent les prêtres ; le grand-lama, c'est le pape ; l'empereur mentionné, le roi Henri VIII ; les pauxcospie, anagramme d'épiscopaux, sont les évêques ; Breuxeh, lisez Hébreux ; pispates, lisez papistes ; Terluh, lisez Luther ; Vincal, lisez Calvin ; puis : quakers, anabaptistes, déistes, etc., au lieu de quekars, batistapanes, diestes, etc., et vous comprendrez (G. A.)

2. Les *canusi* sont les anciens prêtres du Japon. (*Note de Voltaire.*)

3. Reliques, de *reliquiæ*, qui signifie *restes*. (*Id.*)

peuples du Tangut, il levait chez nous de nouveaux subsides. Notre nation se plaignit souvent, mais sans aucun fruit ; et même chaque plainte finissait par payer un peu davantage. Enfin l'amour, qui fait tout pour le mieux, nous délivra de cette servitude. Un de nos empereurs[1] se brouilla avec le grand-lama pour une femme ; mais il faut avouer que ceux qui nous servirent le plus dans cette affaire furent nos canusi, autrement pauxcospie[2] ; c'est à eux que nous avons l'obligation d'avoir secoué le joug ; et voici comment.

Le grand-lama avait une plaisante manie, il croyait avoir toujours raison ; notre daïri et nos canusi voulurent avoir du moins raison quelquefois. Le grand-lama trouva cette prétention absurde ; nos canusi n'en démordirent point, et ils rompirent pour jamais avec lui.

L'INDIEN.

Eh bien ! depuis ce temps-là vous avez été sans doute heureux et tranquilles ?

LE JAPONAIS.

Point du tout ; nous nous sommes persécutés, déchirés, dévorés, pendant près de deux siècles. Nos canusi voulaient en vain avoir raison ; il n'y a que cent ans qu'ils sont raisonnables. Aussi depuis ce temps-là pouvons-nous hardiment nous regarder comme une des nations les plus heureuses de la terre.

L'INDIEN.

Comment pouvez-vous jouir d'un tel bonheur, s'il est vrai, ce qu'on m'a dit, que vous ayez douze factions de cuisine dans votre empire ? Vous devez avoir douze guerres civiles par an.

LE JAPONAIS.

Pourquoi ? S'il y a douze traiteurs dont chacun ait une recette différente, faudra-t-il pour cela se couper la gorge au lieu de dîner ? Au contraire, chacun fera bonne chère à sa façon chez le cuisinier qui lui agréera davantage.

L'INDIEN.

Il est vrai qu'on ne doit point disputer des goûts ; mais on en dispute, et la querelle s'échauffe.

LE JAPONAIS.

Après qu'on a disputé bien longtemps, et qu'on a vu que toutes

---

1. Henri VIII se brouilla avec le pape Clément VII, qui refusait de déclarer nul le mariage de ce roi avec Catherine d'Aragon, et épousa Anne de Boulen. Voyez tome XII, page 311 et suivantes.

2. Pauxcospie, anagramme d'*épiscopaux*. (*Note de Voltaire.*)

ces querelles n'apprenaient aux hommes qu'à se nuire, on prend enfin le parti de se tolérer mutuellement, et c'est sans contredit ce qu'il y a de mieux à faire.

L'INDIEN.

Et qui sont, s'il vous plaît, ces traiteurs qui partagent votre nation dans l'art de boire et de manger ?

LE JAPONAIS.

Il y a premièrement les Breuxeh[1], qui ne vous donneront jamais de boudin ni de lard ; ils sont attachés à l'ancienne cuisine ; ils aimeraient mieux mourir que de piquer un poulet : d'ailleurs, grands calculateurs ; et s'il y a une once d'argent à partager entre eux et les onze autres cuisiniers, ils en prennent d'abord la moitié pour eux, et le reste est pour ceux qui savent le mieux compter.

L'INDIEN.

Je crois que vous ne soupez guère avec ces gens-là.

LE JAPONAIS.

Non. Il y a ensuite les pispates qui, certains jours de chaque semaine, et même pendant un temps considérable de l'année, aimeraient cent fois mieux manger pour cent écus de turbots, de truites, de soles, de saumons, d'esturgeons[2], que de se nourrir d'une blanquette de veau qui ne reviendrait pas à quatre sous.

Pour nous autres canusi, nous aimons fort le bœuf et une certaine pâtisserie qu'on appelle en japonais du *pudding*. Au reste tout le monde convient que nos cuisiniers sont infiniment plus savants que ceux des pispates. Personne n'a plus approfondi que nous le *garum* des Romains, n'a mieux connu les oignons de l'ancienne Égypte, la pâte de sauterelles des premiers Arabes, la chair de cheval des Tartares ; et il y a toujours quelque chose à apprendre dans les livres des canusi qu'on appelle communément *pauxcospie*.

Je ne vous parlerai point de ceux qui ne mangent qu'à la *Terluh*, ni de ceux qui tiennent pour le régime de *Vincal*, ni des batistapanes, ni des autres ; mais les quekars méritent une attention particulière. Ce sont les seuls convives que je n'aie jamais

---

1. On voit assez que les *Breuxeh* sont les Hébreux ; *et sic de cœteris*. (*Note de Voltaire.*) — Dans sa lettre à Mme du Deffant, du 8 octobre 1764, Voltaire explique que les *pipastes* (ou pispates) sont les papistes ; *Terluh* et *Vincal*, Luther et Calvin ; les *batistapanes* et les *quekars* désignent les anabaptistes et les quakers ; les *diestes* sont les déistes. (B.)

2. Voyez dans les *Mélanges*, année 1769, la *Requête à tous les magistrats du royaume*, première partie. (B.)

vus s'enivrer et jurer. Ils sont très-difficiles à tromper; mais ils ne vous tromperont jamais. Il semble que la loi d'aimer son prochain comme soi-même n'ait été faite que pour ces gens-là : car, en vérité, comment un bon Japonais peut-il se vanter d'aimer son prochain comme lui-même quand il va pour quelque argent lui tirer une balle de plomb dans la cervelle, ou l'égorger avec un criss large de quatre doigts, le tout en front de bandière? Il s'expose lui-même à être égorgé et à recevoir des balles de plomb : ainsi on peut dire avec bien plus de vérité qu'il hait son prochain comme lui-même. Les quekars n'ont jamais eu cette frénésie; ils disent que les pauvres humains sont des cruches d'argile faites pour durer très-peu, et que ce n'est pas la peine qu'elles aillent de gaieté de cœur se briser les unes contre les autres.

Je vous avoue que, si je n'étais pas canusi, je ne haïrais pas d'être quekar. Vous m'avouerez qu'il n'y a pas moyen de se quereller avec des cuisiniers si pacifiques. Il y en a d'autres, en très-grand nombre, qu'on appelle diestes; ceux-là donnent à dîner à tout le monde indifféremment, et vous êtes libre chez eux de manger tout ce qui vous plaît, lardé, bardé, sans lard, sans barde, aux œufs, à l'huile, perdrix, saumon, vin gris, vin rouge; tout cela leur est indifférent ; pourvu que vous fassiez quelque prière à Dieu avant ou après le dîner, et même simplement avant le déjeuner, et que vous soyez honnêtes gens, ils riront avec vous aux dépens du grand-lama à qui cela ne fera nul mal, et aux dépens de Terluh, de Vincal, et de Mennon, etc. Il est bon seulement que nos diestes avouent que nos canusi sont très-savants en cuisine, et que surtout ils ne parlent jamais de retrancher nos rentes; alors nous vivrons très-paisiblement ensemble.

L'INDIEN.

Mais enfin il faut qu'il y ait une cuisine dominante, la cuisine du roi.

LE JAPONAIS.

Je l'avoue; mais quand le roi du Japon a fait bonne chère, il doit être de bonne humeur, et il ne doit pas empêcher ses bons sujets de digérer.

L'INDIEN.

Mais si des entêtés veulent manger au nez du roi des saucisses pour lesquelles le roi aura de l'aversion; s'ils s'assemblent quatre ou cinq mille armés de grils pour faire cuire leurs saucisses; s'ils insultent ceux qui n'en mangent point?

LE JAPONAIS.

Alors il faut les punir comme des ivrognes qui troublent le

repos des citoyens. Nous avons pourvu à ce danger. Il n'y a que ceux qui mangent à la royale qui soient susceptibles des dignités de l'État : tous les autres peuvent dîner à leur fantaisie, mais ils sont exclus des charges. Les attroupements sont souverainement défendus, et punis sur-le-champ sans rémission; toutes les querelles à table sont réprimées soigneusement, selon le précepte de notre grand cuisinier japonais qui a écrit dans la langue sacrée, Suti raho Cus flac [1] :

> Natis in usum lætitiæ scyphis
> Pugnare Thracum est....
> (Horace, liv. I, ode xxvii.)

ce qui veut dire : Le dîner est fait pour une joie recueillie et honnête, et il ne faut pas se jeter les verres à la tête.

Avec ces maximes nous vivons heureusement chez nous; notre liberté est affermie sous nos taicosema; nos richesses augmentent, nous avons deux cents jonques de ligne, et nous sommes la terreur de nos voisins.

L'INDIEN.

Pourquoi donc le bon versificateur Recina, fils de ce poëte indien Recina [2] si tendre, si exact, si harmonieux, si éloquent, a-t-il dit dans un ouvrage didactique en rimes, intitulé *la Grâce* et non *les Grâces* :

> [3]Le Japon, où jadis brilla tant de lumière,
> N'est plus qu'un triste amas de folles visions?

LE JAPONAIS.

Le Recina dont vous me parlez est lui-même un grand visionnaire. Ce pauvre Indien ignore-t-il que nous lui avons enseigné ce que c'est que la lumière; que si on connaît aujourd'hui dans

---

1. Anagramme de Horatius Flaccus. (B.)
2. Racine; probablement Louis Racine, fils de l'admirable Racine.

N. B. — Cet Indien Recina, sur la foi des rêveurs de son pays, a cru qu'on ne pouvait faire de bonnes sauces que quand Brama, par une volonté toute particulière, enseignait lui-même la sauce à ses favoris; qu'il y avait un nombre infini de cuisiniers auxquels il était impossible de faire un ragoût avec la ferme volonté d'y réussir, et que Brama leur en ôtait les moyens par pure malice. On ne croit pas au Japon une pareille impertinence, et on y tient pour une vérité incontestable cette sentence japonaise :

> God never acts by partial will, but by general laws.
> (*Note de Voltaire.*)

3. Ces vers sont du chant IV du poëme de *la Grâce*. Voltaire les cite textuellement dans le xe entretien de l'A B C, dialogue. Voyez les *Mélanges*, année 1768. (B.)

l'Inde la véritable route des planètes, c'est à nous qu'on en est redevable; que nous seuls avons enseigné aux hommes les lois primitives de la nature et le calcul de l'infini ; que s'il faut descendre à des choses qui sont d'un usage plus commun, les gens de son pays n'ont appris que de nous à faire des jonques dans les proportions mathématiques; qu'ils nous doivent jusqu'aux chausses appelées les *bas au métier,* dont ils couvrent leurs jambes? Serait-il possible qu'ayant inventé tant de choses admirables ou utiles, nous ne fussions que des fous, et qu'un homme qui a mis en vers les rêveries des autres fût le seul sage? Qu'il nous laisse faire notre cuisine, et qu'il fasse, s'il veut, des vers sur des sujets plus poétiques.

L'INDIEN.

Que voulez-vous! il a les préjugés de son pays, ceux de son parti, et les siens propres.

LE JAPONAIS.

Oh! voilà trop de préjugés.

CATÉCHISME DU JARDINIER[1],

ou

ENTRETIEN DU BACHA TUCTAN ET DU JARDINIER KARPOS.

TUCTAN.

Eh bien ! mon ami Karpos, tu vends cher tes légumes ; mais ils sont bons... De quelle religion es-tu à présent?

KARPOS.

Ma foi, mon bacha, j'aurais bien de la peine à vous le dire. Quand notre petite île de Samos appartenait aux Grecs, je me souviens que l'on me faisait dire que l'*agion pneuma* n'était produit que du *tou patrou*; on me faisait prier Dieu tout droit sur mes deux jambes, les mains croisées : on me défendait de manger du lait en carême. Les Vénitiens sont venus, alors mon curé vénitien m'a fait dire qu'*agion pneuma* venait du *tou patrou* et du *tou viou*, m'a permis de manger du lait, et m'a fait prier Dieu à genoux. Les Grecs sont revenus, et ont chassé les Vénitiens : alors

---

1. Le *Catéchisme du jardinier* parut pour la première fois dans l'édition de 1765 du *Dictionnaire philosophique*. Les éditeurs de Kehl l'avaient transposé dans un volume où ils avaient réuni beaucoup de dialogues. Ils l'intitulaient *Tuctan et Karpos*. (B.)

il a fallu renoncer au *tou viou* et à la crème. Vous avez enfin chassé les Grecs, je vous entends crier *Alla illa Alla* de toutes vos forces. Je ne sais plus trop ce que je suis ; j'aime Dieu de tout mon cœur, et je vends mes légumes fort raisonnablement.

TUCTAN.

Tu as là de très-belles figues.

KARPOS.

Mon bacha, elles sont fort à votre service.

TUCTAN.

On dit que tu as aussi une jolie fille.

KARPOS.

Oui, mon bacha ; mais elle n'est pas à votre service.

TUCTAN.

Pourquoi cela, misérable ?

KARPOS.

C'est que je suis un honnête homme : il m'est permis de vendre mes figues, mais non pas de vendre ma fille.

TUCTAN.

Et par quelle loi ne t'est-il pas permis de vendre ce fruit-là ?

KARPOS.

Par la loi de tous les honnêtes jardiniers ; l'honneur de ma fille n'est point à moi, il est à elle : ce n'est pas une marchandise.

TUCTAN.

Tu n'es donc pas fidèle à ton bacha ?

KARPOS.

Très-fidèle dans les choses justes, tant que vous serez mon maître.

TUCTAN.

Mais si ton papa grec faisait une conspiration contre moi, et s'il t'ordonnait de la part du *tou patrou* et du *tou viou* d'entrer dans son complot, n'aurais-tu pas la dévotion d'en être ?

KARPOS.

Moi ? point du tout, je m'en donnerais bien de garde.

TUCTAN.

Et pourquoi refuserais-tu d'obéir à ton papa grec dans une occasion si belle ?

KARPOS.

C'est que je vous ai fait serment d'obéissance, et que je sais bien que le *tou patrou* n'ordonne point les conspirations.

TUCTAN.

J'en suis bien aise ; mais si par malheur tes Grecs reprenaient l'île et me chassaient, me serais-tu fidèle ?

KARPOS.

Eh! comment alors pourrais-je vous être fidèle, puisque vous ne seriez plus mon bacha?

TUCTAN.

Et le serment que tu m'as fait, que deviendrait-il?

KARPOS.

Il serait comme mes figues, vous n'en tâteriez plus. N'est-il pas vrai (sauf respect) que si vous étiez mort, à l'heure que je vous parle, je ne vous devrais plus rien?

TUCTAN.

La supposition est incivile, mais la chose est vraie.

KARPOS.

Eh bien! si vous étiez chassé, c'est comme si vous étiez mort : car vous auriez un successeur auquel il faudrait que je fisse un autre serment. Pourriez-vous exiger de moi une fidélité qui ne vous servirait à rien? C'est comme si, ne pouvant manger de mes figues, vous vouliez m'empêcher de les vendre à d'autres.

TUCTAN.

Tu es un raisonneur : tu as donc des principes?

KARPOS.

Oui, à ma façon; ils sont en petit nombre, mais ils me suffisent; et si j'en avais davantage, ils m'embarrasseraient.

TUCTAN.

Je serais curieux de savoir tes principes.

KARPOS.

C'est, par exemple, d'être bon mari, bon père, bon voisin, bon sujet, et bon jardinier; je ne vais pas au delà, et j'espère que Dieu me fera miséricorde.

TUCTAN.

Et crois-tu qu'il me fera miséricorde, à moi, qui suis le gouverneur de ton île?

KARPOS.

Et comment voulez-vous que je le sache? Est-ce à moi à deviner comment Dieu en use avec les bachas? C'est une affaire entre vous et lui; je ne m'en mêle en aucune sorte. Tout ce que j'imagine, c'est que si vous êtes un aussi honnête bacha que je suis honnête jardinier, Dieu vous traitera fort bien.

TUCTAN.

Par Mahomet! je suis fort content de cet idolâtre-là. Adieu, mon ami; Alla vous ait en sa sainte garde!

KARPOS.

Grand merci. Théos ait pitié de vous, mon bacha!

DE CATON, DU SUICIDE [1],

ET DU LIVRE DE L'ABBÉ DE SAINT-CYRAN QUI LÉGITIME LE SUICIDE.

L'ingénieux Lamotte s'est exprimé ainsi sur Caton dans une de ses odes plus philosophiques que poétiques [2] :

> Caton, d'une âme plus égale,
> Sous l'heureux vainqueur de Pharsale
> Eût souffert que Rome pliât ;
> Mais, incapable de se rendre,
> Il n'eut pas la force d'attendre
> Un pardon qui l'humiliât.

C'est, je crois, parce que l'âme de Caton fut toujours égale, et qu'elle conserva jusqu'au dernier moment le même amour pour les lois et pour la patrie, qu'il aima mieux périr avec elle que de ramper sous un tyran ; il finit comme il avait vécu.

Incapable de se rendre! Et à qui? à l'ennemi de Rome, à celui qui avait volé de force le trésor public pour faire la guerre à ses concitoyens, et les asservir avec leur argent même.

Un pardon! Il semble que Lamotte Houdard parle d'un sujet révolté qui pouvait obtenir sa grâce de Sa Majesté avec des lettres en chancellerie.

> Malgré sa grandeur usurpée,
> Le fameux vainqueur de Pompée
> Ne put triompher de Caton.
> C'est à ce juge inébranlable
> Que César, cet heureux coupable,
> Aurait dû demander pardon.

Il paraît qu'il y a quelque ridicule à dire que Caton se tua par *faiblesse*. Il faut une âme forte pour surmonter ainsi l'instinct le plus puissant de la nature. Cette force est quelquefois celle d'un frénétique ; mais un frénétique n'est pas faible.

Le suicide est défendu chez nous par le droit canon. Mais les décrétales, qui font la jurisprudence d'une partie de l'Europe,

---

1. Ce morceau parut, tel qu'il est ici, dans la troisième partie des *Questions sur l'Encyclopédie*, en 1770 ; mais une partie était beaucoup plus ancienne : voyez ma note, page 92. (B.)

2. L'*Amour-propre*, ode à l'évêque de Soissons, strophe 10.

furent inconnues à Caton, à Brutus, à Cassius, à la sublime Arria, à l'empereur Othon, à Marc-Antoine, et à cent héros de la véritable Rome, qui préférèrent une mort volontaire à une vie qu'ils croyaient ignominieuse.

Nous nous tuons aussi, nous autres ; mais c'est quand nous avons perdu notre argent, ou dans l'excès très-rare d'une folle passion pour un objet qui n'en vaut pas la peine. J'ai connu des femmes qui se sont tuées pour les plus sots hommes du monde. On se tue aussi quelquefois parce qu'on est malade, et c'est en cela qu'il y a de la faiblesse.

Le dégoût de son existence, l'ennui de soi-même, est encore une maladie qui cause des suicides. Le remède serait un peu d'exercice, de la musique, la chasse, la comédie, une femme aimable. Tel homme qui dans un excès de mélancolie se tue aujourd'hui aimerait à vivre s'il attendait huit jours.

J'ai presque vu de mes yeux un suicide qui mérite l'attention de tous les physiciens. Un homme d'une profession sérieuse, d'un âge mûr, d'une conduite régulière, n'ayant point de passions, étant au-dessus de l'indigence, s'est tué le 17 octobre 1769, et a laissé au conseil de la ville où il était né l'apologie par écrit de sa mort volontaire, laquelle on n'a pas jugé à propos de publier, de peur d'encourager les hommes à quitter une vie dont on dit tant de mal. Jusque-là il n'y a rien de bien extraordinaire ; on voit partout de tels exemples. Voici l'étonnant.

Son frère et son père s'étaient tués, chacun au même âge que lui. Quelle disposition secrète d'organes, quelle sympathie, quel concours de lois physiques fait périr le père et les deux enfants de leur propre main, et du même genre de mort, précisément quand ils ont atteint la même année ? Est-ce une maladie qui se développe à la longue dans une famille, comme on voit souvent les pères et les enfants mourir de la petite vérole, de la pulmonie, ou d'un autre mal ? Trois, quatre générations sont devenues sourdes, aveugles, ou goutteuses, ou scorbutiques, dans un temps préfix.

Le physique, ce père du moral, transmet le même caractère de père en fils pendant des siècles. Les Appius furent toujours fiers et inflexibles ; les Catons toujours sévères. Toute la lignée des Guises fut audacieuse, téméraire, factieuse, pétrie du plus insolent orgueil et de la politesse la plus séduisante. Depuis François de Guise jusqu'à celui qui seul, et sans être attendu, alla se mettre à la tête du peuple de Naples, tous furent d'une figure, d'un courage et d'un tour d'esprit au-dessus du commun des hommes. J'ai vu les portraits en pied de François de Guise, du Balafré et de son fils : leur taille est de six pieds ; mêmes traits, même courage, même audace sur le front, dans les yeux et dans l'attitude.

Cette continuité, cette série d'êtres semblables est bien plus remarquable encore dans les animaux ; et si l'on avait la même attention à perpétuer les belles races d'hommes que plusieurs nations ont encore à ne pas mêler celles de leurs chevaux et de leurs chiens de chasse, les généalogies seraient écrites sur les visages, et se manifesteraient dans les mœurs.

Il y a eu des races de bossus, de six-digitaires, comme nous en voyons de rousseaux, de lippus, de longs nez, et de nez plats.

Mais que la nature dispose tellement les organes de toute une race, qu'à un certain âge tous ceux de cette famille auront la passion de se tuer, c'est un problème que toute la sagacité des anatomistes les plus attentifs ne peut résoudre. L'effet est certainement tout physique ; mais c'est de la physique occulte. Eh ! quel est le secret principe qui ne soit pas occulte ?

On ne nous dit point, et il n'est pas vraisemblable que du temps de Jules César et des empereurs, les habitants de la Grande-Bretagne se tuassent aussi délibérément qu'ils le font aujourd'hui quand ils ont des vapeurs qu'ils appellent le *spleen*, et que nous prononçons le *spline*.

Au contraire, les Romains, qui n'avaient point le spline, ne faisaient aucune difficulté de se donner la mort. C'est qu'ils raisonnaient ; ils étaient philosophes, et les sauvages de l'île *Britain* ne l'étaient pas. Aujourd'hui les citoyens anglais sont philosophes, et les citoyens romains ne sont rien. Aussi les Anglais quittent la vie fièrement quand il leur en prend fantaisie. Mais il faut à un citoyen romain une *indulgentia in articulo mortis ;* ils ne savent ni vivre ni mourir.

Le chevalier Temple dit qu'il faut partir quand il n'y a plus d'espérance de rester agréablement. C'est ainsi que mourut Atticus.

Les jeunes filles qui se noient et qui se pendent par amour ont donc tort : elles devraient écouter l'espérance du changement, qui est aussi commun en amour qu'en affaires.

Un moyen presque sûr de ne pas céder à l'envie de vous tuer, c'est d'avoir toujours quelque chose à faire. Creech, le commentateur de Lucrèce, mit sur son manuscrit : N. B. *Qu'il faudra que je me pende quand j'aurai fini mon commentaire.* Il se tint parole pour avoir le plaisir de finir comme son auteur. S'il avait entrepris un commentaire sur Ovide, il aurait vécu plus longtemps.

Pourquoi avons-nous moins de suicides dans les campagnes

que dans les villes ? c'est que dans les champs il n'y a que le corps qui souffre ; à la ville, c'est l'esprit. Le laboureur n'a pas le temps d'être mélancolique. Ce sont les oisifs qui se tuent ; ce sont ces gens si heureux aux yeux du peuple.

Je résumerai ici quelques suicides arrivés de mon temps, et dont quelques-uns ont déjà été publiés dans d'autres ouvrages. Les morts peuvent être utiles aux vivants.

PRÉCIS DE QUELQUES SUICIDES SINGULIERS [1].

Philippe Mordaunt, cousin germain de ce fameux comte de Peterborough, si connu dans toutes les cours de l'Europe, et qui se vantait d'être l'homme de l'univers qui avait vu le plus de postillons et le plus de rois ; Philippe Mordaunt, dis-je, était un jeune homme de vingt-sept ans, beau, bien fait, riche, né d'un sang illustre, pouvant prétendre à tout, et, ce qui vaut encore mieux, passionnément aimé de sa maîtresse. Il prit à ce Mordaunt un dégoût de la vie : il paya ses dettes, écrivit à ses amis pour leur dire adieu, et même fit des vers dont voici les derniers, traduits en français :

> L'opium peut aider le sage ;
> Mais, selon mon opinion,
> Il lui faut au lieu d'opium
> Un pistolet et du courage.

Il se conduisit selon ses principes, et se dépêcha d'un coup de pistolet, sans en avoir donné d'autre raison, sinon que son âme était lasse de son corps, et que quand on est mécontent de sa maison il faut en sortir. Il semblait qu'il eût voulu mourir parce qu'il était dégoûté de son bonheur.

Richard Smith, en 1726, donna un étrange spectacle au monde pour une cause fort différente. Richard Smith était dégoûté d'être réellement malheureux : il avait été riche, et il était pauvre ; il avait eu de la santé, et il était infirme. Il avait une femme à laquelle il ne pouvait faire partager que sa misère : un enfant au berceau était le seul bien qui lui restât. Richard Smith et Bridget Smith, d'un commun consentement, après s'être tendrement embrassés, et avoir donné le dernier baiser à leur enfant, ont com-

---

1. Ce morceau parut en 1739 sous ce titre : *Du Suicide, ou de l'Homicide de soi-même.* Voyez la note de la page suivante. C'est Voltaire qui l'a placé dans la troisième partie des *Questions sur l'Encyclopédie*, tel qu'on le lit ici. (B.)

mencé par tuer cette pauvre créature, et ensuite se sont pendus aux colonnes de leur lit. Je ne connais nulle part aucune horreur de sang-froid qui soit de cette force ; mais la lettre que ces infortunés ont écrite à M. Brindley leur cousin, avant leur mort, est aussi singulière que leur mort même. « Nous croyons, disent-ils, que Dieu nous pardonnera, etc. Nous avons quitté la vie, parce que nous étions malheureux sans ressource ; et nous avons rendu à notre fils unique le service de le tuer, de peur qu'il ne devînt aussi malheureux que nous, etc. » Il est à remarquer que ces gens, après avoir tué leur fils par tendresse paternelle, ont écrit à un ami pour lui recommander leur chat et leur chien. Ils ont cru apparemment qu'il était plus aisé de faire le bonheur d'un chat et d'un chien dans le monde que celui d'un enfant, et ils ne voulaient pas être à charge à leur ami.

Milord Scarborough quitta la vie en 1727, avec le même sang-froid qu'il avait quitté sa place de grand-écuyer. On lui reprochait dans la chambre des pairs qu'il prenait le parti du roi parce qu'il avait une belle charge à la cour. « Messieurs, dit-il, pour vous prouver que mon opinion ne dépend pas de ma place, je m'en démets dans l'instant. » Il se trouva depuis embarrassé entre une maîtresse qu'il aimait, mais à qui il n'avait rien promis, et une femme qu'il estimait, mais à qui il avait fait une promesse de mariage. Il se tua pour se tirer d'embarras.

Toutes ces histoires tragiques, dont les gazettes anglaises fourmillent, ont fait penser à l'Europe qu'on se tue plus volontiers en Angleterre qu'ailleurs. Je ne sais pourtant si à Paris il n'y a pas autant de fous ou de héros qu'à Londres ; peut-être que si nos gazettes tenaient un registre exact de ceux qui ont eu la démence de vouloir se tuer et le triste courage de le faire, nous pourrions, sur ce point, avoir le malheur de tenir tête aux Anglais. Mais nos gazettes sont plus discrètes : les aventures des particuliers ne sont jamais exposées à la médisance publique dans ces journaux avoués par le gouvernement.

Tout ce que j'ose dire avec assurance, c'est qu'il ne sera jamais à craindre que cette folie de se tuer devienne une maladie épidémique : la nature y a trop bien pourvu ; l'espérance, la crainte, sont les ressorts puissants dont elle se sert pour arrêter très-souvent la main du malheureux prêt à se frapper [1].

---

1. Dans l'impression de 1739 dont j'ai parlé en la note précédente, immédiatement après cet alinéa viennent les trois derniers alinéas qu'on lit aujourd'hui à l'article SUICIDE. Suivaient les vers de Virgile ci-après (page 95) : *Proxima deinde*

On entendit un jour le cardinal Dubois se dire à lui-même : *Tue-toi donc! Lâche, tu n'oserais*.

On dit qu'il y a eu des pays où un conseil était établi pour permettre aux citoyens de se tuer quand ils en avaient des raisons valables. Je réponds, ou que cela n'est pas, ou que ces magistrats n'avaient pas une grande occupation.

Ce qui pourrait nous étonner, et ce qui mérite, je crois, un sérieux examen, c'est que les anciens héros romains se tuaient presque tous quand ils avaient perdu une bataille dans les guerres civiles ; et je ne vois point que ni du temps de la Ligue, ni de celui de la Fronde, ni dans les troubles d'Italie, ni dans ceux d'Angleterre, aucun chef ait pris le parti de mourir de sa propre main. Il est vrai que ces chefs étaient chrétiens, et qu'il y a bien de la différence entre les principes d'un guerrier chrétien et ceux d'un héros païen ; cependant pourquoi ces hommes, que le christianisme retenait quand ils voulaient se procurer la mort, n'ont-ils été retenus par rien quand ils ont voulu empoisonner, assassiner, ou faire mourir leurs ennemis vaincus sur des échafauds, etc.? La religion chrétienne ne défend-elle pas ces homicides-là encore plus que l'homicide de soi-même, dont le Nouveau Testament n'a jamais parlé ?

Les apôtres du suicide nous disent qu'il est très-permis de quitter sa maison quand on en est las. D'accord ; mais la plupart des hommes aiment mieux coucher dans une vilaine maison que de dormir à la belle étoile.

Je reçus un jour d'un Anglais une lettre circulaire par laquelle il proposait un prix à celui qui prouverait le mieux qu'il faut se tuer dans l'occasion. Je ne lui répondis point : je n'avais rien à lui prouver; il n'avait qu'à examiner s'il aimait mieux la mort que la vie.

Un autre Anglais, nommé Bacon Morris, vint me trouver à Paris, en 1724 ; il était malade, et me promit qu'il se tuerait s'il n'était pas guéri au 20 juillet. En conséquence il me donna son épitaphe conçue en ces mots : *Qui mari et terra pacem quæsivit, hic invenit*. Il me chargea aussi de vingt-cinq louis pour lui dresser un petit monument au bout du faubourg Saint-Martin. Je lui rendis son argent le 20 juillet, et je gardai son épitaphe[1].

---

tenent, etc.; puis les vers français qui en sont la traduction, et les vingt-six lignes suivantes jusques et y compris ces deux vers :

> Coutume, opinion, reines de notre sort,
> Vous réglez des mortels et la vie et la mort,

qui étaient la fin de tout l'article. (B.)

1. Voyez l'article Suicide.

De mon temps, le dernier prince de la maison de Courtenai, très-vieux, et le dernier prince de la branche de Lorraine-Harcourt, très-jeune, se sont donné la mort sans qu'on en ait presque parlé. Ces aventures font un fracas terrible le premier jour ; et quand les biens du mort sont partagés, on n'en parle plus.

Voici le plus fort de tous les suicides. Il vient de s'exécuter à Lyon, au mois de juin 1770.

Un jeune homme très-connu, beau, bien fait, aimable, plein de talents, est amoureux d'une jeune fille que les parents ne veulent point lui donner. Jusqu'ici ce n'est que la première scène d'une comédie, mais l'étonnante tragédie va suivre.

L'amant se rompt une veine par un effort. Les chirurgiens lui disent qu'il n'y a point de remède : sa maîtresse lui donne un rendez-vous avec deux pistolets et deux poignards, afin que si les pistolets manquent leur coup, les deux poignards servent à leur percer le cœur en même temps. Ils s'embrassent pour la dernière fois ; les détentes des pistolets étaient attachées à des rubans couleur de rose ; l'amant tient le ruban du pistolet de sa maîtresse ; elle tient le ruban du pistolet de son amant. Tous deux tirent à un signal donné, tous deux tombent au même instant.

La ville entière de Lyon en est témoin. Arrie et Pétus, vous en aviez donné l'exemple ; mais vous étiez condamnés par un tyran, et l'amour seul a immolé ces deux victimes ! On leur a fait cette épitaphe [1] :

> A votre sang mêlons nos pleurs,
> Attendrissons-nous d'âge en âge
> Sur vos amours et vos malheurs ;
> Mais admirons votre courage.

DES LOIS CONTRE LE SUICIDE.

Y a-t-il une loi civile ou religieuse qui ait prononcé défense de se tuer sous peine d'être pendu après sa mort, ou sous peine d'être damné ?

Il est vrai que Virgile a dit :

> Proxima deinde tenent mœsti loca, qui sibi lethum
> Insontes peperere manu, lucemque perosi
> Projecere animas. Quam vellent æthere in alto
> Nunc et pauperiem et duros perferre labores !

---

1. Une note manuscrite m'apprend que ces vers sont de Vasselier, mort en 1797. Je ne les ai pas trouvés dans l'édition de ses Œuvres, faite en 1800, 3 vol. in-18. (B.)

> Fata obstant, tristique palus innabilis unda
> Alligat, et novies Styx interfusa coercet.
>
> (Virg., *Æneid.*, lib. VI, v. 434 et seq.)

> Là sont ces insensés, qui, d'un bras téméraire,
> Ont cherché dans la mort un secours volontaire,
> Qui n'ont pu supporter, faibles et furieux,
> Le fardeau de la vie imposé par les dieux.
> Hélas! ils voudraient tous se rendre à la lumière,
> Recommencer cent fois leur pénible carrière :
> Ils regrettent la vie, ils pleurent; et le sort,
> Le sort, pour les punir, les retient dans la mort;
> L'abîme du Cocyte, et l'Achéron terrible
> Met entre eux et la vie un obstacle invincible.

Telle était la religion de quelques païens; et malgré l'ennui qu'on allait chercher dans l'autre monde, c'était un honneur de quitter celui-ci et de se tuer, tant les mœurs des hommes sont contradictoires. Parmi nous, le duel n'est-il pas encore malheureusement honorable, quoique défendu par la raison, par la religion, et par toutes les lois? Si Caton et César, Antoine et Auguste, ne se sont pas battus en duel, ce n'est pas qu'ils ne fussent aussi braves que nos Français. Si le duc de Montmorency, le maréchal de Marillac, de Thou, Cinq-Mars, et tant d'autres, ont mieux aimé être traînés au dernier supplice dans une charrette, comme des voleurs de grand chemin, que de se tuer comme Caton et Brutus, ce n'est pas qu'ils n'eussent autant de courage que ces Romains, et qu'ils n'eussent autant de ce qu'on appelle *honneur*. La véritable raison, c'est que la mode n'était pas alors à Paris de se tuer en pareil cas, et cette mode était établie à Rome.

Les femmes de la côte de Malabar se jettent toutes vives sur le bûcher de leurs maris : ont-elles plus de courage que Cornélie? non; mais la coutume est dans ce pays-là que les femmes se brûlent.

> Coutume, opinion, reines de notre sort,
> Vous réglez des mortels et la vie et la mort.

Au Japon, la coutume est que quand un homme d'honneur a été outragé par un homme d'honneur, il s'ouvre le ventre en présence de son ennemi, et lui dit: « Fais-en autant si tu as du cœur. » L'agresseur est déshonoré à jamais s'il ne se plonge pas incontinent un grand couteau dans le ventre.

La seule religion dans laquelle le suicide soit défendu par une loi claire et positive est le mahométisme. Il est dit dans le sura IV:

« Ne vous tuez pas vous-même, car Dieu est miséricordieux envers vous ; et quiconque se tue par malice et par méchanceté sera certainement rôti au feu d'enfer. »

Nous traduisons mot à mot. Le texte semble n'avoir pas le sens commun ; ce qui n'est pas rare dans les textes. Que veut dire « Ne vous tuez point vous-même, car Dieu est miséricordieux » ? Peut-être faut-il entendre : Ne succombez pas à vos malheurs, que Dieu peut adoucir ; ne soyez pas assez fou pour vous donner la mort aujourd'hui, pouvant être heureux demain.

« Et quiconque se tue par malice et par méchanceté. » Cela est plus difficile à expliquer. Il n'est peut-être jamais arrivé dans l'antiquité qu'à la *Phèdre* d'Euripide de se pendre exprès pour faire accroire à Thésée qu'Hippolyte l'avait violée. De nos jours, un homme s'est tiré un coup de pistolet dans la tête, ayant tout arrangé pour faire jeter le soupçon sur un autre.

Dans la comédie de *George Dandin*, la coquine de femme qu'il a épousée le menace de se tuer pour le faire pendre. Ces cas sont rares : si Mahomet les a prévus, on peut dire qu'il voyait de loin [1].

CAUSES FINALES [2].

SECTION PREMIÈRE.

Virgile dit (*Æn.*, VI, 727) :

Mens agitat molem, et magno se corpore miscet.

L'esprit régit le monde ; il s'y mêle, il l'anime.

---

1. Ici, dans les *Questions sur l'Encyclopédie*, Voltaire avait ajouté et transcrit en entier le paragraphe 19 de son *Commentaire sur le livre Des Délits et des Peines* (où il est question de Saint-Cyran) ; voyez *Mélanges*, année 1766. (B.)

2. Dans la première édition des *Questions sur l'Encyclopédie*, troisième partie, 1770, et dans toutes les éditions données du vivant de l'auteur, voici quelle était la disposition de l'article : 1° en forme de préambule, ce qui forme aujourd'hui la première section ; 2° sous le titre de Cause finale, *première section*, le morceau qui fait aujourd'hui la deuxième section ; 3° sous le titre de *seconde section*, ce qui forme aujourd'hui la troisième. (B.)

— Voltaire, qu'Helvétius appelait un *cause-finalier*, combat, dans cet article, le célèbre *Système de la nature*, du baron d'Holbach. Ce traité de l'athéisme parut en 1770, sous le nom de feu M. Mirabaud, qui avait été secrétaire perpétuel de l'Académie française, ancien oratorien et instituteur des princesses de la maison d'Orléans. Le fond de la théorie de d'Holbach se trouve dans la *Lettre de Thrasybule à Leucippe*, publiée également sous le nom d'un mort, le savant Fréret, mais qu'on attribue, les uns à Lévesque, les autres à Naigeon. Ce qui est certain, c'est que Diderot initia d'Holbach à la doctrine que celui-ci prêcha toute sa vie, et qu'il

Virgile a bien dit; et Benoît Spinosa[1], qui n'a pas la clarté de Virgile, et qui ne le vaut pas, est forcé de reconnaître une intelligence qui préside à tout. S'il me l'avait niée, je lui aurais dit: « Benoît, tu es fou ; tu as une intelligence et tu la nies, et à qui la nies-tu? »

Il vient, en 1770, un homme très-supérieur à Spinosa à quelques égards, aussi éloquent que le juif hollandais est sec; moins méthodique, mais cent fois plus clair; peut-être aussi géomètre[2], sans affecter la marche ridicule de la géométrie dans un sujet métaphysique et moral: c'est l'auteur du *Système de la nature*[3]; il a pris le nom de Mirabaud, secrétaire de l'Académie française. Hélas! notre bon Mirabaud n'était pas capable d'écrire une page du livre de notre redoutable adversaire. Vous tous qui voulez vous servir de votre raison et vous instruire, lisez cet éloquent et dangereux passage du *Système de la nature*. (Partie II, chapitre v, pages 153 et suivantes.)

« On prétend que les animaux nous fournissent une preuve convaincante d'une cause puissante de leur existence; on nous dit que l'accord admirable de leurs parties, que l'on voit se prêter des secours mutuels afin de remplir leurs fonctions et de maintenir leur ensemble, nous annonce un ouvrier qui réunit la puissance à la sagesse. Nous ne pouvons douter de la puissance de la nature; elle produit tous les animaux que nous voyons, à l'aide des combinaisons de la matière, qui est dans une action

---

rédigea en partie le *Système de la nature*. D'origine allemande, d'Holbach était laborieux, bienveillant, libéral, bonhomme, vivant dans sa famille et tout à ses amis. Cet homme, si simplement simple, pour parler comme Mme Geoffrin, avait fait de son hôtel une sorte d'académie où se réunissaient à jour fixe Diderot, Helvétius, Raynal, Marmontel, Saint-Lambert, Morellet, Galiani, Grimm, La Grange, Naigeon. On vit aussi chez lui Turgot, Hume, Condillac, d'Alembert, et Buffon, ainsi que J.-J. Rousseau, dont la brouille avec les d'holbachiens est fameuse. Cette société s'appelait la synagogue. Le baron d'Holbach, qui avait poussé plus qu'aucun autre à la révolution, eut le bonheur de la voir éclore, car il ne mourut qu'en 1789. (G. A.)

1. Ou plutôt Baruch ; car il s'appelait Baruch, comme on le dit ailleurs. Il signait B. Spinosa. Quelques chrétiens fort mal instruits, et qui ne savaient pas que Spinosa avait quitté le judaïsme sans embrasser le christianisme, prirent ce *B* pour la première lettre de *Benedictus, Benoît*. (*Note de Voltaire*.) — Cette note de Voltaire a paru pour la première fois dans l'édition in-4°. Dès 1771, dans la quatrième partie de ses *Questions sur l'Encyclopédie*, il avait dit que Spinosa s'appelait *Baruch*, et non *Benoît*. Voyez ci-après la note à la fin de la troisième section de l'article Dieu ; voyez cet article. (B.)

2. L'édition originale porte : *non moins méthodique, cent fois plus clair, aussi géomètre, etc.*; mais l'édition in-4°, l'édition encadrée ou de 1775, données du vivant de l'auteur, contiennent la version que j'ai conservée et qui est aussi celle qu'ont suivie les éditeurs de Kehl. (B.)

3. Le baron d'Holbach.

continuelle; l'accord des parties de ces mêmes animaux est une suite des lois nécessaires de leur nature et de leur combinaison ; dès que cet accord cesse, l'animal se détruit nécessairement. Que deviennent alors la sagesse, l'intelligence[1], ou la bonté de la cause prétendue à qui l'on faisait honneur d'un accord si vanté? Ces animaux si merveilleux, que l'on dit être les ouvrages d'un Dieu immuable, ne s'altèrent-ils point sans cesse, et ne finissent-ils pas toujours par se détruire? Où est la sagesse, la bonté, la prévoyance, l'immutabilité[2] d'un ouvrier qui ne paraît occupé qu'à déranger et briser les ressorts des machines qu'on nous annonce comme les chefs-d'œuvre de sa puissance et de son habileté? Si ce Dieu ne peut faire autrement[3], il n'est ni libre ni tout-puissant. S'il change de volonté, il n'est point immuable. S'il permet que des machines qu'il a rendues sensibles éprouvent de la douleur, il manque de bonté[4]. S'il n'a pu rendre ses ouvrages plus solides, c'est qu'il a manqué d'habileté. En voyant que les animaux, ainsi que tous les autres ouvrages de la Divinité, se détruisent, nous ne pouvons nous empêcher d'en conclure, ou que tout ce que la nature fait est nécessaire, et n'est qu'une suite de ses lois, ou que l'ouvrier qui la fait agir est dépourvu de plan, de puissance, de constance, d'habileté, de bonté.

« L'homme, qui se regarde lui-même comme le chef-d'œuvre de la Divinité, nous fournirait plus que toute autre production la preuve de l'incapacité ou de la malice[5] de son auteur prétendu. Dans cet être sensible, intelligent, pensant, qui se croit l'objet constant de la prédilection divine, et qui fait son Dieu d'après son propre modèle, nous ne voyons qu'une machine plus mobile, plus frêle, plus sujette à se déranger par sa grande complication que celle des êtres les plus grossiers. Les bêtes dépourvues de nos connaissances, les plantes qui végètent, les pierres privées de sentiment, sont à bien des égards des êtres plus favorisés que l'homme; ils sont au moins exempts des peines d'esprit, des tourments de la pensée, des chagrins dévorants, dont celui-ci est si souvent la proie. Qui est-ce qui ne voudrait point être un animal ou

---

1. Y a-t-il moins d'intelligence, parce que les générations se succèdent? (*Note de Voltaire.*)
2. Il y a immutabilité de dessein quand vous voyez immutabilité d'effet. Voyez Dieu. (*Id.*)
3. Être libre, c'est faire sa volonté. S'il l'opère, il est libre. (*Id.*)
4. Voyez la *Réponse* dans les articles Athéisme et Dieu. (*Id.*)
5. S'il est malin, il n'est point incapable; et s'il est capable, ce qui comprend pouvoir et sagesse, il n'est pas malin. (*Id.*)

une pierre toutes les fois qu'il se rappelle la perte irréparable d'un objet aimé[1]? Ne vaudrait-il pas mieux être une masse inanimée qu'un superstitieux inquiet qui ne fait que trembler ici-bas sous le joug de son Dieu, et qui prévoit encore des tourments infinis dans une vie future? Les êtres privés de sentiment, de vie, de mémoire et de pensée, ne sont point affligés par l'idée du passé, du présent, et de l'avenir; ils ne se croient pas en danger de devenir éternellement malheureux pour avoir mal raisonné, comme tant d'êtres favorisés, qui prétendent que c'est pour eux que l'architecte du monde a construit l'univers.

« Que l'on ne nous dise point que nous ne pouvons avoir l'idée d'un ouvrage sans avoir celle d'un ouvrier distingué de son ouvrage. *La nature n'est point un ouvrage:* elle a toujours existé par elle-même[2]; c'est dans son sein que tout se fait; elle est un atelier immense pourvu de matériaux, et qui fait les instruments dont elle se sert pour agir: tous ses ouvrages sont des effets de son énergie et des agents ou causes qu'elle fait, qu'elle renferme, qu'elle met en action. Des éléments éternels, incréés, indestructibles, toujours en mouvement, en se combinant diversement, font éclore tous les êtres et les phénomènes que nous voyons, tous les effets bons ou mauvais que nous sentons, l'ordre ou le désordre, que nous ne distinguons jamais que par les différentes façons dont nous sommes affectés; en un mot, toutes les merveilles sur lesquelles nous méditons et raisonnons. Ces éléments n'ont besoin pour cela que de leurs propriétés, soit particulières, soit réunies, et du mouvement qui leur est essentiel, sans qu'il soit nécessaire de recourir à un ouvrier inconnu pour les arranger, les façonner, les combiner, les conserver et les dissoudre.

« Mais en supposant pour un instant qu'il soit impossible de concevoir l'univers sans un ouvrier qui l'ait formé et qui veille à son ouvrage, où placerons-nous cet ouvrier[3]? sera-t-il dedans ou hors de l'univers? est-il matière ou mouvement? ou bien n'est-il que l'espace, le néant, ou le vide? Dans tous ces cas, ou il ne serait rien, ou il serait contenu dans la nature et soumis à ses

---

1. L'auteur tombe ici dans une inadvertance à laquelle nous sommes tous sujets. Nous disons souvent : J'aimerais mieux être oiseau, quadrupède, que d'être homme, avec les chagrins que j'essuie. Mais quand on tient ce discours, on ne songe pas qu'on souhaite d'être anéanti; car si vous êtes autre que vous-même, vous n'avez plus rien de vous-même. (*Note de Voltaire.*)

2. Vous supposez ce qui est en question, et cela n'est que trop ordinaire à ceux qui font des systèmes. (*Id.*)

3. Est-ce à nous à lui trouver sa place? C'est à lui de nous donner la nôtre. Voyez la *Reponse*. (*Id.*)

lois. S'il est dans la nature, je n'y pense voir que de la matière en mouvement, et je dois en conclure que l'agent qui la meut est corporel et matériel, et que par conséquent il est sujet à se dissoudre. Si cet agent est hors de la nature, je n'ai plus aucune idée[1] du lieu qu'il occupe, ni d'un être immatériel, ni de la façon dont un esprit sans étendue peut agir sur la matière dont il est séparé. Ces espaces ignorés, que l'imagination a placés au delà du monde visible, n'existent point pour un être qui voit à peine à ses pieds[2] : la puissance idéale qui les habite ne peut se peindre à mon esprit que lorsque mon imagination combinera au hasard les couleurs fantastiques qu'elle est toujours forcée de prendre dans le monde où je suis ; dans ce cas je ne ferai que reproduire en idée ce que mes sens auront réellement aperçu ; et ce Dieu, que je m'efforce de distinguer de la nature et de placer hors de son enceinte, y rentrera toujours nécessairement et malgré moi.

« L'on insistera, et l'on dira que si l'on portait une statue ou une montre à un sauvage qui n'en aurait jamais vu, il ne pourrait s'empêcher de reconnaître que ces choses sont des ouvrages de quelque agent intelligent, plus habile et plus industrieux que lui-même : l'on conclura de là que nous sommes pareillement forcés de reconnaître que la machine de l'univers, que l'homme, que les phénomènes de la nature, sont des ouvrages d'un agent dont l'intelligence et le pouvoir surpassent de beaucoup les nôtres.

« Je réponds, en premier lieu, que nous ne pouvons douter que la nature ne soit très-puissante et très-industrieuse[3] ; nous admirons son industrie toutes les fois que nous sommes surpris des effets étendus, variés et compliqués que nous trouvons dans ceux de ses ouvrages que nous prenons la peine de méditer : cependant elle n'est ni plus ni moins industrieuse dans l'un de ses ouvrages que dans les autres. Nous ne comprenons pas plus comment elle a pu produire une pierre ou un métal qu'une tête organisée comme celle de Newton. Nous appelons *industrieux* un homme qui peut faire des choses que nous ne pouvons pas faire nous-mêmes. La nature peut tout ; et dès qu'une chose existe, c'est une preuve qu'elle a pu la faire. Ainsi ce n'est jamais que relativement à nous-mêmes que nous jugeons la nature indus-

---

1. Êtes-vous fait pour avoir des idées de tout, et ne voyez-vous pas dans cette nature une intelligence admirable ? (*Note de Voltaire.*)

2. Ou le monde est infini, ou l'espace est infini, choisissez. (*Id.*)

3. *Puissante et industrieuse* : je m'en tiens là. Celui qui est assez puissant pour former l'homme et le monde est Dieu. Vous admettez Dieu malgré vous. (*Id.*)

trieuse; nous la comparons alors à nous-mêmes, et comme nous jouissons d'une qualité que nous nommons *intelligence*, à l'aide de laquelle nous produisons des ouvrages où nous montrons notre industrie, nous en concluons que les ouvrages de la nature qui nous étonnent le plus ne lui appartiennent point, mais sont dus à un ouvrier intelligent comme nous, dont nous proportionnons l'intelligence à l'étonnement que ses œuvres produisent en nous, c'est-à-dire à notre faiblesse et à notre propre ignorance[1]. »

Voyez la réponse à ces arguments aux articles ATHÉISME et DIEU, et la section suivante, écrite longtemps avant le *Système de la nature*[2].

SECTION II.

Si une horloge n'est pas faite pour montrer l'heure, j'avouerai alors que les causes finales sont des chimères; et je trouverai fort bon qu'on m'appelle *cause-finalier*, c'est-à-dire un imbécile.

Toutes les pièces de la machine de ce monde semblent pourtant faites l'une pour l'autre. Quelques philosophes affectent de se moquer des causes finales, rejetées par Épicure et par Lucrèce. C'est plutôt, ce me semble, d'Épicure et de Lucrèce qu'il faudrait se moquer. Ils vous disent que l'œil n'est point fait pour voir, mais qu'on s'en est servi pour cet usage quand on s'est aperçu que les yeux y pouvaient servir. Selon eux, la bouche n'est point faite pour parler, pour manger, l'estomac pour digérer, le cœur pour recevoir le sang des veines et l'envoyer dans les artères, les pieds pour marcher, les oreilles pour entendre. Ces gens-là cependant avouaient que les tailleurs leur faisaient des habits pour les vêtir, et les maçons des maisons pour les loger; et ils osaient nier à la nature, au grand Être, à l'Intelligence universelle, ce qu'ils accordaient tous à leurs moindres ouvriers.

Il ne faut pas sans doute abuser des causes finales. Nous avons remarqué[3] qu'en vain M. le prieur, dans le *Spectacle de la nature*, prétend que les marées sont données à l'Océan pour que les vaisseaux entrent plus aisément dans les ports, et pour empêcher que l'eau de la mer ne se corrompe. En vain dirait-il que

1. Si nous sommes si ignorants, comment oserons-nous affirmer que tout se fait sans Dieu? (*Note de Voltaire.*)
2. Le *Système de la nature* est de 1770; et ce qui forme la section suivante est une partie du chapitre x *Des Singularités de la nature*, traité publié deux ans auparavant. Voyez les *Mélanges*, année 1768. (B.)
3. Voyez les articles BORNES DE L'ESPRIT HUMAIN et CALEBASSE.

les jambes sont faites pour être bottées, et les nez pour porter des lunettes.

Pour qu'on puisse s'assurer de la fin véritable pour laquelle une cause agit, il faut que cet effet soit de tous les temps et de tous les lieux. Il n'y a pas eu des vaisseaux en tout temps et sur toutes les mers; ainsi l'on ne peut pas dire que l'Océan ait été fait pour les vaisseaux. On sent combien il serait ridicule de prétendre que la nature eût travaillé de tout temps pour s'ajuster aux inventions de nos arts arbitraires, qui tous ont paru si tard; mais il est bien évident que si les nez n'ont pas été faits pour les besicles, ils l'ont été pour l'odorat, et qu'il y a des nez depuis qu'il y a des hommes. De même les mains n'ayant pas été données en faveur des gantiers, elles sont visiblement destinées à tous les usages que le métacarpe et les phalanges de nos doigts, et les mouvements du muscle circulaire du poignet, nous procurent.

Cicéron, qui doutait de tout, ne doutait pas pourtant des causes finales.

Il paraît bien difficile surtout que les organes de la génération ne soient pas destinés à perpétuer les espèces. Ce mécanisme est bien admirable, mais la sensation que la nature a jointe à ce mécanisme est plus admirable encore. Épicure devait avouer que le plaisir est divin, et que ce plaisir est une cause finale, par laquelle sont produits sans cesse des êtres sensibles qui n'ont pu se donner la sensation.

Cet Épicure était un grand homme pour son temps; il vit ce que Descartes a nié, ce que Gassendi a affirmé, ce que Newton a démontré, qu'il n'y a point de mouvement sans vide. Il conçut la nécessité des atomes pour servir de parties constituantes aux espèces invariables: ce sont là des idées très-philosophiques. Rien n'était surtout plus respectable que la morale des vrais épicuriens : elle consistait dans l'éloignement des affaires publiques, incompatibles avec la sagesse, et dans l'amitié, sans laquelle la vie est un fardeau ; mais, pour le reste de la physique d'Épicure, elle ne paraît pas plus admissible que la matière cannelée de Descartes. C'est, ce me semble, se boucher les yeux et l'entendement que de prétendre qu'il n'y a aucun dessein dans la nature; et, s'il y a du dessein, il y a une cause intelligente, il existe un Dieu.

On nous objecte les irrégularités du globe, les volcans, les plaines de sables mouvants, quelques petites montagnes abîmées, et d'autres formées par des tremblements de terre, etc. Mais de ce que les moyeux des roues de votre carrosse auront pris feu, s'ensuit-il que votre carrosse n'ait pas été fait expressément pour vous porter d'un lieu à un autre?

Les chaînes des montagnes qui couronnent les deux hémisphères, et plus de six cents fleuves qui coulent jusqu'aux mers du pied de ces rochers; toutes les rivières qui descendent de ces mêmes réservoirs, et qui grossissent les fleuves, après avoir fertilisé les campagnes; des milliers de fontaines qui partent de la même source, et qui abreuvent le genre animal et le végétal: tout cela ne paraît pas plus l'effet d'un cas fortuit et d'une déclinaison d'atomes, que la rétine qui reçoit les rayons de la lumière, le cristallin qui les réfracte, l'enclume, le marteau, l'étrier, le tambour de l'oreille qui reçoit les sons, les routes du sang dans nos veines, la systole et la diastole du cœur, ce balancier de la machine qui fait la vie.

SECTION III [1].

Mais, dit-on, si Dieu a fait visiblement une chose à dessein, il a donc fait toutes choses à dessein. Il est ridicule d'admettre la Providence dans un cas, et de la nier dans les autres. Tout ce qui est fait a été prévu, a été arrangé. Nul arrangement sans objet, nul effet sans cause : donc tout est également le résultat, le produit d'une cause finale; donc il est aussi vrai de dire que les nez ont été faits pour porter des lunettes, et les doigts pour être ornés de bagues, qu'il est vrai de dire que les oreilles ont été formées pour entendre les sons, et les yeux pour recevoir la lumière [2].

1. Le texte de cette section est tel que Voltaire l'a donné en 1770, dans les *Questions sur l'Encyclopédie;* mais ce morceau avait déjà paru en 1764 dans le *Dictionnaire philosophique,* article Fin, Causes finales. Il commençait alors ainsi :

« Il paraît qu'il faut être forcené pour nier que les estomacs soient faits pour digérer, les yeux pour voir, les oreilles pour entendre.

« D'un autre côté, il faut avoir un étrange amour des causes finales pour assurer que la pierre a été formée pour bâtir des maisons, et que les vers à soie sont nés à la Chine afin que nous ayons du satin en Europe. Mais, dit-on, etc. » (B.)

2. Dans le *Dictionnaire philosophique* on lisait, en 1764 :

« Je crois qu'on peut aisément éclaircir cette difficulté. Quand les effets sont invariablement les mêmes, en tout lieu et en tout temps ; quand ces effets uniformes sont indépendants des êtres auxquels ils appartiennent; alors il y a visiblement une cause finale.

« Tous les animaux ont des yeux, ils voient ; tous ont des oreilles, et ils entendent ; tous ont une bouche par laquelle ils mangent ; un estomac, ou quelque chose d'approchant, par lequel ils digèrent ; tous un orifice qui expulse les excréments ; tous un instrument de la génération ; et ces dons de la nature opèrent en

Il ne résulte de cette objection rien autre, ce me semble, sinon que tout est l'effet prochain ou éloigné d'une cause finale générale ; que tout est la suite des lois éternelles.

Les pierres, en tout lieu et en tout temps, ne composent pas des bâtiments ; tous les nez ne portent pas des lunettes ; tous les doigts n'ont pas une bague ; toutes les jambes ne sont pas couvertes de bas de soie. Un ver à soie n'est donc pas fait pour couvrir mes jambes, précisément comme votre bouche est faite pour manger, et votre derrière pour aller à la garde-robe. Il y a donc des effets immédiats produits par les causes finales, et des effets en très-grand nombre qui sont des produits éloignés de ces causes.

Tout ce qui appartient à la nature est uniforme, immuable, est l'ouvrage immédiat du Maître : c'est lui qui a créé les lois par lesquelles la lune entre pour les trois quarts dans la cause du flux et du reflux de l'Océan, et le soleil pour son quart ; c'est lui qui a donné un mouvement de rotation au soleil, par lequel cet astre envoie en sept minutes et demie des rayons de lumière dans les yeux des hommes, des crocodiles, et des chats.

Mais si, après bien des siècles, nous nous sommes avisés d'inventer des ciseaux et des broches, de tondre avec les uns la laine des moutons et de les faire cuire avec les autres pour les manger, que peut-on en inférer autre chose sinon que Dieu nous a faits de façon qu'un jour nous deviendrions nécessairement industrieux et carnassiers ?

Les moutons n'ont pas sans doute été faits abolument pour être cuits et mangés, puisque plusieurs nations s'abstiennent de cette horreur. Les hommes ne sont pas créés essentiellement pour se massacrer, puisque les brames et les respectables primitifs qu'on nomme *quakers* ne tuent personne ; mais la pâte dont nous sommes pétris produit souvent des massacres, comme elle produit des calomnies, des vanités, des persécutions, et des impertinences. Ce n'est pas que la formation de l'homme soit précisément la cause finale de nos fureurs et de nos sottises : car une cause finale est universelle et invariable en tout temps et en tout lieu ; mais les horreurs et les absurdités de l'espèce humaine n'en sont pas moins dans l'ordre éternel des choses. Quand nous battons notre blé, le fléau est la cause finale de la séparation du grain.

---

eux sans qu'aucun art s'en mêle. Voilà des causes finales clairement établies, et c'est pervertir notre faculté de penser, que de nier une vérité si universelle.

« Mais les pierres, en tout lieu, etc. » Les éditeurs de Kehl avaient rétabli dans le texte ce passage, et aussi celui que j'ai transcrit dans la note précédente. (B.)

Mais si ce fléau, en battant mon blé, écrase mille insectes, ce n'est point par ma volonté déterminée, ce n'est pas non plus par hasard : c'est que ces insectes se sont trouvés cette fois sous mon fléau, et qu'ils devaient s'y trouver.

C'est une suite de la nature des choses, qu'un homme soit ambitieux, que cet homme enrégimente quelquefois d'autres hommes, qu'il soit vainqueur ou qu'il soit battu ; mais jamais on ne pourra dire : L'homme a été créé de Dieu pour être tué à la guerre.

Les instruments que nous a donnés la nature ne peuvent être toujours des causes finales en mouvement. Les yeux donnés pour voir ne sont pas toujours ouverts ; chaque sens a ses temps de repos. Il y a même des sens dont on ne fait jamais d'usage. Par exemple, une malheureuse imbécile, enfermée dans un cloître à quatorze ans, ferme pour jamais chez elle la porte dont devait sortir une génération nouvelle ; mais la cause finale n'en subsiste pas moins ; elle agira dès qu'elle sera libre.

CELTES [1].

Parmi ceux qui ont eu assez de loisir, de secours et de courage pour rechercher l'origine des peuples, il y en a eu qui ont cru trouver celle de nos Celtes, ou qui du moins ont voulu faire accroire qu'ils l'avaient rencontrée : cette illusion était le seul prix de leurs travaux immenses ; il ne faut pas la leur envier.

Du moins quand vous voulez connaître quelque chose des Huns (quoiqu'ils ne méritent guère d'être connus, puisqu'ils n'ont rendu aucun service au genre humain), vous trouvez quelques faibles notices de ces barbares chez les Chinois, ce peuple le plus ancien des nations connues, après les Indiens. Vous apprenez d'eux que les Huns allèrent dans certain temps, comme des loups affamés, ravager des pays regardés encore aujourd'hui comme des lieux d'exil et d'horreur. C'est une bien triste et bien misérable science. Il vaut mieux sans doute cultiver un art utile à Paris, à Lyon, et à Bordeaux, que d'étudier sérieusement l'histoire des Huns et des ours ; mais enfin on est aidé dans ces recherches par quelques archives de la Chine.

Pour les Celtes, point d'archives ; on ne connaît pas plus leurs antiquités que celles des Samoyèdes et des terres australes.

1. *Questions sur l'Encyclopédie*, neuvième partie, 1772. (B.)

Nous n'avons rien appris de nos ancêtres que par le peu de mots que Jules César, leur conquérant, a daigné en dire. Il commence ses *Commentaires* par distinguer toutes les Gaules en Belges, Aquitainiens, et Celtes.

De là quelques fiers savants ont conclu que les Celtes étaient les Scythes, et dans ces Scythes-Celtes ils ont compris toute l'Europe. Mais pourquoi pas toute la terre? pourquoi s'arrêter en si beau chemin?

On n'a pas manqué de nous dire que Japhet, fils de Noé, vint au plus vite au sortir de l'arche peupler de Celtes toutes ces vastes contrées, qu'il gouverna merveilleusement bien. Mais des auteurs plus modestes rapportent l'origine de nos Celtes à la tour de Babel, à la confusion des langues, à Gomer, dont jamais personne n'entendit parler, jusqu'au temps très-récent où quelques Occidentaux lurent le nom de Gomer dans une mauvaise traduction des Septante.

<blockquote>Et voilà justement comme on écrit l'histoire [1].</blockquote>

Bochart, dans sa *Chronologie sacrée* (quelle chronologie!), prend un tour fort différent: il fait de ces hordes innombrables de Celtes une colonie égyptienne, conduite habilement et facilement des bords fertiles du Nil par Hercule dans les forêts et dans les marais de la Germanie, où sans doute ces colons portèrent tous les arts, la langue égyptienne, et les mystères d'Isis, sans qu'on ait pu jamais en retrouver la moindre trace.

Ceux-là m'ont paru avoir encore mieux rencontré, qui ont dit que les Celtes des montagnes du Dauphiné étaient appelés Cottiens de leur roi Cottius; les Bérichons, de leur roi Bétrich; les Welches ou Gaulois, de leur roi Vallus; les Belges, de Balgen, qui veut dire hargneux.

Une origine encore plus belle, c'est celle des Celtes-Pannoniens, du mot latin *Pannus*, drap, attendu, nous dit-on, qu'ils se vêtissaient de vieux morceaux de drap mal cousus, assez ressemblants à l'habit d'Arlequin. Mais la meilleure origine est sans contredit la tour de Babel.

O braves et généreux compilateurs, qui avez tant écrit sur des hordes de sauvages qui ne savaient ni lire ni écrire, j'admire votre laborieuse opiniâtreté! Et vous, pauvres Celtes-Welches, permettez-moi de vous dire, aussi bien qu'aux Huns, que des gens

---

1. *Charlot*, I, vii.

qui n'ont pas eu la moindre teinture des arts utiles ou agréables ne méritent pas plus nos recherches que les porcs et les ânes qui ont habité leur pays.

On dit que vous étiez anthropophages ; mais qui ne l'a pas été?

On me parle de vos druides, qui étaient de très-savants prêtres : allons donc à l'article Druides.

CÉRÉMONIES, TITRES, PRÉÉMINENCE [1], ETC.

Toutes ces choses, qui seraient inutiles, et même fort impertinentes dans l'état de pure nature, sont fort utiles dans l'état de notre nature corrompue et ridicule.

Les Chinois sont de tous les peuples celui qui a poussé le plus loin l'usage des cérémonies : il est certain qu'elles servent à calmer l'esprit autant qu'à l'ennuyer. Les portefaix, les charretiers chinois, sont obligés, au moindre embarras qu'ils causent dans les rues, de se mettre à genoux l'un devant l'autre, et de se demander mutuellement pardon selon la formule prescrite. Cela prévient les injures, les coups, les meurtres ; ils ont le temps de s'apaiser, après quoi ils s'aident mutuellement.

Plus un peuple est libre, moins il a de cérémonies, moins de titres fastueux, moins de démonstrations d'anéantissement devant son supérieur. On disait à Scipion : Scipion ; et à César : César ; et dans la suite des temps on dit aux empereurs : *Votre majesté, votre divinité*.

Les titres de saint Pierre et de saint Paul étaient Pierre et Paul. Leurs successeurs se donnèrent réciproquement le titre de *votre sainteté*, que l'on ne voit jamais dans les *Actes des apôtres*, ni dans les écrits des disciples.

Nous lisons dans l'*Histoire d'Allemagne* que le dauphin de France, qui fut depuis le roi Charles V, alla vers l'empereur Charles IV à Metz, et qu'il passa après le cardinal de Périgord.

Il fut ensuite un temps où les chanceliers eurent la préséance sur les cardinaux, après quoi les cardinaux l'emportèrent sur les chanceliers.

Les pairs précédèrent en France les princes du sang, et ils marchèrent tous en ordre de pairie jusqu'au sacre de Henri III.

---

1. Sauf les alinéas pénultième et antépénultième, ce morceau est ici tel qu'on le lit dans les *Questions sur l'Encyclopédie*, troisième partie, 1770 ; mais la majeure partie avait paru longtemps auparavant, comme on le verra. (B.)

La dignité de la pairie était avant ce temps si éminente qu'à la cérémonie du sacre d'Élisabeth, épouse de Charles IX, en 1571, décrite par Simon Bouquet, échevin de Paris, il est dit que « les dames et damoiselles de la reine ayant baillé à la dame d'honneur le pain, le vin, et le cierge avec l'argent pour l'offerte, pour être présentés à la reine par ladite dame d'honneur, cette dite dame d'honneur, pour ce qu'elle était duchesse, commanda aux dames d'aller porter elles-mêmes l'offerte aux princesses, etc. » Cette dame d'honneur était la connétable de Montmorency.

[1] Le fauteuil à bras, la chaise à dos, le tabouret, la main droite et la main gauche, ont été pendant plusieurs siècles d'importants objets de politique, et d'illustres sujets de querelles. Je crois que l'ancienne étiquette concernant les fauteuils vient de ce que chez nos barbares de grands-pères il n'y avait qu'un fauteuil tout au plus dans une maison, et ce fauteuil même ne servait que quand on était malade. Il y a encore des provinces d'Allemagne et d'Angleterre où un fauteuil s'appelle *une chaise de doléance*.

Longtemps après Attila et Dagobert, quand le luxe s'introduisit dans les cours, et que les grands de la terre eurent deux ou trois fauteuils dans leurs donjons, ce fut une belle distinction de s'asseoir sur un de ces trônes; et tel seigneur châtelain prenait acte comment, ayant été à demi-lieue de ses domaines faire sa cour à un comte, il avait été reçu dans un fauteuil à bras.

On voit par les *Mémoires* de Mademoiselle, que cette auguste princesse passa un quart de sa vie dans les angoisses mortelles des disputes pour des chaises à dos. Devait-on s'asseoir dans une certaine chambre sur une chaise, ou sur un tabouret, ou même ne point s'asseoir? Voilà ce qui intriguait toute une cour. Aujourd'hui les mœurs sont plus unies; les canapés et les chaises longues sont employés par les dames, sans causer d'embarras dans la société.

Lorsque le cardinal de Richelieu traita du mariage de Henriette de France et de Charles Ier, avec les ambassadeurs d'Angleterre, l'affaire fut sur le point d'être rompue pour deux ou trois pas de plus que les ambassadeurs exigeaient auprès d'une porte, et le cardinal se mit au lit pour trancher toute difficulté. L'histoire a soigneusement conservé cette précieuse circonstance. Je crois que si on avait proposé à Scipion de se mettre nu entre deux

---

1. Les dix alinéas qui suivent, moins celui que je désigne, ont paru en 1754 dans le tome X de l'édition des *OEuvres de Voltaire*, publiée à Dresde; ils étaient intitulés *Des Cérémonies*. (B.)

CÉRÉMONIES.

draps pour recevoir la visite d'Annibal, il aurait trouvé cette cérémonie fort plaisante.

La marche des carrosses, et ce qu'on appelle le haut du pavé, ont été encore des témoignages de grandeur, des sources de prétentions, de disputes et de combats, pendant un siècle entier. On a regardé comme une signalée victoire de faire passer un carrosse devant un autre carrosse. Il semblait, à voir les ambassadeurs se promener dans les rues, qu'ils disputassent le prix dans des cirques ; et quand un ministre d'Espagne avait pu faire reculer un cocher portugais, il envoyait un courrier à Madrid informer le roi son maître de ce grand avantage.

[1] Nos histoires nous réjouissent par vingt combats à coups de poing pour la préséance : le parlement contre les clercs de l'évêque, à la pompe funèbre de Henri IV ; la chambre des comptes contre le parlement dans la cathédrale, quand Louis XIII donna la France à la Vierge ; le duc d'Épernon dans l'église de Saint-Germain contre le garde des sceaux du Vair. Les présidents des enquêtes gourmèrent dans Notre-Dame le doyen des conseillers de grand'chambre Savare, pour le faire sortir de sa place d'honneur (tant l'honneur est l'âme des gouvernements monarchiques!) ; et on fut obligé de faire empoigner par quatre archers le président Barillon, qui frappait comme un sourd sur ce pauvre doyen. Nous ne voyons point de telles contestations dans l'aréopage ni dans le sénat romain.

A mesure que les pays sont barbares, ou que les cours sont faibles, le cérémonial est plus en vogue. La vraie puissance et la vraie politesse dédaignent la vanité.

Il est à croire qu'à la fin on se défera de cette coutume, qu'ont encore quelquefois les ambassadeurs, de se ruiner pour aller en procession par les rues avec quelques carrosses de louage rétablis et redorés, précédés de quelques laquais à pied. Cela s'appelle faire son entrée ; et il est assez plaisant de faire son entrée dans une ville sept ou huit mois après qu'on y est arrivé.

Cette importante affaire du *puntiglio*, qui constitue la grandeur des Romains modernes ; cette science du nombre des pas qu'on doit faire pour reconduire un *monsignore*, d'ouvrir un rideau à moitié ou tout à fait, de se promener dans une chambre à droite ou à gauche [2] ; ce grand art, que les Fabius et les Caton n'auraient

---

1. Cet alinéa doit être une addition de 1770 ; il n'existait du moins ni en 1754, ni en 1756. (B.)
2. Ce fut une querelle de ce genre qui brouilla le cardinal de Bouillon avec la

jamais deviné, commence à baisser, et les caudataires des cardinaux se plaignent que tout annonce la décadence.

[1] Un colonel français était dans Bruxelles un an après la prise de cette ville par le maréchal de Saxe ; et, ne sachant que faire, il voulut aller à l'assemblée de la ville. « Elle se tient chez une princesse, lui dit-on. — Soit, répondit l'autre, que m'importe? — Mais il n'y a que des princes qui aillent là : êtes-vous prince?—Va, va, dit le colonel, ce sont de bons princes ; j'en avais l'année passée une douzaine dans mon antichambre quand nous eûmes pris la ville, et ils étaient tous fort polis. »

[2] En relisant Horace, j'ai remarqué ce vers dans une *épître à Mécène* (I, ep. VII) : « *Te, dulcis amice, revisam.* J'irai vous voir, mon bon ami. » Ce Mécène était la seconde personne de l'empire romain, c'est-à-dire un homme plus considérable et plus puissant que ne l'est aujourd'hui le plus grand monarque de l'Europe.

En relisant Corneille, j'ai remarqué que dans une lettre au grand Scudéri, gouverneur de Notre-Dame de la Garde, il s'exprime ainsi au sujet du cardinal de Richelieu : « Monsieur le cardinal, votre maître et le mien. » C'est peut-être la première fois qu'on a parlé ainsi d'un ministre, depuis qu'il y a dans le monde des ministres, des rois, et des flatteurs. Le même Pierre Corneille, auteur de *Cinna*, dédie humblement ce *Cinna* au sieur de Montauron, trésorier de l'épargne, qu'il compare sans façon à Auguste. Je suis fâché qu'il n'ait pas appelé Montauron *monseigneur*.

On conte qu'un vieil officier qui savait peu le protocole de la vanité, ayant écrit au marquis de Louvois : *Monsieur*, et n'ayant point eu de réponse, lui écrivit : *Monseigneur*, et n'en obtint pas davantage, parce que le ministre avait encore le *monsieur* sur le cœur. Enfin il lui écrivit : *A mon Dieu, mon Dieu Louvois* ; et au commencement de la lettre il mit : *Mon Dieu, mon Créateur*[3]. Tout

---

fameuse princesse des Ursins, son intime amie ; et la haine de cette femme aussi vaine que lui, mais plus habile en intrigue, fut une des principales causes de sa perte. (K.)

1. Dans l'édition de 1754 on lit : « Un colonel français passa il y a un an à Bruxelles, et, ne sachant que faire. » En rapprochant les deux versions, n'est-on pas autorisé à croire que ceci fut écrit en 1747, la prise de Bruxelles étant de 1746?

2. Ce qui fait la fin de cet article avait, sauf quelques différences que j'indiquerai, paru dès 1750 dans le tome IX de l'édition des *OEuvres de Voltaire*, publiée à Dresde (1748-1754, dix volumes in-8°). Il était intitulé *Des Titres*. (B.)

3. Le monseigneur des ministres est presque tombé en désuétude, depuis que les places de secrétaires d'État ont été occupées par des grands qui se seraient crus humiliés de n'être *monseigneurs* que depuis qu'ils étaient devenus ministres. (K.)
— Le *monseigneur* des ministres est revenu. (B.)

cela ne prouve-t-il pas que les Romains du bon temps étaient grands et modestes, et que nous sommes petits et vains?

« Comment vous portez-vous, mon cher ami? disait un duc et pair à un gentilhomme. — A votre service, mon cher ami, répondit l'autre ; » et dès ce moment il eut son cher ami pour ennemi implacable. Un grand de Portugal parlait à un grand d'Espagne, et lui disait à tout moment : « Votre Excellence. » Le Castillan lui répondait : « Votre courtoisie, *vuestra merced;* » c'est le titre que l'on donne aux gens qui n'en ont pas. Le Portugais, piqué, appela l'Espagnol à son tour : *Votre courtoisie;* l'autre lui donna alors de l'*excellence*. A la fin le Portugais, lassé, lui dit : « Pourquoi me donnez-vous toujours de la courtoisie quand je vous donne de l'excellence ? et pourquoi m'appelez-vous votre excellence quand je vous dis votre courtoisie? — C'est que tous les titres me sont égaux, répondit humblement le Castillan, pourvu qu'il n'y ait rien d'égal entre vous et moi. »

La vanité des titres ne s'introduisit dans nos climats septentrionaux de l'Europe que quand les Romains eurent fait connaissance avec la sublimité asiatique. La plupart des rois de l'Asie étaient et sont encore cousins germains du soleil et de la lune : leurs sujets n'osent jamais prétendre à cette alliance ; et tel gouverneur de province qui s'intitule *Muscade de consolation* et *Rose de plaisir*, serait empalé s'il se disait parent le moins du monde de la lune et du soleil.

Constantin fut, je pense, le premier empereur romain qui chargea l'humilité chrétienne d'une page de noms fastueux. Il est vrai qu'avant lui on donnait du *dieu* aux empereurs. Mais ce mot *dieu* ne signifiait rien d'approchant de ce que nous entendons. *Divus Augustus, divus Trajanus*, voulaient dire *saint Auguste, saint Trajan*. On croyait qu'il était de la dignité de l'empire romain que l'âme de son chef allât au ciel après sa mort ; et souvent même on accordait le titre de *saint*, de *divus*, à l'empereur, en avancement d'hoirie. C'est à peu près par cette raison que les premiers patriarches de l'Église chrétienne s'appelaient tous *votre sainteté*. On les nommait ainsi pour les faire souvenir de ce qu'ils devaient être.

On se donne quelquefois à soi-même des titres fort humbles, pourvu qu'on en reçoive de fort honorables. Tel abbé qui s'intitule *frère*, se fait appeler *monseigneur* par ses moines. Le pape se nomme *serviteur des serviteurs de Dieu*. Un bon prêtre du Holstein écrivit un jour au pape Pie IV : *A Pie IV, serviteur des serviteurs de Dieu*. Il alla ensuite à Rome solliciter son affaire ; et l'Inquisition le fit mettre en prison pour lui apprendre à écrire.

Il n'y avait autrefois que l'empereur qui eût le titre de *majesté*. Les autres rois s'appelaient *votre altesse, votre sérénité, votre grâce*. Louis XI fut le premier en France qu'on appela communément *majesté*, titre non moins convenable en effet à la dignité d'un grand royaume héréditaire qu'à une principauté élective. Mais on se servait du terme d'*altesse* avec les rois de France longtemps après lui ; et on voit encore des lettres à Henri III, dans lesquelles on lui donne ce titre. Les états d'Orléans ne voulurent point que la reine Catherine de Médicis fût appelée *majesté*. Mais peu à peu cette dernière dénomination prévalut. Le nom est indifférent ; il n'y a que le pouvoir qui ne le soit pas.

La chancellerie allemande, toujours invariable dans ses nobles usages, a prétendu jusqu'à nos jours ne devoir traiter tous les rois que de *sérénité*. Dans le fameux traité de Vestphalie, où la France et la Suède donnèrent des lois au saint empire romain, jamais les plénipotentiaires de l'empereur ne présentèrent de mémoires latins où sa *sacrée majesté impériale* ne traitât avec les *sérénissimes rois de France et de Suède* ; mais, de leur côté, les Français et les Suédois ne manquaient pas d'assurer que leurs *sacrées majestés de France et de Suède* avaient beaucoup de griefs contre le *sérénissime empereur*. Enfin dans le traité tout fut égal de part et d'autre. Les grands souverains ont, depuis ce temps, passé dans l'opinion des peuples pour être tous égaux ; et celui qui a battu ses voisins a eu la prééminence dans l'opinion publique.

Philippe II fut la première *majesté* en Espagne : car la *sérénité* de Charles-Quint[1] ne devint *majesté* qu'à cause de l'empire. Les enfants de Philippe II furent les premières *altesses*, et ensuite ils furent *altesses royales*. Le duc d'Orléans, frère de Louis XIII, ne prit qu'en 1631 le titre d'*altesse royale* ; alors le prince de Condé prit celui d'*altesse sérénissime*, que n'osèrent s'arroger les ducs de Vendôme. Le duc de Savoie fut alors *altesse royale*, et devint ensuite *majesté*. Le grand-duc de Florence en fit autant, à la *majesté* près ; et enfin le czar, qui n'était connu en Europe que sous le nom de grand-duc, s'est déclaré *empereur*, et a été reconnu pour tel.

Il n'y avait anciennement que deux marquis d'Allemagne, deux en France, deux en Italie. Le marquis de Brandebourg est devenu *roi, et grand roi* ; mais aujourd'hui nos marquis italiens et français sont d'une espèce un peu différente.

Qu'un bourgeois italien ait l'honneur de donner à dîner au légat de sa province, et que le légat en buvant lui dise : *Mon-*

---

1. Il n'était que Charles Ier en Espagne.

CÉRÉMONIES.

sieur le marquis, à votre santé, le voilà marquis, lui et ses enfants, à tout jamais. Qu'un provincial en France, qui possédera pour tout bien dans son village la quatrième partie d'une petite châtellenie ruinée, arrive à Paris ; qu'il y fasse un peu de fortune, ou qu'il ait l'air de l'avoir faite, il s'intitule dans ses actes : *Haut et puissant seigneur, marquis et comte;* et son fils sera chez son notaire : *Très-haut et très-puissant seigneur;* et comme cette petite ambition ne nuit en rien au gouvernement, ni à la société civile, on n'y prend pas garde. Quelques seigneurs français se vantent d'avoir des *barons* allemands dans leurs écuries ; quelques seigneurs allemands disent qu'ils ont des *marquis* français dans leurs cuisines ; il n'y a pas longtemps qu'un étranger, étant à Naples, fit son cocher *duc*. La coutume en cela est plus forte que l'autorité royale. Soyez peu connu à Paris, vous y serez *comte* ou *marquis* tant qu'il vous plaira ; soyez homme de robe ou de finance, et que le roi vous donne un marquisat bien réel, vous ne serez jamais pour cela *monsieur le marquis*. Le célèbre Samuel Bernard était plus *comte* que cinq cents *comtes* que nous voyons qui ne possèdent pas quatre arpents de terre ; le roi avait érigé pour lui sa terre de Coubert en bon comté. S'il se fût fait annoncer dans une visite : *le comte Bernard*, on aurait éclaté de rire. Il en va tout autrement en Angleterre. Si le roi donne à un négociant un titre de *comte* ou de *baron*, il reçoit sans difficulté de toute la nation le nom qui lui est propre. Les gens de la plus haute naissance, le roi lui-même, l'appellent : *Milord*, monseigneur. Il en est de même en Italie : il y a le protocole des *monsignori*. Le pape lui même leur donne ce titre. Son médecin est *monsignore*, et personne n'y trouve à redire.

En France le *monseigneur* est une terrible affaire. Un évêque n'était, avant le cardinal de Richelieu, que mon *révérendissime père en Dieu*[1].

Avant l'année 1635, non-seulement les évêques ne se monseigneurisaient pas, mais ils ne donnaient point du *monseigneur* aux cardinaux. Ces deux habitudes s'introduisirent par un évêque de Chartres, qui alla en camail et en rochet appeler *monseigneur* le cardinal de Richelieu ; sur quoi Louis XIII dit, si l'on en croit les *Mémoires* de l'archevêque de Toulouse, Montchal : « Ce Chartrain

---

[1]. En 1750 il y avait : « Mon *révérendissime* père en Dieu ; mais quand Richelieu fut secrétaire d'État, étant encore évêque de Luçon, ses confrères les évêques, pour ne pas lui donner ce titre exclusif de monseigneur que les secrétaires d'État commencèrent à prendre, convinrent de se le donner à eux-mêmes. Cette entreprise n'essuya, etc. » (B.)

irait baiser le derrière du cardinal, et pousserait son nez dedans jusqu'à ce que l'autre lui dît : C'est assez. »

Ce n'est que depuis ce temps que les évêques se donnèrent réciproquement du *monseigneur*.

Cette entreprise n'essuya aucune contradiction dans le public. Mais comme c'était un titre nouveau que les rois n'avaient pas donné aux évêques, on continua dans les édits, déclarations, ordonnances, et dans tout ce qui émane de la cour, à ne les appeler que *sieurs;* et messieurs du conseil n'écrivent jamais à un évêque que *monsieur*.

Les ducs et pairs ont eu plus de peine à se mettre en possession du *monseigneur*. La grande noblesse, et ce qu'on appelle *la grande robe*, leur refusent tout net cette distinction. Le comble des succès de l'orgueil humain est de recevoir des titres d'honneur de ceux qui croient être vos égaux; mais il est bien difficile d'arriver à ce point : on trouve partout l'orgueil qui combat l'orgueil[1].

Quand les ducs exigèrent que les pauvres gentilshommes leur écrivissent *monseigneur*, les présidents à mortier en demandèrent

---

1. Louis XIV a décidé que la noblesse non titrée donnerait le *monseigneur* aux maréchaux de France, et elle s'y est soumise sans beaucoup de peine. Chacun espère devenir monseigneur à son tour.

Le même prince a donné des prérogatives particulières à quelques familles. Celles de la maison de Lorraine ont excité peu de réclamations; et maintenant il est assez difficile à l'orgueil d'un gentilhomme de se croire absolument l'égal d'hommes sortis d'une maison incontestablement souveraine depuis sept siècles, qui a donné deux reines à la France, qui enfin est montée sur le trône impérial.

Les honneurs des maisons de Bouillon et de Rohan ont souffert plus de difficultés. On ne peut nier qu'elles n'aient existé pendant longtemps sans être distinguées du reste de la noblesse. D'autres familles sont parvenues à posséder de petites souverainetés comme celle de Bouillon. Un grand nombre pourrait également citer de grandes alliances; et si on donnait un rang distingué à tous ceux que les généalogistes font descendre des anciens souverains de nos provinces, il y aurait presque autant d'altesses que de marquis et de comtes.

Louis XIV avait ordonné aux secrétaires d'État de donner le *monseigneur* et l'*altesse* aux gentilshommes de ces deux maisons; mais ceux des secrétaires d'État qui ont été tirés du corps de la noblesse se sont crus dispensés de cette loi en qualité de gentilshommes. Louvois s'y soumit, et il écrivit un jour au chevalier de Bouillon :

Monseigneur, si Votre Altesse ne change pas de conduite, je la ferai mettre dans un cachot. Je suis avec respect, etc.

Maintenant ces princes ne répondent point aux lettres où l'on ne leur donne pas le *monseigneur* et l'*altesse*, à moins qu'ils n'aient besoin de vous; et la noblesse leur refuse l'un et l'autre, à moins qu'elle n'ait besoin d'eux. Quand un gentilhomme qui a un peu de vanité passe un acte avec eux, il leur laisse prendre tous les titres qu'ils veulent, mais il ne manque pas de protester contre ces titres chez son notaire. La vanité a deux tonneaux comme Jupiter, mais le bon est souvent bien vide. (K.)

autant aux avocats et aux procureurs. On a connu un président qui ne voulut pas se faire saigner, parce que son chirurgien lui avait dit : « Monsieur, de quel bras voulez-vous que je vous saigne ? » Il y eut un vieux conseiller de la grand'chambre qui en usa plus franchement. Un plaideur lui dit : *Monseigneur, monsieur votre secrétaire...* Le conseiller l'arrêta tout court : « Vous avez dit trois sottises en trois paroles : je ne suis point *monseigneur* mon secrétaire n'est point *monsieur*, c'est mon *clerc.* »

Pour terminer ce grand procès de la vanité, il faudra un jour que tout le monde soit *monseigneur* dans la nation ; comme toutes les femmes, qui étaient autrefois *mademoiselle*, sont actuellement *madame*. Lorsqu'en Espagne un mendiant rencontre un autre gueux, il lui dit : « Seigneur, *votre courtoisie* a-t-elle pris son chocolat ? » Cette manière polie de s'exprimer élève l'âme et conserve la dignité de l'espèce.

[1] César et Pompée s'appelaient dans le sénat César et Pompée ; mais ces gens-là ne savaient pas vivre. Ils finissaient leurs lettre par *vale,* adieu. Nous étions, nous autres, il y a soixante ans, *affectionnés serviteurs ;* nous sommes devenus *très-humbles et très-obéissants ;* et actuellement *nous avons l'honneur de l'être*. Je plains notre postérité : elle ne pourra que difficilement ajouter à ces belles formules.

[2] Le duc d'Épernon, le premier des Gascons pour la fierté, mais qui n'était pas le premier des hommes d'État, écrivit avant de mourir au cardinal de Richelieu, et finit sa lettre par *votre très-humble et très-obéissant ;* mais se souvenant que le cardinal ne lui avait donné que du *très-affectionné*, il fit partir un exprès pour rattraper sa lettre, qui était déjà partie, la recommença, signa *très-affectionné*, et mourut ainsi au lit d'honneur.

[3] Nous avons dit ailleurs une grande partie de ces choses. Il est bon de les inculper pour corriger au moins quelques coqs d'Inde qui passent leur vie à faire la roue.

---

1. Cet alinéa existait en 1750 ; il avait été conservé en 1756 ; mais il ne fut pas reproduit en 1770 dans les *Questions sur l'Encyclopédie.* (B.)

2. Cet alinéa, ajouté en 1756, n'avait pas été admis dans les *Questions sur l'Encyclopédie.* Il a été recueilli, ainsi que le précédent, par les éditeurs de Kehl. (B.)

3. Voltaire ajouta cet alinéa en 1770, dans les *Questions sur l'Encyclopédie.* On a vu qu'en effet *une grande partie des choses* qu'il y dit étaient déjà *ailleurs.* (B.)

CERTAIN, CERTITUDE[1].

Je suis certain ; j'ai des amis ; ma fortune est sûre ; mes parents ne m'abandonneront jamais ; on me rendra justice ; mon ouvrage est bon, il sera bien reçu ; on me doit, on me payera ; mon amant sera fidèle, il l'a juré ; le ministre m'avancera, il l'a promis en passant : toutes paroles qu'un homme qui a un peu vécu raye de son dictionnaire.

Quand les juges condamnèrent Langlade, Lebrun, Calas, Sirven, Martin, Montbailli, et tant d'autres, reconnus depuis pour innocents, ils étaient certains, ou ils devaient l'être, que tous ces infortunés étaient coupables ; cependant ils se trompèrent.

Il y a deux manières de se tromper, de mal juger, de s'aveugler : celle d'errer en homme d'esprit, et celle de décider comme un sot.

Les juges se trompèrent en gens d'esprit dans l'affaire de Langlade, ils s'aveuglèrent sur des apparences qui pouvaient éblouir ; ils n'examinèrent point assez les apparences contraires ; ils se servirent de leur esprit pour se croire certains que Langlade avait commis un vol qu'il n'avait certainement pas commis ; et sur cette pauvre certitude incertaine de l'esprit humain, un gentilhomme fut appliqué à la question ordinaire et extraordinaire, de là replongé sans secours dans un cachot, et condamné aux galères, où il mourut ; sa femme renfermée dans un autre cachot avec sa fille âgée de sept ans, laquelle depuis épousa un conseiller au même parlement qui avait condamné le père aux galères, et la mère au bannissement.

Il est clair que les juges n'auraient pas prononcé cet arrêt s'ils n'avaient été *certains*. Cependant, dès le temps même de cet arrêt, plusieurs personnes savaient que le vol avait été commis par un prêtre nommé Gagnat, associé avec un voleur de grand chemin ; et l'innocence de Langlade ne fut reconnue qu'après sa mort.

Ils étaient de même *certains*, lorsque, par une sentence en première instance, ils condamnèrent à la roue l'innocent Lebrun qui, par arrêt rendu sur son appel, fut brisé dans les tortures, et en mourut.

---

1. Le commencement de cet article est de 1770, *Questions sur l'Encyclopédie*, troisième partie. La fin est de 1764. (B.)

L'exemple des Calas[1] et des Sirven[2] est assez connu ; celui de Martin[3] l'est moins. C'était un bon agriculteur d'auprès de Bar en Lorraine. Un scélérat lui dérobe son habit, et va, sous cet habit, assassiner sur le grand chemin un voyageur qu'il savait chargé d'or, et dont il avait épié la marche. Martin est accusé ; son habit dépose contre lui ; les juges regardent cet indice comme une certitude. Ni la conduite passée du prisonnier, ni une nombreuse famille qu'il élevait dans la vertu, ni le peu de monnaie trouvé chez lui, probabilité extrême qu'il n'avait point volé le mort ; rien ne peut le sauver. Le juge subalterne se fait un mérite de sa rigueur. Il condamne l'innocent à être roué ; et, par une fatalité malheureuse, la sentence est confirmée à la Tournelle. Le vieillard Martin est rompu vif en attestant Dieu de son innocence jusqu'au dernier soupir. Sa famille se disperse ; son petit bien est confisqué. A peine ses membres rompus sont-ils exposés sur le grand chemin, que l'assassin qui avait commis le meurtre et le vol est mis en prison pour un autre crime ; il avoue, sur la roue à laquelle il est condamné à son tour, que c'est lui seul qui est coupable du crime pour lequel Martin a souffert la torture et la mort.

[4] Montbailli, qui dormait avec sa femme, est accusé d'avoir, de concert avec elle, tué sa mère, morte évidemment d'apoplexie : le conseil d'Arras condamne Montbailli à expirer sur la roue, et sa femme à être brûlée. Leur innocence est reconnue, mais après que Montbailli a été roué.

Écartons ici la foule de ces aventures funestes qui font gémir sur la condition humaine ; mais gémissons du moins sur la *certitude* prétendue que les juges croient avoir quand ils rendent de pareilles sentences.

Il n'y a nulle certitude, dès qu'il est physiquement ou moralement possible que la chose soit autrement. Quoi ! il faut une démonstration pour oser assurer que la surface d'une sphère est égale à quatre fois l'aire de son grand cercle, et il n'en faudra pas pour arracher la vie à un citoyen par un supplice affreux !

1. Sur les Calas, voyez les *Mélanges*, années 1762-1763, etc.
2. Sur Sirven, voyez les *Mélanges*, année 1766.
3. Il est question de Martin dans l'*Essai sur les Probabilités en fait de justice* (voyez les *Mélanges*, année 1772), et dans la lettre à d'Alembert, du 4 septembre 1769 ; on peut aussi voir celles à Élie de Beaumont, du 17 auguste, et à d'Argental, du 30 auguste 1769. On voit par cette dernière et par celle à d'Alembert que le fait eut lieu en 1767, et non en 1768, comme Voltaire le dit dans l'*Essai sur les Probabilités*.
4. Cet alinéa fut ajouté en 1774. Voyez sur Montbailli *la Méprise d'Arras*, dans les *Mélanges*, année 1771, etc. (B.)

Si tel est le malheur de l'humanité qu'on soit obligé de se contenter d'extrêmes probabilités, il faut du moins consulter l'âge, le rang, la conduite de l'accusé, l'intérêt qu'il peut avoir eu à commettre le crime, l'intérêt de ses ennemis à le perdre ; il faut que chaque juge se dise : La postérité, l'Europe entière ne condamnera-t-elle pas ma sentence? dormirai-je tranquille, les mains teintes du sang innocent?

Passons de cet horrible tableau à d'autres exemples d'une certitude qui conduit droit à l'erreur.

« Pourquoi te charges-tu de chaînes, fanatique et malheureux santon? pourquoi as-tu mis à ta vilaine verge un gros anneau de fer? — C'est que je suis certain d'être placé un jour dans le premier des paradis, à côté du grand prophète. — Hélas! mon ami, viens avec moi dans ton voisinage au mont Athos, et tu verras trois mille gueux qui sont certains que tu iras dans le gouffre qui est sous le pont aigu, et qu'ils iront tous dans le premier paradis. »

« Arrête, misérable veuve malabare! ne crois point ce fou qui te persuade que tu seras réunie à ton mari dans les délices d'un autre monde si tu te brûles sur son bûcher. — Non, je me brûlerai ; je suis certaine de vivre dans les délices avec mon époux ; mon brame me l'a dit. »

Prenons des certitudes moins affreuses, et qui aient un peu plus de vraisemblance.

« [1] Quel âge a votre ami Christophe? — Vingt-huit ans; j'ai vu son contrat de mariage, son extrait baptistaire, je le connais dès son enfance; il a vingt-huit ans, j'en ai la certitude, j'en suis certain. »

A peine ai-je entendu la réponse de cet homme si sûr de ce qu'il dit, et de vingt autres qui confirment la même chose, que j'apprends qu'on a antidaté par des raisons secrètes, et par un manége singulier, l'extrait baptistaire de Christophe. Ceux à qui j'avais parlé n'en savent encore rien ; cependant ils ont toujours la certitude de ce qui n'est pas.

Si vous aviez demandé à la terre entière avant le temps de Copernic : « Le soleil est-il levé? s'est-il couché aujourd'hui? » tous les hommes vous auraient répondu : « Nous en avons une certitude entière. » Ils étaient certains, et ils étaient dans l'erreur.

Les sortiléges, les divinations, les obsessions, ont été longtemps la chose du monde la plus certaine aux yeux de tous les

---

1. Commencement de l'article dans le *Dictionnaire philosophique*, en 1764. (B.)

peuples. Quelle foule innombrable de gens qui ont vu toutes ces belles choses, qui ont été certains! Aujourd'hui cette certitude est un peu tombée.

Un jeune homme qui commence à étudier la géométrie vient me trouver; il n'en est encore qu'à la définition des triangles. « N'êtes-vous pas certain, lui dis-je, que les trois angles d'un triangle sont égaux à deux droits? » Il me répond que non-seulement il n'en est point certain, mais qu'il n'a pas même d'idée nette de cette proposition : je la lui démontre ; il en devient alors très-certain, et il le sera pour toute sa vie.

Voilà une certitude bien différente des autres : elles n'étaient que des probabilités, et ces probabilités examinées sont devenues des erreurs; mais la certitude mathématique est immuable et éternelle.

J'existe, je pense, je sens de la douleur; tout cela est-il aussi certain qu'une vérité géométrique? Oui, tout douteur que je suis, je l'avoue. Pourquoi? C'est que ces vérités sont prouvées par le même principe qu'une chose ne peut être et n'être pas en même temps. Je ne peux en même temps exister et n'exister pas, sentir et ne sentir pas. Un triangle ne peut en même temps avoir cent quatre-vingts degrés, qui sont la somme de deux angles droits, et ne les avoir pas.

La certitude physique de mon existence, de mon sentiment, et la certitude mathématique, sont donc de même valeur, quoiqu'elles soient d'un genre différent.

Il n'en est pas de même de la certitude fondée sur les apparences, ou sur les rapports unanimes que nous font les hommes.

Mais quoi! me dites-vous, n'êtes-vous pas certain que Pékin existe? n'avez-vous pas chez vous des étoffes de Pékin? des gens de différents pays, de différentes opinions, et qui ont écrit violemment les uns contre les autres, en prêchant tous la vérité à Pékin, ne vous ont-ils pas assuré de l'existence de cette ville ? Je réponds qu'il m'est extrêmement probable qu'il y avait alors une ville de Pékin; mais je ne voudrais point parier ma vie que cette ville existe; et je parierai quand on voudra ma vie que les trois angles d'un triangle sont égaux à deux droits.

On a imprimé dans le *Dictionnaire encyclopédique* une chose fort plaisante; on y soutient qu'un homme devrait être aussi sûr, aussi certain que le maréchal de Saxe est ressuscité, si tout Paris le lui disait, qu'il est sûr que le maréchal de Saxe a gagné la bataille de Fontenoy, quand tout Paris le lui dit. Voyez, je vous prie, combien ce raisonnement est admirable : Je crois tout Paris quand il me dit une chose moralement possible; donc je dois croire tout Paris quand il me dit une chose moralement et physiquement impossible.

Apparemment que l'auteur de cet article voulait rire, et que l'autre auteur qui s'extasie à la fin de cet article, et écrit contre lui-même, voulait rire aussi [1].

Pour nous, qui n'avons entrepris ce petit *Dictionnaire* que pour faire des questions, nous sommes bien loin d'avoir de la *certitude* [2].

CÉSAR [3].

On n'envisage point ici dans César le mari de tant de femmes et la femme de tant d'hommes ; le vainqueur de Pompée et des Scipions ; l'écrivain satirique qui tourne Caton en ridicule ; le voleur du trésor public qui se servit de l'argent des Romains pour asservir les Romains ; le triomphateur clément qui pardonnait aux vaincus ; le savant qui réforma le calendrier ; le tyran et le père de sa patrie, assassiné par ses amis et par son bâtard. Ce n'est qu'en qualité de descendant des pauvres barbares subjugués par lui que je considère cet homme unique.

Vous ne passez point par une seule ville de France, ou d'Espagne, ou des bords du Rhin, ou du rivage d'Angleterre vers Calais, que vous ne trouviez de bonnes gens qui se vantent d'avoir eu César chez eux. Des bourgeois de Douvres sont persuadés que César a bâti leur château ; et des bourgeois de Paris croient que le grand Châtelet est un de ses beaux ouvrages. Plus d'un seigneur de paroisse en France montre une vieille tour qui lui sert de colombier, et dit que c'est César qui a pourvu au logement de ses pigeons. Chaque province dispute à sa voisine l'honneur d'être la première en date à qui César donna les étrivières : c'est par ce chemin, non, c'est par cet autre qu'il passa pour venir nous égorger, et pour caresser nos femmes et nos filles, pour nous imposer des lois par interprètes, et pour nous prendre le très-peu d'argent que nous avions.

Les Indiens sont plus sages : nous avons vu [4] qu'ils savent

---

1. Voyez l'article CERTITUDE du *Dictionnaire encyclopédique*. (*Note de Voltaire.*)
2. C'est au mot CERTITUDE, dans l'*Encyclopédie*, que se trouve la phrase sur le maréchal de Saxe. Le dernier alinéa de cet article n'était pas dans l'édition de 1764 du *Dictionnaire philosophique*. Il fut ajouté en 1770 dans les *Questions sur l'Encyclopédie*. Voyez ci-après l'article HISTOIRE, troisième section. (B.)
3. *Questions sur l'Encyclopédie*, troisième partie, 1770. (B.)
4. Article ALEXANDRE, page 109 du volume précédent.

confusément qu'un grand brigand, nommé Alexandre, passa chez eux après d'autres brigands, et ils n'en parlent presque jamais.

Un antiquaire italien, en passant il y a quelques années par Vannes en Bretagne, fut tout émerveillé d'entendre les savants de Vannes s'enorgueillir du séjour de César dans leur ville. « Vous avez sans doute, leur dit-il, quelques monuments de ce grand homme ?

— Oui, répondit le plus notable ; nous vous montrerons l'endroit où ce héros fit pendre tout le sénat de notre province au nombre de six cents. Des ignorants, qui trouvèrent dans le chenal de Kerantrait une centaine de poutres, en 1755, avancèrent dans les journaux que c'étaient des restes d'un pont de César ; mais je leur ai prouvé, dans ma dissertation de 1756, que c'étaient les potences où ce héros avait fait attacher notre parlement. Où sont les villes en Gaule qui puissent en dire autant? Nous avons le témoignage du grand César lui-même : il dit, dans ses *Commentaires*, que *nous sommes inconstants*, et que *nous préférons la liberté à la servitude*. Il nous accuse [1] d'avoir été assez insolents pour prendre des otages des Romains à qui nous en avions donné, et de n'avoir pas voulu les rendre, à moins qu'on ne nous remît les nôtres. Il nous apprit à vivre.

— Il fit fort bien, répliqua le virtuose ; son droit était incontestable. On le lui disputait pourtant : car lorsqu'il eut vaincu les Suisses émigrants, au nombre de trois cent soixante et huit mille, et qu'il n'en resta plus que cent dix mille, vous savez qu'il eut une conférence en Alsace avec Arioviste, roi germain ou allemand, et que cet Arioviste lui dit : « Je viens piller les Gaules, et je ne « souffrirai pas qu'un autre que moi les pille. » Après quoi ces bons Germains, qui étaient venus pour dévaster le pays, mirent entre les mains de leurs sorcières deux chevaliers romains, ambassadeurs de César ; et ces sorcières allaient les brûler et les sacrifier à leurs dieux, lorsque César vint les délivrer par une victoire. Avouons que le droit était égal des deux côtés ; et Tacite a bien raison de donner tant d'éloges aux mœurs des anciens Allemands. »

Cette conversation fit naître une dispute assez vive entre les savants de Vannes et l'antiquaire. Plusieurs Bretons ne concevaient pas quelle était la vertu des Romains d'avoir trompé toutes les nations des Gaules l'une après l'autre, de s'être servis d'elles tour à tour pour leur propre ruine, d'en avoir massacré un quart, et d'avoir réduit les trois autres quarts en servitude.

---

1. *De Bello gallico*, lib. III. (*Note de Voltaire*.)

« Ah ! rien n'est plus beau, répliqua l'antiquaire; j'ai dans ma poche une médaille à fleur de coin, qui représente le triomphe de César au Capitole : c'est une des mieux conservées. » Il montra sa médaille. Un Breton un peu brusque la prit et la jeta dans la rivière. « Que ne puis-je, dit-il, y noyer tous ceux qui se servent de leur puissance et de leur adresse pour opprimer les autres hommes! Rome autrefois nous trompa, nous désunit, nous massacra, nous enchaîna. Et Rome aujourd'hui dispose encore de plusieurs de nos bénéfices. Est-il possible que nous ayons été si longtemps et en tant de façons pays d'obéissance? »

Je n'ajouterai qu'un mot à la conversation de l'antiquaire italien et du Breton, c'est que Perrot d'Ablancourt, le traducteur des *Commentaires de César*, dans son Épître dédicatoire au grand Condé, lui dit ces propres mots : « Ne vous semble-t-il pas, monseigneur, que vous lisiez la vie d'un philosophe chrétien ! » Quel philosophe chrétien que César! je m'étonne qu'on n'en ait pas fait un saint. Les faiseurs d'épîtres dédicatoires disent de belles choses, et fort à propos!

CHAINE DES ÊTRES CRÉÉS.

[1] Cette gradation d'êtres qui s'élèvent depuis le plus léger atome jusqu'à l'Être suprême, cette échelle de l'infini frappe d'admiration. Mais quand on la regarde attentivement, ce grand fantôme s'évanouit, comme autrefois toutes les apparitions s'enfuyaient le matin au chant du coq.

L'imagination se complaît d'abord à voir le passage imperceptible de la matière brute à la matière organisée, des plantes aux zoophytes, de ces zoophytes aux animaux, de ceux-ci à l'homme, de l'homme aux génies, de ces génies revêtus d'un petit corps aérien à des substances immatérielles; et enfin mille ordres différents de ces substances, qui de beautés en perfections s'élèvent jusqu'à Dieu même. Cette hiérarchie plaît beaucoup aux bonnes gens, qui croient voir le pape et ses cardinaux suivis des archevêques, des évêques; après quoi viennent les curés, les vicaires, les simples prêtres, les diacres, les sous-diacres; puis

---

1. Dans la première édition du *Dictionnaire philosophique*, 1764, on lit : « La première fois que je lus Platon, et que je vis cette gradation d'êtres qui s'élèvent depuis le plus léger atome jusqu'à l'Être suprême, cette échelle me frappa d'admiration; mais, l'ayant regardée attentivement, ce grand fantôme, etc. » La version actuelle parut dans les *Questions sur l'Encyclopédie*, troisième partie, 1770. (B.)

paraissent les moines, et la marche est fermée par les capucins.

Mais il y a peut-être un peu plus de distance entre Dieu et ses plus parfaites créatures qu'entre le saint-père et le doyen du sacré collége : ce doyen peut devenir pape ; mais le plus parfait des génies créés par l'Être suprême peut-il devenir Dieu ? n'y a-t-il pas l'infini entre Dieu et lui ?

Cette chaîne, cette gradation prétendue n'existe pas plus dans les végétaux et dans les animaux ; la preuve en est qu'il y a des espèces de plantes et d'animaux qui sont détruites. Nous n'avons plus de murex. Il était défendu aux Juifs de manger du griffon et de l'ixion ; ces deux espèces ont probablement disparu de ce monde, quoi qu'en dise Bochart[1] : où donc est la chaîne ?

Quand même nous n'aurions pas perdu quelques espèces, il est visible qu'on en peut détruire. Les lions, les rhinocéros commencent à devenir fort rares. Si le reste du monde avait imité les Anglais, il n'y aurait plus de loups sur la terre.

Il est probable qu'il y a eu des races d'hommes qu'on ne retrouve plus. Mais je veux qu'elles aient toutes subsisté, ainsi que les blancs, les nègres, les Cafres, à qui la nature a donné un tablier de leur peau, pendant du ventre à la moitié des cuisses, et les Samoyèdes dont les femmes ont un mamelon d'un bel ébène, etc.

N'y a-t-il pas visiblement un vide entre le singe et l'homme ? N'est-il pas aisé d'imaginer un animal à deux pieds sans plumes, qui serait intelligent sans avoir ni l'usage de la parole, ni notre figure, que nous pourrions apprivoiser, qui répondrait à nos signes, et qui nous servirait ? et entre cette nouvelle espèce et celle de l'homme, n'en pourrait-on pas imaginer d'autres ?

Par delà l'homme, vous logez dans le ciel, divin Platon, une file de substances célestes ; nous croyons, nous autres, à quelques-unes de ces substances, parce que la foi nous l'enseigne. Mais vous, quelle raison avez-vous d'y croire ? vous n'avez point parlé apparemment au génie de Socrate ; et le bonhomme Hérès, qui ressuscita exprès pour vous apprendre les secrets de l'autre monde, ne vous a rien appris de ces substances.

La prétendue chaîne n'est pas moins interrompue dans l'univers sensible.

Quelle gradation, je vous prie, entre vos planètes ! la Lune est

---

1. Samuel Bochart est auteur de l'*Hierozoicon, sive Historia animalium S. Scripturæ*, 1690, in-4°, réimprimé par les soins de Rosenmuller, 1793-1796, 3 volumes in-4°. (B.)

quarante fois plus petite que notre globe. Quand vous avez voyagé de la Lune dans le vide, vous trouvez Vénus ; elle est environ aussi grosse que la terre. De là vous allez chez Mercure ; il tourne dans une ellipse qui est fort différente du cercle que parcourt Vénus ; il est vingt-sept fois plus petit que nous, le Soleil un million de fois plus gros, Mars cinq fois plus petit ; celui-là fait son tour en deux ans, Jupiter son voisin en douze, Saturne en trente ; et encore Saturne, le plus éloigné de tous, n'est pas si gros que Jupiter. Où est la gradation prétendue ?

Et puis, comment voulez-vous que dans de grands espaces vides il y ait une chaîne qui lie tout ? S'il y en a une, c'est certainement celle que Newton a découverte ; c'est elle qui fait graviter tous les globes du monde planétaire les uns vers les autres dans ce vide immense.

O Platon tant admiré ! j'ai peur que vous ne nous ayez conté que des fables, et que vous n'ayez jamais parlé qu'en sophismes.

O Platon ! vous avez fait bien plus de mal que vous ne croyez. Comment cela ? me demandera-t-on : je ne le dirai pas.

CHAINE ou GÉNÉRATION
DES ÉVÉNEMENTS [1].

Le présent accouche, dit-on, de l'avenir. Les événements sont enchaînés les uns aux autres par une fatalité invincible ; c'est le destin qui, dans Homère, est supérieur à Jupiter même. Ce maître des dieux et des hommes déclare net qu'il ne peut empêcher Sarpédon son fils de mourir dans le temps marqué. Sarpédon était né dans le moment qu'il fallait qu'il naquît, et ne pouvait pas naître dans un autre ; il ne pouvait mourir ailleurs que devant Troie ; il ne pouvait être enterré ailleurs qu'en Lycie ; son corps devait dans le temps marqué produire des légumes qui devaient se changer dans la substance de quelques Lyciens ; ses héritiers devaient établir un nouvel ordre dans ses États ; ce nouvel ordre devait influer sur les royaumes voisins ; il en résultait un nouvel arrangement de guerre et de paix avec les voisins des voisins de la Lycie : ainsi de proche en proche la destinée de toute la terre a dépendu de la mort de Sarpédon, laquelle dépendait de l'en-

---

1. Dans l'édition de 1764 du *Dictionnaire philosophique*, cet article commençait ainsi : *Il y a longtemps qu'on a prétendu que tous les événements sont enchaînés*, etc. (B.)

lèvement d'Hélène ; et cet enlèvement était nécessairement lié au mariage d'Hécube, qui, en remontant à d'autres événements, était lié à l'origine des choses.

Si un seul de ces faits avait été arrangé différemment, il en aurait résulté un autre univers ; or, il n'était pas possible que l'univers actuel n'existât pas ; donc il n'était pas possible à Jupiter de sauver la vie à son fils, tout Jupiter qu'il était.

Ce système de la nécessité et de la fatalité a été inventé de nos jour par Leibnitz, à ce qu'on dit, sous le nom de *raison suffisante;* il est pourtant fort ancien : ce n'est pas d'aujourd'hui qu'il n'y a point d'effet sans cause, et que souvent la plus petite cause produit les plus grands effets.

Milord Bolingbroke avoue que les petites querelles de Mme Marlborough et de Mme Masham lui firent naître l'occasion de faire le traité particulier de la reine Anne avec Louis XIV ; ce traité amena la paix d'Utrecht ; cette paix d'Utrecht affermit Philippe V sur le trône d'Espagne. Philipe V prit Naples et la Sicile sur la maison d'Autriche ; le prince espagnol qui est aujourd'hui roi de Naples doit évidemment son royaume à milady Masham : et il ne l'aurait pas eu, il ne serait peut-être même pas né, si la duchesse de Marlborough avait été plus complaisante envers la reine d'Angleterre. Son existence à Naples dépendait d'une sottise de plus ou de moins à la cour de Londres [1].

Examinez les situations de tous les peuples de l'univers ; elles sont ainsi établies sur une suite de faits qui paraissent ne tenir à rien, et qui tiennent à tout. Tout est rouage, poulie, corde, ressort, dans cette immense machine.

Il en est de même dans l'ordre physique. Un vent qui souffle du fond de l'Afrique et des mers australes amène une partie de l'atmosphère africaine, qui retombe en pluie dans les vallées des Alpes : ces pluies fécondent nos terres ; notre vent du nord à son tour envoie nos vapeurs chez les Nègres : nous faisons du bien à la Guinée, et la Guinée nous en fait. La chaîne s'étend d'un bout de l'univers à l'autre.

Mais il me semble qu'on abuse étrangement de la vérité de ce principe. On en conclut qu'il n'y a si petit atome dont le mouvement n'ait influé dans l'arrangement actuel du monde entier ; qu'il n'y a si petit accident, soit parmi les hommes, soit parmi les animaux, qui ne soit un chaînon essentiel de la grande chaîne du destin.

---

1. Peut-être est-ce la lecture de ce paragraphe qui donna à Scribe l'idée de sa comédie du *Verre d'eau.*

Entendons-nous : tout effet a évidemment sa cause, à remonter de cause en cause dans l'abîme de l'éternité ; mais toute cause n'a pas son effet, à descendre jusqu'à la fin des siècles. Tous les événements sont produits les uns par les autres, je l'avoue ; si le passé est accouché du présent, le présent accouche du futur ; tout a des pères, mais tout n'a pas toujours des enfants. Il en est ici précisément comme d'un arbre généalogique : chaque maison remonte, comme on sait, à Adam ; mais dans la famille il y a bien des gens qui sont morts sans laisser de postérité.

Il y a un arbre généalogique des événements de ce monde. Il est incontestable que les habitants des Gaules et de l'Espagne descendent de Gomer, et les Russes de Magog son frère cadet ; on trouve cette généalogie dans tant de gros livres ! Sur ce pied-là, on ne peut nier que le Grand Turc, qui descend aussi de Magog, ne lui ait l'obligation d'avoir été bien battu en 1769, par l'impératrice de Russie Catherine II. Cette aventure tient évidemment à d'autres grandes aventures. Mais que Magog ait craché à droite ou à gauche, auprès du mont Caucase, et qu'il ait fait deux ronds dans un puits ou trois, qu'il ait dormi sur le côté gauche ou sur le côté droit, je ne vois pas que cela ait influé beaucoup sur les affaires présentes.

Il faut songer que tout n'est pas plein dans la nature, comme Newton l'a démontré, et que tout mouvement ne se communique pas de proche en proche, jusqu'à faire le tour du monde, comme il l'a démontré encore. Jetez dans l'eau un corps de pareille densité, vous calculez aisément qu'au bout de quelque temps le mouvement de ce corps, et celui qu'il a communiqué à l'eau, sont anéantis : le mouvement se perd et se répare ; donc le mouvement que put produire Magog en crachant dans un puits ne peut avoir influé sur ce qui se passe aujourd'hui en Moldavie et en Valachie ; donc les événements présents ne sont pas les enfants de tous les événements passés : ils ont leurs lignes directes ; mais mille petites lignes collatérales ne leur servent à rien. Encore une fois, tout être a son père, mais tout être n'a pas des enfants[1].

CHANGEMENTS ARRIVÉS DANS LE GLOBE[2].

Quand on a vu de ses yeux une montagne s'avancer dans une plaine, c'est-à-dire un immense rocher de cette montagne se

---

1. Voyez l'article Destin. (*Note de Voltaire.*)
2. *Questions sur l'Encyclopédie*, troisième partie, 1770. (B.)

détacher et couvrir des champs, un château tout entier enfoncé dans la terre, un fleuve englouti qui sort ensuite de son abîme, des marques indubitables qu'un vaste amas d'eau inondait autrefois un pays habité aujourd'hui, et cent vestiges d'autres révolutions, on est alors plus disposé à croire les grands changements qui ont altéré la face du monde, que ne l'est une dame de Paris qui sait seulement que la place où est bâtie sa maison était autrefois un champ labourable. Mais une dame de Naples, qui a vu sous terre les ruines d'Herculanum, est encore moins asservie au préjugé qui nous fait croire que tout a toujours été comme il est aujourd'hui.

Y a-t-il eu un grand embrasement du temps d'un Phaéton? rien n'est plus vraisemblable; mais ce ne fut ni l'ambition de Phaéton ni la colère de Jupiter foudroyant qui causèrent cette catastrophe; de même qu'en 1755 ce ne furent point les feux allumés si souvent dans Lisbonne par l'Inquisition qui ont attiré la vengeance divine, qui ont allumé les feux souterrains, et qui ont détruit la moitié de la ville : car Méquinez, Tétuan, et des hordes considérables d'Arabes, furent encore plus maltraités que Lisbonne; et il n'y avait point d'Inquisition dans ces contrées.

L'île de Saint-Domingue, toute bouleversée depuis peu, n'avait pas déplu au grand Être plus que l'île de Corse. Tout est soumis aux lois physiques éternelles.

Le soufre, le bitume, le nitre, le fer, renfermés dans la terre, ont par leurs mélanges et par leurs explosions renversé mille cités, ouvert et fermé mille gouffres; et nous sommes menacés tous les jours de ces accidents attachés à la manière dont ce monde est fabriqué, comme nous sommes menacés dans plusieurs contrées des loups et des tigres affamés pendant l'hiver.

Si le feu, que Démocrite croyait le principe de tout, a bouleversé une partie de la terre, le premier principe de Thalès, l'eau, a causé d'aussi grands changements.

La moitié de l'Amérique est encore inondée par les anciens débordements du Maragnon, de Rio de la Plata, du fleuve Saint-Laurent, du Mississipi, et de toutes les rivières perpétuellement augmentées par les neiges éternelles des montagnes les plus hautes de la terre, qui traversent ce continent d'un bout à l'autre. Ces déluges accumulés ont produit presque partout de vastes marais. Les terres voisines sont devenues inhabitables; et la terre, que les mains des hommes auraient dû fertiliser, a produit des poisons.

La même chose était arrivée à la Chine et à l'Égypte; il fallut une multitude de siècles pour creuser des canaux et pour dessécher les terres. Joignez à ces longs désastres les irruptions de la mer, les terrains qu'elle a envahis, et qu'elle a désertés, les îles qu'elle a détachées du continent, vous trouverez qu'elle a dévasté plus de quatre-vingt mille lieues carrées d'orient en occident, depuis le Japon jusqu'au mont Atlas.

L'engloutissement de l'île Atlantide par l'Océan peut être regardé avec autant de raison comme un point d'histoire que comme une fable. Le peu de profondeur de la mer Atlantique jusqu'aux Canaries pourrait être une preuve de ce grand événement ; et les îles Canaries pourraient bien être des restes de l'Atlantide.

Platon prétend, dans son *Timée*, que les prêtres d'Égypte, chez lesquels il a voyagé, conservaient d'anciens registres qui faisaient foi de la destruction de cette île abîmée dans la mer. Cette catastrophe, dit Platon, arriva neuf mille ans avant lui. Personne ne croira cette chronologie sur la foi seule de Platon ; mais aussi personne ne peut apporter contre elle aucune preuve physique, ni même aucun témoignage historique tiré des écrivains profanes.

Pline, dans son livre III, dit que de tout temps les peuples des côtes espagnoles méridionales ont cru que la mer s'était fait un passage entre Calpé et Abila : « Indigenæ columnas Herculis vocant, creduntque perfossas exclusa antea admisisse maria et rerum naturæ mutasse faciem. »

Un voyageur attentif peut se convaincre par ses yeux que les Cyclades, les Sporades, faisaient autrefois partie du continent de la Grèce, et surtout que la Sicile était jointe à l'Apulie. Les deux volcans de l'Etna et du Vésuve, qui ont les mêmes fondements sous la mer, le petit gouffre de Charybde, seul endroit profond de cette mer, la parfaite ressemblance des deux terrains, sont des témoignages non récusables : les déluges de Deucalion et d'Ogygès sont assez connus, et les fables inventées d'après cette vérité sont encore l'entretien de tout l'Occident.

Les anciens ont fait mention de plusieurs autres déluges en Asie. Celui dont parle Bérose arriva, selon lui, en Chaldée environ quatre mille trois ou quatre cents ans avant notre ère vulgaire ; et l'Asie fut inondée de fables au sujet de ce déluge, autant qu'elle le fut des débordements du Tigre et de l'Euphrate, et de tous les fleuves qui tombent dans le Pont-Euxin [1].

---

1. Voyez l'article Déluge universel. (*Note de Voltaire.*)

Il est vrai que ces débordements ne peuvent couvrir les campagnes que de quelques pieds d'eau ; mais la stérilité qu'ils apportent, la destruction des maisons et des ponts, la mort des bestiaux, sont des pertes qui demandent près d'un siècle pour être réparées. On sait ce qu'il en a coûté à la Hollande ; elle a perdu plus de la moitié d'elle-même depuis l'an 1050. Il faut encore qu'elle combatte tous les jours contre la mer, qui la menace, et elle n'a jamais employé tant de soldats pour résister à ses ennemis qu'elle emploie de travailleurs à se défendre continuellement des assauts d'une mer toujours prête à l'engloutir.

Le chemin par terre d'Égypte en Phénicie, en côtoyant le lac Sirbon, était autrefois très-praticable ; il ne l'est plus depuis très-longtemps. Ce n'est plus qu'un sable mouvant abreuvé d'une eau croupissante. En un mot, une grande partie de la terre ne serait qu'un vaste marais empoisonné et habité par des monstres, sans le travail assidu de la race humaine.

On ne parlera point ici du déluge universel de Noé. Il suffit de lire la sainte Écriture avec soumission. Le déluge de Noé est un miracle incompréhensible, opéré surnaturellement par la justice et la bonté d'une Providence ineffable, qui voulait détruire tout le genre humain coupable, et former un nouveau genre humain innocent. Si la race humaine nouvelle fut plus méchante que la première, et si elle devint plus criminelle de siècle en siècle, et de réforme en réforme, c'est encore un effet de cette Providence, dont il est impossible de sonder les profondeurs et dont nous adorons comme nous le devons les inconcevables mystères, transmis aux peuples d'Occident, depuis quelques siècles, par la traduction latine des *Septante*. Nous n'entrons jamais dans ces sanctuaires redoutables ; nous n'examinons dans nos Questions que la simple nature [1].

CHANT, MUSIQUE, MÉLOPÉE,
GESTICULATION, SALTATION [2].

QUESTIONS SUR CES OBJETS.

Un Turc pourra-t-il concevoir que nous ayons une espèce de chant pour le premier de nos mystères, quand nous le célébrons

---

1. Voyez la *Dissertation sur les changements arrivés dans le globe* (*Mélanges*, année 1746).
2. *Questions sur l'Encyclopédie*, troisième partie, 1770. (B.)

en musique ; une autre espèce, que nous appelons des *motets*, dans le même temple ; une troisième espèce à l'Opéra ; une quatrième à l'Opéra-Comique ?

De même pouvons-nous imaginer comment les anciens soufflaient dans leurs flûtes, récitaient sur leurs théâtres, la tête couverte d'un énorme masque ; et comment leur déclamation était notée ?

On promulguait les lois dans Athènes à peu près comme on chante dans Paris un air du Pont-Neuf. Le crieur public chantait un édit en se faisant accompagner d'une lyre.

C'est ainsi qu'on crie dans Paris, *la rose et le bouton* sur un ton, *vieux passements d'argent à vendre* sur un autre ; mais dans les rues de Paris on se passe de lyre.

Après la victoire de Chéronée, Philippe, père d'Alexandre, se mit à chanter le décret par lequel Démosthène lui avait fait déclarer la guerre, et battit du pied la mesure. Nous sommes fort loin de chanter dans nos carrefours nos édits sur les finances et sur les deux sous pour livre.

Il est très-vraisemblable que la *mélopée*, regardée par Aristote, dans sa *Poétique*, comme une partie essentielle de la tragédie, était un chant uni et simple comme celui de ce qu'on nomme la *préface* à la messe, qui est, à mon avis, le chant grégorien, et non l'ambrosien, mais qui est une vraie mélopée.

Quand les Italiens firent revivre la tragédie au XVIe siècle, le récit était une mélopée, mais qu'on ne pouvait noter : car qui peut noter des inflexions de voix qui sont des huitièmes, des seizièmes de ton ? on les apprenait par cœur. Cet usage fut reçu en France quand les Français commencèrent à former un théâtre, plus d'un siècle après les Italiens. La *Sophonisbe* de Mairet se chantait comme celle du Trissin, mais plus grossièrement ; car on avait alors le gosier un peu rude à Paris, ainsi que l'esprit. Tous les rôles des acteurs, mais surtout des actrices, étaient notés de mémoire par tradition. Mlle Beauval, actrice du temps de Corneille, de Racine et de Molière, me récita, il y a quelque soixante ans et plus, le commencement du rôle d'Émilie dans *Cinna*, tel qu'il avait été débité dans les premières représentations par la Beaupré[1].

---

1. Voltaire, dans ce passage, établit, pour ainsi dire, l'ordre de succession des tragédiennes célèbres. A la demoiselle Beaupré, qui, en 1639, créa le rôle d'*Émilie* au théâtre de l'hôtel de Bourgogne, succéda Mme des Œillets, l'Hermione d'*Andromaque*, l'Agrippine de *Britannicus*, morte à l'âge de quarante-neuf ans, le 25 octobre 1670. Elle fut remplacée par Marie Desmares, femme de Charles Cheviller, sieur de Champmêlé, qui, du théâtre du Marais où elle débuta en 1669, passa

Cette mélopée ressemblait à la déclamation d'aujourd'hui beaucoup moins que notre récit moderne ne ressemble à la manière dont on lit la gazette.

Je ne puis mieux comparer cette espèce de chant, cette mélopée, qu'à l'admirable récitatif de Lulli, critiqué par les adorateurs des doubles croches, qui n'ont aucune connaissance du génie de notre langue, et qui veulent ignorer combien cette mélodie fournit de secours à un acteur ingénieux et sensible.

La mélopée théâtrale périt avec la comédienne Duclos, qui n'ayant pour tout mérite qu'une belle voix, sans esprit et sans âme, rendit enfin ridicule ce qui avait été admiré dans la des OEillets et dans la Champmêlé.

Aujourd'hui on joue la tragédie sèchement : si on ne la réchauffait point par le pathétique du spectacle et de l'action, elle serait très-insipide. Notre siècle, recommandable par d'autres endroits, est le siècle de la sécheresse.

Est-il vrai que chez les Romains un acteur récitait, et un autre faisait les gestes?

Ce n'est point par méprise que l'abbé Dubos imagina cette plaisante façon de déclamer. Tite-Live, qui ne néglige jamais de nous instruire des mœurs et des usages des Romains, et qui en cela est plus utile que l'ingénieux et satirique Tacite; Tite-Live, dis-je, nous apprend [1] qu'Andronicus, s'étant enroué en chantant dans les intermèdes, obtint qu'un autre chantât pour lui tandis qu'il exécuterait la danse, et que de là vint la coutume de partager les intermèdes entre les danseurs et les chanteurs. « Dicitur cantum egisse magis vigente motu quum nihil vocis usus impediebat. » Il exprima le chant par la danse ; « cantum egisse magis vigente motu », avec des mouvements plus vigoureux.

Mais on ne partagea point le récit de la pièce entre un acteur qui n'eût fait que gesticuler, et un autre qui n'eût que déclamé. La chose aurait été aussi ridicule qu'impraticable.

---

successivement à l'hôtel de Bourgogne et au théâtre de la rue Guénégaud. Elle était née à Rouen en 1641, et mourut à Paris le 15 mars 1698.

Mlle Beauval, que Voltaire connut vieille et retirée, avait joué avec un égal succès les reines et les soubrettes ; elle s'appelait Jeanne Ollivier Bourguignon et avait épousé un acteur, Jean Pitel, sieur de Beauval. Tous deux entrèrent, en 1670, dans la troupe de Molière, et passèrent en 1673 à l'hôtel de Bourgogne. Mlle Beauval quitta la scène le 8 mars 1704 et mourut le 20 mars 1720.

Anne-Marie Châteauneuf, dite Duclos, après avoir débuté sans succès à l'Opéra, se fit tragédienne en 1693, doubla d'abord la Champmêlé et en recueillit l'héritage. Retirée le 17 mars 1736, elle mourut le 18 juin 1748. (E. B.)

1. Livre VII. (*Note de Voltaire.*)

L'art des pantomimes, qui jouent sans parler, est tout différent, et nous en avons vu des exemples très-frappants; mais cet art ne peut plaire que lorsqu'on représente une action marquée, un événement théâtral qui se dessine aisément dans l'imagination du spectateur. On peut représenter Orosmane tuant Zaïre, et se tuant lui-même; Sémiramis se traînant, blessée, sur les marches du tombeau de Ninus, et tendant les bras à son fils. On n'a pas besoin de vers pour exprimer ces situations par des gestes, au son d'une symphonie lugubre et terrible. Mais comment deux pantomimes peindront-ils la dissertation de Maxime et de Cinna sur les gouvernements monarchiques et populaires?

A propos de l'exécution théâtrale chez les Romains, l'abbé Dubos dit que les danseurs dans les intermèdes étaient toujours en robe. La danse exige un habit plus leste. On conserve précieusement dans le pays de Vaud une grande salle de bains bâtie par les Romains, dont le pavé est en mosaïque. Cette mosaïque, qui n'est point dégradée, représente des danseurs vêtus précisément comme les danseurs de l'Opéra. On ne fait pas ces observations pour relever des erreurs dans Dubos; il n'y a nul mérite dans le hasard d'avoir vu ce monument antique qu'il n'avait point vu; et on peut d'ailleurs être un esprit très-solide et très-juste, en se trompant sur un passage de Tite-Live.

CHARITÉ.

MAISONS DE CHARITÉ, DE BIENFAISANCE, HOPITAUX, HOTELS-DIEU, ETC. [1].

Cicéron parle en plusieurs endroits de la charité universelle, *charitas humani generis*[2]; mais on ne voit point que la police et la bienfaisance des Romains aient établi de ces maisons de charité où les pauvres et les malades fussent soulagés aux dépens du public. Il y avait une maison pour les étrangers au port d'Ostia, qu'on appelait *Xenodochium*. Saint Jérôme rend aux Romains cette justice. Les hôpitaux pour les pauvres semblent avoir été inconnus dans l'ancienne Rome. Elle avait un usage plus noble,

---

1. *Questions sur l'Encyclopédie*, troisième partie, 1770. (B.)
2. Cicéron n'a pas employé cette expression : il a dit *charitas liberorum* (*Brutus*, ep. 12), *charitas patriæ* (*Pro Sexto*, 53), *charitates patriæ* (*De Officiis*, 1, 17). (B.)

celui de fournir des blés au peuple. Trois cent vingt-sept greniers immenses étaient établis à Rome. Avec cette libéralité continuelle, on n'avait pas besoin d'hôpital, il n'y avait point de nécessiteux.

On ne pouvait fonder des maisons de charité pour les enfants trouvés; personne n'exposait ses enfants; les maîtres prenaient soin de ceux de leurs esclaves. Ce n'était point une honte à une fille du peuple d'accoucher. Les plus pauvres familles, nourries par la république, et ensuite par les empereurs, voyaient la subsistance de leurs enfants assurée.

Le mot de *maison de charité* suppose, chez nos nations modernes, une indigence que la forme de nos gouvernements n'a pu prévenir.

Le mot d'*hôpital*, qui rappelle celui d'*hospitalité*, fait souvenir d'une vertu célèbre chez les Grecs, qui n'existe plus; mais aussi il exprime une vertu bien supérieure. La différence est grande entre loger, nourrir, guérir tous les malheureux qui se présentent, et recevoir chez vous deux ou trois voyageurs chez qui vous aviez aussi le droit d'être reçu. L'hospitalité, après tout, n'était qu'un échange. Les hôpitaux sont des monuments de bienfaisance.

Il est vrai que les Grecs connaissaient les hôpitaux sous le nom de *Xenodokia* pour les étrangers, *Nozocomeia* pour les malades, et de *Ptókia* pour les pauvres. On lit dans Diogène de Laërce, concernant Bion, ce passage : « Il souffrit beaucoup par l'indigence de ceux qui étaient chargés du soin des malades. »

L'hospitalité entre particuliers s'appelait *Idioxenia*, et entre les étrangers *Proxenia*. De là on appelait *Proxenos* celui qui recevait et entretenait chez lui les étrangers au nom de toute la ville; mais cette institution paraît avoir été fort rare.

Il n'est guère aujourd'hui de ville en Europe sans hôpitaux. Les Turcs en ont, et même pour les bêtes, ce qui semble outrer la charité. Il vaudrait mieux oublier les bêtes et songer davantage aux hommes.

Cette prodigieuse multitude de maisons de charité prouve évidemment une vérité à laquelle on ne fait pas assez d'attention : c'est que l'homme n'est pas si méchant qu'on le dit; et que malgré toutes ses fausses opinions, malgré les horreurs de la guerre, qui le changent en bête féroce, on peut croire que cet animal est bon, et qu'il n'est méchant que quand il est effarouché, ainsi que les autres animaux : le mal est qu'on l'agace trop souvent.

Rome moderne a presque autant de maisons de charité que Rome antique avait d'arcs de triomphe et d'autres monuments de conquête. La plus considérable de ces maisons est une banque qui prête sur gages à deux pour cent, et qui vend les effets si l'emprunteur ne les retire pas dans le temps marqué. On appelle cette maison l'*archiospedale*, l'archihôpital. Il est dit qu'il y a presque toujours deux mille malades, ce qui ferait la cinquantième partie des habitants de Rome pour cette seule maison, sans compter les enfants qu'on y élève, et les pèlerins qu'on y héberge. De quels calculs ne faut-il pas rabattre?

N'a-t-on pas imprimé dans Rome que l'hôpital de la Trinité avait couché et nourri pendant trois jours quatre cent quarante mille cinq cents pèlerins, et vingt-cinq mille cinq cents pèlerines, au jubilé de l'an 1600? Misson lui-même n'a-t-il pas dit que l'hôpital de l'Annonciade, à Naples, possède deux de nos millions de rente?

Peut-être enfin qu'une maison de charité, fondée pour recevoir des pèlerins qui sont d'ordinaire des vagabonds, est plutôt un encouragement à la fainéantise qu'un acte d'humanité. Mais ce qui est véritablement humain, c'est qu'il y a dans Rome cinquante maisons de charité de toutes les espèces. Ces maisons de charité, de bienfaisance, sont aussi utiles et aussi respectables que les richesses de quelques monastères et de quelques chapelles sont inutiles et ridicules.

Il est beau de donner du pain, des vêtements, des remèdes, des secours en tout genre à ses frères; mais quel besoin un saint a-t-il d'or et de diamants? quel bien revient-il aux hommes que Notre-Dame de Lorette ait un plus beau trésor que le sultan des Turcs? Lorette est une maison de vanité, et non de charité.

Londres, en comptant les écoles de charité, a autant de maisons de bienfaisance que Rome.

Le plus beau monument de bienfaisance qu'on ait jamais élevé est l'hôtel des Invalides, fondé par Louis XIV.

De tous les hôpitaux, celui où l'on reçoit journellement le plus de pauvres malades est l'Hôtel-Dieu de Paris. Il y en a eu souvent entre quatre à cinq mille à la fois. Dans ces cas, la multitude nuit à la charité même. C'est en même temps le réceptacle de toutes les horribles misères humaines, et le temple de la vraie vertu qui consiste à les secourir.

Il faudrait avoir souvent dans l'esprit le contraste d'une fête de Versailles, d'un opéra de Paris, où tous les plaisirs et toutes les magnificences sont réunis avec tant d'art; et d'un hôtel-dieu, où toutes les douleurs, tous les dégoûts, et la mort, sont entassés avec tant d'horreur. C'est ainsi que sont composées les grandes villes.

Par une police admirable, les voluptés mêmes et le luxe servent la misère et la douleur. Les spectacles de Paris ont payé, année commune, un tribut de plus de cent mille écus à l'hôpital.

Dans ces établissements de charité, les inconvénients ont souvent surpassé les avantages. Une preuve des abus attachés à ces maisons, c'est que les malheureux qu'on y transporte craignent d'y être.

L'Hôtel-Dieu, par exemple, était très-bien placé autrefois dans le milieu de la ville auprès de l'Évêché. Il l'est très-mal quand la ville est trop grande, quand quatre ou cinq malades sont entassés dans chaque lit, quand un malheureux donne le scorbut à son voisin dont il reçoit la vérole, et qu'une atmosphère empestée répand les maladies incurables et la mort, non-seulement dans cet hospice destiné pour rendre les hommes à la vie, mais dans une grande partie de la ville à la ronde.

L'inutilité, le danger même de la médecine en ce cas, sont démontrés. S'il est si difficile qu'un médecin connaisse et guérisse une maladie d'un citoyen bien soigné dans sa maison, que sera-ce de cette multitude de maux compliqués, accumulés les uns sur les autres dans un lieu pestiféré ?

En tout genre souvent, plus le nombre est grand, plus mal on est.

M. de Chamousset, l'un des meilleurs citoyens et des plus attentifs au bien public, a calculé, par des relevés fidèles, qu'il meurt un quart des malades à l'Hôtel-Dieu, un huitième à l'hôpital de la Charité, un neuvième dans les hôpitaux de Londres, un trentième dans ceux de Versailles.

Dans le grand et célèbre hôpital de Lyon, qui a été longtemps un des mieux administrés de l'Europe, il ne mourait qu'un quinzième des malades, année commune.

On a proposé souvent de partager l'Hôtel-Dieu de Paris en plusieurs hospices mieux situés, plus aérés, plus salutaires; l'argent a manqué pour cette entreprise.

> Curtæ nescio quid semper abest rei.
> (Hor., lib. III, od. xxiv.)

On en trouve toujours quand il s'agit d'aller faire tuer des hommes sur la frontière; il n'y en a plus quand il faut les sauver. Cependant l'Hôtel-Dieu de Paris possède plus d'un million de revenu, qui augmente chaque année, et les Parisiens l'ont doté à l'envi.

On ne peut s'empêcher de remarquer ici que Germain Brice, dans sa *Description de Paris*, en parlant de quelques legs faits par le premier président de Bellièvre à la salle de l'Hôtel-Dieu nommée *Saint-Charles*, dit « qu'il faut lire cette belle inscription gravée en lettres d'or dans une grande table de marbre, de la composition d'Olivier Patru de l'Académie française, un des plus beaux esprits de son temps, dont on a des plaidoyers fort estimés :

« Qui que tu sois qui entres dans ce saint lieu, tu n'y verras
« presque partout que des fruits de la charité du grand Pomponne.
« Les brocarts d'or et d'argent, et les beaux meubles qui paraient
« autrefois sa chambre, par une heureuse métamorphose servent
« maintenant aux nécessités des malades. Cet homme divin qui fut
« l'ornement et les délices de son siècle, dans le combat même de
« la mort, a pensé au soulagement des affligés. Le sang de Bellièvre
« s'est montré dans toutes les actions de sa vie. La gloire de ses
« ambassades n'est que trop connue, etc. »

L'utile Chamousset fit mieux que Germain Brice et Olivier Patru, l'un des plus beaux esprits du temps; voici le plan dont il proposa de se charger à ses frais, avec une compagnie solvable.

Les administrateurs de l'Hôtel-Dieu portaient en compte la valeur de cinquante livres pour chaque malade, ou mort, ou guéri. M. de Chamousset et sa compagnie offraient de gérer pour cinquante livres seulement par guérison. Les morts allaient par-dessus le marché, et étaient à sa charge.

La proposition était si belle qu'elle ne fut point acceptée. On craignit qu'il ne pût la remplir. Tout abus qu'on veut réformer est le patrimoine de ceux qui ont plus de crédit que les réformateurs.

Une chose non moins singulière est que l'Hôtel-Dieu a seul le privilége de vendre la chair en carême à son profit, et il y perd. M. de Chamousset offrit de faire un marché où l'Hôtel-Dieu gagnerait : on le refusa, et on chassa le boucher qu'on soupçonna de lui avoir donné l'avis [1].

> Ainsi chez les humains, par un abus fatal,
> Le bien le plus parfait est la source du mal.
>
> (*Henriade*, chant V, 43-44.)

[1]. En 1775, sous l'administration de M. Turgot, ce privilége ridicule de l'Hôtel-Dieu fut détruit et remplacé par un impôt sur l'entrée de la viande. Le peuple de Paris était réduit auparavant à n'avoir pendant tout le carême qu'une nourri-

CHARLATAN [1].

L'article CHARLATAN du *Dictionnaire encyclopédique* est rempli de vérités utiles, agréablement énoncées. M. le chevalier de Jaucourt y a développé le charlatanisme de la médecine.

On prendra ici la liberté d'y ajouter quelques réflexions. Le séjour des médecins est dans les grandes villes; il n'y en a presque point dans les campagnes. C'est dans les grandes villes que sont les riches malades : la débauche, les excès de table, les passions, causent leurs maladies. Dumoulin, non pas le jurisconsulte, mais le médecin, qui était aussi bon praticien que l'autre, a dit en mourant qu'il laissait deux grands médecins après lui : la diète, et l'eau de la rivière.

En 1728 [2], du temps de Lass [3], le plus fameux des charlatans de la première espèce, un autre, nommé Villars, confia à quelques amis que son oncle, qui avait vécu près de cent ans, et qui n'était mort que par accident, lui avait laissé le secret d'une eau qui pouvait aisément prolonger la vie jusqu'à cent cinquante années, pourvu qu'on fût sobre. Lorsqu'il voyait passer un enterrement, il levait les épaules de pitié : « Si le défunt, disait-il, avait bu de mon eau, il ne serait pas où il est. » Ses amis auxquels il en donna généreusement, et qui observèrent un peu le régime prescrit, s'en trouvèrent bien, et le prônèrent. Alors il vendit la bouteille six francs ; le débit en fut prodigieux. C'était de l'eau de la Seine avec un peu de nitre. Ceux qui en prirent et qui s'astreignirent à un peu de régime, surtout qui étaient nés avec un bon tempérament, recouvrèrent en peu de jours une santé parfaite. Il disait aux autres : « C'est votre faute si vous n'êtes pas entièrement guéris. Vous avez été intempérants et incontinents : corrigez-vous de ces deux vices, et vous vivrez cent cinquante ans pour le moins. » Quelques-uns se corrigèrent ; la fortune de ce bon char-

---

ture malsaine et très-chère. Cependant quelques hommes ont osé regretter cet ancien usage, non qu'ils le crussent utile, mais parce qu'il était un monument du pouvoir que le clergé avait eu trop longtemps sur l'ordre public, et que sa destruction avançait la décadence de ce pouvoir. En 1629, on tuait six bœufs à l'Hôtel-Dieu pendant le carême, deux cents en 1665, cinq cents en 1708, quinze cents en 1750; on en consomme aujourd'hui près de neuf mille. (K.)

1. *Questions sur l'Encyclopédie*, troisième partie, 1770. (B.)
2. Toutes les éditions portent 1728 ; mais je pense qu'il faut 1718. Law quitta la France à la fin de 1720. (B.)
3. Voyez, tome XV, le chapitre II du *Précis du Siècle de Louis XV*.

latan s'augmenta comme sa réputation. L'abbé de Pons, l'enthousiaste, le mettait fort au-dessus du maréchal de Villars : « Il fait tuer des hommes, lui dit-il, et vous les faites vivre. »

On sut enfin que l'eau de Villars n'était que de l'eau de rivière : on n'en voulut plus, et on alla à d'autres charlatans.

Il est certain qu'il avait fait du bien, et qu'on ne pouvait lui reprocher que d'avoir vendu l'eau de la Seine un peu trop cher. Il portait les hommes à la tempérance, et par là il était supérieur à l'apothicaire Arnoult, qui a farci l'Europe de ses sachets contre l'apoplexie, sans recommander aucune vertu.

J'ai connu un médecin de Londres nommé Brown, qui pratiquait aux Barbades. Il avait une sucrerie et des nègres; on lui vola une somme considérable; il assembla ses nègres : « Mes amis, leur dit-il, le grand serpent m'a apparu pendant la nuit; il m'a dit que le voleur aurait dans ce moment une plume de perroquet sur le bout du nez. » Le coupable sur-le-champ porte la main à son nez. « C'est toi qui m'as volé, dit le maître; le grand serpent vient de m'en instruire; » et il reprit son argent. On ne peut guère condamner une telle charlatanerie; mais il fallait avoir affaire à des nègres.

Scipion le premier Africain, ce grand Scipion, fort différent d'ailleurs du médecin Brown, faisait croire volontiers à ses soldats qu'il était inspiré par les dieux. Cette grande charlatanerie était en usage dès longtemps. Peut-on blâmer Scipion de s'en être servi ? il fut peut-être l'homme qui fit le plus d'honneur à la république romaine; mais pourquoi les dieux lui inspirèrent-ils de ne point rendre ses comptes ?

Numa fit mieux; il fallait policer des brigands et un sénat qui était la portion de ces brigands la plus difficile à gouverner. S'il avait proposé ses lois aux tribus assemblées, les assassins de son prédécesseur lui auraient fait mille difficultés. Il s'adresse à la déesse Égérie, qui lui donne des pandectes de la part de Jupiter; il est obéi sans contradiction, et il règne heureux. Ses institutions sont bonnes, son charlatanisme fait du bien; mais si quelque ennemi secret avait découvert la fourberie, si on avait dit : Exterminons un fourbe qui prostitue le nom des dieux pour tromper les hommes, il courait risque d'être envoyé au ciel avec Romulus.

Il est probable que Numa prit très-bien ses mesures, et qu'il trompa les Romains pour leur profit, avec une habileté convenable au temps, aux lieux, à l'esprit des premiers Romains.

Mahomet fut vingt fois sur le point d'échouer; mais enfin il réussit avec les Arabes de Médine, et on le crut intime ami de l'ange Gabriel. Si quelqu'un venait aujourd'hui annoncer dans Constantinople qu'il est le favori de l'ange Raphael, très-supérieur à Gabriel en dignité, et que c'est à lui seul qu'il faut croire, il serait empalé en place publique. C'est aux charlatans à bien prendre leur temps.

N'y avait-il pas un peu de charlatanisme dans Socrate avec son démon familier, et la déclaration précise d'Apollon, qui le proclama le plus sage de tous les hommes? Comment Rollin, dans son histoire, peut-il raisonner d'après cet oracle? comment ne fait-il pas connaître à la jeunesse que c'était une pure charlatanerie? Socrate prit mal son temps. Peut-être cent ans plus tôt aurait-il gouverné Athènes.

Tout chef de secte en philosophie a été un peu charlatan ; mais les plus grands de tous ont été ceux qui ont aspiré à la domination. Cromwell fut le plus terrible de tous nos charlatans. Il parut précisément dans le seul temps où il pouvait réussir : sous Élisabeth il aurait été pendu ; sous Charles II il n'eût été que ridicule. Il vint heureusement dans le temps où l'on était dégoûté des rois ; et son fils, dans le temps où l'on était las d'un protecteur.

DE LA CHARLATANERIE DES SCIENCES ET DE LA LITTÉRATURE.

Les sciences ne pouvaient guère être sans charlatanerie. On veut faire recevoir ses opinions : le docteur subtil veut éclipser le docteur angélique ; le docteur profond veut régner seul. Chacun bâtit son système de physique, de métaphysique, de théologie scolastique : c'est à qui fera valoir sa marchandise. Vous avez des courtiers qui la vantent, des sots qui vous croient, des protecteurs qui vous appuient.

Y a-t-il une charlatanerie plus grande que de mettre les mots à la place des choses, et de vouloir que les autres croient ce que vous ne croyez pas vous-même?

L'un établit des tourbillons de matière subtile, rameuse, globuleuse, striée, cannelée ; l'autre, des éléments de matière qui ne sont point matière, et une harmonie préétablie qui fait que l'horloge du corps sonne l'heure quand l'horloge de l'âme la montre par son aiguille. Ces chimères trouvent des partisans pendant quelques années. Quand ces drogues sont passées de mode, de nouveaux énergumènes montent sur le théâtre ambulant : ils bannissent les germes du monde, ils disent que la mer a produit les montagnes, et que les hommes ont autrefois été poissons.

Combien a-t-on mis de charlatanerie dans l'histoire, soit en étonnant le lecteur par des prodiges, soit en chatouillant la malignité humaine par des satires, soit en flattant des familles de tyrans par d'infâmes éloges?

La malheureuse espèce qui écrit pour vivre est charlatane d'une autre manière. Un pauvre homme qui n'a point de métier, qui a eu le malheur d'aller au collége, et qui croit savoir écrire, va faire sa cour à un marchand libraire, et lui demande à travailler. Le marchand libraire sait que la plupart des gens domiciliés veulent avoir de petites bibliothèques, qu'il leur faut des abrégés et des titres nouveaux ; il ordonne à l'écrivain un abrégé de l'*Histoire de Rapin Thoyras*, un abrégé de l'*Histoire de l'Église*, un *Recueil de bons mots* tiré du *Ménagiana*, un *Dictionnaire des grands hommes*, où l'on place un pédant inconnu à côté de Cicéron, et un *sonettiero* d'Italie auprès de Virgile.

Un autre marchand libraire commande des romans, ou des traductions de romans. « Si vous n'avez pas d'imagination, dit-il à son ouvrier, vous prendrez quelques aventures dans *Cyrus*, dans *Gusman d'Alfarache*, dans les *Mémoires secrets d'un homme de qualité*, ou *d'une femme de qualité;* et du total vous ferez un volume de quatre cents pages à vingt sous la feuille. »

Un autre marchand libraire donne les gazettes et les almanachs de dix années à un homme de génie. « Vous me ferez un extrait de tout cela, et vous me le rapporterez dans trois mois sous le nom d'*Histoire fidèle du temps*, par monsieur le chevalier de trois étoiles, lieutenant de vaisseau, employé dans les affaires étrangères. »

De ces sortes de livres il y en a environ cinquante mille en Europe ; et tout cela passe comme le secret de blanchir la peau, de noircir les cheveux, et la panacée universelle.

CHARLES IX [1].

Charles IX, roi de France, était, dit-on, un bon poëte. Il est sûr que ses vers étaient admirables de son vivant. Brantôme ne dit pas, à la vérité, que ce roi fût le meilleur poëte de l'Europe ; mais il assure qu'il « faisoit des quadrains fort gentiment, preste-

---

1. *Questions sur l'Encyclopédie*, troisième partie, 1770. (B.)

ment, et in promptu, sans songer, comme j'en ay veu plusieurs... quand il faisoit mauvais temps, ou de pluye ou d'un extrême chaud, il envoyoit querir messieurs les poëtes en son cabinet, et là passoit son temps avec eux, etc.[1] »

S'il avait toujours passé son temps ainsi, et surtout s'il avait fait de bons vers, nous n'aurions pas eu la Saint-Barthélemy ; il n'aurait pas tiré de sa fenêtre avec une carabine sur ses propres sujets[2] comme sur des perdreaux. Ne croyez-vous pas qu'il est impossible qu'un bon poëte soit un barbare? Pour moi, j'en suis persuadé.

On lui attribue ces vers, faits en son nom pour Ronsard :

> Ta lyre qui ravit par de si doux accords,
> Te soumet les esprits dont je n'ai que les corps;
> Le maître elle t'en rend, et te sait introduire
> Où le plus fier tyran ne peut avoir d'empire.

Ces vers sont bons, mais sont-ils de lui? Ne sont-ils pas de son précepteur? En voici de son imagination royale, qui sont un peu différents :

> Il faut suivre ton roi qui t'aime par sus tous,
> Pour les vers qui de toi coulent braves et doux;
> Et crois, si tu ne viens me trouver à Pontoise,
> Qu'entre nous adviendra une très-grande noise.

L'auteur de la Saint-Barthélemy pourrait bien avoir fait ceux-là. Les vers de César sur Térence sont écrits avec un peu plus d'esprit et de goût. Ils respirent l'urbanité romaine. Ceux de François Ier et de Charles IX se ressentent de la grossièreté welche. Plût à Dieu que Charles IX eût fait plus de vers, même mauvais! Une application constante aux arts aimables adoucit les mœurs.

> Emollit mores, nec sinit esse feros.
> (Ovid., II, *de Ponto*, ix, 48.)

Au reste, la langue française ne commença à se dérouiller un peu que longtemps après Charles IX. Voyez les lettres qu'on nous

---

1. Brantôme, *Vie des hommes illustres, etc.*, discours LXXXVIII.
2. Cette circonstance horrible de la vie de Charles IX, révoquée en doute par quelques personnes, surtout depuis qu'on a abattu le poteau qui avait été mal placé sur le quai du Louvre, est rapportée par Brantôme. Voyez tome IX, page 427 de l'édition de 1740 des Œuvres de cet auteur. (B.)

a conservées de François Ier. *Tout est perdu fors l'honneur*[1] est d'un digne chevalier ; mais en voici une qui n'est ni de Cicéron, ni de César.

« Tout à steure ynsi que je me volois mettre o lit est arrivé Laval, qui m'a aporté la serteneté du lèvement du siége. »

Nous avons quelques lettres de la main de Louis XIII, qui ne sont pas mieux écrites. On n'exige pas qu'un roi écrive des lettres comme Pline, ni qu'il fasse des vers comme Virgile ; mais personne n'est dispensé de bien parler sa langue. Tout prince qui écrit comme une femme de chambre a été fort mal élevé.

CHEMINS[2].

Il n'y a pas longtemps que les nouvelles nations de l'Europe ont commencé à rendre les chemins praticables, et à leur donner quelque beauté. C'est un des grands soins des empereurs mogols et de ceux de la Chine. Mais ces princes n'ont pas approché des Romains. La voie Appienne, l'Aurélienne, la Flaminienne, l'Émilienne, la Trajane, subsistent encore. Les seuls Romains pouvaient faire de tels chemins, et seuls pouvaient les réparer.

Bergier, qui d'ailleurs a fait un livre utile[3], insiste beaucoup sur ce que Salomon employa trente mille Juifs pour couper du

---

1. On attribue faussement à François Ier ce billet laconique : *Madame, tout est perdu, fors l'honneur,* qu'il aurait écrit à la duchesse d'Angoulême, sa mère, après la défaite de Pavie, le 24 février 1525. Voici le véritable texte de la seule lettre qu'il lui adressa. Elle est datée du 10 novembre 1525, et fut apportée de la citadelle de Pizzighitone, où il était détenu, par Nicolas Ladam, roi d'armes de Charles-Quint :

« Pour vous advertir comment se porte le ressort de mon infortune, de toutes choses *ne m'est demouré que l'honneur et la vie, qui est sauve;* et sera que, en notre adversité, cette nouvelle vous fera quelque peu de réconfort.

« J'ai prié qu'on me laissât vous escripre ces lettres, ce qu'on m'a agréablement accordé, vous suppliant ne volloir prendre l'extrémité vous-meismes, en usant de vostre accoustumée prudence : car j'ai espoir en la fin que Dieu ne m'abandonnera point ; vous recommandant vos petits-enfants et les miens ; vous suppliant faire donner leur passage pour aller, et le retour en Espagne à ce porteur qui va vers l'empereur pour savoir comme il faudra que je sois traité.

« Et sur ce, très-humblement me recommande à votre bonne grâce.

« Votre humble et obéissant fils,

« François. »

2. *Questions sur l'Encyclopédie,* troisième partie, 1770. (B.)
3. *L'Histoire des grands chemins de l'empire romain,* 1622, in-4°, réimprimé en 1728, 2 volumes in-4°, et 1736, 2 volumes in-4°. (B.)

bois sur le Liban, quatre-vingt mille pour maçonner son temple, soixante et dix mille pour les charrois, et trois mille six cents pour présider aux travaux. Soit; mais il ne s'agissait pas là de grands chemins.

Pline dit qu'on employa trois cent mille hommes pendant vingt ans pour bâtir une pyramide en Égypte : je le veux croire ; mais voilà trois cent mille hommes bien mal employés. Ceux qui travaillèrent aux canaux de l'Egypte, à la grande muraille, aux canaux et aux chemins de la Chine; ceux qui construisirent les voies de l'empire romain, furent plus avantageusement occupés que les trois cent mille misérables qui bâtirent des tombeaux en pointe pour faire reposer le cadavre d'un superstitieux égyptien.

On connaît assez les prodigieux ouvrages des Romains, les lacs creusés ou détournés, les collines aplanies, la montagne percée par Vespasien dans la voie Flaminienne l'espace de mille pieds de longueur, et dont l'inscription subsiste encore. Le Pausilippe n'en approche pas.

Il s'en faut beaucoup que les fondations de la plupart de nos maisons soient aussi solides que l'étaient les grands chemins dans le voisinage de Rome ; et ces voies publiques s'étendirent dans tout l'empire, mais non pas avec la même solidité : ni l'argent ni les hommes n'auraient pu y suffire.

Presque toutes les chaussées d'Italie étaient relevées sur quatre pieds de fondation. Lorsqu'on trouvait un marais sur le chemin, on le comblait. Si on rencontrait un endroit montagneux, on le joignait au chemin par une pente douce. On soutenait en plusieurs lieux ces chemins par des murailles.

Sur les quatre pieds de maçonnerie étaient posés de larges pierres de taille, des marbres épais de près d'un pied, et souvent larges de dix; ils étaient piqués au ciseau, afin que les chevaux ne glissassent pas. On ne savait ce qu'on devait admirer davantage ou l'utilité ou la magnificence.

Presque toutes ces étonnantes constructions se firent aux dépens du trésor public. César répara et prolongea la voie Appienne de son propre argent; mais son argent n'était que celui de la république.

Quels hommes employait-on à ces travaux? les esclaves, les peuples domptés, les provinciaux qui n'étaient point citoyens romains. On travaillait par corvées, comme on fait en France et ailleurs, mais on leur donnait une petite rétribution.

Auguste fut le premier qui joignit les légions au peuple pour travailler aux grands chemins dans les Gaules, en Espagne, en

Asie. Il perça les Alpes à la vallée qui porta son nom, et que les Piémontais et les Français appellent par corruption la *vallée d'Aoste*. Il fallut d'abord soumettre tous les sauvages qui habitaient ces cantons. On voit encore, entre le grand et le petit Saint-Bernard, l'arc de triomphe que le sénat lui érigea après cette expédition. Il perça encore les Alpes par un autre côté qui conduit à Lyon, et de là dans toute la Gaule. Les vaincus n'ont jamais fait pour eux-mêmes ce que firent les vainqueurs.

La chute de l'empire romain fut celle de tous les ouvrages publics, comme de toute police, de tout art, de toute industrie. Les grands chemins disparurent dans les Gaules, excepté quelques chaussées que la malheureuse reine Brunehaut fit réparer pour un peu de temps. A peine pouvait-on aller à cheval sur les anciennes voies, qui n'étaient plus que des abîmes de bourbe entremêlée de pierres. Il fallait passer par les champs labourables; les charrettes faisaient à peine en un mois le chemin qu'elles font aujourd'hui en une semaine. Le peu de commerce qui subsista fut borné à quelques draps, quelques toiles, un peu de mauvaise quincaillerie, qu'on portait à dos de mulet dans des prisons à créneaux et à mâchicoulis, qu'on appelait *châteaux*, situées dans des marais ou sur la cime des montagnes couvertes de neige.

Pour peu qu'on voyageât pendant les mauvaises saisons, si longues et si rebutantes dans les climats septentrionaux, il fallait ou enfoncer dans la fange, ou gravir sur des rocs. Telles furent l'Allemagne et la France entière jusqu'au milieu du xviie siècle. Tout le monde était en bottes; on allait dans les rues sur des échasses dans plusieurs villes d'Allemagne.

Enfin sous Louis XIV on commença les grands chemins que les autres nations ont imités. On en a fixé la largeur à soixante pieds en 1720. Ils sont bordés d'arbres en plusieurs endroits jusqu'à trente lieues de la capitale; cet aspect forme un coup d'œil admirable. Les voies militaires romaines n'étaient larges que de seize pieds, mais elles étaient infiniment plus solides. On n'était pas obligé de les réparer tous les ans comme les nôtres. Elles étaient embellies de monuments, de colonnes milliaires, et même de tombeaux superbes: car ni en Grèce ni en Italie il n'était permis de faire servir les villes de sépulture, encore moins les temples; c'eût été un sacrilège. Il n'en était pas comme dans nos églises, où une vanité de barbares fait ensevelir à prix d'argent des bourgeois riches qui infectent le lieu même où l'on vient adorer Dieu, et où l'encens ne semble brûler que pour déguiser les odeurs des cadavres, tandis que les pauvres pourrissent dans le cimetière attenant, et que les uns et les autres répandent les maladies contagieuses parmi les vivants.

Les empereurs furent presque les seuls dont les cendres reposèrent dans des monuments érigés à Rome.

Les grands chemins de soixante pieds de large occupent trop de terrain. C'est environ quarante pieds de trop. La France a près de deux cents lieues ou environ de l'embouchure du Rhône au fond de la Bretagne, autant de Perpignan à Dunkerque. En comptant la lieue à deux mille cinq cents toises, cela fait cent vingt millions de pieds carrés pour deux seuls grands chemins, perdus pour l'agriculture. Cette perte est très-considérable dans un pays où les récoltes ne sont pas toujours abondantes.

On essaya de paver le grand chemin d'Orléans, qui n'était pas de cette largeur; mais on s'aperçut depuis que rien n'était plus mal imaginé pour une route couverte continuellement de gros chariots. De ces pavés posés tout simplement sur la terre, les uns se baissent, les autres s'élèvent, le chemin devient raboteux, et bientôt impraticable; il a fallu y renoncer.

Les chemins recouverts de gravier et de sable exigent un nouveau travail toutes les années. Ce travail nuit à la culture des terres, et ruine l'agriculteur.

M. Turgot, fils du prévôt des marchands, dont le nom est en bénédiction à Paris, et l'un des plus éclairés magistrats du royaume et des plus zélés pour le bien public, et le bienfaisant M. de Fontette, ont remédié autant qu'ils ont pu à ce fatal inconvénient dans les provinces du Limousin et de la Normandie [1].

On a prétendu [2] qu'on devait, à l'exemple d'Auguste et de Trajan, employer les troupes à la confection des chemins; mais alors il faudrait augmenter la paye du soldat, et un royaume qui

---

1. M. Turgot, étant contrôleur général, obtint de la justice et de la bonté du roi un édit qui abolissait la corvée, et la remplaçait par un impôt général sur les terres. Mais on l'obligea d'exempter les biens du clergé de cet impôt, et d'en établir une partie sur les tailles. Malgré cela, c'était encore un des plus grands biens qu'on pût faire à la nation. Cet édit, enregistré au lit de justice, n'a subsisté que trois mois. Mais huit ou neuf généralités ont suivi l'exemple de celle de Limoges. On doit aussi à M. Turgot d'avoir restreint la largeur des routes dans les limites convenables. Les chemins qu'il a fait exécuter en Limousin sont des chefs-d'œuvre de construction, et sont formés sur les mêmes principes que les voies romaines dont on retrouve encore quelques restes dans les Gaules; tandis que les chemins faits par corvées, et nécessairement alors très-mal construits, exigent d'éternelles réparations qui sont une nouvelle charge pour le peuple. (K.)

2. Voltaire lui-même, dans le paragraphe vi de son *Fragment des instructions pour le prince royal de* ***. Voyez les *Mélanges*, année 1767.

n'était qu'une province de l'empire romain, et qui est souvent obéré, peut rarement entreprendre ce que l'empire romain faisait sans peine.

C'est une coutume assez sage dans les Pays-Bas d'exiger de toutes les voitures un péage modique pour l'entretien des voies publiques. Ce fardeau n'est point pesant. Le paysan est à l'abri des vexations. Les chemins y sont une promenade continue très-agréable [1].

Les canaux sont beaucoup plus utiles. Les Chinois surpassent tous les peuples par ces monuments qui exigent un entretien continuel. Louis XIV, Colbert et Riquet, se sont immortalisés par le canal qui joint les deux mers; on ne les a pas encore imités. Il n'est pas difficile de traverser une grande partie de la France par des canaux. Rien n'est plus aisé en Allemagne que de joindre le Rhin au Danube; mais on a mieux aimé s'égorger et se ruiner pour la possession de quelques villages que de contribuer au bonheur du monde.

CHIEN [2].

Il semble que la nature ait donné le chien à l'homme pour sa défense et pour son plaisir. C'est de tous les animaux le plus fidèle : c'est le meilleur ami que puisse avoir l'homme.

Il paraît qu'il y en a plusieurs espèces absolument différentes. Comment imaginer qu'un lévrier vienne originairement d'un barbet? il n'en a ni le poil, ni les jambes, ni le corsage, ni la tête, ni les oreilles, ni la voix, ni l'odorat, ni l'instinct. Un homme qui n'aurait vu, en fait de chiens, que des barbets ou des épagneuls, et qui verrait un lévrier pour la première fois, le prendrait plutôt pour un petit cheval nain que pour un animal de la race épagneule. Il est bien vraisemblable que chaque race fut toujours ce qu'elle est, sauf le mélange de quelques-unes en petit nombre.

Il est étonnant que le chien ait été déclaré immonde dans la loi juive, comme l'ixion, le griffon, le lièvre, le porc, l'anguille; il faut qu'il y ait quelque raison physique ou morale que nous n'ayons pu encore découvrir.

Ce qu'on raconte de la sagacité, de l'obéissance, de l'amitié,

---

1. Fin de l'article en 1770. L'alinéa qui le termine aujourd'hui fut ajouté en 1774. (B.)
2. *Questions sur l'Encyclopédie*, troisième partie, 1770. (B.)

du courage des chiens, est prodigieux, et est vrai. Le philosophe militaire Ulloa nous assure [1] que dans le Pérou les chiens espagnols reconnaissent les hommes de race indienne, les poursuivent et les déchirent ; que les chiens péruviens en font autant des Espagnols. Ce fait semble prouver que l'une et l'autre espèce de chiens retient encore la haine qui lui fut inspirée du temps de la découverte, et que chaque race combat toujours pour ses maîtres avec le même attachement et la même valeur.

Pourquoi donc le mot de *chien* est-il devenu une injure? on dit, par tendresse, *mon moineau, ma colombe, ma poule*; on dit même *mon chat*, quoique cet animal soit traître. Et quand on est fâché, on appelle les gens *chiens!* Les Turcs, même sans être en colère, disent, par une horreur mêlée au mépris, les *chiens de chrétiens*. La populace anglaise, en voyant passer un homme qui par son maintien, son habit et sa perruque, a l'air d'être né vers les bords de la Seine ou de la Loire, l'appelle communément *French dog*, chien de Français. Cette figure de rhétorique n'est pas polie, et paraît injuste.

Le délicat Homère introduit d'abord le divin Achille, disant au divin Agamemnon qu'il *est impudent comme un chien*. Cela pourrait justifier la populace anglaise.

Les plus zélés partisans du chien doivent confesser que cet animal a de l'audace dans les yeux ; que plusieurs sont hargneux; qu'ils mordent quelquefois des inconnus en les prenant pour des ennemis de leurs maîtres, comme des sentinelles tirent sur les passants qui approchent trop de la contrescarpe. Ce sont là probablement les raisons qui ont rendu l'épithète de *chien* une injure ; mais nous n'osons décider.

Pourquoi le chien a-t-il été adoré ou révéré (comme on voudra) chez les Égyptiens? C'est, dit-on, que le chien avertit l'homme. Plutarque nous apprend [2] qu'après que Cambyse eut tué leur bœuf Apis, et l'eut fait mettre à la broche, aucun animal n'osa manger les restes des convives, tant était profond le respect pour Apis ; mais le chien ne fut pas si scrupuleux, il avala du dieu. Les Égyptiens furent scandalisés comme on le peut croire, et Anubis perdit beaucoup de son crédit.

Le chien conserva pourtant l'honneur d'être toujours dans le ciel sous le nom du *grand* et du *petit chien*. Nous eûmes constamment les jours caniculaires.

---

1. *Voyage d'Ulloa au Pérou*, livre VI. (*Note de Voltaire.*)
2. Plutarque, chapitre d'*Isis* et d'*Osiris*. (*Id.*)

Mais de tous les chiens, Cerbère fut celui qui eut le plus de réputation ; il avait trois gueules. Nous avons remarqué que tout allait par trois : Isis, Osiris et Orus, les trois premières divinités égyptiaques ; les trois frères, dieux du monde grec, Jupiter, Neptune et Pluton ; les trois parques ; les trois furies ; les trois juges d'enfer ; les trois gueules du chien de là-bas.

Nous nous apercevons ici avec douleur que nous avons omis l'article des *chats;* mais nous nous consolons en renvoyant à leur histoire [1]. Nous remarquerons seulement qu'il n'y a point de chats dans les cieux, comme il y a des chèvres, des écrevisses, des taureaux, des béliers, des aigles, des lions, des poissons, des lièvres et des chiens. Mais en récompense, le chat fut consacré ou révéré, ou adoré du culte de dulie dans quelques villes, et peut-être de latrie par quelques femmes.

DE LA CHINE [2].

SECTION PREMIÈRE.

Nous avons assez remarqué ailleurs [3] combien il est téméraire et maladroit de disputer à une nation telle que la chinoise ses titres authentiques. Nous n'avons aucune maison en Europe dont l'antiquité soit aussi bien prouvée que celle de l'empire de la Chine. Figurons-nous un savant maronite du Mont-Athos, qui contesterait la noblesse des Morosini, des Tiepolo, et des autres anciennes maisons de Venise, des princes d'Allemagne, des Montmorency, des Châtillon, des Talleyrand de France, sous prétexte qu'il n'en est parlé ni dans saint Thomas, ni dans saint Bonaventure. Ce maronite passerait-il pour un homme de bon sens ou de bonne foi ?

Je ne sais quels lettrés de nos climats se sont effrayés de l'antiquité de la nation chinoise. Mais ce n'est point ici une affaire de scolastique. Laissez tous les lettrés chinois, tous les mandarins, tous les empereurs reconnaître *Fo-hi* pour un des premiers qui donnèrent des lois à la Chine, environ deux mille cinq ou six cents ans avant notre ère vulgaire. Convenez qu'il faut qu'il y ait

---

1. Par Moncrif, de l'Académie française.
2. Cette première section formait tout l'article dans les *Questions sur l'Encyclopédie,* troisième partie, 1770. (B.)
3. Voyez *Essai sur les Mœurs,* tome XI, chapitre I, page 165.

des peuples avant qu'il y ait des rois. Convenez qu'il faut un temps prodigieux avant qu'un peuple nombreux, ayant inventé les arts nécessaires, se soit réuni pour se choisir un maître. Si vous n'en convenez pas, il ne nous importe. Nous croirons toujours sans vous que deux et deux font quatre.

Dans une province d'Occident, nommée autrefois la *Celtique*[1], on a poussé le goût de la singularité et du paradoxe jusqu'à dire que les Chinois n'étaient qu'une colonie d'Égypte, ou bien, si l'on veut, de Phénicie. On a cru prouver, comme on prouve tant d'autres choses, qu'un roi d'Égypte, appelé Ménès par les Grecs, était le roi de la Chine *Yu*, et qu'Atoès était *Ki*, en changeant seulement quelques lettres ; et voici de plus comme on a raisonné.

Les Égyptiens allumaient des flambeaux quelquefois pendant la nuit ; les Chinois allument des lanternes : donc les Chinois sont évidemment une colonie d'Égypte. Le jésuite Parennin, qui avait déjà vécu vingt-cinq ans à la Chine, et qui possédait également la langue et les sciences des Chinois, a réfuté toutes ces imaginations avec autant de politesse que de mépris. Tous les missionnaires, tous les Chinois à qui l'on conta qu'au bout de l'Occident on faisait la réforme de l'empire de la Chine, ne firent qu'en rire. Le P. Parennin répondit un peu plus sérieusement. Vos Égyptiens, disait-il, passèrent apparemment par l'Inde pour aller peupler la Chine. L'Inde alors était-elle peuplée ou non ? si elle l'était, aurait-elle laissé passer une armée étrangère ? si elle ne l'était pas, les Égyptiens ne seraient-ils pas restés dans l'Inde ? auraient-ils pénétré par des déserts et des montagnes impraticables jusqu'à la Chine, pour y aller fonder des colonies, tandis qu'ils pouvaient si aisément en établir sur les rivages fertiles de l'Inde et du Gange?

Les compilateurs d'une histoire universelle, imprimée en Angleterre, ont voulu aussi dépouiller les Chinois de leur antiquité, parce que les jésuites étaient les premiers qui avaient bien fait connaître la Chine. C'est là sans doute une bonne raison pour dire à toute une nation : *Vous en avez menti*.

Il y a, ce me semble, une réflexion bien importante à faire sur les témoignages que Confutzée, nommé parmi nous *Confucius*, rend à l'antiquité de sa nation : c'est que Confutzée n'avait nul intérêt de mentir ; il ne faisait point le prophète ; il ne se disait point inspiré ; il n'enseignait point une religion nouvelle ; il ne recourait point aux prestiges ; il ne flatte point l'empereur sous lequel il vivait, il n'en parle seulement pas. C'est enfin le seul

---

1. La France.

des instituteurs du monde qui ne se soit point fait suivre par des femmes.

J'ai connu un philosophe qui n'avait que le portrait de Confucius dans son arrière-cabinet ; il mit au bas ces quatre vers :

> De la seule raison salutaire interprète,
> Sans éblouir le monde, éclairant les esprits,
> Il ne parla qu'en sage, et jamais en prophète;
> Cependant on le crut, et même en son pays [1].

J'ai lu ses livres avec attention ; j'en ai fait des extraits ; je n'y ai trouvé que la morale la plus pure, sans aucune teinture de charlatanisme. Il vivait six cents ans avant notre ère vulgaire [2]. Ses ouvrages furent commentés par les plus savants hommes de la nation. S'il avait menti, s'il avait fait une fausse chronologie, s'il avait parlé d'empereurs qui n'eussent point existé, ne se serait-il trouvé personne dans une nation savante qui eût réformé la chronologie de Confutzée ? Un seul Chinois a voulu le contredire, et il a été universellement bafoué.

Ce n'est pas ici la peine d'opposer le monument de la grande muraille de la Chine aux monuments des autres nations, qui n'en ont jamais approché ; ni de redire que les pyramides d'Égypte ne sont que des masses inutiles et puériles en comparaison de ce grand ouvrage ; ni de parler de trente-deux éclipses calculées dans l'ancienne chronique de la Chine, dont vingt-huit ont été vérifiées par les mathématiciens d'Europe ; ni de faire voir combien le respect des Chinois pour leurs ancêtres assure l'existence de ces mêmes ancêtres ; ni de répéter au long combien ce même respect a nui chez eux aux progrès de la physique, de la géométrie, et de l'astronomie.

On sait assez qu'ils sont encore aujourd'hui ce que nous étions tous il y a environ trois cents ans, des raisonneurs très-ignorants. Le plus savant Chinois ressemble à un de nos savants du xv⁰ siècle qui possédait son Aristote. Mais on peut être un fort mauvais physicien et un excellent moraliste. Aussi c'est dans la morale et

---

1. Ces vers sont de Voltaire. En 1786 parut un *Abrégé historique des principaux traits de la vie de Confucius*, avec un portrait au bas duquel on les avait mis. A cette occasion une lettre fut insérée dans l'*Année littéraire*, 1786, vii, 234, où Voltaire est appelé l'*Arétin moderne* : l'auteur de la lettre s'écrie : *Quel poison est renfermé dans cette inscription!* (B.)

2. La *Biographie universelle* dit que Confucius vécut de l'an 551 à l'an 479 avant notre ère.

dans l'économie politique, dans l'agriculture, dans les arts nécessaires, que les Chinois se sont perfectionnés. Nous leur avons enseigné tout le reste ; mais dans cette partie nous devions être leurs disciples.

DE L'EXPULSION DES MISSIONNAIRES DE LA CHINE.

Humainement parlant, et indépendamment des services que les jésuites pouvaient rendre à la religion chrétienne, n'étaient-ils pas bien malheureux d'être venus de si loin porter la discorde et le trouble dans le plus vaste royaume et le mieux policé de la terre ? Et n'était-ce pas abuser horriblement de l'indulgence et de la bonté des peuples orientaux, surtout après les torrents de sang versés à leur occasion au Japon ? scène affreuse dont cet empire n'a cru pouvoir prévenir les suites qu'en fermant ses ports à tous les étrangers.

Les jésuites avaient obtenu de l'empereur de la Chine Kang-hi la permission d'enseigner le catholicisme ; ils s'en servirent pour faire croire à la petite portion du peuple dirigé par eux qu'on ne pouvait servir d'autre maître que celui qui tenait la place de Dieu sur la terre, et qui résidait en Italie sur le bord d'une petite rivière nommée le *Tibre*; que toute autre opinion religieuse, tout autre culte, était abominable aux yeux de Dieu, et qu'il punirait éternellement quiconque ne croirait pas aux jésuites ; que l'empereur Kang-hi, leur bienfaiteur, qui ne pouvait pas prononcer *christ*, parce que les Chinois n'ont point la lettre R, serait damné à tout jamais ; que l'empereur Yong-tching, son fils, le serait sans miséricorde ; que tous les ancêtres des Chinois et des Tartares l'étaient ; que leurs descendants le seraient, ainsi que tout le reste de la terre ; et que les révérends pères jésuites avaient une compassion vraiment paternelle de la damnation de tant d'âmes.

Ils vinrent à bout de persuader trois princes du sang tartare. Cependant l'empereur Kang-hi mourut à la fin de 1722. Il laissa l'empire à son quatrième fils Yong-tching, qui a été si célèbre dans le monde entier par la justice et par la sagesse de son gouvernement, par l'amour de ses sujets, et par l'expulsion des jésuites.

Ils commencèrent par baptiser les trois princes et plusieurs personnes de leur maison : ces néophytes eurent le malheur de désobéir à l'empereur en quelques points qui ne regardaient que le service militaire. Pendant ce temps-là même l'indignation de tout l'empire éclata contre les missionnaires ; tous les gouverneurs des provinces, tous les colaos, présentèrent contre eux des mémoires. Les accusations furent portées si loin qu'on mit aux fers les trois princes disciples des jésuites.

Il est évident que ce n'était pas pour avoir été baptisés qu'on les traita si durement, puisque les jésuites eux-mêmes avouent dans leurs lettres que pour eux ils n'essuyèrent aucune violence, et que même ils furent admis à une audience de l'empereur, qui les honora de quelques présents. Il est donc prouvé que l'empereur Yong-tching n'était nullement persécuteur ; et si les princes furent renfermés dans une prison vers la Tartarie, tandis qu'on traitait si bien leurs convertisseurs, c'est une preuve indubitable qu'ils étaient prisonniers d'État, et non pas martyrs.

L'empereur céda bientôt après aux cris de la Chine entière ; on demandait le renvoi des jésuites, comme depuis en France et dans d'autres pays on a demandé leur abolition. Tous les tribunaux de la Chine voulaient qu'on les fît partir sur-le-champ pour Macao, qui est regardé comme une place séparée de l'empire, et dont on a laissé toujours la possession aux Portugais avec garnison chinoise.

Yong-tching eut la bonté de consulter les tribunaux et les gouverneurs, pour savoir s'il y aurait quelque danger à faire conduire tous les jésuites dans la province de Kanton. En attendant la réponse il fit venir trois jésuites en sa présence, et leur dit ces propres paroles, que le P. Parennin rapporte avec beaucoup de bonne foi : « Vos Européans dans la province de Fo-Kien voulaient anéantir nos lois[1], et troublaient nos peuples ; les tribunaux me les ont déférés ; j'ai dû pourvoir à ces désordres ; il y va de l'intérêt de l'empire... Que diriez-vous si j'envoyais dans votre pays une troupe de bonzes et de lamas prêcher leur loi ? comment les recevriez-vous ?... Si vous avez su tromper mon père, n'espérez pas me tromper de même... Vous voulez que les Chinois se fassent chrétiens, votre loi le demande, je le sais bien ; mais alors que deviendrions-nous ? les sujets de vos rois. Les chrétiens ne croient que vous ; dans un temps de trouble ils n'écouteraient d'autre voix que la vôtre. Je sais bien qu'actuellement il n'y a rien à craindre ; mais quand les vaisseaux viendront par mille et dix mille, alors il pourrait y avoir du désordre.

« La Chine au nord touche le royaume des Russes, qui n'est pas méprisable ; elle a au sud les Européans et leurs royaumes,

---

1. Le pape y avait déjà nommé un évêque. (*Note de Voltaire*.)

qui sont encore plus considérables[1] ; et à l'ouest les princes de Tartarie, qui nous font la guerre depuis huit ans... Laurent Lange, compagnon du prince Ismaelof, ambassadeur du czar, demandait qu'on accordât aux Russes la permission d'avoir dans toutes les provinces une factorerie ; on ne le leur permit qu'à Pékin et sur les limites de Kalkas. Je vous permets de demeurer de même ici et à Kanton, tant que vous ne donnerez aucun sujet de plainte; et si vous en donnez, je ne vous laisserai ni ici ni à Kanton. »

On abattit leurs maisons et leurs églises dans toutes les autres provinces. Enfin les plaintes contre eux redoublèrent. Ce qu'on leur reprochait le plus, c'était d'affaiblir dans les enfants le respect pour leurs pères, en ne rendant point les honneurs dus aux ancêtres ; d'assembler indécemment les jeunes gens et les filles dans les lieux écartés qu'ils appelaient *églises*; de faire agenouiller les filles entre leurs jambes, et de leur parler bas en cette posture. Rien ne paraissait plus monstrueux à la délicatesse chinoise. L'empereur Yong-tching daigna même en avertir les jésuites ; après quoi il renvoya la plupart des missionnaires à Macao, mais avec des politesses et des attentions dont les seuls Chinois peut-être sont capables.

Il retint à Pékin quelques jésuites mathématiciens, entre autres ce même Parennin dont nous avons déjà parlé, et qui, possédant parfaitement le chinois et le tartare, avait souvent servi d'interprète. Plusieurs jésuites se cachèrent dans des provinces éloignées, d'autres dans Kanton même ; et on ferma les yeux.

Enfin l'empereur Yong-tching étant mort, son fils et son successeur Kien-Long acheva de contenter la nation en faisant partir pour Macao tous les missionnaires déguisés qu'on put trouver dans l'empire. Un édit solennel leur en interdit à jamais l'entrée. S'il en vient quelques-uns, on les prie civilement d'aller exercer leurs talents ailleurs. Point de traitement dur, point de persécution. On m'a assuré qu'en 1760, un jésuite de Rome étant allé à Kanton, et ayant été déféré par un facteur des Hollandais, le colao, gouverneur de Kanton, le renvoya avec un présent d'une pièce de soie, des provisions, et de l'argent.

DU PRÉTENDU ATHÉISME DE LA CHINE.

On a examiné plusieurs fois cette accusation d'athéisme, intentée par nos théologaux d'Occident contre le gouvernement

---

1. Yong-tching entend par là les établissements des Européans dans l'Inde. (*Note de Voltaire.*)

chinois¹ à l'autre bout du monde; c'est assurément le dernier excès de nos folies et de nos contradictions pédantesques. Tantôt on prétendait dans une de nos facultés que les tribunaux ou parlements de la Chine étaient idolâtres, tantôt qu'ils ne reconnaissaient point de Divinité; et ces raisonneurs poussaient quelquefois leur fureur de raisonner jusqu'à soutenir que les Chinois étaient à la fois athées et idolâtres.

Au mois d'octobre 1700, la Sorbonne déclara hérétiques toutes les propositions qui soutenaient que l'empereur et les colaos² croyaient en Dieu. On faisait de gros livres dans lesquels on démontrait, selon la façon théologique de démontrer, que les Chinois n'adoraient que le ciel matériel.

Nil præter nubes et cœli numen adorant³.

Mais s'ils adoraient ce ciel matériel, c'était donc là leur dieu. Ils ressemblaient aux Perses, qu'on dit avoir adoré le soleil; ils ressemblaient aux anciens Arabes, qui adoraient les étoiles; ils n'étaient donc ni fabricateurs d'idoles, ni athées. Mais un docteur n'y regarde pas de si près, quand il s'agit dans son tripot de déclarer une proposition hérétique et malsonnante.

Ces pauvres gens, qui faisaient tant de fracas en 1700 sur le ciel matériel des Chinois, ne savaient pas qu'en 1689 les Chinois, ayant fait la paix avec les Russes à Niptchou, qui est la limite des deux empires, ils érigèrent la même année, le 8 septembre, un monument de marbre sur lequel on grava en langue chinoise et en latin ces paroles mémorables :

« Si quelqu'un a jamais la pensée de rallumer le feu de la guerre, nous prions le Seigneur souverain de toutes choses, qui connaît les cœurs, de punir ces perfides, etc.⁴ »

Il suffisait de savoir un peu de l'histoire moderne pour mettre

---

1. Voyez dans le *Siècle de Louis XIV*, chapitre XXXIX (tome XV, page 76); dans l'*Essai sur les Mœurs et l'Esprit des nations*, chapitre II (tome XI, page 176), et ailleurs. (*Note de Voltaire.*) — Voltaire en avait déjà parlé : voyez tome XI, page 57; et dans les *Mélanges*, année 1763, la sixième des *Remarques sur l'Essai*; année 1769, le chapitre IV de *Dieu et les Hommes...* Il en a parlé depuis dans une note de son *Épître au roi de la Chine*, dans l'article XXII de ses *Fragments sur l'Inde* (*Mélanges*, année 1773), et dans la troisième de ses *Lettres chinoises*, etc. (*Mélanges*, année 1776).

2. Voltaire a donné l'explication de ce mot, tome XI, page 176.

3. Juvénal, XIV, 37.

4. Voyez l'*Histoire de la Russie sous Pierre Ier*, écrite sur les Mémoires envoyés par l'impératrice Élisabeth. (*Note de Voltaire.*) — C'est au chapitre VII de la première partie (tome XVI).

fin à ces disputes ridicules ; mais les gens qui croient que le devoir de l'homme consiste à commenter saint Thomas et Scot ne s'abaissent pas à s'informer de ce qui se passe entre les plus grands empires de la terre.

SECTION II [1].

Nous allons chercher à la Chine de la terre, comme si nous n'en avions point ; des étoffes, comme si nous manquions d'étoffes ; une petite herbe pour infuser dans de l'eau, comme si nous n'avions point de simples dans nos climats. En récompense, nous voulons convertir les Chinois : c'est un zèle très-louable ; mais il ne faut pas leur contester leur antiquité, et leur dire qu'ils sont des idolâtres. Trouverait-on bon, en vérité, qu'un capucin, ayant été bien reçu dans un château des Montmorency, voulût leur persuader qu'ils sont nouveaux nobles, comme les secrétaires du roi, et les accuser d'être idolâtres, parce qu'il aurait trouvé dans ce château deux ou trois statues de connétables, pour lesquelles on aurait un profond respect ?

Le célèbre Wolf[2], professeur de mathématiques dans l'université de Hall, prononça un jour un très-bon discours à la louange de la philosophie chinoise ; il loua cette ancienne espèce d'hommes, qui diffère de nous par la barbe, par les yeux, par le nez, par les oreilles, et par le raisonnement ; il loua, dis-je, les Chinois d'adorer un Dieu suprême, et d'aimer la vertu ; il rendait cette justice aux empereurs de la Chine, aux colaos, aux tribunaux, aux lettrés. La justice qu'on rend aux bonzes est d'une espèce différente.

Il faut savoir que ce Wolf attirait à Hall un millier d'écoliers de toutes les nations. Il y avait dans la même université un professeur de théologie nommé Lange, qui n'attirait personne ; cet homme, au désespoir de geler de froid seul dans son auditoire, voulut, comme de raison, perdre le professeur de mathématiques ; il ne manqua pas, selon la coutume de ses semblables, de l'accuser de ne pas croire en Dieu.

Quelques écrivains d'Europe, qui n'avaient jamais été à la Chine, avaient prétendu que le gouvernement de Pékin était

---

1. Dans l'édition de 1764 du *Dictionnaire philosophique*, l'article entier se composait de ce qui forme cette seconde section, moins le dernier alinéa. (B.)

2. Voltaire revient sur Wolf et Lange dans la sixième de ses *Lettres à S. A. monseigneur le prince de Brunswick* (*Mélanges*, année 1767).

athée. Wolf avait loué les philosophes de Pékin, donc Wolf était athée ; l'envie et la haine ne font jamais de meilleurs syllogismes. Cet argument de Lange, soutenu d'une cabale et d'un protecteur, fut trouvé concluant par le roi du pays, qui envoya un dilemme en forme au mathématicien : ce dilemme lui donnait le choix de sortir de Hall dans vingt-quatre heures, ou d'être pendu. Et comme Wolf raisonnait fort juste, il ne manqua pas de partir ; sa retraite ôta au roi deux ou trois cent mille écus par an, que ce philosophe faisait entrer dans le royaume par l'affluence de ses disciples.

Cet exemple doit faire sentir aux souverains qu'il ne faut pas toujours écouter la calomnie, et sacrifier un grand homme à la fureur d'un sot. Revenons à la Chine.

De quoi nous avisons-nous, nous autres au bout de l'Occident, de disputer avec acharnement et avec des torrents d'injures, pour savoir s'il y avait eu quatorze princes, ou non, avant Fo-hi, empereur de la Chine, et si ce Fo-hi vivait trois mille, ou deux mille neuf cents ans avant notre ère vulgaire ? Je voudrais bien que deux Irlandais s'avisassent de se quereller à Dublin pour savoir quel fut, au xiie siècle, le possesseur des terres que j'occupe aujourd'hui ; n'est-il pas évident qu'ils devraient s'en rapporter à moi, qui ai les archives entre mes mains ? Il en est de même à mon gré des premiers empereurs de la Chine ; il faut s'en rapporter aux tribunaux du pays.

Disputez tant qu'il vous plaira sur les quatorze princes qui régnèrent avant Fo-hi, votre belle dispute n'aboutira qu'à prouver que la Chine était très-peuplée alors, et que les lois y régnaient. Maintenant, je vous demande si une nation assemblée, qui a des lois et des princes, ne suppose pas une prodigieuse antiquité ? Songez combien de temps il faut pour qu'un concours singulier de circonstances fasse trouver le fer dans les mines, pour qu'on l'emploie à l'agriculture, pour qu'on invente la navette et tous les autres arts.

Ceux qui font les enfants à coups de plume ont imaginé un fort plaisant calcul. Le jésuite Pétau, par une belle supputation, donne à la terre, deux cent quatre-vingt-cinq ans après le déluge, cent fois plus d'habitants qu'on n'ose lui en supposer à présent. Les Cumberland et les Whiston ont fait des calculs aussi comiques ; ces bonnes gens n'avaient qu'à consulter les registres de nos colonies en Amérique, ils auraient été bien étonnés, ils auraient appris combien peu le genre humain se multiplie, et qu'il diminue très-souvent au lieu d'augmenter.

Laissons donc, nous qui sommes d'hier, nous descendants des Celtes, qui venons de défricher les forêts de nos contrées sauvages ; laissons les Chinois et les Indiens jouir en paix de leur beau climat et de leur antiquité. Cessons surtout d'appeler idolâtres l'empereur de la Chine et le soubab de Dékan. Il ne faut pas être fanatique du mérite chinois : la constitution de leur empire est à la vérité la meilleure qui soit au monde ; la seule qui soit toute fondée sur le pouvoir paternel ; la seule dans laquelle un gouverneur de province soit puni quand, en sortant de charge, il n'a pas eu les acclamations du peuple ; la seule qui ait institué des prix pour la vertu, tandis que partout ailleurs les lois se bornent à punir le crime ; la seule qui ait fait adopter ses lois à ses vainqueurs, tandis que nous sommes encore sujets aux coutumes des Burgundiens, des Francs et des Goths, qui nous ont domptés. Mais on doit avouer que le petit peuple, gouverné par des bonzes, est aussi fripon que le nôtre ; qu'on y vend tout fort cher aux étrangers, ainsi que chez nous ; que dans les sciences, les Chinois sont encore au terme où nous étions il y a deux cents ans ; qu'ils ont comme nous mille préjugés ridicules ; qu'ils croient aux talismans, à l'astrologie judiciaire, comme nous y avons cru longtemps.

Avouons encore qu'ils ont été étonnés de notre thermomètre, de notre manière de mettre des liqueurs à la glace avec du salpêtre, et de toutes les expériences de Toricelli et d'Otto de Guericke, tout comme nous le fûmes lorsque nous vîmes ces amusements de physique pour la première fois ; ajoutons que leurs médecins ne guérissent pas plus les maladies mortelles que les nôtres, et que la nature toute seule guérit à la Chine les petites maladies comme ici ; mais tout cela n'empêche pas que les Chinois, il y a quatre mille ans, lorsque nous ne savions pas lire, ne sussent toutes les choses essentiellement utiles dont nous nous vantons aujourd'hui [1].

La religion des lettrés, encore une fois, est admirable. Point de superstitions, point de légendes absurdes, point de ces dogmes qui insultent à la raison et à la nature, et auxquels des bonzes donnent mille sens différents, parce qu'ils n'en ont aucun. Le culte le plus simple leur a paru le meilleur depuis plus de quarante siècles. Ils sont ce que nous pensons qu'étaient Seth, Énoch et Noé ; ils se contentent d'adorer un Dieu avec tous les sages de la terre, tandis qu'en Europe on se partage entre Thomas et Bonaventure, entre Calvin et Luther, entre Jansénius et Molina.

---

1. Fin de l'article en 1764. L'alinéa qui suit fut ajouté dans l'édition de 1767. (B.)

CHRÉTIENS CATHOLIQUES[1].

CHRISTIANISME[2].

SECTION PREMIÈRE[3].

ÉTABLISSEMENT DU CHRISTIANISME, DANS SON ÉTAT CIVIL ET POLITIQUE.

Dieu nous garde d'oser mêler ici le divin au profane! nous ne sondons point les voies de la Providence. Hommes, nous ne parlons qu'à des hommes.

Lorsque Antoine et ensuite Auguste eurent donné la Judée à l'Arabe Hérode, leur créature et leur tributaire, ce prince, étranger chez les Juifs, devint le plus puissant de tous leurs rois. Il eut des ports sur la Méditerranée, Ptolémaïde, Ascalon. Il bâtit des villes; il éleva un temple au dieu Apollon dans Rhodes, un temple à Auguste dans Césarée. Il bâtit de fond en comble celui de Jérusalem, et il en fit une très-forte citadelle. La Palestine, sous son règne, jouit d'une profonde paix. Enfin il fut regardé comme un messie, tout barbare qu'il était dans sa famille, et tout tyran de son peuple dont il dévorait la substance pour subvenir à ses grandes entreprises. Il n'adorait que César, et il fut presque adoré des hérodiens.

La secte des Juifs était répandue depuis longtemps dans l'Europe et dans l'Asie; mais ses dogmes étaient entièrement ignorés. Personne ne connaissait les livres juifs, quoique plusieurs fussent, dit-on, déjà traduits en grec dans Alexandrie. On ne savait des Juifs que ce que les Turcs et les Persans savent aujourd'hui des Arméniens, qu'ils sont des courtiers de commerce, des agents de change. Du reste, un Turc ne s'informe jamais si un Arménien est eutichéen, ou jacobite, ou chrétien de saint Jean, ou arien.

---

1. Sous ce titre, une édition de 1825 a donné l'*Avis à tous les Orientaux*, que les éditeurs de Kehl avaient rangé parmi les facéties, et que j'ai mis dans les *Mélanges*, à sa date de 1767. (B.)

2. Ces deux articles CHRISTIANISME, tirés de deux ouvrages différents, sont imprimés ici suivant l'ordre chronologique. On y voit comment Voltaire s'enhardissait peu à peu à lever le voile dont il avait d'abord couvert ses opinions. (K.) — On verra, au contraire de ce qui est dit dans cette note, que les deux sections de cet article ne sont pas dans l'ordre chronologique. (B.)

3. Cette première section composait tout l'article dans les *Questions sur l'Encyclopédie*, neuvième partie, 1772. (B.)

Le théisme de la Chine, et les respectables livres de Confutzée, qui vécut environ six cents ans avant Hérode, étaient encore plus ignorés des nations occidentales que les rites juifs.

Les Arabes, qui fournissaient les denrées précieuses de l'Inde aux Romains, n'avaient pas plus d'idée de la théologie des brachmanes que nos matelots qui vont à Pondichéry ou à Madras. Les femmes indiennes étaient en possession de se brûler sur le corps de leurs maris de temps immémorial; et ces sacrifices étonnants, qui sont encore en usage, étaient aussi ignorés des Juifs que les coutumes de l'Amérique. Leurs livres, qui parlent de Gog et de Magog, ne parlent jamais de l'Inde.

L'ancienne religion de Zoroastre était célèbre, et n'en était pas plus connue dans l'empire romain. On savait seulement en général que les mages admettaient une résurrection, un paradis, un enfer; et il fallait bien que cette doctrine eût percé chez les Juifs voisins de la Chaldée, puisque la Palestine était partagée du temps d'Hérode entre les pharisiens, qui commençaient à croire le dogme de la résurrection, et les saducéens, qui ne regardaient cette doctrine qu'avec mépris.

Alexandrie, la ville la plus commerçante du monde entier, était peuplée d'Égyptiens, qui adoraient Sérapis et qui consacraient des chats; de Grecs, qui philosophaient; de Romains, qui dominaient; de Juifs, qui s'enrichissaient. Tous ces peuples s'acharnaient à gagner de l'argent, à se plonger dans les plaisirs ou dans le fanatisme, à faire ou à défaire des sectes de religion, surtout dans l'oisiveté qu'ils goûtèrent dès qu'Auguste eut fermé le temple de Janus.

Les Juifs étaient divisés en trois factions principales : celle des Samaritains se disait la plus ancienne, parce que Samarie (alors Sebaste) avait subsisté pendant que Jérusalem fut détruite avec son temple sous les rois de Babylone; mais ces Samaritains étaient un mélange de Persans et de Palestins.

La seconde faction, et la plus puissante, était celle des Jérosolymites. Ces Juifs, proprement dits, détestaient ces Samaritains, et en étaient détestés. Leurs intérêts étaient tout opposés. Ils voulaient qu'on ne sacrifiât que dans le temple de Jérusalem. Une telle contrainte eût attiré beaucoup d'argent dans cette ville. C'était par cette raison-là même que les Samaritains ne voulaient sacrifier que chez eux. Un petit peuple, dans une petite ville, peut n'avoir qu'un temple; mais dès que ce peuple s'est étendu dans soixante et dix lieues de pays en long, et dans vingt-trois en large, comme fit le peuple juif; dès que son territoire est presque aussi grand et aussi peuplé que le Languedoc ou la Normandie, il est absurde de n'avoir qu'une église. Où en seraient les habitants de Montpellier s'ils ne pouvaient entendre la messe qu'à Toulouse ?

La troisième faction était des Juifs hellénistes, composée principalement de ceux qui commerçaient, et qui exerçaient des métiers en Égypte et en Grèce. Ceux-là avaient le même intérêt que les Samaritains. Onias, fils d'un grand-prêtre juif, et qui voulait être grand-prêtre aussi, obtint du roi d'Égypte Ptolémée Philométor, et surtout de Cléopâtre sa femme, la permission de bâtir un temple juif auprès de Bubaste. Il assura la reine Cléopâtre qu'Isaïe avait prédit qu'un jour le Seigneur aurait un temple dans cet endroit-là. Cléopâtre, à qui il fit un beau présent, lui manda que puisque Isaïe l'avait dit, il fallait l'en croire. Ce temple fut nommé l'*Onion;* et si Onias ne fut pas grand-sacrificateur, il fut capitaine d'une troupe de milice. Ce temple fut construit cent soixante ans avant notre ère vulgaire. Les Juifs de Jérusalem eurent toujours cet Onion en horreur, aussi bien que la traduction dite des *Septante*. Ils instituèrent même une fête d'expiation pour ces deux prétendus sacriléges.

Les rabbins de l'Onion, mêlés avec les Grecs, devinrent plus savants (à leur mode) que les rabbins de Jérusalem et de Samarie; et ces trois factions commencèrent à disputer entre elles sur des questions de controverse, qui rendent nécessairement l'esprit subtil, faux, et insociable.

Les Juifs égyptiens, pour égaler l'austérité des esséniens et des judaïtes de la Palestine, établirent, quelque temps avant le christianisme, la secte des thérapeutes, qui se vouèrent comme eux à une espèce de vie monastique et à des mortifications.

Ces différentes sociétés étaient des imitations des anciens mystères égyptiens, persans, thraciens, grecs, qui avaient inondé la terre depuis l'Euphrate et le Nil jusqu'au Tibre.

Dans les commencements, les initiés admis à ces confréries étaient en petit nombre, et regardés comme des hommes privilégiés, séparés de la multitude; mais du temps d'Auguste, leur nombre fut très-considérable; de sorte qu'on ne parlait que de religion du fond de la Syrie au mont Atlas et à l'Océan germanique.

Parmi tant de sectes et de cultes s'était établie l'école de Platon, non-seulement dans la Grèce, mais à Rome, et surtout dans l'Égypte. Platon avait passé pour avoir puisé sa doctrine chez les Égyptiens; et ceux-ci croyaient revendiquer leur propre bien en faisant valoir les idées archétypes platoniques, son verbe, et l'espèce de trinité qu'on débrouille dans quelques ouvrages de Platon.

Il paraît que cet esprit philosophique, répandu alors sur tout l'Occident connu, laissa du moins échapper quelques étincelles d'esprit raisonneur vers la Palestine.

Il est certain que, du temps d'Hérode, on disputait sur les attributs de la Divinité, sur l'immortalité de l'esprit humain, sur la résurrection des corps. Les Juifs racontent que la reine Cléopâtre leur demanda si on ressusciterait nu ou habillé.

Les Juifs raisonnaient donc à leur manière. L'exagérateur Josèphe était très-savant pour un militaire. Il y avait d'autres savants dans l'état civil, puisqu'un homme de guerre l'était. Philon, son contemporain, aurait eu de la réputation parmi les Grecs. Gamaliel, le maître de saint Paul, était un grand controversiste. Les auteurs de la *Mishna* furent des polymathes.

La populace s'entretenait de religion chez les Juifs, comme nous voyons aujourd'hui en Suisse, à Genève, en Allemagne, en Angleterre, et surtout dans les Cévennes, les moindres habitants agiter la controverse. Il y a plus, des gens de la lie du peuple ont fondé des sectes : Fox en Angleterre, Muncer en Allemagne, les premiers réformés en France. Enfin, en faisant abstraction du grand courage de Mahomet, il n'était qu'un marchand de chameaux.

Ajoutons à tous ces préliminaires que, du temps d'Hérode, on s'imagina que le monde était près de sa fin, comme nous l'avons déjà remarqué[1].

Ce fut dans ces temps préparés par la divine Providence qu'il plut au Père éternel d'envoyer son Fils sur la terre : mystère adorable et incompréhensible auquel nous ne touchons pas.

Nous disons seulement que dans ces circonstances, si Jésus prêcha une morale pure; s'il annonça un prochain royaume des cieux pour la récompense des justes; s'il eut des disciples attachés à sa personne et à ses vertus; si ces vertus mêmes lui attirèrent les persécutions des prêtres; si la calomnie le fit mourir d'une mort infâme, sa doctrine, constamment annoncée par ses disciples, dut faire un très-grand effet dans le monde. Je ne parle, encore une fois, qu'humainement : je laisse à part la foule des miracles et des prophéties. Je soutiens que le christianisme dut plus réussir par sa mort que s'il n'avait pas été persécuté. On s'étonne

1. Voyez l'article FIN DU MONDE. (*Note de Voltaire.*)

que ses disciples aient fait de nouveaux disciples ; je m'étonnerais bien davantage s'ils n'avaient pas attiré beaucoup de monde dans leur parti. Soixante et dix personnes convaincues de l'innocence de leur chef, de la pureté de ses mœurs et de la barbarie de ses juges, doivent soulever bien des cœurs sensibles.

Le seul Saul Paul, devenu l'ennemi de Gamaliel, son maître (quelle qu'en ait été la raison), devait, humainement parlant, attirer mille hommages à Jésus, quand même Jésus n'aurait été qu'un homme de bien opprimé. Saint Paul était savant, éloquent, véhément, infatigable, instruit dans la langue grecque, secondé de zélateurs bien plus intéressés que lui à défendre la réputation de leur maître. Saint Luc était un Grec d'Alexandrie [1], homme de lettres puisqu'il était médecin.

Le premier chapitre de saint Jean est d'une sublimité platonicienne qui dut plaire aux platoniciens d'Alexandrie. Et en effet il se forma bientôt dans cette ville une école fondée par Luc, ou par Marc (soit l'évangéliste, soit un autre), perpétuée par Athénagore, Panthène, Origène, Clément, tous savants, tous éloquents. Cette école une fois établie, il était impossible que le christianisme ne fît pas des progrès rapides.

La Grèce, la Syrie, l'Égypte, étaient les théâtres de ces célèbres anciens mystères qui enchantaient les peuples. Les chrétiens eurent leurs mystères comme eux. On dut s'empresser à s'y faire initier, ne fût-ce d'abord que par curiosité; et bientôt cette curiosité devint persuasion. L'idée de la fin du monde prochaine devait surtout engager les nouveaux disciples à mépriser les biens passagers de la terre, qui allaient périr avec eux. L'exemple des thérapeutes invitait à une vie solitaire et mortifiée : tout concourait donc puissamment à l'établissement de la religion chrétienne.

Les divers troupeaux de cette grande société naissante ne pouvaient, à la vérité, s'accorder entre eux. Cinquante-quatre sociétés eurent cinquante-quatre Évangiles différents, tous secrets comme leurs mystères, tous inconnus aux Gentils, qui ne virent nos quatre Évangiles canoniques qu'au bout de deux cent cinquante années. Ces différents troupeaux, quoique divisés, reconnaissaient le même pasteur. Ébionites opposés à saint Paul;

---

1. Le titre de l'évangile syriaque de saint Luc porte : *Évangile de Luc l'évangéliste, qui évangélisa en grec dans Alexandrie la grande.* On trouve encore ces mots dans les Constitutions apostoliques : *Le second évêque d'Alexandrie fut Avilius institué par Luc.* (*Note de Voltaire.*)

nazaréens, disciples d'Hymeneos, d'Alexandros, d'Hermogènes; carpocratiens, basilidiens, valentiniens, marcionites, sabelliens, gnostiques, montanistes; cent sectes élevées les unes contre les autres : toutes, en se faisant des reproches mutuels, étaient cependant toutes unies en Jésus, invoquaient Jésus, voyaient en Jésus l'objet de leurs pensées et le prix de leurs travaux.

L'empire romain, dans lequel se formèrent toutes ces sociétés, n'y fit pas d'abord attention. On ne les connut à Rome que sous le nom général de Juifs, auxquels le gouvernement ne prenait pas garde. Les Juifs avaient acquis par leur argent le droit de commercer. On en chassa de Rome quatre mille sous Tibère. Le peuple les accusa de l'incendie de Rome sous Néron, eux et les nouveaux Juifs demi-chrétiens.

On les avait chassés encore sous Claude; mais leur argent les fit toujours revenir. Ils furent méprisés et tranquilles. Les chrétiens de Rome furent moins nombreux que ceux de Grèce, d'Alexandrie et de Syrie. Les Romains n'eurent ni Pères de l'Église, ni hérésiarques dans les premiers siècles. Plus ils étaient éloignés du berceau du christianisme, moins on vit chez eux de docteurs et d'écrivains. L'Église était grecque, et tellement grecque, qu'il n'y eut pas un seul mystère, un seul rite, un seul dogme, qui ne fût exprimé en cette langue.

Tous les chrétiens, soit grecs, soit syriens, soit romains, soit égyptiens, étaient partout regardés comme des demi-juifs. C'était encore une raison de plus pour ne pas communiquer leurs livres aux Gentils, pour rester unis entre eux et impénétrables. Leur secret était plus inviolablement gardé que celui des mystères d'Isis et de Cérès. Ils faisaient une république à part, un État dans l'État. Point de temples, point d'autels, nul sacrifice, aucune cérémonie publique. Ils élisaient leurs supérieurs secrets à la pluralité des voix. Ces supérieurs, sous le nom d'anciens, de prêtres, d'évêques, de diacres, ménageaient la bourse commune, avaient soin des malades, pacifiaient leurs querelles. C'était une honte, un crime parmi eux, de plaider devant les tribunaux, de s'enrôler dans la milice; et pendant cent ans il n'y eut pas un chrétien dans les armées de l'empire.

Ainsi retirés au milieu du monde, et inconnus même en se montrant, ils échappaient à la tyrannie des proconsuls et des préteurs, et vivaient libres dans le public esclavage.

On ignore l'auteur du fameux livre intitulé Τῶν ἀποστόλων διαταγαὶ, « les Constitutions apostoliques » ; de même qu'on ignore les auteurs des cinquante Évangiles non reçus, et des Actes de saint Pierre, et du Testament des douze patriarches, et de tant d'autres écrits des premiers chrétiens. Mais il est vraisemblable que ces Constitutions sont du iiᵉ siècle. Quoiqu'elles soient faussement attribuées aux apôtres, elles sont très-précieuses. On y voit quels étaient les devoirs d'un évêque élu par les chrétiens ; quel respect ils devaient avoir pour lui, quels tributs ils devaient lui payer.

L'évêque ne pouvait avoir qu'une épouse qui eût bien soin de sa maison[1] : Μιᾶς ἄνδρα γεγενημένον γυναικὸς μονογάμου, καλῶς τοῦ ἰδίου οἴκου προεστῶτα.

On exhortait les chrétiens riches à adopter les enfants des pauvres. On faisait des collectes pour les veuves et les orphelins ; mais on ne recevait point l'argent des pécheurs, et nommément il n'était pas permis à un cabaretier de donner son offrande. Il est dit[2] qu'on les regardait comme des fripons. C'est pourquoi très-peu de cabaretiers étaient chrétiens. Cela même empêchait les chrétiens de fréquenter les tavernes, et les éloignait de toute société avec les Gentils.

Les femmes, pouvant parvenir à la dignité de diaconesses, en étaient plus attachées à la confraternité chrétienne. On les consacrait ; l'évêque les oignait d'huile au front, comme on avait huilé autrefois les rois juifs. Que de raisons pour lier ensemble les chrétiens par des nœuds indissolubles !

Les persécutions, qui ne furent jamais que passagères, ne pouvaient servir qu'à redoubler le zèle et à enflammer la ferveur ; de sorte que sous Dioclétien un tiers de l'empire se trouva chrétien.

Voilà une petite partie des causes humaines qui contribuèrent au progrès du christianisme. Joignez-y les causes divines qui sont à elles comme l'infini est à l'unité, et vous ne pourrez être surpris que d'une seule chose, c'est que cette religion si vraie ne se soit pas étendue tout d'un coup dans les deux hémisphères, sans en excepter l'île la plus sauvage.

Dieu lui-même étant descendu du ciel, étant mort pour racheter tous les hommes, pour extirper à jamais le péché sur la face de la terre, a cependant laissé la plus grande partie du genre humain en proie à l'erreur, au crime, et au diable. Cela paraît une fatale contradiction à nos faibles esprits ; mais ce n'est pas à nous d'interroger la Providence ; nous ne devons que nous anéantir devant elle.

---

1. Livre II, chapitre ii.
2. Livre IV, chapitre vi.

SECTION II[1].

RECHERCHES HISTORIQUES SUR LE CHRISTIANISME.

Plusieurs savants ont marqué leur surprise de ne trouver dans l'historien Josèphe aucune trace de Jésus-Christ : car tous les vrais savants conviennent aujourd'hui que le petit passage où il en est question dans son histoire est interpolé[2]. Le père de Flavius Josèphe avait dû cependant être un des témoins de tous les miracles de Jésus. Josèphe était de race sacerdotale, parent de la reine Mariamne, femme d'Hérode : il entre dans les plus grands détails sur toutes les actions de ce prince ; cependant il ne dit pas un mot ni de la vie ni de la mort de Jésus, et cet historien, qui ne dissimule aucune des cruautés d'Hérode, ne parle point du massacre de tous les enfants ordonné, par lui, en conséquence de la nouvelle à lui parvenue qu'il était né un roi des Juifs. Le calendrier grec compte quatorze mille enfants égorgés dans cette occasion.

C'est de toutes les actions de tous les tyrans la plus horrible. Il n'y en a point d'exemple dans l'histoire du monde entier.

Cependant le meilleur écrivain qu'aient jamais eu les Juifs, le seul estimé des Romains et des Grecs, ne fait nulle mention de cet événement aussi singulier qu'épouvantable. Il ne parle point de la nouvelle étoile qui avait paru en Orient après la naissance du Sauveur ; phénomène éclatant, qui ne devait pas échapper à la connaissance d'un historien aussi éclairé que l'était Josèphe. Il garde encore le silence sur les ténèbres qui couvrirent toute la terre, en plein midi, pendant trois heures, à la mort du Sauveur ; sur la grande quantité de tombeaux qui s'ouvrirent dans ce moment, et sur la foule des justes qui ressuscitèrent.

Les savants ne cessent de témoigner leur surprise de voir

---

1. *Dictionnaire philosophique*, 1764. (B.)
2. Les chrétiens, par une de ces fraudes qu'on appelle pieuses, falsifièrent grossièrement un passage de Josèphe. Ils supposent à ce Juif si entêté de sa religion quatre lignes ridiculement interpolées ; et au bout de ce passage ils ajoutent: *Il était le Christ*. Quoi ! si Josèphe avait entendu parler de tant d'événements qui étonnent la nature, Josèphe n'en aurait dit que la valeur de quatre lignes dans l'histoire de son pays ! Quoi ! ce Juif obstiné aurait dit : *Jésus était le Christ*. Eh ! si tu l'avais cru *Christ*, tu aurais donc été chrétien. Quelle absurdité de faire parler Josèphe en chrétien ! Comment se trouve-t-il encore des théologiens assez imbéciles ou assez insolents pour essayer de justifier cette imposture des premiers chrétiens, reconnus pour fabricateurs d'impostures cent fois plus fortes ! (*Note de Voltaire.*) — Cette note a été ajoutée en 1769. (B.)

qu'aucun historien romain n'a parlé de ces prodiges, arrivés sous l'empire de Tibère, sous les yeux d'un gouverneur romain, et d'une garnison romaine, qui devait avoir envoyé à l'empereur et au sénat un détail circonstancié du plus miraculeux événement dont les hommes aient jamais entendu parler. Rome elle-même devait avoir été plongée pendant trois heures dans d'épaisses ténèbres ; ce prodige devait avoir été marqué dans les fastes de Rome, et dans ceux de toutes les nations. Dieu n'a pas voulu que ces choses divines aient été écrites par des mains profanes.

Les mêmes savants trouvent encore quelques difficultés dans l'histoire des Évangiles. Ils remarquent que dans saint Matthieu, Jésus-Christ dit aux scribes et aux pharisiens que tout le sang innocent qui a été répandu sur la terre doit retomber sur eux, depuis le sang d'Abel le juste, jusqu'à Zacharie, fils de Barac, qu'ils ont tué entre le temple et l'autel.

Il n'y a point, disent-ils, dans l'histoire des Hébreux, de Zacharie tué dans le temple avant la venue du Messie, ni de son temps ; mais on trouve dans l'histoire du siége de Jérusalem par Josèphe un Zacharie, fils de Barac, tué au milieu du temple par la faction des zélotes. C'est au chapitre xix du livre IV. De là ils soupçonnent que l'Évangile selon saint Matthieu a été écrit après la prise de Jérusalem par Titus. Mais tous les doutes et toutes les objections de cette espèce s'évanouissent, dès qu'on considère la différence infinie qui doit être entre les livres divinement inspirés, et les livres des hommes. Dieu voulut envelopper, d'un nuage aussi respectable qu'obscur, sa naissance, sa vie et sa mort. Ses voies sont en tout différentes des nôtres.

Les savants se sont aussi fort tourmentés sur la différence des deux généalogies de Jésus-Christ. Saint Matthieu donne pour père à Joseph, Jacob ; à Jacob, Mathan ; à Mathan, Éléazar. Saint Luc au contraire dit que Joseph était fils d'Héli ; Héli, de Matat ; Matat, de Lévi ; Lévi, de Melchi, etc.[1] Ils ne veulent pas concilier les cinquante-six ancêtres que Luc donne à Jésus depuis Abraham, avec les quarante-deux ancêtres différents que Matthieu lui donne depuis le même Abraham. Et ils sont effarouchés que Matthieu, en parlant de quarante-deux générations, n'en rapporte pourtant que quarante et une.

Ils forment encore des difficultés sur ce que Jésus n'est point fils de Joseph, mais de Marie. Ils élèvent aussi quelques doutes sur les miracles de notre Sauveur, en citant saint Augustin, saint

---

1. La fin de cet alinéa fut ajoutée en 1765. (B.)

Hilaire, et d'autres, qui ont donné aux récits de ces miracles un sens mystique, un sens allégorique : comme au figuier maudit et séché pour n'avoir pas porté de figues, quand ce n'était pas le temps des figues ; aux démons envoyés dans les corps des cochons, dans un pays où l'on ne nourrissait point de cochons ; à l'eau changée en vin sur la fin d'un repas où les convives étaient déjà échauffés. Mais toutes ces critiques des savants sont confondues par la foi, qui n'en devient que plus pure. Le but de cet article est uniquement de suivre le fil historique, et de donner une idée précise des faits sur lesquels personne ne dispute.

Premièrement, Jésus naquit sous la loi mosaïque, il fut circoncis suivant cette loi, il en accomplit tous les préceptes, il en célébra toutes les fêtes, et il ne prêcha que la morale ; il ne révéla point le mystère de son incarnation ; il ne dit jamais aux Juifs qu'il était né d'une vierge ; il reçut la bénédiction de Jean dans l'eau du Jourdain, cérémonie à laquelle plusieurs Juifs se soumettaient, mais il ne baptisa jamais personne ; il ne parla point des sept sacrements, il n'institua point de hiérarchie ecclésiastique de son vivant. Il cacha à ses contemporains qu'il était fils de Dieu, éternellement engendré, consubstantiel à Dieu, et que le Saint-Esprit procédait du Père et du Fils. Il ne dit point que sa personne était composée de deux natures et de deux volontés ; il voulut que ces grands mystères fussent annoncés aux hommes dans la suite des temps, par ceux qui seraient éclairés des lumières du Saint-Esprit. Tant qu'il vécut, il ne s'écarta en rien de la loi de ses pères ; il ne montra aux hommes qu'un juste agréable à Dieu, persécuté par ses envieux, et condamné à la mort par des magistrats prévenus. Il voulut que sa sainte Église, établie par lui, fît tout le reste.

Josèphe, au chapitre XII de son histoire, parle d'une secte de Juifs rigoristes, nouvellement établie par un nommé Juda galiléen. *Ils méprisent,* dit-il, *les maux de la terre,* etc.[1]

Il faut voir dans quel état était alors la religion de l'empire romain. Les mystères et les expiations étaient accrédités dans presque toute la terre. Les empereurs, il est vrai, les grands et les philosophes n'avaient nulle foi à ces mystères ; mais le peuple, qui en fait de religion donne la loi aux grands, leur imposait la

---

1. Ici se trouvait, dans l'édition de 1764 du *Dictionnaire philosophique,* un morceau que l'auteur a, en 1771, reproduit dans l'article Église de ses *Questions sur l'Encyclopédie,* avec des différences que j'indiquerai. En le supprimant ici, où il faisait double emploi, j'ai suivi l'avis des éditeurs de Kehl. (B.)

CHRISTIANISME.

nécessité de se conformer en apparence à son culte. Il faut, pour l'enchaîner, paraître porter les mêmes chaînes que lui. Cicéron lui-même fut initié aux mystères d'Éleusine. La connaissance d'un seul Dieu était le principal dogme qu'on annonçait dans ces fêtes mystérieuses et magnifiques. Il faut avouer que les prières et les hymnes qui nous sont restés de ces mystères sont ce que le paganisme a de plus pieux et de plus admirable.

Les chrétiens, qui n'adoraient aussi qu'un seul Dieu, eurent par là plus de facilité de convertir plusieurs Gentils. Quelques philosophes de la secte de Platon devinrent chrétiens. C'est pourquoi les Pères de l'Église des trois premiers siècles furent tous platoniciens.

Le zèle inconsidéré de quelques-uns ne nuisit point aux vérités fondamentales. On a reproché à saint Justin, l'un des premiers Pères, d'avoir dit, dans son *Commentaire sur Isaïe*, que les saints jouiraient, dans un règne de mille ans sur la terre, de tous les biens sensuels. On lui a fait un crime d'avoir dit, dans son *Apologie du Christianisme*, que Dieu ayant fait la terre, en laissa le soin aux anges, lesquels étant devenus amoureux des femmes, leur firent des enfants qui sont les démons.

On a condamné Lactance et d'autres Pères, pour avoir supposé des oracles de sibylles. Il prétendait que la sibylle Érythrée avait fait ces quatre vers grecs [1], dont voici l'explication littérale :

> Avec cinq pains et deux poissons
> Il nourrira cinq mille hommes au désert ;
> Et, en ramassant les morceaux qui resteront,
> Il en remplira douze paniers.

On reprocha aussi aux premiers chrétiens la supposition de quelques vers acrostiches d'une ancienne sibylle, lesquels commençaient tous par les lettres initiales du nom de Jésus-Christ, chacune dans leur ordre [2]. On leur reprocha d'avoir forgé des

---

1. Voyez tome XVII, la note 1 de la page 314.
2. Dans l'édition de 1764 du *Dictionnaire philosophique*, au lieu de ce qui suit, on lisait : « Les chrétiens célébrèrent d'abord leurs mystères dans des maisons retirées, dans des caves, pendant la nuit ; de là leur vint le titre de lucifugaces (selon Minutius Félix) ; Philon les appelle gesséens. Leurs noms les plus communs, dans les quatre premiers siècles, chez les Gentils, étaient ceux de galiléens et de nazaréens ; mais celui de chrétiens a prévalu sur les autres.

« Ni la hiérarchie, ni les usages, ne furent établis tout d'un coup ; les temps apostoliques furent différents des temps qui les suivirent. Saint Paul, dans sa première aux Corinthiens, nous apprend que les frères, soit circoncis, soit incirconcis,

lettres de Jésus-Christ au roi d'Édesse, dans le temps qu'il n'y avait point de roi à Édesse ; d'avoir forgé des lettres de Marie, des lettres de Sénèque à Paul, des lettres et des actes de Pilate, de faux évangiles, de faux miracles, et mille autres impostures.

Nous avons encore l'histoire ou l'Évangile de la nativité et du mariage de la vierge Marie, où il est dit qu'on la mena au temple, âgée de trois ans[1], et qu'elle monta les degrés toute seule. Il y est rapporté qu'une colombe descendit du ciel pour avertir que c'était Joseph qui devait épouser Marie. Nous avons le protévangile de Jacques[2], frère de Jésus, du premier mariage de Joseph. Il y est dit que quand Marie fut enceinte en l'absence de son mari, et que son mari s'en plaignit, les prêtres firent boire de l'eau de jalousie à l'un et à l'autre, et que tous deux furent déclarés innocents.

Nous avons l'Évangile de l'enfance[3] attribué à saint Thomas. Selon cet Évangile, Jésus, à l'âge de cinq ans, se divertissait avec des enfants de son âge à pétrir de la terre glaise, dont il formait de petits oiseaux ; on l'en reprit, et alors il donna la vie aux oiseaux, qui s'envolèrent. Une autre fois, un petit garçon l'ayant battu, il le fit mourir sur-le-champ. Nous avons encore en arabe un autre Évangile de l'enfance[4] qui est plus sérieux.

Nous avons un Évangile de Nicodème[5]. Celui-là semble mériter une plus grande attention, parce qu'on y trouve les noms de ceux qui accusèrent Jésus devant Pilate : c'étaient les princi-

étant assemblés, quand plusieurs prophètes voulaient parler, il fallait qu'il n'y en eût que deux ou trois qui parlassent, et que si quelqu'un, pendant ce temps-là, avait une révélation, le prophète qui avait pris la parole devait se taire.

« C'est sur cet usage de l'Église primitive que se fondent encore aujourd'hui quelques communions chrétiennes qui tiennent des assemblées sans hiérarchie. Il était permis à tout le monde de parler dans l'église, excepté aux femmes : ce qui est aujourd'hui la sainte messe qui se célèbre au matin, etc. »

Voyez la suite dans l'article ÉGLISE, où Voltaire l'a reproduite en 1771, ainsi que quelques-unes des phrases ci-dessus.

Ce qui, en 1764, était dans le *Dictionnaire philosophique*, vient jusqu'à ces mots de l'article ÉGLISE : « Sitôt que ces chrétiens furent en liberté d'agir. »

Immédiatement après ces mots on lisait alors : *Constantin convoqua*, etc. Voyez ci-après, page 173.

Le texte de 1764 se retrouve encore dans l'édition de 1767 du *Dictionnaire philosophique*. Mais dans la septième édition, qui porte aussi le titre de *la Raison par alphabet* et la date de 1770, il fut remplacé par ce qu'on lit aujourd'hui. (B.)

1. Voyez dans les *Mélanges*, année 1769, la *Collection d'anciens évangiles*, paragraphe VI de l'*Évangile de la naissance de Marie*.
2. Voyez la *Collection d'anciens évangiles*, dans les *Mélanges*, année 1769.
3. *Ibid.*
4. *Ibid.*
5. *Ibid.*

paux de la synagogue, Anne, Caïphe, Summas, Datam, Gamaliel, Juda, Nephtalim. Il y a dans cette histoire des choses qui se concilient assez avec les Évangiles reçus, et d'autres qui ne se voient point ailleurs. On y lit que la femme guérie d'un flux de sang s'appelait Véronique. On y voit tout ce que Jésus fit dans les enfers quand il y descendit.

Nous avons ensuite les deux lettres [1] qu'on suppose que Pilate écrivit à Tibère touchant le supplice de Jésus; mais le mauvais latin dans lequel elles sont écrites découvre assez leur fausseté.

On poussa le faux zèle jusqu'à faire courir plusieurs lettres de Jésus-Christ. On a conservé la lettre qu'on dit qu'il écrivit à Abgare, roi d'Édesse; mais alors il n'y avait plus de roi d'Édesse.

On fabriqua cinquante Évangiles qui furent ensuite déclarés apocryphes. Saint Luc [2] nous apprend lui-même que beaucoup de personnes en avaient composé. On a cru qu'il y en avait un nommé l'*Évangile éternel,* sur ce qu'il est dit dans l'*Apocalypse,* chap. XIV [3] : « J'ai vu un ange volant au milieu des cieux, et portant l'Évangile éternel. » Les cordeliers, abusant de ces paroles, au XIII° siècle, composèrent un *Évangile éternel* par lequel le règne du Saint-Esprit devait être substitué à celui de Jésus-Christ; mais il ne parut jamais dans les premiers siècles de l'Église aucun livre sous ce titre.

On supposa encore des lettres de la Vierge [4], écrites à saint Ignace le martyr, aux habitants de Messine, et à d'autres.

Abdias, qui succéda immédiatement aux apôtres, fit leur histoire, dans laquelle il mêla des fables si absurdes que ces histoires ont été avec le temps entièrement décréditées; mais elles eurent d'abord un grand cours. C'est Abdias qui rapporte le combat de saint Pierre avec Simon le Magicien. Il y avait en effet à Rome un mécanicien fort habile, nommé Simon, qui non-seulement faisait exécuter des vols sur les théâtres, comme on le fait aujourd'hui, mais qui lui-même renouvela le prodige attribué à Dédale. Il se fit des ailes, il vola, et il tomba comme Icare : c'est ce que rapportent Pline et Suétone.

Abdias, qui était dans l'Asie, et qui écrivait en hébreu, prétend que saint Pierre et Simon se rencontrèrent à Rome du temps de Néron. Un jeune homme, proche parent de l'empereur,

---

1. Voyez la *Collection d'anciens évangiles,* dans les *Mélanges,* année 1769.
2. Saint Luc, I, 1.
3. Verset 6.
4. Voyez dans l'article APOCRYPHES, tome XVII, page 311.

mourut ; toute la cour pria Simon de le ressusciter. Saint Pierre de son côté se présenta pour faire cette opération. Simon employa toutes les règles de son art ; il parut réussir, le mort remua la tête. « Ce n'est pas assez, cria saint Pierre, il faut que le mort parle ; que Simon s'éloigne du lit, et on verra si le jeune homme est en vie. » Simon s'éloigna, le mort ne remua plus, et Pierre lui rendit la vie d'un seul mot.

Simon alla se plaindre à l'empereur qu'un misérable Galiléen s'avisait de faire de plus grands prodiges que lui. Pierre comparut avec Simon, et ce fut à qui l'emporterait dans son art. « Dis-moi ce que je pense, cria Simon à Pierre. — Que l'empereur, répondit Pierre, me donne un pain d'orge, et tu verras si je sais ce que tu as dans l'âme. » On lui donne un pain. Aussitôt Simon fait paraître deux grands dogues qui veulent le dévorer. Pierre leur jette le pain ; et tandis qu'ils le mangent : « Eh bien ! dit-il, ne savais-je pas ce que tu pensais ? tu voulais me faire dévorer par tes chiens. »

Après cette première séance, on proposa à Simon et à Pierre le combat du vol, et ce fut à qui s'élèverait le plus haut dans l'air. Simon commença, saint Pierre fit le signe de la croix, et Simon se cassa les jambes. Ce conte était imité de celui qu'on trouve dans le *Sepher toldos Jeschut*, où il est dit que Jésus lui-même vola, et que Judas, qui en voulut faire autant, fut précipité.

Néron, irrité que Pierre eût cassé les jambes à son favori Simon, fit crucifier Pierre la tête en bas ; et c'est de là que s'établit l'opinion du séjour de Pierre à Rome, de son supplice et de son sépulcre.

C'est ce même Abdias qui établit encore la créance que saint Thomas alla prêcher le christianisme aux Grandes-Indes, chez le roi Gondafer, et qu'il y alla en qualité d'architecte.

La quantité de livres de cette espèce, écrits dans les premiers siècles du christianisme, est prodigieuse. Saint Jérôme, et saint Augustin même, prétendent que les lettres de Sénèque et de saint Paul sont très-authentiques. Dans la première lettre, Sénèque souhaite que son frère Paul se porte bien : *Bene te valere, frater, cupio*. Paul ne parle pas tout à fait si bien latin que Sénèque. « J'ai reçu vos lettres hier, dit-il, avec joie ; *litteras tuas hilaris accepi* ; et j'y aurais répondu aussitôt si j'avais eu la présence du jeune homme que je vous aurais envoyé, *si præsentiam juvenis habuissem*. » Au reste, ces lettres, qu'on croirait devoir être instructives, ne sont que des compliments.

Tant de mensonges forgés par des chrétiens mal instruits et

faussement zélés ne portèrent point préjudice à la vérité du christianisme, ils ne nuisirent point à son établissement; au contraire, ils font voir que la société chrétienne augmentait tous les jours, et que chaque membre voulait servir à son accroissement.

Les *Actes des apôtres* ne disent point que les apôtres fussent convenus d'un *Symbole*. Si effectivement ils avaient rédigé le Symbole, le *Credo*, tel que nous l'avons, saint Luc n'aurait pas omis dans son histoire ce fondement essentiel de la religion chrétienne; la substance du *Credo* est éparse dans les Évangiles, mais les articles ne furent réunis que longtemps après.

Notre Symbole, en un mot, est incontestablement la créance des apôtres, mais n'est pas une pièce écrite par eux. Rufin, prêtre d'Aquilée, est le premier qui en parle; et une homélie attribuée à saint Augustin est le premier monument qui suppose la manière dont ce *Credo* fut fait. Pierre dit dans l'assemblée: *Je crois en Dieu père tout-puissant*; André dit: *et en Jésus-Christ*; Jacques ajoute: *qui a été conçu du Saint-Esprit*; et ainsi du reste.

Cette formule s'appelait *symbolos* en grec, en latin *collatio*. Il est seulement à remarquer que le grec porte: *Je crois en Dieu père tout-puissant, faiseur du ciel et de la terre*; Πιστεύω εἰς ἕνα θεὸν πατέρα παντοκράτορα, ποιητὴν οὐρανοῦ καὶ γῆς: le latin traduit *faiseur, formateur*, par *creatorem*. Mais depuis, en traduisant le symbole du premier concile de Nicée, on mit *factorem*[1].

Constantin convoqua, assembla dans Nicée, vis-à-vis de Constantinople, le premier concile œcuménique, auquel présida Ozius. On y décida la grande question qui agitait l'Église touchant la divinité de Jésus-Christ; les uns se prévalaient de l'opinion d'Origène, qui dit au chapitre VI contre Celse : « Nous présentons nos prières à Dieu par Jésus, qui tient le milieu entre les natures créées et la nature incréée, qui nous apporte la grâce de son père, et présente nos prières au grand Dieu en qualité de notre pontife. » Ils s'appuyaient aussi sur plusieurs passages de saint Paul, dont on a rapporté quelques-uns. Ils se fondaient surtout sur ces paroles de Jésus-Christ[2] : « Mon père est plus grand que moi; » et ils regardaient Jésus comme le premier-né de la création, comme la pure émanation de l'Être suprême, mais non pas précisément comme Dieu.

---

1. L'édition de 1770 du *Dictionnaire philosophique* ou *Raison par alphabet*, contient ici un passage que l'auteur a, en 1771, transporté au mot ÉGLISE (*Précis de l'histoire de l'Église chrétienne*). C'est celui qui commence par ces mots : *Le christianisme s'établit*, et finit par ceux-ci : *liberté d'agir*. (B.)

2. Saint Jean, XIV, 28.

Les autres, qui étaient orthodoxes, alléguaient des passages plus conformes à la divinité éternelle de Jésus, comme celui-ci [1] : « Mon père et moi, nous sommes la même chose ; » paroles que les adversaires interprétaient comme signifiant : « Mon père et moi, nous avons le même dessein, la même volonté ; je n'ai point d'autres désirs que ceux de mon père. » Alexandre, évêque d'Alexandrie, et, après lui, Athanase, étaient à la tête des orthodoxes ; et Eusèbe, évêque de Nicomédie, avec dix-sept autres évêques, le prêtre Arius, et plusieurs prêtres, étaient dans le parti opposé. La querelle fut d'abord envenimée, parce que saint Alexandre traita ses adversaires d'antéchrists.

Enfin, après bien des disputes, le Saint-Esprit décida ainsi dans le concile, par la bouche de deux cent quatre-vingt-dix-neuf évêques contre dix-huit : « Jésus est fils unique de Dieu, engendré du Père, c'est-à-dire de la substance du Père, Dieu de Dieu, lumière de lumière, vrai Dieu de vrai Dieu, consubstantiel au Père ; nous croyons aussi au Saint-Esprit, etc. » Ce fut la formule du concile. On voit par cet exemple combien les évêques l'emportaient sur les simples prêtres. Deux mille personnes du second ordre étaient de l'avis d'Arius, au rapport de deux patriarches d'Alexandrie, qui ont écrit la chronique d'Alexandrie en arabe. Arius fut exilé par Constantin ; mais Athanase le fut aussi bientôt après, et Arius fut rappelé à Constantinople. Alors saint Macaire pria Dieu si ardemment de faire mourir Arius avant que ce prêtre pût entrer dans la cathédrale que Dieu exauça sa prière. Arius mourut en allant à l'église, en 330. L'empereur Constantin finit sa vie en 337. Il mit son testament entre les mains d'un prêtre arien, et mourut entre les bras du chef des ariens Eusèbe, évêque de Nicomédie, ne s'étant fait baptiser qu'au lit de mort, et laissant l'Église triomphante, mais divisée.

Les partisans d'Athanase et ceux d'Eusèbe se firent une guerre cruelle ; et ce qu'on appelle l'arianisme fut longtemps établi dans toutes les provinces de l'empire.

Julien le philosophe, surnommé *l'Apostat*, voulut étouffer ces divisions, et ne put y parvenir.

Le second concile général fut tenu à Constantinople, en 381. On y expliqua ce que le concile de Nicée n'avait pas jugé à propos de dire sur le Saint-Esprit ; et on ajouta à la formule de Nicée que « le Saint-Esprit est Seigneur vivifiant qui procède du Père, et qu'il est adoré et glorifié avec le Père et le Fils ».

---

1. Saint Jean, x, 30.

Ce ne fut que vers le ix° siècle que l'Église latine statua par degrés que le Saint-Esprit procède du Père et du Fils.

En 431, le troisième concile général tenu à Éphèse décida que Marie était véritablement mère de Dieu, et que Jésus avait deux natures et une personne. Nestorius, évêque de Constantinople, qui voulait que la sainte Vierge fût appelée mère de Christ, fut déclaré Judas par le concile, et les deux natures furent encore confirmées par le concile de Chalcédoine.

Je passerai légèrement sur les siècles suivants, qui sont assez connus. Malheureusement il n'y eut aucune de ces disputes qui ne causât des guerres, et l'Église fut toujours obligée de combattre. Dieu permit encore, pour exercer la patience des fidèles, que les Grecs et les Latins rompissent sans retour au ix° siècle; il permit encore qu'en Occident il y eût vingt-neuf schismes sanglants pour la chaire de Rome.

Cependant l'Église grecque presque tout entière, et toute l'Église d'Afrique, devinrent esclaves sous les Arabes, et ensuite sous les Turcs [1].

S'il y a environ seize cents millions d'hommes sur la terre, comme quelques doctes le prétendent, la sainte Église romaine catholique universelle en possède à peu près soixante millions : ce qui fait plus de la vingt-sixième partie des habitants du monde connu [2].

CHRONOLOGIE [3].

On dispute depuis longtemps sur l'ancienne chronologie, mais y en a-t-il une?

Il faudrait que chaque peuplade considérable eût possédé et conservé des registres authentiques bien attestés. Mais combien peu de peuplades savaient écrire! et dans le petit nombre d'hommes qui cultivèrent cet art si rare, s'en est-il trouvé qui prissent la peine de marquer deux dates avec exactitude?

Nous avons, à la vérité, dans des temps très-récents, les observations célestes des Chinois et des Chaldéens. Elles ne remontent qu'environ deux mille ans plus ou moins avant notre ère vulgaire.

1. Ici, dans l'édition de 1764 du *Dictionnaire philosophique*, était le morceau que l'auteur a depuis transporté au mot ÉGLISE jusqu'à ces mots, *mais peu d'élus;* après quoi l'article était terminé par l'alinéa qui le termine aussi aujourd'hui. (B.)
2. Voyez le *Précis de l'histoire de l'Église chrétienne*, au mot ÉGLISE. (*Note de Voltaire.*)
3. *Questions sur l'Encyclopédie*, troisième partie, 1770. (B.)

Mais quand les premières annales se bornent à nous instruire qu'il y eut une éclipse sous un tel prince, c'est nous apprendre que ce prince existait, et non pas ce qu'il a fait.

De plus, les Chinois comptent l'année de la mort d'un empereur tout entière, fût-il mort le premier jour de l'an ; et son successeur date l'année suivante du nom de son prédécesseur. On ne peut montrer plus de respect pour ses ancêtres ; mais on ne peut supputer le temps d'une manière plus fautive en comparaison de nos nations modernes.

Ajoutez que les Chinois ne commencent leur cycle sexagénaire, dans lequel ils ont mis de l'ordre, qu'à l'empereur Hiao, deux mille trois cent cinquante-sept ans avant notre ère vulgaire. Tout le temps qui précède cette époque est d'une obscurité profonde.

Les hommes se sont toujours contentés de l'à-peu-près en tout genre. Par exemple, avant les horloges on ne savait qu'à peu près les heures du jour et de la nuit. Si on bâtissait, les pierres n'étaient qu'à peu près taillées, les bois à peu près équarris, les membres des statues à peu près dégrossis : on ne connaissait qu'à peu près ses plus proches voisins ; et malgré la perfection où nous avons tout porté, c'est ainsi qu'on en use encore dans la plus grande partie de la terre.

Ne nous étonnons donc pas s'il n'y a nulle part de vraie chronologie ancienne. Ce que nous avons des Chinois est beaucoup, si vous le comparez aux autres nations.

Nous n'avons rien des Indiens ni des Perses, presque rien des anciens Égyptiens. Tous nos systèmes inventés sur l'histoire de ces peuples se contredisent autant que nos systèmes métaphysiques.

Les olympiades des Grecs ne commencent que sept cent vingt-huit ans avant notre manière de compter. On voit seulement vers ce temps-là quelques flambeaux dans la nuit, comme l'ère de Nabonassar, la guerre de Lacédémone et de Messène ; encore dispute-t-on sur ces époques.

Tite-Live n'a garde de dire en quelle année Romulus commença son prétendu règne. Les Romains, qui savaient combien cette époque est incertaine, se seraient moqués de lui s'il eût voulu la fixer.

Il est prouvé que les deux cent quarante ans qu'on attribue aux sept premiers rois de Rome sont le calcul le plus faux.

Les quatre premiers siècles de Rome sont absolument dénués de chronologie.

Si quatre siècles de l'empire le plus mémorable de la terre ne forment qu'un amas indigeste d'événements mêlés de fables, sans presque aucune date, que sera-ce de petites nations resserrées dans un coin de terre, qui n'ont jamais fait aucune figure dans le monde, malgré tous leurs efforts pour remplacer en charlataneries et en prodiges ce qui leur manquait en puissance et en culture des arts ?

DE LA VANITÉ DES SYSTÈMES, SURTOUT EN CHRONOLOGIE.

M. l'abbé de Condillac rendit un très-grand service à l'esprit humain, quand il fit voir le faux de tous les systèmes. Si on peut espérer de rencontrer un jour un chemin vers la vérité, ce n'est qu'après avoir bien reconnu tous ceux qui mènent à l'erreur. C'est du moins une consolation d'être tranquille, de ne plus chercher, quand on voit que tant de savants ont cherché en vain.

La chronologie est un amas de vessies remplies de vent. Tous ceux qui ont cru y marcher sur un terrain solide sont tombés. Nous avons aujourd'hui quatre-vingts systèmes, dont il n'y en a pas un de vrai.

Les Babyloniens disaient : « Nous comptons quatre cent soixante et treize mille années d'observations célestes. » Vient un Parisien qui leur dit : « Votre compte est juste ; vos années étaient d'un jour solaire ; elles reviennent à douze cent quatre-vingt-dix-sept des nôtres, depuis Atlas, roi d'Afrique, grand astronome, jusqu'à l'arrivée d'Alexandre à Babylone. »

Mais jamais, quoi qu'en dise notre Parisien, aucun peuple n'a pris un jour pour un an ; et le peuple de Babylone encore moins que personne. Il fallait seulement que ce nouveau venu de Paris dît aux Chaldéens : « Vous êtes des exagérateurs, et nos ancêtres des ignorants ; les nations sont sujettes à trop de révolutions pour conserver des quatre mille sept cent trente-six siècles de calculs astronomiques. Et quant au roi des Maures Atlas, personne ne sait en quel temps il a vécu. Pythagore avait autant de raison de prétendre avoir été coq, que vous de vous vanter de tant d'observations[1]. »

---

[1] Plusieurs savants ont imaginé que ces prétendues époques chronologiques n'étaient que des périodes astronomiques imaginées pour comparer entre elles les révolutions des planètes et celle des étoiles fixes. Ces périodes, dont les prêtres astronomes et philosophes avaient seuls le secret, étant venues à la connaissance du peuple et des étrangers, on les prit pour des époques réelles, et on y arrangea des événements miraculeux, des dynasties de rois qui régnaient chacun des milliers d'années, etc., etc.; cette opinion assez probable est la seule idée raisonnable qu'on ait eue sur cette question. (K.)

Le grand ridicule de toutes ces chronologies fantastiques est d'arranger toutes les époques de la vie d'un homme, sans savoir si cet homme a existé.

Lenglet répète après quelques autres, dans sa *Compilation chronologique de l'histoire universelle*, que précisément dans le temps d'Abraham, six ans après la mort de Sara, très-peu connue des Grecs, Jupiter, âgé de soixante et deux ans, commença à régner en Thessalie ; que son règne fut de soixante ans ; qu'il épousa sa sœur Junon ; qu'il fut obligé de céder les côtes maritimes à son frère Neptune ; que les Titans lui firent la guerre. Mais y a-t-il eu un Jupiter ? C'était par là qu'il fallait commencer.

CICÉRON [1].

C'est dans le temps de la décadence des beaux-arts en France, c'est dans le siècle des paradoxes et dans l'avilissement de la littérature et de la philosophie persécutée, qu'on veut flétrir Cicéron ; et quel est l'homme qui essaye de déshonorer sa mémoire ? c'est un de ses disciples ; c'est un homme qui prête, comme lui, son ministère à la défense des accusés ; c'est un avocat qui a étudié l'éloquence chez ce grand maître ; c'est un citoyen qui paraît animé comme Cicéron même de l'amour du bien public [2].

Dans un livre intitulé *Canaux navigables* [3], livre rempli de vues patriotiques et grandes plus que praticables, on est bien étonné de lire cette philippique contre Cicéron, qui n'a jamais fait creuser de canaux :

« Le trait le plus glorieux de l'histoire de Cicéron, c'est la ruine de la conjuration de Catilina ; mais, à le bien prendre, elle ne fit du bruit à Rome qu'autant qu'il affecta d'y mettre de l'im-

---

1. *Questions sur l'Encyclopédie*, quatrième partie, 1771. (B.)
2. M. Linguet. Cette satire de Cicéron est l'effet de ce secret penchant qui porte un grand nombre d'écrivains à combattre, non les préjugés populaires, mais les opinions des hommes éclairés. Ils semblent dire comme César : J'aimerais mieux être le premier dans une bicoque que le second dans Rome. Pour acquérir quelque gloire en suivant les traces des hommes éclairés, il faut ajouter des vérités nouvelles à celles qu'ils ont établies ; il faut saisir ce qui leur est échappé, voir mieux et plus loin qu'eux. Il faut être né avec du génie, le cultiver par des études assidues, se livrer à des travaux opiniâtres, et savoir enfin attendre la réputation. Au contraire, en combattant leurs opinions, on est sûr d'acquérir à meilleur marché une gloire plus prompte et plus brillante ; et si on aime mieux compter les suffrages que de les peser, il n'y a point à balancer entre ces deux partis. (K.)
3. *Canaux navigables pour la Picardie et toute la France*, par Simon-Nicolas-Henri Linguet. Paris, 1769, in-8°.

portance. Le danger existait dans ses discours bien plus que dans la chose. C'était une entreprise d'hommes ivres qu'il était facile de déconcerter. Ni le chef ni les complices n'avaient pris la moindre mesure pour assurer le succès de leur crime. Il n'y eut d'étonnant dans cette étrange affaire que l'appareil dont le consul chargea toutes ses démarches, et la facilité avec laquelle on lui laissa sacrifier à son amour-propre tant de rejetons des plus illustres familles.

« D'ailleurs, la vie de Cicéron est pleine de traits honteux; son éloquence était vénale autant que son âme était pusillanime. Si ce n'était pas l'intérêt qui dirigeait sa langue, c'était la frayeur ou l'espérance. Le désir de se faire des appuis le portait à la tribune pour y défendre sans pudeur des hommes plus déshonorés, plus dangereux cent fois que Catilina. Parmi ses clients, on ne voit presque que des scélérats ; et par un trait singulier de la justice divine, il reçut enfin la mort des mains d'un de ces misérables que son art avait dérobés aux rigueurs de la justice humaine. »

A le bien prendre, la conjuration de Catilina fit à Rome plus que *du bruit;* elle la plongea dans le plus grand trouble et dans le plus grand danger. Elle ne fut terminée que par une bataille si sanglante qu'il n'est aucun exemple d'un pareil carnage, et peu d'un courage aussi intrépide. Tous les soldats de Catilina, après avoir tué la moitié de l'armée de Petreius, furent tués jusqu'au dernier; Catilina périt percé de coups sur un monceau de morts, et tous furent trouvés le visage tourné contre l'ennemi. Ce n'était pas là une entreprise si facile à déconcerter; César la favorisait; elle apprit à César à conspirer un jour plus heureusement contre sa patrie.

« Cicéron défendait sans pudeur des hommes plus déshonorés, plus dangereux cent fois que Catilina. »

Est-ce quand il défendait dans la tribune la Sicile contre Verrès, et la république romaine contre Antoine? est-ce quand il réveillait la clémence de César en faveur de Ligarius et du roi Déjotare? ou lorsqu'il obtenait le droit de cité pour le poëte Archias? ou lorsque, dans sa belle oraison pour la loi Manilia, il emportait tous les suffrages des Romains en faveur du grand Pompée?

Il plaida pour Milon, meurtrier de Clodius; mais Clodius avait mérité sa fin tragique par ses fureurs. Clodius avait trempé dans la conjuration de Catilina; Clodius était son plus mortel ennemi; il avait soulevé Rome contre lui, et l'avait puni d'avoir sauvé Rome; Milon était son ami.

Quoi! c'est de nos jours qu'on ose dire que Dieu punit Cicéron d'avoir plaidé pour un tribun militaire nommé Popilius Léna, et que la vengeance céleste le fit assassiner par ce Popilius Léna même! Personne ne sait si Popilius Léna était coupable ou non du crime dont Cicéron le justifia quand il le défendit; mais tous les hommes savent que ce monstre fut coupable de la plus horrible ingratitude, de la plus infâme avarice et de la plus détestable barbarie, en assassinant son bienfaiteur pour gagner l'argent de trois monstres comme lui. Il était réservé à notre siècle de vouloir faire regarder l'assassinat de Cicéron comme un acte de la justice divine. Les triumvirs ne l'auraient pas osé. Tous les siècles jusqu'ici ont détesté et pleuré sa mort.

On reproche à Cicéron de s'être vanté trop souvent d'avoir sauvé Rome, et d'avoir trop aimé la gloire. Mais ses ennemis voulaient flétrir cette gloire. Une faction tyrannique le condamnait à l'exil, et abattait sa maison, parce qu'il avait préservé toutes les maisons de Rome de l'incendie que Catilina leur préparait. Il vous est permis, c'est même un devoir de vanter vos services quand on les méconnaît, et surtout quand on vous en fait un crime.

On admire encore Scipion de n'avoir répondu à ses accusateurs que par ces mots : « C'est à pareil jour que j'ai vaincu Annibal; allons rendre grâce aux dieux. » Il fut suivi par tout le peuple au Capitole, et nos cœurs l'y suivent encore en lisant ce trait d'histoire; quoique après tout il eût mieux valu rendre ses comptes que se tirer d'affaire par un bon mot.

Cicéron fut admiré de même par le peuple romain le jour qu'à l'expiration de son consulat, étant obligé de faire les serments ordinaires, et se préparant à haranguer le peuple selon la coutume, il en fut empêché par le tribun Métellus, qui voulait l'outrager. Cicéron avait commencé par ces mots : *Je jure;* le tribun l'interrompit, et déclara qu'il ne lui permettrait pas de haranguer. Il s'éleva un grand murmure. Cicéron s'arrêta un moment, et, renforçant sa voix noble et sonore, il dit pour toute harangue : « Je jure que j'ai sauvé la patrie. » L'assemblée, enchantée, s'écria: « Nous jurons qu'il a dit la vérité. » Ce moment fut le plus beau de sa vie. Voilà comme il faut aimer la gloire.

Je ne sais où j'ai lu autrefois ces vers ignorés :

> Romains, j'aime la gloire et ne veux point m'en taire;
> Des travaux des humains c'est le digne salaire :
> Ce n'est qu'en vous servant qu'il la faut acheter ;
> Qui n'ose la vouloir n'ose la mériter [1].

---

1. *Rome sauvée*, acte V, scène II. Ces vers sont si peu ignorés, que tout Français

Peut-on mépriser Cicéron si on considère sa conduite dans son gouvernement de la Cilicie, qui était alors une des plus importantes provinces de l'empire romain, en ce qu'elle confinait à la Syrie et à l'empire des Parthes? Laodicée, l'une des plus belles villes d'Orient, en était la capitale : cette province était aussi florissante qu'elle est dégradée aujourd'hui sous le gouvernement des Turcs, qui n'ont jamais eu de Cicéron.

Il commence par protéger le roi de Cappadoce Ariobarzane, et il refuse les présents que ce roi veut lui faire. Les Parthes viennent attaquer en pleine paix Antioche; Cicéron y vole, il atteint les Parthes après des marches forcées par le mont Taurus; il les fait fuir, il les poursuit dans leur retraite; Orzace[1] leur général est tué avec une partie de son armée.

De là il court à Pendenissum, capitale d'un pays allié des Parthes : il la prend; cette province est soumise. Il tourne aussitôt contre les peuples appelés Tiburaniens : il les défait, et ses troupes lui défèrent le titre d'empereur, qu'il garda toute sa vie. Il aurait obtenu à Rome les honneurs du triomphe sans Caton, qui s'y opposa, et qui obligea le sénat à ne décerner que des réjouissances publiques et des remerciements aux dieux, lorsque c'était à Cicéron qu'on devait en faire.

Si on se représente l'équité, le désintéressement de Cicéron dans son gouvernement, son activité, son affabilité, deux vertus si rarement compatibles, les bienfaits dont il combla les peuples dont il était le souverain absolu, il faudra être bien difficile pour ne pas accorder son estime à un tel homme.

Si vous faites réflexion que c'est là ce même Romain qui le premier introduisit la philosophie dans Rome, que ses *Tusculanes* et son livre *de la Nature des dieux* sont les deux plus beaux ouvrages qu'ait jamais écrits la sagesse qui n'est qu'humaine, et que son *Traité des Offices* est le plus utile que nous ayons en morale, il sera encore plus malaisé de mépriser Cicéron. Plaignons ceux qui ne le lisent pas, plaignons encore plus ceux qui ne lui rendent pas justice.

Opposons au détracteur français les vers de l'Espagnol Martial, dans son épigramme contre Antoine (l. V, épig. 69) :

---

qui a l'esprit cultivé les sait par cœur. Voltaire a corrigé ainsi le troisième vers dans les dernières éditions de la pièce :

      Sénat, en vous servant il la faut acheter. (K.)

1. L'*Art de vérifier les dates* (avant J.-C.) écrit aussi *Orsace* : cependant on lit *Osaces* dans Cicéron lui-même (*Lettres à Atticus*, v, 20) et dans d'autres auteurs.(B.)

Quid prosunt sacræ pretiosa silentia linguæ ?
Incipient omnes pro Cicerone loqui.

Ta prodigue fureur acheta son silence,
Mais l'univers entier parle à jamais pour lui.

¹ Voyez surtout ce que dit Juvénal (sat. VIII, 244) :

Roma patrem patriæ Ciceronem libera dixit.

CIEL MATÉRIEL[2].

Les lois de l'optique, fondées sur la nature des choses, ont ordonné que de notre petit globe nous verrons toujours le ciel matériel comme si nous en étions le centre, quoique nous soyons bien loin d'être centre ;

Que nous le verrons toujours comme une voûte surbaissée, quoiqu'il n'y ait d'autre voûte que celle de notre atmosphère, laquelle n'est point surbaissée ;

Que nous verrons toujours les astres roulant sur cette voûte, et comme dans un même cercle, quoiqu'il n'y ait que cinq planètes principales, et dix lunes, et un anneau, qui marchent ainsi que nous dans l'espace ;

Que notre soleil et notre lune nous paraîtront toujours d'un tiers plus grands à l'horizon qu'au zénith, quoiqu'ils soient plus près de l'observateur au zénith qu'à l'horizon.

Voici l'effet que font nécessairement les astres sur nos yeux :

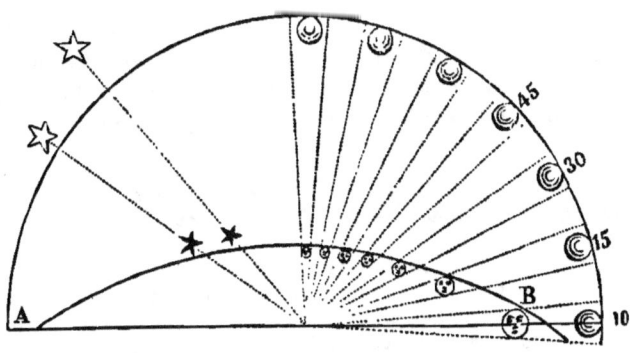

1. Addition de 1774. (B.)
2. *Questions sur l'Encyclopédie*, troisième partie, 1770. (B.)

« [1] Cette figure représente à peu près en quelle proportion le soleil et la lune doivent être aperçus dans la courbe A B, et comment les astres doivent paraître plus rapprochés les uns des autres dans la même courbe. »

1° Telles sont les lois de l'optique, telle est la nature de vos yeux, que premièrement le ciel matériel, les nuages, la lune, le soleil, qui est si loin de vous, les planètes qui dans leur apogée en sont encore plus loin, tous les astres placés à des distances encore plus immenses, comètes, météores, tout doit vous paraître dans cette voûte surbaissée composée de votre atmosphère.

2° Pour moins compliquer cette vérité, observons seulement ici le soleil, qui semble parcourir le cercle A B.

Il doit vous paraître au zénith plus petit qu'à quinze degrés au-dessous, à trente degrés encore plus gros, et enfin à l'horizon encore davantage; tellement que ses dimensions dans le ciel inférieur décroissent en raison de ses hauteurs dans la progression suivante :

A l'horizon. 100
A quinze degrés. 68
A trente degrés. 50
A quarante-cinq degrés 40

Ses grandeurs apparentes dans la voûte surbaissée sont comme ses hauteurs apparentes ; et il en est de même de la lune et d'une comète [2].

3° Ce n'est point l'habitude, ce n'est point l'interposition des terres, ce n'est point la réfraction de l'atmosphère, qui causent cet effet. Malebranche et Régis ont disputé l'un contre l'autre ; mais Robert Smith a calculé [3].

4° Observez les deux étoiles qui, étant à une prodigieuse distance l'une de l'autre et à des profondeurs très-différentes dans l'immensité de l'espace, sont considérées ici comme placées dans le cercle que le soleil semble parcourir. Vous les voyez distantes

---

1. Le texte de cet alinéa et la figure qui le précède sont conformes aux éditions de 1770, 1771 et 1775. L'édition in-4° de 1774 diffère pour la figure et pour l'explication qui la suit. (B.)

2. Voyez l'optique de Robert Smith. (*Note de Voltaire.*)

3. L'opinion de Smith est au fond la même que celle de Malebranche : puisque les astres au zénith et à l'horizon sont vus sous un angle à peu près égal, la différence apparente de grandeur ne peut venir que de la même cause qui nous fait juger un corps de cent pouces, vu à cent pieds, plus grand qu'un corps d'un pouce, vu à un pied ; et cette cause ne peut être qu'un jugement de l'âme devenu habituel, et dont par cette raison nous avons cessé d'avoir une conscience distincte. (K.)

l'une de l'autre dans le grand cercle, se rapprochant dans le petit par les mêmes lois.

C'est ainsi que vous voyez le ciel matériel. C'est par ces règles invariables de l'optique que vous voyez les planètes tantôt rétrogrades, tantôt stationnaires; elles ne sont rien de tout cela. Si vous étiez dans le soleil, vous verriez toutes les planètes et les comètes rouler régulièrement autour de lui dans les ellipses que Dieu leur assigne. Mais vous êtes sur la planète de la terre, dans un coin où vous ne pouvez jouir de tout le spectacle.

N'accusons donc point les erreurs de nos sens avec Malebranche; des lois constantes de la nature, émanées de la volonté immuable du Tout-Puissant, et proportionnées à la constitution de nos organes, ne peuvent être des erreurs.

Nous ne pouvons voir que les apparences des choses, et non les choses mêmes. Nous ne sommes pas plus trompés quand le soleil, ouvrage de Dieu, cet astre un million de fois aussi gros que notre terre, nous paraît plat et large de deux pieds, que lorsque dans un miroir convexe, ouvrage de nos mains, nous voyons un homme sous la dimension de quelques pouces.

Si les mages chaldéens furent les premiers qui se servirent de l'intelligence que Dieu leur donna pour mesurer et mettre à leur place les globes célestes, d'autres peuples plus grossiers ne les imitèrent pas.

Ces peuples enfants et sauvages imaginèrent la terre plate, soutenue dans l'air, je ne sais comment, par son propre poids; le soleil, la lune et les étoiles, marchant continuellement sur un cintre solide qu'on appela *plaque, firmament;* ce cintre portant des eaux, et ayant des portes d'espace en espace; les eaux sortant par ces portes pour humecter la terre.

Mais comment le soleil, la lune, et tous les astres, reparaissent-ils après s'être couchés? on n'en savait rien. Le ciel touchait à la terre plate; il n'y avait pas moyen que le soleil, la lune et les étoiles tournassent sous la terre, et allassent se lever à l'orient après s'être couchés à l'occident. Il est vrai que ces ignorants avaient raison par hasard, en ne concevant pas que le soleil et les étoiles fixes tournassent autour de la terre. Mais ils étaient bien loin de soupçonner le soleil immobile, et la terre avec son satellite tournant autour de lui dans l'espace avec les autres planètes. Il y avait plus loin de leurs fables au vrai système du monde, que des ténèbres à la lumière.

Ils croyaient que le soleil et les étoiles revenaient par des chemins inconnus, après s'être délassés de leur course dans la

CIEL MATÉRIEL.

mer Méditerranée, on ne sait pas précisément dans quel endroit. Il n'y avait pas d'autre astronomie, du temps même d'Homère, qui est si nouveau : car les Chaldéens tenaient leur science secrète pour se faire plus respecter des peuples. Homère dit plus d'une fois que le soleil se plonge dans l'Océan (et encore cet océan c'est le Nil); c'est là qu'il répare par la fraîcheur des eaux, pendant la nuit, l'épuisement du jour ; après quoi il va se rendre au lieu de son lever par des routes inconnues aux mortels. Cette idée ressemble beaucoup à celle du baron de Fœneste, qui dit que si on ne voit pas le soleil quand il revient, « c'est qu'il revient de nuit [1] ».

Comme alors la plupart des peuples de Syrie et les Grecs connaissaient un peu l'Asie et une petite partie de l'Europe, et qu'ils n'avaient aucune notion de tout ce qui est au nord du Pont-Euxin, et au midi du Nil, ils établirent d'abord que la terre était plus longue que large d'un grand tiers ; par conséquent le ciel qui touchait à la terre, et qui l'embrassait, était aussi plus long que large. De là nous vinrent les degrés de longitude et de latitude, dont nous avons toujours conservé les noms, quoique nous ayons réformé la chose.

Le livre de Job, composé par un ancien Arabe qui avait quelque connaissance de l'astronomie, puisqu'il parle des constellations, s'exprime pourtant ainsi [2] : « Où étiez-vous quand je jetais les fondements de la terre? qui en a pris les dimensions? sur quoi ses bases portent-elles? qui a posé sa pierre angulaire? »

Le moindre écolier lui répondrait aujourd'hui : La terre n'a ni pierre angulaire, ni base, ni fondement ; et à l'égard de ses dimensions, nous les connaissons très-bien, puisque depuis Magellan jusqu'à M. de Bougainville, plus d'un navigateur en a fait le tour.

Le même écolier fermerait la bouche au déclamateur Lactance, et à tous ceux qui ont dit avant et après lui que la terre est fondée sur l'eau, et que le ciel ne peut être au-dessous de la terre ; et que par conséquent il est ridicule et impie de soupçonner qu'il y ait des antipodes.

C'est une chose curieuse de voir avec quel dédain, avec quelle pitié Lactance regarde tous les philosophes qui, depuis quatre cents ans, commençaient à connaître le cours apparent du soleil et des planètes, la rondeur de la terre, la liquidité, la non-résis-

---

1. *Aventures du baron de Fœneste,* par Th.-Agr. d'Aubigné, livre III, chapitre VIII.
2. Job, XXXVIII, 4-6.

tance des cieux, au travers desquels les planètes couraient dans leurs orbites, etc. Il recherche[1] « par quels degrés les philosophes sont parvenus à cet excès de folie de faire de la terre une boule, et d'entourer cette boule du ciel ».

Ces raisonnements sont dignes de tous ceux qu'il fait sur les sibylles.

Notre écolier dirait à tous ces docteurs : Apprenez qu'il n'y a point de cieux solides placés les uns sur les autres, comme on vous l'a dit; qu'il n'y a point de cercles réels dans lesquels les astres courent sur une prétendue plaque; que le soleil est le centre de notre monde planétaire; que la terre et les planètes roulent autour de lui dans l'espace, non pas en traçant des cercles, mais des ellipses. Apprenez qu'il n'y a ni dessus ni dessous, mais que les planètes, les comètes, tendent toutes vers le soleil leur centre, et que le soleil tend vers elles, par une gravitation éternelle.

Lactance et les autres babillards seraient bien étonnés en voyant le système du monde tel qu'il est.

CIEL DES ANCIENS[2].

Si un ver à soie donnait le nom de *ciel* au petit duvet qui entoure sa coque, il raisonnerait aussi bien que firent tous les anciens, en donnant le nom de *ciel* à l'atmosphère, qui est, comme dit très-bien M. de Fontenelle dans ses *Mondes*, le duvet de notre coque.

Les vapeurs qui sortent de nos mers et de notre terre, et qui forment les nuages, les météores et les tonnerres, furent pris d'abord pour la demeure des dieux. Les dieux descendent toujours dans des nuages d'or chez Homère; c'est de là que les peintres les peignent encore aujourd'hui assis sur une nuée. Comment est-on assis sur l'eau? Il était bien juste que le maître des dieux fût plus à son aise que les autres : on lui donna un aigle pour le porter, parce que l'aigle vole plus haut que les autres oiseaux.

Les anciens Grecs, voyant que les maîtres des villes demeuraient

---

1. Lactance, livre III, chapitre XXIV. Et le clergé de France, assemblé solennellement en 1770, dans le XVIIIᵉ siècle, citait sérieusement comme un Père de l'Église ce Lactance, dont les élèves de l'école d'Alexandrie se seraient moqués de son temps, s'ils avaient daigné jeter les yeux sur ses rapsodies. (*Note de Voltaire.*)
2. *Dictionnaire philosophique*, 1764. (B.)

dans des citadelles, au haut de quelque montagne, jugèrent que les dieux pouvaient avoir une citadelle aussi, et la placèrent en Thessalie sur le mont Olympe, dont le sommet est quelquefois caché dans les nues; de sorte que leur palais était de plain-pied à leur ciel.

Les étoiles et les planètes, qui semblent attachées à la voûte bleue de notre atmosphère, devinrent ensuite les demeures des dieux; sept d'entre eux eurent chacun leur planète, les autres logèrent où ils purent : le conseil général des dieux se tenait dans une grande salle à laquelle on allait par la voie lactée ; car il fallait bien que les dieux eussent une salle en l'air, puisque les hommes avaient des hôtels de ville sur la terre.

Quand les Titans, espèce d'animaux entre les dieux et les hommes, déclarèrent une guerre assez juste à ces dieux-là pour réclamer une partie de leur héritage du côté paternel, étant fils du Ciel et de la Terre, ils ne mirent que deux ou trois montagnes les unes sur les autres, comptant que c'en était bien assez pour se rendre maîtres du ciel et du château de l'Olympe.

> Neve foret terris securior arduus æther,
> Affectasse ferunt regnum cœleste gigantes,
> Altaque congestos struxisse ad sidera montes.
>
> (Ovid., *Met.*, I, 151-153.)

On attaqua le ciel aussi bien que la terre [1] ;
Les géants chez les dieux osant porter la guerre,
Entassèrent des monts jusqu'aux astres des nuits.

Il y a pourtant des six cents millions de lieues de ces astres-là, et beaucoup plus loin encore, de plusieurs étoiles au mont Olympe.

Virgile (égl. v, 57) ne fait point de difficulté de dire :

> Sub pedibusque videt nubes et sidera Daphnis.

Daphnis voit sous ses pieds les astres et les nues.

Mais où donc était Daphnis?

A l'Opéra, et dans des ouvrages plus sérieux, on fait descendre des dieux au milieu des vents, des nuages et du tonnerre, c'est-à-dire qu'on promène Dieu dans les vapeurs de notre petit globe. Ces idées sont si proportionnées à notre faiblesse qu'elles nous paraissent grandes.

---

1. Ces trois vers français et ce qui suit, jusqu'aux mots : *cette physique d'enfants*, furent ajoutés en 1770. (B.)

Cette physique d'enfants et de vieilles était prodigieusement ancienne : cependant on croit que les Chaldéens avaient des idées presque aussi saines que nous de ce qu'on appelle le *ciel*; ils plaçaient le soleil au centre de notre monde planétaire, à peu près à la distance de notre globe que nous avons reconnue ; ils faisaient tourner la terre et quelques planètes autour de cet astre : c'est ce que nous apprend Aristarque de Samos; c'est à peu près le système du monde que Copernic a perfectionné depuis ; mais les philosophes gardaient le secret pour eux, afin d'être plus respectés des rois et du peuple, ou plutôt pour n'être pas persécutés.

Le langage de l'erreur est si familier aux hommes que nous appelons encore nos vapeurs, et l'espace de la terre à la lune, du nom de *ciel*; nous disons *monter au ciel,* comme nous disons que le soleil tourne, quoiqu'on sache bien qu'il ne tourne pas. Nous sommes probablement le ciel pour les habitants de la lune, et chaque planète place son ciel dans la planète voisine.

Si on avait demandé à Homère dans quel ciel était allée l'âme de Sarpédon, et où était celle d'Hercule, Homère eût été bien embarrassé : il eût répondu par des vers harmonieux.

Quelle sûreté avait-on que l'âme aérienne d'Hercule se fût trouvée plus à son aise dans Vénus, dans Saturne, que sur notre globe? Aurait-elle été dans le soleil? la place ne paraît pas tenable dans cette fournaise. Enfin, qu'entendaient les anciens par le ciel? ils n'en savaient rien ; ils criaient toujours *le ciel et la terre;* c'est comme si l'on criait l'infini et un atome. Il n'y a point, à proprement parler, de ciel ; il y a une quantité prodigieuse de globes qui roulent dans l'espace vide, et notre globe roule comme les autres.

Les anciens croyaient qu'aller dans les cieux c'était monter ; mais on ne monte point d'un globe à un autre ; les globes célestes sont tantôt au-dessus de notre horizon, tantôt au-dessous. Ainsi, supposons que Vénus, étant venue à Paphos, retournât dans sa planète quand cette planète était couchée, la déesse Vénus ne montait point alors par rapport à notre horizon : elle descendait, et on devait dire en ce cas *descendre au ciel.* Mais les anciens n'y entendaient pas tant de finesse ; ils avaient des notions vagues, incertaines, contradictoires, sur tout ce qui tenait à la physique. On a fait des volumes immenses pour savoir ce qu'ils pensaient sur bien des questions de cette sorte. Quatre mots auraient suffi : *Ils ne pensaient pas.* Il faut toujours en excepter un petit nombre de sages, mais ils sont venus tard ; peu ont expliqué leurs pensées, et quand ils l'ont fait, les charlatans de la terre les ont envoyés au ciel par le plus court chemin.

Un écrivain, qu'on nomme, je crois, Pluche, a prétendu faire de Moïse un grand physicien ; un autre avait auparavant concilié Moïse avec Descartes, et avait imprimé le *Cartesius mosaïzans* [1]; selon lui, Moïse avait inventé le premier les tourbillons et la matière subtile ; mais on sait assez que Dieu, qui fit de Moïse un grand législateur, un grand prophète, ne voulut point du tout en faire un professeur de physique ; il instruisit les Juifs de leur devoir, et ne leur enseigna pas un mot de philosophie. Calmet, qui a beaucoup compilé, et qui n'a raisonné jamais, parle du système des Hébreux ; mais ce peuple grossier était bien loin d'avoir un système ; il n'avait pas même d'école de géométrie ; le nom leur en était inconnu ; leur seule science était le métier de courtier et l'usure.

On trouve dans leurs livres quelques idées louches, incohérentes, et dignes en tout d'un peuple barbare, sur la structure du ciel. Leur premier ciel était l'air ; le second, le firmament, où étaient attachées les étoiles : ce firmament était solide et de glace, et portait les eaux supérieures, qui s'échappèrent de ce réservoir par des portes, des écluses, des cataractes, au temps du déluge.

Au-dessus de ce firmament, ou de ces eaux supérieures, était le troisième ciel, ou l'empyrée, où saint Paul fut ravi. Le firmament était une espèce de demi-voûte qui embrassait la terre. Le soleil ne faisait point le tour d'un globe qu'ils ne connaissaient pas. Quand il était parvenu à l'occident, il revenait à l'orient par un chemin inconnu ; et si on ne le voyait pas, c'était, comme le dit le baron de Fœneste, parce qu'il revenait de nuit [2].

Encore les Hébreux avaient-ils pris ces rêveries des autres peuples. La plupart des nations, excepté l'école des Chaldéens, regardaient le ciel comme solide ; la terre fixe et immobile était plus longue d'orient en occident, que du midi au nord, d'un grand tiers : de là viennent ces expressions de longitude et de latitude que nous avons adoptées. On voit que dans cette opinion il était impossible qu'il y eût des antipodes. Aussi saint Augustin traite l'idée des antipodes d'*absurdité*; et Lactance, que nous avons

---

1. Jean Amerpoel est auteur du *Cartesius mosaïzans, seu evidens et facilis conciliato philosophiæ Cartesii cum historia creationis primo capite Geneseos per Mosem tradita*, Leuwarden, 1669, in-12.
2. Voyez la note 1 de la page 185.

déjà cité, dit expressément : « Y a-t-il des gens assez fous pour croire qu'il y ait des hommes dont la tête soit plus basse que les pieds? etc. »

Saint Chrysostome s'écrie dans sa quatorzième homélie : « Où sont ceux qui prétendent que les cieux sont mobiles, et que leur forme est circulaire? »

Lactance dit encore au livre III de ses *Institutions* : « Je pourrais vous prouver par beaucoup d'arguments qu'il est impossible que le ciel entoure la terre. »

L'auteur du *Spectacle de la nature* pourra dire à M. le chevalier, tant qu'il voudra, que Lactance et saint Chrysostome étaient de grands philosophes; on lui répondra qu'ils étaient de grands saints, et qu'il n'est point du tout nécessaire, pour être un saint, d'être un bon astronome. On croira qu'ils sont au ciel, mais on avouera qu'on ne sait pas dans quelle partie du ciel précisément.

CIRCONCISION [1].

Lorsque Hérodote raconte ce que lui ont dit les barbares chez lesquels il a voyagé, il raconte des sottises; et c'est ce que font la plupart de nos voyageurs : aussi n'exige-t-il pas qu'on le croie, quand il parle de l'aventure de Gigès et de Candaule; d'Arion, porté sur un dauphin; et de l'oracle consulté pour savoir ce que faisait Crésus, qui répondit qu'il faisait cuire alors une tortue dans un pot couvert; et du cheval de Darius, qui, ayant henni le premier de tous, déclara son maître roi ; et de cent autres fables propres à amuser des enfants, et à être compilées par des rhéteurs; mais quand il parle de ce qu'il a vu, des coutumes des peuples qu'il a examinées, de leurs antiquités qu'il a consultées, il parle alors à des hommes.

« Il semble, dit-il au livre d'Euterpe, que les habitants de la Colchide sont originaires d'Égypte : j'en juge par moi-même plutôt que par ouï-dire, car j'ai trouvé qu'en Colchide on se souvenait bien plus des anciens Égyptiens qu'on ne se ressouvenait des anciennes coutumes de Colchos en Égypte.

« Ces habitants des bords du Pont-Euxin prétendaient être une colonie établie par Sésostris; pour moi, je le conjecturerais non-seulement parce qu'ils sont basanés, et qu'ils ont les cheveux frisés, mais parce que les peuples de Colchide, d'Égypte et d'Éthio-

---

1. *Dictionnaire philosophique*, 1764. (B.)

pie, sont les seuls sur la terre qui se sont fait circoncire de tout temps : car les Phéniciens, et ceux de la Palestine, avouent qu'ils ont pris la circoncision des Égyptiens. Les Syriens qui habitent aujourd'hui sur les rivages du Thermodon et de Pathenie, et les Macrons leurs voisins, avouent qu'il n'y a pas longtemps qu'ils se sont conformés à cette coutume d'Égypte ; c'est par là principalement qu'ils sont reconnus pour Égyptiens d'origine.

« A l'égard de l'Éthiopie et de l'Égypte, comme cette cérémonie est très-ancienne chez ces deux nations, je ne saurais dire qui des deux tient la circoncision de l'autre ; il est toutefois vraisemblable que les Éthiopiens la prirent des Égyptiens ; comme, au contraire, les Phéniciens ont aboli l'usage de circoncire les enfants nouveau-nés, depuis qu'ils ont eu plus de commerce avec les Grecs. »

Il est évident, par ce passage d'Hérodote, que plusieurs peuples avaient pris la circoncision de l'Égypte ; mais aucune nation n'a jamais prétendu avoir reçu la circoncision des Juifs. A qui peut-on donc attribuer l'origine de cette coutume, ou à la nation de qui cinq ou six autres confessent la tenir, ou à une autre nation bien moins puissante, moins commerçante, moins guerrière, cachée dans un coin de l'Arabie Pétrée, qui n'a jamais communiqué le moindre de ses usages à aucun peuple ?

Les Juifs disent qu'ils ont été reçus autrefois par charité dans l'Égypte ; n'est-il pas bien vraisemblable que le petit peuple a imité un usage du grand peuple, et que les Juifs ont pris quelques coutumes de leurs maîtres ?

Clément d'Alexandrie rapporte que Pythagore, voyageant chez les Égyptiens, fut obligé de se faire circoncire, pour être admis à leurs mystères ; il fallait donc absolument être circoncis pour être au nombre des prêtres d'Égypte. Ces prêtres existaient lorsque Joseph arriva en Égypte ; le gouvernement était très-ancien, et les cérémonies antiques de l'Égypte observées avec la plus scrupuleuse exactitude.

Les Juifs avouent qu'ils demeurèrent pendant deux cent cinq ans en Égypte ; ils disent qu'ils ne se firent point circoncire dans cet espace de temps : il est donc clair que, pendant deux cent cinq ans, les Égyptiens n'ont pas reçu la circoncision des Juifs ; l'auraient-ils prise d'eux, après que les Juifs leur eurent volé tous les vases qu'on leur avait prêtés, et se furent enfuis dans le désert avec leur proie, selon leur propre témoignage ? Un maître adoptera-t-il la principale marque de la religion de son esclave voleur et fugitif ? Cela n'est pas dans la nature humaine.

CIRCONCISION.

Il est dit, dans le livre de Josué[1], que les Juifs furent circoncis dans le désert : « Je vous ai délivrés de ce qui faisait votre opprobre chez les Égyptiens. » Or quel pouvait être cet opprobre pour des gens qui se trouvaient entre les peuples de Phénicie, les Arabes et les Égyptiens, si ce n'est ce qui les rendait méprisables à ces trois nations? comment leur ôte-t-on cet opprobre? en leur ôtant un peu de prépuce : n'est-ce pas là le sens naturel de ce passage?

La *Genèse*[2] dit qu'Abraham avait été circoncis auparavant; mais Abraham voyagea en Égypte, qui était depuis longtemps un royaume florissant, gouverné par un puissant roi; rien n'empêche que dans un royaume si ancien la circoncision ne fût établie. De plus, la circoncision d'Abraham n'eut point de suite; sa postérité ne fut circoncise que du temps de Josué.

Or, avant Josué, les Israélites, de leur aveu même, prirent beaucoup de coutumes des Égyptiens; ils les imitèrent dans plusieurs sacrifices, dans plusieurs cérémonies, comme dans les jeûnes qu'on observait les veilles des fêtes d'Isis, dans les ablutions, dans la coutume de raser la tête des prêtres; l'encens, le candélabre, le sacrifice de la vache rousse, la purification avec de l'hysope, l'abstinence du cochon, l'horreur des ustensiles de cuisine des étrangers, tout atteste que le petit peuple hébreu, malgré son aversion pour la grande nation égyptienne, avait retenu une infinité d'usages de ses anciens maîtres. Ce bouc Hazazel qu'on envoyait dans le désert, chargé des péchés du peuple, était une imitation visible d'une pratique égyptienne; les rabbins conviennent même que le mot d'Hazazel n'est point hébreu. Rien n'empêche donc que les Hébreux n'aient imité les Égyptiens dans la circoncision, comme faisaient les Arabes leurs voisins.

Il n'est point extraordinaire que Dieu, qui a sanctifié le baptême, si ancien chez les Asiatiques, ait sanctifié aussi la circoncision, non moins ancienne chez les Africains. On a déjà remarqué qu'il est le maître d'attacher ses grâces aux signes qu'il daigne choisir.

Au reste, depuis que, sous Josué, le peuple juif eut été circoncis, il a conservé cet usage jusqu'à nos jours; les Arabes y ont aussi toujours été fidèles; mais les Égyptiens, qui dans les premiers temps circoncisaient les garçons et les filles, cessèrent avec le temps de faire aux filles cette opération, et enfin la restreigni-

---

1. v. 9.
2. XVII, 26.

rent aux prêtres, aux astrologues et aux prophètes. C'est ce que Clément d'Alexandrie et Origène nous apprennent. En effet, on ne voit point que les Ptolémées aient jamais reçu la circoncision.

Les auteurs latins qui traitent les Juifs avec un si profond mépris qu'ils les appellent *curtus apella*, par dérision, *credat Judæus apella, curti Judæi*, ne donnent point de ces épithètes aux Égyptiens. Tout le peuple d'Égypte est aujourd'hui circoncis, mais par une autre raison, parce que le mahométisme adopta l'ancienne circoncision de l'Arabie.

C'est cette circoncision arabe qui a passé chez les Éthiopiens, où l'on circoncit encore les garçons et les filles.

Il faut avouer que cette cérémonie de la circoncision paraît d'abord bien étrange; mais on doit remarquer que de tout temps les prêtres de l'Orient se consacraient à leurs divinités par des marques particulières. On gravait avec un poinçon une feuille de lierre sur les prêtres de Bacchus. Lucien nous dit que les dévots à la déesse Isis s'imprimaient des caractères sur le poignet et sur le cou. Les prêtres de Cybèle se rendaient eunuques.

Il y a grande apparence que les Égyptiens, qui révéraient l'instrument de la génération, et qui en portaient l'image en pompe dans leurs processions, imaginèrent d'offrir à Isis et Osiris, par qui tout s'engendrait sur la terre, une partie légère du membre par qui ces dieux avaient voulu que le genre humain se perpétuât. Les anciennes mœurs orientales sont si prodigieusement différentes des nôtres que rien ne doit paraître extraordinaire à quiconque a un peu de lecture. Un Parisien est tout surpris quand on lui dit que les Hottentots font couper à leurs enfants mâles un testicule. Les Hottentots sont peut-être surpris que les Parisiens en gardent deux.

CIRUS, *voyez* CYRUS.

CLERC[1].

Il y aurait peut-être encore quelque chose à dire sur ce mot, même après le *Dictionnaire de Ducange*, et celui de l'*Encyclopédie*. Nous pouvons, par exemple, observer qu'on était si savant vers le x⁰ et xi⁰ siècle qu'il s'introduisit une coutume ayant force de loi en France, en Allemagne, en Angleterre, de faire grâce de la

---

1. *Questions sur l'Encyclopédie*, quatrième partie, 1771. (B.)

corde à tout criminel condamné qui savait lire : tant un homme de cette érudition était nécessaire à l'État.

Guillaume le Bâtard, conquérant de l'Angleterre, y porta cette coutume. Cela s'appelait bénéfice de clergie, *beneficium clericorum aut clergicorum.*

Nous avons remarqué[1] en plus d'un endroit que de vieux usages, perdus ailleurs, se retrouvent en Angleterre, comme on retrouva dans l'île de Samothrace les anciens mystères d'Orphée. Aujourd'hui même encore ce bénéfice de clergie subsiste chez les Anglais dans toute sa force pour un meurtre commis sans dessein, et pour un premier vol qui ne passe pas cinq cents livres sterling. Le criminel qui sait lire demande le bénéfice de clergie ; on ne peut le lui refuser. Le juge, qui était réputé par l'ancienne loi ne savoir pas lire lui-même, s'en rapporte encore au chapelain de la prison, qui présente un livre au condamné. Ensuite il demande au chapelain : « *Legit ?* lit-il ? » Le chapelain répond : « *Legit ut clericus,* il lit comme un clerc ; » et alors on se contente de faire marquer d'un fer chaud le criminel à la paume de la main. On a eu soin de l'enduire de graisse ; le fer fume et produit un sifflement sans faire aucun mal au patient réputé clerc.

DU CÉLIBAT DES CLERCS.

On demande si dans les premiers siècles de l'Église le mariage fut permis aux clercs, et dans quel temps il fut défendu.

Il est avéré que les clercs, loin d'être engagés au célibat dans la religion juive, étaient tous au contraire excités au mariage, non-seulement par l'exemple de leurs patriarches, mais par la honte attachée à vivre sans postérité.

Toutefois, dans les temps qui précédèrent les derniers malheurs des Juifs, il s'éleva des sectes de rigoristes esséniens, judaïtes, thérapeutes, hérodiens ; et dans quelques-unes, comme celles des esséniens et des thérapeutes, les plus dévots ne se mariaient pas. Cette continence était une imitation de la chasteté des vestales établies par Numa Pompilius, de la fille de Pythagore qui institua un couvent, des prêtresses de Diane, de la pythie de Delphes, et plus anciennement de Cassandre et de Chrysis, prêtresses d'Apollon, et même des prêtresses de Bacchus.

Les prêtres de Cybèle non-seulement faisaient vœu de chasteté, mais de peur de violer leurs vœux ils se rendaient eunuques.

---

1. Voyez l'article POËTES ; et, tome XV, l'*Histoire du Parlement*, chapitre III.

Plutarque, dans sa huitième question des propos de table, dit qu'il y a des colléges de prêtres en Égypte qui renoncent au mariage.

Les premiers chrétiens, quoique faisant profession d'une vie aussi pure que celle des esséniens et des thérapeutes, ne firent point une vertu du célibat. Nous avons vu que presque tous les apôtres et les disciples étaient mariés. Saint Paul écrit à Tite [1] : « Choisissez pour prêtre celui qui n'aura qu'une femme ayant des enfants fidèles et non accusés de luxure. »

Il dit la même chose à Timothée [2] : « Que le surveillant soit mari d'une seule femme. »

Il semble faire si grand cas du mariage, que dans la même lettre à Timothée, il dit [3] : « La femme ayant prévariqué se sauvera en faisant des enfants. »

Ce qui arriva dans le fameux concile de Nicée au sujet des prêtres mariés mérite une grande attention. Quelques évêques, au rapport de Sozomène et de Socrate [4], proposèrent une loi qui défendît aux évêques et aux prêtres de toucher dorénavant à leurs femmes ; mais saint Paphnuce le martyr, évêque de Thèbes en Égypte, s'y opposa fortement, disant que « coucher avec sa femme c'est chasteté » ; et son avis fut suivi par le concile.

Suidas, Gelase Cyzicène, Cassiodore et Nicéphore Caliste, rapportent précisément la même chose.

Le concile seulement défendit aux ecclésiastiques d'avoir chez eux des agapètes, des associées, autres que leurs propres femmes, excepté leurs mères, leurs sœurs, leurs tantes, et des vieilles hors de tout soupçon.

Depuis ce temps, le célibat fut recommandé sans être ordonné. Saint Jérôme, voué à la solitude, fut celui de tous les Pères qui fit les plus grands éloges du célibat des prêtres : cependant il prend hautement le parti de Cartérius, évêque d'Espagne, qui s'était remarié deux fois. « Si je voulais nommer, dit-il, tous les évêques qui ont passé à de secondes noces, j'en trouverais plus qu'il n'y eut d'évêques au concile de Rimini [5]. — *Tantus numerus congregabitur ut Riminensis synodus superetur.* »

Les exemples des clercs mariés et vivant avec leurs femmes sont innombrables. Sydonius, évêque de Clermont en Auvergne

---

1. *Épître à Tite,* chapitre I, v. 6. (*Note de Voltaire.*)
2. I *à Timothée,* chapitre III, v. 2. (*Id.*)
3. Chapitre II, v. 15. (*Id.*)
4. Sozom., liv. I. Socrate, liv. I. (*Id.*)
5. Lettre LXVII à Oceanus. (*Id.*)

au vᵉ siècle, épousa Papianilla, fille de l'empereur Avitus ; et la maison de Polignac a prétendu en descendre. Simplicius, évêque de Bourges, eut deux enfants de sa femme Palladia.

Saint Grégoire de Nazianze était fils d'un autre Grégoire, évêque de Nazianze, et de Nonna, dont cet évêque eut trois enfants, savoir : Césarius, Gorgonia, et le saint.

On trouve dans le décret romain, au canon Ozius, une liste très-longue d'évêques enfants de prêtres. Le pape Ozius lui-même était fils du sous-diacre Étienne, et le pape Boniface Iᵉʳ, fils du prêtre Joconde. Le pape Félix III fut fils du prêtre Félix, et devint lui-même un des aïeux de Grégoire le Grand. Jean II eut pour père le prêtre Projectus, Agapet le prêtre Gordien. Le pape Silvestre était fils du pape Hormisdas. Théodore Iᵉʳ naquit du mariage de Théodore, patriarche de Jérusalem : ce qui devait réconcilier les deux Églises.

Enfin, après plus d'un concile tenu inutilement sur le célibat qui devait toujours accompagner le sacerdoce, le pape Grégoire VII excommunia tous les prêtres mariés, soit pour rendre l'Église plus respectable par une discipline plus rigoureuse, soit pour attacher plus étroitement à la cour de Rome les évêques et les prêtres des autres pays, qui n'auraient d'autre famille que l'Église.

Cette loi ne s'établit pas sans de grandes contradictions.

C'est une chose très-remarquable que le concile de Bâle ayant déposé, du moins en paroles, le pape Eugène IV, et élu Amédée de Savoie; plusieurs évêques ayant objecté que ce prince avait été marié, Énéas Silvius, depuis pape sous le nom de Pie II, soutint l'élection d'Amédée par ces propres paroles : « Non solum qui uxorem habuit, sed uxorem habens potest assumi. — Non-seulement celui qui a été marié, mais celui qui l'est peut être pape. »

Ce Pie II était conséquent. Lisez ses Lettres à sa maîtresse dans le recueil de ses œuvres. Il était persuadé qu'il y a de la démence à vouloir frauder la nature, qu'il faut la guider, et non chercher à l'anéantir[1].

Quoi qu'il en soit, depuis le concile de Trente il n'y a plus de dispute sur le célibat des clercs dans l'Église catholique romaine; il n'y a plus que des désirs.

Toutes les communions protestantes se sont séparées de Rome sur cet article.

---

1. Voyez les articles ONAN, ONANISME. (*Note de Voltaire.*)

Dans l'Église grecque, qui s'étend aujourd'hui des frontières de la Chine au cap de Matapan, les prêtres se marient une fois. Partout les usages varient, la discipline change selon les temps et selon les lieux. Nous ne faisons ici que raconter, et nous ne controversons jamais [1].

DES CLERCS DU SECRET,
DEVENUS DEPUIS SECRÉTAIRES D'ÉTAT ET MINISTRES.

Les clercs du secret, clercs du roi, qui sont devenus depuis secrétaires d'État en France et en Angleterre, étaient originairement notaires du roi; ensuite on les nomma *secrétaires des commandements*. C'est le savant et laborieux Pasquier qui nous l'apprend. Il était bien instruit, puisqu'il avait sous ses yeux les registres de la chambre des comptes, qui de nos jours ont été consumés par un incendie.

A la malheureuse paix du Cateau-Cambresis en 1558, un clerc de Philippe II ayant pris le titre de *secrétaire d'État*, L'Aubépine, qui était clerc secrétaire des commandements du roi de France et son notaire, prit aussi le titre de *secrétaire d'État*, afin que les dignités fussent égales, si les avantages de la paix ne l'étaient pas.

En Angleterre, avant Henri VIII, il n'y avait qu'un secrétaire du roi, qui présentait debout les mémoires et requêtes au conseil. Henri VIII en créa deux, et leur donna les mêmes titres et les mêmes prérogatives qu'en Espagne. Les grands seigneurs alors n'acceptaient pas ces places; mais avec le temps elles sont devenues si considérables que les pairs du royaume et les généraux des armées en ont été revêtus. Ainsi tout change. Il ne reste rien en France du gouvernement de Hugues surnommé *Capet*, ni en Angleterre de l'administration de Guillaume surnommé *le Bâtard*.

CLIMAT [2].

> Hic segetes, illic veniunt felicius uvæ :
> Arborei fœtus alibi atque injussa virescunt
> Gramina. Nonne vides, croceos ut Tmolus odores,
> India mittit ebur, molles sua thura Sabæi ?

---

1. Fin de l'article en 1771; ce qui suit fut ajouté en 1774. (B.)
2. *Questions sur l'Encyclopédie*, quatrième partie, 1771. (B.)

At Chalybes nudi ferrum, virosaque Pontus
Castorea, Eliadum palmas Epirus equarum?
(Georg., I, 54 et seq.)

Il faut ici se servir de la traduction de M. l'abbé Delille, dont l'élégance en tant d'endroits est égale au mérite de la difficulté surmontée.

> Ici sont des vergers qu'enrichit la culture,
> Là règne un vert gazon qu'entretient la nature;
> Le Tmole est parfumé d'un safran précieux;
> Dans les champs de Saba l'encens croît pour les dieux;
> L'Euxin voit le castor se jouer dans ses ondes;
> Le Pont s'enorgueillit de ses mines profondes;
> L'Inde produit l'ivoire; et dans ses champs guerriers
> L'Épire pour l'Élide exerce ses coursiers.

Il est certain que le sol et l'atmosphère signalent leur empire sur toutes les productions de la nature, à commencer par l'homme, et à finir par les champignons.

Dans le grand siècle de Louis XIV, l'ingénieux Fontenelle a dit[1] :

« On pourrait croire que la zone torride et les deux glaciales ne sont pas fort propres pour les sciences. Jusqu'à présent elles n'ont point passé l'Égypte et la Mauritanie d'un côté, et de l'autre la Suède. Peut-être n'a-ce pas été par hasard qu'elles se sont tenues entre le mont Atlas et la mer Baltique. On ne sait si ce ne sont point là les bornes que la nature leur a posées, et si l'on peut espérer de voir jamais de grands auteurs lapons ou nègres. »

Chardin, l'un de ces voyageurs qui raisonnent et qui approfondissent, va encore plus loin que Fontenelle en parlant de la Perse[2]. « La température des climats chauds, dit-il, énerve l'esprit comme le corps, et dissipe ce feu nécessaire à l'imagination pour l'invention. On n'est pas capable dans ces climats-là de longues veilles, et de cette forte application qui enfante les ouvrages des arts libéraux et des arts mécaniques, etc. »

Chardin ne songeait pas que Sadi et Lokman étaient persans. Il ne faisait pas attention qu'Archimède était de Sicile, où la chaleur est plus grande que dans les trois quarts de la Perse. Il oubliait que Pythagore apprit autrefois la géométrie chez les brachmanes.

1. *Digression sur les anciens et les modernes.*
2. Chardin, chapitre vii. (*Note de Voltaire.*)

L'abbé Dubos soutint et développa autant qu'il le put ce sentiment de Chardin.

Cent cinquante ans avant eux, Bodin en avait fait la base de son système, dans sa *République* et dans sa *Méthode de l'histoire;* il dit que l'influence du climat est le principe du gouvernement des peuples et de leur religion.

Diodore de Sicile fut de ce sentiment longtemps avant Bodin.

L'auteur de l'*Esprit des lois* [1], sans citer personne, poussa cette idée encore plus loin que Dubos, Chardin et Bodin. Une certaine partie de la nation l'en crut l'inventeur, et lui en fit un crime. C'est ainsi que cette partie de la nation est faite. Il y a partout des gens qui ont plus d'enthousiasme que d'esprit.

On pourrait demander à ceux qui soutiennent que l'atmosphère fait tout, pourquoi l'empereur Julien dit dans son *Misopogon* que ce qui lui plaisait dans les Parisiens, c'était la gravité de leurs caractères et la sévérité de leurs mœurs; et pourquoi ces Parisiens, sans que le climat ait changé, sont aujourd'hui des enfants badins à qui le gouvernement donne le fouet en riant, et qui eux-mêmes rient le moment d'après, en chansonnant leurs précepteurs?

Pourquoi les Égyptiens, qu'on nous peint encore plus graves que les Parisiens, sont aujourd'hui le peuple le plus mou, le plus frivole, et le plus lâche, après avoir, dit-on, conquis autrefois toute la terre pour leur plaisir, sous un roi nommé Sésostris?

Pourquoi, dans Athènes, n'y a-t-il plus d'Anacréon, ni d'Aristote, ni de Zeuxis?

D'où vient que Rome a pour ses Cicéron, ses Caton et ses Tite-Live, des citoyens qui n'osent parler, et une populace de gueux abrutis, dont le suprême bonheur est d'avoir quelquefois de l'huile à bon marché, et de voir défiler des processions?

Cicéron plaisante beaucoup sur les Anglais dans ses lettres. Il prie Quintus, son frère, lieutenant de César, de lui mander s'il a trouvé de grands philosophes parmi eux dans l'expédition d'Angleterre. Il ne se doutait pas qu'un jour ce pays pût produire des mathématiciens qu'il n'aurait jamais pu entendre. Cependant le climat n'a point changé; et le ciel de Londres est tout aussi nébuleux qu'il l'était alors.

Tout change dans les corps et dans les esprits avec le temps. Peut-être un jour les Américains viendront enseigner les arts aux peuples de l'Europe.

---

1. Livre XIV.

Le climat a quelque puissance, le gouvernement cent fois plus; la religion jointe au gouvernement encore davantage.

INFLUENCE DU CLIMAT.

Le climat influe sur la religion en fait de cérémonies et d'usages. Un législateur n'aura pas eu de peine à faire baigner des Indiens dans le Gange à certains temps de la lune : c'est un grand plaisir pour eux. On l'aurait lapidé s'il eût proposé le même bain aux peuples qui habitent les bords de la Duina, vers Archangel. Défendez le porc à un Arabe, qui aurait la lèpre s'il mangeait de cette chair très-mauvaise et très-dégoûtante dans son pays, il vous obéira avec joie. Faites la même défense à un Vestphalien, il sera tenté de vous battre.

L'abstinence du vin est un bon précepte de religion dans l'Arabie, où les eaux d'orange, de citron, de limon, sont nécessaires à la santé. Mahomet n'aurait pas peut-être défendu le vin en Suisse, surtout avant d'aller au combat.

Il y a des usages de pure fantaisie. Pourquoi les prêtres d'Égypte imaginèrent-ils la circoncision? ce n'est pas pour la santé. Cambyse, qui les traita comme ils le méritaient, eux et leur bœuf Apis, les courtisans de Cambyse, les soldats de Cambyse, n'avaient point fait rogner leurs prépuces, et se portaient fort bien. La raison du climat ne fait rien aux parties génitales d'un prêtre. On offrait son prépuce à Isis, probablement comme on présenta partout les prémices des fruits de la terre. C'était offrir les prémices du fruit de la vie.

Les religions ont toujours roulé sur deux pivots, observance et croyance : l'observance tient en grande partie au climat; la croyance n'en dépend point. On fera tout aussi bien recevoir un dogme sous l'équateur et sous le cercle polaire. Il sera ensuite également rejeté à Batavia et aux Orcades, tandis qu'il sera soutenu *unguibus et rostro* à Salamanque. Cela ne dépend point du sol et de l'atmosphère, mais uniquement de l'opinion, cette reine inconstante du monde.

Certaines libations de vin seront de précepte dans un pays de vignoble; et il ne tombera point dans l'esprit d'un législateur d'instituer en Norvége des mystères sacrés qui ne pourraient s'opérer sans vin.

Il sera expressément ordonné de brûler de l'encens dans le parvis d'un temple où l'on égorge des bêtes à l'honneur de la Divinité, et pour le souper des prêtres. Cette boucherie appelée *temple* serait un lieu d'infection abominable si on ne le purifiait pas continuellement : et sans le secours des aromates, la religion des anciens aurait apporté la peste. On ornait même l'intérieur des temples de festons de fleurs pour rendre l'air plus doux.

On ne sacrifiera point la vache dans le pays brûlant de la presqu'île des Indes, parce que cet animal, qui nous fournit un lait nécessaire, est très-rare dans une campagne aride, que sa chair y est sèche, coriace, très-peu nourrissante, et que les brachmanes feraient très-mauvaise chère. Au contraire, la vache deviendra sacrée, attendu sa rareté et son utilité.

On n'entrera que pieds nus dans le temple de Jupiter-Ammon, où la chaleur est excessive : il faudra être bien chaussé pour faire ses dévotions à Copenhague.

Il n'en est pas ainsi du dogme. On a cru au polythéisme dans tous les climats ; et il est aussi aisé à un Tartare de Crimée qu'à un habitant de la Mecque de reconnaître un Dieu unique, incommunicable, non engendré et non engendreur. C'est par le dogme encore plus que par les rites qu'une religion s'étend d'un climat à un autre. Le dogme de l'unité de Dieu passa bientôt de Médine au mont Caucase ; alors le climat cède à l'opinion.

Les Arabes dirent aux Turcs : « Nous nous faisions circoncire en Arabie sans savoir trop pourquoi ; c'était une ancienne mode des prêtres d'Égypte d'offrir à Oshireth ou Osiris une petite partie de ce qu'ils avaient de plus précieux. Nous avions adopté cette coutume trois mille ans avant d'être mahométans. Vous serez circoncis comme nous ; vous serez obligés comme nous de coucher avec une de vos femmes tous les vendredis, et de donner par an deux et demi pour cent de votre revenu aux pauvres. Nous ne buvons que de l'eau et du sorbet ; toute liqueur enivrante nous est défendue ; elles sont pernicieuses en Arabie. Vous embrasserez ce régime, quoique vous aimiez le vin passionnément, et que même il vous soit souvent nécessaire sur les bords du Phase et de l'Araxe. Enfin, si vous voulez aller au ciel, et y être bien placés, vous prendrez le chemin de la Mecque. »

Les habitants du nord du Caucase se soumettent à ces lois, et embrassent dans toute son étendue une religion qui n'était pas faite pour eux.

En Égypte, le culte emblématique des animaux succéda aux dogmes de Thaut. Les dieux des Romains partagèrent ensuite l'Égypte avec les chiens, les chats et les crocodiles. A la religion romaine succéda le christianisme ; il fut entièrement chassé par le mahométisme, qui cédera peut-être la place à une religion nouvelle.

Dans toutes ces vicissitudes le climat n'est entré pour rien : le gouvernement a tout fait. Nous ne considérons ici que les causes secondes, sans lever des yeux profanes vers la Providence qui les dirige. La religion chrétienne, née dans la Syrie, ayant reçu ses principaux accroissements dans Alexandrie, habite aujourd'hui les pays où Teutate, Irminsul, Frida, Odin, étaient adorés.

Il y a des peuples dont ni le climat ni le gouvernement n'ont fait la religion. Quelle cause a détaché le nord de l'Allemagne le Danemark, les trois quarts de la Suisse, la Hollande, l'Angleterre, l'Écosse, l'Irlande, de la communion romaine?... la pauvreté. On vendait trop cher les indulgences et la délivrance du purgatoire à des âmes dont les corps avaient alors très-peu d'argent. Les prélats, les moines, engloutissaient tout le revenu d'une province. On prit une religion à meilleur marché. Enfin, après vingt guerres civiles, on a cru que la religion du pape était fort bonne pour les grands seigneurs, et la réformée pour les citoyens. Le temps fera voir qui doit l'emporter vers la mer Égée et le Pont-Euxin, de la religion grecque ou de la religion turque.

CLOU [1].

Nous ne nous arrêterons pas à remarquer la barbarie agreste qui fit clou de *clavus*, et Cloud de *Clodoaldus*, et *clou* de girofle, quoique le girofle ressemble fort mal à un clou, et *clou*, maladie de l'œil, et *clou*, tumeur de la peau, etc. Ces expressions viennent de la négligence et de la stérilité de l'imagination : c'est la honte d'un langage.

Nous demandons seulement ici aux réviseurs de livres la permission de transcrire ce que le missionnaire Labat, dominicain, provéditeur du saint-office, a écrit sur les clous de la croix, à laquelle il est plus que probable que jamais aucun clou ne fut attaché.

« [2] Le religieux italien qui nous conduisait eut assez de crédit pour nous faire voir entre autres un des clous dont notre Seigneur fut attaché à la croix. Il me parut bien différent de celui que les bénédictins font voir à Saint-Denis. Peut-être que celui de Saint-

---

1. *Questions sur l'Encyclopédie*, quatrième partie, 1771. (B.)
2. *Voyages du jacobin Labat*, tome VIII, pages 34 et 35. (*Note de Voltaire.*)

Denis avait servi pour les pieds, et qu'il devait être plus grand que celui des mains. Il fallait pourtant que ceux des mains fussent assez grands et assez forts pour soutenir tout le poids du corps. Mais il faut que les Juifs aient employé plus de quatre clous, ou que quelques-uns de ceux qu'on expose à la vénération des fidèles ne soient pas bien authentiques : car l'histoire rapporte que sainte Hélène en jeta un dans la mer pour apaiser une tempête furieuse qui agitait son vaisseau. Constantin se servit d'un autre pour faire le mors de la bride de son cheval. On en montre un tout entier à Saint-Denis en France, et un autre aussi tout entier à Sainte-Croix de Jérusalem à Rome. Un auteur romain de notre siècle, très-célèbre, assure que la couronne de fer dont on couronne les empereurs en Italie est faite d'un de ces clous. On voit à Rome et à Carpentras deux mors de bride aussi faits de ces clous, et on en fait voir encore en d'autres endroits. Il est vrai qu'on a la discrétion de dire de quelques-uns, tantôt que c'est la pointe, et tantôt que c'est la tête. »

Le missionnaire parle sur le même ton de toutes les reliques. Il dit au même endroit que lorsqu'on apporta de Jérusalem à Rome le corps du premier diacre saint Étienne, et qu'on le mit dans le tombeau du diacre saint Laurent, en 557, « saint Laurent se retira de lui-même pour donner la droite à son hôte ; action qui lui acquit le surnom de civil Espagnol [1] ».

Ne faisons sur ces passages qu'une réflexion, c'est que si quelque

---

1. Ce même missionnaire Labat, frère pêcheur, provéditeur du saint-office, qui ne manque pas une occasion de tomber rudement sur les reliques et sur les miracles des autres moines, ne parle qu'avec une noble assurance de tous les prodiges et de toutes les prééminences de l'ordre de saint Dominique. Nul écrivain monastique n'a jamais poussé si loin la vigueur de l'amour-propre conventuel. Il faut voir comme il traite les bénédictins et le P. Martène. « *Ingrats bénédictins !... Ah ! Père Martène !... noire ingratitude que toute l'eau du déluge ne peut effacer !... vous enchérissez sur les *Lettres provinciales*, et vous retenez le bien des jacobins !... Tremblez, révérends bénédictins de la congrégation de Saint-Vannes... Si P. Martène n'est pas content, il n'a qu'à parler. »

C'est bien pis quand il punit le très-judicieux et très-plaisant voyageur Misson de n'avoir pas excepté les jacobins de tous les moines auxquels il accorde beaucoup de ridicule. Labat traite Misson de *bouffon ignorant qui ne peut être lu que de la canaille anglaise*. Et ce qu'il y a de mieux, c'est que ce moine fait tous ses efforts pour être plus hardi et plus drôle que Misson. Au surplus, c'était un des plus effrontés convertisseurs que nous eussions ; mais en qualité de voyageur il ressemble à tous les autres, qui croient que tout l'univers a les yeux ouverts sur tous les cabarets où ils ont couché, et sur leurs querelles avec les commis de la douane. (*Note de Voltaire.*)

* *Voyages de Labat* (en Espagne et en Italie), tome V, depuis la page 303 jusqu'à la page 313. — Cette citation est de Voltaire. (B.)

philosophe s'était expliqué dans l'*Encyclopédie* comme le missionnaire dominicain Labat, une foule de Patouillets et de Nonottes, de Chiniacs, de Chaumeix, et d'autres polissons, auraient crié au déiste, à l'athée, au géomètre.

> Selon ce que l'on peut être
> Les choses changent de nom.
>
> (*Amphitryon*, Prologue.)

COHÉRENCE, COHÉSION, ADHÉSION [1].

Force par laquelle les parties des corps tiennent ensemble. C'est le phénomène le plus commun et le plus inconnu. Newton se moque des atomes crochus par lesquels on a voulu expliquer la *cohérence* : car il resterait à savoir pourquoi ils sont crochus, et pourquoi ils cohèrent.

Il ne traite pas mieux ceux qui ont expliqué la *cohésion* par le repos : « C'est, dit-il, une qualité occulte. »

Il a recours à une attraction ; mais cette attraction, qui peut exister et qui n'est point du tout démontrée, n'est-elle pas une qualité occulte? La grande attraction des globes célestes est démontrée et calculée. Celle des corps adhérents est incalculable : or, comment admettre une force immensurable qui serait de la même nature que celle qu'on mesure?

Néanmoins, il est démontré que la force d'attraction agit sur toutes les planètes et sur tous les corps graves, proportionnellement à leur solidité : donc elle agit sur toutes les particules de la matière ; donc il est très-vraisemblable qu'en résidant dans chaque partie par rapport au tout, elle réside aussi dans chaque partie par rapport à la continuité ; donc la cohérence peut être l'effet de l'attraction.

Cette opinion paraît admissible jusqu'à ce qu'on trouve mieux ; et le mieux n'est pas facile à rencontrer.

COLIMAÇONS [2]. — COMMERCE [3].

---

1. *Questions sur l'Encyclopédie,* quatrième partie, 1771. (B.)
2. L'article que les *Questions sur l'Encyclopédie* comprenaient sous ce titre avait deux sections : la première se composait de la première *Lettre du R. P. Lescarbotier* (voyez *Mélanges*, année 1768); la seconde, d'un fragment de la *Dissertation d'un physicien de Saint-Flour*, faisant partie de la troisième *Lettre du R. P.*, et d'un fragment de la *Réflexion de l'éditeur.* (B.)
3. Cet article, que les éditeurs de Kehl n'ont donné que dans leur *errata*, se composait de la dixième des *Lettres philosophiques* (*Mélanges*, année 1734). (B.)

CONCILES [1].

SECTION PREMIÈRE.

ASSEMBLÉE D'ECCLÉSIASTIQUES CONVOQUÉE POUR RÉSOUDRE DES DOUTES OU DES QUESTIONS SUR LES POINTS DE FOI OU DE DISCIPLINE.

L'usage des conciles n'était pas inconnu aux sectateurs de l'ancienne religion de Zerdusht que nous appelons Zoroastre [2]. Vers l'an 200 de notre ère vulgaire, le roi de Perse Ardeshir-Babecan assembla quarante mille prêtres pour les consulter sur des doutes qu'il avait touchant le paradis et l'enfer qu'ils nomment la géhenne, terme que les Juifs adoptèrent pendant leur captivité de Babylone, ainsi que les noms des anges et des mois. Le plus célèbre des mages, Erdaviraph, ayant bu trois verres d'un vin soporifique, eut une extase qui dura sept jours et sept nuits, pendant laquelle son âme fut transportée vers Dieu. Revenu de ce ravissement, il raffermit la foi du roi en racontant le grand nombre de merveilles qu'il avait vues dans l'autre monde, et en les faisant mettre par écrit.

On sait que Jésus fut appelé Christ, mot grec qui signifie *oint*, et sa doctrine *christianisme*, ou bien évangile, c'est-à-dire bonne nouvelle, parce qu'un jour [3] de sabbat, étant entré, selon sa coutume, dans la synagogue de Nazareth, où il avait été élevé, il se fit à lui-même l'application de ce passage d'Isaïe [4] qu'il venait de lire : « L'esprit du Seigneur est sur moi, c'est pourquoi il m'a rempli de son onction, et m'a envoyé prêcher l'Évangile aux pauvres. » Il est vrai que tous ceux de la synagogue le chassèrent hors de leur ville, et le conduisirent jusqu'à la pointe de la montagne sur laquelle elle était bâtie, pour le précipiter [5], et ses proches vinrent pour se saisir de lui : car ils disaient et on leur disait qu'il avait perdu l'esprit. Or il n'est pas moins certain que

---

1. Comme le fond de ces trois sections de l'article CONCILES est absolument le même, nous croyons devoir répéter ici que les différentes sections qui composent chaque article, tirées presque toujours d'ouvrages publiés séparément, doivent renfermer quelques répétitions ; mais comme le ton de chaque article, les réflexions, ou la manière de les présenter, diffèrent presque toujours, nous avons conservé ces articles dans leur entier. (K.)
2. Hyde, *Religion des Persans*, chapitre XXI. (*Note de Voltaire.*)
3. Luc, chapitre IV, v. 16. (*Id.*)
4. Isaïe, chapitre LXI, v. 1 ; Luc, chapitre IV, v. 18. (*Id.*)
5. Marc, chapitre III, v. 21. (*Id.*)

Jésus déclara constamment [1] qu'il n'était pas venu détruire la loi ou les prophètes, mais les accomplir.

Cependant comme il ne laissa rien par écrit [2], ses premiers disciples furent partagés sur la fameuse question s'il fallait circoncire les Gentils, et leur ordonner de garder la loi mosaïque [3]. Les apôtres et les prêtres s'assemblèrent donc à Jérusalem pour examiner cette affaire ; et après en avoir beaucoup conféré, ils écrivirent aux frères d'entre les Gentils qui étaient à Antioche, en Syrie et en Cilicie, une lettre dont voici le précis : « Il a semblé bon au Saint-Esprit et à nous de ne vous point imposer d'autre charge que celles-ci, qui sont nécessaires : savoir, de vous abstenir des viandes immolées aux idoles, et du sang, et de la chair étouffée, et de la fornication. »

La décision de ce concile n'empêcha pas que [4] Pierre, étant à Antioche, ne discontinua de manger avec les Gentils que lorsque plusieurs circoncis, qui venaient d'auprès de Jacques, furent arrivés. Mais Paul, voyant qu'il ne marchait pas droit selon la vérité de l'Évangile, lui résista en face et lui dit devant tout le monde [5] : « Si vous, qui êtes Juif, vivez comme les Gentils, et non pas comme les Juifs, pourquoi contraignez-vous les Gentils à judaïser? » Pierre en effet vivait comme les Gentils depuis que, dans un ravissement d'esprit [6], il avait vu le ciel ouvert, et comme une grande nappe qui descendait par les quatre coins du ciel en terre, dans laquelle il y avait de toutes sortes d'animaux terrestres à quatre pieds, de reptiles et d'oiseaux du ciel ; et qu'il avait ouï une voix qui lui avait dit : « Levez-vous, Pierre, tuez et mangez. »

Paul, qui reprenait si hautement Pierre d'user de cette dissimulation pour faire croire qu'il observait encore la loi, se servit lui-même à Jérusalem d'une feinte semblable [7]. Se voyant accusé d'enseigner aux Juifs qui étaient parmi les Gentils à renoncer à Moïse, il s'alla purifier dans le temple pendant sept jours, afin que tous sussent que ce qu'ils avaient ouï dire de lui était faux, mais qu'il continuait à garder la loi ; et cela par le conseil de tous les prêtres assemblés chez Jacques, et ces prêtres étaient les

---

1. Matthieu, chapitre v, v. 17. (*Note de Voltaire.*)
2. Saint Jérôme, sur le chapitre XLIV, v. 29 d'Ezéchiel. (*Id.*)
3. *Actes*, chapitre xv, v. 5. (*Id.*)
4. Galat., chapitre II, v. 11-12. (*Id.*)
5. Galat., chapitre II, v. 14.
6. *Actes*, chapitre x, v. 10-13. (*Note de Voltaire.*)
7. *Actes*, chapitre XXI, v. 23. (*Id.*)

mêmes qui avaient décidé avec le Saint-Esprit que ces observances légales n'étaient pas nécessaires.

On distingua depuis les conciles en particuliers et en généraux. Les particuliers sont de trois sortes : les nationaux, convoqués par le prince, par le patriarche ou par le primat; les provinciaux, assemblés par le métropolitain ou l'archevêque; et les diocésains, ou synodes célébrés par chaque évêque. Le décret suivant est tiré d'un de ces conciles tenus à Mâcon. « Tout laïque qui rencontrera en chemin un prêtre ou un diacre lui présentera le cou pour s'appuyer; si le laïque et le prêtre sont tous deux à cheval, le laïque s'arrêtera et saluera révéremment le prêtre; enfin si le prêtre est à pied, et le laïque à cheval, le laïque descendra et ne remontera que lorsque l'ecclésiastique sera à une certaine distance. Le tout sous peine d'être interdit pendant aussi longtemps qu'il plaira au métropolitain ».

La liste des conciles tient plus de seize pages in-folio dans le *Dictionnaire de Moréri;* les auteurs ne convenant pas d'ailleurs du nombre des conciles généraux, bornons-nous ici au résultat des huit premiers qui furent assemblés par ordre des empereurs.

Deux prêtres d'Alexandrie ayant voulu savoir si Jésus était Dieu ou créature, ce ne fut pas seulement les évêques et les prêtres qui disputèrent : les peuples entiers furent divisés; le désordre vint à un tel point que les païens, sur leurs théâtres, tournaient en raillerie le christianisme. L'empereur Constantin commença par écrire en ces termes à l'évêque Alexander et au prêtre Arius, auteurs de la division : « Ces questions, qui ne sont point nécessaires et qui ne viennent que d'une oisiveté inutile, peuvent être faites pour exercer l'esprit; mais elles ne doivent pas être portées aux oreilles du peuple. Étant divisés pour un si petit sujet, il n'est pas juste que vous gouverniez selon vos pensées une si grande multitude du peuple de Dieu. Cette conduite est basse et puérile, indigne de prêtres et d'hommes sensés. Je ne le dis pas pour vous contraindre à vous accorder entièrement sur cette question frivole, quelle qu'elle soit. Vous pouvez conserver l'unité avec un différent particulier, pourvu que ces diverses opinions et ces subtilités demeurent secrètes dans le fond de la pensée. »

L'empereur, ayant appris le peu d'effet de sa lettre, résolut, par le conseil des évêques, de convoquer un concile œcuménique, c'est-à-dire de toute la terre habitable, et choisit, pour le lieu de l'assemblée, la ville de Nicée en Bithynie. Il s'y trouva deux mille quarante-huit évêques, qui tous, au rapport d'Eutychius [1], furent de sentiments et d'avis différents [2]. Ce prince, ayant eu la patience de les entendre disputer sur cette matière, fut très-surpris de trouver parmi eux si peu d'unanimité ; et l'auteur de la préface arabe de ce concile dit que les actes de ces disputes formaient quarante volumes.

Ce nombre prodigieux d'évêques ne paraîtra pas incroyable, si l'on fait attention à ce que rapporte Usser, cité par Selden [3], que saint Patrice, qui vivait dans le ve siècle, fonda trois cent soixante-cinq églises, et ordonna un pareil nombre d'évêques, ce qui prouve qu'alors chaque église avait son évêque, c'est-à-dire son surveillant. Il est vrai que par le canon xiii du concile d'Ancyre on voit que les évêques des villes firent leur possible pour ôter les ordinations aux évêques de village, et les réduire à la condition de simples prêtres.

On lut dans le concile de Nicée une lettre d'Eusèbe de Nicomédie, qui contenait l'hérésie manifestement, et découvrait la cabale du parti d'Arius. Il y disait, entre autres choses, que si l'on reconnaissait Jésus fils de Dieu incréé, il faudrait aussi le reconnaître consubstantiel au Père. Voilà pourquoi Athanase, diacre d'Alexandrie, persuada aux Pères de s'arrêter au mot de consubstantiel, qui avait été rejeté comme impropre par le concile d'Antioche, tenu contre Paul de Samosate ; mais c'est qu'il le prenait d'une manière grossière, et marquant de la division, comme on dit que plusieurs pièces de monnaie sont d'un même métal ; au lieu que les orthodoxes expliquèrent si bien le terme de consubstantiel que l'empereur lui-même comprit qu'il n'enfermait aucune idée corporelle, qu'il ne signifiait aucune division de la substance du Père, absolument immatérielle et spirituelle, et qu'il fallait l'entendre d'une manière divine et ineffable. Ils montrèrent encore l'injustice des ariens de rejeter ce mot sous prétexte qu'il n'est pas dans l'Écriture, eux qui employaient tant de mots qui n'y sont point, en disant que le fils de Dieu était tiré du néant, et n'avait pas toujours été.

Alors Constantin écrivit en même temps deux lettres pour publier les ordonnances du concile, et les faire connaître à ceux qui n'y avaient pas assisté. La première, adressée aux Églises en général, dit en beaucoup de paroles que la question de la foi a été examinée, et si bien éclaircie qu'il n'y est resté aucune diffi-

---

1. *Annales d'Alexandrie*, page 440. (*Note de Voltaire*.)
2. Selden, *des Origines d'Alexandrie*, page 76. (*Id*.)
3. Page 86. (*Id*.)

culté. Dans la seconde, il dit entre autres à l'Église d'Alexandrie en particulier : « Ce que trois cents évêques ont ordonné n'est autre chose que la sentence du Fils unique de Dieu ; le Saint-Esprit a déclaré la volonté de Dieu par ces grands hommes qu'il inspirait : donc que personne ne doute, que personne ne diffère ; mais revenez tous de bon cœur dans le chemin de la vérité. »

Les écrivains ecclésiastiques ne sont pas d'accord sur le nombre des évêques qui souscrivirent à ce concile. Eusèbe n'en compte que deux cent cinquante[1] ; Eustathe d'Antioche, cité par Théodoret, deux cent soixante et dix ; saint Athanase, dans son Épître aux solitaires, trois cents, comme Constantin ; mais dans sa lettre aux Africains, il parle de trois cent dix-huit. Ces quatre auteurs sont cependant témoins oculaires, et très-dignes de foi.

Ce nombre de trois cent dix-huit, que le pape[2] saint Léon appelle mystérieux, a été adopté par la plupart des Pères de l'Église. Saint Ambroise assure[3] que le nombre de trois cent dix-huit évêques fut une preuve de la présence du Seigneur Jésus dans son concile de Nicée, parce que la croix désigne trois cents, et le nom de Jésus dix-huit. Saint Hilaire, en défendant le mot de consubstantiel approuvé dans le concile de Nicée, quoique condamné cinquante-cinq ans auparavant dans le concile d'Antioche, raisonne ainsi[4] : « Quatre-vingts évêques ont rejeté le mot de consubstantiel, mais trois cent dix-huit l'ont reçu. Or ce dernier nombre est pour moi un nombre saint, parce que c'est celui des hommes qui accompagnèrent Abraham, lorsque, victorieux des rois impies, il fut béni par celui qui est la figure du sacerdoce éternel. » Enfin Selden[5] rapporte que Dorothée, métropolitain de Monembase, disait qu'il y avait eu précisément trois cent dix-huit Pères à ce concile, parce qu'il s'était écoulé trois cent dix-huit ans depuis l'incarnation. Tous les chronologistes placent ce concile à l'an 325 de l'ère vulgaire, mais Dorothée en retranche sept ans pour faire cadrer sa comparaison : ce n'est là qu'une bagatelle ; d'ailleurs on ne commença à compter les années depuis l'incarnation de Jésus qu'au concile de Lestines, l'an 743. Denis le Petit avait imaginé cette époque dans son cycle

---

1. Le reste des deux mille quarante-huit n'eut point apparemment le temps de rester jusqu'à la fin du concile, ou peut-être ce nombre se doit-il entendre de ceux qui furent convoqués, et non de ceux qui purent se rendre à Nicée. (K.)
2. Lettre cxxxii. (*Note de Voltaire.*)
3. Livre I, chapitre ix, *de la Foi.* (*Id.*)
4. Page 393 du *Synode.* (*Id.*)
5. Page 80. (*Id.*)

solaire de l'an 526, et Bède l'avait employée dans son *Histoire ecclésiastique.*

Au reste on ne sera point étonné que Constantin ait adopté le sentiment de ces trois cents ou trois cent dix-huit évêques qui tenaient pour la divinité de Jésus, si l'on fait attention qu'Eusèbe de Nicomédie, un des principaux chefs du parti arien, avait été complice de la cruauté de Lucinius dans les massacres des évêques et dans la persécution des chrétiens. C'est l'empereur lui-même qui l'en accuse dans la lettre particulière qu'il écrivit à l'Église de Nicomédie. « Il a, dit-il, envoyé contre moi des espions pendant les troubles, et il ne lui manquait que de prendre les armes pour le tyran. J'en ai des preuves par les prêtres et les diacres de sa suite que j'ai pris. Pendant le concile de Nicée, avec quel empressement et quelle impudence a-t-il soutenu, contre le témoignage de sa conscience, l'erreur convaincue de tous côtés, tantôt en implorant ma protection, de peur qu'étant convaincu d'un si grand crime il ne fût privé de sa dignité! Il m'a circonvenu et surpris honteusement, et a fait passer toutes choses comme il a voulu. Encore depuis peu, voyez ce qu'il a fait avec Théognis. »

Constantin veut parler de la fraude dont Eusèbe de Nicomédie et Théognis de Nicée usèrent en souscrivant. Dans le mot *omousios* ils insérèrent un *iota* qui faisait *omoiousios*, c'est-à-dire semblable en substance, au lieu que le premier signifie de même substance. On voit par là que ces évêques cédèrent à la crainte d'être déposés et bannis : car l'empereur avait menacé d'exil ceux qui ne voudraient pas souscrire. Aussi l'autre Eusèbe, évêque de Césarée, approuva le mot de consubstantiel, après l'avoir combattu le jour précédent.

Cependant Théonas de Marmarique et Second de Ptolémaïque demeurèrent opiniâtrement attachés à Arius ; et le concile les ayant condamnés avec lui, Constantin les exila, et déclara, par un édit, qu'on punirait de mort quiconque serait convaincu d'avoir caché quelque écrit d'Arius au lieu de le brûler. Trois mois après, Eusèbe de Nicomédie et Théognis furent aussi envoyés en exil dans les Gaules. On dit qu'ayant gagné celui qui gardait les actes du concile par ordre de l'empereur, ils avaient effacé leurs souscriptions, et s'étaient mis à enseigner publiquement qu'il ne faut pas croire que le Fils soit consubstantiel au Père.

Heureusement, pour remplacer leurs signatures et conserver le nombre mystérieux de trois cent dix-huit, on imagina de mettre le livre où étaient ces actes divisés par sessions, sur le tombeau de Chrysante et de Misonius, qui étaient morts pendant la tenue du concile; on y passa la nuit en oraison, et le lendemain il se trouva que ces deux évêques avaient signé [1].

Ce fut par un expédient à peu près semblable que les Pères du même concile firent la distinction des livres authentiques de l'Écriture d'avec les apocryphes [2] : les ayant placés tous pêle-mêle sur l'autel, les apocryphes tombèrent d'eux-mêmes par terre.

Deux autres conciles, assemblés l'an 359 par l'empereur Constance, l'un de plus de quatre cents évêques à Rimini, et l'autre de plus de cent cinquante à Séleucie, rejetèrent après de longs débats le mot *consubstantiel*, déjà condamné par un concile d'Antioche, comme nous l'avons dit [3]; mais ces conciles ne sont reconnus que par les sociniens.

Les Pères de Nicée avaient été si occupés de la consubstantialité du Fils que, sans faire aucune mention de l'Église dans leur symbole, ils s'étaient contentés de dire : « Nous croyons aussi au Saint-Esprit. » Cet oubli fut réparé au second concile général convoqué à Constantinople, l'an 381, par Théodose. Le Saint-Esprit y fut déclaré Seigneur et vivifiant, qui procède du Père, qui est adoré et glorifié avec le Père et le Fils, qui a parlé par les prophètes. Dans la suite, l'Église latine voulut que le Saint-Esprit procédât encore du Fils, et le *filioque* fut ajouté au symbole, d'abord en Espagne, l'an 447, puis en France au concile de Lyon, l'an 1274, et enfin à Rome, malgré les plaintes des Grecs contre cette innovation.

La divinité de Jésus une fois établie, il était naturel de donner à sa mère le titre de mère de Dieu; cependant le patriarche de Constantinophe Nestorius soutint, dans ses sermons, que ce serait justifier la folie des païens, qui donnaient des mères à leurs dieux. Théodose le Jeune, pour décider cette grande question, fit assembler le troisième concile général à Éphèse, l'an 431, où Marie fut reconnue mère de Dieu.

Une autre hérésie de Nestorius, également condamnée à Éphèse, était de reconnaître deux personnes en Jésus. Cela n'empêcha pas le patriarche Flavien de reconnaître dans la suite deux

---

1. Nicéphore, livre VIII, chapitre XXIII. *Baronius* et *Aurelius Peruginus* sur l'année 325. (*Note de Voltaire.*)
2. *Conciles de Labbe*, tome I, page 84. (*Id.*)
3. Page 129, ligne 25.

natures en Jésus. Un moine nommé Eutichès, qui avait déjà beaucoup crié contre Nestorius, assura, pour mieux les contredire l'un et l'autre, que Jésus n'avait aussi qu'une nature. Cette fois-ci le moine se trompa. Quoique son sentiment eût été soutenu l'an 449, à coups de bâton, dans un nombreux concile à Éphèse, Eutichès n'en fut pas moins anathématisé deux ans après par le quatrième concile général que l'empereur Marcien fit tenir à Chalcédoine, où deux natures furent assignées à Jésus.

Restait à savoir combien, avec une personne et deux natures, Jésus devait avoir de volontés. Le cinquième concile général, qui, l'an 553, assoupit, par ordre de Justinien, les contestations touchant la doctrine de trois évêques, n'eut pas le loisir d'entamer cet important objet. Ce ne fut que l'an 680 que le sixième concile général, convoqué aussi à Constantinople par Constantin Pogonat, nous apprit que Jésus a précisément deux volontés ; et ce concile, en condamnant les monothélites qui n'en admettaient qu'une, n'excepta pas de l'anathème le pape Honorius Ier, qui, dans une lettre rapportée par Baronius[1], avait dit au patriarche de Constantinople : « Nous confessons une seule volonté dans Jésus-Christ. Nous ne voyons point que les conciles ni l'Écriture nous autorisent à penser autrement ; mais de savoir si, à cause des œuvres de divinité et d'humanité qui sont en lui, on doit entendre une ou deux opérations, c'est ce que je laisse aux grammairiens, et ce qui n'importe guère. » Ainsi Dieu permit que l'Église grecque et l'Église latine n'eussent rien à se reprocher à cet égard. Comme le patriarche Nestorius avait été condamné pour avoir reconnu deux personnes en Jésus, le pape Honorius le fut à son tour pour n'avoir confessé qu'une volonté dans Jésus.

Le septième concile général, ou second de Nicée, fut assemblé, l'an 787, par Constantin[2], fils de Léon et d'Irène, pour rétablir l'adoration des images. Il faut savoir que deux conciles de Constantinople, le premier l'an 730, sous l'empereur Léon, et l'autre vingt-quatre ans après, sous Constantin Copronyme, s'étaient avisés de proscrire les images, conformément à la loi mosaïque et à l'usage des premiers siècles du christianisme. Aussi le décret de Nicée où il est dit que quiconque ne rendra pas aux images des saints le service, l'adoration, comme à la Trinité, sera jugé anathème, éprouva d'abord des contradictions : les évêques qui voulurent le faire recevoir l'an 789, dans un concile de Constan-

---

1. Sur l'année 636. (*Note de Voltaire.*)
2. Voyez ci-après, page 216.

tinople, en furent chassés par des soldats. Le même décret fut encore rejeté avec mépris, l'an 794, par le concile de Francfort et par les livres carolins que Charlemagne fit publier. Mais enfin le second concile de Nicée fut confirmé à Constantinople sous l'empereur Michel et Théodora sa mère, l'an 842, par un nombreux concile qui anathématisa les ennemis des saintes images. Il est remarquable que ce furent deux femmes, les impératrices Irène et Théodora, qui protégèrent les images.

Passons au huitième concile général. Sous l'empereur Basile, Photius, ordonné à la place d'Ignace, patriarche de Constantinople, fit condamner l'Église latine, sur le *filioque* et autres pratiques, par un concile de l'an 866; mais Ignace ayant été rappelé l'année suivante (le 23 novembre), un autre concile déposa Photius; et l'an 869 les Latins à leur tour condamnèrent l'Église grecque dans un concile appelé par eux huitième général, tandis que les Orientaux donnent ce nom à un autre concile, qui dix ans après annula ce qu'avait fait le précédent, et rétablit Photius.

Ces quatre conciles se tinrent à Constantinople; les autres, appelés généraux par les Latins, n'ayant été composés que des seuls évêques d'Occident, les papes, à la faveur des fausses décrétales, s'arrogèrent insensiblement le droit de les convoquer. Le dernier, assemblé à Trente depuis l'an 1545 jusqu'en 1563, n'a servi ni à ramener les ennemis de la papauté, ni à les subjuguer. Ses décrets sur la discipline n'ont été admis chez presque aucune nation catholique, et il n'a produit d'autre effet que de vérifier ces paroles de saint Grégoire de Nazianze[1] : « Je n'ai jamais vu de concile qui ait eu une bonne fin et qui n'ait augmenté les maux plutôt que de les guérir. L'amour de la dispute et l'ambition règnent au delà de ce qu'on peut dire dans toute assemblée d'évêques. »

Cependant le concile de Constance, l'an 1415, ayant décidé qu'un concile général reçoit immédiatement de Jésus-Christ son autorité, à laquelle toute personne, de quelque état et dignité qu'elle soit, est obligée d'obéir dans ce qui concerne la foi; le concile de Bâle ayant ensuite confirmé ce décret qu'il tient pour article de foi, et qu'on ne peut négliger sans renoncer au salut, on sent combien chacun est intéressé à se soumettre aux conciles.

---

1. Lettre LV. (*Note de Voltaire.*)

SECTION II[1].

NOTICE DES CONCILES GÉNÉRAUX.

Assemblée, conseil d'État, parlement, états généraux, c'était autrefois la même chose parmi nous. On n'écrivait ni en celte, ni en germain, ni en espagnol, dans nos premiers siècles. Le peu qu'on écrivait était conçu en langue latine par quelques clercs; ils exprimaient toute assemblée de leudes, de herren, ou de ricos-hombres, ou de quelques prélats, par le mot de *concilium*. De là vient qu'on trouve, dans les vi°, vii° et viii° siècles, tant de conciles qui n'étaient précisément que des conseils d'État.

Nous ne parlerons ici que des grands conciles appelés *généraux* soit par l'Église grecque, soit par l'Église latine; on les nomma *synodes* à Rome comme en Orient dans les premiers siècles : car les Latins empruntèrent des Grecs les noms et les choses.

En 325, grand concile dans la ville de Nicée, convoqué par Constantin. La formule de la décision est : « Nous croyons Jésus consubstantiel au Père, Dieu de Dieu, lumière de lumière, engendré et non fait. Nous croyons aussi au Saint-Esprit[2]. »

Il est dit dans le supplément, appelé *appendix*, que les Pères du concile, voulant distinguer les livres canoniques des apocryphes, les mirent tous sur l'autel, et que les apocryphes tombèrent par terre d'eux-mêmes.

Nicéphore assure[3] que deux évêques, Chrysante et Misonius, morts pendant les premières sessions, ressuscitèrent pour signer la condamnation d'Arius, et remoururent incontinent après.

Baronius soutient le fait[4], mais Fleury n'en parle pas.

En 359, l'empereur Constance assemble le grand concile de Rimini et de Séleucie, au nombre de six cents évêques, et d'un nombre prodigieux de prêtres. Ces deux conciles, correspondant ensemble, défont tout ce que le concile de Nicée a fait, et proscrivent la consubstantialité. Aussi fut-il regardé depuis comme faux concile.

En 381, par les ordres de l'empereur Théodose, grand concile à Constantinople, de cent cinquante évêques, qui anathématisent

---

1. Cette section composait tout l'article dans les *Questions sur l'Encyclopédie*, quatrième partie, 1771. (B.)
2. Voyez l'article ARIANISME. (*Note de Voltaire.*)
3. Livre VIII, chapitre XXIII. (*Id.*)
4. Tome IV, numéro 82. (*Id.*)

le concile de Rimini. Saint Grégoire de Nazianze[1] y préside ; l'évêque de Rome y envoie des députés. On ajoute au symbole de Nicée : « Jésus-Christ s'est incarné par le Saint-Esprit et de la vierge Marie. — Il a été crucifié pour nous sous Ponce Pilate. — Il a été enseveli, et il est ressuscité le troisième jour, suivant les Écritures. — Il est assis à la droite du Père. — Nous croyons aussi au Saint-Esprit, seigneur vivifiant qui procède du Père. »

En 431, grand concile d'Éphèse, convoqué par l'empereur Théodose II. Nestorius, évêque de Constantinople, ayant persécuté violemment tous ceux qui n'étaient pas de son opinion sur des points de théologie, essuya des persécutions à son tour pour avoir soutenu que la sainte vierge Marie, mère de Jésus-Christ, n'était point mère de Dieu, parce que, disait-il, Jésus-Christ étant le verbe fils de Dieu consubstantiel à son père, Marie ne pouvait pas être à la fois la mère de Dieu le père et de Dieu le fils. Saint Cyrille s'éleva hautement contre lui. Nestorius demanda un concile œcuménique ; il l'obtint. Nestorius fut condamné ; mais Cyrille fut déposé par un comité du concile. L'empereur cassa tout ce qui s'était fait dans ce concile, ensuite permit qu'on se rassemblât. Les députés de Rome arrivèrent fort tard. Les troubles augmentèrent, l'empereur fit arrêter Nestorius et Cyrille. Enfin il ordonna à tous les évêques de s'en retourner chacun dans son église, et il n'y eut point de conclusion. Tel fut le fameux concile d'Éphèse.

En 449, grand concile encore à Éphèse, surnommé depuis *le brigandage*. Les évêques furent au nombre de cent trente. Dioscore, évêque d'Alexandrie, y présida. Il y eut deux députés de l'Église de Rome, et plusieurs abbés de moines. Il s'agissait de savoir si Jésus-Christ avait deux natures. Les évêques et tous les moines d'Égypte s'écrièrent qu'*il fallait déchirer en deux tous ceux qui diviseraient en deux Jésus-Christ*. Les deux natures furent anathématisées. On se battit en plein concile, ainsi qu'on s'était battu au petit concile de Cirthe, en 355, et au petit concile de Carthage.

En 451, grand concile de Chalcédoine convoqué par Pulchérie, qui épousa Marcien, à condition qu'il ne serait que son premier sujet. Saint Léon, évêque de Rome, qui avait un très-grand crédit,

---

1. Voyez la lettre de saint Grégoire de Nazianze à Procope ; il dit : « Je crains les conciles, je n'en ai jamais vu qui n'aient fait plus de mal que de bien, et qui aient eu une bonne fin : l'esprit de dispute, la vanité, l'ambition, y dominent ; celui qui veut y réformer les méchants s'expose à être accusé sans les corriger. »
Ce saint savait que les Pères des conciles sont hommes. (*Note de Voltaire.*)

profitant des troubles que la querelle des deux natures excitait dans l'empire, présida au concile par ses légats; c'est le premier exemple que nous en ayons. Mais les Pères du concile, craignant que l'Église d'Occident ne prétendît par cet exemple la supériorité sur celle d'Orient, décidèrent par le vingt-huitième canon que le siége de Constantinople et celui de Rome auraient également les mêmes avantages et les mêmes priviléges. Ce fut l'origine de la longue inimitié qui régna et qui règne encore entre les deux Églises.

Ce concile de Chalcédoine établit les deux natures et une seule personne.

Nicéphore rapporte[1] qu'à ce même concile les évêques, après une longue dispute au sujet des images, mirent chacun leur opinion par écrit dans le tombeau de sainte Euphémie, et passèrent la nuit en prières. Le lendemain les billets orthodoxes furent trouvés en la main de la sainte, et les autres à ses pieds.

En 553, grand concile à Constantinople, convoqué par Justinien, qui se mêlait de théologie. Il s'agissait de trois petits écrits différents qu'on ne connaît plus aujourd'hui. On les appela *les trois chapitres*. On disputait aussi sur quelques passages d'Origène. L'évêque de Rome Vigile voulut y aller en personne; mais Justinien le fit mettre en prison. Le patriarche de Constantinople présida. Il n'y eut personne de l'Église latine, parce qu'alors le grec n'était plus entendu dans l'Occident, devenu tout à fait barbare.

En 680, encore un concile général à Constantinople, convoqué par l'empereur Constantin le Barbu. C'est le premier concile appelé par les Latins *in trullo*, parce qu'il fut tenu dans un salon du palais impérial. L'empereur y présida lui-même. A sa droite étaient les patriarches de Constantinople et d'Antioche; à sa gauche, les députés de Rome et de Jérusalem. On y décida que Jésus-Christ avait deux volontés. On y condamna le pape Honorius Ier comme monothélite, c'est-à-dire qui voulait que Jésus-Christ n'eût eu qu'une volonté.

En 787, second concile de Nicée, convoqué par Irène sous le nom de l'empereur Constantin son fils, auquel elle fit crever les yeux. Son mari Léon avait aboli le culte des images, comme contraire à la simplicité des premiers siècles et favorisant l'idolâtrie : Irène le rétablit; elle parla elle-même dans le concile. C'est le seul qui ait été tenu par une femme. Deux légats du pape Adrien IV

---

[1] Livre XV, chapitre v. (*Note de Voltaire.*)

y assistèrent, et ne parlèrent point parce qu'ils n'entendaient point le grec : ce fut le patriarche Tarèze qui fit tout.

Sept ans après, les Francs, ayant entendu dire qu'un concile à Constantinople avait ordonné l'adoration des images, assemblèrent par l'ordre de Charles, fils de Pepin, nommé depuis *Charlemagne*, un concile assez nombreux à Francfort. On y traita le second concile de Nicée de « synode impertinent et arrogant, tenu en Grèce pour adorer des peintures ».

En 842, grand concile à Constantinople, convoqué par l'impératrice Théodora. Culte des images solennellement établi. Les Grecs ont encore une fête en l'honneur de ce grand concile, qu'on appelle l'orthodoxie. Théodora n'y présida pas.

En 861, grand concile à Constantinople, composé de trois cent dix-huit évêques, convoqué par l'empereur Michel. On y déposa saint Ignace, patriarche de Constantinople, et on élut Photius.

En 866, autre grand concile à Constantinople, où le pape Nicolas Ier est déposé par contumace et excommunié.

En 869, autre grand concile à Constantinople, où Photius est excommunié et déposé à son tour, et saint Ignace rétabli.

En 879, autre grand concile à Constantinople, où Photius, déjà rétabli, est reconnu pour vrai patriarche par les légats du pape Jean VIII. On y traite de conciliabule le grand concile œcuménique où Photius avait été déposé.

Le pape Jean VIII déclare Judas tous ceux qui disent que le Saint-Esprit procède du Père et du Fils.

En 1122 et 23, grand concile à Rome, tenu dans l'église de Saint-Jean de Latran par le pape Calixte II. C'est le premier concile général que les papes convoquèrent. Les empereurs d'Occident n'avaient presque plus d'autorité ; et les empereurs d'Orient, pressés par les mahométans et par les croisés, ne tenaient plus que de chétifs petits conciles.

Au reste, on ne sait pas trop ce que c'est que Latran. Quelques petits conciles avaient été déjà convoqués dans Latran. Les uns disent que c'était une maison bâtie par un nommé Latranus, du temps de Néron ; les autres, que c'est l'église de Saint-Jean même, bâtie par l'évêque Silvestre.

Les évêques, dans ce concile, se plaignirent fortement des moines : « Ils possèdent, disent-ils, les églises, les terres, les châteaux, les dîmes, les offrandes des vivants et des morts ; il ne leur reste plus qu'à nous ôter la crosse et l'anneau. » Les moines restèrent en possession.

En 1139, autre grand concile de Latran, par le pape Innocent II; il y avait, dit-on, mille évêques. C'est beaucoup. On y déclara les dîmes ecclésiastiques de *droit divin*, et on excommunia les laïques qui en possédaient.

En 1179, autre grand concile de Latran, par le pape Alexandre III; il y eut trois cent deux évêques latins et un abbé grec. Les décrets furent tous de discipline. La pluralité des bénéfices y fut défendue.

En 1215, dernier concile général de Latran, par Innocent III; quatre cent douze évêques, huit cents abbés. Dès ce temps, qui était celui des croisades, les papes avaient établi un patriarche latin à Jérusalem et un à Constantinople. Ces patriarches vinrent au concile. Ce grand concile dit que « Dieu, ayant donné aux hommes la doctrine salutaire par Moïse, fit naître enfin son fils d'une vierge pour montrer le chemin plus clairement; que personne ne peut être sauvé hors de l'Église catholique ».

Le mot de *transsubstantiation* ne fut connu qu'après ce concile. Il y fut défendu d'établir de nouveaux ordres religieux; mais depuis ce temps on en a formé quatre-vingts.

Ce fut dans ce concile qu'on dépouilla Raimond, comte de Toulouse, de toutes ses terres.

En 1245, grand concile à Lyon, ville impériale. Innocent IV y mène l'empereur de Constantinoble, Jean Paléologue, qu'il fait asseoir à côté de lui. Il y dépose l'empereur Frédéric II, comme *félon*; il donne un chapeau rouge aux cardinaux, signe de guerre contre Frédéric. Ce fut la source de trente ans de guerres civiles.

En 1274, autre concile général à Lyon. Cinq cents évêques, soixante et dix gros abbés, et mille petits. L'empereur grec Michel Paléologue, pour avoir la protection du pape, envoie son patriarche grec Théophane et un évêque de Nicée pour se réunir en son nom à l'Église latine. Mais ces évêques sont désavoués par l'Église grecque.

En 1311, le pape Clément V indique un concile général dans la petite ville de Vienne en Dauphiné. Il y abolit l'ordre des Templiers. On ordonne de brûler les bégares, béguins et béguines, espèce d'hérétiques auxquels on imputait tout ce qu'on avait imputé autrefois aux premiers chrétiens.

En 1414, grand concile de Constance, convoqué enfin par un empereur qui rentre dans ses droits. C'est Sigismond. On y dépose le pape Jean XXIII, convaincu de plusieurs crimes. On y brûle Jean Hus et Jérôme de Prague, convaincus d'opiniâtreté.

En 1431, grand concile de Bâle, où l'on dépose en vain le pape Eugène IV, qui fut plus habile que le concile.

En 1438, grand concile à Ferrare, transféré à Florence, où le pape excommunié excommunie le concile, et le déclare criminel de lèse-majesté. On y fit une réunion feinte avec l'Église grecque, écrasée par les synodes turcs qui se tenaient le sabre à la main.

Il ne tint pas au pape Jules II que son concile de Latran, en 1512, ne passât pour un concile œcuménique. Ce pape y excommunia solennellement le roi de France Louis XII, mit la France en interdit, cita tout le parlement de Provence à comparaître devant lui; il excommunia tous les philosophes, parce que la plupart avaient pris le parti de Louis XII. Cependant ce concile n'a point le titre de *brigandage* comme celui d'Éphèse.

En 1537, concile de Trente, convoqué d'abord par le pape Paul III, à Mantoue, et ensuite à Trente, en 1545, terminé en décembre 1563, sous Pie IV. Les princes catholiques le reçurent quant au dogme, et deux ou trois quant à la discipline.

On croit qu'il n'y aura désormais pas plus de conciles généraux qu'ils n'y aura d'états généraux en France et en Espagne.

Il y a dans le Vatican un beau tableau qui contient la liste des conciles généraux. On n'y a inscrit que ceux qui sont approuvés par la cour de Rome : chacun met ce qu'il veut dans ses archives.

SECTION III[1].

Tous les conciles sont infaillibles, sans doute : car ils sont composés d'hommes.

Il est impossible que jamais les passions, les intrigues, l'esprit de dispute, la haine, la jalousie, le préjugé, l'ignorance, règnent dans ces assemblées.

Mais pourquoi, dira-t-on, tant de conciles ont-ils été opposés les uns aux autres ? C'est pour exercer notre foi; ils ont tous eu raison chacun dans leur temps.

On ne croit aujourd'hui, chez les catholiques romains, qu'aux conciles approuvés dans le Vatican; et on ne croit, chez les catholiques grecs, qu'à ceux approuvés dans Constantinople. Les protestants se moquent des uns et des autres; ainsi tout le monde doit être content.

Nous ne parlerons ici que des grands conciles; les petits n'en valent pas la peine.

Le premier est celui de Nicée. Il fut assemblé en 325 de l'ère

---

1. Ce fut dans l'édition de 1767 du *Dictionnaire philosophique* que parut un article CONCILES, composé de ce qui forme aujourd'hui cette troisième section. (B.)

vulgaire, après que Constantin eut écrit et envoyé par Ozius cette belle lettre au clergé un peu brouillon d'Alexandrie : « Vous vous querellez pour un sujet bien mince. Ces subtilités sont indignes de gens raisonnables. » Il s'agissait de savoir si Jésus était créé ou incréé. Cela ne touchait en rien la morale, qui est l'essentiel. Que Jésus ait été dans le temps, ou avant le temps, il n'en faut pas moins être homme de bien. Après beaucoup d'altercations, il fut enfin décidé que le Fils était aussi ancien que le Père, et *consubstantiel* au Père. Cette décision ne s'entend guère ; mais elle n'en est que plus sublime. Dix-sept évêques protestent contre l'arrêt, et une ancienne chronique d'Alexandrie, conservée à Oxford, dit que deux mille prêtres protestèrent aussi ; mais les prélats ne font pas grand cas des simples prêtres, qui sont d'ordinaire pauvres. Quoi qu'il en soit, il ne fut point du tout question de la Trinité dans ce premier concile. La formule porte : « Nous croyons Jésus consubstantiel au Père, Dieu de Dieu, lumière de lumière, engendré et non fait ; nous croyons aussi au Saint-Esprit. » Le Saint-Esprit, il faut l'avouer, fut traité bien cavalièrement.

Il est rapporté dans le supplément du concile de Nicée que les Pères étaient fort embarrassés pour savoir quels étaient les livres cryphes ou apocryphes de l'Ancien et du Nouveau Testament, les mirent tous pêle-mêle sur un autel ; et les livres à rejeter tombèrent par terre. C'est dommage que cette belle recette soit perdue de nos jours.

Après le premier concile de Nicée, composé de trois cent dix-sept évêques infaillibles, il s'en tint un autre à Rimini ; et le nombre des infaillibles fut cette fois de quatre cents, sans compter un gros détachement à Séleucie d'environ deux cents. Ces six cents évêques, après quatre mois de querelles, ôtèrent unanimement à Jésus sa *consubstantialité*. Elle lui a été rendue depuis, excepté chez les sociniens : ainsi tout va bien.

Un des grands conciles est celui d'Éphèse, en 431 ; l'évêque de Constantinople Nestorius, grand persécuteur d'hérétiques, fut condamné lui-même comme hérétique, pour avoir soutenu qu'à la vérité Jésus était bien Dieu, mais que sa mère n'était pas absolument mère de Dieu, mais mère de Jésus. Ce fut saint Cyrille qui fit condamner Nestorius ; mais aussi les partisans de Nestorius firent déposer saint Cyrille dans le même concile : ce qui embarrassa fort le Saint-Esprit.

Remarquez ici, lecteur, bien soigneusement que l'Évangile n'a jamais dit un mot, ni de la consubstantialité du Verbe, ni de l'honneur qu'avait eu Marie d'être mère de Dieu, non plus que des autres disputes qui ont fait assembler des conciles infaillibles.

Eutichès était un moine qui avait beaucoup crié contre Nestorius, dont l'hérésie n'allait pas moins qu'à supposer deux personnes en Jésus : ce qui est épouvantable. Le moine, pour mieux contredire son adversaire, assure que Jésus n'avait qu'une nature. Un Flavien, évêque de Constantinople, lui soutint qu'il fallait absolument qu'il y eût deux natures en Jésus. On assemble un concile nombreux à Éphèse, en 449 ; celui-là se tint à coups de bâton, comme le petit concile de Cirthe, en 355, et certaine conférence à Carthage. La nature de Flavien fut moulue de coups, et deux natures furent assignées à Jésus. Au concile de Chalcédoine, en 451, Jésus fut réduit à une nature.

Je passe des conciles tenus pour des minuties, et je viens au sixième concile général de Constantinople, assemblé pour savoir au juste si Jésus, qui, après n'avoir eu qu'une nature pendant quelque temps, en avait deux alors, avait aussi deux volontés. On sent combien cela est important pour plaire à Dieu.

Ce concile fut convoqué par Constantin le Barbu, comme tous les autres l'avaient été par les empereurs précédents : les légats de l'évêque de Rome eurent la gauche ; les patriarches de Constantinople et d'Antioche eurent la droite. Je ne sais si les caudataires à Rome prétendent que la gauche est la place d'honneur. Quoi qu'il en soit, Jésus, de cette affaire-là, obtint deux volontés.

La loi mosaïque avait défendu les images. Les peintres et les sculpteurs n'avaient pas fait fortune chez les Juifs. On ne voit pas que Jésus ait jamais eu de tableaux, excepté peut-être celui de Marie, peinte par Luc. Mais enfin Jésus-Christ ne recommande nulle part qu'on adore les images. Les chrétiens les adorèrent pourtant vers la fin du iv⁰ siècle, quand ils se furent familiarisés avec les beaux-arts. L'abus fut porté si loin au viii⁰ siècle que Constantin Copronyme assembla à Constantinople un concile de trois cent vingt évêques, qui anathématisa le culte des images, et qui le traita d'idolâtrie.

L'impératrice Irène, la même qui depuis fit arracher les yeux à son fils, convoqua le second concile de Nicée en 787 : l'adoration des images y fut rétablie. On veut aujourd'hui justifier ce concile, en disant que cette adoration était un culte de *dulie*, et non de *latrie*.

Mais, soit de latrie, soit de dulie, Charlemagne, en 794, fit tenir à Francfort un autre concile qui traita le second de Nicée d'idolâtrie. Le pape Adrien IV y envoya deux légats, et ne le convoqua pas.

Le premier grand concile convoqué par un pape fut le premier de Latran, en 1139[1]; il y eut environ mille évêques; mais on n'y fit presque rien, sinon qu'on anathématisa ceux qui disaient que l'Église était trop riche.

Autre concile de Latran, en 1179, tenu par le pape Alexandre III, où les cardinaux, pour la première fois, prirent le pas sur les évêques : il ne fut question que de discipline.

Autre grand concile de Latran, en 1215. Le pape Innocent III y dépouilla le comte de Toulouse de tous ses biens, en vertu de l'excommunication. C'est le premier concile qui ait parlé de *transsubstantiation*.

En 1245, concile général de Lyon, ville alors impériale, dans laquelle le pape Innocent IV excommunia l'empereur Frédéric II, et par conséquent le déposa, et lui interdit le feu et l'eau : c'est dans ce concile qu'on donna aux cardinaux un chapeau rouge, pour les faire souvenir qu'il faut se baigner dans le sang des partisans de l'empereur. Ce concile fut la cause de la destruction de la maison de Souabe, et de trente ans d'anarchie dans l'Italie et dans l'Allemagne.

Concile général à Vienne, en Dauphiné, en 1311, où l'on abolit l'ordre des Templiers, dont les principaux membres avaient été condamnés aux plus horribles supplices, sur les accusations les moins prouvées.

En 1414, le grand concile de Constance, où l'on se contenta de démettre le pape Jean XXIII, convaincu de mille crimes, et où l'on brûla Jean Hus et Jérôme de Prague, pour avoir été opiniâtres, attendu que l'opiniâtreté est un bien plus grand crime que le meurtre, le rapt, la simonie et la sodomie.

En 1431, le grand concile de Bâle, non reconnu à Rome, parce qu'on y déposa le pape Eugène IV, qui ne se laissa point déposer.

Les Romains comptent pour concile général le cinquième concile de Latran, en 1512, convoqué contre Louis XII, roi de France, par le pape Jules II; mais ce pape guerrier étant mort, ce concile s'en alla en fumée.

Enfin nous avons le grand concile de Trente, qui n'est pas reçu en France pour la discipline; mais le dogme en est incon-

---

[1]. Voltaire, page 217, n'en parle que comme d'un *second* concile; il avait, même page, parlé du *premier*, tenu en 1123. (B.)

testable, puisque le Saint-Esprit arrivait de Rome à Trente, toutes les semaines, dans la malle du courrier, à ce que dit fra Paolo Sarpi; mais fra Paolo Sarpi sentait un peu l'hérésie[1].

CONFESSION[2].

Le repentir de ses fautes peut seul tenir lieu d'innocence. Pour paraître s'en repentir, il faut commencer par les avouer. La confession est donc presque aussi ancienne que la société civile.

On se confessait dans tous les mystères d'Égypte, de Grèce, de Samothrace. Il est dit dans la Vie de Marc-Aurèle que, lorsqu'il daigna s'associer aux mystères d'Éleusine, il se confessa à l'hiérophante, quoiqu'il fût l'homme du monde qui eût le moins besoin de confession.

[3] Cette cérémonie pouvait être très-salutaire; elle pouvait aussi être très-dangereuse : c'est le sort de toutes les institutions humaines. On sait la réponse de ce Spartiate à qui un hiérophante voulait persuader de se confesser : « A qui dois-je avouer mes fautes? est-ce à Dieu ou à toi? — C'est à Dieu, dit le prêtre. — Retire-toi donc, homme. » (Plutarque, *Dits notables des Lacédémoniens.*)

Il est difficile de dire en quel temps cette pratique s'établit chez les Juifs, qui prirent beaucoup de rites de leurs voisins. La

---

1. Dans l'édition de 1767 du *Dictionnaire philosophique*, cet article était signé : *Par M. Abausit le cadet.* (B.)

2. Cet article parut pour la première fois dans une édition de 1765 du *Dictionnaire philosophique*. Il commençait alors ainsi :

« C'est encore un problème si la confession, à ne la considérer qu'en politique, a fait plus de bien que de mal.

« On se confessait dans les mystères d'Isis, d'Orphée et de Cérès, devant l'hiérophante et les initiés : car puisque ces mystères étaient des expiations, il fallait bien avouer qu'on avait des crimes à expier.

« Les chrétiens adoptèrent la confession dans les premiers siècles de l'Église, ainsi qu'ils prirent peu à peu les rites de l'antiquité, comme les temples, les autels, l'encens, les cierges, les processions, l'eau lustrale, les habits sacerdotaux, et plusieurs formules de mystères : le *Sursum corda*, l'*Ite missa est*, et tant d'autres. Le scandale de la confession publique d'une femme, arrivé à Constantinople au IVe siècle, fit abolir la confession.

« La confession secrète qu'un homme fait à un autre homme ne fut admise dans notre Occident que vers le VIIe siècle. Les abbés commencèrent par exiger que leurs moines, etc. »

La version actuelle parut en 1771 dans la quatrième partie des *Questions sur l'Encyclopédie*, sauf quelques alinéas qui furent ajoutés en 1774. (B.)

3. Alinéa ajouté en 1774. (B.)

Mishna, qui est le recueil des lois juives[1], dit que souvent on se confessait en mettant la main sur un veau appartenant au prêtre, ce qui s'appelait *la confession des veaux*.

Il est dit dans la même *Mishna*[2] que tout accusé qui avait été condamné à la mort s'allait confesser devant témoins dans un lieu écarté, quelques moments avant son supplice. S'il se sentait coupable, il devait dire : « Que ma mort expie tous mes péchés ; » s'il se sentait innocent, il prononçait : « Que ma mort expie mes péchés, hors celui dont on m'accuse. »

Le jour de la fête que l'on appelait chez les Juifs l'*expiation solennelle*[3], les Juifs dévots se confessaient les uns les autres, en spécifiant leurs péchés. Le confesseur récitait trois fois treize mots du psaume LXXVII, ce qui fait trente-neuf; et pendant ce temps il donnait trente-neuf coups de fouet au confessé, lequel les lui rendait à son tour ; après quoi ils s'en retournaient quitte à quitte. On dit que cette cérémonie subsiste encore.

On venait en foule se confesser à saint Jean pour la réputation de sa sainteté, comme on venait se faire baptiser par lui du baptême de justice, selon l'ancien usage ; mais il n'est point dit que saint Jean donnât trente-neuf coups de fouet à ses pénitents.

[4]La confession alors n'était point un sacrement ; il y en a plusieurs raisons. La première est que le mot de *sacrement* était alors inconnu ; cette raison dispense de déduire les autres. Les chrétiens prirent la confession dans les rites juifs, et non pas dans les mystères d'Isis et de Cérès. Les Juifs se confessaient à leurs camarades, et les chrétiens aussi. Il parut dans la suite plus convenable que ce droit appartînt aux prêtres. Nul rite, nulle cérémonie ne s'établit qu'avec le temps. Il n'était guère possible qu'il ne restât quelque trace de l'ancien usage des laïques de se confesser les uns aux autres :

[5]Voyez le paragraphe ci-dessous, *Si les laïques, etc.*, page 228.

Du temps de Constantin, on confessa[6] d'abord publiquement ses fautes publiques.

Au Vᵉ siècle, après le schisme de Novatus et de Novatien, on établit les pénitenciers pour absoudre ceux qui étaient tombés dans l'idolâtrie. Cette confession aux prêtres pénitenciers fut

---

1. *Mishna*, tome II, page 304. (*Note de Voltaire*.)
2. Tome IV, page 134. (*Id*.)
3. *Synagogue judaïque*, chapitre XXXV. (*Id*.)
4. Alinéa ajouté en 1774. (B.)
5. *Id.* (B.)
6. On lisait en 1771 : « Dans l'ancienne Église chrétienne, on confessa, etc. » (B.)

abolie sous l'empereur Théodose[1]. Une femme[2] s'étant accusée tout haut au pénitencier de Constantinople d'avoir couché avec le diacre, cette indiscrétion causa tant de scandale et de trouble dans toute la ville[3] que Nectarius permit à tous les fidèles de s'approcher de la sainte table sans confession, et de n'écouter que leur conscience pour communier. C'est pourquoi saint Jean Chrysostome, qui succéda à Nectarius, dit au peuple dans sa cinquième *Homélie*: « Confessez-vous continuellement à Dieu; je ne vous produis pas sur un théâtre avec vos compagnons de service pour leur découvrir vos fautes. Montrez à Dieu vos blessures, et demandez-lui les remèdes; avouez vos péchés à celui qui ne les reproche point devant les hommes. Vous les céleriez en vain à celui qui connaît toutes choses, etc. »

On prétend que la confession auriculaire ne commença en Occident que vers le viie siècle, et qu'elle fut instituée par les abbés, qui exigèrent que leurs moines vinssent deux fois par an leur avouer toutes leurs fautes. Ce furent ces abbés qui inventèrent cette formule : « Je t'absous autant que je le peux et que tu en as besoin. » Il semble qu'il eût été plus respectueux pour l'Être suprême, et plus juste de dire : « Puisse-t-il pardonner à tes fautes et aux miennes! »

Le bien que la confession a fait est d'avoir obtenu quelquefois des restitutions de petits voleurs. Le mal est d'avoir quelquefois, dans les troubles des États, forcé les pénitents à être rebelles et sanguinaires en conscience. Les prêtres guelfes refusaient l'absolution aux gibelins, et les prêtres gibelins se gardaient bien d'absoudre les guelfes[4].

---

1. Socrate, livre V. Sozomène, livre VII. (*Note de Voltaire.*)
2. Voltaire a raconté cela avec un peu plus de détails dans ses *Eclaircissements historiques*. Voyez les *Mélanges*, année 1763.
3. En effet, comment cette indiscrétion aurait-elle causé un scandale public, si elle avait été secrète? (*Note de Voltaire.*)
4. Dans l'édition de 1765 l'article se terminait ainsi :

« Les assassins des Sforces, des Médicis, des princes d'Orange, des rois de France, se préparèrent aux parricides par le sacrement de la confession.

« Louis XI, la Brinvilliers se confessaient dès qu'ils avaient commis un grand crime, et se confessaient souvent, comme les gourmands prennent médecine pour avoir plus d'appétit.

« Si on pouvait être étonné de quelque chose, on le serait d'une bulle du pape Grégoire XV, émanée de Sa Sainteté le 30 août 1622, par laquelle il ordonne de révéler les confessions en certain cas.

« La réponse du jésuite Coton à Henri IV durera plus que l'ordre des jésuites. » Révéleriez-vous la confession d'un homme résolu de m'assassiner? — Non; mais « je me mettrais entre vous et lui. » (B.)

Le conseiller d'État Lénet rapporte, dans ses Mémoires [1], que tout ce qu'il put obtenir en Bourgogne pour faire soulever les peuples en faveur du prince de Condé, détenu à Vincennes par le Mazarin, « fut de lâcher des prêtres dans les confessionnaux ». C'est en parler comme de chiens enragés qui pouvaient souffler la rage de la guerre civile dans le secret du confessionnal.

Au siége de Barcelone, les moines refusèrent l'absolution à tous ceux qui restaient fidèles à Philippe V.

Dans la dernière révolution de Gênes, on avertissait toutes les consciences qu'il n'y avait point de salut pour quiconque ne prendrait pas les armes contre les Autrichiens.

Ce remède salutaire se tourna de tout temps en poison. Les assassins des Sforces, des Médicis, des princes d'Orange, des rois de France, se préparèrent aux parricides par le sacrement de la confession.

Louis XI, la Brinvilliers, se confessaient dès qu'ils avaient commis un grand crime, et se confessaient souvent, comme les gourmands prennent médecine pour avoir plus d'appétit.

DE LA RÉVÉLATION DE LA CONFESSION [2].

La réponse du jésuite Coton à Henri IV durera plus que l'ordre des jésuites. « Révéleriez-vous la confession d'un homme résolu de m'assassiner? — Non ; mais je me mettrais entre vous et lui. »

On n'a pas toujours suivi la maxime du P. Coton. Il y a dans quelques pays des mystères d'État inconnus au public, dans lesquels les révélations des confessions entrent pour beaucoup. On sait, par le moyen des confesseurs attitrés, les secrets des prisonniers. Quelques confesseurs, pour accorder leur intérêt avec le sacrilége, usent d'un singulier artifice. Ils rendent compte, non pas précisément de ce que le prisonnier leur a dit, mais de ce qu'il ne leur a pas dit. S'ils sont chargés, par exemple, de savoir si un accusé a pour complice un Français ou un Italien, ils disent à l'homme qui les emploie : Le prisonnier m'a juré qu'aucun Italien n'a été informé de ses desseins. De là on juge que c'est le Français soupçonné qui est coupable.

---

1. *Mémoires pour l'histoire des guerres civiles* des années 1649 et suivantes, par Pierre Lénet, sans indication de lieu. 1720, 2 volumes in-12. (E. B.)

2. En 1771, dans la quatrième partie des *Questions sur l'Encyclopédie*, le commencement de ce morceau était la répétition du paragraphe XVI du *Commentaire sur le livre Des Délits et des Peines*, moins les deux premiers alinéas. Voyez *Mélanges*, année 1766. (B.)

Bodin s'exprime ainsi dans son Livre de la république [1] : « Aussi ne faut-il pas dissimuler si le coupable est découvert avoir conjuré contre la vie du souverain, ou même l'avoir voulu. Comme il advint à un gentilhomme de Normandie de confesser à un religieux qu'il avait voulu tuer le roi François Ier. Le religieux avertit le roi, qui envoya le gentilhomme à la cour du parlement, où il fut condamné à la mort, comme je l'ai appris de M. Canaye, avocat en parlement. »

L'auteur de cet article a été presque témoin lui-même d'une révélation encore plus forte et plus singulière.

On connaît la trahison que fit Daubenton, jésuite, à Philippe V, roi d'Espagne, dont il était confesseur. Il crut, par une politique très-mal entendue, devoir rendre compte des secrets de son pénitent au duc d'Orléans, régent du royaume, et eut l'imprudence de lui écrire ce qu'il n'aurait dû confier à personne de vive voix. Le duc d'Orléans envoya sa lettre au roi d'Espagne ; le jésuite fut chassé, et mourut quelque temps après. C'est un fait avéré [2].

On ne laisse pas d'être fort en peine pour décider formellement dans quel cas il faut révéler la confession : car si on décide que c'est pour le crime de lèse-majesté humaine, il est aisé d'étendre bien loin ce crime de lèse-majesté, et de le porter jusqu'à la contrebande du sel et des mousselines, attendu que ce délit offense précisément les majestés. A plus forte raison faudra-t-il révéler les crimes de lèse-majesté divine ; et cela peut aller jusqu'aux moindres fautes, comme d'avoir manqué vêpres et le salut.

Il serait donc très-important de bien convenir des confessions qu'on doit révéler, et de celles qu'on doit taire ; mais une telle décision serait encore très-dangereuse. Que de choses il ne faut pas approfondir !

Pontas [3], qui décide en trois volumes in-folio de tous les cas

---

1. Livre IV, chapitre VII. (*Note de Voltaire.*)
2. Voyez le *Précis du Siècle de Louis XV*, chapitre I (tome XV). — Voltaire reparle encore de la trahison de Daubenton, dans l'analyse qu'il donna des *Mémoires d'Adrien-Maurice de Noailles* ; voyez dans les *Mélanges*, année 1777, les *Articles extraits du Journal de politique et de littérature*.
3. Le *Dictionnaire des cas de conscience*, par Jean Pontas, docteur en droit civil et en droit canon, sous-pénitencier de l'église de Paris, fut publié en 1715, et réimprimé, en 1741, à Paris, en trois volumes in-folio. Son opinion, que ce qui se passe au confessionnal ne doit jamais être révélé, est partagée par la plupart des théologiens. Quelques-uns pourtant admettent des cas exceptionnels. Les *Monita ad confessarios*, imprimés chez Hérissey, à Évreux, en novembre 1862, et distribués aux prêtres du diocèse, par ordre de l'évêque Devoncoux, contiennent,

possibles de la conscience des Français, et qui est ignoré dans le reste de la terre, dit qu'en aucune occasion on ne doit révéler la confession. Les parlements ont décidé le contraire. A qui croire de Pontas ou des gardiens des lois du royaume, qui veillent sur la vie des rois et sur le salut de l'État[1] ?

SI LES LAÏQUES ET LES FEMMES ONT ÉTÉ CONFESSEURS ET CONFESSEUSES.

De même que dans l'ancienne loi les laïques se confessaient les uns aux autres, les laïques dans la nouvelle loi eurent longtemps ce droit par l'usage. Il suffit, pour le prouver, de citer le célèbre Joinville, qui dit expressément que « le connétable de

---

page 30, un passage dont voici la traduction : « Toute pénitente qu'un confesseur essayerait de séduire est tenue d'aller le dénoncer à l'évêque ou à ses vicaires, ou de leur écrire, afin de révéler le loup caché sous la peau du pasteur (*ut revelet lupum sub pelle pastoris latentem*). »

Quant à la jurisprudence civile, elle n'était pas fixée sur ce point. Dans les *Mémoires de Bachaumont*, mine qu'on croit à tort épuisée, on trouve, à la date du 21 février 1778, un procès curieux : Un fermier des environs de Toulouse vint s'accuser à son curé d'avoir, dans une rixe imprévue, tué un de ses amis. Le confesseur dînait le soir même avec la famille du défunt. Il la trouve dans l'ignorance absolue de la perte de son chef, et tout le monde paraît fort gai. Le contraste de cette joie avec le secret funeste qu'il recèle dans son sein afflige et gêne tellement le curé qu'il fait pendant le repas une très-triste figure. On l'interroge sur son embarras apparent; il l'explique en des termes ambigus. Un des fils du tué y fait attention et les rumine. Dans la nuit, son imagination s'exalte; il se persuade que son père est mort et que le curé le sait. Dès le grand matin, il va chez lui pour lui demander l'explication de ses propos entrecoupés de la veille ; celui-ci, se repentant d'en avoir trop dit, élude et prétend ne rien savoir, n'avoir rien dit qui doive l'inquiéter. Le lendemain, ce jeune homme bouillant et agité de nouveau dans la nuit par des rêves plus sinistres, fait part de ses craintes à son frère et de la résolution où il est de forcer le curé à s'expliquer; il s'arme d'un pistolet, et tous deux vont ensemble chez lui. Après les premières instances, auxquelles le pasteur résiste, le jeune homme, furieux, lui montre le pistolet et lui déclare qu'il est résolu de lui brûler la cervelle s'il ne découvre ce qu'il sait sur la mort de son père, dont il ne doute plus.

L'autre, présent, l'invite aussi à ne pas porter par son refus son frère à exécuter sa menace... Le curé, intimidé enfin, leur raconte tout ce qu'il a appris.

La chose s'ébruite, le meurtre s'apprend, le ministère public en est instruit, l'affaire est portée au parlement de Toulouse, qui renvoie absous le meurtrier, condamne le curé à être brûlé vif, et les deux frères à être rompus vifs.

La loi relative à l'organisation des cultes, du 18 germinal an X (8 avril 1802), plaçait à la fin de la formule du serment imposé aux ecclésiastiques : « Et si, dans mon diocèse ou ailleurs, j'apprends qu'il se trame quelque chose au préjudice de l'État, je le ferai savoir au gouvernement. » Aucun prêtre, que nous sachions, n'a eu l'idée, en vertu de ce serment, de trahir les secrets de la confession. (E. B.)

1. Voyez Pontas, à l'article CONFESSEUR. (*Note de Voltaire.*)

Chypre se confessa à lui, et qu'il lui donna l'absolution suivant le droit qu'il en avait ».

Saint Thomas s'exprime ainsi dans sa Somme[1] : « Confessio ex defectu sacerdotis laïco facta sacramentalis est quodam modo. — La confession faite à un laïque au défaut d'un prêtre est sacramentale en quelque façon. » On voit dans la Vie de saint Burgundofare[2], et dans la Règle d'un inconnu, que les religieuses se confessaient à leur abbesse des péchés les plus graves. La Règle de Saint Donat[3] ordonne que les religieuses découvriront trois fois chaque jour leurs fautes à la supérieure. Les Capitulaires de nos rois[4] disent qu'il faut interdire aux abbesses le droit qu'elles se sont arrogé, contre la coutume de la sainte Église, de donner des bénédictions et d'imposer les mains : ce qui paraît signifier donner l'absolution, et suppose la confession des péchés. Marc, patriarche d'Alexandrie, demande à Balzamon, célèbre canoniste grec de son temps, si on doit accorder aux abbesses la permission d'entendre les confessions ; à quoi Balzamon répond négativement. Nous avons dans le droit canonique un décret du pape Innocent III qui enjoint aux évêques de Valence et de Burgos en Espagne d'empêcher certaines abbesses de bénir leurs religieuses, de les confesser, et de prêcher publiquement. « Quoique, dit-il[5], la bienheureuse vierge Marie ait été supérieure à tous les apôtres en dignité et en mérite, ce n'est pas néanmoins à elle, mais aux apôtres, que le Seigneur a confié les clefs du royaume des cieux. »

Ce droit était si ancien qu'on le trouve établi dans les Règles de saint Bazile[6]. Il permet aux abbesses de confesser leurs religieuses conjointement avec un prêtre.

Le P. Martène, dans ses *Rites de l'Église*[7], convient que les abbesses confessèrent longtemps leurs nonnes, mais il ajoute qu'elles étaient si curieuses qu'on fut obligé de leur ôter ce droit.

L'ex-jésuite nommé Nonotte doit se confesser et faire pénitence, non pas d'avoir été un des plus grands ignorants qui aient jamais barbouillé du papier, car ce n'est pas un péché ; non pas d'avoir appelé du nom d'*erreurs*[8] des vérités qu'il ne connaissait pas ; mais d'avoir calomnié avec la plus stupide insolence l'auteur de cet article, et d'avoir appelé son frère *raca*, en niant tous ces faits

---

1. Troisième partie, page 255, édition de Lyon, 1738. (*Note de Voltaire*.)
2. Mabil., chapitre VIII et XIII. (*Id.*)
3. Chapitre XXIII. (*Id.*)
4. Livre I, chapitre LXXVI. (*Id.*)
5. *C. Nova X. Extra de pœnit. et remiss.*
6. Tome II, p. 453. (*Note de Voltaire.*)
7. Tome II, page 39. (*Id.*)
8. Allusion à l'ouvrage de Nonotte, intitulé *les Erreurs de M. de Voltaire*.

et beaucoup d'autres dont il ne savait pas un mot. Il s'est rendu coupable de la *géhenne du feu;* il faut espérer qu'il demandera pardon à Dieu de ses énormes sottises : nous ne demandons point la mort du pécheur, mais sa conversion.

On a longtemps agité pourquoi trois hommes assez fameux dans cette petite partie du monde où la confession est en usage sont morts sans ce sacrement : ce sont le pape Léon X, Pellisson, et le cardinal Dubois.

Ce cardinal se fit ouvrir le périnée par le bistouri de La Peyronie; mais il pouvait se confesser et communier avant l'opération.

Pellisson, protestant jusqu'à l'âge de quarante ans, s'était converti pour être maître des requêtes et pour avoir des bénéfices.

A l'égard du pape Léon X, il était si occupé des affaires temporelles, quand il fut surpris par la mort, qu'il n'eut pas le temps de songer aux spirituelles.

DES BILLETS DE CONFESSION.

Dans les pays protestants on se confesse à Dieu, et dans les pays catholiques aux hommes. Les protestants disent qu'on ne peut tromper Dieu, au lieu qu'on ne dit aux hommes que ce qu'on veut. Comme nous ne traitons jamais la controverse, nous n'entrons point dans cette ancienne dispute. Notre société littéraire est composée de catholiques et de protestants réunis par l'amour des lettres. Il ne faut pas que les querelles ecclésiastiques y sèment la zizanie.

[1] Contentons-nous de la belle réponse de ce Grec dont nous avons déjà parlé [2], et qu'un prêtre voulait confesser aux mystères de Cérès : « Est-ce à Dieu ou à toi que je dois parler? — C'est à Dieu. — Retire-toi donc, ô homme ! »

En Italie, et dans les pays d'obédience, il faut que tout le monde, sans distinction, se confesse et communie. Si vous avez par devers vous des péchés énormes, vous avez aussi les grands-pénitenciers pour vous absoudre. Si votre confession ne vaut rien, tant pis pour vous. On vous donne à bon compte un reçu imprimé moyennant quoi vous communiez, et on jette tous les reçus dans un ciboire; c'est la règle.

---

1. Cet alinéa n'existait pas en 1771; il fut ajouté en 1774. (B.)
2. Ci-dessus, page 223.

On ne connaissait point à Paris ces billets au porteur, lorsque, vers l'an 1750, un archevêque de Paris imagina d'introduire une espèce de banque spirituelle pour extirper le jansénisme, et pour faire triompher la bulle *Unigenitus* [1]. Il voulut qu'on refusât l'extrême-onction et le viatique à tout malade qui ne remettait pas un billet de confession signé d'un prêtre constitutionnaire.

C'était refuser les sacrements aux neuf dixièmes de Paris. On lui disait en vain : « Songez à ce que vous faites : ou ces sacrements sont nécessaires pour n'être point damné, ou l'on peut être sauvé sans eux avec la foi, l'espérance, la charité, les bonnes œuvres, et les mérites de notre Sauveur. Si l'on peut être sauvé sans ce viatique, vos billets sont inutiles. Si les sacrements sont absolument nécessaires, vous damnez tous ceux que vous en privez ; vous faites brûler pendant toute l'éternité six à sept cent mille âmes, supposé que vous viviez assez longtemps pour les enterrer : cela est violent ; calmez-vous et laissez mourir chacun comme il peut. »

Il ne répondit point à ce dilemme ; mais il persista. C'est une chose horrible d'employer pour tourmenter les hommes la religion, qui les doit consoler. Le parlement, qui a la grande police, et qui vit la société troublée, opposa, selon la coutume, des arrêts aux mandements. La discipline ecclésiastique ne voulut point céder à l'autorité légale. Il fallut que la magistrature employât la force, et qu'on envoyât des archers pour faire confesser, communier et enterrer les Parisiens à leur gré.

Dans cet excès de ridicule dont il n'y avait point encore d'exemple, les esprits s'aigrirent ; on cabala à la cour, comme s'il s'était agi d'une place de fermier général, ou de faire disgracier un ministre. Le royaume fut troublé d'un bout à l'autre. Il entre toujours dans une cause des incidents qui ne sont pas du fond : il s'en mêla tant que tous les membres du parlement furent exilés, et que l'archevêque le fut à son tour.

Ces billets de confession auraient fait naître une guerre civile dans les temps précédents ; mais dans le nôtre ils ne produisirent heureusement que des tracasseries civiles. L'esprit philosophique, qui n'est autre chose que la raison, est devenu chez tous les honnêtes gens le seul antidote dans ces maladies épidémiques.

---

1. Voyez (tome XV) le chapitre xxxvi du *Précis du Siècle de Louis XV*, et (tome XVI) le chapitre lxv de l'*Histoire du Parlement*.

CONFIANCE EN SOI-MÊME[1].

CONFISCATION[2].

On a très bien remarqué dans le *Dictionnaire Encyclopédique*, à l'article Confiscation, que le fisc, soit public, soit royal, soit seigneurial, soit impérial, soit déloyal, était un petit panier de jonc ou d'osier, dans lequel on mettait autrefois le peu d'argent qu'on avait pu recevoir ou extorquer. Nous nous servons aujourd'hui de sacs ; le fisc royal est le sac royal.

C'est une maxime reçue dans plusieurs pays de l'Europe qui confisque le corps confisque les biens. Cet usage est surtout établi dans les pays où la coutume tient lieu de loi ; et une famille entière est punie dans tous les cas pour la faute d'un seul homme.

Confisquer le corps n'est pas mettre le corps d'un homme dans le panier de son seigneur suzerain ; c'est, dans le langage barbare du barreau, se rendre maître du corps d'un citoyen, soit pour lui ôter la vie, soit pour le condamner à des peines aussi longues que la vie : on s'empare de ses biens si on le fait périr, ou s'il évite la mort par la fuite.

Ainsi ce n'est pas assez de faire mourir un homme pour ses fautes, il faut encore faire mourir de faim ses enfants.

La rigueur de la coutume confisque, dans plus d'un pays, les biens d'un homme qui s'est arraché volontairement aux misères de cette vie ; et ses enfants sont réduits à la mendicité parce que leur père est mort.

Dans quelques provinces catholiques romaines, on condamne aux galères perpétuelles, par une sentence arbitraire, un père de famille[3], soit pour avoir donné retraite chez soi à un prédicant, soit pour avoir écouté son sermon dans quelque caverne ou dans quelque désert : alors la femme et les enfants sont réduits à mendier leur pain.

Cette jurisprudence, qui consiste à ravir la nourriture aux orphelins et à donner à un homme le bien d'autrui, fut inconnue

---

1. Sous ce titre, Voltaire avait reproduit, dans ses *Questions sur l'Encyclopédie*, son conte ou roman de *Memnon*.
2. *Questions sur l'Encyclopédie*, quatrième partie, 1771. (B.)
3. Voyez l'édit de 1724, 14 mai, publié à la sollicitation du cardinal de Fleury, et revu par lui. (*Note de Voltaire*.)

dans tout le temps de la république romaine. Sylla l'introduisit dans ses proscriptions. Il faut avouer qu'une rapine inventée par Sylla n'était pas un exemple à suivre. Aussi cette loi, qui semblait n'être dictée que par l'inhumanité et l'avarice, ne fut suivie ni par César, ni par le bon empereur Trajan, ni par les Antonins, dont toutes les nations prononcent encore le nom avec respect et avec amour. Enfin, sous Justinien, la confiscation n'eut lieu que pour le crime de lèse-majesté. Comme ceux qui en étaient accusés étaient pour la plupart de grands seigneurs, il semble que Justinien n'ordonna la confiscation que par avarice. Il semble aussi que dans les temps de l'anarchie féodale, les princes et les seigneurs des terres étant très-peu riches, cherchassent à augmenter leur trésor par les condamnations de leurs sujets, et qu'on voulût leur faire un revenu du crime. Les lois chez eux étant arbitraires, et la jurisprudence romaine ignorée, les coutumes ou bizarres ou cruelles prévalurent. Mais aujourd'hui que la puissance des souverains est fondée sur des richesses immenses et assurées, leur trésor n'a pas besoin de s'enfler des faibles débris d'une famille malheureuse. Ils sont abandonnés pour l'ordinaire au premier qui les demande. Mais est-ce à un citoyen à s'engraisser des restes du sang d'un autre citoyen ?

La confiscation n'est point admise dans les pays où le droit romain est établi, excepté le ressort du parlement de Toulouse. Elle ne l'est point dans quelques pays coutumiers, comme le Bourbonnais, le Berry, le Maine, le Poitou, la Bretagne, où au moins elle respecte les immeubles. Elle était établie autrefois à Calais, et les Anglais l'abolirent lorsqu'ils en furent les maîtres. Il est assez étrange que les habitants de la capitale vivent sous une loi plus rigoureuse que ceux de ces petites villes : tant il est vrai que la jurisprudence a été souvent établie au hasard, sans régularité, sans uniformité, comme on bâtit des chaumières dans un village.

Voici comment l'avocat général Omer Talon parla en plein parlement dans le plus beau siècle de la France, en 1673, au sujet des biens d'une demoiselle de Canillac, qui avaient été confisqués. Lecteur, faites attention à ce discours ; il n'est pas dans le style des Oraisons de Cicéron, mais il est curieux[1].

---

1. Voyez ce morceau dans le *Commentaire sur le livre Des Délits et des Peines*, depuis l'alinéa qui commence par ces mots : *Au chapitre* XIII *du Deutéronome*, jusqu'à la fin du paragraphe XXI (*Mélanges*, année 1766).

CONQUÊTE.

RÉPONSE A UN QUESTIONNEUR SUR CE MOT.

Quand les Silésiens et les Saxons disent : « Nous sommes la conquête du roi de Prusse, » cela ne veut pas dire : Le roi de Prusse nous a plu ; mais seulement : il nous a subjugués.

Mais quand une femme dit : « Je suis la *conquête* de M. l'abbé, de M. le chevalier, » cela veut dire aussi : il m'a subjuguée ; or on ne peut subjuguer madame sans lui plaire ; mais aussi madame ne peut être subjuguée sans avoir plu à monsieur ; ainsi, selon toutes les règles de la logique, et encore plus de la physique, quand madame est la *conquête* de quelqu'un, cette expression emporte évidemment que monsieur et madame se plaisent l'un à l'autre : *j'ai fait la conquête de monsieur* signifie : il m'aime ; et *je suis sa conquête* veut dire : nous nous aimons. M. Tascher s'est adressé, dans cette importante question, à un homme désintéressé qui n'est la conquête ni d'un roi ni d'une dame, et qui présente ses respects à celui qui a bien voulu le consulter.

CONSCIENCE[1].

SECTION PREMIÈRE.

DE LA CONSCIENCE DU BIEN ET DU MAL.

Locke a démontré (s'il est permis de se servir de ce terme en morale et en métaphysique) que nous n'avons ni idées innées, ni principes innés ; et il a été obligé de le démontrer trop au long, parce qu'alors l'erreur contraire était universelle.

De là il suit évidemment que nous avons le plus grand besoin qu'on nous mette de bonnes idées et de bons principes dans la tête, dès que nous pouvons faire usage de la faculté de l'entendement.

Locke apporte l'exemple des sauvages, qui tuent et qui mangent leur prochain sans aucun remords de conscience, et des soldats chrétiens bien élevés, qui, dans une ville prise d'assaut, pillent,

---

1. Les quatre sections de cet article parurent en 1771, dans la quatrième partie des *Questions sur l'Encyclopédie*. Une version de la quatrième section est de 1767. (B.)

égorgent, violent, non-seulement sans remords, mais avec un plaisir charmant, avec honneur et gloire, avec les applaudissements de tous leurs camarades.

Il est très-sûr que dans les massacres de la Saint-Barthélemy, et dans les *auto-da-fé*, dans les saints actes de foi de l'Inquisition, nulle conscience de meurtrier ne se reprocha jamais d'avoir massacré hommes, femmes, enfants; d'avoir fait crier, évanouir, mourir dans les tortures des malheureux qui n'avaient d'autres crimes que de faire la pâque différemment des inquisiteurs.

Il résulte de tout cela que nous n'avons point d'autre conscience que celle qui nous est inspirée par le temps, par l'exemple, par notre tempérament, par nos réflexions.

L'homme n'est né avec aucun principe, mais avec la faculté de les recevoir tous. Son tempérament le rendra plus enclin à la cruauté ou à la douceur; son entendement lui fera comprendre un jour que le carré de douze est cent quarante-quatre, qu'il ne faut pas faire aux autres ce qu'il ne voudrait pas qu'on lui fît; mais il ne comprendra pas de lui-même ces vérités dans son enfance; il n'entendra pas la première, et il ne sentira pas la seconde.

Un petit sauvage qui aura faim, et à qui son père aura donné un morceau d'un autre sauvage à manger, en demandera autant le lendemain, sans imaginer qu'il ne faut pas traiter son prochain autrement qu'on ne voudrait être traité soi-même. Il fait machinalement, invinciblement, tout le contraire de ce que cette éternelle vérité enseigne.

La nature a pourvu à cette horreur; elle a donné à l'homme la disposition à la pitié, et le pouvoir de comprendre la vérité. Ces deux présents de Dieu sont le fondement de la société civile. C'est ce qui fait qu'il y a toujours eu peu d'anthropophages; c'est ce qui rend la vie un peu tolérable chez les nations civilisées. Les pères et les mères donnent à leurs enfants une éducation qui les rend bientôt sociables; et cette éducation leur donne une conscience.

Une religion pure, une morale pure, inspirées de bonne heure, façonnent tellement la nature humaine que, depuis environ sept ans jusqu'à seize ou dix-sept, on ne fait pas une mauvaise action sans que la conscience en fasse un reproche. Ensuite viennent les violentes passions qui combattent la conscience, et qui l'étouffent quelquefois. Pendant le conflit, les hommes tourmentés par cet orage consultent en quelques occasions d'autres hommes, comme dans leurs maladies ils consultent ceux qui ont l'air de se bien porter.

C'est ce qui a produit des casuistes, c'est-à-dire des gens qui décident des cas de conscience. Un des plus sages casuistes a été Cicéron dans son livre *des Offices*, c'est-à-dire des devoirs de l'homme. Il examine les points les plus délicats; mais, longtemps avant lui, Zoroastre avait paru régler la conscience par le plus beau des préceptes : « Dans le doute si une action est bonne ou mauvaise, abstiens-toi. » (Porte XXX.) Nous en parlons ailleurs[1].

SECTION II[2].

SI UN JUGE DOIT JUGER SELON SA CONSCIENCE OU SELON LES PREUVES.

Thomas d'Aquin, vous êtes un grand saint, un grand théologien; et il n'y a point de dominicain qui ait pour vous plus de vénération que moi. Mais vous avez décidé dans votre *Somme* qu'un juge doit donner sa voix selon les allégations et les prétendues preuves contre un accusé dont l'innocence lui est parfaitement connue. Vous prétendez que les dépositions des témoins qui ne peuvent être que fausses, les preuves résultantes du procès qui sont impertinentes, doivent l'emporter sur le témoignage de ses yeux mêmes. Il a vu commettre le crime par un autre; et, selon vous, il doit en conscience condamner l'accusé quand sa conscience lui dit que cet accusé est innocent.

Il faudrait donc, selon vous, que si le juge lui-même avait commis le crime dont il s'agit, sa conscience l'obligeât de condamner l'homme faussement accusé de ce même crime.

En conscience, grand saint, je crois que vous vous êtes trompé de la manière la plus absurde et la plus horrible : c'est dommage qu'en possédant si bien le droit canon vous ayez si mal connu le droit naturel. Le premier devoir d'un magistrat est d'être juste avant d'être formaliste : si en vertu des preuves, qui ne sont jamais que des probabilités, je condamnais un homme dont l'innocence me serait démontrée, je me croirais un sot et un assassin.

Heureusement, tous les tribunaux de l'univers pensent autrement que vous. Je ne sais pas si Farinacius et Grillandus sont de votre avis. Quoi qu'il en soit, si vous rencontrez jamais Cicéron,

---

1. Voyez dans le présent dictionnaire les articles BEAU, JUSTE, RELIGION, section II, et ZOROASTRE; et encore dans les *Mélanges*, année 1768, le dialogue A, B, C, dixième entretien.
2. Voyez la note, page 234.

Ulpien, Tribonien, Dumoulin, le chancelier de L'Hospital, le chancelier d'Aguesseau, demandez-leur bien pardon de l'erreur où vous êtes tombé.

SECTION III[1].

DE LA CONSCIENCE TROMPEUSE.

Ce qu'on a peut-être jamais dit de mieux sur cette question importante se trouve dans le livre comique de *Tristram Shandy*, écrit par un curé nommé Sterne, le second[2] Rabelais d'Angleterre ; il ressemble à ces petits satyres de l'antiquité qui renfermaient des essences précieuses.

Deux vieux capitaines à demi-paye, assistés du docteur Slop, font les questions les plus ridicules. Dans ces questions, les théologiens de France ne sont pas épargnés. On insiste particulièrement sur un Mémoire présenté à la Sorbonne par un chirurgien, qui demande la permission de baptiser les enfants dans le ventre de leurs mères, au moyen d'une canule qu'il introduira proprement dans l'utérus, sans blesser la mère ni l'enfant.

Enfin ils se font lire par un caporal un ancien sermon sur la conscience, composé par ce même curé Sterne.

Parmi plusieurs peintures, supérieures à celles de Rembrandt et au crayon de Callot, il peint un honnête homme du monde passant ses jours dans les plaisirs de la table, du jeu et de la débauche, ne faisant rien que la bonne compagnie puisse lui reprocher, et par conséquent ne se reprochant rien. Sa conscience et son honneur l'accompagnent aux spectacles, au jeu, et surtout lorsqu'il paye libéralement la fille qu'il entretient. Il punit sévèrement, quand il est en charge, les petits larcins du commun peuple ; il vit gaiement, et meurt sans le moindre remords.

Le docteur Slop interrompt le lecteur pour dire que cela est impossible dans l'Église anglicane, et ne peut arriver que chez des papistes.

Enfin le curé Sterne cite l'exemple de David, qui a, dit-il, tantôt une conscience délicate et éclairée, tantôt une conscience très-dure et très-ténébreuse.

---

1. Voyez la note, page 234.
2. L'autre Rabelais anglais est Swift : voyez dans les *Mélanges*, année 1734, la vingt-deuxième des *Lettres philosophiques* ; Voltaire a aussi parlé de Swift dans la cinquième de ses *Lettres à Son Altesse monseigneur le prince de* *** (voyez les *Mélanges*, année 1767). Il parle de *Tristram Shandy* dans l'un des *Articles* fournis par lui au *Journal de politique et de littérature* (voyez les *Mélanges*, année 1777).

Lorsqu'il peut tuer son roi dans une caverne, il se contente de lui couper un pan de sa robe : voilà une conscience délicate. Il passe une année entière sans avoir le moindre remords de son adultère avec Bethsabée et du meurtre d'Urie : voilà la même conscience endurcie et privée de lumière.

Tels sont, dit-il, la plupart des hommes. Nous avouons à ce curé que les grands du monde sont très-souvent dans ce cas : le torrent des plaisirs et des affaires les entraîne ; ils n'ont pas le temps d'avoir de la conscience, cela est bon pour le peuple ; encore n'en a-t-il guère quand il s'agit de gagner de l'argent. Il est donc très bon de réveiller souvent la conscience des couturières et des rois par une morale qui puisse faire impression sur eux ; mais pour faire cette impression, il faut mieux parler qu'on ne parle aujourd'hui.

SECTION IV[1].

LIBERTÉ DE CONSCIENCE.

(Traduit de l'allemand.)

Nous n'adoptons pas tout ce paragraphe ; mais comme il y a quelques vérités, nous n'avons pas cru devoir l'omettre ; et nous ne nous chargeons pas de justifier ce qui peut s'y trouver de peu mesuré et de trop dur[2].

L'aumônier du prince de***, lequel prince est catholique romain, menaçait un anabaptiste de le chasser des petits États du prince ; il lui disait qu'il n'y a que trois sectes autorisées dans l'empire[3] ; que pour lui, anabaptiste, qui était d'une quatrième, il n'était pas digne de vivre dans les terres de monseigneur ; et enfin, la conversation s'échauffant, l'aumônier menaça l'anabaptiste de le faire pendre.

« Tant pis[4] pour Son Altesse, répondit l'anabaptiste ; je suis un

---

1. Cette section, avec les variantes qui suivent, était reproduite plus loin sous le mot LIBERTÉ DE CONSCIENCE. Elle était dans les *Questions sur l'Encyclopédie*, 4ᵉ partie, 1771, telle que je la laisse ici. — Ce morceau avait déjà paru avec le texte que je mets en variante, à la suite du *Fragment des instructions pour le prince royal de* *** (voyez les *Mélanges*, année 1767), et avait été reproduit dans les *Nouveaux Mélanges*, partie IXᵉ, 1770).

2. Il est assez singulier que cette note ait été mise à celle des deux versions de l'article qui est la plus mesurée, ainsi qu'on peut en juger. (B.)

3. VARIANTE... *dans l'empire:* celle qui mange Jésus-Christ sur la foi seule, dans un morceau de pain en buvant un coup ; celle qui mange Jésus-Christ Dieu avec du pain ; et celle qui mange Jésus-Christ Dieu en corps et en âme, sans pain ni vin ; que pour lui, anabaptiste qui ne mange Dieu en aucune façon, *il n'était pas digne*, etc.

4. VAR. Ma foi *tant pis*, etc.

gros manufacturier ; j'emploie deux cents ouvriers ; je fais entrer deux cent mille écus par an dans ses États ; ma famille ira s'établir[1] ailleurs ; monseigneur y perdra.

— Et si monseigneur fait pendre tes deux cents ouvriers et ta famille? reprit l'aumônier ; et s'il donne ta manufacture à de bons catholiques?

— Je l'en défie, dit le vieillard ; on ne donne pas une manufacture comme une métairie, parce qu'on ne donne pas l'industrie. Cela serait beaucoup plus fou que s'il faisait tuer tous ses chevaux[2] parce que l'un d'eux t'aura jeté par terre, et que tu es un mauvais écuyer. L'intérêt de monseigneur n'est pas que je mange[3] du pain sans levain ou levé : il est que je procure à ses sujets de quoi manger, et que j'augmente ses revenus par mon travail. Je suis un honnête homme ; et quand j'aurais le malheur de n'être pas né tel, ma profession me forcerait à le devenir, car dans les entreprises de négoce, ce n'est pas comme dans celles de cour[4] et dans les tiennes : point de succès sans probité. Que t'importe que j'aie été baptisé dans l'âge qu'on appelle de raison, tandis que tu l'as été sans le savoir ? Que t'importe que j'adore Dieu[5] à la manière de mes pères ? Si tu suivais tes belles maximes, si tu avais la force en main, tu irais donc d'un bout de l'univers à l'autre, faisant pendre à ton plaisir le Grec qui ne croit pas que l'Esprit procède du Père et du Fils ; tous les Anglais, tous les Hollandais, Danois, Suédois, Islandais, Prussiens, Hanovriens, Saxons, Holstenois, Hessois, Vurtembergeois, Bernois, Hambourgeois, Cosaques, Valaques, Russes, qui ne croient pas le pape infaillible ; tous les musulmans qui croient un seul Dieu[6], et les Indiens, dont la religion est plus ancienne que la juive, et les lettrés chinois, qui depuis quatre mille[7] ans servent un Dieu unique sans superstition et sans fanatisme? Voilà donc ce que tu ferais si tu étais le maître?

— Assurément, dit le moine[8] ; car je suis dévoré du zèle de la maison du Seigneur : *Zelus domus suæ comedit me*[9].

---

1. VARIANTE. *Ma famille s'établira ailleurs; monseigneur y perdra plus que moi.*
2. VAR. *Tous ses veaux qui ne communient pas plus que moi. L'intérêt*, etc.
3. VAR. *Que je mange Dieu; il est*, etc.
4. VAR. *Celles de cour: point de succès*, etc.
5. VAR. *Que t'importe que j'adore Dieu sans le manger, tandis que tu le fais, que tu le manges, et que tu le digères? Si tu suivais*, etc.
6. VAR. *Un seul Dieu, et qui ne lui donnent ni père ni mère; et les Indiens.* etc.
7. VAR. *Depuis cinq mille.*
8. VAR. *Dit le prêtre; car*, etc.
9. VAR. *Zelus domus tuæ comedit me.* (Psalm. LXVIII, 10.)

— Étrange secte! ou plutôt infernale horreur! s'écria le bon père de famille. Quelle

— Çà, dis-moi un peu, cher aumônier, repartit l'anabaptiste, es-tu dominicain, ou jésuite, ou diable?

— Je suis jésuite, dit l'autre.

— Eh! mon ami, si tu n'es pas diable, pourquoi dis-tu des choses si diaboliques?

— C'est que le révérend père recteur m'a ordonné de les dire.

— Et qui a ordonné cette abomination au révérend père recteur?

— C'est le provincial.

— De qui le provincial a-t-il reçu cet ordre?

— De notre général, et le tout pour plaire[1] à un plus grand seigneur que lui. »

Dieux de la terre, qui avec trois doigts avez trouvé le secret de vous rendre maîtres d'une grande partie du genre humain, si dans le fond du cœur vous avouez que vos richesses et votre puissance ne sont point essentielles à votre salut et au nôtre, jouissez-en avec modération. Nous ne voulons pas vous démitrer, vous détiarer; mais ne nous écrasez pas. Jouissez, et laissez-nous paisibles; démêlez vos intérêts avec les rois, et laissez-nous nos manufactures.

CONSEILLER ou JUGE[2].

BARTOLOMÉ.

Quoi! il n'y a que deux ans que vous étiez au collége, et vous voilà déjà conseiller de la cour de Naples?

---

religion que celle qui ne se soutiendrait que par des bourreaux, et qui ferait à Dieu l'outrage de lui dire : Tu n'es pas assez puissant pour soutenir par toi-même ce que nous appelons ton véritable culte, il faut que nous t'aidions; tu ne peux rien sans nous, et nous ne pouvons rien sans tortures, sans échafauds, et sans bûchers!

Çà, dis-moi un peu, sanguinaire *aumônier, es-tu dominicain*, etc.

1. VARIANTE. *Pour plaire* au pape. »

Le pauvre anabaptiste s'écria : « Sacrés papes qui êtes à Rome sur le trône des Césars, archevêques, évêques, abbés devenus souverains, je vous respecte et je vous fuis. Mais si dans le fond du cœur vous avouez que vos richesses et votre puissance ne sont fondées que sur l'ignorance et la bêtise de nos pères, jouissez-en du moins avec modération. Nous ne voulons point vous détrôner, mais ne nous écrasez pas. Jouissez, et laissez-nous paisibles. Sinon craignez qu'à la fin la patience n'échappe aux peuples, et qu'on ne vous réduise, pour le bien de vos âmes, à la condition des apôtres, dont vous prétendez être les successeurs.

— Ah, misérable! tu voudrais que le pape et l'évêque de Vurtzbourg gagnassent le ciel par la pauvreté évangélique!

— Ah, mon révérend père, tu voudrais me faire pendre! »

2. *Questions sur l'Encyclopédie*, quatrième partie, 1771. (B.)

CONSEILLER OU JUGE.

GERONIMO.

Oui, c'est un arrangement de famille : il m'en a peu coûté.

BARTOLOMÉ.

Vous êtes donc devenu bien savant depuis que je ne vous ai vu?

GERONIMO.

Je me suis quelquefois fait inscrire dans l'école de droit, où l'on m'apprenait que le droit naturel est commun aux hommes et aux bêtes, et que le droit des gens n'est que pour les gens. On me parlait de l'édit du préteur, et il n'y a plus de préteur; des fonctions des édiles, et il n'y a plus d'édiles; du pouvoir des maîtres sur les esclaves, et il n'y a plus d'esclaves. Je ne sais presque rien des lois de Naples, et me voilà juge.

BARTOLOMÉ.

Ne tremblez-vous pas d'être chargé de décider du sort des familles, et ne rougissez-vous pas d'être si ignorant?

GERONIMO.

Si j'étais savant, je rougirais peut-être davantage. J'entends dire aux savants que presque toutes les lois se contredisent; que ce qui est juste à Gaiette[1] est injuste à Otrante; que dans la même juridiction on perd à la seconde chambre le même procès qu'on gagne à la troisième. J'ai toujours dans l'esprit ce beau discours d'un avocat vénitien : « Illustrissimi signori, l'anno passato avete giudicato così; e questo anno nella medesima lite avete giudicato tutto il contrario : e sempre ben[2]. »

Le peu que j'ai lu de nos lois m'a paru souvent très-embrouillé. Je crois que si je les étudiais pendant quarante ans, je serais embarrassé pendant quarante ans : cependant je les étudie; mais je pense qu'avec du bon sens et de l'équité on peut être un très-bon magistrat, sans être profondément savant. Je ne connais point de meilleur juge que Sancho Pança : cependant il ne savait pas un mot du code de l'île de Barataria. Je ne chercherai point à accorder ensemble Cujas et Camille Descurtis[3] : ils ne sont point mes législateurs. Je ne connais de lois que celles qui ont la sanction du souverain. Quand elles seront claires, je les suivrai à la lettre; quand elles seront obscures, je suivrai les lumières de ma raison, qui sont celles de ma conscience.

---

1. Gaëte, en italien Gajetta.
2. Ces mots ont déjà été cités et traduits dans un fragment d'une lettre de Voltaire, qui fait partie de l'*Avertissement* mis par les éditeurs de Kehl à la tragédie d'*Adélaïde du Guesclin* (tome II du *Théâtre*).
3. Camille Descurtis ou de Curte, jurisconsulte vénitien.

BARTOLOMÉ.

Vous me donnez envie d'être ignorant, tant vous raisonnez bien. Mais comment vous tirerez-vous des affaires d'État, de finance, de commerce ?

GERONIMO.

Dieu merci! nous ne nous en mêlons guère à Naples. Une fois, le marquis de Carpi, notre vice-roi, voulut nous consulter sur les monnaies : nous parlâmes de l'*æs grave* des Romains, et les banquiers se moquèrent de nous. On nous assembla dans un temps de disette pour régler le prix du blé : nous fûmes assemblés six semaines, et on mourait de faim. On consulta enfin deux forts laboureurs et deux bons marchands de blé, et il y eut dès le lendemain plus de pain au marché qu'on n'en voulait.

Chacun doit se mêler de son métier ; le mien est de juger les contestations, et non pas d'en faire naître : mon fardeau est assez grand.

CONSÉQUENCE[1].

Quelle est donc notre nature, et qu'est-ce que notre chétif esprit? Quoi! l'on peut tirer les conséquences les plus justes, les plus lumineuses, et n'avoir pas le sens commun? Cela n'est que trop vrai. Le fou d'Athènes qui croyait que tous les vaisseaux qui abordaient au Pirée lui appartenaient pouvait calculer merveilleusement combien valait le chargement de ces vaisseaux, et en combien de jours ils pouvaient arriver de Smyrne au Pirée.

Nous avons vu des imbéciles qui ont fait des calculs et des raisonnements bien plus étonnants. Ils n'étaient donc pas imbéciles, me dites-vous. Je vous demande pardon, ils l'étaient. Ils posaient tout leur édifice sur un principe absurde; ils enfilaient régulièrement des chimères. Un homme peut marcher très-bien et s'égarer, et alors mieux il marche et plus il s'égare.

Le Fo des Indiens eut pour père un éléphant qui daigna faire un enfant à une princesse indienne, laquelle accoucha du dieu Fo par le côté gauche. Cette princesse était la propre sœur d'un empereur des Indes : donc Fo était le neveu de l'empereur ; et les petit-fils de l'éléphant et du monarque étaient cousins issus de germain ; donc, selon les lois de l'État, la race de l'empereur étant éteinte, ce sont les descendants de l'éléphant qui doivent succéder. Le principe reçu, on ne peut mieux conclure.

---

1. *Questions sur l'Encyclopédie*, quatrième partie, 1771. (B.)

Il est dit que l'éléphant divin était haut de neuf pieds de roi. Tu présumes avec raison que la porte de son écurie devait avoir plus de neuf pieds, afin qu'il pût y entrer à son aise. Il mangeait cinquante livres de riz par jour, vingt-cinq livres de sucre, et buvait vingt-cinq livres d'eau. Tu trouves par ton arithmétique qu'il avalait trente-six mille cinq cents livres pesant par année; on ne peut compter mieux. Mais ton éléphant a-t-il existé? était-il beau-frère de l'empereur? sa femme a-t-elle fait un enfant par le côté gauche? c'est là ce qu'il fallait examiner. Vingt auteurs qui vivaient à la Cochinchine l'ont écrit l'un après l'autre; tu devais confronter ces vingt auteurs, peser leurs témoignages, consulter les anciennes archives, voir s'il est question de cet éléphant dans les registres, examiner si ce n'est point une fable que des imposteurs ont eu intérêt d'accréditer. Tu es parti d'un principe extravagant pour en tirer des conclusions justes.

C'est moins la logique qui manque aux hommes que la source de logique. Il ne s'agit pas de dire: Six vaisseaux qui m'appartiennent sont chacun de deux cents tonneaux, le tonneau est de deux mille livres pesant; donc j'ai douze cent mille livres de marchandises au port du Pirée. Le grand point est de savoir si ces vaisseaux sont à toi. Voilà le principe dont ta fortune dépend; tu compteras après[1].

Un ignorant fanatique et conséquent est souvent un homme à étouffer. Il aura lu que Phinées, transporté d'un saint zèle, ayant trouvé un Juif couché avec une Madianite, les tua tous deux, et fut imité par les lévites, qui massacrèrent tous les ménages moitié madianites et moitié juifs. Il sait que son voisin catholique couche avec sa voisine huguenote; il les tuera tous deux sans difficulté : on ne peut agir plus conséquemment. Quel est le remède à cette maladie horrible de l'âme? C'est d'accoutumer de bonne heure les enfants à ne rien admettre qui choque la raison; de ne leur conter jamais d'histoires de revenants, de fantômes, de sorciers, de possédés, de prodiges ridicules. Une fille d'une imagination tendre et sensible entend parler de possessions; elle tombe dans une maladie de nerfs, elle a des convulsions, elle se croit possédée. J'en ai vu mourir une de la révolution que ces abominables histoires avaient faite dans ses organes[2].

---

1. Voyez l'article PRINCIPE.
2. Voyez l'article ESPRIT, section IV; et l'article FANATISME, section II. (*Note de Voltaire.*)

CONSPIRATIONS CONTRE LES PEUPLES,

ou

PROSCRIPTIONS[1].

CONSTANTIN[2].

SECTION PREMIÈRE.

DU SIÈCLE DE CONSTANTIN.

Parmi les siècles qui suivirent celui d'Auguste, vous avez raison de distinguer celui de Constantin. Il est à jamais célèbre par les grands changements qu'il apporta sur la terre. Il commençait, il est vrai, à ramener la barbarie : non-seulement on ne retrouvait plus des Cicérons, des Horaces et des Virgiles, mais il n'y avait pas même de Lucains, ni de Sénèques; pas un historien sage et exact : on ne voit que des satires suspectes, ou des panégyriques encore plus hasardés.

Les chrétiens commençaient alors à écrire l'histoire; mais ils n'avaient pris ni Tite-Live ni Thucydide pour modèle. Les sectateurs de l'ancienne religion de l'empire n'écrivaient ni avec plus d'éloquence ni avec plus de vérité. Les deux partis, animés l'un contre l'autre, n'examinaient pas bien scrupuleusement les calomnies dont on chargeait leurs adversaires. De là vient que le même homme est regardé tantôt comme un dieu, tantôt comme un monstre.

La décadence en toute chose, et dans les moindres arts mécaniques comme dans l'éloquence et dans la vertu, arriva après Marc-Aurèle. Il avait été le dernier empereur de cette secte stoïque qui élevait l'homme au-dessus de lui-même en le rendant dur pour lui seul, et compatissant pour les autres. Ce ne fut plus, depuis la mort de cet empereur vraiment philosophe, que tyrannie

---

1. Sous ce mot, Voltaire avait reproduit, dans ses *Questions sur l'Encyclopédie*, son opuscule sous le même titre, qui se trouve dans les *Mélanges*, année 1766. Il avait mis en tête les deux phrases que voici :

« Il y a des choses qu'il faut sans cesse mettre sous les yeux des hommes. Ayant retrouvé ce morceau, qui intéresse l'humanité entière, nous avons cru que c'était ici sa place, d'autant plus qu'il y a quelques additions. »

Il y en avait en effet; et elles font partie de l'article imprimé. (B.)

2. Ce morceau historique avait été fait pour Mme du Châtelet. (K.) — Il avait été imprimé dans la *Suite des Mélanges* (4ᵉ partie), 1756. (B.)

et confusion. Les soldats disposaient souvent de l'empire. Le sénat tomba dans un tel mépris que, du temps de Gallien, il fut défendu par une loi expresse aux sénateurs d'aller à la guerre. On vit à la fois trente chefs de partis prendre le titre d'*empereur*, dans trente provinces de l'empire. Les barbares fondaient déjà de tous côtés, au milieu du iiie siècle, sur cet empire déchiré. Cependant il subsista par la seule discipline militaire qui l'avait fondé.

Pendant tous ces troubles, le christianisme s'établissait par degrés, surtout en Égypte, dans la Syrie, et sur les côtes de l'Asie Mineure. L'empire romain admettait toutes sortes de religions, ainsi que toutes sortes de sectes philosophiques. On permettait le culte d'Osiris; on laissait même aux Juifs de grands priviléges, malgré leurs révoltes; mais les peuples s'élevèrent souvent dans les provinces contre les chrétiens. Les magistrats les persécutaient, et on obtint même souvent contre eux des édits émanés des empereurs. Il ne faut pas être étonné de cette haine générale qu'on portait d'abord au christianisme, tandis qu'on tolérait tant d'autres religions. C'est que ni les Égyptiens, ni les Juifs, ni les adorateurs de la déesse de Syrie, et de tant d'autres dieux étrangers, ne déclaraient une guerre ouverte aux dieux de l'empire. Ils ne s'élevaient point contre la religion dominante; mais un des premiers devoirs des chrétiens était d'exterminer le culte reçu dans l'empire. Les prêtres des dieux jetaient des cris quand ils voyaient diminuer les sacrifices et les offrandes; le peuple, toujours fanatique et toujours emporté, se soulevait contre les chrétiens : cependant plusieurs empereurs les protégèrent. Adrien défendit expressément qu'on les persécutât. Marc-Aurèle ordonna qu'on ne les poursuivît point pour cause de religion. Caracalla, Héliogabale, Alexandre, Philippe, Gallien, leur laissèrent une liberté entière; ils avaient au iiie siècle des églises publiques très-fréquentées et très-riches, et leur liberté fut si grande qu'ils tinrent seize conciles dans ce siècle. Le chemin des dignités étant fermé aux premiers chrétiens, qui étaient presque tous d'une condition obscure, ils se jetèrent dans le commerce, et il y en eut qui amassèrent de grandes richesses. C'est la ressource de toutes les sociétés qui ne peuvent avoir de charges dans l'État : c'est ainsi qu'en ont usé les calvinistes en France, tous les non-conformistes en Angleterre, les catholiques en Hollande, les Arméniens en Perse, les Banians dans l'Inde, et les Juifs dans toute la terre. Cependant à la fin la tolérance fut si grande, et les mœurs du gouvernement si douces, que les chrétiens furent admis à tous les honneurs et à toutes les dignités. Ils ne sacrifiaient point aux dieux de l'empire ; on ne s'embarrassait pas s'ils allaient aux temples ou s'ils les fuyaient ; il y avait parmi les Romains une liberté absolue sur les exercices de leur religion ; personne ne fut jamais forcé de les remplir. Les chrétiens jouissaient donc de la même liberté que les autres : il est si vrai qu'ils parvinrent aux honneurs, que Dioclétien et Galérius les en privèrent en 303, dans la persécution dont nous parlerons.

Il faut adorer la Providence dans toutes ses voies ; mais je me borne, selon vos ordres, à l'histoire politique.

Manès, sous le règne de Probus, vers l'an 278, forma une religion nouvelle dans Alexandrie. Cette secte était composée des anciens principes des Persans, et de quelques dogmes du christianisme. Probus et son successeur Carus laissèrent en paix Manès et les chrétiens. Numérien leur laissa une liberté entière. Dioclétien protégea les chrétiens, et toléra les manichéens pendant douze années ; mais, en 296, il donna un édit contre les manichéens, et les proscrivit comme des ennemis de l'empire attachés aux Perses. Les chrétiens ne furent point compris dans l'édit ; ils demeurèrent tranquilles sous Dioclétien, et firent une profession ouverte de leur religion dans tout l'empire, jusqu'aux deux dernières années du règne de ce prince.

Pour achever l'esquisse du tableau que vous demandez, il faut vous représenter quel était alors l'empire romain. Malgré toutes les secousses intérieures et étrangères, malgré les incursions des barbares, il comprenait tout ce que possède aujourd'hui le sultan des Turcs, excepté l'Arabie ; tout ce que possède la maison d'Autriche en Allemagne, et toutes les provinces d'Allemagne jusqu'à l'Elbe ; l'Italie, la France, l'Espagne, l'Angleterre, et la moitié de l'Écosse ; toute l'Afrique jusqu'au désert de Darha, et même les îles Canaries. Tant de pays étaient tenus sous le joug par des corps d'armée moins considérables que l'Allemagne et la France n'en mettent aujourd'hui sur pied quand elles sont en guerre.

Cette grande puissance s'affermit et s'augmenta même depuis César jusqu'à Théodose, autant par les lois, par la police et par les bienfaits, que par les armes et par la terreur. C'est encore un sujet d'étonnement qu'aucun de ces peuples conquis n'ait pu, depuis qu'ils se gouvernent par eux-mêmes, ni construire des grands chemins, ni élever des amphithéâtres et des bains publics, tels que leurs vainqueurs leur en donnèrent. Des contrées qui sont aujourd'hui presque barbares et désertes étaient peuplées et policées : telles furent l'Épire, la Macédoine, la Thessalie, l'Illyrie, la Pannonie, surtout l'Asie Mineure et les côtes de l'Afrique ;

mais aussi il s'en fallait beaucoup que l'Allemagne, la France et l'Angleterre fussent ce qu'elles sont aujourd'hui. Ces trois États sont ceux qui ont le plus gagné à se gouverner par eux-mêmes; encore a-t-il fallu près de douze siècles pour mettre ces royaumes dans l'état florissant où nous les voyons ; mais il faut avouer que tout le reste a beaucoup perdu à passer sous d'autres lois. Les ruines de l'Asie Mineure et de la Grèce, la dépopulation de l'Égypte, et la barbarie de l'Afrique, attestent aujourd'hui la grandeur romaine. Le grand nombre des villes florissantes qui couvraient ces pays est changé en villages malheureux ; et le terrain même est devenu stérile sous les mains des peuples abrutis[1].

SECTION II[2].

Je ne parlerai point ici de la confusion qui agita l'empire depuis l'abdication de Dioclétien. Il y eut après sa mort six empereurs à la fois. Constantin triompha d'eux tous, changea la religion et l'empire, et fut l'auteur non-seulement de cette grande révolution, mais de toutes celles qu'on a vues depuis dans l'Occident. Vous voudriez savoir quel était son caractère : demandez-le à Julien, à Zosime, à Sozomène, à Victor ; ils vous diront qu'il agit d'abord en grand prince, ensuite en voleur public, et que la dernière partie de sa vie fut d'un voluptueux, d'un efféminé et d'un prodigue. Ils le peindront toujours ambitieux, cruel et sanguinaire. Demandez-le à Eusèbe, à Grégoire de Nazianze, à Lactance ; ils vous diront que c'était un homme parfait. Entre ces deux extrêmes, il n'y a que les faits avérés qui puissent vous faire trouver la vérité. Il avait un beau-père, il l'obligea de se pendre ; il avait un beau-frère, il le fit étrangler ; il avait un neveu de douze à treize ans, il le fit égorger ; il avait un fils aîné, il lui fit couper la tête ; il avait une femme, il la fit étouffer dans un bain. Un vieil auteur gaulois dit *qu'il aimait à faire maison nette.*

Si vous ajoutez à toutes ces affaires domestiques qu'ayant été sur les bords du Rhin à la chasse de quelques hordes de Francs qui habitaient dans ces quartiers-là, et ayant pris leurs rois, qui probablement étaient de la famille de notre Pharamond et de

---

1. Dans l'édition de 1756 on lisait encore :

« Il faut maintenant tâcher de vous donner quelques éclaircissements sur Dioclétien, qui fut un des plus puissants empereurs de Rome, et dont on a dit tant de bien et de mal. »

Après quoi venait le morceau qui forme ci-après l'article Dioclétien. (B.)

2. *Suite des Mélanges* (4e partie), 1756. (B.)

notre Clodion le Chevelu, il les exposa aux bêtes pour son divertissement, vous pourrez inférer de tout cela, sans craindre de vous tromper, que ce n'était pas l'homme du monde le plus accommodant.

Examinons à présent les principaux événements de son règne. Son père Constance Chlore était au fond de l'Angleterre, où il avait pris pour quelques mois le titre d'empereur. Constantin était à Nicomédie, auprès de l'empereur Galère ; il lui demanda la permission d'aller trouver son père, qui était malade ; Galère n'en fit aucune difficulté : Constantin partit avec les relais de l'empire qu'on appelait *veredarii*. On pourrait dire qu'il était aussi dangereux d'être cheval de poste que d'être de la famille de Constantin, car il faisait couper les jarrets à tous les chevaux après s'en être servi, de peur que Galère ne révoquât sa permission, et ne le fît revenir à Nicomédie. Il trouva son père mourant, et se fit reconnaître empereur par le petit nombre de troupes romaines qui étaient alors en Angleterre.

Une élection d'un empereur romain faite à York par cinq ou six mille hommes ne devait guère paraître légitime à Rome : il y manquait au moins la formule du *senatus populusque romanus*. Le sénat, le peuple et les gardes prétoriennes, élurent d'un consentement unanime Maxence, fils du césar Maximien Hercule, déjà césar lui-même, et frère de cette Fausta que Constantin avait épousée, et qu'il fit depuis étouffer. Ce Maxence est appelé tyran, usurpateur, par nos historiens, qui sont toujours pour les gens heureux. Il était le protecteur de la religion païenne contre Constantin, qui déjà commençait à se déclarer pour les chrétiens. Païen et vaincu, il fallait bien qu'il fût un homme abominable.

Eusèbe nous dit que Constantin, en allant à Rome combattre Maxence, vit dans les nuées, aussi bien que toute son armée, la grande enseigne des empereurs nommée le *Labarum*, surmontée d'un *P* latin, ou d'un grand *R* grec, avec une croix en sautoir, et deux mots grecs qui signifiaient : *Tu vaincras par ceci*. Quelques auteurs prétendent que ce signe lui apparut à Besançon, d'autres disent à Cologne, quelques-uns à Trèves, d'autres à Troyes. Il est étrange que le ciel se soit expliqué en grec dans tout ces pays-là. Il eût paru plus naturel aux faibles lumières des hommes que ce signe eût paru en Italie le jour de la bataille ; mais alors il eût fallu que l'inscription eût été en latin. Un savant antiquaire, nommé Loisel, a réfuté cette antiquité ; mais on l'a traité de scélérat.

On pourrait cependant considérer que cette guerre n'était pas une guerre de religion, que Constantin n'était pas un saint, qu'il est mort soupçonné d'être arien, après avoir persécuté les orthodoxes ; et qu'ainsi on n'a pas un intérêt bien évident à soutenir ce prodige.

Après sa victoire, le sénat s'empressa d'adorer le vainqueur et de détester la mémoire du vaincu. On se hâta de dépouiller l'arc de triomphe de Marc-Aurèle pour orner celui de Constantin ; on lui dressa une statue d'or, ce qu'on ne faisait que pour les dieux ; il la reçut malgré le *Labarum,* et reçut encore le titre de *grand-pontife,* qu'il garda toute sa vie. Son premier soin, à ce que disent Zonare et Zosime, fut d'exterminer toute la race du tyran et ses principaux amis ; après quoi il assista très-humainement aux spectacles et aux jeux publics.

Le vieux Dioclétien était mourant alors dans sa retraite de Salone. Constantin aurait pu ne se pas tant presser d'abattre ses images dans Rome ; il eût pu se souvenir que cet empereur oublié avait été le bienfaiteur de son père, et qu'il lui devait l'empire. Vainqueur de Maxence, il lui restait à se défaire de Licinius, son beau-frère, auguste comme lui ; et Licinius songeait à se défaire de Constantin, s'il pouvait. Cependant leurs querelles n'éclatant pas encore, ils donnèrent conjointement, en 313, à Milan, le fameux édit de liberté de conscience. « Nous donnons, disent-ils, à tout le monde la liberté de suivre telle religion que chacun voudra, afin d'attirer la bénédiction du ciel sur nous et sur tous nos sujets ; nous déclarons que nous avons donné aux chrétiens la faculté libre et absolue d'observer leur religion ; bien entendu que tous les autres auront la même liberté, pour maintenir la tranquillité de notre règne. » On pourrait faire un livre sur un tel édit ; mais je ne veux pas seulement y hasarder deux lignes.

Constantin n'était pas encore chrétien. Licinius, son collègue, ne l'était pas non plus. Il y avait encore un empereur ou un tyran à exterminer : c'était un païen déterminé, nommé Maximin. Licinius le combattit avant de combattre Constantin. Le ciel lui fut encore plus favorable qu'à Constantin même, car celui-ci n'avait eu que l'apparition d'un étendard, et Licinius eut celle d'un ange. Cet ange lui apprit une prière avec laquelle il vaincrait sûrement le barbare Maximin. Licinius la mit par écrit, la fit réciter trois fois à son armée, et remporta une victoire complète. Si ce Licinius, beau-frère de Constantin, avait régné heureusement, on n'aurait parlé que de son ange ; mais Constantin l'ayant fait pendre, ayant égorgé son jeune fils, étant devenu maître absolu de tout, on ne parle que du Labarum de Constantin.

On croit qu'il fit mourir son fils aîné Crispus, et sa femme Fausta, la même année qu'il assembla le concile de Nicée. Zosime et Sozomène prétendent que les prêtres des dieux lui ayant dit qu'il n'y avait pas d'expiations pour de si grands crimes, il fit alors profession ouverte du christianisme, et démolit plusieurs temples dans l'Orient. Il n'est guère vraisemblable que des pontifes païens eussent manqué une si belle occasion d'amener à eux leur grand-pontife, qui les abandonnait. Cependant il n'est pas impossible qu'il s'en fût trouvé quelques-uns de sévères ; il y a partout des hommes difficiles. Ce qui est bien plus étrange, c'est que Constantin chrétien n'ait fait aucune pénitence de ses parricides. Ce fut à Rome qu'il commit cette barbarie ; et depuis ce temps le séjour de Rome lui devint odieux ; il la quitta pour jamais, et alla fonder Constantinople. Comment ose-t-il dire dans un de ses rescrits qu'il transporte le siége de l'empire à Constantinople *par ordre de Dieu même?* n'est-ce pas se jouer impudemment de la Divinité et des hommes? Si Dieu lui avait donné quelque ordre, ne lui aurait-il pas donné celui de ne point assassiner sa femme et son fils?

Dioclétien avait déjà donné l'exemple de la translation de l'empire vers les côtes de l'Asie. Le faste, le despotisme et les mœurs asiatiques effarouchaient encore les Romains, tout corrompus et tout esclaves qu'ils étaient. Les empereurs n'avaient osé se faire baiser les pieds dans Rome, et introduire une foule d'eunuques dans leurs palais ; Dioclétien commença dans Nicomédie, et Constantin acheva dans Constantinople, de mettre la cour romaine sur le pied de celle des Perses. Rome languit dès lors dans la décadence. L'ancien esprit romain tomba avec elle. Ainsi Constantin fit à l'empire le plus grand mal qu'il pouvait lui faire.

De tous les empereurs ce fut sans contredit le plus absolu. Auguste avait laissé une image de liberté ; Tibère, Néron même, avaient ménagé le sénat et le peuple romain : Constantin ne ménagea personne. Il avait affermi d'abord sa puissance dans Rome, en cassant ces fiers prétoriens, qui se croyaient les maîtres des empereurs. Il sépara entièrement la robe et l'épée. Les dépositaires des lois, écrasés alors par le militaire, ne furent plus que des jurisconsultes esclaves. Les provinces de l'empire furent gouvernées sur un plan nouveau.

La grande vue de Constantin était d'être le maître en tout ; il le fut dans l'Église comme dans l'État. On le voit convoquer et ouvrir le concile de Nicée, entrer au milieu des Pères tout couvert de pierreries, le diadème sur la tête, prendre la première place, exiler indifféremment tantôt Arius, tantôt Athanase. Il se mettait à la tête du christianisme sans être chrétien : car c'était ne pas l'être dans ce temps-là que de n'être pas baptisé ; il n'était que catéchumène. L'usage même d'attendre les approches de la mort pour se faire plonger dans l'eau de régénération commençait à s'abolir pour les particuliers. Si Constantin, en différant son baptême jusqu'à la mort, crut pouvoir tout faire impunément dans l'espérance d'une expiation entière, il était triste pour le genre humain qu'une telle opinion eût été mise dans la tête d'un homme tout-puissant.

CONTRADICTIONS.

SECTION PREMIÈRE [1].

Plus on voit ce monde, et plus on le voit plein de contradictions et d'inconséquences. A commencer par le Grand Turc, il fait couper toutes les têtes qui lui déplaisent, et peut rarement conserver la sienne.

Si du Grand Turc nous passons au saint-père, il confirme l'élection des empereurs, il a des rois pour vassaux, mais il n'est pas si puissant qu'un duc de Savoie. Il expédie des ordres pour l'Amérique et pour l'Afrique, et il ne pourrait pas ôter un privilège à la république de Lucques. L'empereur est roi des Romains ; mais le droit de leur roi consiste à tenir l'étrier du pape, et à lui donner à laver à la messe.

Les Anglais servent leur monarque à genoux, mais ils le déposent, l'emprisonnent, et le font périr sur l'échafaud.

Des hommes qui font vœu de pauvreté obtiennent, en vertu de ce vœu, jusqu'à deux cent mille écus de rente, et, en conséquence de leur vœu d'humilité, sont des souverains despotiques. On condamne hautement à Rome la pluralité des bénéfices avec charge d'âmes ; et on donne tous les jours des bulles à un Allemand pour cinq ou six évêchés à la fois. C'est, dit-on, que les évêques allemands n'ont point charge d'âmes. Le chancelier de

---

[1]. Ce morceau est imprimé dans le tome V de l'édition de 1742 des Œuvres de Voltaire. L'auteur le comprit dans son édition de 1756 parmi les *Mélanges*, troisième partie. Ce sont les éditeurs de Kehl qui l'ont placé ici.

On peut voir dans les *Mélanges* de la présente édition, année 1727, un fragment sur les contradictions, qui, disent les éditeurs de Kehl, semble avoir fait partie d'une lettre écrite d'Angleterre. (B.)

France est la première personne de l'État : il ne peut manger avec le roi, du moins jusqu'à présent, et un colonel à peine gentilhomme a cet honneur. Une intendante est reine en province, et bourgeoise à la cour.

On cuit en place publique ceux qui sont convaincus du péché de non-conformité, et on explique gravement dans tous les colléges la seconde églogue de Virgile, avec la déclaration d'amour de Corydon au bel Alexis : « Formosum pastor Corydon ardebat Alexin ; » et on fait remarquer aux enfants que, quoique Alexis soit blond et qu'Amyntas soit brun, cependant Amyntas pourrait bien avoir la préférence.

Si un pauvre philosophe, qui ne pense point à mal, s'avise de vouloir faire tourner la terre ou d'imaginer que la lumière vient du soleil, ou de supposer que la matière pourrait bien avoir quelques autres propriétés que celles que nous connaissons, on crie à l'impie, au perturbateur du repos public ; et on traduit[1], *ad usum Delphini*, les *Tusculanes* de Cicéron et Lucrèce, qui sont deux cours complets d'irréligion.

Les tribunaux ne croient plus aux possédés, on se moque des sorciers ; mais on a brûlé Gaufridi et Grandier pour sortilége ; et en dernier lieu la moitié d'un parlement voulait condamner au feu un religieux accusé d'avoir ensorcelé une fille de dix-huit ans en soufflant sur elle[2].

Le sceptique philosophe Bayle a été persécuté même en Hollande. La Mothe Le Vayer, plus sceptique et moins philosophe, a été précepteur du roi Louis XIV et du frère du roi. Gourville était à la fois pendu en effigie à Paris, et ministre de France en Allemagne.

Le fameux athée Spinosa vécut et mourut tranquille. Vanini, qui n'avait écrit que contre Aristote, fut brûlé comme athée ; il a l'honneur, en cette qualité, de remplir un article dans les histoires des gens de lettres et dans tous les dictionnaires, immenses archives de mensonges et d'un peu de vérité : ouvrez ces livres, vous y verrez que non-seulement Vanini enseignait publiquement l'athéisme dans ses écrits, mais encore que douze professeurs de sa secte étaient partis de Naples avec lui dans le dessein de faire partout des prosélytes ; ouvrez ensuite les livres de

---

1. Les éditions *ad usum Delphini* ont des commentaires latins, et point de traductions. (B.)

2. C'est le procès du P. Girard et de La Cadière. Rien n'a tant déshonoré l'humanité. (*Note de Voltaire.*)

Vanini, vous serez bien surpris de ne voir que des preuves de l'existence de Dieu. Voici ce qu'on lit dans son *Amphitheatrum*, ouvrage également condamné et ignoré : « Dieu est son principe et son terme, sans fin et sans commencement, n'ayant besoin ni de l'un ni de l'autre, et père de tout commencement et de toute fin ; il existe toujours, mais dans aucun temps ; pour lui le passé ne fut point, et l'avenir ne viendra point ; il règne partout sans être dans un lieu ; immobile sans s'arrêter, rapide sans mouvement ; il est tout, et hors de tout ; il est dans tout, mais sans être enfermé ; hors de tout, mais sans être exclu d'aucune chose ; bon, mais sans qualité ; entier, mais sans parties ; immuable en variant tout l'univers ; sa volonté est sa puissance ; simple, il n'y a rien en lui de purement possible, tout y est réel ; il est le premier, le moyen, le dernier acte ; enfin étant tout, il est au-dessus de tous les êtres, hors d'eux, dans eux, au delà d'eux, à jamais devant et après eux. » C'est après une telle profession de foi que Vanini fut déclaré athée. Sur quoi fut-il condamné? sur la simple déposition d'un nommé Françon[1]. En vain ses livres déposaient pour lui. Un seul ennemi lui a coûté la vie, et l'a flétri dans l'Europe.

Le petit livre de *Cymbalum mundi*[2], qui n'est qu'une imitation froide de Lucien, et qui n'a pas le plus léger, le plus éloigné rapport au christianisme, a été aussi condamné aux flammes. Mais Rabelais a été imprimé avec privilége, et on a très-tranquillement laissé un libre cours à l'*Espion turc*[3], et même aux *Lettres persanes*, à ce livre léger, ingénieux et hardi, dans lequel il y a une lettre tout entière en faveur du suicide ; une autre où l'on trouve ces propres mots : « Si l'on suppose une religion ; » une autre où il est dit expressément que les évêques n'ont « d'autres fonctions que de dispenser d'accomplir la loi ; » une autre[4] enfin où il est dit que le pape est un magicien qui fait accroire que trois ne sont qu'un, que le pain qu'on mange n'est pas du pain, etc.

---

1. Voyez ATHÉISME, section III.
2. Le *Cymbalum mundi*, ouvrage de Bonaventure des Périers (dont Voltaire parle assez longuement dans la septième de ses *Lettres à Son Altesse monseigneur le prince de ****, voyez les *Mélanges*, année 1767), imprimé en 1537, réimprimé en 1538, l'a été encore en 1711 et en 1732, petit in-12. Voltaire lui-même l'a fait réimprimer en 1770 dans le tome III du recueil intitulé *les Choses utiles et agréables*. (B.)
3. Voyez la note sur la seconde édition des *Honnêtetés littéraires*, dans les *Mélanges*, année 1767.
4. Voyez *OEuvres complètes de Montesquieu*, édition E. Laboulaye; Paris, Garnier frères, 1875, tome Ier, pages 254, 164, 124, 111.

CONTRADICTIONS.

L'abbé de Saint-Pierre, homme qui a pu se tromper souvent, mais qui n'a jamais écrit qu'en vue du bien public, et dont es! ouvrages étaient appelés par le cardinal Dubois *les rêves d'un bon citoyen;* l'abbé de Saint-Pierre, dis-je, a été exclu de l'Académie française d'une voix unanime, pour avoir, dans un ouvrage de politique, préféré l'établissement des conseils sous la régence aux bureaux des secrétaires d'État qui gouvernaient sous Louis XIV, et pour avoir dit que les finances avaient été malheureusement administrées sur la fin de ce golrieux règne. L'auteur des *Lettres persanes* n'avait parlé de Louis XIV, dans son livre, que pour dire que ce roi était un « magicien[1], qui faisait accroire à ses sujets que du papier était de l'argent; qu'il n'aimait que le gouvernement turc[2]; qu'il préférait un homme qui lui donnait la serviette à un homme qui lui avait gagné des batailles; qu'il avait donné une pension à un homme qui avait fui deux lieues, et un gouvernement à un homme qui en avait fui quatre; qu'il était accablé de pauvreté »; quoiqu'il soit dit dans la même Lettre que ses finances sont inépuisables. Voilà, encore une fois, tout ce que cet auteur, dans son seul livre alors connu, avait dit de Louis XIV, protecteur de l'Académie française; et ce livre est le seul titre sur lequel l'auteur a été effectivement reçu dans l'Académie française. On peut ajouter encore, pour comble de contradiction, que cette compagnie le reçut pour en avoir été tournée en ridicule. Car de tous les livres où on s'est réjoui aux dépens de cette Académie, il n'y en a guère où elle soit traitée plus mal que dans les *Lettres persanes*. Voyez la lettre[3] où il est dit: « Ceux qui composent ce corps n'ont d'autres fonctions que de jaser sans cesse. L'éloge vient se placer comme de lui-même dans leur babil éternel, etc. » Après avoir ainsi traité cette compagnie, il fut loué par elle, à sa réception, du talent de faire des portraits ressemblants[4].

Si je voulais continuer à examiner les contrariétés qu'on trouve dans l'empire des lettres, il faudrait écrire l'histoire de tous les savants et de tous les beaux-esprits; de même que si je voulais détailler les contrariétés dans la société, il faudrait

---

1. *OEuvres complètes de Montesquieu*, tome Ier, p. 110.
2. *Ibid.*, p. 144.
3. *Ibid.*, p. 247.
4. Cette phrase ne se trouve point dans le discours imprimé de M. Mallet, alors directeur : ainsi, ou la mémoire de M. de Voltaire l'a mal servi, ou cette phrase ayant été remarquée à la lecture publique, on l'aura supprimée dans l'impression. (K.)

écrire l'histoire du genre humain. Un Asiatique qui voyagerait en Europe pourrait bien nous prendre pour des païens. Nos jours de la semaine portent les noms de Mars, de Mercure, de Jupiter, de Vénus; les noces de Cupidon et de Psyché sont peintes dans la maison des papes; mais surtout si cet Asiatique voyait notre opéra, il ne douterait pas que ce ne fût une fête à l'honneur des dieux du paganisme. S'il s'informait un peu plus exactement de nos mœurs, il serait bien plus étonné; il verrait en Espagne qu'une loi sévère défend qu'aucun étranger ait la moindre part indirecte au commerce de l'Amérique, et que cependant les étrangers y font, par les facteurs espagnols, un commerce de cinquante millions par an, de sorte que l'Espagne ne peut s'enrichir que par la violation de la loi, toujours subsistante et toujours méprisée. Il verrait qu'en un autre pays le gouvernement fait fleurir une compagnie des Indes, et que les théologiens ont déclaré le dividende des actions criminel devant Dieu. Il verrait qu'on achète le droit de juger les hommes, celui de commander à la guerre, celui d'entrer au conseil; il ne pourrait comprendre pourquoi il est dit dans les patentes qui donnent ces places, qu'elles ont été accordées gratis et sans brigue, tandis que la quittance de finance est attachée aux lettres de provision. Notre Asiatique ne serait-il pas surpris de voir des comédiens gagés par les souverains, et excommuniés par les curés? Il demanderait pourquoi un lieutenant général roturier, qui aura gagné des batailles[1], sera mis à la taille comme un paysan, et qu'un échevin sera noble comme les Montmorency? Pourquoi, tandis qu'on interdit les spectacles réguliers, dans une semaine consacrée à l'édification, on permet des bateleurs qui offensent les oreilles les moins délicates? Il verrait presque toujours nos usages en contradiction avec nos lois; et si nous voyagions en Asie, nous y trouverions à peu près les mêmes incompatibilités.

Les hommes sont partout également fous; ils ont fait des lois à mesure, comme on répare des brèches de murailles. Ici les fils aînés ont ôté tout ce qu'ils ont pu aux cadets, là les cadets partagent également. Tantôt l'Église a ordonné le duel, tant elle l'a anathématisé. On a excommunié tour à tour les partisans et les ennemis d'Aristote, et ceux qui portaient des cheveux longs et ceux qui les portaient courts. Nous n'avons dans le monde de loi

---

1. Cette ridicule coutume a été enfin abolie en 1751. Les lieutenants généraux des armées ont été déclarés nobles comme les échevins. (*Note de Voltaire.*) — Voyez *Essai sur les Mœurs*, chapitre XCVIII, tome XII, page 140.

parfaite que pour régler une espèce de folie, qui est le jeu. Les règles du jeu sont les seules qui n'admettent ni exception, ni relâchement, ni variété, ni tyrannie. Un homme qui a été laquais, s'il joue au lansquenet avec des rois, est payé sans difficulté quand il gagne ; partout ailleurs, la loi est un glaive dont le plus fort coupe par morceaux le plus faible.

Cependant ce monde subsiste comme si tout était bien ordonné ; l'irrégularité tient à notre nature ; notre monde politique est comme notre globe, quelque chose d'informe qui se conserve toujours. Il y aurait de la folie à vouloir que les montagnes, les mers, les rivières, fussent tracées en belles figures régulières ; il y aurait encore plus de folie de demander aux hommes une sagesse parfaite : ce serait vouloir donner des ailes à des chiens, ou des cornes à des aigles.

SECTION II [1].

EXEMPLES TIRÉS DE L'HISTOIRE, DE LA SAINTE ÉCRITURE, DE PLUSIEURS ÉCRIVAINS, DU FAMEUX CURÉ MESLIER, D'UN PRÉDICANT NOMMÉ ANTOINE, ETC.

On vient de montrer les contradictions de nos usages, de nos mœurs, de nos lois : on n'en a pas dit assez.

Tout a été fait, surtout dans notre Europe, comme l'habit d'Arlequin : son maître n'avait point de drap ; quand il fallut l'habiller, il prit des vieux lambeaux de toutes couleurs : Arlequin fut ridicule, mais il fut vêtu.

Où est le peuple dont les lois et les usages ne se contredisent pas ? Y a-t-il une contradiction plus frappante et en même temps plus respectable que le saint empire romain ? en quoi est-il saint ? en quoi est-il empire ? en quoi est-il romain ?

Les Allemands sont une brave nation que ni les Germanicus, ni les Trajan, ne purent jamais subjuguer entièrement. Tous les peuples germains qui habitaient au delà de l'Elbe furent toujours invincibles, quoique mal armés ; c'est en partie de ces tristes climats que sortirent les vengeurs du monde. Loin que l'Allemagne soit l'empire romain, elle a servi à le détruire.

---

1. En 1771, dans la quatrième partie des *Questions sur l'Encyclopédie*, cette section formait tout l'article, qui alors commençait ainsi : « On a déjà montré ailleurs les contradictions de nos usages, etc. »
Le sommaire de l'article fut ajouté en 1774, dans l'édition in-4°. (B.)

Cet empire était réfugié à Constantinople, quand un Allemand, un Austrasien alla d'Aix-la-Chapelle à Rome, dépouiller pour jamais les césars grecs de ce qui leur restait en Italie. Il prit le nom de césar, d'*imperator;* mais ni lui ni ses successeurs n'osèrent jamais résider à Rome. Cette capitale ne peut ni se vanter ni se plaindre que depuis Augustule, dernier excrément de l'empire romain, aucun césar ait vécu et soit enterré dans ses murs.

Il est difficile que l'empire soit *saint,* parce qu'il professe trois religions, dont deux sont déclarées impies, abominables, damnables et damnées, par la cour de Rome, que toute la cour impériale regarde comme souveraine sur ces cas.

Il n'est certainement pas romain, puisque l'empereur n'a pas dans Rome une maison.

En Angleterre on sert les rois à genoux. La maxime constante est que le roi ne peut jamais faire mal : *The king can do no wrong.* Ses ministres seuls peuvent avoir tort; il est infaillible dans ses actions comme le pape dans ses jugements. Telle est la loi fondamentale, la loi salique d'Angleterre. Cependant le parlement juge son roi Édouard II vaincu et fait prisonnier par sa femme : on déclare qu'il a tous les torts du monde, et qu'il est déchu de tous droits à la couronne. Guillaume Trussel vient dans sa prison lui faire le compliment suivant :

« Moi, Guillaume Trussel, procureur du parlement et de toute la nation anglaise, je révoque l'hommage à toi fait autrefois; je te défie, et je te prive du pouvoir royal, et nous ne tiendrons plus à toi dorésnavant [1]. »

Le parlement juge et condamne le roi Richard II, fils du grand Édouard III. Trente et un chefs d'accusation sont produits contre lui, parmi lesquels on en trouve deux singuliers : Qu'il avait emprunté de l'argent sans payer, et qu'il avait dit en présence de témoins qu'il était le maître de la vie et des biens de ses sujets.

Le parlement dépose Henri VI, qui avait un très-grand tort, mais d'une autre espèce, celui d'être imbécile.

Le parlement déclare Édouard IV traître, confisque tous ses biens; et ensuite le rétablit quand il est heureux.

Pour Richard III, celui-là eut véritablement tort plus que tous les autres : c'était un Néron, mais un Néron courageux; et le parlement ne déclara ses torts que quand il eut été tué.

La chambre représentant le peuple d'Angleterre imputa plus

---

1. Rapin Thoiras n'a pas traduit littéralement cet acte. (*Note de Voltaire.*)

de torts à Charles Iᵉʳ qu'il n'en avait, et le fit périr sur un échafaud. Le parlement jugea que Jacques II avait de très-grands torts, et surtout celui de s'être enfui. Il déclara la couronne vacante, c'est-à-dire il le déposa.

Aujourd'hui Junius écrit au roi d'Angleterre que ce monarque a tort d'être bon et sage. Si ce ne sont pas là des contradictions, je ne sais où l'on peut en trouver.

DES CONTRADICTIONS DANS QUELQUES RITES.

Après ces grandes contradictions politiques, qui se divisent en cent mille petites contradictions, il n'y en a point de plus forte que celle de quelques-uns de nos rites. Nous détestons le judaïsme; il n'y a pas quinze ans qu'on brûlait encore les Juifs. Nous les regardons comme les assassins de notre Dieu, et nous nous assemblons tous les dimanches pour psalmodier des cantiques juifs : si nous ne les récitons pas en hébreu, c'est que nous sommes des ignorants. Mais les quinze premiers évêques, prêtres, diacres et troupeau de Jérusalem, berceau de la religion chrétienne, récitèrent toujours les psaumes juifs dans l'idiome juif de la langue syriaque; et jusqu'au temps du calife Omar, presque tous les chrétiens depuis Tyr jusqu'à Alep priaient dans cet idiome juif. Aujourd'hui qui réciterait les psaumes tels qu'ils ont été composés, qui les chanterait dans la langue juive, serait soupçonné d'être circoncis et d'être juif : il serait brûlé comme tel; il l'aurait été du moins il y a vingt ans, quoique Jésus-Christ ait été circoncis, quoique les apôtres et les disciples aient été circoncis. Je mets à part tout le fond de notre sainte religion, tout ce qui est un objet de foi, tout ce qu'il ne faut considérer qu'avec une soumission craintive; je n'envisage que l'écorce, je ne touche qu'à l'usage; je demande s'il y en eut jamais un plus contradictoire?

DES CONTRADICTIONS DANS LES AFFAIRES ET DANS LES HOMMES.

Si quelque société littéraire veut entreprendre le dictionnaire des contradictions, je souscris pour vingt volumes *in-folio*.

Le monde ne subsiste que de contradictions; que faudrait-il pour les abolir? assembler les états du genre humain. Mais de la manière dont les hommes sont faits, ce serait une nouvelle contradiction s'ils étaient d'accord. Assemblez tous les lapins de l'univers, il n'y aura pas deux avis différents parmi eux.

Je ne connais que deux sortes d'êtres immuables sur la terre :

les géomètres et les animaux; ils sont conduits par deux règles invariables : la démonstration et l'instinct; et encore les géomètres ont-ils eu quelques disputes, mais les animaux n'ont jamais varié.

DES CONTRADICTIONS DANS LES HOMMES ET DANS LES AFFAIRES.

Les contrastes, les jours et les ombres sous lesquels on représente dans l'histoire les hommes publics, ne sont pas des contradictions, ce sont des portraits fidèles de la nature humaine.

Tous les jours on condamne et on admire Alexandre, le meurtrier de Clitus, mais le vengeur de la Grèce, le vainqueur des Perses, et le fondateur d'Alexandrie;

César le débauché, qui vole le trésor public de Rome pour asservir sa patrie, mais dont la clémence égale la valeur, et dont l'esprit égale le courage;

Mahomet, imposteur, brigand; mais le seul des législateurs religieux qui ait eu du courage, et qui ait fondé un grand empire;

L'enthousiaste Cromwell, fourbe dans le fanatisme même, assassin de son roi en forme juridique, mais aussi profond politique que valeureux guerrier.

Mille contrastes se présentent souvent en foule, et ces contrastes sont dans la nature; ils ne sont pas plus étonnants qu'un beau jour suivi de la tempête.

DES CONTRADICTIONS APPARENTES DANS LES LIVRES.

Il faut soigneusement distinguer dans les écrits, et surtout dans les livres sacrés, les contradictions apparentes et les réelles. Il est dit dans le *Pentateuque* que Moïse était le plus doux des hommes, et qu'il fit égorger vingt-trois mille Hébreux qui avaient adoré le veau d'or, et vingt-quatre mille qui avaient ou épousé comme lui, ou fréquenté des femmes madianites; mais de sages commentateurs ont prouvé solidement que Moïse était d'un naturel très-doux, et qu'il n'avait fait qu'exécuter les vengeances de Dieu en faisant massacrer ces quarante-sept mille Israélites coupables, comme nous l'avons déjà vu [1].

Des critiques hardis ont cru apercevoir une contradiction dans le récit où il est dit que Moïse changea toutes les eaux de l'Égypte

---

[1]. Tome XI, page 118.

en sang, et que les magiciens de Pharaon firent ensuite le même prodige, sans que l'*Exode* mette aucun intervalle entre le miracle de Moïse et l'opération magique des enchanteurs.

Il paraît d'abord impossible que ces magiciens changent en sang ce qui est déjà devenu sang ; mais cette difficulté peut se lever en supposant que Moïse avait laissé les eaux reprendre leur première nature, pour donner au pharaon le temps de rentrer en lui-même. Cette supposition est d'autant plus plausible que, si le texte ne la favorise pas expressément, il ne lui est pas contraire.

Les mêmes incrédules demandent comment tous les chevaux ayant été tués par la grêle dans la sixième plaie, Pharaon put poursuivre la nation juive avec de la cavalerie? Mais cette contradiction n'est pas même apparente, puisque la grêle, qui tua tous les chevaux qui étaient aux champs, ne put tomber sur ceux qui étaient dans les écuries.

Une des plus fortes contradictions qu'on ait cru trouver dans l'histoire des *Rois* est la disette totale d'armes offensives et défensives chez les Juifs à l'avénement de Saül, comparée avec l'armée de trois cent trente mille combattants que Saül conduit contre les Ammonites, qui assiégeaient Jabès en Galaad.

Il est rapporté en effet qu'alors[1], et même après cette bataille, il n'y avait pas une lance, pas une seule épée chez tout le peuple hébreu ; que les Philistins empêchaient les Hébreux de forger des épées et des lances ; que les Hébreux étaient obligés d'aller chez les Philistins pour faire aiguiser le soc de leurs charrues[2], leurs hoyaux, leurs cognées, et leurs serpettes.

Cet aveu semble prouver que les Hébreux étaient en très-petit nombre, et que les Philistins étaient une nation puissante, victorieuse, qui tenait les Israélites sous le joug, et qui les traitait en esclaves ; qu'enfin il n'était pas possible que Saül eût assemblé trois cent trente mille combattants, etc.

Le révérend père dom Calmet dit[3] « qu'il est croyable qu'il y a un peu d'exagération dans ce qui est dit ici de Saül et de Jonathas » ; mais ce savant homme oublie que les autres commentateurs attribuent les premières victoires de Saül et de Jonathas à un de ces miracles évidents que Dieu daigna faire si souvent en faveur de son pauvre peuple. Jonathas, avec son seul écuyer, tua

---

1. I. *Rois*, chapitre XIII, v. 22. (*Note de Voltaire.*)
2. Chapitre XIII, v. 19, 20 et 21. (*Id.*)
3. Note de dom Calmet sur le verset 19. (*Id.*)

d'abord vingt ennemis ; et les Philistins, étonnés, tournèrent leurs armes les uns contre les autres. L'auteur du livre des *Rois* dit positivement[1] que ce fut comme un miracle de Dieu, *accidit quasi miraculum a Deo.* Il n'y a donc point là de contradiction.

Les ennemis de la religion chrétienne, les Celse, les Porphyre, les Julien, ont épuisé la sagacité de leur esprit sur cette matière. Des auteurs juifs se sont prévalus de tous les avantages que leur donnait la supériorité de leurs connaissances dans la langue hébraïque pour mettre au jour ces contradictions apparentes ; ils ont été suivis même par des chrétiens tels que milord Herbert, Wollaston, Tindal, Toland, Collins, Shaftesbury, Woolston, Gordon, Bolingbroke, et plusieurs auteurs de divers pays. Fréret, secrétaire perpétuel de l'Académie des belles-lettres de France, le savant Leclerc même, Simon de l'Oratoire, ont cru apercevoir quelques contradictions qu'on pouvait attribuer aux copistes. Une foule d'autres critiques ont voulu relever et réformer des contradictions qui leur ont paru inexplicables.

On lit dans un livre dangereux fait avec beaucoup d'art[2] : « Saint Matthieu et saint Luc donnent chacun une généalogie de Jésus-Christ différente ; et pour qu'on ne croie pas que ce sont de ces différences légères qu'on peut attribuer à méprise ou inadvertance, il est aisé de s'en convaincre par ses yeux en lisant Matthieu, au chap. i, et Luc, au chap. iii : on verra qu'il y a quinze générations de plus dans l'une que dans l'autre ; que depuis David elles se séparent absolument ; qu'elles se réunissent à Salathiel, mais qu'après son fils elles se séparent de nouveau, et ne se réunissent plus qu'à Joseph.

« Dans la même généalogie, saint Matthieu tombe encore dans une contradiction manifeste : car il dit qu'Osias était père de Jonathan, et dans les *Paralipomènes*, livre Ier, chap. iii, v. 11 et 12, on trouve trois générations entre eux, savoir : Joas, Amazias, Azarias, desquels Luc ne parle pas plus que Matthieu. De plus, cette généalogie ne fait rien à celle de Jésus, puisque, selon notre loi, Joseph n'avait eu aucun commerce avec Marie. »

Pour répondre à cette objection faite depuis le temps d'Ori-

---

1. Chapitre xiv, v. 15. (*Note de Voltaire.*)
2. *Analyse de la religion chrétienne*, page 22, attribuée à Saint-Évremond. (*Id.*) — L'*Analyse de la religion chrétienne* fait partie d'un volume intitulé *Recueil nécessaire*, dont on croit que Voltaire fut l'éditeur ; mais je remarquerai que l'*Analyse* y est imprimée sous le nom de Dumarsais ; et ici Voltaire donne cet ouvrage à Saint-Évremond. L'*Analyse de la religion chrétienne* n'est peut-être ni de Dumarsais ni de Saint-Évremond. (B.)

gène, et renouvelée de siècle en siècle, il faut lire *Julius Africanus*. Voici les deux généalogies conciliées dans la table suivante, telle qu'elle se trouve dans la Bibliothèque des auteurs ecclésiastiques.

DAVID.

ESTHA.

Salomon et ses descendants, rapportés par saint Matthieu.	Nathan et ses descendants, rapportés par saint Luc.
Mathan, premier mari.	Melchi, ou plutôt Mathat, second mari.
Jacob, fils de Mathan, premier mari. Leur femme commune, dont on ne sait point le nom; mariée premièrement à Héli, dont elle n'a point eu d'enfant, et ensuite à Jacob son frère.	Héli.
Joseph, fils naturel de Jacob.	Fils d'Héli, selon la loi.

Il y a une autre manière de concilier les deux généalogies par saint Épiphane.

Suivant lui, Jacob Panther, descendu de Salomon, est père de Joseph et de Cléophas.

Joseph a de sa première femme six enfants : Jacques, Josué, Siméon, Juda, Marie et Salomé.

Il épouse ensuite la vierge Marie, mère de Jésus, fille de Joachim et d'Anne.

Il y a plusieurs autres manières d'expliquer ces deux généalogies. Voyez l'ouvrage de dom Calmet, intitulé *Dissertation où l'on essaye de concilier saint Matthieu avec saint Luc sur la généalogie de Jésus-Christ*.

Les mêmes savants incrédules qui ne sont occupés qu'à comparer des dates, à examiner les livres et les médailles, à confronter les anciens auteurs, à chercher la vérité avec la prudence humaine, et qui perdent par leur science la simplicité de la foi, reprochent à saint Luc de contredire les autres Évangiles, et de s'être trompé dans ce qu'il avance sur la naissance du Sauveur. Voici comme s'en explique témérairement l'auteur de l'*Analyse de la religion chrétienne* (page 23):

« Saint Luc dit que Cyrénius avait le gouvernement de Syrie lorsque Auguste fit faire le dénombrement de tout l'empire. On va voir combien il se rencontre de faussetés évidentes dans ce peu de mots. 1° Tacite et Suétone, les plus exacts de tous les historiens, ne disent pas un mot du prétendu dénombrement de tout l'empire, qui assurément eût été un événement bien singulier, puisqu'il n'y en eut jamais sous aucun empereur; du moins aucun auteur ne rapporte qu'il y en ait eu. 2° Cyrénius ne vint dans la Syrie que dix ans après le temps marqué par Luc; elle était alors gouvernée par Quintilius Varus, comme Tertullien le rapporte, et comme il est confirmé par les médailles. »

On avouera qu'en effet il n'y eut jamais de dénombrement de tout l'empire romain, et qu'il n'y eut qu'un cens de citoyens romains, selon l'usage. Il se peut que des copistes aient écrit *dénombrement* pour *cens*. A l'égard de Cyrénius, que les copistes ont transcrit Cyrinus, il est certain qu'il n'était pas gouverneur de la Syrie dans le temps de la naissance de notre Sauveur, et que c'était alors Quintilius Varus; mais il est très-naturel que Quintilius Varus ait envoyé en Judée ce même Cyrénius qui lui succéda, dix ans après, dans le gouvernement de la Syrie. On ne doit point dissimuler que cette explication laisse encore quelques difficultés.

Premièrement, le cens fait sous Auguste ne se rapporte point au temps de la naissance de Jésus-Christ.

Secondement, les Juifs n'étaient point compris dans ce cens. Joseph et son épouse n'étaient point citoyens romains. Marie ne devait donc point, dit-on, partir de Nazareth, qui est à l'extrémité de la Judée, à quelques milles du mont Thabor, au milieu du désert, pour aller accoucher à Bethléem, qui est à quatre-vingts milles de Nazareth.

Mais il se peut très-aisément que Cyrinus ou Cyrénius étant venu à Jérusalem de la part de Quintilius Varus pour imposer un tribut par tête, Joseph et Marie eussent reçu l'ordre du magistrat de Bethléem de venir se présenter pour payer le tribut dans le bourg de Bethléem, lieu de leur naissance : il n'y a rien là qui soit contradictoire.

Les critiques peuvent tâcher d'infirmer cette solution, en représentant que c'était Hérode seul qui imposait les tributs; que les Romains ne levaient rien alors sur la Judée; qu'Auguste laissait Hérode maître absolu chez lui, moyennant le tribut que cet Iduméen payait à l'empire. Mais on peut dans un besoin s'arranger avec un prince tributaire, et lui envoyer un intendant pour établir de concert avec lui la nouvelle taxe.

Nous ne dirons point ici, comme tant d'autres, que les copistes ont commis beaucoup de fautes, et qu'il y en a plus de dix mille dans la version que nous avons. Nous aimons mieux dire, avec les docteurs et les plus éclairés, que les Évangiles nous ont été donnés pour nous enseigner à vivre saintement, et non pas à critiquer savamment.

Ces prétendues contradictions firent un effet bien terrible sur le déplorable Jean Meslier, curé d'Étrepigny et de But en Champagne : cet homme, vertueux à la vérité, et très-charitable, mais sombre et mélancolique, n'ayant guère d'autres livres que la Bible et quelques Pères, les lut avec une attention qui lui devint fatale : il ne fut pas assez docile, lui qui devait enseigner la docilité à son troupeau. Il vit les contradictions apparentes, et ferma les yeux sur la conciliation. Il crut voir des contradictions affreuses entre Jésus né Juif, et ensuite reconnu Dieu ; entre ce Dieu connu d'abord pour le fils de Joseph, charpentier, et le frère de Jacques, mais descendu d'un empyrée qui n'existe point, pour détruire le péché sur la terre, et la laissant couverte de crimes ; entre ce Dieu né d'un vil artisan, et descendant de David par son père qui n'était pas son père ; entre le créateur de tous les mondes, et le petit-fils de l'adultère Bethsabée, de l'impudente Ruth, de l'incestueuse Thamar, de la prostituée de Jéricho, et de la femme d'Abraham ravie par un roi d'Égypte, ravie ensuite à l'âge de quatre-vingt-dix ans.

Meslier étale avec une impiété monstrueuse toutes ces prétendues contradictions qui le frappèrent, et dont il lui aurait été aisé de voir la solution pour peu qu'il eût eu l'esprit docile. Enfin sa tristesse s'augmentant dans sa solitude, il eut le malheur de prendre en horreur la sainte religion qu'il devait prêcher et aimer ; et, n'écoutant plus que sa raison séduite, il abjura le christianisme par un testament olographe, dont il laissa trois copies à sa mort, arrivée en 1732. L'extrait de ce testament[1] a été imprimé plusieurs fois, et c'est un scandale bien cruel. Un curé qui demande pardon à Dieu et à ses paroissiens, en mourant, de leur avoir enseigné des dogmes chrétiens ! un curé charitable qui a le christianisme en exécration, parce que plusieurs chrétiens sont méchants, que le faste de Rome le révolte, et que les difficultés des saints livres l'irritent ! un curé qui parle du christianisme comme Porphyre, Jamblique, Épictète, Marc-Aurèle, Julien ! et cela lorsqu'il est prêt de paraître devant Dieu ! Quel coup funeste pour lui et pour ceux que son exemple peut égarer !

---

1. Voyez cet *Extrait* du testament de Meslier dans les *Mélanges*, année 1762.

C'est ainsi que le malheureux prédicant Antoine[1], trompé par les contradictions apparentes qu'il crut voir entre la nouvelle loi et l'ancienne, entre l'olivier franc et l'olivier sauvage, eut le malheur de quitter la religion chrétienne pour la religion juive; et, plus hardi que Jean Meslier, il aima mieux mourir que se rétracter.

On voit, par le testament de Jean Meslier, que c'étaient surtout les contrariétés apparentes des Évangiles qui avaient bouleversé l'esprit de ce malheureux pasteur, d'ailleurs d'une vertu rigide, et qu'on ne peut regarder qu'avec compassion. Meslier est profondément frappé des deux généalogies qui semblent se combattre; il n'en avait pas vu la conciliation; il se soulève, il se dépite, en voyant que saint Matthieu fait aller le père, la mère, et l'enfant en Égypte après avoir reçu l'hommage des trois mages ou rois d'Orient, et pendant que le vieil Hérode, craignant d'être détrôné par un enfant qui vient de naître à Bethléem, fait égorger tous les enfants du pays pour prévenir cette révolution. Il est étonné que ni saint Luc, ni saint Jean, ni saint Marc, ne parlent de ce massacre. Il est confondu quand il voit que saint Luc fait rester saint Joseph, la bienheureuse vierge Marie, et Jésus notre Sauveur, à Bethléem, après quoi ils se retirèrent à Nazareth. Il devait voir que la sainte famille pouvait aller d'abord en Égypte, et quelque temps après à Nazareth, sa patrie.

Si saint Matthieu seul parle des trois mages et de l'étoile qui les conduisit du fond de l'Orient à Bethléem, et du massacre des enfants; si les autres évangélistes n'en parlent pas, ils ne contredisent point saint Matthieu; le silence n'est point une contradiction.

Si les trois premiers évangélistes, saint Matthieu, saint Marc et saint Luc, ne font vivre Jésus-Christ que trois mois depuis son baptême en Galilée jusqu'à son supplice à Jérusalem; et si saint Jean le fait vivre trois ans et trois mois, il est aisé de rapprocher saint Jean des trois autres évangélistes, puisqu'il ne dit point expressément que Jésus-Christ prêcha en Galilée pendant trois ans et trois mois, et qu'on l'infère seulement de ses récits. Fallait-il renoncer à sa religion sur de simples inductions, sur de simples raisons de controverse, sur des difficultés de chronologie?

Il est impossible, dit Meslier, d'accorder saint Matthieu et saint Luc, quand le premier dit que Jésus en sortant du désert alla à Capharnaüm, et le second qu'il alla à Nazareth.

---

1. Voyez l'article MIRACLES, section IV, et dans les *Mélanges*, année 1766, le paragraphe VII du *Commentaire sur le livre Des Délits et des Peines*.

Saint Jean dit que ce fut André qui s'attacha le premier à Jésus-Christ ; les trois autres évangélistes disent que ce fut Simon Pierre.

Il prétend encore qu'ils se contredisent sur le jour où Jésus célébra sa pâque, sur l'heure de son supplice, sur le lieu, sur le temps de son apparition, de sa résurrection. Il est persuadé que des livres qui se contredisent ne peuvent être inspirés par le Saint-Esprit ; mais il n'est pas de foi que le Saint-Esprit ait inspiré toutes les syllabes ; il ne conduisit pas la main de tous les copistes, il laissa agir les causes secondes : c'était bien assez qu'il daignât nous révéler les principaux mystères, et qu'il instituât dans la suite des temps une Église pour les expliquer. Toutes ces contradictions, reprochées si souvent aux Évangiles avec une si grande amertume, sont mises au grand jour par les sages commentateurs ; loin de se nuire, elles s'expliquent chez eux l'une par l'autre ; elles se prêtent un mutuel secours dans les concordances, et dans l'harmonie des quatre Évangiles.

Et s'il y a plusieurs difficultés qu'on ne peut expliquer, des profondeurs qu'on ne peut comprendre, des aventures qu'on ne peut croire, des prodiges qui révoltent la faible raison humaine, des contradictions qu'on ne peut concilier, c'est pour exercer notre foi, et pour humilier notre esprit.

CONTRADICTIONS DANS LES JUGEMENTS SUR LES OUVRAGES.

J'ai quelquefois entendu dire d'un bon juge plein de goût : « Cet homme ne décide que par humeur ; il trouvait hier le Poussin un peintre admirable ; aujourd'hui il le trouve très-médiocre. » C'est que le Poussin en effet a mérité de grands éloges et des critiques.

On ne se contredit point quand on est en extase devant les belles scènes d'Horace et de Curiace, du Cid et de Chimène, d'Auguste et de Cinna, et qu'on voit ensuite, avec un soulèvement de cœur mêlé de la plus vive indignation, quinze tragédies de suite sans aucun intérêt, sans aucune beauté, et qui ne sont pas même écrites en français.

C'est l'auteur qui se contredit : c'est lui qui a le malheur d'être entièrement différent de lui-même. Le juge se contredirait s'il applaudissait également l'excellent et le détestable. Il doit admirer dans Homère la peinture des Prières qui marchent après l'Injure, les yeux mouillés de pleurs ; la ceinture de Vénus ; les adieux d'Hector et d'Andromaque ; l'entrevue d'Achille et de

Priam. Mais doit-il applaudir de même à des dieux qui se disent des injures, et qui se battent; à l'uniformité des combats qui ne décident rien; à la brutale férocité des héros; à l'avarice qui les domine presque tous; enfin à un poëme qui finit par une trêve de onze jours, laquelle fait sans doute attendre la continuation de la guerre et la prise de Troie, que cependant on ne trouve point?

Le bon juge passe souvent de l'approbation au blâme, quelque bon livre qu'il puisse lire [1].

CONTRASTE [2].

Contraste : opposition de figures, de situations, de fortune, de mœurs, etc. Une bergère ingénue fait un beau contraste dans un tableau avec une princesse orgueilleuse. Le rôle de l'Imposteur et celui de Cléante font un contraste admirable dans le *Tartuffe*.

Le petit peut contraster avec le grand dans la peinture, mais on ne peut dire qu'il lui est contraire. Les oppositions de couleurs contrastent; mais aussi il y a des couleurs contraires les unes aux autres, c'est-à-dire qui font un mauvais effet parce qu'elles choquent les yeux lorsqu'elles sont rapprochées.

Contradictoire ne peut se dire que dans la dialectique. Il est contradictoire qu'une chose soit et ne soit pas, qu'elle soit en plusieurs lieux à la fois, qu'elle soit d'un tel nombre, d'une telle grandeur, et qu'elle n'en soit pas. Cette opinion, ce discours, cet arrêt, sont contradictoires.

Les diverses fortunes de Charles XII ont été contraires, mais non pas contradictoires : elles forment dans l'histoire un beau contraste.

C'est un grand contraste, et ce sont deux choses bien contraires; mais il n'est point contradictoire que le pape ait été adoré à Rome, et brûlé à Londres le même jour, et que, pendant qu'on l'appelait *vice-Dieu* en Italie, il ait été représenté en cochon dans les rues de Moscou, pour l'amusement de Pierre le Grand.

Mahomet, mis à la droite de Dieu dans la moitié du globe, et damné dans l'autre, est le plus grand des contrastes.

Voyagez loin de votre pays, tout sera contraste pour vous.

Le blanc qui le premier vit un nègre fut bien étonné; mais

---

1. Voyez l'article Goût.
2. *Questions sur l'Encyclopédie*, quatrième partie, 1771. (B.)

le premier raisonneur qui dit que ce nègre venait d'une paire blanche m'étonne bien davantage, son opinion est contraire à la mienne. Un peintre qui représente des blancs, des nègres, et des olivâtres, peut faire de beaux contrastes.

CONVULSIONS [1].

On dansa, vers l'an 1724 [2], sur le cimetière de Saint-Médard ; il s'y fit beaucoup de miracles : en voici un, rapporté dans une chanson de Mme la duchesse du Maine :

> Un décrotteur à la royale,
> Du talon gauche estropié,
> Obtint pour grâce spéciale
> D'être boiteux de l'autre pied.

Les convulsions miraculeuses, comme on sait, continuèrent jusqu'à ce qu'on eût mis une garde au cimetière.

> De par le roi, défense à Dieu
> De faire miracle en ce lieu.

Les jésuites, comme on le sait encore, ne pouvant plus faire de tels miracles depuis que leur Xavier avait épuisé les grâces de la Compagnie à ressusciter neuf morts de compte fait, s'avisèrent, pour balancer le crédit des jansénistes, de faire graver une estampe de Jésus-Christ habillé en jésuite. Un plaisant du parti janséniste, comme on le sait encore, mit au bas de l'estampe :

> Admirez l'artifice extrême
> De ces moines ingénieux ;
> Ils vous ont habillé comme eux,
> Mon Dieu, de peur qu'on ne vous aime.

Les jansénistes, pour mieux prouver que jamais Jésus-Christ n'avait pu prendre l'habit de jésuite, remplirent Paris de convul-

---

1. *Dictionnaire philosophique*, 1764. (B.)
2. Le diacre Pâris, sur le tombeau duquel se firent les miracles, n'est mort que le 1er mai 1727 : Voltaire en a déjà parlé (tome XV) au chapitre XXXVII du *Siècle de Louis XIV*. Il parle des convulsionnaires de Saint-Médard dans les notes du *Pauvre Diable* et des *Cabales* (tome X), ainsi que dans une note de *la Pucelle*, chant III (tome IX). Il a parlé des convulsionnaires de Dijon au IXe siècle, dans le chapitre XXXI de l'*Essai sur les Mœurs*, tome XI, page 331.

sions, et attirèrent le monde à leur préau. Le conseiller au parlement Carré de Montgeron alla présenter au roi un recueil in-4° de tous ces miracles, attestés par mille témoins. Il fut mis, comme de raison, dans un château, où l'on tâcha de rétablir son cerveau par le régime; mais la vérité l'emporte toujours sur les persécutions: les miracles se perpétuèrent trente ans de suite, sans discontinuer. On faisait venir chez soi sœur Rose, sœur Illuminée, sœur Promise, sœur Confite: elles se faisaient fouetter, sans qu'il y parût le lendemain; on leur donnait des coups de bûche sur leur estomac bien cuirassé, bien rembourré, sans leur faire de mal; on les couchait devant un grand feu, le visage frotté de pommade, sans qu'elles brûlassent; enfin, comme tous les arts se perfectionnent, on a fini par leur enfoncer des épées dans les chairs, et par les crucifier [1]. Un fameux maître d'école [2] même a eu aussi l'avantage d'être mis en croix: tout cela pour convaincre le monde qu'une certaine bulle était ridicule, ce qu'on aurait pu prouver sans tant de frais. Cependant, et jésuites et jansénistes se réunirent tous contre l'*Esprit des lois*, et contre... et contre... et contre... et contre... Et nous osons après cela nous moquer des Lapons, des Samoyèdes et des Nègres, ainsi que nous l'avons dit tant de fois!

COQUILLES (DES),

ET DES SYSTÈMES BATIS SUR DES COQUILLES [3].

CORPS [4].

Corps et matière, c'est ici même chose, quoiqu'il n'y ait pas de synonyme à la rigueur. Il y a eu des gens qui par ce mot *corps* ont aussi entendu esprit. Ils ont dit: Esprit signifie originairement *souffle*, il n'y a qu'un corps qui puisse souffler; donc esprit et corps pourraient bien au fond être la même chose. C'est dans ce

---

1. Voyez *Correspondance de Grimm*, etc., tome IV, pages 208, 379 et suiv. Édition Maurice Tourneux; Paris, Garnier frères, 1878.
2. Abraham Chaumeix se fit mettre en croix, le 2 mars 1749, dans la rue Saint-Denis. Ce fut lui qui dénonça au Parlement l'*Encyclopédie*; voyez la note qui le concerne (tome X, page 127).
3. Cet article se composait des chapitres XII, XIII, XV, XVI, XVII, XVIII, des *Singularités de la nature*. Voyez *Mélanges*, année 1768. (B.)
4. Voyez la note de la page suivante.

sens que La Fontaine disait au célèbre duc de La Rochefoucauld :

> J'entends les esprits corps et pétris de matière.
>
> (Fable xv du livre X.)

C'est dans le même sens qu'il dit à Mme de La Sablière :

> Je subtiliserai un morceau de matière...
> Quintessence d'atome, extrait de la lumière,
> Je ne sais quoi plus vif et plus mobile encor.
>
> (Fable i du livre X.)

Personne ne s'avisa de harceler le bon La Fontaine, et de lui faire un procès sur ces expressions. Si un pauvre philosophe et même un poëte en disait autant aujourd'hui, que de gens pour se faire de fête, que de folliculaires pour vendre douze sous leurs extraits, que de fripons, uniquement dans le dessein de faire du mal, crieraient au philosophe, au péripatéticien, au disciple de Gassendi, à l'écolier de Locke et des premiers Pères, au damné !

[1] De même que nous ne savons ce que c'est qu'un esprit, nous ignorons ce que c'est qu'un corps : nous voyons quelques propriétés ; mais quel est ce sujet en qui ces propriétés résident? Il n'y a que des corps, disaient Démocrite et Épicure ; il n'y a point de corps, disaient les disciples de Zénon d'Élée.

L'évêque de Cloyne, Berkeley, est le dernier qui, par cent sophismes captieux, a prétendu prouver que les corps n'existent pas. Ils n'ont, dit-il, ni couleurs, ni odeurs, ni chaleur ; ces modalités sont dans vos sensations, et non dans les objets. Il pouvait s'épargner la peine de prouver cette vérité ; elle était assez connue. Mais de là il passe à l'étendue, à la solidité, qui sont des essences du corps, et il croit prouver qu'il n'y a pas d'étendue dans une pièce de drap vert, parce que ce drap n'est pas vert en effet ; cette sensation du vert n'est qu'en vous : donc cette sensation de l'étendue n'est aussi qu'en vous. Et après avoir ainsi détruit l'étendue, il conclut que la solidité qui y est attachée tombe d'elle-même, et qu'ainsi il n'y a rien au monde que nos idées. De sorte que, selon ce docteur, dix mille hommes tués par dix mille coups de canon ne sont dans le fond que dix mille appréhensions de notre entendement ; et quand un homme fait

---

1. C'était ici qu'en 1764 commençait cet article dans le *Dictionnaire philosophique*. Ce qui précède fut ajouté en 1771 dans la quatrième partie des *Questions sur l'Encyclopédie*. (B.)

un enfant à sa femme, ce n'est qu'une idée qui se loge dans une autre idée, dont il naîtra une troisième idée.

Il ne tenait qu'à M. l'évêque de Cloyne de ne point tomber dans l'excès de ce ridicule. Il croit montrer qu'il n'y a point d'étendue, parce qu'un corps lui a paru avec sa lunette quatre fois plus gros qu'il ne l'était à ses yeux, et quatre fois plus petit à l'aide d'un autre verre. De là il conclut qu'un corps ne pouvant avoir à la fois quatre pieds, seize pieds, et un seul pied d'étendue, cette étendue n'existe pas : donc il n'y a rien. Il n'avait qu'à prendre une mesure, et dire : De quelque étendue qu'un corps me paraisse, il est étendu de tant de ces mesures.

Il lui était bien aisé de voir qu'il n'en est pas de l'étendue et de la solidité comme des sons, des couleurs, des saveurs, des odeurs, etc. Il est clair que ce sont en nous des sentiments excités par la configuration des parties ; mais l'étendue n'est point un sentiment. Que ce bois allumé s'éteigne, je n'ai plus chaud ; que cet air ne soit plus frappé, je n'entends plus ; que cette rose se fane, je n'ai plus d'odorat pour elle; mais ce bois, cet air, cette rose, sont étendus sans moi. Le paradoxe de Berkeley ne vaut pas la peine d'être réfuté.

C'est ainsi que les Zénon d'Élée, les Parménide, argumentaient autrefois ; et ces gens-là avaient beaucoup d'esprit : ils vous prouvaient qu'une tortue doit aller aussi vite qu'Achille, qu'il n'y a point de mouvement ; ils agitaient cent autres questions aussi utiles. La plupart des Grecs jouèrent des gobelets avec la philosophie, et transmirent leurs tréteaux à nos scolastiques. Bayle lui-même a été quelquefois de la bande ; il a brodé des toiles d'araignée comme un autre ; il argumente, à l'article *Zénon*, contre l'étendue divisible de la matière et la contiguïté des corps ; il dit tout ce qu'il ne serait pas permis de dire à un géomètre de six mois.

Il est bon de savoir ce qui avait entraîné l'évêque Berkeley dans ce paradoxe. J'eus, il y a longtemps, quelques conversations avec lui ; il me dit que l'origine de son opinion venait de ce qu'on ne peut concevoir ce que c'est que ce sujet qui reçoit l'étendue. Et en effet, il triomphe dans son livre quand il demande à Hilas ce que c'est que ce sujet, ce *substratum*, cette substance. — C'est le corps étendu, répond Hilas. Alors l'évêque, sous le nom de Philonoüs, se moque de lui ; et le pauvre Hilas voyant qu'il a dit que l'étendue est le sujet de l'étendue, et qu'il a dit une sottise, demeure tout confus, et avoue qu'il n'y comprend rien ; qu'il n'y a point de corps, que le monde matériel n'existe pas, qu'il n'y a qu'un monde intellectuel.

Hilas devait dire seulement à Philonoüs : Nous ne savons rien sur le fond de ce sujet, de cette substance étendue, solide, divisible, mobile, figurée, etc.; je ne la connais pas plus que le sujet pensant, sentant et voulant; mais ce sujet n'en existe pas moins, puisqu'il a des propriétés essentielles dont il ne peut être dépouillé[1].

Nous sommes tous comme la plupart des dames de Paris : elles font grande chère sans savoir ce qui entre dans les ragoûts ; de même nous jouissons des corps sans savoir ce qui les compose. De quoi est fait le corps? de parties, et ces parties se résolvent en d'autres parties. Que sont ces dernières parties? toujours des corps ; vous divisez sans cesse, et vous n'avancez jamais.

Enfin un subtil philosophe[2], remarquant qu'un tableau est fait d'ingrédients dont aucun n'est un tableau, et une maison de matériaux dont aucun n'est une maison, imagina que les corps sont bâtis d'une infinité de petits êtres qui ne sont pas corps ; et cela s'appelle des *monades*. Ce système ne laisse pas d'avoir son bon, et s'il était révélé, je le croirais très-possible ; tous ces petits êtres seraient des points mathématiques, des espèces d'âmes qui n'attendraient qu'un habit pour se mettre dedans : ce serait une métempsycose continuelle. Ce système en vaut bien un autre ; je l'aime bien autant que la déclinaison des atomes, les formes substantielles, la grâce versatile, et les vampires [3].

COURTISANS LETTRÉS [4].

COUTUMES [5].

Il y a, dit-on, cent quarante-quatre coutumes en France qui ont force de loi ; ces lois sont presque toutes différentes. Un homme qui voyage dans ce pays change de loi presque autant de fois qu'il change de chevaux de poste. La plupart de ces coutumes ne commencèrent à être rédigées par écrit que du temps de Char-

---

1. Voyez sur cet objet l'article EXISTENCE dans l'*Encyclopédie;* c'est le seul ouvrage où la question de l'existence des objets extérieurs ait été bien éclaircie, et où l'on trouve les principes qui peuvent conduire à la résoudre. (K.) — L'article EXISTENCE dont il est question dans cette note est du chevalier de Jaucourt. (B.)
2. Leibnitz.
3. Dans l'édition de 1764 on lisait : « et les vampires de dom Calmet ». (B.)
4. Cet article se composait de la xxe des *Lettres philosophiques* (*Sur les Seigneurs qui cultivent les lettres*).
5. *Questions sur l'Encyclopédie*, quatrième partie, 1771. (B.)

les VII ; la grande raison, c'est qu'auparavant très-peu de gens savaient écrire. On écrivit donc une partie d'une partie de la coutume de Ponthieu ; mais ce grand ouvrage ne fut achevé par les Picards que sous Charles VIII. Il n'y en eut que seize de rédigées du temps de Louis XII. Enfin aujourd'hui, la jurisprudence s'est tellement perfectionnée qu'il n'y a guère de coutume qui n'ait plusieurs commentateurs et tous, comme on croit bien, d'un avis différent. Il y en a déjà vingt-six sur la coutume de Paris. Les juges ne savent auquel entendre ; mais pour les mettre à leur aise, on vient de faire la coutume de Paris en vers[1]. C'est ainsi qu'autrefois la prêtresse de Delphes rendait ses oracles.

Les mesures sont aussi différentes que les coutumes ; de sorte que ce qui est vrai dans le faubourg de Montmartre devient faux dans l'abbaye de Saint-Denis. Dieu ait pitié de nous !

CREDO, *voyez* SYMBOLE.

CRIMES ou DÉLITS DE TEMPS ET DE LIEU[2].

Un Romain tue malheureusement en Égypte un chat consacré, et le peuple en fureur punit ce sacrilége en déchirant le Romain en pièces. Si on avait mené ce Romain au tribunal, et si les juges avaient eu le sens commun, ils l'auraient condamné à demander pardon aux Égyptiens et aux chats, à payer une forte amende, soit en argent, soit en souris. Ils lui auraient dit qu'il faut respecter les sottises du peuple quand on n'est pas assez fort pour les corriger.

Le vénérable chef de la justice lui aurait parlé à peu près ainsi : « Chaque pays a ses impertinences légales, et ses délits de temps et de lieu. Si dans votre Rome, devenue souveraine de l'Europe, de l'Afrique, et de l'Asie Mineure, vous alliez tuer un poulet sacré dans le temps qu'on lui donne du grain pour savoir au juste la volonté des dieux, vous seriez sévèrement puni. Nous croyons que vous n'avez tué notre chat que par mégarde. La cour vous admoneste. Allez en paix ; soyez plus circonspect. »

C'est une chose très-indifférente d'avoir une statue dans son

---

1. La *Coutume de Paris en vers français* (par Garnier des Chesnes, ancien notaire, mort en 1812) avait paru en 1769, petit in-12. (B.)
2. *Questions sur l'Encyclopédie*, quatrième partie, 1771. Voyez aussi DÉLITS LOCAUX. (B.)

vestibule; mais si, lorsque Octave surnommé *Auguste* était maître absolu, un Romain eût placé chez lui une statue de Brutus, il eût été puni comme séditieux. Si un citoyen avait, sous un empereur régnant, la statue du compétiteur à l'empire, c'était, disait-on, un crime de lèse-majesté, de haute trahison.

Un Anglais ne sachant que faire s'en va à Rome; il rencontre le prince Charles-Édouard chez un cardinal; il en est fort content. De retour chez lui, il boit dans un cabaret à la santé du prince Charles-Édouard. Le voilà accusé de *haute* trahison. Mais qui a-t-il trahi *hautement*, lorsqu'il a dit, en buvant, qu'il souhaitait que ce prince se portât bien? S'il a conjuré pour le mettre sur le trône, alors il est coupable envers la nation; mais jusque-là on ne voit pas que dans l'exacte justice le parlement puisse exiger de lui autre chose que de boire quatre coups à la santé de la maison de Hanovre, s'il en a bu deux à la santé de la maison de Stuart.

DES CRIMES DE TEMPS ET DE LIEU QU'ON DOIT IGNORER.

On sait combien il faut respecter Notre-Dame de Lorette, quand on est dans la Marche d'Ancône. Trois jeunes gens y arrivent; ils font de mauvaises plaisanteries sur la maison de Notre-Dame, qui a voyagé dans l'air, qui est venue en Dalmatie, qui a changé deux ou trois fois de place, et qui enfin ne s'est trouvée commodément qu'à Lorette. Nos trois étourdis chantent à souper une chanson faite autrefois par quelque huguenot contre la translation de la *santa casa* de Jérusalem au fond du golfe Adriatique[1]. Un fanatique est instruit par hasard de ce qui s'est passé à leur souper; il fait des perquisitions; il cherche des témoins; il engage un monsignore à lâcher un monitoire. Ce monitoire alarme les consciences. Chacun tremble de ne pas parler. Tourières, bedeaux, cabaretiers, laquais, servantes, ont bien entendu tout ce qu'on n'a point dit, ont vu tout ce qu'on n'a point fait: c'est un vacarme, un scandale épouvantable dans toute la Marche d'Ancône. Déjà l'on dit à une demi-lieue de Lorette que ces enfants ont tué Notre-Dame; à une lieue plus loin on assure qu'ils ont jeté la *santa casa* dans la mer. Enfin ils sont condamnés. La sentence porte que d'abord on leur coupera la main, qu'ensuite on leur arrachera la langue, qu'après cela on les mettra à la torture

---

1. Voltaire raconte ici sous voile l'affaire du chevalier La Barre, qu'il imagine s'être passée en Italie afin de pouvoir flétrir les juges.

pour savoir d'eux (au moins par signes) combien il y avait de couplets à la chanson ; et qu'enfin ils seront brûlés à petit feu.

Un avocat de Milan, qui dans ce temps se trouvait à Lorette, demanda au principal juge à quoi donc il aurait condamné ces enfants s'ils avaient violé leur mère, et s'ils l'avaient ensuite égorgée pour la manger?

« Oh! oh! répondit le juge, il y a bien de la différence : violer, assassiner, et manger son père et sa mère, n'est qu'un délit contre les hommes.

— Avez-vous une loi expresse, dit le Milanais, qui vous force à faire périr par un si horrible supplice des jeunes gens à peine sortis de l'enfance, pour s'être moqués indiscrètement de la *santa casa*, dont on rit d'un rire de mépris dans le monde entier, excepté dans la Marche d'Ancône?

— Non, dit le juge ; la sagesse de notre jurisprudence laisse tout à notre discrétion.

— Fort bien ; vous deviez donc avoir la discrétion de songer que l'un de ces enfants est le petit-fils d'un général qui a versé son sang pour la patrie, et le neveu d'une abbesse aimable et respectable : cet enfant et ses camarades sont des étourdis qui méritent une correction paternelle. Vous arrachez à l'État des citoyens qui pourraient un jour le servir ; vous vous souillez du sang innocent, et vous êtes plus cruels que les Cannibales. Vous vous rendez exécrables à la dernière postérité. Quel motif a été assez puissant pour éteindre ainsi en vous la raison, la justice, l'humanité, et pour vous changer en bêtes féroces? »

Le malheureux juge répondit enfin :

« Nous avions eu des querelles avec le clergé d'Ancône ; il nous accusait d'être trop zélés pour les libertés de l'Église lombarde, et par conséquent de n'avoir point de religion.

— J'entends, dit le Milanais, vous avez été assassins pour paraître chrétiens. »

A ces mots, le juge tomba par terre comme frappé de la foudre : ses confrères perdirent depuis leurs emplois ; ils crièrent qu'on leur faisait injustice ; ils oubliaient celle qu'ils avaient faite, et ne s'apercevaient pas que la main de Dieu était sur eux[1].

Pour que sept personnes se donnent légalement l'amusement d'en faire périr une huitième en public à coups de barre de fer

---

1. Voyez (dans les *Mélanges*, année 1766) la *Relation de la mort du chevalier de La Barre*, et dans le tome XVI le dernier chapitre de l'*Histoire du Parlement*.

sur un théâtre; pour qu'ils jouissent du plaisir secret et mal démêlé dans leur cœur de voir comment cet homme souffrira son supplice, et d'en parler ensuite à table avec leurs femmes et leurs voisins; pour que des exécuteurs, qui font gaiement ce métier, comptent d'avance l'argent qu'ils vont gagner; pour que le public coure à ce spectacle comme à la foire, etc.; il faut que le crime mérite évidemment ce supplice du consentement de toutes les nations policées, et qu'il soit nécessaire au bien de la société: car il s'agit ici de l'humanité entière. Il faut surtout que l'acte du délit soit démontré non comme une proposition de géométrie, mais autant qu'un fait peut l'être.

Si contre cent mille probabilités que l'accusé est coupable, il y en a une seule qu'il est innocent, cette seule doit balancer toutes les autres.

QUESTION SI DEUX TÉMOINS SUFFISENT POUR FAIRE PENDRE UN HOMME.

On s'est imaginé longtemps, et le proverbe en est resté, qu'il suffit de deux témoins pour faire pendre un homme en sûreté de conscience. Encore une équivoque! les équivoques gouvernent donc le monde? Il est dit dans saint Matthieu (ainsi que nous l'avons déjà remarqué): « Il suffira de deux ou trois témoins pour réconcilier deux amis brouillés[1]; » et d'après ce texte on a réglé la jurisprudence criminelle, au point de statuer que c'est une loi divine de tuer un citoyen sur la déposition uniforme de deux témoins qui peuvent être des scélérats! Une foule de témoins uniformes ne peut constater une chose improbable niée par l'accusé; on l'a déjà dit[2]. Que faut-il donc faire en ce cas? attendre, remettre le jugement à cent ans, comme faisaient les Athéniens.

Rapportons ici un exemple frappant de ce qui vient de se passer sous nos yeux à Lyon[3]. Une femme ne voit pas revenir sa fille chez elle, vers les onze heures du soir: elle court partout; elle soupçonne sa voisine d'avoir caché sa fille; elle la redemande; elle l'accuse de l'avoir prostituée. Quelques semaines après, des pêcheurs trouvent dans le Rhône, à Condrieux, une fille noyée et tout en pourriture. La femme dont nous avons parlé croit que

---

1. Saint Matthieu, XVIII, 16.
2. *Commentaire sur le traité Des Délits et des Peines*, paragraphe XV. Voyez les *Mélanges*, année 1766.
3. En 1768. Voyez dans la *Correspondance*, décembre 1771, la lettre de Voltaire, où il nomme Lerouge la femme qui accusait sa voisine Perra.

c'est sa fille. Elle est persuadée par les ennemis de sa voisine qu'on a déshonoré sa fille chez cette voisine même, qu'on l'a étranglée, qu'on l'a jetée dans le Rhône. Elle le dit, elle le crie ; la populace le répète. Il se trouve bientôt des gens qui savent parfaitement les moindres détails de ce crime. Toute la ville est en rumeur ; toutes les bouches crient vengeance. Il n'y a rien jusque-là que d'assez commun dans une populace sans jugement ; mais voici le rare, le prodigieux. Le propre fils de cette voisine, un enfant de cinq ans et demi, accuse sa mère d'avoir fait violer sous ses yeux cette malheureuse fille retrouvée dans le Rhône, de l'avoir fait tenir par cinq hommes pendant que le sixième jouissait d'elle. Il a entendu les paroles que prononçait la violée ; il peint ses attitudes ; il a vu sa mère et ces scélérats étrangler cette infortunée immédiatement après la consommation. Il a vu sa mère et les assassins la jeter dans un puits, l'en retirer, l'envelopper dans un drap ; il a vu ces monstres la porter en triomphe dans les places publiques, danser autour du cadavre, et le jeter enfin dans le Rhône. Les juges sont obligés de mettre aux fers tous les prétendus complices ; des témoins déposent contre eux. L'enfant est d'abord entendu, et il soutient avec la naïveté de son âge tout ce qu'il a dit d'eux et de sa mère. Comment imaginer que cet enfant n'ait pas dit la pure vérité ? Le crime n'est pas vraisemblable ; mais il l'est encore moins qu'à cinq ans et demi on calomnie ainsi sa mère ; qu'un enfant répète avec uniformité toutes les circonstances d'un crime abominable et inouï, s'il n'en a pas été le témoin oculaire, s'il n'en a point été vivement frappé, si la force de la vérité ne les arrache à sa bouche.

Tout le peuple s'attend à repaître ses yeux du supplice des accusés.

Quelle est la fin de cet étrange procès criminel ? Il n'y avait pas un mot de vrai dans l'accusation. Point de fille violée, point de jeunes gens assemblés chez la femme accusée, point de meurtre, pas la moindre aventure, pas le moindre bruit. L'enfant avait été suborné, et par qui ? chose étrange, mais vraie ! par deux autres enfants qui étaient fils des accusateurs. Il avait été sur le point de faire brûler sa mère pour avoir des confitures.

Tous les chefs d'accusation réunis étaient impossibles. Le présidial de Lyon, sage et éclairé, après avoir déféré à la fureur publique au point de rechercher les preuves les plus surabondantes pour et contre les accusés, les absout pleinement et d'une voix unanime.

Peut-être autrefois aurait-on fait rouer et brûler tous ces accusés innocents, à l'aide d'un monitoire, pour avoir le plaisir de faire ce qu'on appelle *une justice*, qui est la tragédie de la canaille.

CRIMINALISTE.

Dans les antres de la chicane, on appelle *grand criminaliste* un barbare en robe qui sait faire tomber les accusés dans le piége, qui ment impudemment pour découvrir la vérité, qui intimide des témoins, et qui les force, sans qu'ils s'en aperçoivent, à déposer contre le prévenu : s'il y a une loi antique et oubliée, portée dans un temps de guerres civiles, il la fait revivre, il la réclame dans un temps de paix. Il écarte, il affaiblit tout ce qui peut servir à justifier un malheureux; il amplifie, il aggrave tout ce qui peut servir à le condamner; son rapport n'est pas d'un juge, mais d'un ennemi. Il mérite d'être pendu à la place du citoyen qu'il fait pendre.

CRIMINEL [1].

PROCÈS CRIMINEL.

On a puni souvent par la mort des actions très-innocentes : c'est ainsi qu'en Angleterre Richard III et Édouard IV firent condamner par des juges ceux qu'ils soupçonnaient de ne leur être pas attachés. Ce ne sont pas là des procès criminels, ce sont des assassinats commis par des meurtriers privilégiés. Le dernier degré de la perversité est de faire servir les lois à l'injustice.

On dit que les Athéniens punissaient de mort tout étranger qui entrait dans l'église, c'est-à-dire dans l'assemblée du peuple. Mais si cet étranger n'était qu'un curieux, rien n'était plus barbare que de le faire mourir. Il est dit dans *l'Esprit des lois* [2] qu'on usait de cette rigueur « parce que cet homme usurpait les droits de la souveraineté ». Mais un Français qui entre à Londres dans la chambre des communes pour entendre ce qu'on y dit ne prétend point faire le souverain. On le reçoit avec bonté. Si quelque membre de mauvaise humeur demande le *Clear the house* « éclaircissez la chambre », mon voyageur l'éclaircit en s'en allant; il

---

1. *Questions sur l'Encyclopédie*, quatrième partie, 1771. (B.)
2. Livre II, chapitre II. (*Note de Voltaire.*)

n'est point pendu. Il est croyable que si les Athéniens ont porté cette loi passagère, c'était dans un temps où l'on craignait qu'un étranger ne fût un espion, et non qu'il s'arrogeât les droits de souverain. Chaque Athénien opinait dans sa tribu; tous ceux de la tribu se connaissaient; un étranger n'aurait pu aller porter sa fève.

Nous ne parlons ici que des vrais procès criminels. Chez les Romains tout procès criminel était public. Le citoyen accusé des plus énormes crimes avait un avocat qui plaidait en sa présence, qui faisait même des interrogations à la partie adverse, qui discutait tout devant ses juges. On produisait à portes ouvertes tous les témoins pour ou contre, rien n'était secret. Cicéron plaida pour Milon, qui avait assassiné Clodius en plein jour à la vue de mille citoyens. Le même Cicéron prit en main la cause de Roscius Amerinus, accusé de parricide. Un seul juge n'interrogeait pas en secret des témoins, qui sont d'ordinaire des gens de la lie du peuple, auxquels on fait dire ce qu'on veut.

Un citoyen romain n'était pas appliqué à la torture sur l'ordre arbitraire d'un autre citoyen romain qu'un contrat eût revêtu de ce droit cruel. On ne faisait pas cet horrible outrage à la nature humaine dans la personne de ceux qui étaient regardés comme les premiers des hommes, mais seulement dans celle des esclaves regardés à peine comme des hommes. Il eût mieux valu ne point employer la torture contre les esclaves mêmes [1].

L'instruction d'un procès criminel se ressentait à Rome de la magnanimité et de la franchise de la nation.

Il en est ainsi à peu près à Londres. Le secours d'un avocat n'y est refusé à personne en aucun cas; tout le monde est jugé par ses pairs. Tout citoyen peut de trente-six bourgeois jurés en récuser douze sans cause, douze en alléguant des raisons, et par conséquent choisir lui-même les douze autres pour ses juges. Ces juges ne peuvent aller ni en deçà, ni au delà de la loi; nulle peine n'est arbitraire, nul jugement ne peut être exécuté que l'on n'en ait rendu compte au roi, qui peut et qui doit faire grâce à ceux qui en sont dignes, et à qui la loi ne la peut faire : ce cas arrive assez souvent. Un homme violemment outragé aura tué l'offenseur dans un mouvement de colère pardonnable; il est condamné par la rigueur de la loi, et sauvé par la miséricorde, qui doit être le partage du souverain.

Remarquons bien attentivement que dans ce pays où les lois

---

1. Voyez l'article Torture. (*Note de Voltaire.*)

sont aussi favorables à l'accusé que terribles pour le coupable, non-seulement un emprisonnement fait sur la dénonciation fausse d'un accusateur est puni par les plus grandes réparations et les plus fortes amendes ; mais que si un emprisonnement illégal a été ordonné par un ministre d'État à l'ombre de l'autorité royale, le ministre est condamné à payer deux guinées par heure pour tout le temps que le citoyen a demeuré en prison.

PROCÉDURE CRIMINELLE CHEZ CERTAINES NATIONS.

Il y a des pays où la jurisprudence criminelle fut fondée sur le droit canon, et même sur les procédures de l'Inquisition, quoique ce nom y soit détesté depuis longtemps. Le peuple dans ces pays est demeuré encore dans une espèce d'esclavage. Un citoyen poursuivi par l'homme du roi est d'abord plongé dans un cachot, ce qui est déjà un véritable supplice pour un homme qui peut être innocent. Un seul juge, avec son greffier, entend secrètement chaque témoin assigné l'un après l'autre.

[1] Comparons seulement ici en quelques points la procédure criminelle des Romains avec celle d'un pays de l'Occident qui fut autrefois une province romaine.

Chez les Romains, les témoins étaient entendus publiquement en présence de l'accusé, qui pouvait leur répondre, les interroger lui-même, ou leur mettre en tête un avocat. Cette procédure était noble et franche ; elle respirait la magnanimité romaine.

En France, en plusieurs endroits de l'Allemagne, tout se fait secrètement. Cette pratique, établie sous François Ier, fut autorisée par les commissaires qui rédigèrent l'ordonnance de Louis XIV en 1670 : une méprise seule en fut la cause.

On s'était imaginé, en lisant le code *de Testibus*, que ces mots : *Testes intrare judicii secretum*, signifiaient que les témoins étaient interrogés en secret. Mais *secretum* signifie ici le cabinet du juge. *Intrare secretum*, pour dire : parler secrètement, ne serait pas latin. Ce fut un solécisme qui fit cette partie de notre jurisprudence.

Les déposants sont pour l'ordinaire des gens de la lie du peuple et à qui le juge, enfermé avec eux, peut faire dire tout ce

---

1. Cet alinéa et quelques-uns des suivants sont empruntés du paragraphe XXII du *Commentaire sur le traité Des Délits et des Peines* (voyez les *Mélanges*, année 1766); l'auteur les avait déjà reproduits en 1769, dans des additions qu'il fit alors au *Précis du Siècle de Louis XV* : voyez le chapitre XLII de cet ouvrage, tome XV.

qu'il voudra. Ces témoins sont entendus une seconde fois, toujours en secret, ce qui s'appelle *récolement;* et si après le récolement ils se rétractent de leurs dépositions, ou s'ils les changent dans des circonstances essentielles, ils sont punis comme faux témoins. De sorte que lorsqu'un homme d'un esprit simple, et ne sachant pas s'exprimer, mais ayant le cœur droit et se souvenant qu'il en a dit trop ou trop peu, qu'il a mal entendu le juge, ou que le juge l'a mal entendu, révoque par esprit de justice ce qu'il a dit par imprudence, il est puni comme un scélérat : ainsi il est forcé souvent de soutenir un faux témoignage, par la seule crainte d'être traité en faux témoin.

L'accusé, en fuyant, s'expose à être condamné, soit que le crime ait été prouvé, soit qu'il ne l'ait pas été. Quelques jurisconsultes, à la vérité, ont assuré que le contumax ne devait pas être condamné, si le crime n'était pas clairement prouvé ; mais d'autres jurisconsultes, moins éclairés et peut-être plus suivis, ont eu une opinion contraire ; ils ont osé dire que la fuite de l'accusé était une preuve du crime ; que le mépris qu'il marquait pour la justice, en refusant de comparaître, méritait le même châtiment que s'il était convaincu. Ainsi, suivant la secte de jurisconsultes que le juge aura embrassée, l'innocent sera absous ou condamné.

C'est un grand abus dans la jurisprudence que l'on prenne souvent pour loi les rêveries et les erreurs, quelquefois cruelles, d'hommes sans aveu qui ont donné leurs sentiments pour des lois.

Sous le règne de Louis XIV on a fait en France deux ordonnances qui sont uniformes dans tout le royaume. Dans la première, qui a pour objet la procédure civile, il est défendu aux juges de condamner en matière civile par défaut, quand la demande n'est pas prouvée ; mais dans la seconde, qui règle la procédure criminelle, il n'est point dit que, faute de preuves, l'accusé sera renvoyé. Chose étrange! la loi dit qu'un homme à qui l'on demande quelque argent ne sera condamné par défaut qu'au cas que la dette soit avérée ; mais s'il s'agit de la vie, c'est une controverse au barreau de savoir si l'on doit condamner le contumax quand le crime n'est pas prouvé ; et la loi ne résout pas la difficulté.

EXEMPLE TIRÉ DE LA CONDAMNATION D'UNE FAMILLE ENTIÈRE.

Voici ce qui arriva à cette famille infortunée. Dans le temps que des confréries insensées de prétendus pénitents, le corps enveloppé dans une robe blanche, et le visage masqué, avaient élevé dans une des principales églises de Toulouse un catafalque superbe à un jeune protestant homicide de lui-même, qu'ils prétendaient avoir été assassiné par son père et sa mère pour avoir abjuré la religion réformée ; dans ce temps même où toute la famille de ce protestant révéré en martyr était dans les fers, et que tout un peuple enivré d'une superstition également folle et barbare attendait avec une dévote impatience le plaisir de voir expirer, sur la roue ou dans les flammes, cinq ou six personnes de la probité la plus reconnue ; dans ce temps funeste, dis-je, il y avait auprès de Castres un honnête homme de cette même religion protestante, nommé Sirven, exerçant dans cette province la profession de feudiste. Ce père de famille avait trois filles. Une femme qui gouvernait la maison de l'évêque de Castres lui propose de lui amener la seconde fille de Sirven, nommée Élisabeth, pour la faire catholique, apostolique et romaine ; elle l'amène, en effet ; l'évêque la fait enfermer chez les jésuitesses qu'on nomme *les dames régentes* ou *les dames noires*. Ces dames lui enseignent ce qu'elles savent : elles lui trouvèrent la tête un peu dure, et lui imposèrent des pénitences rigoureuses pour lui inculquer des vérités qu'on pouvait lui apprendre avec douceur ; elle devint folle ; les dames noires la chassent ; elle retourne chez ses parents ; sa mère, en la faisant changer de chemise, trouve tout son corps couvert de meurtrissures : la folie augmente, elle se change en fureur mélancolique ; elle s'échappe un jour de la maison, tandis que le père était à quelques milles de là, occupé publiquement de ses fonctions dans le château d'un seigneur voisin. Enfin, vingt jours après l'évasion d'Élisabeth, des enfants la trouvèrent noyée dans un puits, le 4 janvier 1761.

C'était précisément le temps où l'on se préparait à rouer Calas dans Toulouse. Le mot de *parricide*, et, qui pis est, de *huguenot*, volait de bouche en bouche dans toute la province. On ne douta pas que Sirven, sa femme et ses deux filles n'eussent noyé la troisième par principe de religion. C'était une opinion universelle que la religion protestante ordonne positivement aux pères et aux mères de tuer leurs enfants s'ils veulent être catholiques. Cette opinion avait jeté de si profondes racines dans les têtes mêmes des magistrats, entraînés malheureusement alors par la clameur publique, que le conseil et l'Église de Genève furent obligés de démentir cette fatale erreur, et d'envoyer au parlement de Toulouse une attestation juridique, que non-seulement les protestants ne tuent point leurs enfants, mais qu'on les laisse maîtres de tous leurs biens, quand ils quittent leur secte pour une autre.

On sait que Calas fut roué, malgré cette attestation.

Un nommé Landes, juge de village, assisté de quelques gradués aussi savants que lui, s'empressa de faire toutes les dispositions pour bien suivre l'exemple qu'on venait de donner dans Toulouse. Un médecin de village, aussi éclairé que les juges, ne manqua pas d'assurer, à l'inspection du corps, au bout de vingt jours, que cette fille avait été étranglée et jetée ensuite dans le puits. Sur cette déposition le juge décrète de prise de corps le père, la mère, et les deux filles.

La famille, justement effrayée par la catastrophe des Calas et par les conseils de ses amis, prend incontinent la fuite; ils marchent au milieu des neiges pendant un hiver rigoureux, et de montagnes en montagnes ils arrivent jusqu'à celles des Suisses. Celle des deux filles qui était mariée et grosse accouche avant terme parmi les glaces.

La première nouvelle que cette famille apprend quand elle est en lieu de sûreté, c'est que le père et la mère sont condamnés à être pendus; les deux filles, à demeurer sous la potence pendant l'exécution de leur mère, et à être reconduites par le bourreau hors du territoire, sous peine d'être pendues si elles reviennent. C'est ainsi qu'on instruit la contumace.

Ce jugement était également absurde et abominable. Si le père, de concert avec sa femme, avait étranglé sa fille, il fallait le rouer comme Calas, et brûler la mère, au moins après qu'elle aurait été étranglée, parce que ce n'est pas encore l'usage de rouer les femmes dans le pays de ce juge. Se contenter de pendre en pareille occasion, c'était avouer que le crime n'était pas avéré, et que dans le doute la corde était un parti mitoyen qu'on prenait, faute d'être instruit. Cette sentence blessait également la loi et la raison.

La mère mourut de désespoir, et toute la famille, dont le bien était confisqué, allait mourir de misère si elle n'avait pas trouvé des secours.

On s'arrête ici pour demander s'il y a quelque loi et quelque raison qui puisse justifier une telle sentence! On peut dire au juge: « Quelle rage vous a porté à condamner à la mort un père et une mère? — C'est qu'ils se sont enfuis, répond le juge. — Eh, misérable! voulais-tu qu'ils restassent pour assouvir ton imbécile fureur? Qu'importe qu'ils paraissent devant toi chargés de fers, pour te répondre, ou qu'ils lèvent les mains au ciel contre toi loin de ta face. Ne peux-tu pas voir sans eux la vérité qui doit te frapper? Ne peux-tu pas voir que le père était à une lieue de sa fille au milieu de vingt personnes, quand cette malheureuse fille s'échappa des bras de sa mère? Peux-tu ignorer que toute la famille l'a cherchée pendant vingt jours et vingt nuits? Tu ne réponds à cela que ces mots : *contumace, contumace*. Quoi! parce qu'un homme est absent, il faut qu'on le condamne à être pendu, quand son innocence est évidente! C'est la jurisprudence d'un sot et d'un monstre. Et la vie, les biens, l'honneur des citoyens, dépendront de ce code d'Iroquois ! »

La famille Sirven traîna son malheur loin de sa patrie pendant plus de huit années. Enfin la superstition sanguinaire qui déshonorait le Languedoc ayant été un peu adoucie, et les esprits étant devenus plus éclairés, ceux qui avaient consolé les Sirven pendant leur exil leur conseillèrent de venir demander justice au parlement de Toulouse même, lorsque le sang des Calas ne fumait plus, et que plusieurs se repentaient de l'avoir répandu. Les Sirven furent justifiés.

Erudimini, qui judicatis terram.
(Ps. ii, v. 10.)

CRITIQUE.

L'article CRITIQUE fait par M. de Marmontel dans l'*Encyclopédie* est si bon, qu'il ne serait pas pardonnable d'en donner ici un nouveau si on n'y traitait pas une matière toute différente sous le même titre. Nous entendons ici cette critique née de l'envie, aussi ancienne que le genre humain. Il y a environ trois mille ans qu'Hésiode a dit : « Le potier porte envie au potier, le forgeron au forgeron, le musicien au musicien. »

[1] Je ne prétends point parler ici de cette critique de scoliaste, qui restitue mal un mot d'un ancien auteur qu'auparavant on entendait très-bien. Je ne touche point à ces vrais critiques qui ont débrouillé ce qu'on peut de l'histoire et de la philosophie anciennes. J'ai en vue les critiques qui tiennent à la satire.

---

1. C'était ici qu'en 1764 commençait l'article dans le *Dictionnaire philosophique*. Ce qui précède fut ajouté en 1771 dans les *Questions sur l'Encyclopédie*, quatrième partie; et immédiatement après ce premier alinéa on lisait : « Le duc de Sully, etc. » Voyez page 286. (B.)

Un amateur des lettres lisait un jour le Tasse avec moi; il tomba sur cette stance :

> Chiama gli abitator dell' ombre eterne
> Il rauco suon della tartarea tromba.
> Treman le spaziose atre caverne;
> E l'aer cieco a quel rumor rimbomba :
> Nè sì stridendo mai dalle superne
> Regioni del cielo il folgor piomba;
> Nè sì scossa giammai trema la terra
> Quando i vapori in sen gravida serra.
>
> (*Jérusalem délivrée*, chant IV, st. 3.)

Il lut ensuite au hasard plusieurs stances de cette force et de cette harmonie. « Ah! c'est donc là, s'écria-t-il, ce que votre Boileau appelle du clinquant? c'est donc ainsi qu'il veut rabaisser un grand homme qui vivait cent ans avant lui, pour mieux élever un autre grand homme qui vivait seize cents ans auparavant, et qui eût lui-même rendu justice au Tasse? — Consolez-vous, lui dis-je, prenons les opéras de Quinault. »

Nous trouvâmes à l'ouverture du livre de quoi nous mettre en colère contre la critique; l'admirable poëme d'*Armide* se présenta, nous trouvâmes ces mots :

SIDONIE.

> La haine est affreuse et barbare,
> L'amour contraint les cœurs dont il s'empare
>   A souffrir des maux rigoureux.
> Si votre sort est en votre puissance,
>   Faites choix de l'indifférence;
>   Elle assure un repos heureux.

ARMIDE.

> Non, non, il ne m'est pas possible
> De passer de mon trouble en un état paisible;
>   Mon cœur ne se peut plus calmer;
> Renaud m'offense trop, il n'est que trop aimable,
> C'est pour moi désormais un choix indispensable
>   De le haïr ou de l'aimer.
>
> (*Armide*, acte III, scène II.)

Nous lûmes toute la pièce d'*Armide*, dans laquelle le génie du Tasse reçoit encore de nouveaux charmes par les mains de Quinault. « Eh bien ! dis-je à mon ami, c'est pourtant ce Quinault que Boileau s'efforça toujours de faire regarder comme l'écrivain le plus méprisable ; il persuada même à Louis XIV que cet écrivain gracieux, touchant, pathétique, élégant, n'avait d'autre mérite que celui qu'il empruntait du musicien Lulli. — Je conçois cela très-aisément, me répondit mon ami ; Boileau n'était pas jaloux du musicien, il l'était du poëte. — Quel fond devons-nous faire sur le jugement d'un homme qui, pour rimer à un vers qui finissait en *aut*, dénigrait tantôt Boursault, tantôt Hénault, tantôt Quinault, selon qu'il était bien ou mal avec ces messieurs-là ?

« Mais pour ne pas laisser refroidir votre zèle contre l'injustice, mettez seulement la tête à la fenêtre, regardez cette belle façade du Louvre, par laquelle Perrault s'est immortalisé : cet habile homme était frère d'un académicien très-savant, avec qui Boileau avait eu quelque dispute ; en voilà assez pour être traité d'architecte ignorant. »

Mon ami, après avoir un peu rêvé, reprit en soupirant : « La nature humaine est ainsi faite. Le duc de Sully, dans ses Mémoires, trouve le cardinal d'Ossat, et le secrétaire d'État Villeroi, de mauvais ministres ; Louvois faisait ce qu'il pouvait pour ne pas estimer le grand Colbert. — Mais ils n'imprimaient rien l'un contre l'autre, répondis-je ; le duc de Marlborough ne fit rien imprimer contre le comte Péterborough : c'est une sottise qui n'est d'ordinaire attachée qu'à la littérature, à la chicane, et à la théologie. C'est dommage que les *Économies politiques et royales* soient tachées quelquefois de ce défaut.

« Lamotte Houdard était un homme de mérite en plus d'un genre ; il a fait de très-belles stances.

> Quelquefois au feu qui la charme
> Résiste une jeune beauté,
> Et contre elle-même elle s'arme
> D'une pénible fermeté.
> Hélas ! cette contrainte extrême
> La prive du vice qu'elle aime,
> Pour fuir la honte qu'elle hait.
> Sa sévérité n'est que faste,
> Et l'honneur de passer pour chaste
> La résout à l'être en effet.
>
> En vain ce sévère stoïque,
> Sous mille défauts abattu,
> Se vante d'une âme héroïque
> Toute vouée à la vertu :
> Ce n'est point la vertu qu'il aime ;
> Mais son cœur, ivre de lui-même,

Voudrait usurper les autels;
Et par sa sagesse frivole
Il ne veut que parer l'idole
Qu'il offre au culte des mortels.

(*L'Amour-propre*, ode à l'évêque de Soissons, str. 5 et 9.)

Les champs de Pharsale et d'Arbelle
Ont vu triompher deux vainqueurs,
L'un et l'autre digne modèle
Que se proposent les grands cœurs.
Mais le succès a fait leur gloire;
Et si le sceau de la victoire
N'eût consacré ces demi-dieux,
 Alexandre, aux yeux du vulgaire,
 N'aurait été qu'un téméraire,
 Et César qu'un séditieux.

(*La Sagesse du roi supérieure à tous les événements*, str. 4.)

« Cet auteur, dis-je, était un sage qui prêta plus d'une fois le charme des vers à la philosophie. S'il avait toujours écrit de pareilles stances, il serait le premier des poëtes lyriques; cependant c'est alors qu'il donnait ces beaux morceaux que l'un de ses contemporains [1] l'appelait :

Certain oison, gibier de basse-cour.

« Il dit de Lamotte, en un autre endroit :

De ses discours l'ennuyeuse beauté.

« Il dit dans un autre :

. . . . . Je n'y vois qu'un défaut :
C'est que l'auteur les devait faire en prose.
Ces odes-là sentent bien le Quinault.

« Il le poursuit partout; il lui reproche partout la sécheresse et le défaut d'harmonie.

« Seriez-vous curieux de voir les Odes que fit quelques années après ce même censeur qui jugeait Lamotte en maître, et qui le décriait en ennemi ? Lisez.

Cette influence souveraine
N'est pour lui qu'une illustre chaîne

---

1. J.-B. Rousseau, *Épître aux muses*.

Qui l'attache au bonheur d'autrui ;
Tous les brillants qui l'embellissent,
Tous les talents qui l'ennoblissent
Sont en lui, mais non pas à lui.

Il n'est rien que le temps n'absorbe et ne dévore
Et les faits qu'on ignore
Sont bien peu différents des faits non avenus.

La bonté qui brille en elle
De ses charmes les plus doux,
Est une image de celle
Qu'elle voit briller en vous.
Et par vous seule enrichie,
Sa politesse affranchie
Des moindres obscurités,
Est la lueur réfléchie
De vos sublimes clartés.

Ils ont vu par ta bonne foi
De leurs peuples troublés d'effroi
La crainte heureusement déçue,
Et déracinée à jamais
La haine si souvent reçue
En survivance de la paix.

Dévoile à ma vue empressée
Ces déités d'adoption,
Synonymes de la pensée,
Symboles de l'abstraction.

N'est-ce pas une fortune
Quand d'une charge commune
Deux moitiés portent le faix,
Que la moindre le réclame,
Et que du bonheur de l'âme
Le corps seul fasse les frais ?

« Il ne fallait pas, sans doute, donner de si détestables ouvrages pour modèles à celui qu'on critiquait avec tant d'amertume ; il eût mieux valu laisser jouir en paix son adversaire de son mérite, et conserver celui qu'on avait. Mais, que voulez-vous ? le *genus irritabile vatum* est malade de la même bile qui le tourmentait autrefois. Le public pardonne ces pauvretés aux gens à talent, parce que le public ne songe qu'à s'amuser.

« Il voit dans une allégorie intitulée *Pluton*, des juges condamnés à être écorchés et à s'asseoir aux enfers sur un siége couvert de leur peau, au lieu de fleurs de lis; le lecteur ne s'embarrasse pas si ces juges le méritent ou non; si le complaignant qui les cite devant Pluton a tort ou raison. Il lit ces vers uniquement pour son plaisir : s'ils lui en donnent, il n'en veut pas davantage; s'ils lui déplaisent, il laisse là l'allégorie, et ne ferait pas un seul pas pour faire confirmer ou casser la sentence.

« Les inimitables tragédies de Racine ont toutes été critiquées, et très-mal; c'est qu'elles l'étaient par des rivaux. Les artistes sont les juges compétents de l'art, il est vrai; mais ces juges compétents sont presque toujours corrompus.

« Un excellent critique serait un artiste qui aurait beaucoup de science et de goût, sans préjugés et sans envie. Cela est difficile à trouver[1]. »

On est accoutumé, chez toutes les nations, aux mauvaises critiques de tous les ouvrages qui ont du succès. Le *Cid* trouva son Scudéri, et Corneille fut longtemps après vexé par l'abbé d'Aubignac, prédicateur du roi, soi-disant législateur de théâtre, et auteur de la plus ridicule tragédie[2], toute conforme aux règles qu'il avait données. Il n'y a sorte d'injures qu'il ne dise à l'auteur de *Cinna* et des *Horaces*. L'abbé d'Aubignac, prédicateur du roi, aurait bien dû prêcher contre d'Aubignac.

On a vu, chez les nations modernes qui cultivent les lettres, des gens qui se sont établis critiques de profession, comme on a créé des langueyeurs de porcs pour examiner si ces animaux qu'on amène au marché ne sont pas malades. Les langueyeurs de la littérature ne trouvent aucun auteur bien sain; ils rendent compte deux ou trois fois par mois de toutes les maladies régnantes, des mauvais vers faits dans la capitale et dans les provinces, des romans insipides dont l'Europe est inondée, des systèmes de physique nouveaux, des secrets pour faire mourir les punaises. Ils gagnent quelque argent à ce métier, surtout quand ils disent du mal des bons ouvrages, et du bien des mauvais. On peut les comparer aux crapauds qui passent pour sucer le venin de la

---

1. Fin de l'article en 1764; les trois alinéas qui précèdent ne furent pas reproduits dans les *Questions sur l'Encyclopédie*, en 1771. Immédiatement après l'alinéa qui finit par le mot *s'amuser*, venait celui qui commence par : « On est accoutumé. » (B.)

2. *Zénobie*, tragédie en prose jouée en 1645, et à l'occasion de laquelle le grand Condé disait qu'il savait bon gré à l'abbé d'Aubignac d'avoir si bien suivi les règles d'Aristote, mais qu'il ne pardonnait point aux règles d'Aristote d'avoir fait faire une si méchante tragédie à l'abbé d'Aubignac.

terre, et pour le communiquer à ceux qui les touchent. Il y eut un nommé Dennis[1], qui fit ce métier pendant soixante ans à Londres, et qui ne laissa pas d'y gagner sa vie. L'auteur qui a cru être un nouvel *Arétin*, et s'enrichir en Italie par sa *frusta letteraria*, n'y a pas fait fortune.

L'ex-jésuite Guyot-Desfontaines, qui embrassa cette profession au sortir de Bicêtre, y amassa quelque argent. C'est lui qui, lorsque le lieutenant de police le menaçait de le renvoyer à Bicêtre, et lui demandait pourquoi il s'occupait d'un travail si odieux, répondit : *Il faut que je vive*. Il attaquait les hommes les plus estimables à tort et à travers, sans avoir seulement lu ni pu lire les ouvrages de mathématiques et de physique dont il rendait compte.

Il prit un jour l'*Alciphron*[2] de Berkeley, évêque de Cloyne, pour un livre contre la religion. Voici comme il s'exprime :

« J'en ai trop dit pour vous faire mépriser un livre qui dégrade également l'esprit et la probité de l'auteur ; c'est un tissu de sophismes libertins forgés à plaisir pour détruire les principes de la religion, de la politique, et de la morale. »

Dans un autre endroit, il prend le mot anglais *cake*, qui signifie *gâteau* en anglais, pour le géant *Cacus*. Il dit à propos de la tragédie de *la Mort de César*, que Brutus *était un fanatique barbare, un quaker*. Il ignorait que les quakers sont les plus pacifiques des hommes, et ne versent jamais le sang. C'est avec ce fonds de science qu'il cherchait à rendre ridicules les deux écrivains les plus estimables de leur temps, Fontenelle et Lamotte.

Il fut remplacé dans cette charge de Zoïle subalterne par un autre ex-jésuite nommé Fréron, dont le nom seul est devenu un opprobre. On nous fit lire, il n'y a pas longtemps, une de ces feuilles dont il infecte la basse littérature. « Le temps de Mahomet II, dit-il, est le temps de l'entrée des Arabes en Europe. » Quelle foule de bévues en peu de paroles !

Quiconque a reçu une éducation tolérable sait que les Arabes assiégèrent Constantinople sous le calife Moavia, dès notre VIIe siècle ; qu'ils conquirent l'Espagne dans l'année de notre ère 713, et bientôt après une partie de la France, environ sept cents ans avant Mahomet II.

---

1. Jean Dennis, fils d'un sellier, né en 1657, mort en 1733, et ridiculisé par Pope dans sa *Dunciade*, est le même dont Voltaire parle dans une lettre qu'on trouvera dans les *Mélanges*, année 1727.
2. Traduit en français par Joncourt, en 1734; 2 volumes in-12.

CRITIQUE.

Ce Mahomet II, fils d'Amurat II, n'était point Arabe, mais Turc.

Il s'en fallait beaucoup qu'il fût le premier prince turc qui eût passé en Europe : Orcan, plus de cent ans avant lui, avait subjugué la Thrace, la Bulgarie, et une partie de la Grèce.

On voit que ce folliculaire parlait à tort et à travers des choses les plus aisées à savoir, et dont il ne savait rien. Cependant il insultait l'Académie, les plus honnêtes gens, les meilleurs ouvrages, avec une insolence égale à son absurdité ; mais son excuse était celle de Guyot-Desfontaines : *Il faut que je vive.* C'est aussi l'excuse de tous les malfaiteurs dont on fait justice.

On ne doit pas donner le nom de *critiques* à ces gens-là. Ce mot vient de *krites, juge, estimateur, arbitre.* Critique signifie *bon juge.* Il faut être un Quintilien pour oser juger les ouvrages d'autrui ; il faut du moins écrire comme Bayle écrivit sa *République des Lettres;* il a eu quelques imitateurs, mais en petit nombre. Les journaux de Trévoux ont été décriés pour leur partialité poussée jusqu'au ridicule, et pour leur mauvais goût.

Quelquefois les journaux se négligent, ou le public s'en dégoûte par pure lassitude, ou les auteurs ne fournissent pas des matières assez agréables ; alors les journaux, pour réveiller le public, ont recours à un peu de satire. C'est ce qui a fait dire à La Fontaine :

Tout faiseur de journal doit tribut au malin.

Mais il vaut mieux ne payer son tribut qu'à la raison et à l'équité.

Il y a d'autres critiques qui attendent qu'un bon ouvrage paraisse pour faire vite un livre contre lui. Plus le libelliste attaque un homme accrédité, plus il est sûr de gagner quelque argent ; il vit quelques mois de la réputation de son adversaire. Tel était un nommé Faydit, qui tantôt écrivait contre Bossuet, tantôt contre Tillemont, tantôt contre Fénelon ; tel a été un polisson qui s'intitule Pierre de Chiniac de La Bastide Duclaux[1], avocat au parlement. Cicéron avait trois noms comme lui. Puis viennent les critiques contre Pierre de Chiniac, puis les réponses de Pierre de Chiniac à ses critiques. Ces beaux livres sont accompagnés de brochures sans nombre, dans lesquelles les auteurs

---

1. Voltaire a déjà parlé de Chiniac dans le chapitre xxviii du *Pyrrhonisme de l'histoire* (*Mélanges,* année 1768).

font le public juge entre eux et leurs adversaires ; mais le juge, qui n'a jamais entendu parler de leur procès, est fort en peine de prononcer. L'un veut qu'on s'en rapporte à sa dissertation insérée dans le *Journal littéraire*, l'autre à ses éclaircissements donnés dans le *Mercure*. Celui-ci crie qu'il a donné une version exacte d'une demi-ligne de Zoroastre, et qu'on ne l'a pas plus entendu qu'il n'entend le persan. Il duplique à la contre-critique qu'on a faite de sa critique d'un passage de Chaufepié.

Enfin il n'y a pas un seul de ces critiques qui ne se croie juge de l'univers, et écouté de l'univers.

Eh ! l'ami, qui te savait là [1] ?

CROIRE [2].

Nous avons vu, à l'article CERTITUDE, qu'on doit être souvent très-incertain quand on est certain, et qu'on peut manquer de bon sens quand on juge suivant ce qu'on appelle *le sens commun*. Mais qu'appelez-vous *croire*?

Voici un Turc qui me dit : « Je crois que l'ange Gabriel descendait souvent de l'empyrée pour apporter à Mahomet des feuillets de l'*Alcoran*, écrits en lettres d'or sur du vélin bleu. »

Eh bien! Moustapha, sur quoi ta tête rase croit-elle cette chose incroyable?

« Sur ce que j'ai les plus grandes probabilités qu'on ne m'a point trompé dans le récit de ces prodiges improbables ; sur ce qu'Abubeker le beau-père, Ali le gendre, Aishca ou Aïssé la fille, Omar, Otman, certifièrent la vérité du fait en présence de cinquante mille hommes, recueillirent tous les feuillets, les lurent devant les fidèles, et attestèrent qu'il n'y avait pas un mot de changé.

« Sur ce que nous n'avons jamais eu qu'un *Alcoran* qui n'a jamais été contredit par un autre *Alcoran*. Sur ce que Dieu n'a jamais permis qu'on ait fait la moindre altération dans ce livre.

« Sur ce que les préceptes et les dogmes sont la perfection de la raison. Le dogme consiste dans l'unité d'un Dieu pour lequel il faut vivre et mourir ; dans l'immortalité de l'âme ; dans les récompenses éternelles des justes et la punition des méchants, et

---

1. Lamotte, *Fables*, I, XIII.
2. *Questions sur l'Encyclopédie*, quatrième partie, 1771. (B.)

dans la mission de notre grand prophète Mahomet, prouvée par des victoires.

« Les préceptes sont d'être juste et vaillant, de faire l'aumône aux pauvres, de nous abstenir de cette énorme quantité de femmes que les princes orientaux, et surtout les roitelets juifs, épousaient sans scrupule ; de renoncer au bon vin d'Engaddi et de Tadmor, que ces ivrognes d'Hébreux ont tant vanté dans leurs livres ; de prier Dieu cinq fois par jour, etc.

« Cette sublime religion a été confirmée par le plus beau et le plus constant des miracles, et le plus avéré dans l'histoire du monde : c'est que Mahomet, persécuté par les grossiers et absurdes magistrats scolastiques qui le décrétèrent de prise de corps, Mahomet, obligé de quitter sa patrie, n'y revint qu'en victorieux ; qu'il fit de ses juges imbéciles et sanguinaires l'escabeau de ses pieds ; qu'il combattit toute sa vie les combats du Seigneur ; qu'avec un petit nombre il trompha toujours du grand nombre ; que lui et ses successeurs convertirent la moitié de la terre, et que, Dieu aidant, nous convertirons un jour l'autre moitié. »

Rien n'est plus éblouissant. Cependant Moustapha, en croyant si fermement, sent toujours quelques petits nuages de doute s'élever dans son âme, quand on lui fait quelques difficultés sur les visites de l'ange Gabriel ; sur le sura ou le chapitre apporté du ciel pour déclarer que le grand prophète n'est point cocu ; sur la jument Borac, qui le transporte en une nuit de la Mecque à Jérusalem. Moustapha bégaye, il fait de très-mauvaises réponses, il en rougit ; et cependant non-seulement il dit qu'il croit, mais il veut aussi vous engager à croire. Vous pressez Moustapha ; il reste la bouche béante, les yeux égarés, et va se laver en l'honneur d'Alla, en commençant son ablution par le coude, et en finissant par le doigt index.

Moustapha est-il en effet persuadé, convaincu de tout ce qu'il nous a dit ? est-il parfaitement sûr que Mahomet fut envoyé de Dieu, comme il est sûr que la ville de Stamboul existe, comme il est sûr que l'impératrice Catherine II a fait aborder une flotte du fond de la mer hyperborée dans le Péloponèse, chose aussi étonnante que le voyage de la Mecque à Jérusalem en une nuit ; et que cette flotte a détruit celle des Ottomans auprès des Dardanelles ?

Le fond du discours de Moustapha est qu'il croit ce qu'il ne croit pas. Il s'est accoutumé à prononcer, comme son molla, certaines paroles qu'il prend pour des idées. Croire, c'est très-souvent douter.

Sur quoi crois-tu cela? dit Harpagon. — Je le crois sur ce que je le crois, répond maître Jacques[1]. La plupart des hommes pourraient répondre de même.

Croyez-moi pleinement, mon cher lecteur, il ne faut pas croire de léger.

Mais que dirons-nous de ceux qui veulent persuader aux autres ce qu'ils ne croient point? Et que dirons-nous des monstres qui persécutent leurs confrères dans l'humble et raisonnable doctrine du doute et de la défiance de soi-même?

CROMWELL.

SECTION PREMIÈRE [2].

On peint Cromwell comme un homme qui a été fourbe toute sa vie. J'ai de la peine à le croire. Je pense qu'il fut d'abord enthousiaste, et qu'ensuite il fit servir son fanatisme même à sa grandeur. Un novice fervent à vingt ans devient souvent un fripon habile à quarante. On commence par être dupe, et on finit par être fripon [3], dans le grand jeu de la vie humaine. Un homme d'État prend pour aumônier un moine tout pétri des petitesses de son couvent, dévot, crédule, gauche, tout neuf pour le monde : le moine s'instruit, se forme, s'intrigue, et supplante son maître.

Cromwell ne savait d'abord s'il se ferait ecclésiastique ou soldat. Il fut l'un et l'autre. Il fit, en 1622, une campagne dans l'armée du prince d'Orange Frédéric-Henri, grand homme, frère de deux grands hommes; et quand il revint en Angleterre, il se mit au service de l'évêque Williams, et fut le théologien de monseigneur tandis que monseigneur passait pour l'amant de sa femme. Ses principes étaient ceux des puritains; ainsi il devait haïr de tout son cœur un évêque, et ne pas aimer les rois. On le chassa de la maison de l'évêque Williams parce qu'il était puritain, et voilà l'origine de sa fortune. Le parlement d'Angleterre se déclarait contre la royauté et contre l'épiscopat; quelques amis

---

1. Molière, *l'Avare*, acte V, scène II.
2. Ce morceau a paru en 1748, dans le tome IV de l'édition faite à Dresde des OEuvres de Voltaire. (B.)
3. Ce sont les vers de Mme Deshoulières :

> On commence par être dupe,
> On finit par être fripon.

qu'il avait dans ce parlement lui procurèrent la nomination d'un village. Il ne commença à exister que dans ce temps-là, et il avait plus de quarante ans sans qu'il eût jamais fait parler de lui. Il avait beau posséder l'Écriture sainte, disputer sur les droits des prêtres et des diacres, faire quelques mauvais sermons et quelques libelles, il était ignoré. J'ai vu de lui un sermon qui est fort insipide, et qui ressemble assez aux prédications des quakers; on n'y découvre assurément aucune trace de cette éloquence persuasive avec laquelle il entraîna depuis les parlements. C'est qu'en effet il était beaucoup plus propre au affaires qu'à l'Église. C'était surtout dans son ton et dans son air que consistait son éloquence; un geste de cette main qui avait gagné tant de batailles et tué tant de royalistes persuadait plus que les périodes de Cicéron. Il faut avouer que ce fut sa valeur incomparable qui le fit connaître, et qui le mena par degrés au faîte de la grandeur.

Il commença par se jeter en volontaire qui voulait faire fortune dans la ville de Hull, assiégée par le roi. Il y fit de belles et d'heureuses actions, pour lesquelles il reçut une gratification d'environ six mille francs du parlement. Ce présent fait par le parlement à un aventurier fait voir que le parti rebelle devait prévaloir. Le roi n'était pas en état de donner à ses officiers généraux ce que le parlement donnait à des volontaires. Avec de l'argent et du fanatisme on doit à la longue être maître de tout. On fit Cromwell colonel. Alors ses grands talents pour la guerre se développèrent au point que lorsque le parlement créa le comte de Manchester général de ses armées, il fit Cromwell lieutenant-général, sans qu'il eût passé par les autres grades. Jamais homme ne parut plus digne de commander; jamais on ne vit plus d'activité et de prudence, plus d'audace et plus de ressources que dans Cromwell. Il est blessé à la bataille d'York; et tandis que l'on met le premier appareil à sa plaie, il apprend que son général Manchester se retire, et que la bataille est perdue. Il court à Manchester; il le trouve fuyant avec quelques officiers; il le prend par le bras, et lui dit avec un air de confiance et de grandeur : « Vous vous méprenez, milord; ce n'est pas de ce côté-ci que sont les ennemis. » Il le ramène près du champ de bataille, rallie pendant la nuit plus de douze mille hommes, leur parle au nom de Dieu, cite Moïse, Gédéon et Josué, recommence la bataille au point du jour contre l'armée royale victorieuse, et la défait entièrement. Il fallait qu'un tel homme pérît ou fût le maître. Presque tous les officiers de son armée étaient des enthousiastes qui portaient le Nouveau Testament à l'arçon de leur selle : on ne parlait, à l'armé comme dans le parlement, que de perdre Babylone, d'établir le culte dans Jérusalem, de briser le colosse. Cromwell, parmi tant de fous, cessa de l'être, et pensait qu'il valait mieux les gouverner que d'être gouverné par eux. L'habitude de prêcher en inspiré lui restait. Figurez-vous un fakir qui s'est mis aux reins une ceinture de fer par pénitence, et qui ensuite détache sa ceinture pour en donner sur les oreilles aux autres fakirs : voilà Cromwell. Il devient aussi intrigant qu'il était intrépide ; il s'associe avec tous les colonels de l'armée, et forme ainsi dans les troupes une république qui force le généralissime à se démettre. Un autre généralissime est nommé, il le dégoûte. Il gouverne l'armée, et par elle il gouverne le parlement ; il met ce parlement dans la nécessité de le faire enfin généralissime. Tout cela est beaucoup ; mais ce qui est essentiel, c'est qu'il gagne toutes les batailles qu'il donne en Angleterre, en Écosse, en Irlande ; et il les gagne, non en voyant combattre et en se ménageant, mais toujours en chargeant l'ennemi, ralliant ses troupes, courant partout, souvent blessé, tuant de sa main plusieurs officiers royalistes, comme un grenadier furieux et acharné.

Au milieu de cette guerre affreuse Cromwell faisait l'amour ; il allait, la Bible sous le bras, coucher avec la femme de son major général Lambert. Elle aimait le comte de Holland, qui servait dans l'armée du roi. Cromwell le prend prisonnier dans une bataille, et jouit du plaisir de faire trancher la tête à son rival. Sa maxime était de verser le sang de tout ennemi important, ou dans le champ de bataille, ou par la main des bourreaux. Il augmenta toujours son pouvoir, en osant toujours en abuser ; les profondeurs de ses desseins n'ôtaient rien à son impétuosité féroce. Il entre dans la chambre du parlement, et, prenant sa montre, qu'il jette par terre et qu'il brise en morceaux : « Je vous casserai, dit-il, comme cette montre. » Il y revient quelque temps après, chasse tous les membres l'un après l'autre, en les faisant défiler devant lui. Chacun d'eux est obligé, en passant, de lui faire une profonde révérence : un d'eux passe le chapeau sur la tête ; Cromwell lui prend son chapeau, et le jette par terre : « Apprenez, dit-il, à me respecter. »

Lorsqu'il eut outragé tous les rois en faisant couper la tête à son roi légitime, et qu'il commença lui-même à régner, il envoya son portrait à une tête couronnée : c'était à la reine de Suède Christine. Marvell, fameux poëte anglais, qui faisait fort bien des vers latins, accompagna ce portrait de six vers où il fait parler

Cromwell lui-même. Cromwell corrigea les deux derniers que voici :

> At tibi submittit frontem reverentior umbra,
> Non sunt hi vultus regibus usque truces.

Le sens hardi de ces six vers peut se rendre ainsi :

> Les armes à la main j'ai défendu les lois ;
> D'un peuple audacieux j'ai vengé la querelle.
> Regardez sans frémir cette image fidèle :
> Mon front n'est pas toujours l'épouvante des rois.

Cette reine fut la première à le reconnaître, dès qu'il fut protecteur des trois royaumes. Presque tous les souverains de l'Europe envoyèrent des ambassadeurs *à leur frère* Cromwell, à ce domestique d'un évêque, qui venait de faire périr par la main du bourreau un souverain leur parent. Ils briguèrent à l'envi son alliance. Le cardinal Mazarin, pour lui plaire, chassa de France les deux fils de Charles Ier, les deux petits-fils de Henri IV, les deux cousins germains de Louis XIV. La France conquit Dunkerque pour lui, et on lui en remit les clefs. Après sa mort, Louis XIV et toute sa cour portèrent le deuil, excepté Mademoiselle, qui eut le courage de venir au cercle en habit de couleur, et soutint seule l'honneur de sa race.

Jamais roi ne fut plus absolu que lui. Il disait qu'il avait mieux aimé gouverner sous le nom de *protecteur* que sous celui de *roi*, parce que les Anglais savaient jusqu'où s'étend la prérogative d'un roi d'Angleterre, et ne savaient pas jusqu'où celle d'un protecteur pouvait aller. C'était connaître les hommes, que l'opinion gouverne, et dont l'opinion dépend d'un nom. Il avait conçu un profond mépris pour la religion qui avait servi à sa fortune. Il y a une anecdote certaine conservée dans la maison de Saint-Jean, qui prouve assez le peu de cas que Cromwell faisait de cet instrument qui avait opéré de si grands effets dans ses mains. Il buvait un jour avec Ireton, Flectwood, et Saint-Jean, bisaïeul du célèbre milord Bolingbroke ; on voulut déboucher une bouteille, et le tire-bouchon tomba sous la table ; ils le cherchaient tous, et ne le trouvaient pas. Cependant une députation des Églises presbytériennes attendait dans l'antichambre, et un huissier vint les annoncer. « Qu'on leur dise que je suis retiré, dit Cromwell, *et que je cherche le Seigneur*. » C'était l'expression dont se servaient les fanatiques quand ils faisaient leurs prières. Lorsqu'il eut ainsi congédié la bande des ministres, il dit à ses confidents ces propres paroles : « Ces faquins-là croient que nous cherchons le Seigneur, et nous cherchons que le tire-bouchon. »

Il n'y a guère d'exemple en Europe d'aucun homme qui, venu de si bas, se soit élevé si haut. Mais que lui fallait-il absolument avec tous ses grands talents ? la fortune. Il l'eut, cette fortune; mais fut-il heureux ? Il vécut pauvre et inquiet jusqu'à quarante-trois ans ; il se baigna depuis dans le sang, passa sa vie dans le trouble, et mourut avant le temps à cinquante-sept ans. Que l'on compare à cette vie celle d'un Newton, qui a vécu quatre-vingt-quatre années, toujours tranquille, toujours honoré, toujours la lumière de tous les êtres pensants, voyant augmenter chaque jour sa renommée, sa réputation, sa fortune, sans avoir jamais ni soins, ni remords, et qu'on juge lequel a été le mieux partagé.

O curas hominum, o quantum est in rebus inane !
(PERS., sat. I, vers 1.)

SECTION II [1].

Olivier Cromwell fut regardé avec admiration par les puritains et les indépendants d'Angleterre ; il est encore leur héros ; mais Richard Cromwell son fils est mon homme.

Le premier est un fanatique qui serait sifflé aujourd'hui [2] dans la chambre des communes s'il y prononçait une seule des inintelligibles absurdités qu'il débitait avec tant de confiance devant d'autres fanatiques qui l'écoutaient la bouche béante et les yeux égarés, au nom du Seigneur. S'il disait qu'il faut chercher le Seigneur, et combattre les combats du Seigneur ; s'il introduisait le jargon juif dans le parlement d'Angleterre, à la honte éternelle de l'esprit humain, il serait bien plus près d'être conduit à Bedlam que d'être choisi pour commander des armées.

Il était brave, sans doute : les loups le sont aussi ; il y a même des singes aussi furieux que des tigres. De fanatique il devint politique habile, c'est-à-dire que de loup il devint renard, monta, par la fourberie, des premiers degrés où l'enthousiasme enragé du temps l'avait placé jusqu'au faîte de la grandeur ; et le fourbe marcha sur les têtes des fanatiques prosternés. Il régna ; mais il

---

1. Dans les *Questions sur l'Encyclopédie*, quatrième partie, 1771, l'article entier se composait de ce qui forme cette seconde section. (B.)

2. Voyez les articles A PROPOS et FANATISME, section IV; et dans les *Mélanges*, année 1734, la septième des *Lettres philosophiques;* et année 1763, la quatrième fausseté, à la suite des *Éclaircissements historiques*.

vécut dans les horreurs de l'inquiétude. Il n'eut ni des jours sereins ni des nuits tranquilles. Les consolations de l'amitié et de la société n'approchèrent jamais de lui ; il mourut avant le temps, plus digne, sans doute, du dernier supplice que le roi qu'il fit conduire d'une fenêtre de son palais même à l'échafaud.

Richard Cromwell, au contraire, né avec un esprit doux et sage, refuse de garder la couronne de son père aux dépens du sang de trois ou quatre factieux qu'il pouvait sacrifier à son ambition. Il aime mieux être réduit à la vie privée que d'être un assassin tout-puissant. Il quitte le protectorat sans regret, pour vivre en citoyen. Libre et tranquille à la campagne, il y jouit de la santé ; il y possède son âme en paix pendant quatre-vingt-dix années[1], aimé de ses voisins, dont il est l'arbitre et le père.

Lecteurs, prononcez. Si vous aviez à choisir entre le destin du père et celui du fils, lequel prendriez-vous ?

CUISSAGE ou CULAGE[2].

DROIT DE PRÉLIBATION, DE MARQUETTE, ETC.

Dion Cassius, ce flatteur d'Auguste, ce détracteur de Cicéron (parce que Cicéron avait défendu la cause de la liberté), cet écrivain sec et diffus, ce gazetier des bruits populaires, ce Dion Cassius rapporte que des sénateurs opinèrent, pour récompenser César de tout le mal qu'il avait fait à la république, de lui donner le droit de coucher, à l'âge de cinquante sept-ans, avec toutes les dames qu'il daignerait honorer de ses faveurs. Et il se trouve encore parmi nous des gens assez bons pour croire cette ineptie. L'auteur même de l'*Esprit des lois* la prend pour une vérité, et en parle comme d'un décret qui aurait passé dans le sénat romain, sans l'extrême modestie du dictateur, qui se sentit peu propre à remplir les vœux du sénat. Mais si les empereurs romains n'eurent pas ce droit par un sénatus-consulte appuyé d'un plébiscite, il est très-vraisemblable qu'ils l'obtinrent par la courtoisie des dames. Les Marc-Aurèle, les Julien, n'usèrent point de ce droit ; mais tous les autres l'étendirent autant qu'ils le purent.

---

1. Les éditions de 1770, 1771 in-4°, 1775, portent *quatre-vingt-dix*. Ce n'est peut-être qu'une faute de copiste ou d'impression. M. Renouard a mis *quatre-vingt-six*, en mettant en note que « Richard naquit le 4 octobre 1626, et mourut le 13 juillet 1712 ». (B.)

2. *Questions sur l'Encyclopédie*, quatrième partie, 1771. (B.)

Il est étonnant que dans l'Europe chrétienne on ait fait très-longtemps une espèce de loi féodale, et que du moins on ait regardé comme un droit coutumier l'usage d'avoir le pucelage de sa vassale. La première nuit des noces de la fille au vilain appartenait sans contredit au seigneur.

Ce droit s'établit comme celui de marcher avec un oiseau sur le poing, et de se faire encenser à la messe. Les seigneurs, il est vrai, ne statuèrent pas que les femmes de leurs vilains leur appartiendraient, ils se bornèrent aux filles ; la raison en est plausible. Les filles sont honteuses, il faut un peu de temps pour les apprivoiser. La majesté des lois les subjugue tout d'un coup ; les jeunes fiancées donnaient donc sans résistance la première nuit de leurs noces au seigneur châtelain, ou au baron, quand il les jugeait dignes de cet honneur.

On prétend que cette jurisprudence commença en Écosse ; je le croirais volontiers : les seigneurs écossais avaient un pouvoir encore plus absolu sur leurs clans que les barons allemands et français sur leurs sujets.

Il est indubitable que des abbés, des évêques, s'attribuèrent cette prérogative en qualité de seigneurs temporels : et il n'y a pas bien longtemps que des prélats se sont désistés de cet ancien privilége pour des redevances en argent, auxquelles ils avaient autant de droit qu'aux pucelages des filles.

Mais remarquons bien que cet excès de tyrannie ne fut jamais approuvé par aucune loi publique. Si un seigneur ou un prélat avait assigné par-devant un tribunal réglé une fille fiancée à un de ses vassaux pour venir lui payer sa redevance, il eût perdu sans doute sa cause avec dépens.

Saisissons cette occasion d'assurer qu'il n'y a jamais eu de peuple un peu civilisé qui ait établi des lois formelles contre les mœurs ; je ne crois pas qu'il y en ait un seul exemple. Des abus s'établissent, on les tolère ; ils passent en coutume ; les voyageurs les prennent pour des lois fondamentales. Ils ont vu, disent-ils, dans l'Asie de saints mahométans bien crasseux marcher tout nus, et de bonnes dévotes venir leur baiser ce qui ne mérite pas de l'être ; mais je les défie de trouver dans l'*Alcoran* une permission à des gueux de courir tout nus et de faire baiser leur vilenie par des dames.

On me citera, pour me confondre, le *phallum* que les Égyptiens portaient en procession, et l'idole *Jaganat* des Indiens. Je répondrai que cela n'est pas plus contre les mœurs que de s'aller faire couper le prépuce en cérémonie à l'âge de huit ans.

On a porté dans quelques-unes de nos villes le saint prépuce en procession ; on le garde encore dans quelques sacristies, sans que cette facétie ait causé le moindre trouble dans les familles. Je puis encore assurer qu'aucun concile, aucun arrêt de parlement n'a jamais ordonné qu'on fêterait le saint prépuce.

J'appelle *loi contre les mœurs* une loi publique qui me prive de mon bien, qui m'ôte ma femme pour la donner à un autre ; et je dis que la chose est impossible.

Quelques voyageurs prétendent qu'en Laponie des maris sont venus leur offrir leur femme par politesse : c'est une plus grande politesse à moi de les croire. Mais je leur soutiens qu'ils n'ont jamais trouvé cette loi dans le code de la Laponie, de même que vous ne trouverez ni dans les constitutions de l'Allemagne, ni dans les ordonnances des rois de France, ni dans les registres du parlement d'Angleterre, aucune loi positive qui adjuge le droit de cuissage aux barons.

Des lois absurdes, ridicules, barbares, vous en trouverez partout ; des lois contre les mœurs, nulle part.

CUL [1].

On répétera ici ce qu'on a déjà dit ailleurs [2], et ce qu'il faut répéter toujours, jusqu'au temps où les Français se seront corrigés ; c'est qu'il est indigne d'une langue aussi polie et aussi universelle que la leur d'employer si souvent un mot déshonnête et ridicule, pour signifier des choses communes qu'on pourrait exprimer autrement sans le moindre embarras.

Pourquoi nommer *cul-d'âne* et *cul-de-cheval* des orties de mer ? pourquoi donc donner le nom de *cul-blanc* à l'œnante, et de *cul-rouge* à l'épeiche ? Cette épeiche est une espèce de pivert, et l'œnante une espèce de moineau cendré. Il y a un oiseau qu'on nomme *fétu-en-cul* ou *paille-en-cul* ; on avait cent manières de le désigner d'une expression beaucoup plus précise. N'est-il pas impertinent d'appeler *cul-de-vaisseau* le fond de la poupe ?

Plusieurs auteurs nomment encore *à-cul* un petit mouillage,

---

1. *Questions sur l'Encyclopédie*, quatrième partie, 1771. (B.)
2. Voyez la requête de Jérôme Carré *A messieurs les Parisiens*, en tête de la comédie de l'*Écossaise* (tome IV du *Théâtre*); et le *Prologue* et le *Premier post-script* du poème de la *Guerre de Genève* (tome IX); et ci-après l'article LANGUES, section III; — voyez aussi dans les *Mélanges*, année 1764, le *Discours aux Welches*, et son *Supplément* ; et dans la *Correspondance*, la lettre à d'Olivet, du 20 auguste 1761.

un ancrage, une grève, un sable, une anse, où les barques se mettent à l'abri des corsaires. *Il y a un petit à-cul à Palo comme à Sainte-Marinthée* [1].

On se sert continuellement du mot *cul-de-lampe* pour exprimer un fleuron, un petit cartouche, un pendentif, un encorbellement, une base de pyramide, un placard, une vignette.

Un graveur se sera imaginé que cet ornement ressemble à la base d'une lampe; il l'aura nommé *cul-de-lampe* pour avoir plus tôt fait; et les acheteurs auront répété ce mot après lui. C'est ainsi que les langues se forment. Ce sont les artisans qui ont nommé leurs ouvrages et leurs instruments.

Certainement il n'y avait nulle nécessité de donner le nom de *cul-de-four* aux voûtes sphériques, d'autant plus que ces voûtes n'ont rien de celles d'un four, qui est toujours surbaissée.

Le fond d'un artichaut est formé et creusé en ligne courbe, et le nom de *cul* ne lui convient en aucune manière. Les chevaux ont quelquefois une tache verdâtre dans les yeux, on l'appelle *cul-de-verre*. Une autre maladie des chevaux, qui est une espèce d'érysipèle, est appelée le *cul-de-poule*. Le haut d'un chapeau est un *cul-de-chapeau*. Il y a des boutons à compartiments, qu'on appelle *boutons à cul-de-dé*.

Comment a-t-on pu donner le nom de *cul-de-sac* à l'*angiportus* des Romains? Les Italiens ont pris le nom d'*angiporto* pour signifier *strada senza uscita*. On lui donnait autrefois chez nous le nom d'*impasse*, qui est expressif et sonore. C'est une grossièreté énorme que le mot de *cul-de-sac* ait prévalu.

Le terme de *culage* a été aboli. Pourquoi tous ceux que nous venons d'indiquer ne le sont-ils pas? Ce terme infâme de *culage* signifiait le droit que s'étaient donné plusieurs seigneurs, dans les temps de la tyrannie féodale, d'avoir à leur choix les prémices de tous les mariages dans l'étendue de leurs terres. On substitua ensuite le mot de *cuissage* à celui de *culage*. Le temps seul peut corriger toutes les façons vicieuses de parler.

Il est triste qu'en fait de langue, comme en d'autres usages plus importants, ce soit la populace qui dirige les premiers d'une nation.

---

1. *Voyage d'Italie.* (*Note de Voltaire.*)

CURÉ DE CAMPAGNE[1].

SECTION PREMIÈRE.

Un curé, que dis-je, un curé? un iman même, un talapoin, un brame, doit avoir honnêtement de quoi vivre. Le prêtre en tout pays doit être nourri de l'autel, puisqu'il sert la république. Qu'un fanatique fripon ne s'avise pas de dire ici que je mets au niveau un curé et un brame, que j'associe la vérité avec l'imposture. Je ne compare que les services rendus à la société; je ne compare que la peine et le salaire.

Je dis que quiconque exerce une fonction pénible doit être bien payé de ses concitoyens; je ne dis pas qu'il doive regorger de richesses, souper comme Lucullus, être insolent comme Clodius. Je plains le sort d'un curé de campagne obligé de disputer une gerbe de blé à son malheureux paroissien, de plaider contre lui, d'exiger la dîme des lentilles et des pois, d'être haï et de haïr, de consumer sa misérable vie dans des querelles continuelles, qui avilissent l'âme autant qu'elles l'aigrissent.

Je plains encore davantage le curé à portion congrue, à qui des moines, nommés *gros décimateurs,* osent donner un salaire de quarante ducats pour aller faire, pendant toute l'année, à deux ou trois milles de sa maison, le jour, la nuit, au soleil, à la pluie, dans les neiges, au milieu des glaces, les fonctions les plus désagréables, et souvent les plus inutiles. Cependant l'abbé, gros décimateur, boit son vin de Volnay, de Beaune, de Chambertin, de Sillery, mange ses perdrix et ses faisans, dort sur le duvet avec sa voisine, et fait bâtir un palais. La disproportion est trop grande.

On imagina, du temps de Charlemagne, que le clergé, outre ses terres, devait posséder la dîme des terres d'autrui; et cette dîme est au moins le quart en comptant les frais de culture. Pour assurer ce payement, on stipula qu'il était de droit divin. Et comment était-il de droit divin? Dieu était-il descendu sur la terre pour donner le quart de mon bien à l'abbé du Mont-Cassin, à l'abbé de Saint-Denis, à l'abbé de Fulde? non pas que je sache; mais on trouva qu'autrefois dans le désert d'Étam, d'Horeb, de Cadès-Barné, on avait donné aux lévites quarante-huit villes, et la dîme de tout ce que la terre produisait.

Eh bien! gros décimateur, allez à Cadès-Barné; habitez les

---

1. *Questions sur l'Encyclopédie,* quatrième partie, 1771. (B.)

quarante-huit villes qui sont dans ce désert inhabitable ; prenez la dîme des cailloux que la terre y produit, et grand bien vous fasse !

Mais Abraham, ayant combattu pour Sodome, donna la dîme à Melchisédech, prêtre et roi de Salem. — Eh bien ! combattez pour Sodome ; mais que Melchisédech ne me prenne pas le blé que j'ai semé.

Dans un pays chrétien de douze cent mille lieues carrées, dans tout le Nord, dans la moitié de l'Allemagne, dans la Hollande, dans la Suisse, on paye le clergé de l'argent du trésor public. Les tribunaux n'y retentissent point des procès mus entre les seigneurs et les curés, entre le gros et le petit décimateur, entre le pasteur demandeur et l'ouaille intimée, en conséquence du troisième concile de Latran, dont l'ouaille n'a jamais entendu parler.

[1] Le roi de Naples, cette année 1772, vient d'abolir la dîme dans une de ses provinces : les curés sont mieux payés, et la province le bénit.

Les prêtres égyptiens, dit-on, ne prenaient point la dîme. — Non ; mais on nous assure qu'ils avaient le tiers de toute l'Égypte en propre. O miracle ! ô chose du moins difficile à croire ! ils avaient le tiers du pays, et ils n'eurent pas bientôt les deux autres !

Ne croyez pas, mon cher lecteur, que les Juifs, qui étaient un peuple de col roide, ne se soient jamais plaints de l'impôt de la dîme.

Donnez-vous la peine de lire le *Talmud* de Babylone ; et si vous n'entendez pas le chaldaïque, lisez la traduction faite par Gilbert Gaulmin, avec les notes, le tout imprimé par les soins de Fabricius. Vous y verrez l'aventure d'une pauvre veuve avec le grand-prêtre Aaron, et comment le malheur de cette veuve fut la cause de la querelle entre Dathan, Coré et Abiron, d'un côté, et Aaron de l'autre.

« Une veuve n'avait qu'une seule brebis[2] ; elle voulut la tondre : Aaron vient qui prend la laine pour lui : Elle m'appartient, dit-il, selon la loi : « Tu donneras les prémices de la laine « à Dieu. » La veuve implore en pleurant la protection de Coré. Coré va trouver Aaron. Ses prières sont inutiles ; Aaron répond que par la loi la laine est à lui. Coré donne quelque argent à la femme, et s'en retourne plein d'indignation.

1. Cet alinéa n'existait pas en 1771 : il fut ajouté, en 1774, dans l'édition in-4°. (B.)
2. Page 163, numéro 297. (*Note de Voltaire.*)

« Quelque temps après, la brebis fait un agneau; Aaron revient, et s'empare de l'agneau. La veuve vient encore pleurer auprès de Coré, qui veut en vain fléchir Aaron. Le grand-prêtre lui répond : Il est écrit dans la loi : « Tout mâle premier-né de « ton troupeau appartiendra à ton Dieu; » il mangea l'agneau, et Coré s'en alla en fureur.

« La veuve au désespoir tue sa brebis. Aaron arrive encore; il en prend l'épaule et le ventre; Coré vient encore se plaindre. Aaron lui répond : Il est écrit : « Tu donneras le ventre et l'épaule « aux prêtres. »

« La veuve, ne pouvant plus contenir sa douleur, dit *anathème* à sa brebis. Aaron alors dit à la veuve : Il est écrit : « Tout ce qui « sera anathème dans Israël sera à toi; » et il emporta la brebis tout entière. »

Ce qui n'est pas si plaisant, mais qui est fort singulier, c'est que dans un procès entre le clergé de Reims et des bourgeois, cet exemple, tiré du *Talmud,* fut cité par l'avocat des citoyens. Gaulmin assure qu'il en fut témoin. Cependant on peut lui répondre que les décimateurs ne prennent pas tout au peuple; les commis des fermes ne le souffriraient pas. Chacun partage, comme il est bien juste. Au reste, nous pensons que ni Aaron ni aucun de nos curés ne se sont approprié les brebis et les agneaux des veuves de notre pauvre pays[1].

Nous ne pouvons mieux finir cet article honnête du *Curé de campagne,* que par ce dialogue, dont une partie a déjà été imprimée.

SECTION II[2].

---

1. La dîme fut abolie dans la fameuse nuit du 4 août 1789, et ce fut le duc du Châtelet qui eut l'initiative de cette proposition au milieu de tant d'autres qui se croisaient. Cette suppression fait l'objet de l'article 5 du fameux décret :

« Art. 5. — Les dîmes de toute nature et les redevances qui en tiennent lieu, sous quelque dénomination qu'elles soient connues et perçues, même par abonnement, possédées par les corps séculiers ou réguliers, par les bénéficiers, les fabriques et tous gens de mainmorte, même par l'ordre de Malte et autres ordres religieux et militaires, même celles qui auraient été abandonnées à des laïques en remplacement et pour option de portion congrue, *sont abolies;* sauf à aviser aux moyens de subvenir d'une autre manière à la dépense du culte divin, à l'entretien des ministres des autels, au soulagement des pauvres, aux réparations et reconstructions des églises et presbytères, et à tous les établissements, séminaires, écoles, colléges, hôpitaux, communautés et autres, à l'entretien desquels elles sont actuellement affectées... Quant aux autres dîmes, de quelque nature qu'elles soient, elles seront rachetables de la manière qui sera réglée par l'Assemblée... »

2. Cette seconde section se composait du CATÉCHISME DU CURÉ. Voyez page 77 du présent volume.

CURIOSITÉ [1].

Suave, mari magno turbantibus æquora ventis,
E terra magnum alterius spectare laborem;
Non quia vexari quemquam est jucunda voluptas,
Sed quibus ipse malis careas quia cernere suave est;
Suave etiam belli certamina magna tueri
Per campos instructa, tua sine parte pericli.
Sed nil dulcius est, bene quam munita tenere
Edita doctrina sapientum templa serena,
Despicere unde queas alios, passimque videre
Errare atque viam palantes quærere vitæ,
Certare ingenio, contendere nobilitate,
Noctes atque dies niti præstante labore
Ad summas emergere opes rerumque potiri.
O miseras hominum mentes! o pectora cœca!

(Lucr., lib. II, v. 1 et seq.)

On voit avec plaisir, dans le sein du repos,
Des mortels malheureux lutter contre les flots;
On aime à voir de loin deux terribles armées,
Dans les champs de la mort au combat animées :
Non que le mal d'autrui soit un plaisir si doux;
Mais son danger nous plaît quand il est loin de nous.
Heureux qui, retiré dans le temple des sages,
Voit en paix sous ses pieds se former les orages;
Qui rit en contemplant les mortels insensés,
De leur joug volontaire esclaves empressés,
Inquiets, incertains du chemin qu'il faut suivre,
Sans penser, sans jouir, ignorant l'art de vivre,
Dans l'agitation consumant leurs beaux jours,
Poursuivant la fortune, et rampant dans les cours!
O vanité de l'homme! ô faiblesse! ô misère!

Pardon, Lucrèce, je soupçonne que vous vous trompez ici en morale, comme vous vous trompez toujours en physique. C'est, à mon avis, la curiosité seule qui fait courir sur le rivage pour voir un vaisseau que la tempête va submerger. Cela m'est arrivé; et je vous jure que mon plaisir, mêlé d'inquiétude et de malaise, n'était point du tout le fruit de ma réflexion; il ne venait point d'une comparaison secrète entre ma sécurité et le danger de ces infortunés : j'étais curieux et sensible.

1. *Questions sur l'Encyclopédie*, quatrième partie, 1771. (B.)

CURIOSITÉ.

A la bataille de Fontenoy les petits garçons et les petites filles montaient sur les arbres d'alentour pour voir tuer du monde.

Les dames se firent apporter des siéges sur un bastion de la ville de Liége pour jouir du spectacle à la bataille de Rocoux.

Quand j'ai dit: « Heureux qui voit en paix se former les orages, » mon bonheur était d'être tranquille et de chercher le vrai, et non pas de voir souffrir des êtres pensants, persécutés pour l'avoir cherché, opprimés par des fanatiques ou par des hypocrites.

Si l'on pouvait supposer un ange volant sur six belles ailes du haut de l'empyrée, s'en allant regarder par un soupirail de l'enfer les tourments et les contorsions des damnés, et se réjouissant de ne rien sentir de leurs inconcevables douleurs, cet ange tiendrait beaucoup du caractère de Belzébuth.

Je ne connais point la nature des anges parce que je ne suis qu'homme : il n'y a que les théologiens qui la connaissent; mais en qualité d'homme je pense, par ma propre expérience et par celle de tous les badauds mes confrères, qu'on ne court à aucun spectacle, de quelque genre qu'il puisse être, que par pure curiosité. Cela me semble si vrai que le spectacle a beau être admirable, on s'en lasse à la fin. Le public de Paris ne va plus guère au *Tartuffe*, qui est le chef-d'œuvre des chefs-d'œuvre de Molière ; pourquoi? c'est qu'il y est allé souvent; c'est qu'il le sait par cœur. Il en est ainsi d'*Andromaque*.

Perrin Dandin a bien malheureusement raison quand il propose à la jeune Isabelle de la mener voir comment on donne la question ; cela fait, dit-il, passer une heure ou deux[1]. Si cette anticipation du dernier supplice, plus cruelle souvent que le supplice même, était un spectacle public, toute la ville de Toulouse aurait volé en foule pour contempler le vénérable Calas souffrant à deux reprises ces tourments abominables, sur les conclusions du procureur général. Pénitents blancs, pénitents gris et noirs, femmes, filles, maîtres des jeux floraux, étudiants, laquais, servantes, filles de joie, docteurs en droit canon, tout se serait pressé. On se serait étouffé à Paris pour voir passer dans un tombereau le malheureux général Lally avec un bâillon de six doigts dans la bouche.

Mais si ces tragédies de cannibales, qu'on représente quelquefois chez la plus frivole des nations et la plus ignorante en général dans les principes de la jurisprudence et de l'équité ; si les spectacles donnés par quelques tigres à des singes, comme ceux de la Saint-Barthélemy et ses diminutifs, se renouvelaient tous les

---

1.   Bon, cela fait toujours passer une heure ou deux.

(*Plaideurs*, III, iv.)

jours, on déserterait bientôt un tel pays; on le fuirait avec horreur; on abandonnerait sans retour la terre infernale où ces barbaries seraient fréquentes.

Quand les petits garçons et les petites filles déplument leurs moineaux, c'est purement par esprit de curiosité, comme lorsqu'elles mettent en pièces les jupes de leurs poupées. C'est cette passion seule qui conduit tant de monde aux exécutions publiques, comme nous l'avons vu. « Étrange empressement de voir des misérables! » a dit l'auteur d'une tragédie[1]. Je me souviens qu'étant à Paris lorsqu'on fit souffrir à Damiens une mort des plus recherchées et des plus affreuses qu'on puisse imaginer, toutes les fenêtres qui donnaient sur la place furent louées chèrement par les dames; aucune d'elles assurément ne faisait la réflexion consolante qu'on ne la tenaillerait point aux mamelles, qu'on ne verserait point du plomb fondu et de la poix résine bouillante dans ses plaies, et que quatre chevaux ne tireraient point ses membres disloqués et sanglants. Un des bourreaux jugea plus sainement que Lucrèce: car lorsqu'un des académiciens de Paris[2] voulut entrer dans l'enceinte pour examiner la chose de plus près, et qu'il fut repoussé par les archers : « Laissez entrer monsieur, dit-il; c'est un amateur. » C'est-à-dire : c'est un curieux, ce n'est point par méchanceté qu'il vient ici, ce n'est pas par un retour sur soi-même pour goûter le plaisir de n'être pas écartelé : c'est uniquement par curiosité, comme on va voir des expériences de physique[3].

La curiosité est naturelle à l'homme, aux singes, et aux petits chiens. Menez avec vous un petit chien dans votre carrosse, il mettra continuellement ses pattes à la portière pour voir ce qui se passe. Un singe fouille partout, il a l'air de tout considérer. Pour l'homme, vous savez comme il est fait; Rome, Londres, Paris, passent leur temps à demander ce qu'il y a de nouveau.

---

1. *Tancrède*, acte III, scène III.

2. La Condamine. « Sa curiosité insatiable sur tous les objets, jointe à une grande surdité, le rend souvent fatigant aux autres; quant à moi, dit Grimm, il m'en a paru toujours plus piquant. Cette curiosité le porta, il y a quelques années, à assister au supplice du malheureux Damiens. Il perça jusqu'au bourreau, et là, tablettes et crayon à la main, à chaque tenaillement ou coup de barre il demandait à grands cris : « Qu'est-ce qu'il dit? » Les satellites de maître Charlot voulurent l'écarter comme un importun; mais le bourreau leur dit : « Laissez; monsieur est un amateur. » Rien ne prouve mieux le pouvoir des passions, puisque la simple curiosité a pu porter un homme, d'ailleurs plein de sensibilité et d'humanité, à se raidir contre le spectacle le plus horrible dont on puisse se former l'idée. » (*Correspondance de Grimm*, édition Maurice Tourneux, tome VI, page 251.)

3. Les deux alinéas qu'on vient de lire font aussi partie du quatrième entretien entre A, B, C. Voyez *Mélanges*, année 1768.

CYRUS [1].

Plusieurs doctes, et Rollin après eux, dans un siècle où l'on cultive sa raison, nous ont assuré que Javan, qu'on suppose être le père des Grecs, était petit-fils de Noé. Je le crois, comme je crois que Persée était le fondateur du royaume de Perse, et Niger de la Nigritie. C'est seulement un de mes chagrins que les Grecs n'aient jamais connu ce Noé, le véritable auteur de leur race. J'ai marqué ailleurs [2] mon étonnement et ma douleur qu'Adam, notre père à tous, ait été absolument ignoré de tous, depuis le Japon jusqu'au détroit de Le Maire, excepté d'un petit peuple, qui n'a lui-même été connu que très-tard. La science des généalogies est sans doute très-certaine, mais bien difficile.

Ce n'est ni sur Javan, ni sur Noé, ni sur Adam que tombent aujourd'hui mes doutes, c'est sur Cyrus; et je ne recherche pas laquelle des fables débitées sur Cyrus est préférable, celle d'Hérodote ou de Ctésias, ou celle de Xénophon, ou de Diodore, ou de Justin, qui toutes se contredisent. Je ne demande point pourquoi on s'est obstiné à donner ce nom de Cyrus à un barbare qui s'appelait Kosrou, et ceux de Cyropolis, de Persépolis, à des villes qui ne se nommèrent jamais ainsi.

Je laisse là tout ce qu'on a dit du grand Cyrus, et jusqu'au roman de ce nom, et jusqu'aux voyages que l'Écossais Ramsay lui a fait entreprendre. Je demande seulement quelques instructions aux Juifs sur ce Cyrus dont ils ont parlé.

Je remarque d'abord qu'aucun historien n'a dit un mot des Juifs dans l'histoire de Cyrus, et que les Juifs sont les seuls qui osent faire mention d'eux-mêmes en parlant de ce prince.

Ils ressemblent en quelque sorte à certaines gens qui disaient d'un ordre de citoyens supérieur à eux : « Nous connaissons messieurs, mais messieurs ne nous connaissent pas. » Il en est de même d'Alexandre par rapport aux Juifs. Aucun historien d'Alexandre n'a mêlé le nom d'Alexandre avec celui des Juifs; mais Josèphe ne manque pas de dire qu'Alexandre vint rendre ses respects à Jérusalem; qu'il adora je ne sais quel pontife juif

---

1. Cet article parut pour la première fois en 1774, dans l'édition in-4° des *Questions sur l'Encyclopédie*. (B.)
2. Voyez l'article ADAM; et dans les *Mélanges*, année 1768, l'A, B, C, dix-septième entretien.

nommé Jaddus, lequel lui avait autrefois prédit en songe la conquête de la Perse. Tous les petits se rengorgent; les grands songent moins à leur grandeur.

Quand Tarif vient conquérir l'Espagne, les vaincus lui disent qu'ils l'ont prédit. On en dit autant à Gengis, à Tamerlan, à Mahomet II.

A Dieu ne plaise que je veuille comparer les prophéties juives à tous les diseurs de bonne aventure qui font leur cour aux victorieux, et qui leur prédisent ce qui leur est arrivé. Je remarque seulement que les Juifs produisent des témoignages de leur nation sur Cyrus, environ cent soixante ans avant qu'il fût au monde.

On trouve dans *Isaïe* (chap. XLV, 1) : « Voici ce que dit le Seigneur à Cyrus, qui est mon Christ, que j'ai pris par la main pour lui assujettir les nations, pour mettre en fuite les rois, pour ouvrir devant lui les portes : Je marcherai devant vous; j'humilierai les grands; je romprai les coffres; je vous donnerai l'argent caché, afin que vous sachiez que je suis le Seigneur, etc. »

Quelques savants ont peine à digérer que le Seigneur gratifie du nom de son Christ un profane de la religion de Zoroastre. Ils osent dirent que les Juifs firent comme tous les faibles qui flattent les puissants, qu'ils supposèrent des prédictions en faveur de Cyrus.

Ces savants ne respectent pas plus Daniel qu'Isaïe. Ils traitent toutes les prophéties attribuées à Daniel avec le même mépris que saint Jérôme montre pour l'aventure de Suzanne, pour celle du dragon de Bélus, et pour les trois enfants de la fournaise.

Ces savants ne paraissent pas assez pénétrés d'estime pour les prophètes. Plusieurs même d'entre eux prétendent qu'il est métaphysiquement impossible de voir clairement l'avenir; qu'il y a une contradiction formelle à voir ce qui n'est point; que le futur n'existe pas, et par conséquent ne peut être vu; que les fraudes en ce genre sont innombrables chez toutes les nations; qu'il faut enfin se défier de tout dans l'histoire ancienne.

Ils ajoutent que s'il y a jamais eu une prédiction formelle, c'est celle de la découverte de l'Amérique dans Sénèque le Tragique (*Médée*, acte II, scène III) :

> . . . . . Venient annis
> Sæcula seris quibus Oceanus
> Vincula rerum laxet, et ingens
> Pateat tellus, etc.

Les quatre étoiles du pôle antarctique sont annoncées encore plus clairement dans le Dante. Cependant personne ne s'est avisé de prendre Sénèque et Alighieri Dante pour des devins[1].

Nous sommes bien loin d'être du sentiment de ces savants, nous nous bornons à être extrêmement circonspects sur les prophètes de nos jours.

Quant à l'histoire de Cyrus, il est vraiment fort difficile de savoir s'il mourut de sa belle mort, ou si Tomyris lui fit couper la tête. Mais je souhaite, je l'avoue, que les savants qui font couper le cou à Cyrus aient raison. Il n'est pas mal que ces illustres voleurs de grand chemin, qui vont pillant et ensanglantant la terre, soient un peu châtiés quelquefois.

Cyrus a toujours été destiné à devenir le sujet d'un roman. Xénophon a commencé, et malheureusement Ramsay a fini. Enfin, pour faire voir quel triste sort attend les héros, Danchet a fait une tragédie de Cyrus.

Cette tragédie est entièrement ignorée. La *Cyropédie* de Xénophon est plus connue, parce qu'elle est d'un Grec. Les *Voyages de Cyrus* le sont beaucoup moins, quoiqu'ils aient été imprimés en anglais et en français, et qu'on y ait prodigué l'érudition.

Le plaisant du roman intitulé *Voyages de Cyrus* consiste à trouver un Messie partout, à Memphis, à Babylone, à Ecbatane, à Tyr, comme à Jérusalem, et chez Platon, comme dans l'Évangile. L'auteur ayant été quaker, anabaptiste, anglican, presbytérien, était venu se faire féneloniste à Cambrai sous l'illustre auteur du *Télémaque*. Étant devenu depuis précepteur de l'enfant d'un grand seigneur, il se crut fait pour instruire l'univers et pour le gouverner; il donne en conséquence des leçons à Cyrus pour devenir le meilleur roi de l'univers, et le théologien le plus orthodoxe.

Ces deux rares qualités paraissent assez incompatibles.

Il le mène à l'école de Zoroastre, et ensuite à celle du jeune Juif Daniel, le plus grand philosophe qui ait jamais été: car non-seulement il expliquait tous les songes (ce qui est la fin de la science humaine), mais il devinait tous ceux qu'on avait faits; et c'est à quoi nul autre que lui n'est encore parvenu. On s'attendait que Daniel présenterait la belle Suzanne au prince, c'était la marche naturelle du roman; mais il n'en fit rien.

Cyrus, en récompense, a de longues conversations avec le grand roi Nabuchodonosor, dans le temps qu'il était bœuf; et Ramsay fait ruminer Nabuchodonosor en théologien très-profond.

---

1. Voyez *Essai sur les Mœurs*, chapitre CXLI, tome XII, page 358.

Et puis, étonnez-vous que le prince[1] pour qui cet ouvrage fut composé aimât mieux aller à la chasse ou à l'Opéra que de le lire!

D.

DANTE (LE)[2].

Vous voulez connaître le Dante. Les Italiens l'appellent *divin;* mais c'est une divinité cachée : peu de gens entendent ses oracles; il a des commentateurs, c'est peut-être encore une raison de plus pour n'être pas compris. Sa réputation s'affermira toujours, parce qu'on ne le lit guère. Il y a de lui une vingtaine de traits qu'on sait par cœur : cela suffit pour s'épargner la peine d'examiner le reste.

Ce divin Dante fut, dit-on, un homme assez malheureux. Ne croyez pas qu'il fut divin de son temps, ni qu'il fut prophète chez lui. Il est vrai qu'il fut prieur, non pas prieur de moines, mais prieur de Florence, c'est-à-dire l'un des sénateurs.

Il était né en 1260, à ce que disent ses compatriotes. Bayle, qui écrivait à Rotterdam, *currente calamo,* pour son libraire, environ quatre siècles entiers après le Dante, le fait naître en 1265[3], et je n'en estime Bayle ni plus ni moins pour s'être trompé de cinq ans : la grande affaire est de ne se tromper ni en fait de goût ni en fait de raisonnements.

Les arts commençaient alors à naître dans la patrie du Dante. Florence était, comme Athènes, pleine d'esprit, de grandeur, de légèreté, d'inconstance et de factions. La faction blanche avait un grand crédit : elle se nommait ainsi du nom de la signora Bianca. Le parti opposé s'intitulait le *parti des noirs,* pour mieux se distinguer des *blancs.* Ces deux partis ne suffisaient pas aux Florentins. Ils avaient encore les *guelfes* et les *gibelins.* La plupart des blancs étaient *gibelins* du parti des empereurs, et les noirs penchaient pour les *guelfes* attachés aux papes.

Toutes ces factions aimaient la liberté, et faisaient pourtant

---

1. Le prince de Turenne. (K.)
2. *Suite des Mélanges,* quatrième partie, 1765. (B.)
3. Bayle indique exactement la date de la naissance de Dante Alighieri, dont l'anniversaire a été pompeusement célébré en 1865 par toute l'Italie.

ce qu'elles pouvaient pour la détruire. Le pape Boniface VIII voulut profiter de ces divisions pour anéantir le pouvoir des empereurs en Italie. Il déclara Charles de Valois, frère du roi de France Philippe le Bel, son vicaire en Toscane. Le vicaire vint bien armé, chassa les *blancs* et les *gibelins*, et se fit détester des *noirs* et des *guelfes*. Le Dante était *blanc* et *gibelin*; il fut chassé des premiers, et sa maison rasée. On peut juger de là s'il fut le reste de sa vie affectionné à la maison de France et aux papes ; on prétend pourtant qu'il alla faire un voyage à Paris, et que pour se désennuyer il se fit théologien, et disputa vigoureusement dans les écoles. On ajoute que l'empereur Henri VII ne fit rien pour lui, tout *gibelin* qu'il était ; qu'il alla chez Frédéric d'Aragon, roi de Sicile, et qu'il en revint aussi pauvre qu'il y était allé. Il fut réduit au marquis de Malaspina, et au grand-kan de Vérone. Le marquis et le grand-kan ne le dédommagèrent pas ; il mourut pauvre à Ravenne, à l'âge de cinquante-six ans. Ce fut dans ces divers lieux qu'il composa sa comédie de l'enfer, du purgatoire, et du paradis ; on a regardé ce salmigondis comme un beau poëme épique.

Il trouva d'abord à l'entrée de l'enfer un lion et une louve. Tout d'un coup Virgile se présente à lui pour l'encourager ; Virgile lui dit qu'il est né Lombard ; c'est précisément comme si Homère disait qu'il est né Turc. Virgile offre de faire au Dante les honneurs de l'enfer et du purgatoire, et de le mener jusqu'à la porte de Saint-Pierre ; mais il avoue qu'il ne pourra pas entrer avec lui.

Cependant Caron les passe tous deux dans sa barque. Virgile lui raconte que, peu de temps après son arrivée en enfer, il y vit un être puissant qui vint chercher les âmes d'Abel, de Noé, d'Abraham, de Moïse, de David. En avançant chemin, ils découvrent dans l'enfer des demeures très-agréables : dans l'une sont Homère, Horace, Ovide, et Lucain ; dans une autre, on voit Électre, Hector, Énée, Lucrèce, Brutus, et le Turc Saladin ; dans une troisième, Socrate, Platon, Hippocrate, et l'Arabe Averroès.

Enfin paraît le véritable enfer, où Pluton juge les condamnés. Le voyageur y reconnaît quelques cardinaux, quelques papes, et beaucoup de Florentins. Tout cela est-il dans le style comique? Non. Tout est-il dans le genre héroïque? Non. Dans quel goût est donc ce poëme? dans un goût bizarre.

Mais il y a des vers si heureux et si naïfs qu'ils n'ont point vieilli depuis quatre cents ans, et qu'ils ne vieilliront jamais. Un poëme d'ailleurs où l'on met des papes en enfer réveille beaucoup l'attention ; et les commentateurs épuisent toute la sagacité de leur esprit à déterminer au juste qui sont ceux que le Dante a damnés, et à ne se pas tromper dans une matière si grave.

On a fondé une chaire, une lecture pour expliquer cet auteur classique. Vous me demanderez comment l'Inquisition ne s'y oppose pas. Je vous répondrai que l'Inquisition entend raillerie en Italie ; elle sait bien que des plaisanteries en vers ne peuvent point faire de mal : vous en allez juger par cette petite traduction très-libre d'un morceau du chant vingt-troisième[1] ; il s'agit d'un damné de la connaissance de l'auteur. Le damné parle ainsi :

> Je m'appelais le comte de Guidon ;
> Je fus sur terre et soldat et poltron ;
> Puis m'enrôlai sous saint François d'Assise,
> Afin qu'un jour le bout de son cordon
> Me donnât place en la céleste Église ;
> Et j'y serais sans ce pape félon,
> Qui m'ordonna de servir sa feintise,
> Et me rendit aux griffes du démon.
> Voici le fait. Quand j'étais sur la terre,
> Vers Rimini je fis longtemps la guerre,
> Moins, je l'avoue, en héros qu'en fripon.
> L'art de fourber me fit un grand renom.
> Mais quand mon chef eut porté poil grison,
> Temps de retraite où convient la sagesse,
> Le repentir vint ronger ma vieillesse,
> Et j'eus recours à la confession.
> O repentir tardif et peu durable !
> Le bon saint-père en ce temps guerroyait,
> Non le soudan, non le Turc intraitable,
> Mais les chrétiens, qu'en vrai Turc il pillait.
> Or, sans respect pour tiare et tonsure,
> Pour saint François, son froc et sa ceinture :
> « Frère, dit-il, il me convient d'avoir
> Incessamment Préneste en mon pouvoir.
> Conseille-moi, cherche sous ton capuce
> Quelque beau tour, quelque gentille astuce,
> Pour ajouter en bref à mes États
> Ce qui me tente et ne m'appartient pas.
> J'ai les deux clefs du ciel en ma puissance.
> De Célestin la dévote imprudence

---

1. Toutes les éditions portent *vingt-troisième ;* mais c'est dans le *vingt-septième* chant de l'*Enfer* que se trouve le passage dont Voltaire donne ici une imitation. (B.)

S'en servit mal, et moi, je sais ouvrir
Et refermer le ciel à mon plaisir.
Si tu me sers, ce ciel est ton partage. »
Je le servis, et trop bien ; dont j'enrage.
Il eut Préneste, et la mort me saisit.
Lors devers moi saint François descendit,
Comptant au ciel amener ma bonne âme ;
Mais Belzébuth vint en poste, et lui dit :
« Monsieur d'Assise, arrêtez : je réclame
Ce conseiller du saint-père, il est mien ;
Bon saint François, que chacun ait le sien. »
Lors, tout penaud, le bonhomme d'Assise
M'abandonnait au grand diable d'enfer.
Je lui criai : « Monsieur de Lucifer,
Je suis un saint, voyez ma robe grise ;
Je fus absous par le chef de l'Église.
— J'aurai toujours, répondit le démon,
Un grand respect pour l'absolution :
On est lavé de ses vieilles sottises,
Pourvu qu'après autres ne soient commises.
J'ai fait souvent cette distinction
A tes pareils ; et grâce à l'Italie,
Le diable sait de la théologie. »
Il dit, et rit : je ne répliquai rien
A Belzébuth ; il raisonnait trop bien.
Lors il m'empoigne, et d'un bras roide et ferme
Il appliqua sur mon triste épiderme
Vingt coups de fouet, dont bien fort il me cuit :
Que Dieu le rende à Boniface Huit[1] !

DAVID[2].

Nous devons révérer David comme un prophète, comme un roi, comme un ancêtre du saint époux de Marie, comme un homme qui a mérité la miséricorde de Dieu par sa pénitence.

Je dirai hardiment que l'article DAVID, qui suscita tant d'ennemis à Bayle, premier auteur d'un dictionnaire de faits et de raisonnements, ne méritait pas le bruit étrange que l'on fit alors.

---

1. Il ne faut pas prendre cette traduction au sérieux, non plus que le reste de l'article.
2. Cet article a paru dans l'édition de 1767 du *Dictionnaire philosophique;* mais la rédaction en a depuis été entièrement changée. Il commençait, en 1767, par l'alinéa : « Si un jeune paysan, » qui est aujourd'hui un des derniers. La version actuelle est de 1771, quatrième partie des *Questions sur l'Encyclopédie*.(B.)

Ce n'était pas David qu'on voulait défendre, c'était Bayle qu'on voulait perdre. Quelques prédicants de Hollande, ses ennemis mortels, furent aveuglés par leur haine au point de le reprendre d'avoir donné des louanges à des papes qu'il en croyait dignes, et d'avoir réfuté les calomnies débitées contre eux.

Cette ridicule et honteuse injustice fut signée de douze théologiens, le 20 décembre 1698, dans le même consistoire où ils feignaient de prendre la défense du roi David. Comment osaient-ils manifester hautement une passion lâche que le reste des hommes s'efforce toujours de cacher? Ce n'était pas seulement le comble de l'injustice et du mépris de toutes les sciences; c'était le comble du ridicule que de défendre à un historien d'être impartial, et à un philosophe d'être raisonnable. Un homme seul n'oserait être insolent et injuste à ce point; mais dix ou douze personnes rassemblées, avec quelque espèce d'autorité, sont capables des injustices les plus absurdes. C'est qu'elles sont soutenues les unes par les autres, et qu'aucune n'est chargée en son propre nom de la honte de la compagnie.

Une grande preuve que cette condamnation de Bayle fut personnelle est ce qui arriva en 1761 à M. Hut, membre du parlement d'Angleterre. Les docteurs Chandler et Palmer avaient prononcé l'oraison funèbre du roi George II, et l'avaient, dans leurs discours, comparé au roi David, selon l'usage de la plupart des prédicateurs qui croient flatter les rois.

M. Hut ne regarda point cette comparaison comme une louange; il publia la fameuse dissertation *the Man after God's own heart*[1]. Dans cet écrit il veut faire voir que George II, roi beaucoup plus puissant que David, n'étant pas tombé dans les fautes du melk juif, et n'ayant pu par conséquent faire la même pénitence, ne pouvait lui être comparé.

Il suit pas à pas les livres des *Rois*. Il examine toute la conduite de David beaucoup plus sévèrement que Bayle; et il fonde son opinion sur ce que le Saint-Esprit ne donne aucune louange aux actions qu'on peut reprocher à David. L'auteur anglais juge le roi de Judée uniquement sur les notions que nous avons aujourd'hui du juste et de l'injuste.

Il ne peut approuver que David rassemble une bande de voleurs au nombre de quatre cents, qu'il se fasse armer par le

---

1. Il existe une traduction française sous le titre *David, ou l'Histoire de l'homme selon le cœur de Dieu, ouvrage traduit de l'anglais* (par le baron d'Holbach), à Londres (en Hollande), 1768, petit in-8°. (B.)

grand-prêtre Achimélech de l'épée de Goliath, et qu'il en reçoive les pains consacrés [1].

Qu'il descende chez l'agriculteur Nabal pour mettre chez lui tout à feu et à sang, parce que Nabal a refusé des contributions à sa troupe de brigands ; que Nabal meure peu de jours après, et que David épouse la veuve [2].

Il réprouve sa conduite avec le roi Achis, possesseur de cinq ou six villages dans le canton de Geth. David, étant alors à la tête de six cents bandits, allait faire des courses chez les alliés de son bienfaiteur Achis ; il pillait tout, il égorgeait tout, vieillards, femmes, enfants à la mamelle. Et pourquoi massacrait-il les enfants à la mamelle ? « C'est, dit le texte, de peur que ces enfants n'en portassent la nouvelle au roi Achis [3]. »

Cependant Saül perd une bataille contre les Philistins, et il se fait tuer par son écuyer. Un Juif en apporte la nouvelle à David, qui lui donne la mort pour récompense [4].

Isboseth succède à son père Saül ; David est assez fort pour lui faire la guerre : enfin Isboseth est assassiné.

David s'empare de tout le royaume ; il surprend la petite ville ou le village de Rabbath, et il fait mourir tous les habitants par des supplices assez extraordinaires ; on les scie en deux, on les déchire avec des herses de fer, on les brûle dans des fours à brique [5].

Après ces belles expéditions, il y a une famine de trois ans dans le pays. En effet, à la manière dont on faisait la guerre, les terres devaient être mal ensemencées. On consulte le Seigneur, et on lui demande pourquoi il y a famine. La réponse était fort aisée : c'était assurément parce que, dans un pays qui à peine produit du blé, quand on a fait cuire les laboureurs dans des fours à briques et qu'on les a sciés en deux il reste peu de gens pour cultiver la terre ; mais le Seigneur répond que c'est parce que Saül avait tué autrefois des Gabaonites.

Que fait aussitôt David ? Il assemble les Gabaonites ; il leur dit que Saül a eu grand tort de leur faire la guerre ; que Saül n'était point comme lui selon le cœur de Dieu, qu'il est juste de punir sa race ; et il leur donne sept petits-fils de Saül à pendre, lesquels furent pendus parce qu'il y avait eu famine [6].

---

1. I. *Rois*, chapitre xxi et xxii. (*Note de Voltaire.*)
2. *Ibid.*, chapitre xxv. (*Id.*)
3. *Ibid.*, chapitre xxvii. (*Id.*)
4. II. *Rois*, chapitre i. (*Note de Voltaire.*)
5. *Ibid.*, chapitre xii. (*Id.*)
6. *Ibid.*, chapitre xxi. (*Id.*)

M. Hut a la justice de ne point insister sur l'adultère avec Bethsabée et sur le meurtre d'Urie, puisque ce crime fut pardonné à David lorsqu'il se repentit. Le crime est horrible, abominable ; mais enfin le Seigneur transféra son péché, l'auteur anglais le transfère aussi.

Personne ne murmura en Angleterre contre l'auteur ; son livre fut réimprimé avec l'approbation publique : la voix de l'équité se fait entendre tôt ou tard chez les hommes. Ce qui paraissait téméraire il y a quatre-vingts ans ne paraît aujourd'hui que simple et raisonnable, pourvu qu'on se tienne dans les bornes d'une critique sage, et du respect qu'on doit aux livres divins.

D'ailleurs il n'en va pas en Angleterre aujourd'hui comme autrefois. Ce n'est plus le temps où un verset d'un livre hébreu, mal traduit d'un jargon barbare en un jargon plus barbare encore, mettait en feu trois royaumes. Le parlement prend peu d'intérêt à un roitelet d'un petit canton de la Syrie.

Rendons justice à dom Calmet; il n'a point passé les bornes dans son *Dictionnaire de la Bible*, à l'article DAVID. « Nous ne prétendons pas, dit-il, approuver la conduite de David ; il est croyable qu'il ne tomba dans ces excès de cruauté qu'avant qu'il eût reconnu le crime qu'il avait commis avec Bethsabée. » Nous ajouterons que probablement il les reconnut tous, car ils sont assez nombreux.

Faisons ici une question qui nous paraît très-importante. Ne s'est-on pas souvent mépris sur l'article *David?* s'agit-il de sa personne, de sa gloire, du respect dû aux livres canoniques ? Ce qui intéresse le genre humain, n'est-ce pas que l'on ne consacre jamais le crime? Qu'importe le nom de celui qui égorgeait les femmes et les enfants de ses alliés, qui faisait pendre les petits-fils de son roi, qui faisait scier en deux, brûler dans des fours, déchirer sous des herses, des citoyens malheureux ? Ce sont ces actions que nous jugeons, et non les lettres qui composent le nom du coupable ; le nom n'augmente ni ne diminue le crime.

Plus on révère David comme réconcilié avec Dieu par son repentir, et plus on condamne les cruautés dont il s'est rendu coupable.

Si un jeune paysan, en cherchant des ânesses, trouve un royaume, cela n'arrive pas communément; si un autre paysan guérit son roi d'un accès de folie, en jouant de la harpe, ce cas est encore très-rare ; mais que ce petit joueur de harpe devienne roi parce qu'il a rencontré dans un coin un prêtre de village qui lui jette une bouteille d'huile d'olive sur la tête, la chose est encore plus merveilleuse.

Quand et par qui ces merveilles furent-elles écrites? je n'en sais rien ; mais je suis bien sûr que ce n'est ni par un Polybe, ni par un Tacite.

Je ne parlerai pas ici de l'assassinat d'Urie, et de l'adultère de Bethsabée : ils sont assez connus, et les voies de Dieu sont si différentes des voies des hommes qu'il a permis que Jésus-Christ descendît de cette Bethsabée, tout étant purifié par ce saint mystère.

Je ne demande pas maintenant comment Jurieu a eu l'insolence de persécuter le sage Bayle pour n'avoir pas approuvé toutes les actions du bon roi David ; mais je demande comment on a souffert qu'un homme tel que Jurieu molestât un homme tel que Bayle.

DÉCRÉTALES.

LETTRES DES PAPES QUI RÈGLENT LES POINTS DE DOCTRINE OU DE DISCIPLINE, ET QUI ONT FORCE DE LOI DANS L'ÉGLISE LATINE.

Outre les véritables, recueillies par Denis le Petit, il y en a une collection de fausses, dont l'auteur est inconnu, de même que l'époque. Ce fut un archevêque de Mayence, nommé Riculphe, qui la répandit en France, vers la fin du vIIIe siècle ; il avait aussi apporté à Vorms une épître du pape Grégoire, de laquelle on n'avait point entendu parler auparavant ; mais il n'en est resté aucun vestige, tandis que les fausses décrétales ont eu, comme nous l'allons voir, le plus grand succès pendant huit siècles.

Ce recueil porte le nom d'Isidore Mercator, et renferme un nombre infini de décrétales faussement attribuées aux papes depuis Clément Ier jusqu'à Sirice ; la fausse donation de Constantin ; le concile de Rome sous Silvestre ; la lettre d'Athanase à Marc ; celle d'Anastase aux évêques de Germanie et de Bourgogne ; celle de Sixte III aux Orientaux ; celle de Léon Ier, touchant les priviléges des chorévêques ; celle de Jean Ier à l'archevêque Zacharie ; une de Boniface II à Eulalie d'Alexandrie ; une de Jean III aux évêques de France et de Bourgogne ; une de Grégoire, contenant un privilége du monastère de Saint-Médard ; une du même à Félix, évêque de Messine ; et plusieurs autres.

L'objet de l'auteur a été d'étendre l'autorité du pape et des évêques. Dans cette vue, il établit que les évêques ne peuvent être jugés définitivement que par le pape seul ; et il répète souvent cette maxime, que non-seulement tout évêque, mais tout prêtre, et en général toute personne opprimée, peut en tout état de cause appeler directement au pape. Il pose encore comme un principe incontestable qu'on ne peut tenir aucun concile, même provincial, sans la permission du pape.

Ces décrétales favorisant l'impunité des évêques, et plus encore les prétentions ambitieuses des papes, les uns et les autres les adoptèrent avec empressement. En 861, Rotade, évêque de Soissons, ayant été privé de la communion épiscopale dans un concile provincial pour cause de désobéissance, appelle au pape. Hincmar de Reims, son métropolitain, nonobstant cet appel, le fit déposer dans un autre concile, sous prétexte que depuis il y avait renoncé et s'était soumis au jugement des évêques.

Le pape Nicolas Ier, instruit de l'affaire, écrivit à Hincmar, et blâma sa conduite. « Vous deviez, dit-il, honorer la mémoire de saint Pierre, et attendre notre jugement, quand même Rotade n'eût point appelé. » Et dans une autre lettre sur la même affaire, il menace Hincmar de l'excommunier s'il ne rétablit pas Rotade. Ce pape fit plus. Rotade étant venu à Rome, il le déclara absous dans un concile tenu la veille de Noël en 864, et le renvoya à son siége avec des lettres. Celle qu'il adresse à tous les évêques des Gaules est digne de remarque ; la voici.

« Ce que vous dites est absurde, que Rotade, après avoir appelé au saint-siége, ait changé de langage pour se soumettre de nouveau à votre jugement. Quand il l'aurait fait, vous deviez le redresser, et lui apprendre qu'on n'appelle point d'un juge supérieur à un inférieur. Mais, encore qu'il n'eût pas appelé au saint-siége, vous n'avez dû en aucune manière déposer un évêque sans notre participation, *au préjudice de tant de décrétales de nos prédécesseurs :* car si c'est par leur jugement que les écrits des autres docteurs sont approuvés ou rejetés, combien plus doit-on respecter ce qu'ils ont écrit eux-mêmes pour décider sur la doctrine ou la discipline ! Quelques-uns vous disent que ces décrétales ne sont point dans le code des canons ; cependant quand ils les trouvent favorables à leurs intentions, ils s'en servent sans distinction, et ne les rejettent que pour diminuer la puissance du saint-siége ; que, s'il faut rejeter les décrétales des anciens papes parce qu'elles ne sont pas dans le code des canons, il faut donc rejeter les écrits de saint Grégoire et des autres Pères, et même les saintes Écritures.

« Vous dites, continue le pape, que les jugements des évêques ne sont pas des causes majeures ; nous soutenons qu'elles sont d'autant plus grandes que les évêques tiennent un plus grand rang dans l'Église. Direz-vous qu'il n'y a que les affaires des métropolitains qui soient des causes majeures? Mais ils ne sont pas d'un autre ordre que les évêques, et nous n'exigeons pas des témoins ou des juges d'autre qualité pour les uns et pour les autres : c'est pourquoi nous voulons que les causes des uns et des autres nous soient réservées. Et ensuite, se trouvera-t-il quelqu'un assez déraisonnable pour dire que l'on doive conserver à toutes les Églises leurs priviléges, et que la seule Église romaine doit perdre les siens? » Il conclut en leur ordonnant de recevoir Rotade, et de le rétablir.

Le pape Adrien II, successeur de Nicolas Ier, ne paraît pas moins zélé dans une affaire semblable d'Hincmar de Laon. Ce prélat s'était rendu odieux au clergé et au peuple de son diocèse par ses injustices et ses violences. Ayant été accusé au concile de Verberie, en 869, où présidait Hincmar de Reims, son oncle et son métropolitain, il appela au pape, et demanda la permission d'aller à Rome : elle lui fut refusée. On suspendit seulement la procédure, et on ne passa pas outre. Mais sur de nouveaux sujets de plaintes que le roi Charles le Chauve et Hincmar de Reims eurent contre lui, on le cita d'abord au concile d'Attigny, où il comparut, et bientôt après il prit la fuite; ensuite au concile de Douzy, où il renouvela son appel, et fut déposé. Le concile écrivit au pape une lettre synodale le 6 septembre 871, pour lui demander la confirmation des actes qu'il lui envoyait; et, loin d'aquiescer au jugement du concile, Adrien désapprouva dans les termes les plus forts la condamnation d'Hincmar, soutenant que puisque Hincmar de Laon criait dans le concile qu'il voulait se défendre devant le saint-siége, il ne fallait pas prononcer de condamnation contre lui. Ce sont les termes de ce pape dans sa lettre aux évêques du concile, et dans celle qu'il écrivit au roi.

Voici la réponse vigoureuse que Charles fit à Adrien : « Vos lettres portent : « Nous voulons et nous ordonnons, par l'autorité « apostolique, qu'Hincmar de Laon vienne à Rome et devant « nous, appuyé de votre puissance. » Nous admirons où l'auteur de cette lettre a trouvé qu'un roi, obligé à corriger les méchants et à venger les crimes, doive envoyer à Rome un coupable condamné selon les règles, vu principalement qu'avant sa déposition il a été convaincu dans trois conciles d'entreprises contre le repos public, et qu'après sa déposition il persévéra dans sa désobéissance.

« Nous sommes obligés de vous écrire encore que, nous autres rois de France, nés de race royale, n'avons point passé jusqu'à présent pour les lieutenants des évêques, mais pour les seigneurs de la terre Et, comme dit saint Léon et le concile romain, les rois et les empereurs que Dieu a établis pour commander sur la terre ont permis aux évêques de régler leurs affaires suivant leurs ordonnances ; mais ils n'ont pas été les économes des évêques, et si vous feuilletez les registres de vos prédécesseurs, vous ne trouverez point qu'ils aient écrit aux nôtres comme vous venez de nous écrire. »

Il rapporte ensuite deux lettres de saint Grégoire pour montrer avec quelle modestie il écrivait, non-seulement aux rois de France, mais aux exarques d'Italie. « Enfin, conclut-il, je vous prie de ne me plus envoyer, à moi ni aux évêques de mon royaume, de telles lettres, afin que nous puissions toujours leur rendre l'honneur et le respect qui leur convient. » Les évêques du concile de Douzy répondirent au pape à peu près sur le même ton ; et quoique nous n'ayons pas la lettre en entier, il paraît qu'ils voulaient prouver que l'appel d'Hincmar ne devait pas être jugé à Rome, mais en France par des juges délégués conformément aux canons du concile de Sardique.

Ces deux exemples suffisent pour faire sentir combien les papes étendaient leur juridiction à la faveur de ces fausses décrétales. Et quoique Hincmar de Reims objectât à Adrien que, n'étant point rapportées dans le code des canons, elles ne pouvaient renverser la discipline établie par les canons, ce qui le fit accuser auprès du pape Jean VIII de ne pas recevoir les décrétales des papes, il ne laissa pas d'alléguer lui-même ces décrétales dans ses lettres et ses autres opuscules. Son exemple fut suivi par plusieurs évêques. On admit d'abord celles qui n'étaient point contraires aux canons les plus récents, ensuite on se rendit encore moins scrupuleux.

Les conciles eux-mêmes en firent usage. C'est ainsi que dans celui de Reims, tenu l'an 992, les évêques se servirent des décrétales d'Anaclet, de Jules, de Damase, et des autres papes, dans la cause d'Arnoul. Les conciles suivants imitèrent celui de Reims. Les papes Grégoire VII, Urbain II, Pascal II, Urbain III, Alexandre III, soutinrent les maximes qu'ils y lisaient, persuadés que c'était la discipline des beaux jours de l'Église. Enfin les compilateurs des canons, Bouchard de Vorms, Yves de Chartres, et Gratien, en remplirent leur collection. Lorsqu'on eut commencé à enseigner le décret publiquement dans les écoles, et à le commenter, tous les théologiens polémiques et scolastiques, et tous les interprètes du droit canon, employèrent à l'envi ces

DÉCRÉTALES.

fausses décrétales pour confirmer les dogmes catholiques ou établir la discipline, et en parsemèrent leurs ouvrages.

Ce ne fut que dans le xvi° siècle que l'on conçut les premiers soupçons sur leur authenticité. Érasme et plusieurs avec lui la révoquèrent en doute ; voici sur quels fondements :

1° Les décrétales rapportées dans la collection d'Isidore ne sont point dans celle de Denis le Petit, qui n'a commencé à citer les décrétales des papes qu'à Sirice. Cependant il nous apprend qu'il avait pris un soin extrême à les recueillir. Ainsi elles n'auraient pu lui échapper, si elles avaient existé dans les archives de l'Église de Rome, où il faisait son séjour. Si elles ont été inconnues à l'Église romaine à qui elles étaient favorables, elles l'ont été également à toute l'Église. Les Pères ni les conciles des huit premiers siècles n'en ont fait aucune mention. Or comment accorder un silence aussi universel avec leur authenticité?

2° Ces décrétales n'ont aucun rapport avec l'état des choses dans les temps où on les suppose écrites. On n'y dit pas un mot des hérétiques des trois premiers siècles, ni des autres affaires de l'Église dont les véritables ouvrages d'alors sont remplis : ce qui prouve qu'elles ont été fabriquées postérieurement.

3° Leurs dates sont presque toutes fausses. Leur auteur suit en général la chronologie du livre pontifical, qui, de l'aveu de Baronius, est très-fautive. C'est un indice pressant que cette collection n'a été composée que depuis le livre pontifical.

4° Ces décrétales, dans toutes les citations des passages de l'Écriture, emploient la version appelée *Vulgate,* faite ou du moins revue et corrigée par saint Jérôme ; donc elles sont plus récentes que saint Jérôme.

5° Enfin elles sont toutes écrites d'un même style, qui est très-barbare, et en cela très-conforme à l'ignorance du viii° siècle : or il n'est pas vraisemblable que tous les différents papes dont elles portent le nom aient affecté cette uniformité de style. On en peut conclure avec assurance que toutes ces décrétales sont d'une même main.

Outre ces raisons générales, chacune des pièces qui composent le recueil d'Isidore porte avec elle des marques de supposition qui lui sont propres, et dont aucune n'a échappé à la critique sévère de David Blondel, à qui nous sommes principalement redevables des lumières que nous avons aujourd'hui sur cette compilation, qui n'est plus nommée que *les fausses décrétales;* mais les usages par elles introduits n'en subsistent pas moins dans une partie de l'Europe.

DÉFLORATION[1].

Il semble que le *Dictionnaire encyclopédique*, à l'article Défloration, fasse entendre qu'il n'était pas permis par les lois romaines de faire mourir une fille, à moins qu'auparavant on ne lui ôtât sa virginité. On donne pour exemple la fille de Séjan, que le bourreau viola dans la prison avant de l'étrangler, pour n'avoir pas à se reprocher d'avoir étranglé une pucelle, et pour satisfaire à la loi[2].

Premièrement, Tacite ne dit point que la loi ordonnât qu'on ne fît jamais mourir les pucelles. Une telle loi n'a jamais existé ; et si une fille de vingt ans, vierge ou non, avait commis un crime capital, elle aurait été punie comme une vieille mariée ; mais la loi portait qu'on ne punirait pas de mort les enfants, parce qu'on les croyait incapables de crimes.

La fille de Séjan était enfant aussi bien que son frère, et si la barbarie de Tibère et la lâcheté du sénat les abandonnèrent au bourreau, ce fut contre toutes les lois. De telles horreurs ne se seraient pas commises du temps des Scipions et de Caton le censeur. Cicéron n'aurait pas fait mourir une fille de Catilina, âgée de sept à huit ans. Il n'y avait que Tibère et le sénat de Tibère qui pussent outrager ainsi la nature. Le bourreau qui commit les deux crimes abominables de déflorer une fille de huit ans, et de l'étrangler ensuite, méritait d'être un des favoris de Tibère.

Heureusement Tacite ne dit point que cette exécrable exécution soit vraie ; il dit qu'on l'a rapportée, *tradunt;* et ce qu'il faut bien observer, c'est qu'il ne dit point que la loi défendît d'infliger le dernier supplice à une vierge ; il dit seulement que la chose était inouïe, *inauditum*. Quel livre immense on composerait de tous les faits qu'on a crus, et dont il fallait douter !

DÉISME, *voyez* THÉISME.

---

1. *Questions sur l'Encyclopédie*, quatrième partie, 1771. (B.)
2. « Les anciens avaient tant de respect pour les vierges, lit-on dans l'*Encyclopédie*, qu'on ne les faisait point mourir sans leur avoir auparavant ôté leur virginité. Tacite (*Ann.*, V, xix) l'assure de la fille encore jeune de Séjan... »

DÉJECTION[1].

EXCRÉMENTS; LEUR RAPPORT AVEC LE CORPS DE L'HOMME, AVEC SES IDÉES ET SES PASSIONS.

L'homme n'a jamais pu produire par l'art rien de ce que fait la nature. Il a cru faire de l'or, et il n'a jamais pu seulement faire de la boue, quoiqu'il en soit pétri. On nous a fait voir un canard artificiel qui marchait, qui béquetait ; mais on n'a pu réussir à le faire digérer, et à former de vraies déjections.

Quel art pourrait produire une matière qui, ayant été préparée par les glandes salivaires, ensuite par le suc gastrique, puis par la bile hépatique, et par le suc pancréatique, ayant fourni dans sa route un chyle qui s'est changé en sang, devient enfin ce composé fétide et putride qui sort de l'intestin rectum par la force étonnante des muscles?

Il y a sans doute autant d'industrie et de puissance à former ainsi cette déjection qui rebute la vue, et à lui préparer les conduits qui servent à sa sortie, qu'à produire la semence qui fit naître Alexandre, Virgile et Newton, et les yeux avec lesquels Galilée vit de nouveaux cieux. La décharge de ces excréments est nécessaire à la vie comme la nourriture.

Le même artifice les prépare, les pousse et les évacue, chez l'homme et chez les animaux.

Ne nous étonnons pas que l'homme, avec tout son orgueil, naisse entre la matière fécale et l'urine, puisque ces parties de lui-même, plus ou moins élaborées, plus souvent ou plus rarement expulsées, plus ou moins putrides, décident de son caractère et de la plupart des actions de sa vie.

Sa merde commence à se former dans le duodénum quand ses aliments sortent de son estomac et s'imprègnent de la bile de son foie. Qu'il ait une diarrhée, il est languissant et doux, la force lui manque pour être méchant. Qu'il soit constipé, alors les sels et les soufres de sa merde entrent dans son chyle, portent l'acrimonie dans son sang, fournissent souvent à son cerveau des idées atroces. Tel homme (et le nombre en est grand) n'a commis des crimes qu'à cause de l'acrimonie de son sang, qui ne venait que de ses excréments par lesquels ce sang était altéré.

---

1. Cet article fut ajouté en 1774, dans l'édition in-4° des *Questions sur l'Encyclopédie*. (B.)

O homme! qui oses te dire l'image de Dieu, dis-moi si Dieu mange, et s'il a un boyau rectum.

Toi l'image de Dieu! et ton cœur et ton esprit dépendent d'une selle!

Toi l'image de Dieu sur ta chaise percée! Le premier qui dit cette impertinence la proféra-t-il par une extrême bêtise, ou par un extrême orgueil?

Plus d'un penseur (comme vous le verrez ailleurs) a douté qu'une âme immatérielle et immortelle pût venir, de je ne sais où, se loger pour si peu de temps entre de la matière fécale et de l'urine.

Qu'avons-nous, disent-ils, au-dessus des animaux? Plus d'idées, plus de mémoire, la parole, et deux mains adroites. Qui nous les a données? Celui qui donne des ailes aux oiseaux et des écailles aux poissons. Si nous sommes ses créatures, comment pouvons-nous être son image?

Nous répondons à ces philosophes que nous ne sommes l'image de Dieu que par la pensée. Ils nous répliquent que la pensée est un don de Dieu, qui n'est point du tout sa peinture; et que nous ne sommes images de Dieu en aucune façon. Nous les laissons dire, et nous les renvoyons à messieurs de Sorbonne.

Plusieurs animaux mangent nos excréments; et nous mangeons ceux de plusieurs animaux, ceux des grives, des bécasses, des ortolans, des alouettes.

Voyez à l'article Ézéchiel pourquoi le Seigneur lui ordonna de manger de la merde sur son pain, et se borna ensuite à la fiente de vache.

Nous avons connu le trésorier Paparel qui mangeait les déjections des laitières; mais ce cas est rare, et c'est celui de ne pas disputer des goûts.

DÉLITS LOCAUX[1].

Parcourez toute la terre, vous trouverez que le vol, le meurtre, l'adultère, la calomnie, sont regardés comme des délits que la société condamne et réprime; mais ce qui est approuvé en Angleterre, et condamné en Italie, doit-il être puni en Italie comme un de ces attentats contre l'humanité entière? c'est là ce que j'appelle délit local. Ce qui n'est criminel que dans l'enceinte de quelques montagnes, ou entre deux rivières, n'exige-t-il pas des juges plus

---

1. Article ajouté dans l'édition de 1767 du *Dictionnaire philosophique*. (B.)

d'indulgence que ces attentats qui sont en horreur à toutes les contrées? Le juge ne doit-il pas se dire à lui-même : Je n'oserais punir à Raguse ce que je punis à Lorette? Cette réflexion ne doit-elle pas adoucir dans son cœur cette dureté qu'il n'est que trop aisé de contracter dans le long exercice de son emploi?

On connaît les kermesses de la Flandre : elles étaient portées dans le siècle passé jusqu'à une indécence qui pouvait révolter des yeux inaccoutumés à ces spectacles.

Voici comme l'on célébrait la fête de Noël dans quelques villes. D'abord paraissait un jeune homme à moitié nu, avec des ailes au dos; il récitait l'*Ave Maria* à une jeune fille, qui lui répondait *fiat*, et l'ange la baisait sur la bouche ; ensuite un enfant enfermé dans un grand coq de carton criait en imitant le chant du coq: *Puer natus est nobis*. Un gros bœuf en mugissant disait *ubi*, qu'il prononçait *oubi;* une brebis bêlait en criant *Bethléem*. Un âne criait *hihanus*, pour signifier *eamus*; une longue procession, précédée de quatre fous avec des grelots et des marottes, fermait la marche. Il reste encore aujourd'hui des traces de ces dévotions populaires, que chez des peuples plus instruits on prendrait pour profanations. Un Suisse de mauvaise humeur, et peut-être plus ivre que ceux qui jouaient le rôle du bœuf et de l'âne, se prit de parole avec eux dans Louvain ; il y eut des coups de donnés : on voulut faire pendre le Suisse, qui échappa à peine.

Le même homme eut une violente querelle à la Haye en Hollande, pour avoir pris hautement le parti de Barneveldt contre un gomariste outré. Il fut mis en prison à Amsterdam pour avoir dit que les prêtres sont le fléau de l'humanité et la source de tous nos malheurs. « Eh quoi ! disait-il, si l'on croit que les bonnes œuvres peuvent servir au salut, on est au cachot; si l'on se moque d'un coq et d'un âne, on risque la corde. » Cette aventure, toute burlesque qu'elle est, fait assez voir qu'on peut être répréhensible sur un ou deux points de notre hémisphère, et être absolument innocent dans le reste du monde[1].

DÉLUGE UNIVERSEL[2].

Nous commençons par déclarer que nous croyons le déluge universel, parce qu'il est rapporté dans les saintes Écritures hébraïques transmises aux chrétiens.

---

1. Voyez l'article CRIMES OU DÉLITS DE TEMPS ET DE LIEU.
2. *Questions sur l'Encyclopédie*, quatrième partie, 1771. (B.)

Nous le regardons comme un miracle :

1° Parce que tous les faits où Dieu daigne intervenir, dans les sacrés cahiers, sont autant de miracles ;

2° Parce que l'Océan n'aurait pu s'élever de quinze coudées, ou vingt et un pieds et demi de roi, au-dessus des plus hautes montagnes, sans laisser son lit à sec, et sans violer en même temps toutes les lois de la pesanteur et de l'équilibre des liqueurs, ce qui exigeait évidemment un miracle ;

3° Parce que, quand même il aurait pu parvenir à la hauteur proposée, l'arche n'aurait pu contenir, selon les lois de la physique, toutes les bêtes de l'univers et leur nourriture pendant si longtemps, attendu que les lions, les tigres, les panthères, les léopards, les onces, les rhinocéros, les ours, les loups, les hyènes, les aigles, les éperviers, les milans, les vautours, les faucons, et tous les animaux carnassiers, qui ne se nourrissent que de chair, seraient morts de faim, même après avoir mangé toutes les autres espèces.

On imprima autrefois, à la suite des *Pensées de Pascal*, une dissertation d'un marchand de Rouen, nommé Le Pelletier, dans laquelle il propose la manière de bâtir un vaisseau où l'on puisse faire entrer tous les animaux, et les nourrir pendant un an. On voit bien que ce marchand n'avait jamais gouverné de basse-cour. Nous sommes obligés d'envisager M. Le Pelletier, architecte de l'arche[1], comme un visionnaire qui ne se connaissait pas en ménagerie, et le déluge comme un miracle adorable, terrible, et incompréhensible à la faible raison du sieur Le Pelletier tout comme à la nôtre ;

4° Parce que l'impossibilité physique d'un déluge universel, par des voies naturelles, est démontrée en rigueur ; en voici la démonstration.

Toutes les mers couvrent la moitié du globe ; en prenant une mesure commune de leur profondeur vers les rivages et en haute mer, on compte cinq cents pieds.

Pour qu'elles couvrissent les deux hémisphères seulement de cinq cents pieds, il faudrait non-seulement un océan de cinq cents pieds de profondeur sur toute la terre habitable, mais il faudrait encore une nouvelle mer pour envelopper notre océan actuel ; sans quoi les lois de la pesanteur et des fluides feraient écouler ce nouvel amas d'eau, profond de cinq cents pieds, que la terre supporterait.

---

1. *Dissertation sur l'arche de Noé,* par Jean Le Pelletier, Rouen, 1704, 1710, in-12. (B.)

Voilà donc deux nouveaux océans pour couvrir, seulement de cinq cents pieds, le globe terraqué.

En ne donnant aux montagnes que vingt mille pieds de hauteur, ce serait donc quarante océans de cinq cents pieds de hauteur chacun qu'il serait nécessaire d'établir les uns sur les autres, pour égaler seulement la cime des hautes montagnes. Chaque océan supérieur contiendrait tous les autres, et le dernier de tous ces océans serait d'une circonférence qui contiendrait quarante fois celle du premier.

Pour former cette masse d'eau, il aurait fallu la créer du néant. Pour la retirer, il aurait fallu l'anéantir.

Donc l'événement du déluge est un double miracle, et le plus grand qui ait jamais manifesté la puissance de l'éternel souverain de tous les globes.

Nous sommes très-surpris que des savants aient attribué à ce déluge quelques coquilles répandues çà et là sur notre continent[1].

Nous sommes encore plus surpris de ce que nous lisons à l'article Déluge du *Grand Dictionnaire encyclopédique*; on y cite un auteur qui dit des choses si profondes[2] qu'on les prendrait pour creuses. C'est toujours Pluche; il prouve la possibilité du déluge par l'histoire des géants qui firent la guerre aux dieux.

Briarée, selon lui, est visiblement le déluge, car il signifie la *perte de la sérénité*; et en quelle langue signifie-t-il cette perte? en hébreu. Mais Briarée est un mot grec qui veut dire *robuste*. Ce n'est point un mot hébreu. Quand par hasard il le serait, gardons-nous d'imiter Bochart, qui fait dériver tant de mots grecs, latins, français même, de l'idiome hébraïque. Il est certain que les Grecs ne connaissaient pas plus l'idiome juif que la langue chinoise.

Le géant Othus est aussi en hébreu, selon Pluche, le *dérangement des saisons*. Mais c'est encore un mot grec qui ne signifie rien, du moins que je sache; et quand il signifierait quelque chose, quel rapport, s'il vous plaît, avec l'hébreu?

Porphyrion est un *tremblement de terre* en hébreu; mais en grec, c'est du *porphyre*. Le déluge n'a que faire là.

Mimas, c'est une *grande pluie*; pour le coup en voilà une qui peut avoir quelque rapport au déluge. Mais en grec *mimas* veut

---

1. Voyez le chapitre xiii *Des Singularités de la nature* (*Mélanges*, annnée 1768).
2. *Histoire du ciel*, tome I, depuis la page 105. (*Note de Voltaire.*)

dire *imitateur*, *comédien ;* il n'y a pas moyen de donner au déluge une telle origine.

Encelade, autre preuve du déluge en hébreu : car, selon Pluche, c'est la *fontaine du temps ;* mais malheureusement, en grec, c'est du *bruit.*

Éphialtes, autre démonstration du déluge en hébreu : car *éphialtes*, qui signifie *sauteur, oppresseur, incube*, en grec, est, selon Pluche, un *grand amas de nuées.*

Or, les Grecs ayant tout pris chez les Hébreux, qu'ils ne connaissaient pas, ont évidemment donné à leurs géants tous ces noms que Pluche tire de l'hébreu comme il peut ; le tout en mémoire du déluge.

Deucalion, selon lui, signifie l'*affaiblissement du soleil.* Cela n'est pas vrai ; mais n'importe.

C'est ainsi que raisonne Pluche ; c'est lui que cite l'auteur de l'article Déluge sans le réfuter. Parle-t-il sérieusement? se moque-t-il? je n'en sais rien. Tout ce que je sais, c'est qu'il n'y a guère de système dont on puisse parler sans rire.

J'ai peur que cet article du *Grand Dictionnaire*, attribué à M. Boulanger, ne soit sérieux ; en ce cas nous demandons si ce morceau est philosophique? La philosophie se trompe si souvent que nous n'osons prononcer contre M. Boulanger.

Nous osons encore moins demander ce que c'est que l'abîme qui se rompit et les cataractes du ciel qui s'ouvrirent. Isaac Vossius nie l'universalité du déluge[1] ; *hoc est pie nugari.* Calmet la soutient en assurant que les corps ne pèsent dans l'air que par la raison que l'air les comprime. Calmet n'était pas physicien, et la pesanteur de l'air n'a rien à faire avec le déluge. Contentons-nous de lire et de respecter tout ce qui est dans la Bible[2] sans en comprendre un mot.

Je ne comprends pas comment Dieu créa une race pour la noyer, et pour lui substituer une race plus méchante encore ;

Comment sept paires de toutes les espèces d'animaux non immondes vinrent des quatre quarts du globe, avec deux paires des immondes, sans que les loups mangeassent les brebis en chemin, et sans que les éperviers mangeassent les pigeons, etc., etc. ;

Comment huit personnes purent gouverner, nourrir, abreuver

---

1. *Commentaire sur la Genèse*, page 197, etc. (*Note de Voltaire.*)
2. En 1771 l'article finissait ainsi : « Contentons-nous de lire et de respecter tout ce qui est dans la Bible sans le comprendre. » Le texte actuel est de 1774. (B.)

tant d'embarqués pendant près de deux ans : car il fallut encore un an, après la cessation du déluge, pour alimenter tous ces passagers, vu que l'herbe était courte.

Je ne suis pas comme M. Le Pelletier : j'admire tout, et je n'explique rien.

DÉMOCRATIE [1].

Le pire des états, c'est l'état populaire.

Cinna s'en explique ainsi à Auguste [2]. Mais aussi Maxime soutient que

Le pire des états, c'est l'état monarchique [3].

Bayle ayant plus d'une fois, dans son *Dictionnaire*, soutenu le pour et le contre, fait, à l'article de Périclès, un portrait fort hideux de la démocratie, et surtout de celle d'Athènes.

Un républicain grand amateur de la démocratie, qui est l'un de nos faiseurs de questions, nous envoie sa réfutation de Bayle et son apologie d'Athènes. Nous exposerons ses raisons. C'est le privilége de quiconque écrit de juger les vivants et les morts; mais on est jugé soi-même par d'autres, qui le seront à leur tour; et de siècle en siècle toutes les sentences sont réformées.

Bayle donc, après quelques lieux communs, dit ces propres mots : « Qu'on chercherait en vain dans l'histoire de Macédoine autant de tyrannie que l'histoire d'Athènes nous en présente. »

Peut-être Bayle était-il mécontent de la Hollande quand il écrivait ainsi ; et probablement mon républicain qui le réfute est content de sa petite ville démocratique, *quant à présent*.

Il est difficile de peser dans une balance bien juste les iniquités de la république d'Athènes et celles de la cour de Macédoine. Nous reprochons encore aujourd'hui aux Athéniens le bannissement de Cimon, d'Aristide, de Thémistocle, d'Alcibiade, les jugements à mort portés contre Phocion et contre Socrate, jugements qui ressemblent à ceux de quelques-uns de nos tribunaux absurdes et cruels.

1. *Questions sur l'Encyclopédie*, quatrième partie, 1771. (B.)
2. Corneille, *Cinna*, acte II, scène 1.
3. Maxime se contente de dire :

.... Que par tous les climats
Ne sont pas bien reçus toutes sortes d'états,
Chaque peuple a le sien conforme à sa nature...
Les Macédoniens avaient le monarchique...
Et le seul consulat est bon pour les Romains...

Enfin ce qu'on ne pardonne point aux Athéniens, c'est la mort de leurs six généraux victorieux, condamnés pour n'avoir pas eu le temps d'enterrer leurs morts après la victoire, et pour en avoir été empêchés par une tempête. Cet arrêt est à la fois si ridicule et si barbare, il porte un tel caractère de superstition et d'ingratitude, que ceux de l'Inquisition, ceux qui furent rendus contre Urbain Grandier et contre la maréchale d'Ancre, contre Morin, contre tant de sorciers, etc., ne sont pas des inepties plus atroces.

On a beau dire, pour excuser les Athéniens, qu'ils croyaient, d'après Homère, que les âmes des morts étaient toujours errantes, à moins qu'elles n'eussent reçu les honneurs de la sépulture ou du bûcher : une sottise n'excuse point une barbarie.

Le grand mal que les âmes de quelques Grecs se fussent promenées une semaine ou deux au bord de la mer! Le mal est de livrer des vivants aux bourreaux, et des vivants qui vous ont gagné une bataille, des vivants que vous deviez remercier à genoux.

Voilà donc les Athéniens convaincus d'avoir été les plus sots et les plus barbares juges de la terre.

Mais il faut mettre à présent dans la balance les crimes de la cour de Macédoine ; on verra que cette cour l'emporte prodigieusement sur Athènes en fait de tyrannie et de scélératesse.

Il n'y a d'ordinaire nulle comparaison à faire entre les crimes des grands, qui sont toujours ambitieux, et les crimes du peuple, qui ne veut jamais, et qui ne peut vouloir que la liberté et l'égalité. Ces deux sentiments *liberté* et *égalité* ne conduisent point droit à la calomnie, à la rapine, à l'assassinat, à l'empoisonnement, à la dévastation des terres de ses voisins, etc.; mais la grandeur ambitieuse et la rage du pouvoir précipitent dans tous ces crimes en tous temps et en tous lieux.

On ne voit dans cette Macédoine, dont Bayle oppose la vertu à celle d'Athènes, qu'un tissu de crimes épouvantables pendant deux cents années de suite.

C'est Ptolémée, oncle d'Alexandre le Grand, qui assassine son frère Alexandre pour usurper le royaume.

C'est Philippe, son frère, qui passe sa vie à tromper et à violer [1], et qui finit par être poignardé par Pausanias.

---

1. L'édition originale de 1770, celle de 1771, l'in-4°, l'encadrée, l'in-8° de Kehl, portent : *à tromper et à violer*. L'errata de Kehl, tome LXX, dit de mettre *voler*. L'édition in-12 de Kehl porte en effet *voler*. Mais le rédacteur de l'*errata* de Kehl,

Olympias fait jeter la reine Cléopâtre et son fils dans une cuve d'airain brûlante. Elle assassine Aridée.

Antigone assassine Eumènes.

Antigone Gonatas, son fils, empoisonne le gouverneur de la citadelle de Corinthe, épouse sa veuve, la chasse, et s'empare de la citadelle.

Philippe, son petit-fils, empoisonne Démétrius, et souille toute la Macédoine de meurtres.

Persée tue sa femme de sa propre main, et empoisonne son frère.

Ces perfidies et ces barbaries sont fameuses dans l'histoire.

Ainsi donc, pendant deux siècles, la fureur du despotisme fait de la Macédoine le théâtre de tous les crimes; et, dans le même espace de temps, vous ne voyez le gouvernement populaire d'Athènes souillé que de cinq ou six iniquités judiciaires, de cinq ou six jugements atroces, dont le peuple s'est toujours repenti, et dont il a fait amende honorable. Il demanda pardon à Socrate après sa mort, et lui érigea le petit temple du *Socrateion*. Il demanda pardon à Phocion, et lui éleva une statue. Il demanda pardon aux six généraux condamnés avec tant de ridicule, et si indignement exécutés. Ils mirent aux fers le principal accusateur, qui n'échappa qu'à peine à la vengeance publique. Le peuple athénien était donc naturellement aussi bon que léger. Dans quel État despotique a-t-on jamais pleuré ainsi l'injustice de ses arrêts précipités?

Bayle a donc tort cette fois; mon républicain a donc raison. Le gouvernement populaire est donc par lui-même moins inique, moins abominable que le pouvoir tyrannique.

Le grand vice de la démocratie n'est certainement pas la tyrannie et la cruauté : il y eut des républicains montagnards, sauvages et féroces; mais ce n'est pas l'esprit républicain qui les fit tels : c'est la nature. L'Amérique septentrionale était toute en républiques. C'étaient des ours.

Le véritable vice d'une république civilisée est dans la fable turque du dragon à plusieurs têtes et du dragon à plusieurs queues. La multitude des têtes se nuit, et la multitude des queues obéit à une seule tête qui veut tout dévorer.

La démocratie ne semble convenir qu'à un très-petit pays; encore faut-il qu'il soit heureusement situé. Tout petit qu'il sera,

---

qui m'a communiqué un errata manuscrit, y dit de mettre la leçon que j'ai suivie, et ajoute : « Il y a erreur dans l'errata général; » c'est ainsi qu'il appelle l'errata imprimé. (B.)

il fera beaucoup de fautes, parce qu'il sera composé d'hommes. La discorde y régnera comme dans un couvent de moines ; mais il n'y aura ni Saint-Barthélemy, ni massacres d'Irlande, ni vêpres siciliennes, ni Inquisition, ni condamnation aux galères pour avoir pris de l'eau dans la mer sans payer, à moins qu'on ne suppose cette république composée de diables dans un coin de l'enfer.

Après avoir pris le parti de mon Suisse contre l'ambidextre Bayle, j'ajouterai :

Que les Athéniens furent guerriers comme les Suisses, et polis comme les Parisiens l'ont été sous Louis XIV ;

Qu'ils ont réussi dans tous les arts qui demandent le génie et la main, comme les Florentins du temps de Médicis ;

Qu'ils ont été les maîtres des Romains dans les sciences et dans l'éloquence, du temps même de Cicéron ;

Que ce petit peuple, qui avait à peine un territoire, et qui n'est aujourd'hui qu'une troupe d'esclaves ignorants, cent fois moins nombreux que les Juifs, et ayant perdu jusqu'à son nom, l'emporte pourtant sur l'empire romain par son antique réputation qui triomphe des siècles et de l'esclavage.

L'Europe a vu une république, dix fois plus petite encore qu'Athènes[1], attirer pendant cent cinquante ans les regards de l'Europe, et son nom placé à côté du nom de Rome, dans le temps que Rome commandait encore aux rois, qu'elle condamnait un Henri souverain de la France, et qu'elle absolvait et fouettait un autre Henri le premier homme de son siècle ; dans le temps même que Venise conservait son ancienne splendeur, et que la nouvelle république des sept Provinces-Unies étonnait l'Europe et les Indes par son établissement et par son commerce.

Cette fourmilière imperceptible ne put être écrasée par le roi démon du Midi[2], et dominateur des deux mondes, ni par les intrigues du Vatican, qui faisaient mouvoir les ressorts de la moitié de l'Europe. Elle résista par la parole et par les armes ; et à l'aide d'un Picard qui écrivait, et d'un petit nombre de Suisses qui combattit, elle s'affermit, elle triompha ; elle put dire *Rome et moi*. Elle tint tous les esprits partagés entre les riches pontifes successeurs des Scipions, *Romanos rerum dominos*[3], et les pauvres habitants d'un coin de terre longtemps ignoré dans le pays de la pauvreté et des goîtres.

---

1. Genève.
2. Philippe II. Voyez *Essai sur les Mœurs*, chapitre CLXVI, tome XII, page 483.
3. Virgile, Æn., I, 286.

Il s'agissait alors de savoir comment l'Europe penserait sur des questions que personne n'entendait. C'était la guerre de l'esprit humain. On eut des Calvin, des Bèze, des Turretin, pour ses Démosthènes, ses Platon et ses Aristote.

L'absurdité de la plupart des questions de controverse qui tenaient l'Europe attentive ayant été enfin reconnue, la petite république se tourna vers ce qui paraît solide, l'acquisition des richesses. Le système de *Lass*, plus chimérique et non moins funeste que ceux des supralapsaires et des infralapsaires, engagea dans l'arithmétique ceux qui ne pouvaient plus se faire un nom en théo-morianique. Ils devinrent riches, et ne furent plus rien.

On croit qu'il n'y a aujourd'hui de républiques qu'en Europe. Ou je me trompe, ou je l'ai dit aussi quelque part[1]; mais c'eût été une très-grande inadvertance. Les Espagnols trouvèrent en Amérique la république de Tlascala très-bien établie. Tout ce qui n'a pas été subjugué dans cette partie du monde est encore république. Il n'y avait dans tout ce continent que deux royaumes lorsqu'il fut découvert; et cela pourrait bien prouver que le gouvernement républicain est le plus naturel. Il faut s'être bien raffiné, et avoir passé par bien des épreuves, pour se soumettre au gouvernement d'un seul.

En Afrique, les Hottentots, les Cafres, et plusieurs peuplades de nègres, sont des démocraties. On prétend que les pays où l'on vend le plus de nègres sont gouvernés par des rois. Tripoli, Tunis, Alger, sont des républiques de soldats et de pirates. Il y en a aujourd'hui de pareilles dans l'Inde : les Marattes, plusieurs hordes de Patanes, les Seiks, n'ont point de rois : ils élisent des chefs quand ils vont piller.

Telles sont encore plusieurs sociétés de Tartares. L'empire turc même a été très-longtemps une république de janissaires qui étranglaient souvent leur sultan quand leur sultan ne les faisait pas décimer.

On demande tous les jours si un gouvernement républicain est préférable à celui d'un roi? La dispute finit toujours par convenir qu'il est fort difficile de gouverner les hommes. Les Juifs eurent pour maître Dieu même ; voyez ce qui leur en est arrivé : ils ont été presque toujours battus et esclaves, et aujourd'hui ne trouvez-vous pas qu'ils font une belle figure?

---

1. Voltaire veut parler sans doute ici de ce qu'il a dit dans l'*Essai sur les Mœurs*, chapitre cxcvii. Voyez tome XIII, pages 178 et suiv.

DÉMONIAQUES[1].

POSSÉDÉS DU DÉMON, ÉNERGUMÈNES, EXORCISÉS, « OU PLUTOT » MALADES DE LA MATRICE, DES PALES COULEURS, HYPOCONDRIAQUES, ÉPILEPTIQUES, CATALEPTIQUES, GUÉRIS PAR LES ÉMOLLIENTS DE M. POMME, GRAND EXORCISTE.

Les vaporeux, les épileptiques, les femmes travaillées de l'utérus, passèrent toujours pour être les victimes des esprits malins, des démons malfaisants, des vengeances des dieux. Nous avons vu[2] que ce mal s'appelait le *mal sacré*, et que les prêtres de l'antiquité s'emparèrent partout de ces maladies, attendu que les médecins étaient de grands ignorants.

Quand les symptômes étaient fort compliqués, c'est qu'on avait plusieurs démons dans le corps, un démon de fureur, un de luxure, un de contraction, un de roideur, un d'éblouissement, un de surdité; et l'exorciseur avait à coup sûr un démon d'absurdité joint à un de friponnerie.

[3] Nous avons vu[4] que les Juifs chassaient les diables du corps des possédés avec la racine barath et des paroles; que notre Sauveur les chassait par une vertu divine, qu'il communiqua cette vertu à ses apôtres, mais que cette vertu est aujourd'hui fort affaiblie.

On a voulu renouveler depuis peu l'histoire de saint Paulin. Ce saint vit à la voûte d'une église un pauvre démoniaque qui marchait sous cette voûte ou sur cette voûte, la tête en bas et les pieds en haut, à peu près comme une mouche. Saint Paulin vit bien que cet homme était possédé; il envoya vite chercher à quelques lieues de là des reliques de saint Félix de Nole : on les appliqua au patient comme des vésicatoires. Le démon, qui soutenait cet homme contre la voûte, s'enfuit aussitôt, et le démoniaque tomba sur le pavé.

Nous pouvons douter de cette histoire en conservant le plus profond respect pour les vrais miracles; et il nous sera permis de dire que ce n'est pas ainsi que nous guérissons aujourd'hui les démoniaques. Nous les saignons, nous les baignons, nous les

---

1. *Questions sur l'Encyclopédie,* quatrième partie, 1771. (B.)
2. Tome XI, page 136; et dans les *Mélanges,* année 1768, le troisième entretien de l'A, B, C.
3. Cet alinéa n'existait pas en 1771 : il a été ajouté en 1774. (B.)
4. Voyez la note 1, tome XI, page 137.

purgeons doucement, nous leur donnons des émollients : voilà comme M. Pomme les traite ; et il a opéré plus de cures que les prêtres d'Isis et de Diane, ou autres, n'ont jamais fait de miracles.

Quant aux démoniaques qui se disent possédés pour gagner de l'argent, au lieu de les baigner on les fouette.

Il arrivait souvent que des épileptiques ayant les fibres et les muscles desséchés pesaient moins qu'un pareil volume d'eau, et surnageaient quand on les mettait dans le bain. On criait : Miracle ! on disait : C'est un possédé ou un sorcier ; on allait chercher de l'eau bénite ou un bourreau. C'était une preuve indubitable, ou que le démon s'était rendu maître du corps de la personne surnageante, ou qu'elle s'était donnée à lui. Dans le premier cas elle était exorcisée, dans le second elle était brûlée.

C'est ainsi que nous avons raisonné et agi pendant quinze ou seize cents ans ; et nous avons osé nous moquer des Cafres[1] ! c'est une exclamation qui peut souvent échapper[2].

En 1603, dans une petite ville de la Franche-Comté, une femme de qualité faisait lire les Vies des saints à sa belle-fille devant ses parents ; cette jeune personne, un peu trop instruite, mais ne sachant pas l'orthographe, substitua le mot d'*histoires* à celui de *vies*. Sa marâtre, qui la haïssait, lui dit aigrement : *Pourquoi ne lisez-vous pas comme il y a?* La petite fille rougit, trembla, n'osa répondre ; elle ne voulut pas déceler celle de ses compagnes qui lui avait appris le mot propre mal orthographié, qu'elle avait eu la pudeur de ne pas prononcer. Un moine, confesseur de la maison, prétendit que c'était le diable qui lui avait enseigné ce mot. La fille aima mieux se taire que se justifier : son silence fut regardé comme un aveu. L'Inquisition la convainquit d'avoir fait un pacte avec le diable. Elle fut condamnée à être brûlée, parce qu'elle avait beaucoup de bien de sa mère, et que la confiscation appartenait de droit aux inquisiteurs : elle fut la cent millième victime de la doctrine des démoniaques, des possédés, des exorcismes, et des véritables diables qui ont régné sur la terre.

---

1. Voyez à la fin de l'article Convulsions.
2. Fin de l'article en 1771 ; l'addition est de 1774.

DENIS (SAINT) L'ARÉOPAGITE,

ET LA FAMEUSE ÉCLIPSE [1].

L'auteur de l'article APOCRYPHE a négligé une centaine d'ouvrages reconnus pour tels, et qui, étant entièrement oubliés, semblaient ne pas mériter d'entrer dans sa liste. Nous avons cru devoir ne pas omettre saint Denis, surnommé l'*Aréopagite*, qu'on a prétendu longtemps avoir été disciple de saint Paul et d'un Hiérothée, compagnon de saint Paul, qu'on n'a jamais connu. Il fut, dit-on, sacré évêque d'Athènes par saint Paul lui-même. Il est dit dans sa Vie qu'il alla rendre une visite dans Jérusalem à la sainte Vierge, et qu'il la trouva si belle et si majestueuse qu'il fut tenté de l'adorer.

Après avoir longtemps gouverné l'Église d'Athènes, il alla conférer avec saint Jean l'Évangéliste à Éphèse, ensuite à Rome avec le pape Clément; de là il alla exercer son apostolat en France; « et sachant, dit l'histoire, que Paris était une ville riche, peuplée, abondante, et comme la capitale des autres, il vint y planter une citadelle pour battre l'enfer et l'infidélité en ruine ».

On le regarda très-longtemps comme le premier évêque de Paris. Harduinus, l'un de ses historiens, ajoute qu'à Paris on l'exposa aux bêtes; mais qu'ayant fait le signe de la croix sur elles, les bêtes se prosternèrent à ses pieds. Les païens parisiens le jetèrent alors dans un four chaud; il en sortit frais et en parfaite santé. On le crucifia; quand il fut crucifié, il se mit à prêcher du haut de la potence.

On le ramena en prison avec Rustique et Éleuthère, ses compagnons. Il y dit la messe; saint Rustique servit de diacre, et Éleuthère de sous-diacre. Enfin on les mena tous trois à Montmartre, et on leur trancha la tête, après quoi ils ne dirent plus de messe.

Mais, selon Harduinus, il arriva un bien plus grand miracle : le corps de saint Denis se leva debout, prit sa tête entre ses mains; les anges l'accompagnaient en chantant : *Gloria tibi, Domine, alleluia*. Il porta sa tête jusqu'à l'endroit où on lui bâtit une église, qui est la fameuse église de Saint-Denis.

Métaphraste, Harduinus, Hincmar, évêque de Reims, disent qu'il fut martyrisé à l'âge de quatre-vingt-onze ans ; mais le car-

---

1. *Questions sur l'Encyclopédie*, quatrième partie, 1771. (B.)

dinal Baronius prouve qu'il en avait cent dix[1], en quoi il est suivi par Ribadeneira, savant auteur de la *Fleur des saints*. C'est sur quoi nous ne prenons point de parti.

On lui attribue dix-sept ouvrages, dont malheureusement nous avons perdu six. Les onze qui nous restent ont été traduits du grec par Jean Scot, Hugues de Saint-Victor, Albert dit le Grand, et plusieurs autres savants illustres.

Il est vrai que depuis que la saine critique s'est introduite dans le monde, on est convenu que tous les livres qu'on attribue à Denis furent écrits par un imposteur l'an 362 de notre ère[2], et il ne reste plus sur cela de difficultés.

DE LA GRANDE ÉCLIPSE OBSERVÉE PAR DENIS.

Ce qui a surtout excité une grande querelle entre les savants, c'est ce que rapporte un des auteurs inconnus de la Vie de saint Denis. On a prétendu que ce premier évêque de Paris étant en Égypte dans la ville de Diospolis, ou No-Ammon, à l'âge de vingt-cinq ans, et n'étant pas encore chrétien, il y fut témoin, avec un de ses amis, de la fameuse éclipse du soleil arrivée dans la pleine lune à la mort de Jésus-Christ, et qu'il s'écria en grec : *Ou Dieu pâtit, ou il s'afflige avec le patient*.

Ces paroles ont été diversement rapportées par divers auteurs; mais dès le temps d'Eusèbe de Césarée, on prétendait que deux historiens, l'un nommé Phlégon et l'autre Thallus, avaient fait mention de cette éclipse miraculeuse. Eusèbe de Césarée cite Phlégon ; mais nous n'avons plus ses ouvrages. Il disait, à ce qu'on prétend, que cette éclipse arriva la quatrième année de la deux centième olympiade, qui serait la dix-huitième année de Tibère. Il y a sur cette anecdote plusieurs leçons, et on peut se défier de toutes, d'autant plus qu'il reste à savoir si on comptait encore par olympiades du temps de Phlégon : ce qui est fort douteux.

Ce calcul important intéressa tous les astronomes; Hodgson, Whiston, Gale Maurice[3], et le fameux Halley, ont démontré qu'il n'y avait point eu d'éclipse de soleil cette année; mais que dans la première année de la deux cent deuxième olympiade, le 24 no-

---

1. *Baronius*, tome II, page 37. (*Note de Voltaire.*)
2. Voyez Cave. (*Id.*) — C'est-à-dire son *Script. ecclesiast. hist. litt.*, à l'année 362.
3. C'est d'après l'édition en douze volumes in-8° qu'au lieu de *Gale, Maurice*, j'écris *Gale Maurice*, sans toutefois garantir l'orthographe du nom de ce personnage, qui fut, à ce qu'on croit, un des calculateurs employés par Halley. (B.)

vembre, il en arriva une qui obscurcit le soleil pendant deux minutes à une heure et un quart à Jérusalem.

On a encore été plus loin ; un jésuite nommé Greslon prétendit que les Chinois avaient conservé dans leurs annales la mémoire d'une éclipse arrivée à peu près dans ce temps-là, contre l'ordre de la nature. On pria les mathématiciens d'Europe d'en faire le calcul. Il était assez plaisant de prier des astronomes de calculer une éclipse qui n'était pas naturelle. Enfin il fut avéré que les annales de la Chine ne parlent en aucune manière de cette éclipse[1].

Il résulte de l'histoire de saint Denis l'Aréopagite, et du passage de Phlégon, et de la lettre du jésuite Greslon, que les hommes aiment fort à en imposer. Mais cette prodigieuse multitude de mensonges, loin de faire du tort à la religion chrétienne, ne sert au contraire qu'à en prouver la divinité, puisqu'elle s'est affermie de jour en jour malgré eux.

DÉNOMBREMENT[2].

SECTION PREMIÈRE.

Les plus anciens dénombrements que l'histoire nous ait laissés sont ceux des Israélites. Ceux-là sont indubitables, puisqu'ils sont tirés des livres juifs.

On ne croit pas qu'il faille compter pour un dénombrement la fuite des Israélites au nombre de six cent mille hommes de pied, parce que le texte ne les spécifie pas tribu par tribu[3] ; il ajoute qu'une troupe innombrable de gens ramassés se joignit à eux ; ce n'est qu'un récit.

Le premier dénombrement circonstancié est celui qu'on voit dans le livre du *Vaiedaber*, et que nous nommons les *Nombres*[4]. Par le recensement que Moïse et Aaron firent du peuple dans le désert, on trouva, en comptant toutes les tribus, excepté celle de Lévi, six cent trois mille cinq cent cinquante hommes en état de porter les armes ; et si vous y joignez la tribu de Lévi supposée égale en nombre aux autres tribus, le fort portant le faible, vous

---

1. Voyez l'article ÉCLIPSE.
2. Les deux sections qui forment cet article sont, sauf une phrase, dans les *Questions sur l'Encyclopédie*, quatrième partie, 1771. (B.)
3. *Exod.*, chapitre xii, v. 37 et 38. (*Note de Voltaire.*)
4. *Nomb.*, chapitre i. (*Id.*)

aurez six cent cinquante-trois mille neuf cent trente-cinq hommes, auxquels il faut ajouter un nombre égal de vieillards, de femmes et d'enfants, ce qui composera deux millions six cent quinze mille sept cent quarante-deux personnes parties de l'Égypte.

Lorsque David, à l'exemple de Moïse, ordonna le recensement de tout le peuple[1], il se trouva huit cent mille guerriers des tribus d'Israël, et cinq cent mille de celle de Juda, selon le livre des *Rois;* mais, selon les *Paralipomènes*[2], on compta onze cent mille guerriers dans Israël, et moins de cinq cent mille dans Juda.

Le livre des *Rois* exclut formellement Lévi et Benjamin; et les *Paralipomènes* ne les comptent pas. Si donc on joint ces deux tribus aux autres, proportion gardée, le total des guerriers sera de dix-neuf cent vingt mille. C'est beaucoup pour le petit pays de la Judée, dont la moitié est composée de rochers affreux et de cavernes. Mais c'était un miracle.

Ce n'est pas à nous d'entrer dans les raisons pour lesquelles le souverain arbitre des rois et des peuples punit David de cette opération qu'il avait commandée lui-même à Moïse. Il nous appartient encore moins de rechercher pourquoi, Dieu étant irrité contre David, c'est le peuple qui fut puni pour avoir été dénombré. Le prophète Gad ordonna au roi, de la part de Dieu, de choisir la guerre, la famine, ou la peste; David accepta la peste, et il en mourut soixante et dix mille Juifs en trois jours.

Saint Ambroise, dans son livre de la *Pénitence*, et saint Augustin, dans son livre contre Fauste, reconnaissent que l'orgueil et l'ambition avaient déterminé David à faire cette revue. Leur opinion est d'un grand poids, et nous ne pouvons que nous soumettre à leur décision, en éteignant toutes les lumières trompeuses de notre esprit.

L'Écriture rapporte un nouveau dénombrement du temps d'Esdras[3], lorsque la nation juive revint de la captivité. *Toute cette multitude*, disent également Esdras et Néhémie[4], « étant comme un seul homme, se montait à quarante-deux mille trois cent soixante personnes ». Ils les nomment toutes par familles, et ils comptent le nombre des Juifs de chaque famille et le nombre des prêtres. Mais non-seulement il y a dans ces deux auteurs des

---

1. Livre II des *Rois*, chapitre xxiv. (*Note de Voltaire.*)
2. Livre I des *Paralipomènes*, chapitre xxi, v. 5. (*Id.*)
3. Livre I d'*Esdras*, chapitre ii, v. 64. (*Id.*)
4. Livre II d'*Esdras*, qui est l'hist. de *Néhémie*, chapitre viii, v. 66. (*Id.*)

différences entre les nombres et les noms des familles, on voit encore une erreur de calcul dans l'un et dans l'autre. Par le calcul d'Esdras, au lieu de quarante-deux mille hommes, on n'en trouve, après avoir tout additionné, que vingt-neuf mille huit cent dix-huit, et par celui de Néhémie, on en trouve trente et un mille quatre-vingt-neuf.

Il faut, sur cette méprise apparente, consulter les commentateurs, et surtout dom Calmet, qui, ajoutant à un de ces deux comptes ce qui manque à l'autre, et ajoutant encore ce qui leur manque à tous deux, résout toute la difficulté. Il manque aux supputations d'Esdras et de Néhémie, rapprochées par Calmet, dix mille sept cent soixante et dix-sept personnes; mais on les retrouve dans les familles qui n'ont pu donner leur généalogie : d'ailleurs, s'il y avait quelque faute de copiste, elle ne pourrait nuire à la véracité du texte divinement inspiré.

Il est à croire que les grands rois voisins de la Palestine avaient fait les dénombrements de leurs peuples autant qu'il est possible. Hérodote nous donne le calcul de tous ceux qui suivirent Xerxès[1], sans y faire entrer son armée navale. Il compte dix-sept cent mille hommes, et il prétend que pour parvenir à cette supputation on les faisait passer en divisions de dix mille dans une enceinte qui ne pouvait tenir que ce nombre d'hommes très-pressés. Cette méthode est bien fautive, car en se pressant un peu moins il se pouvait aisément que chaque division de dix mille hommes ne fût en effet que de huit à neuf. De plus, cette méthode n'est nullement guerrière; et il eût été beaucoup plus aisé de voir le complet en faisant marcher les soldats par rangs et par files.

Il faut encore observer combien il était difficile de nourrir dix-sept cent mille hommes dans le pays de la Grèce qu'il allait conquérir. On pourrait bien douter, et de ce nombre, et de la manière de le compter, et du fouet donné à l'Hellespont, et du sacrifice de mille bœufs fait à Minerve par un roi persan, qui ne la connaissait pas et qui ne vénérait que le soleil comme l'unique symbole de la Divinité.

Le dénombrement des dix-sept cent mille hommes n'est pas d'ailleurs complet, de l'aveu même d'Hérodote, puisque Xerxès mena encore avec lui tous les peuples de la Thrace et de la Macédoine, qu'il força, dit-il, chemin faisant, de le suivre, apparemment pour affamer plus vite son armée. On doit donc faire ici ce

---

1. *Hérodote*, livre VII, ou *Polymnie*. (*Note de Voltaire.*)

que les hommes sages font à la lecture de toutes les histoires anciennes, et même modernes, suspendre son jugement, et douter beaucoup.

Le premier dénombrement que nous ayons d'une nation profane est celui que fit Servius Tullius, sixième roi de Rome. Il se trouva, dit Tive-Live, quatre-vingt mille combattants, tous citoyens romains. Cela suppose trois cent vingt mille citoyens au moins, tant vieillards que femmes et enfants : à quoi il faut ajouter au moins vingt mille domestiques, tant esclaves que libres.

Or on peut raisonnablement douter que le petit État romain contînt cette multitude. Romulus n'avait régné (supposé qu'on puisse l'appeler roi) que sur environ trois mille bandits rassemblés dans un petit bourg entre des montagnes. Ce bourg était le plus mauvais terrain de l'Italie. Tout son pays n'avait pas trois mille pas de circuit. Servius était le sixième chef ou roi de cette peuplade naissante. La règle de Newton, qui est indubitable pour les royaumes électifs, donne à chaque roi vingt et un ans de règne, et contredit par là tous les anciens historiens, qui n'ont jamais observé l'ordre des temps, et qui n'ont donné aucune date précise. Les cinq rois de Rome doivent avoir régné environ cent ans.

Il n'est certainement pas dans l'ordre de la nature qu'un terrain ingrat, qui n'avait pas cinq lieues en long et trois en large, et qui devait avoir perdu beaucoup d'habitants dans ses petites guerres presque continuelles, pût être peuplé de trois cent quarante mille âmes. Il n'y en a pas la moitié dans le même territoire où Rome aujourd'hui est la métropole du monde chrétien, où l'affluence des étrangers et des ambassadeurs de tant de nations doit servir à peupler la ville, où l'or coule de la Pologne, de la Hongrie, de la moitié de l'Allemagne, de l'Espagne, de la France, par mille canaux dans la bourse de la daterie, et doit faciliter encore la population, si d'autres causes l'interceptent.

L'histoire de Rome ne fut écrite que plus de cinq cents ans après sa fondation. Il ne serait point du tout surprenant que les historiens eussent donné libéralement quatre-vingt mille guerriers à Servius Tullius au lieu de huit mille, par un faux zèle pour la patrie. Le zèle eût été plus grand et plus vrai s'ils avaient avoué les faibles commencements de leur république. Il est plus beau de s'être élevé d'une si petite origine à tant de grandeur que d'avoir eu le double des soldats d'Alexandre pour conquérir environ quinze lieues de pays en quatre cents années.

DÉNOMBREMENT.

Le cens ne s'est jamais fait que des citoyens romains. On prétend que sous Auguste il était de quatre millions soixante-trois mille, l'an 29 avant notre ère vulgaire, selon Tillemont, qui est assez exact; mais il cite Dion Cassius, qui ne l'est guère.

Laurent Échard n'admet qu'un dénombrement de quatre millions cent trente-sept mille hommes, l'an 14 de notre ère. Le même Échard parle d'un dénombrement général de l'empire pour la première année de la même ère; mais il ne cite aucun auteur romain, et ne spécifie aucun calcul du nombre des citoyens. Tillemont ne parle en aucune manière de ce dénombrement.

On a cité Tacite et Suétone; mais c'est très-mal à propos. Le cens dont parle Suétone n'est point un dénombrement de citoyens; ce n'est qu'une liste de ceux auxquels le public fournissait du blé.

Tacite ne parle, au livre II, que d'un cens établi dans les seules Gaules pour y lever plus de tributs par tête. Jamais Auguste ne fit un dénombrement des autres sujets de son empire, parce que l'on ne payait point ailleurs la capitation qu'il voulut établir en Gaule.

Tacite dit[1] « qu'Auguste avait un mémoire écrit de sa main, qui contenait les revenus de l'empire, les flottes, les royaumes tributaires ». Il ne parle point d'un dénombrement.

Dion Cassius spécifie un cens[2], mais il n'articule aucun nombre.

Josèphe, dans ses *Antiquités*, dit[3] que l'an 759 de Rome (temps qui répond à l'onzième année de notre ère), Cyrénius, établi alors gouverneur de Syrie, se fit donner une liste de tous les biens des Juifs, ce qui causa une révolte. Cela n'a aucun rapport à un dénombrement général, et prouve seulement que ce Cyrénius ne fut gouverneur de la Judée (qui était alors une petite province de Syrie) que dix ans après la naissance de notre Sauveur, et non pas au temps de sa naissance.

Voilà, ce me semble, ce qu'on peut recueillir de principal dans les profanes touchant les dénombrements attribués à Auguste. Si nous nous en rapportions à eux, Jésus-Christ serait né sous le gouvernement de Varus, et non sous celui de Cyrénius; il n'y aurait point eu de dénombrement universel. Mais saint Luc, dont l'autorité doit prévaloir sur Josèphe, Suétone, Tacite, Dion Cassius, et tous les écrivains de Rome; saint Luc affirme positivement

---

1. *Annales*, livre I, chapitre II. (*Note de Voltaire.*)
2. Livre XLIII. (*Id.*)
3. Josèphe, livre XVIII, chapitre I. (*Id.*)

qu'il y eut un dénombrement universel de toute la terre, et que Cyrénius¹ était gouverneur de Judée. Il faut donc s'en rapporter uniquement à lui, sans même chercher à le concilier avec Flavius Josèphe, ni avec aucun autre historien.

Au reste, ni le Nouveau Testament ni l'Ancien ne nous ont été donnés pour éclaircir des points d'histoire, mais pour nous annoncer des vérités salutaires, devant lesquelles tous les événements et toutes les opinions devaient disparaître ². C'est toujours ce que nous répondons aux faux calculs, aux contradictions, aux absurdités, aux fautes énormes de géographie, de chronologie, de physique, et même de sens commun, dont les philosophes nous disent sans cesse que la sainte Écriture est remplie : nous ne cessons de leur dire qu'il n'est point ici question de raison, mais de foi et de piété.

SECTION II ³.

A l'égard du dénombrement des peuples modernes, les rois n'ont point à craindre aujourd'hui qu'un docteur Gad vienne leur proposer, de la part de Dieu, la famine, la guerre ou la peste, pour les punir d'avoir voulu savoir leur compte. Aucun d'eux ne le sait.

On conjecture, on devine, et toujours à quelques millions d'hommes près.

J'ai porté le nombre d'habitants qui composent l'empire de Russie à vingt-quatre millions⁴, sur les Mémoires qui m'ont été envoyés ; mais je n'ai point garanti cette évaluation, car je connais très-peu de choses que je voulusse garantir.

J'ai cru que l'Allemagne possède autant de monde en comptant les Hongrois. Si je me suis trompé d'un million ou deux, on sait que c'est une bagatelle en pareil cas.

Je demande pardon au roi d'Espagne si je ne lui accorde que sept millions de sujets dans notre continent. C'est bien peu de chose ; mais don Ustariz, employé dans le ministère, ne lui en donne pas davantage.

---

1. Saint Luc, II, 2, appelle *Cyrinus* le gouverneur de la Judée : Voltaire l'appelle *Cirinius* ou *Cirinus* dans l'article Noël du présent Dictionnaire ; mais il le nomme Cirénius dans l'article Dénombrement, et encore dans son opuscule *De la Paix perpétuelle* (voyez *Mélanges*, année 1769), et dans la dix-neuvième des *Questions, ou Lettres sur les miracles* (voyez *Mélanges*, année 1765).
2. La fin de cet alinéa n'est pas dans l'édition de 1771 ; elle fut ajoutée en 1774. (B.)
3. Voyez la note 2 de la page 340.
4. *Histoire de Russie*, partie Iʳᵉ, chapitre II (tome XVI).

On compte environ neuf à dix millions d'êtres libres dans les trois royaumes de la Grande-Bretagne.

On balance en France entre seize et vingt millions [1]. C'est une preuve que le docteur Gad n'a rien à reprocher au ministère de France. Quant aux villes capitales, les opinions sont encore partagées. Paris, selon quelques calculateurs, a sept cent mille habitants, et, selon d'autres, cinq cent. Il en est ainsi de Londres, de Constantinople, du Grand-Caire [2].

Pour les sujets du pape, ils feront la foule en paradis; mais la foule est médiocre sur la terre. Pourquoi cela? C'est qu'ils sont sujets du pape. Caton le Censeur aurait-il jamais cru que les Romains en viendraient là [3]?

DESTIN [4].

De tous les livres de l'Occident qui sont parvenus jusqu'à nous le plus ancien est Homère; c'est là qu'on trouve les mœurs de l'antiquité profane, des héros grossiers, des dieux grossiers faits à l'image de l'homme; mais c'est là que, parmi les rêveries et les inconséquences, on trouve aussi les semences de la philosophie, et surtout l'idée du destin qui est maître des dieux, comme les dieux sont les maîtres du monde.

[5] Quand le magnanime Hector veut absolument combattre le magnanime Achille, et que pour cet effet il se met à fuir de toutes ses forces, et fait trois fois le tour de la ville avant de combattre, afin d'avoir plus de vigueur; quand Homère compare Achille aux pieds légers qui le poursuit, à un homme qui dort; quand Mme Dacier s'extasie d'admiration sur l'art et le grand sens de ce passage, alors Jupiter veut sauver le grand Hector qui lui a fait tant de sacrifices, et il consulte les destinées; il pèse dans une balance

---

1. La population de la France s'élève aujourd'hui à trente-sept millions (1878).
2. Il n'est pas sans intérêt de comparer les chiffres indiqués par Voltaire avec ceux des plus récentes statistiques (1866), qui donnent pour la Russie européenne 60 millions; pour l'Allemagne, 50 millions; pour l'Espagne, 15 millions; pour l'Angleterre, 27 millions; pour la France, 36 millions; pour Paris, 1,825,274; pour Londres, d'après le *Kelly's post office Guide*, 2,800,000; pour Constantinople, 650,000; pour le Caire, 300,000 seulement. (E. B.)
3. Voyez l'article POPULATION. (*Note de Voltaire.*)
4. *Dictionnaire philosophique*, 1764; et *Questions sur l'Encyclopédie*, 1771. (B.)
5. Les premières lignes de cet alinéa n'existaient pas en 1764; on lisait alors : « Jupiter veut en vain sauver Hector; il consulte les destinées, etc. » La nouvelle version date des *Questions sur l'Encyclopédie*, quatrième partie, 1771. (B.)

les destins d'Hector et d'Achille[1] : il trouve que le Troyen doit absolument être tué par le Grec ; il ne peut s'y opposer ; et dès ce moment, Apollon, le génie gardien d'Hector, est obligé de l'abandonner. Ce n'est pas qu'Homère ne prodigue souvent, et surtout en ce même endroit, des idées toutes contraires, suivant le privilége de l'antiquité ; mais enfin il est le premier chez qui on trouve la notion du destin. Elle était donc très en vogue de son temps.

Les pharisiens, chez le petit peuple juif, n'adoptèrent le destin que plusieurs siècles après : car ces pharisiens eux-mêmes, qui furent les premiers lettrés d'entre les Juifs, étaient très-nouveaux. Ils mêlèrent dans Alexandrie une partie des dogmes des stoïciens aux anciennes idées juives. Saint Jérôme prétend même que leur secte n'est pas beaucoup antérieure à notre ère vulgaire.

Les philosophes n'eurent jamais besoin ni d'Homère ni des pharisiens pour se persuader que tout se fait par des lois immuables, que tout est arrangé, que tout est un effet nécessaire. Voici comme ils raisonnaient.

Ou le monde subsiste par sa propre nature, par ses lois physiques, ou un être suprême l'a formé selon ses lois suprêmes : dans l'un et l'autre cas, ces lois sont immuables ; dans l'un et l'autre cas, tout est nécessaire ; les corps graves tendent vers le centre de la terre, sans pouvoir tendre à se reposer en l'air. Les poiriers ne peuvent jamais porter d'ananas. L'instinct d'un épagneul ne peut être l'instinct d'une autruche ; tout est arrangé, engrené et limité.

L'homme ne peut avoir qu'un certain nombre de dents, de cheveux et d'idées ; il vient un temps où il perd nécessairement ses dents, ses cheveux et ses idées.

Il est contradictoire que ce qui fut hier n'ait pas été, que ce qui est aujourd'hui ne soit pas ; il est aussi contradictoire que ce qui doit être puisse ne pas devoir être.

Si tu pouvais déranger la destinée d'une mouche, il n'y aurait nulle raison qui pût t'empêcher de faire le destin de toutes les autres mouches, de tous les autres animaux, de tous les hommes, de toute la nature ; tu te trouverais au bout du compte plus puissant que Dieu.

Des imbéciles disent : Mon médecin a tiré ma tante d'une maladie mortelle ; il a fait vivre ma tante dix ans de plus qu'elle ne devait vivre. D'autres, qui font les capables, disent : L'homme prudent fait lui-même son destin.

---

1. *Iliade*, livre XXII. (*Note de Voltaire.*)

> Nullum numen abest, si sit prudentia, sed te
> Nos facimus, fortuna, deam, cœloque locamus.
>
> (JUVENAL, sat. x, v. 365.)

> La fortune n'est rien; c'est en vain qu'on l'adore.
> La prudence est le dieu qu'on doit seul implorer.

Mais souvent le prudent succombe sous sa destinée, loin de la faire : c'est le destin qui fait les prudents.

De profonds politiques assurent que si on avait assassiné Cromwell, Ludlow, Ireton, et une douzaine d'autres parlementaires, huit jours avant qu'on coupât la tête à Charles Ier, ce roi aurait pu vivre encore et mourir dans son lit : ils ont raison ; ils peuvent ajouter encore que si toute l'Angleterre avait été engloutie dans la mer, ce monarque n'aurait pas péri sur un échafaud auprès de Whitehall, ou salle blanche ; mais les choses étaient arrangées de façon que Charles devait avoir le cou coupé.

Le cardinal d'Ossat était sans doute plus prudent qu'un fou des petites-maisons ; mais n'est-il pas évident que les organes du sage d'Ossat étaient autrement faits que ceux de cet écervelé? de même que les organes d'un renard sont différents de ceux d'une grue et d'une alouette.

Ton médecin a sauvé ta tante ; mais certainement il n'a pas en cela contredit l'ordre de la nature : il l'a suivi. Il est clair que ta tante ne pouvait pas s'empêcher de naître dans une telle ville, qu'elle ne pouvait pas s'empêcher d'avoir dans un tel temps une certaine maladie, que le médecin ne pouvait pas être ailleurs que dans la ville où il était, que ta tante devait l'appeler, qu'il devait lui prescrire les drogues qui l'ont guérie, ou qu'on a cru l'avoir guérie, lorsque la nature était le seul médecin.

Un paysan croit qu'il a grêlé par hasard sur son champ ; mais le philosophe sait qu'il n'y a point de hasard, et qu'il était impossible, dans la constitution de ce monde, qu'il ne grêlât pas ce jour-là en cet endroit.

Il y a des gens qui, étant effrayés de cette vérité, en accordent la moitié, comme des débiteurs qui offrent moitié à leurs créanciers, et demandent répit pour le reste. Il y a, disent-ils, des événements nécessaires, et d'autres qui ne le sont pas. Il serait plaisant qu'une partie de ce monde fût arrangée, et que l'autre ne le fût point ; qu'une partie de ce qui arrive dût arriver, et qu'une autre partie de ce qui arrive ne dût pas arriver. Quand on y regarde de près, on voit que la doctrine contraire à celle du destin est absurde ; mais il y a beaucoup de gens destinés à raisonner mal ; d'autres, à ne point raisonner du tout; d'autres, à persécuter ceux qui raisonnent[1].

Quelques-uns vous disent : Ne croyez pas au fatalisme, car alors, tout vous paraissant inévitable, vous ne travaillerez à rien, vous croupirez dans l'indifférence, vous n'aimerez ni les richesses, ni les honneurs, ni les louanges ; vous ne voudrez rien acquérir, vous vous croirez sans mérite comme sans pouvoir ; aucun talent ne sera cultivé, tout périra par l'apathie.

Ne craignez rien, messieurs, nous aurons toujours des passions et des préjugés, puisque c'est notre destinée d'être soumis aux préjugés et aux passions ; nous saurons bien qu'il ne dépend pas plus de nous d'avoir beaucoup de mérite et de grands talents que d'avoir les cheveux bien plantés et la main belle ; nous serons convaincus qu'il ne faut tirer vanité de rien, et cependant nous aurons toujours de la vanité.

J'ai nécessairement la passion d'écrire ceci ; et toi, tu as la passion de me condamner : nous sommes tous deux également sots, également les jouets de la destinée. Ta nature est de faire du mal ; la mienne est d'aimer la vérité, et de la publier malgré toi.

Le hibou, qui se nourrit de souris dans sa masure, a dit au rossignol : Cesse de chanter sous tes beaux ombrages, viens dans mon trou, afin que je t'y dévore ; et le rossignol a répondu : Je suis né pour chanter ici, et pour me moquer de toi.

Vous me demandez ce que deviendra la liberté. Je ne vous entends pas. Je ne sais ce que c'est que cette liberté dont vous parlez ; il y a si longtemps que vous disputez sur sa nature qu'assurément vous ne la connaissez pas. Si vous voulez, ou plutôt, si vous pouvez examiner paisiblement avec moi ce que c'est, passez à la lettre L.

DÉVOT [2].

L'Évangile au chrétien ne dit en aucun lieu :
Sois dévot ; elle dit : Sois doux, simple, équitable ;
Car d'un dévot souvent au chrétien véritable
La distance est deux fois plus longue, à mon avis,
Que du pôle antarctique au détroit de Davis.

(BOILEAU, sat. XI, vers 112-116.)

---

1. Dans l'édition de 1764 du *Dictionnaire philosophique* venait ici le dernier alinéa (*vous me demandez*) qui terminait aussi l'article. L'addition est de 1771. (B.)
2. *Questions sur l'Encyclopédie*, neuvième partie, 1772. (B.)

Il est bon de remarquer, dans nos Questions [1], que Boileau est la seul poëte qui ait jamais fait *Évangile* féminin [2]. On ne dit point la sainte Évangile, mais le saint Évangile. Ces inadvertances échappent aux meilleurs écrivains ; il n'y a que des pédants qui en triomphent. Il est aisé de mettre à la place :

> L'Évangile au chrétien ne dit en aucun lieu :
> Sois dévot ; mais il dit : Sois doux, simple, équitable.

A l'égard de Davis, il n'y a point de détroit de Davis, mais un détroit de David [3]. Les Anglais mettent un *s* au génitif, et c'est la source de la méprise. Car, au temps de Boileau, personne en France n'apprenait l'anglais, qui est aujourd'hui l'objet de l'étude des gens de lettres. C'est un habitant du mont Krapac qui a inspiré aux Français le goût de cette langue, et qui, leur ayant fait connaître la philosophie et la poésie anglaises, a été pour cela persécuté par des Welches.

Venons à présent au mot *dévot ;* il signifie *dévoué ;* et dans le sens rigoureux du terme, cette qualification ne devrait appartenir qu'aux moines et aux religieuses qui font des vœux. Mais comme il n'est pas plus parlé de vœux que de dévots dans l'Évangile, ce titre ne doit en effet appartenir à personne. Tout le monde doit être également juste. Un homme qui se dit dévot ressemble à un roturier qui se dit marquis ; il s'arroge une qualité qu'il n'a pas. Il croit valoir mieux que son prochain. On pardonne cette sottise à des femmes ; leur faiblesse et leur frivolité les rendent excusables ; les pauvres créatures passent d'un amant à un directeur avec bonne foi ; mais on ne pardonne pas aux fripons qui les dirigent, qui abusent de leur ignorance, qui fondent le trône de leur orgueil sur la crédulité du sexe. Ils se forment un petit sérail mystique, composé de sept ou huit vieilles beautés subjuguées par le poids de leur désœuvrement, et presque toujours ces sujettes payent des tributs à leur nouveau maître. Point de jeune femme sans amant, point de vieille dévote sans un directeur. Oh ! que les Orientaux sont plus sensés que nous ! Jamais un bacha n'a

---

1. L'article Dévot faisait, comme on l'a vu, partie des *Questions sur l'Encyclopédie.* (B.)
2. Brossette, dans sa lettre du 10 août 1706, consulta Boileau lui-même au sujet de ce féminin. La réponse de Boileau n'existe pas. (B.)
3. Le grand détroit entre l'Amérique septentrionale et le Groenland est appelé détroit de Davis, du nom de Jean Davis, navigateur anglais, qui le découvrit en 1585. (B.)

dit : « Nous soupâmes hier avec l'aga des janissaires qui est l'amant de ma sœur, et le vicaire de la mosquée, qui est le directeur de ma femme. »

DICTIONNAIRE[1].

La méthode des dictionnaires, inconnue à l'antiquité, est d'une utilité qu'on ne peut contester ; et l'*Encyclopédie*, imaginée par MM. d'Alembert et Diderot, achevée par eux et par leurs associés avec tant de succès, malgré ses défauts, en est un assez bon témoignage. Ce qu'on y trouve à l'article DICTIONNAIRE doit suffire, il est fait de main de maître[2].

Je ne veux parler ici que d'une nouvelle espèce de dictionnaires historiques qui renferment des mensonges et des satires par ordre alphabétique : tel est le *Dictionnaire historique, littéraire et critique, contenant une idée abrégée de la vie des hommes illustres en tout genre* et imprimé en 1758, en six volumes in-8° sans nom d'auteur[3].

Les compilateurs de cet ouvrage commencent par déclarer qu'il a été entrepris « sur les avis de l'auteur de la *Gazette ecclésiastique*, écrivain redoutable, disent-ils, dont la flèche, déjà comparée à celle de Jonathas, n'est jamais retournée en arrière, et est toujours teinte du sang des morts, du carnage des plus vaillants : *A sanguine interfectorum, ab adipe fortium sagitta Jonathæ nunquam rediit retrorsum*[4] ».

On conviendra sans peine que Jonathas, fils de Saül, tué à la bataille de Gelboé, a un rapport immédiat avec un convulsionnaire de Paris qui barbouillait les Nouvelles ecclésiastiques dans un grenier, en 1758.

L'auteur de cette préface y parle du grand Colbert. On croit d'abord que c'est du ministre d'État qui a rendu de si grands services à la France ; point du tout, c'est d'un évêque de Montpellier. Il se plaint qu'un autre dictionnaire n'ait pas assez loué le célèbre abbé d'Asfeld, l'illustre Boursier, le fameux Gennes, l'immortel Laborde, et qu'on n'ait pas dit assez d'injures à l'archevêque de Sens Languet, et à un nommé Fillot, tous gens connus, à ce qu'il prétend, des colonnes d'Hercule à la mer Glaciale. Il promet qu'il

---

1. *Questions sur l'Encyclopédie*, quatrième partie. 1771. (B.)
2. L'article est de d'Alembert.
3. L'auteur est l'abbé de Barral, aidé du P. Guibaud, oratorien. On attribue généralement à ce dernier la majeure partie de l'ouvrage. (B.)
4. *Rois*, II, I, 22.

sera « vif, fort et piquant, par principe de religion ; qu'il rendra son visage plus ferme que le visage de ses ennemis, et son front plus dur que leur front, selon la parole d'Ézéchiel ».

Il déclare qu'il a mis à contribution tous les journaux et tous les ana, et il finit par espérer que le ciel répandra ses bénédictions sur son travail.

Dans ces espèces de dictionnaires, qui ne sont que des ouvrages de parti, on trouve rarement ce qu'on cherche, et souvent ce qu'on ne cherche pas. Au mot *Adonis*, par exemple, on apprend que Vénus fut amoureuse de lui ; mais pas un mot du culte d'Adonis, ou Adonaï chez les Phéniciens ; rien sur ces fêtes si antiques et si célèbres, sur les lamentations suivies de réjouissances qui étaient des allégories manifestes, ainsi que les fêtes de Cérès, celles d'Isis, et tous les mystères de l'antiquité. Mais en récompense on trouve la religieuse Adkichomia qui traduisit en vers les psaumes de David au XVIe siècle, et Adkichomius qui était apparemment son parent, et qui fit la *Vie de Jésus-Christ* en bas-allemand.

On peut bien penser que tous ceux de la faction dont était le rédacteur sont accablés de louanges, et les autres d'injures. L'auteur, ou la petite horde d'auteurs qui ont broché ce vocabulaire d'inepties, dit de Nicolas Boindin, procureur général des trésoriers de France, de l'Académie des belles-lettres, qu'il était poëte et athée.

Ce magistrat n'a pourtant jamais fait imprimer de vers, et n'a rien écrit sur la métaphysique ni sur la religion.

Il ajoute que Boindin sera mis par la postérité au rang des Vanini, des Spinosa et des Hobbes. Il ignore que Hobbes n'a jamais professé l'athéisme, qu'il a seulement soumis la religion à la puissance souveraine, qu'il appelle le *Léviathan*. Il ignore que Vanini ne fut point athée ; que le mot d'athée même ne se trouve pas dans l'arrêt qui le condamna ; qu'il fut accusé d'impiété pour s'être élevé fortement contre la philosophie d'Aristote, et pour avoir disputé aigrement et sans retenue contre un conseiller au parlement de Toulouse nommé Francon ou Franconi, qui eut le crédit de le faire brûler, parce qu'on fait brûler qui on veut : témoin la Pucelle d'Orléans, Michel Servet, le conseiller Dubourg, la maréchale d'Ancre, Urbain Grandier, Morin, et les livres des jansénistes. Voyez d'ailleurs l'apologie de Vanini par le savant La Croze, et l'article ATHÉISME [1].

---

[1]. Section III, et l'article CONTRADICTIONS, section Ire.

Le vocabuliste traite Boindin de scélérat; ses parents voulaient attaquer en justice et faire punir un auteur qui mérite si bien le nom qu'il ose donner à un magistrat, à un savant estimable; mais le calomniateur se cachait sous un nom supposé, comme la plupart des libellistes.

Immédiatement après avoir parlé si indignement d'un homme respectable pour lui, il le regarde comme un témoin irréfragable, parce que Boindin, dont la mauvaise humeur était connue, a laissé un mémoire très-mal fait et très-téméraire, dans lequel il accuse Lamotte, le plus honnête homme du monde, un géomètre, et un marchand quincaillier, d'avoir fait les vers infâmes qui firent condamner Jean-Baptiste Rousseau. Enfin, dans la liste des ouvrages de Boindin, il omet exprès ses excellentes dissertations imprimées dans le Recueil de l'Académie des belles-lettres, dont il était un membre très-distingué.

L'article *Fontenelle* n'est qu'une satire de cet ingénieux et savant académicien dont l'Europe littéraire estime la science et les talents. L'auteur a l'impudence de dire que « son Histoire des oracles ne fait pas honneur à sa religion ». Si Van Dale, auteur de l'*Histoire des oracles*[1], et son rédacteur Fontenelle, avaient vécu du temps des Grecs et de la république romaine, on pourrait dire avec raison qu'ils étaient plutôt de bons philosophes que de bons païens; mais, en bonne foi, quel tort font-ils à la religion chrétienne en faisant voir que les prêtres païens étaient des fripons? Ne voit-on pas que les auteurs de ce libelle, intitulé *Dictionnaire*, plaident leur propre cause? *Jam proximus ardet Ucalegon*[2]. Mais serait-ce insulter à la religion chrétienne que de prouver la friponnerie des convulsionnaires? Le gouvernement a fait plus, il les a punis, sans être accusé d'irréligion.

Le libelliste ajoute qu'il soupçonne Fontenelle de n'avoir rempli ses devoirs de chrétien que par mépris pour le christianisme même. C'est une étrange démence dans ces fanatiques de crier toujours qu'un philosophe ne peut être chrétien; il faudrait les excommunier et les punir pour cela seul : car c'est assurément vouloir détruire le christianisme que d'assurer qu'il est impossible de bien raisonner, et de croire une religion si raisonnable et si sainte.

---

1. L'*Histoire des Oracles* fut d'abord écrite en latin par un médecin de Harlem, Antoine Van Dale, et publiée à Amsterdam en 1683, sous ce titre : *De oraculis veterum ethnicorum Dissertationes duæ*. L'ouvrage de Fontenelle n'en est qu'une imitation. (E. B.)

2. Virgile, *Æn.*, II, 311-12.

Des Yvetaux, précepteur de Louis XIII, est accusé d'avoir vécu et d'être mort sans religion. Il semble que les compilateurs n'en aient aucune, ou du moins qu'en violant tous les préceptes de la véritable ils cherchent partout des complices.

Le galant homme auteur de ces articles se complaît à rapporter tous les mauvais vers contre l'Académie française, et des anecdotes aussi ridicules que fausses. C'est apparemment encore par zèle de religion.

Je ne dois pas perdre une occasion de réfuter le conte absurde qui a tant couru, et qu'il répète fort mal à propos à l'article de l'*Abbé Gédoyn*, sur lequel il se fait un plaisir de tomber, parce qu'il avait été jésuite dans sa jeunesse, faiblesse passagère dont je l'ai vu se repentir toute sa vie.

Le dévot et scandaleux rédacteur du Dictionnaire prétend que l'abbé Gédoyn coucha avec la célèbre Ninon Lenclos, le jour même qu'elle eut quatre-vingts ans accomplis[1]. Ce n'était pas assurément à un prêtre de conter cette aventure dans un prétendu *Dictionnaire des hommes illustres*. Une telle sottise n'est nullement vraisemblable, et je puis certifier que rien n'est plus faux. On mettait autrefois cette anecdote sur le compte de l'abbé de Châteauneuf, qui n'était pas difficile en amour, et qui, disait-on, avait eu les faveurs de Ninon âgée de soixante ans, ou plutôt lui avait donné les siennes. J'ai beaucoup vu dans mon enfance l'abbé Gédoyn, l'abbé de Châteauneuf, et Mlle Lenclos; je puis assurer qu'à l'âge de quatre-vingts ans son visage portait les marques les plus hideuses de la vieillesse; que son corps en avait toutes les infirmités, et qu'elle avait dans l'esprit les maximes d'un philosophe austère.

A l'article *Deshoulières*, le rédacteur prétend que c'est elle qui est désignée sous le nom de précieuse dans la satire de Boileau contre les femmes. Jamais personne n'eut moins ce défaut que Mme Deshoulières; elle passa toujours pour la femme du meilleur commerce; elle était très-simple et très-agréable dans la conversation.

L'article *Lamotte* est plein d'injures atroces contre cet académicien, homme très-aimable, poëte philosophe, qui a fait des ouvrages estimables dans tous les genres. Enfin l'auteur, pour

---

1. Sur Ninon de Lenclos, voyez, dans le tome V du *Théâtre*, la Comédie intitulée *le Dépositaire*; dans les *Mélanges*, année 1751, la lettre sur *Mademoiselle de Lenclos*; année 1767, le chapitre VIII de la *Défense de mon oncle*; et dans la *Correspondance*, le fragment de la lettre du 15 avril 1752.

vendre son livre en six volumes, en a fait un libelle diffamatoire.

Son héros est Carré de Montgeron, qui présenta au roi un recueil des miracles opérés par les convulsionnaires dans le cimetière de Saint-Médard ; et son héros était un sot qui est mort fou.

L'intérêt du public, de la littérature et de la raison, exigeait qu'on livrât à l'indignation publique ces libellistes à qui l'avidité d'un gain sordide pourrait susciter des imitateurs, d'autant plus que rien n'est si aisé que de copier des livres par ordre alphabétique, et d'y ajouter des platitudes, des calomnies et des injures.

EXTRAIT DES RÉFLEXIONS D'UN ACADÉMICIEN
SUR LE *DICTIONNAIRE DE L'ACADÉMIE*.

J'aurais voulu rapporter l'étymologie naturelle et incontestable de chaque mot, comparer l'emploi, les diverses significations, l'énergie de ce mot avec l'emploi, les acceptions diverses, la force ou la faiblesse du terme qui répond à ce mot dans les langues étrangères ; enfin citer les meilleurs auteurs qui ont fait usage de ce mot, faire voir le plus ou moins d'étendue qu'ils lui ont donné, remarquer s'il est plus propre à la poésie qu'à la prose.

Par exemple, j'observais que l'*inclémence* des airs est ridicule dans une histoire, parce que ce terme d'*inclémence* a son origine dans la colère du ciel, qu'on suppose manifestée par l'intempérie, les dérangements, les rigueurs des saisons, la violence du froid, la corruption de l'air, les tempêtes, les orages, les vapeurs pestilentielles, etc. Ainsi donc *inclémence*, étant une métaphore, est consacrée à la poésie.

Je donnais au mot *impuissance* toutes les acceptions qu'il reçoit. Je faisais voir dans quelle faute est tombé un historien qui parle de l'impuissance du roi Alphonse, en n'exprimant pas si c'était celle de résister à son frère, ou celle dont sa femme l'accusait.

Je tâchais de faire voir que les épithètes *irrésistible*, *incurable*, exigeaient un grand ménagement. Le premier qui a dit l'*impulsion irrésistible du génie* a très-bien rencontré, parce qu'en effet il s'agissait d'un grand génie qui s'était livré à son talent, malgré tous les obstacles. Les imitateurs qui ont employé cette expression pour des hommes médiocres sont des plagiaires qui ne savent pas placer ce qu'ils dérobent.

Le mot *incurable* n'a été encore enchâssé dans un vers que par l'industrieux Racine :

D'un incurable amour remèdes impuissants.
(*Phèdre*, acte I, scène III.)

Voilà ce que Boileau appelle *des mots trouvés*.

Dès qu'un homme de génie a fait un usage nouveau d'un terme de la langue, les copistes ne manquent pas d'employer cette même expression mal à propos en vingt endroits, et n'en font jamais honneur à l'inventeur.

Je ne crois pas qu'il y ait un seul de ces mots trouvés, une seule expression neuve de génie dans aucun auteur tragique depuis Racine, excepté ces années dernières. Ce sont pour l'ordinaire des termes lâches, oiseux, rebattus, si mal mis en place qu'il en résulte un style barbare; et, à la honte de la nation, ces ouvrages visigoths et vandales furent quelque temps prônés, célébrés, admirés dans les journaux, dans les mercures, surtout quand ils furent protégés par je ne sais quelle dame [1] qui ne s'y connaissait point du tout. On en est revenu aujourd'hui, et, à un ou deux près, ils sont pour jamais anéantis.

Je ne prétendais pas faire toutes ces réflexions, mais mettre le lecteur en état de les faire.

Je faisais voir à la lettre E que nos *e* muets, qui nous sont reprochés par un Italien, sont précisément ce qui forme la délicieuse harmonie de notre langue. « Empire, couronne, diadème, épouvantable, sensible; » cet *e* muet, qu'on fait sentir sans l'articuler, laisse dans l'oreille un son mélodieux, comme celui d'un timbre qui résonne encore quand il n'est plus frappé. C'est ce que nous avons déjà répondu à un Italien homme de lettres, qui était venu à Paris pour enseigner sa langue, et qui ne devait pas y décrier la nôtre [2].

Il ne sentait pas la beauté et la nécessité de nos rimes féminines; elles ne sont que des *e* muets. Cet entrelacement de rimes masculines et féminines fait le charme de nos vers.

De semblables observations sur l'alphabet et sur les mots auraient pu être de quelque utilité; mais l'ouvrage eût été trop long.

---

1. Cela paraît avoir rapport au *Catilina* de Crébillon, et à Mme de Pompadour, que les ennemis de Voltaire avaient excitée à favoriser le succès de cette mauvaise tragédie. (K.)

2. M. Deodati de Tovazzi, le même à qui sont adressées des stances (voyez tome VIII, page 531), et les lettres de la *Correspondance*, du 24 janvier 1761, et du septembre 1766.

DIEU[1], DIEUX.

SECTION PREMIÈRE.

On ne peut trop avertir que ce Dictionnaire[2] n'est point fait pour répéter ce que tant d'autres ont dit.

La connaissance d'un Dieu n'est point empreinte en nous par les mains de la nature, car tous les hommes auraient la même idée, et nulle idée ne naît avec nous[3]. Elle ne nous vient point comme la perception de la lumière, de la terre, etc., que nous recevons dès que nos yeux et notre entendement s'ouvrent. Est-ce une idée philosophique? non. Les hommes ont admis des dieux avant qu'il y eût des philosophes.

D'où est donc dérivée cette idée? du sentiment et de cette logique naturelle qui se développe avec l'âge dans les hommes les plus grossiers. On a vu des effets étonnants de la nature, des moissons et des stérilités, des jours sereins et des tempêtes, des bienfaits et des fléaux, et on a senti un maître. Il a fallu des chefs pour gouverner des sociétés, et on a eu besoin d'admettre des souverains de ces souverains nouveaux que la faiblesse humaine s'était donnés, des êtres dont le pouvoir suprême fît trembler des hommes qui pouvaient accabler leurs égaux. Les premiers souverains ont à leur tour employé ces notions pour cimenter leur puissance. Voilà les premiers pas, voilà pourquoi chaque petite société avait son dieu. Ces notions étaient grossières, parce que tout l'était. Il est très-naturel de raisonner par analogie. Une société sous un chef ne niait point que la peuplade voisine n'eût aussi son juge, son capitaine; par conséquent elle ne pouvait nier qu'elle n'eût aussi son dieu. Mais comme chaque peuplade avait intérêt que son capitaine fût le meilleur, elle avait intérêt aussi à croire, et par conséquent elle croyait que son dieu était le plus puissant. De là ces anciennes fables, si longtemps généralement répandues, que les dieux d'une nation combattaient contre les dieux d'une autre. De là tant de passages dans les livres hé-

---

1. Voyez aussi AMOUR DE DIEU, tome XVII, page 175.
2. Cette section n'existe dans aucune édition que je connaisse, soit du *Dictionnaire philosophique*, soit de la *Raison par alphabet*, soit des *Questions sur l'Encyclopédie*. Il est à croire que le *Dictionnaire* dont il s'agit dans cette phrase est l'*Opinion en alphabet*, dont Voltaire a laissé des articles en manuscrit. (B.) — Voyez, tome XVII, la note 5 de la page VIII.
3. Voyez l'article IDÉE.

breux qui décèlent à tout moment l'opinion où étaient les Juifs, que les dieux de leurs ennemis existaient, mais que le dieu des Juifs leur était supérieur.

Cependant il y eut des prêtres, des mages, des philosophes, dans les grands États où la société perfectionnée pouvait comporter des hommes oisifs, occupés de spéculations.

Quelques-uns d'entre eux perfectionnèrent leur raison jusqu'à reconnaître en secret un Dieu unique et universel. Ainsi, quoique chez les anciens Égyptiens on adorât Osiri, Osiris, ou plutôt Osireth (qui signifie *cette terre est à moi*) ; quoiqu'ils adorassent encore d'autres êtres supérieurs, cependant ils admettaient un dieu suprême, un principe unique, qu'ils appelaient *Knef* et dont le symbole était une sphère posée sur le frontispice du temple.

Sur ce modèle les Grecs eurent leur *Zeus*, leur Jupiter, maître des autres dieux, qui n'étaient que ce que sont les anges chez les Babyloniens et chez les Hébreux, et les saints chez les chrétiens de la communion romaine.

C'est une question plus épineuse qu'on ne pense, et très-peu approfondie, si plusieurs dieux égaux en puissance pourraient subsister à la fois.

Nous n'avons aucune notion adéquate de la Divinité, nous nous traînons seulement de soupçons en soupçons, de vraisemblances en probabilités. Nous arrivons à un très-petit nombre de certitudes. Il y a quelque chose, donc il y a quelque chose d'éternel, car rien n'est produit de rien. Voilà une vérité certaine sur laquelle votre esprit se repose. Tout ouvrage qui nous montre des moyens et une fin annonce un ouvrier ; donc cet univers, composé de ressorts, de moyens dont chacun a sa fin, découvre un ouvrier très-puissant, très-intelligent. Voilà une probabilité qui approche de la plus grande certitude ; mais cet artisan suprême est-il infini ? est-il partout ? est-il en un lieu ? comment répondre à cette question avec notre intelligence bornée et nos faibles connaissances ?

Ma seule raison me prouve un être qui a arrangé la matière de ce monde ; mais ma raison est impuissante à me prouver qu'il ait fait cette matière, qu'il l'ait tirée du néant. Tous les sages de l'antiquité, sans aucune exception, ont cru la matière éternelle et subsistante par elle-même. Tout ce que je puis faire sans le secours d'une lumière supérieure, c'est donc de croire que le Dieu de ce monde est aussi éternel et existant par lui-même. Dieu et la matière existent par la nature des choses. D'autres dieux ainsi que d'autres mondes ne subsisteraient-ils pas ? Des nations entières, des écoles très-éclairées ont bien admis deux dieux dans ce monde-ci : l'un la source du bien, l'autre la source du mal. Ils ont admis une guerre interminable entre deux puissances égales. Certes la nature peut plus aisément souffrir dans l'immensité de l'espace plusieurs êtres indépendants, maîtres absolus chacun dans leur étendue, que deux dieux bornés et impuissants dans ce monde, dont l'un ne peut faire le bien, et l'autre ne peut faire le mal.

Si Dieu et la matière existent de toute éternité, comme l'antiquité l'a cru, voilà deux êtres nécessaires ; or, s'il y a deux êtres nécessaires, il peut y en avoir trente. Ces seuls doutes, qui sont le germe d'une infinité de réflexions, servent au moins à nous convaincre de la faiblesse de notre entendement. Il faut que nous confessions notre ignorance sur la nature de la Divinité avec Cicéron. Nous n'en saurons jamais plus que lui.

Les écoles ont beau nous dire que Dieu est infini négativement et non privativement, *formaliter et non materialiter;* qu'il est le premier, le moyen et le dernier acte ; qu'il est partout sans être dans aucun lieu ; cent pages de commentaires sur de pareilles définitions ne peuvent nous donner la moindre lumière. Nous n'avons ni degré, ni *point d'appui* pour monter à de telles connaissances. Nous sentons que nous sommes sous la main d'un être invisible : c'est tout, et nous ne pouvons faire un pas au delà. Il y a une témérité insensée à vouloir deviner ce que c'est que cet être, s'il est étendu ou non, s'il existe dans un lieu ou non, comment il existe, comment il opère[1].

SECTION II[2].

Je crains toujours de me tromper ; mais tous les monuments me font voir avec évidence que les anciens peuples policés reconnaissaient un Dieu suprême. Il n'y a pas un seul livre, une médaille, un bas-relief, une inscription, où il soit parlé de Junon, de Minerve, de Neptune, de Mars, et des autres dieux, comme d'un être formateur, souverain de toute la nature. Au contraire, les plus anciens livres profanes que nous ayons, Hésiode et Homère, représentent leur *Zeus* comme seul lançant la foudre, comme seul maître des dieux et des hommes ; il punit même les

---

1. Voyez l'article INFINI. (*Note de Voltaire.*)
2. Première section dans les *Questions sur l'Encyclopédie,* quatrième partie, 1771. (B.)

autres dieux; il attache Junon à une chaîne; il chasse Apollon du ciel.

L'ancienne religion des brachmanes, la première qui admit des créatures célestes, la première qui parla de leur rébellion, s'explique d'une manière sublime sur l'unité et la puissance de Dieu, comme nous l'avons vu à l'article Ange.

Les Chinois, tout anciens qu'ils sont, ne viennent qu'après les Indiens! ils ont reconnu un seul Dieu de temps immémorial; point de dieux subalternes, point de génies ou démons médiateurs entre Dieu et les hommes, point d'oracles, point de dogmes abstraits, point de disputes théologiques chez les lettrés; l'empereur fut toujours le premier pontife, la religion fut toujours auguste et simple : c'est ainsi que ce vaste empire, quoique subjugué deux fois, s'est toujours conservé dans son intégrité, qu'il a soumis ses vainqueurs à ses lois, et que, malgré les crimes et les malheurs attachés à la race humaine, il est encore l'État le plus florissant de la terre.

Les mages de Chaldée, les Sabéens, ne reconnaissaient qu'un seul Dieu suprême, et l'adoraient dans les étoiles qui sont son ouvrage.

Les Persans l'adoraient dans le soleil. La sphère posée sur le frontispice du temple de Memphis était l'emblème d'un Dieu unique et parfait, nommé *Knef* par les Égyptiens.

Le titre de *Deus optimus maximus* n'a jamais été donné par les Romains qu'au seul Jupiter.

Hominum sator atque deorum [1].

On ne peut trop répéter [2] cette grande vérité que nous indiquons ailleurs [3].

Cette adoration d'un Dieu suprême est confirmée depuis Romulus jusqu'à la destruction entière de l'empire, et à celle de sa religion. Malgré toutes les folies du peuple qui vénérait des dieux secondaires et ridicules, et malgré les épicuriens qui au fond n'en reconnaissaient aucun, il est avéré que les magistrats et les sages adorèrent dans tous les temps un Dieu souverain.

---

1. Virg., *Æneid.*, I, 258; et XI, 725.
2. Voyez tome XI, page 147; et dans les *Mélanges*, année 1769, la *Canonisation de saint Cucufin*, et chapitre xiii de *Dieu et les Hommes*.
3. Le prétendu Jupiter, né en Crète, n'était qu'une fable historique, ou poétique, comme celle des autres dieux. Jovis, depuis Jupiter, était la traduction du mot grec *Zeus*; et *Zeus* était la traduction du mot phénicien *Jehova*. (*Note de Voltaire.*)

Dans le grand nombre de témoignages qui nous restent de cette vérité, je choisirai d'abord celui de Maxime de Tyr, qui florissait sous les Antonins, ces modèles de la vraie piété puisqu'ils l'étaient de l'humanité. Voici ses paroles, dans son discours intitulé *De Dieu selon Platon*. Le lecteur qui veut s'instruire est prié de les bien peser.

« Les hommes ont eu la faiblesse de donner à Dieu une figure humaine, parce qu'ils n'avaient rien vu au-dessus de l'homme; mais il est ridicule de s'imaginer, avec Homère, que Jupiter ou la suprême divinité a les sourcils noirs et les cheveux d'or, et qu'il ne peut les secouer sans ébranler le ciel.

« Quand on interroge les hommes sur la nature de la Divinité, toutes leurs réponses sont différentes. Cependant, au milieu de cette prodigieuse variété d'opinions, vous trouverez un même sentiment par toute la terre, c'est qu'il n'y a qu'un seul Dieu, qui est le père de tous, etc. »

Que deviendront, après cet aveu formel et après les discours immortels des Cicéron, des Antonins, des Épictète; que deviendront, dis-je, les déclamations que tant de pédants ignorants répètent encore aujourd'hui? A quoi serviront ces éternels reproches d'un polythéisme grossier et d'une idolâtrie puérile, qu'à nous convaincre que ceux qui les font n'ont pas la plus légère connaissance de la saine antiquité? Ils ont pris les rêveries d'Homère pour la doctrine des sages.

Faut-il un témoignage encore plus fort et plus expressif? vous le trouverez dans la lettre de Maxime de Madaure à saint Augustin; tous deux étaient philosophes et orateurs, du moins ils s'en piquaient: ils s'écrivaient librement; ils étaient amis autant que peuvent l'être un homme de l'ancienne religion et un de la nouvelle.

Lisez la lettre de Maxime de Madaure, et la réponse de l'évêque d'Hippone.

LETTRE DE MAXIME DE MADAURE [1].

« Or, qu'il y ait un Dieu souverain qui soit sans commencement, et qui, sans avoir rien engendré de semblable à lui, soit néanmoins le père commun de toutes choses, qui est-ce qui est assez stupide et assez grossier pour en douter?

---

1. Voltaire a déjà cité cette lettre dans sa *Notice sur Maxime de Madaure*, en tête de *Sophronime et Adelos* (voyez les *Mélanges*, année 1766).

« C'est celui dont nous adorons sous divers noms la puissance répandue dans toutes les parties du monde. Ainsi, en honorant séparément, par diverses sortes de culte, ce qui est comme ses divers membres, nous l'adorons tout entier... Qu'ils vous conservent ces dieux *subalternes*, sous le nom desquels et par lesquels, tous tant que nous sommes de mortels sur la terre, nous adorons le *père commun des dieux et des hommes*, par différentes sortes de culte à la vérité, mais qui, dans leur variété, s'accordent et ne tendent qu'à la même fin ! »

Qui écrivait cette lettre ? un Numide, un homme du pays d'Alger.

RÉPONSE D'AUGUSTIN.

« Il y a dans votre place publique deux statues de Mars, nu dans l'une, et armé dans l'autre, et tout auprès, une figure d'un homme, qui, avec trois doigts qu'il avance vers celle de Mars, tient en bride cette divinité malencontreuse à toute la ville... Sur ce que vous me dites que de pareils dieux sont comme les membres du seul véritable Dieu, je vous avertis avec toute la liberté que vous me donnez de prendre bien garde à ne pas tomber dans ces railleries sacriléges : car ce seul Dieu dont vous parlez est, sans doute, celui qui est reconnu de tout le monde, et sur lequel les ignorants conviennent avec les savants, comme quelques anciens ont dit. Or direz-vous que celui dont la force, pour ne pas dire la cruauté, est réprimée par la figure d'un homme mort, soit un membre de celui-là ? Il me serait aisé de vous pousser sur ce sujet, car vous voyez bien ce qu'on pourrait dire contre cela ; mais je me retiens, de peur que vous ne disiez que ce sont les armes de la rhétorique que j'emploie contre vous plutôt que celles de la vérité [1]. »

Nous ne savons pas ce que signifiaient ces deux statues dont il ne reste aucun vestige ; mais toutes les statues dont Rome était remplie, le Panthéon et tous les temples consacrés à tous les dieux subalternes, et même aux douze grands dieux, n'empêchèrent jamais que *Deus optimus maximus, Dieu très-bon et très-grand,* ne fût reconnu dans tout l'empire.

Le malheur des Romains était donc d'avoir ignoré la loi mosaïque, et ensuite d'ignorer la loi des disciples de notre Sauveur Jésus-Christ, de n'avoir pas eu la foi, d'avoir mêlé au culte d'un

---

1. Traduction de Dubois, précepteur du dernier duc de Guise. (*Note de Voltaire.*)

Dieu suprême le culte de Mars, de Vénus, de Minerve, d'Apollon, qui n'existaient pas, et d'avoir conservé cette religion jusqu'au temps des Théodose. Heureusement les Goths, les Huns, les Vandales, les Hérules, les Lombards, les Francs, qui détruisirent cet empire, se soumirent à la vérité, et jouirent d'un bonheur qui fut refusé aux Scipion, aux Caton, aux Métellus, aux Émile, aux Cicéron, aux Varron, aux Virgile, et aux Horace[1].

Tous ces grands hommes ont ignoré Jésus-Christ, qu'ils ne pouvaient connaître; mais ils n'ont point adoré le diable, comme le répètent tous les jours tant de pédants. Comment auraient-ils adoré le diable, puisqu'ils n'en avaient jamais entendu parler?

D'UNE CALOMNIE DE WARBURTON CONTRE CICÉRON, AU SUJET D'UN DIEU SUPRÊME.

Warburton a calomnié Cicéron et l'ancienne Rome[2], ainsi que ses contemporains. Il suppose hardiment que Cicéron a prononcé ces paroles dans son Oraison pour Flaccus: « Il est indigne de la majesté de l'empire d'adorer un seul Dieu. — *Majestatem imperii non decuit ut unus tantum Deus colatur.* »

Qui le croirait? il n'y a pas un mot de cela dans l'Oraison pour Flaccus, ni dans aucun ouvrage de Cicéron. Il s'agit de quelques vexations dont on accusait Flaccus, qui avait exercé la préture dans l'Asie Mineure. Il était secrètement poursuivi par les Juifs, dont Rome était alors inondée: car ils avaient obtenu à force d'argent des priviléges à Rome, dans le temps même que Pompée, après Crassus, ayant pris Jérusalem, avait fait pendre leur roitelet Alexandre, fils d'Aristobule. Flaccus avait défendu qu'on fît passer des espèces d'or et d'argent à Jérusalem, parce que ces monnaies en revenaient altérées, et que le commerce en souffrait; il avait fait saisir l'or qu'on y portait en fraude. Cet or, dit Cicéron, est encore dans le trésor; Flaccus s'est conduit avec autant de désintéressement que Pompée.

Ensuite Cicéron, avec son ironie ordinaire, prononce ces paroles: « Chaque pays a sa religion; nous avons la nôtre. Lorsque Jérusalem était encore libre, et que les Juifs étaient en paix, ces Juifs n'avaient pas moins en horreur la splendeur de cet empire, la dignité du nom romain, les institutions de nos ancêtres. Aujourd'hui cette nation a fait voir plus que jamais, par la force de ses

---

1. Voyez les articles IDOLE, IDOLATRE, IDOLATRIE. (*Note de Voltaire.*)
2. Préface de la IIᵉ partie du tome II de la *Légation de Moïse*, page 91. (*Id.*)

armes, ce qu'elle doit penser de l'empire romain. Elle nous a montré par sa valeur combien elle est chère aux dieux immortels : elle nous l'a prouvé, en étant vaincue, dispersée, tributaire. — Sua cuique civitati religio est; nostra nobis. Stantibus Hierosolymis, pacatisque Judæis, tamen istorum religio sacrorum, a splendore hujus imperii, gravitate nominis nostri, majorum institutis, abhorrebat : nunc vero, hoc magis, quod illa gens quid de imperio nostro sentiret, ostendit armis : quam cara diis immortalibus esset, docuit, quod est victa, quod elocata, quod servata. » (Cic., *Oratio pro Flacco*, cap. XXVIII.)

Il est donc très-faux que jamais ni Cicéron ni aucun Romain ait dit qu'il ne convenait pas à la majesté de l'empire de reconnaître un Dieu suprême. Leur Jupiter, ce Zeus des Grecs, ce Jehova des Phéniciens, fut toujours regardé comme le maître des dieux secondaires : on ne peut trop inculquer cette grande vérité.

LES ROMAINS ONT-ILS PRIS TOUS LEURS DIEUX DES GRECS?

Les Romains n'auraient-ils pas eu plusieurs dieux qu'ils ne tenaient pas des Grecs?

Par exemple, ils ne pouvaient avoir été plagiaires en adorant Cœlum, quand les Grecs adoraient Ouranon ; en s'adressant à Saturnus et à Tellus, quand les Grecs s'adressaient à Gé et à Chronos.

Ils appelaient Cérès celle que les Grecs nommaient Deo et Demiter.

Leur Neptune était Poseidon ; leur Vénus était Aphrodite ; leur Junon s'appelait en grec Éra ; leur Proserpine, Coré ; enfin leur favori Mars, Arès ; et leur favorite Bellone, Énio. Il n'y a pas là un nom qui se ressemble.

Les beaux esprits grecs et romains s'étaient-ils rencontrés, ou les uns avaient-ils pris des autres la chose dont ils déguisaient le nom?

Il est assez naturel que les Romains, sans consulter les Grecs, se soient fait des dieux du ciel, du temps, d'un être qui préside à la guerre, à la génération, aux moissons, sans aller demander des dieux en Grèce, comme ensuite ils allèrent leur demander des lois. Quand vous trouvez un nom qui ne ressemble à rien, il paraît juste de le croire originaire du pays.

Mais Jupiter, le maître de tous les dieux, n'est-il pas un mot appartenant à toutes les nations, depuis l'Euphrate jusqu'au Tibre?

C'était Jow, Jovis, chez les premiers Romains; Zeus, chez les Grecs; Jehova, chez les Phéniciens, les Syriens, les Égyptiens.

Cette ressemblance ne paraît-elle pas servir à confirmer que tous ces peuples avaient la connaissance de l'Être suprême? connaissance confuse, à la vérité; mais quel homme peut l'avoir distincte?

SECTION III [1].

EXAMEN DE SPINOSA [2].

Spinosa ne peut s'empêcher d'admettre une intelligence agissante dans la matière, et faisant un tout avec elle.

« Je dois conclure, *dit-il*[3], que l'Être absolu n'est ni pensée ni étendue, exclusivement l'un de l'autre, mais que l'étendue et la pensée sont les attributs nécessaires de l'Être absolu. »

C'est en quoi il paraît différer de tous les athées de l'antiquité, Ocellus Lucanus, Héraclite, Démocrite, Leucippe, Straton, Épicure, Pythagore, Diagore, Zénon d'Élée, Anaximandre, et tant d'autres. Il en diffère surtout par sa méthode, qu'il avait entièrement puisée dans la lecture de Descartes, dont il a imité jusqu'au style.

Ce qui étonnera surtout la foule de ceux qui crient : Spinosa! Spinosa! et qui ne l'ont jamais lu, c'est sa déclaration suivante. Il ne la fait pas pour éblouir les hommes, pour apaiser des théo-

---

1. Seconde section de l'article dans les *Questions sur l'Encyclopédie,* quatrième partie, 1771. (B.)

2. Baruch Spinosa était né à Amsterdam, en 1632, d'une famille juive originaire de Portugal. La nouveauté de ses idées religieuses lui attira des persécutions, tant de la part des chrétiens que de celle des israélites. Tous ses biographes, même Bayle, qui le réfute, s'accordent à louer ses lumières, ses connaissances, sa probité et son désintéressement. Il mourut d'une maladie de poitrine, à l'âge de quarante-cinq ans. Deux de ses ouvrages seulement parurent de son vivant, un *Examen de la philosophie de Descartes* (1663, in-4°), et un *Traité théologico-politique* (1670, in-4°). La meilleure édition de ses œuvres est celle qu'a donnée le docteur Paulus, en deux volumes in-8° (Iena, 1803). (E. B.)

— Voltaire avait déjà parlé de Spinosa dans la dixième de ses *Lettres à Son Altesse le prince de* *** (voyez les *Mélanges,* année 1767). Il en parle encore dans une note des *Systèmes,* et dans une des *Cabales* (voyez ces pièces, tome X), et dans une note de la page 98 du présent volume.

3. Page 13, édition de Poppens. (*Note de Voltaire.*) — Le texte que cite Voltaire n'est point de Spinosa, mais de Boulainvilliers, qui, en attendant une réfutation de cet auteur, avait fait l'exposé de sa doctrine, qu'il met toutefois dans la bouche de Spinosa, ce qui a pu induire Voltaire en erreur. Le volume qui contient les passages cités par Voltaire porte l'adresse de *Bruxelles, chez Fr. Foppens,* et est intitulé *Réfutation des erreurs de Spinosa,* par M. de Fénelon, par le P. Lamy, et par M. le comte de Boulainvilliers, 1731, petit in-12. (B.)

logiens, pour se donner des protecteurs, pour désarmer un parti ; il parle en philosophe sans se nommer, sans s'afficher ; il s'exprime en latin pour être entendu d'un très-petit nombre. Voici sa profession de foi.

PROFESSION DE FOI DE SPINOSA.

« Si je concluais aussi que l'idée de Dieu, comprise sous celle de l'infinité de l'univers[1], me dispense de l'obéissance, de l'amour et du culte, je ferais encore un plus pernicieux usage de ma raison : car il m'est évident que les lois que j'ai reçues, non par le rapport ou l'entremise des autres hommes, mais immédiatement de lui, sont celles que la lumière naturelle me fait connaître pour véritables guides d'une conduite raisonnable. Si je manquais d'obéissance à cet égard, je pècherais non-seulement contre le principe de mon être et contre la société de mes pareils, mais contre moi-même, en me privant du plus solide avantage de mon existence. Il est vrai que cette obéissance ne m'engage qu'aux devoirs de mon état, et qu'elle me fait envisager tout le reste comme des pratiques frivoles, inventées superstitieusement, ou pour l'utilité de ceux qui les ont instituées.

« A l'égard de l'amour de Dieu, loin que cette idée le puisse affaiblir, j'estime qu'aucune autre n'est plus propre à l'augmenter, puisqu'elle me fait connaître que Dieu est intime à mon être ; qu'il me donne l'existence et toutes mes propriétés ; mais qu'il me les donne libéralement, sans reproche, sans intérêt, sans m'assujettir à autre chose qu'à ma propre nature. Elle bannit la crainte, l'inquiétude, la défiance, et tous les défauts d'un amour vulgaire ou intéressé. Elle me fait sentir que c'est un bien que je ne puis perdre, et que je possède d'autant mieux que je le connais et que je l'aime. »

Est-ce le vertueux et tendre Fénelon, est-ce Spinosa qui a écrit ces pensées ? Comment deux hommes si opposés l'un à l'autre ont-ils pu se rencontrer dans l'idée d'aimer Dieu pour lui-même, avec des notions de Dieu si différentes ? (*Voyez* Amour de Dieu.)

Il le faut avouer ; ils allaient tous deux au même but, l'un en chrétien, l'autre en homme qui avait le malheur de ne le pas être : le saint archevêque, en philosophe persuadé que Dieu est distingué de la nature ; l'autre, en disciple très-égaré de Descartes, qui s'imaginait que Dieu est la nature entière.

---

1. Page 44. (*Note de Voltaire.*)

Le premier était orthodoxe, le second se trompait, j'en dois convenir ; mais tous deux étaient dans la bonne foi, tous deux estimables dans leur sincérité comme dans leurs mœurs douces et simples, quoiqu'il n'y ait eu d'ailleurs nul rapport entre l'imitateur de *l'Odyssée* et un cartésien sec, hérissé d'arguments ; entre un très-bel esprit de la cour de Louis XIV, revêtu de ce qu'on nomme une *grande dignité*, et un pauvre Juif déjudaïsé, vivant avec trois cents florins de rente[1] dans l'obscurité la plus profonde.

S'il est entre eux quelque ressemblance, c'est que Fénelon fut accusé devant le sanhédrin de la nouvelle loi, et l'autre devant une synagogue sans pouvoir comme sans raison ; mais l'un se soumit, et l'autre se révolta.

DU FONDEMENT DE LA PHILOSOPHIE DE SPINOSA.

Le grand dialecticien Bayle a réfuté Spinosa[2]. Ce système n'est donc pas démontré comme une proposition d'Euclide. S'il l'était, on ne saurait le combattre. Il est donc au moins obscur.

J'ai toujours eu quelque soupçon que Spinosa, avec sa substance universelle, ses modes et ses accidents, avait entendu autre chose que ce que Bayle entend, et que par conséquent Bayle peut avoir eu raison sans avoir confondu Spinosa. J'ai toujours cru surtout que Spinosa ne s'entendait pas souvent lui-même, et que c'est la principale raison pour laquelle on ne l'a pas entendu.

Il me semble qu'on pourrait battre les remparts du spinosisme par un côté que Bayle a négligé. Spinosa pense qu'il ne peut exister qu'une seule substance ; et il paraît par tout son livre qu'il se fonde sur la méprise de Descartes, *que tout est plein*. Or il est aussi faux que tout soit plein qu'il est faux que tout soit vide. Il est démontré aujourd'hui que le mouvement est aussi impossible dans le plein absolu qu'il est impossible que, dans une balance égale, un poids de deux livres élève un poids de quatre.

Or si tous les mouvements exigent absolument des espaces vides, que deviendra la substance unique de Spinosa ? comment

---

1. On vit après sa mort, par ses comptes, qu'il n'avait quelquefois dépensé que quatre sous et demi en un jour pour sa nourriture. Ce n'est pas là un repas de moines assemblés en chapitre. (*Note de Voltaire.*)
2. Voyez l'article Spinosa, *Dictionnaire de Bayle.* (*Id.*)

la substance d'une étoile, entre laquelle et nous est un espace vide si immense, sera-t-elle précisément la substance de notre terre, la substance de moi-même[1], la substance d'une mouche mangée par une araignée?

Je me trompe peut-être ; mais je n'ai jamais conçu comment Spinosa, admettant une substance infinie dont la pensée et la matière sont les deux modalités, admettant la substance, qu'il appelle Dieu, et dont tout ce que nous voyons est mode ou accident, a pu cependant rejeter les causes finales. Si cet être infini, universel, pense, comment n'aurait-il pas des desseins? s'il a des desseins, comment n'aurait-il pas une volonté ? Nous sommes, dit Spinosa, des modes de cet être absolu, nécessaire, infini. Je dis à Spinosa : Nous voulons, nous avons des desseins, nous qui ne sommes que des modes : donc cet être infini, nécessaire, absolu, ne peut en être privé; donc il a volonté, desseins, puissance.

Je sais bien que plusieurs philosophes, et surtout Lucrèce, ont nié les causes finales ; et je sais que Lucrèce, quoique peu châtié, est un très-grand poëte dans ses descriptions et dans sa morale; mais en philosophie, il me paraît, je l'avoue, fort au-dessous d'un portier de collége et d'un bedeau de paroisse. Affirmer que ni l'œil n'est fait pour voir, ni l'oreille pour entendre, ni l'estomac pour digérer, n'est-ce pas là la plus énorme absurdité, la plus révoltante folie qui soit jamais tombée dans l'esprit humain? Tout douteur que je suis, cette démence me paraît évidente, et je le dis.

Pour moi, je ne vois dans la nature, comme dans les arts, que des causes finales ; et je crois un pommier fait pour porter des pommes, comme je crois une montre faite pour marquer l'heure.

Je dois avertir ici que si Spinosa dans plusieurs endroits de ses ouvrages se moque des causes finales, il les reconnaît plus expressément que personne dans sa première partie de l'*Être en général et en particulier*.

Voici ses paroles :

« Qu'il me soit permis de m'arrêter ici quelque instant[2] pour admirer la merveilleuse dispensation de la nature, laquelle ayant enrichi la constitution de l'homme de tous les ressorts nécessaires pour prolonger jusqu'à certain terme la durée de sa fragile exis-

---

1. Ce qui fait que Bayle n'a pas pressé cet argument, c'est qu'il n'était pas instruit des démonstrations de Newton, de Keill, de Gregori, de Halley, que le vide est nécessaire pour le mouvement. (*Note de Voltaire.*)
2. Page 14. (*Id.*)

tence, et pour animer la connaissance qu'il a de lui-même par celle d'une infinité de choses éloignées, semble avoir exprès négligé de lui donner des moyens pour bien connaître celles dont il est obligé de faire un usage plus ordinaire, et même les individus de sa propre espèce. Cependant, à le bien prendre, c'est moins l'effet d'un refus que celui d'une extrême libéralité, puisque s'il y avait quelque être intelligent qui en pût pénétrer un autre contre son gré, il jouirait d'un tel avantage au-dessus de lui que, par cela même, il serait exclu de sa société ; au lieu que, dans l'état présent, chaque individu, jouissant de lui-même avec une pleine indépendance, ne se communique qu'autant qu'il lui convient. »

Que conclurai-je de là ? que Spinosa se contredit souvent ; qu'il n'avait pas toujours des idées nettes ; que dans le grand naufrage des systèmes il se sauvait tantôt sur une planche, tantôt sur une autre ; qu'il ressemblait, par cette faiblesse, à Malebranche, à Arnauld, à Bossuet, à Claude, qui se sont contredits quelquefois dans leurs disputes ; qu'il était comme tant de métaphysiciens et de théologiens. Je conclurai que je dois me défier à plus forte raison de toutes mes idées en métaphysique ; que je suis un animal très-faible, marchant sur des sables mouvants qui se dérobent continuellement sous moi, et qu'il n'y a peut-être rien de si fou que de croire avoir toujours raison.

Vous êtes très-confus, Baruch [1] Spinosa ; mais êtes-vous aussi dangereux qu'on le dit ? Je soutiens que non : et ma raison, c'est que vous êtes confus, que vous avez écrit en mauvais latin, et qu'il n'y a pas dix personnes en Europe qui vous lisent d'un bout à l'autre, quoiqu'on vous ait traduit en français. Quel est l'auteur dangereux ? c'est celui qui est lu par les oisifs de la cour et par les dames.

SECTION IV [2].

DU SYSTÈME DE LA NATURE [3].

L'auteur du *Système de la nature* a eu l'avantage de se faire lire des savants, des ignorants, des femmes ; il a donc dans le style

---

1. Il s'appelle Baruch et non Benoît, car il ne fut jamais baptisé. (*Note de Voltaire.*)
2. Troisième section de l'article dans les *Questions sur l'Encyclopédie*, quatrième partie, 1771. (B.)
3. *Le Système de la nature, ou des lois du monde physique et du monde moral*, publié sous le nom de Mirabaud, mais composé par le baron d'Holbach, 1770, deux volumes in-8°. Naigeon, qui en fut l'éditeur, y ajouta un *Avis*. Une édition de 1820, en deux volumes in-8°, contient des notes et des corrections de Diderot. (B.)

des mérites que n'avait pas Spinosa : souvent de la clarté, quelquefois de l'éloquence, quoiqu'on puisse lui reprocher de répéter, de déclamer, et de se contredire comme tous les autres. Pour le fond des choses, il faut s'en défier très-souvent en physique et en morale. Il s'agit ici de l'intérêt du genre humain. Examinons donc si sa doctrine est vraie et utile, et soyons courts si nous pouvons.

[1] « L'ordre et le désordre n'existent point, etc. »

Quoi! en physique un enfant né aveugle, ou privé de ses jambes, un monstre n'est pas contraire à la nature de l'espèce? N'est-ce pas la régularité ordinaire de la nature qui fait l'ordre, et l'irrégularité qui est le désordre? N'est-ce pas un très-grand dérangement, un désordre funeste, qu'un enfant à qui la nature a donné la faim, et a bouché l'œsophage? Les évacuations de toute espèce sont nécessaires, et souvent les conduits manquent d'orifices : on est obligé d'y remédier : ce désordre a sa cause, sans doute. Point d'effet sans cause ; mais c'est un effet très-désordonné.

L'assassinat de son ami, de son frère, n'est-il pas un désordre horrible en morale? Les calomnies d'un Garasse, d'un Le Tellier, d'un Doucin, contre des jansénistes, et celles des jansénistes contre des jésuites ; les impostures des Patouillet et Paulian ne sont-elles pas de petits désordres? La Saint-Barthélemy, les massacres d'Irlande, etc., etc, etc, ne sont-ils pas des désordres exécrables? Ce crime a sa cause dans des passions ; mais l'effet est exécrable ; la cause est fatale ; ce désordre fait frémir. Reste à découvrir, si l'on peut, l'origine de ce désordre ; mais il existe.

[2] « L'expérience prouve que les matières que nous regardons comme inertes et mortes prennent de l'action, de l'intelligence, de la vie, quand elles sont combinées d'une certaine façon. »

C'est là précisément la difficulté. Comment un germe parvient-il à la vie? l'auteur et le lecteur n'en savent rien. De là les deux volumes du *Système;* et tous les systèmes du monde ne sont-ils pas des rêves?

[3] « Il faudrait définir la vie, et c'est ce que j'estime impossible. »

Cette définition n'est-elle pas très-aisée, très-commune? la vie n'est-elle pas organisation avec sentiment? Mais que vous teniez ces deux propriétés du mouvement seul de la matière, c'est ce

---

1. Première partie, page 60. (*Note de Voltaire.*)
2. Page 69. (*Note de Voltaire.*)
3. Page 78. (*Id.*)

dont il est impossible de donner une preuve ; et si on ne peut le prouver, pourquoi l'affirmer? pourquoi dire tout haut : *Je sais,* quand on se dit tout bas : *J'ignore?*

¹ « L'on demandera ce que c'est que l'homme, etc. »

Cet article n'est pas assurément plus clair que les plus obscurs de Spinosa, et bien des lecteurs s'indigneront de ce ton si décisif que l'on prend sans rien expliquer.

² « La matière est éternelle et nécessaire ; mais ses formes et ses combinaisons sont passagères et contingentes, etc. »

Il est difficile de comprendre comment la matière étant nécessaire, et aucun être libre n'existant, selon l'auteur, il y aurait quelque chose de contingent. On entend par contingence ce qui peut être et ne pas être ; mais tout devant être d'une nécessité absolue, toute manière d'être, qu'il appelle ici mal à propos *contingent*, est d'une nécessité aussi absolue que l'être même. C'est là où l'on se trouve encore plongé dans un labyrinthe où l'on ne voit point d'issue.

Lorsqu'on ose assurer qu'il n'y a point de Dieu, que la matière agit par elle-même, par une nécessité éternelle, il faut le démontrer comme une proposition d'Euclide, sans quoi vous n'appuyez votre système que sur un peut-être. Quel fondement pour la chose qui intéresse le plus le genre humain !

³ « Si l'homme d'après sa nature est forcé d'aimer son bien-être, il est forcé d'en aimer les moyens. Il serait inutile et peut-être injuste de demander à un homme d'être vertueux, s'il ne peut l'être sans se rendre malheureux. Dès que le vice le rend heureux, il doit aimer le vice. »

Cette maxime est encore plus exécrable en morale que les autres ne sont fausses en physique. Quand il serait vrai qu'un homme ne pourrait être vertueux sans souffrir, il faudrait l'encourager à l'être. La proposition de l'auteur serait visiblement la ruine de la société. D'ailleurs, comment saura-t-il qu'on ne peut être heureux sans avoir des vices? n'est-il pas au contraire prouvé par l'expérience que la satisfaction de les avoir domptés est cent fois plus grande que le plaisir d'y avoir succombé : plaisir toujours empoisonné, plaisir qui mène au malheur? On acquiert, en domptant ses vices, la tranquillité, le témoignage consolant de sa conscience ; on perd, en s'y livrant, son repos, sa santé ; on

---

1. Page 80. (*Note de Voltaire.*)
2. Page 82. (*Id.*)
3. Page 152. (*Id.*)

risque tout. Aussi l'auteur lui-même en vingt endroits veut qu'on sacrifie tout à la vertu ; et il n'avance cette proposition que pour donner dans son système une nouvelle preuve de la nécessité d'être vertueux.

¹ « Ceux qui rejettent avec tant de raison les idées innées..... auraient dû sentir que cette intelligence ineffable que l'on place au gouvernail du monde, et dont nos sens ne peuvent constater ni l'existence ni les qualités, est un être de raison. »

En vérité, de ce que nous n'avons point d'idées innées, comment s'ensuit-il qu'il n'y a point de Dieu? cette conséquence n'est-elle pas absurde? y a-t-il quelque contradiction à dire que Dieu nous donne des idées par nos sens? n'est-il pas au contraire de la plus grande évidence que s'il est un être tout-puissant dont nous tenons la vie, nous lui devons nos idées et nos sens comme tout le reste? Il faudrait avoir prouvé auparavant que Dieu n'existe pas, et c'est ce que l'auteur n'a point fait ; c'est même ce qu'il n'a pas encore tenté de faire jusqu'à cette page du chapitre x.

Dans la crainte de fatiguer les lecteurs par l'examen de tous ces morceaux détachés, je viens au fondement du livre, et à l'erreur étonnante sur laquelle il a élevé son système. Je dois absolument répéter ici ce qu'on a dit ailleurs.

HISTOIRE DES ANGUILLES SUR LESQUELLES EST FONDÉ LE SYSTÈME.

Il y avait en France, vers l'an 1750, un jésuite anglais nommé Needham², déguisé en séculier, qui servait alors de précepteur

---

1. Page 167. (*Note de Voltaire.*)
2. Jean Turberville Needham, né à Londres, en 1713, de parents catholiques, et voué au sacerdoce, publia ses découvertes microscopiques à l'âge de trente-deux ans. Dans un voyage à Paris, il rencontra Buffon qui s'occupait des animaux infusoires et spermatiques. Buffon se l'associa, et les recherches qu'ils firent ensemble avec le microscope de l'Anglais furent publiées dans le tome II de de l'édition in-4° de l'*Histoire naturelle,* au chapitre vi (*Expériences au sujet de la génération*). Le principal ouvrage de Needham a pour titre : *Nouvelles Observations microscopiques.* L'auteur y étudie non-seulement les anguilles, mais encore la pieuvre, dont M. Victor Hugo a décrit les mœurs d'une façon si fantaisiste. Pendant que les philosophes naturalistes s'emparaient des découvertes de Needham pour en faire la base de leur système, Needham s'efforçait de prouver que l'hypothèse de la génération spontanée était en parfait accord avec les croyances religieuses. C'est ainsi qu'il dit que l'homme a surgi de la matière à la voix du Créateur, par acte de génération spontanée, et qu'Ève n'a été qu'une expansion subite du corps d'Adam, se détachant de son mari comme un jeune polype se détache d'un polype mère. Il s'attaqua même à Voltaire sur la question des miracles. Needham mourut,

au neveu de M. Dillon, archevêque de Toulouse. Cet homme faisait des expériences de physique, et surtout de chimie.

Après avoir mis de la farine de seigle ergoté dans des bouteilles bien bouchées, et du jus de mouton bouilli dans d'autres bouteilles, il crut que son jus de mouton et son seigle avaient fait naître des anguilles, lesquelles même en reproduisaient bientôt d'autres, et qu'ainsi une race d'anguilles se formait indifféremment d'un jus de viande ou d'un grain de seigle.

Un physicien qui avait de la réputation ne douta pas que ce Needham ne fût un profond athée. Il conclut que puisque l'on faisait des anguilles avec de la farine de seigle, on pouvait faire des hommes avec de la farine de froment ; que la nature et la chimie produisaient tout, et qu'il était démontré qu'on peut se passer d'un Dieu formateur de toutes choses.

Cette propriété de la farine trompa aisément un homme [1] malheureusement égaré alors dans des idées qui doivent faire trembler pour la faiblesse de l'esprit humain. Il voulait creuser un trou jusqu'au centre de la terre pour voir le feu central, disséquer des Patagons pour connaître la nature de l'âme, enduire les malades de poix résine pour les empêcher de transpirer, exalter son âme pour prédire l'avenir. Si on ajoutait qu'il fut encore plus malheureux en cherchant à opprimer deux de ses confrères, cela ne ferait pas d'honneur à l'athéisme, et servirait seulement à nous faire rentrer en nous-mêmes avec confusion.

Il est bien étrange que des hommes, en niant un créateur, se soient attribué le pouvoir de créer des anguilles.

Ce qu'il y a de plus déplorable, c'est que des physiciens plus instruits adoptèrent le ridicule système du jésuite Needham, et le joignirent à celui de Maillet, qui prétendait que l'Océan avait formé les Pyrénées et les Alpes, et que les hommes étaient originairement des marsouins dont la queue fourchue se changea en cuisses et en jambes dans la suite des temps, ainsi que nous l'avons dit [2]. De telles imaginations peuvent être mises avec les anguilles formées par la farine.

Il n'y a pas longtemps qu'on assura qu'à Bruxelles un lapin avait fait une demi-douzaine de lapereaux à une poule.

---

en 1781, à Bruxelles, où l'impératrice Marie-Thérèse l'avait appelé, dès 1765, pour faire partie de l'Académie de cette ville. (G. A.)

— Voltaire avait déjà parlé de Needham et de ses anguilles dans le chapitre xx des *Singularités de la nature*. Voyez *Mélanges*, année 1768.

1. Maupertuis. (*Note de Voltaire.*)
2. Chapitre xii des *Singularités de la nature* (*Mélanges*, année 1768).

Cette transmutation de farine et de jus de mouton en anguilles fut démontrée aussi fausse et aussi ridicule qu'elle l'est en effet, par M. Spalanzani, un peu meilleur observateur que Needham [1].

On n'avait pas besoin même de ces observations pour démontrer l'extravagance d'une illusion si palpable. Bientôt les anguilles de Needham allèrent trouver la poule de Bruxelles.

Cependant, en 1768, le traducteur exact, élégant et judicieux de Lucrèce [2] se laissa surprendre au point que non-seulement il rapporte dans ses notes du livre VIII, page 361, les prétendues expériences de Needham, mais qu'il fait ce qu'il peut pour en constater la validité.

Voilà donc le nouveau fondement du *Système de la nature*. L'auteur, dès le second chapitre, s'exprime ainsi :

« [3] En humectant de la farine avec de l'eau, et en renfermant ce mélange, on trouve au bout de quelque temps, à l'aide du microscope, qu'il a produit des êtres organisés dont on croyait la farine et l'eau incapables. C'est ainsi que la nature inanimée peut passer à la vie, qui n'est elle-même qu'un assemblage de mouvements. »

Quand cette sottise inouïe serait vraie, je ne vois pas, à raisonner rigoureusement, qu'elle prouvât qu'il n'y a point de Dieu : car il se pourrait très-bien qu'il y eût un être suprême, intelligent et puissant, qui, ayant formé le soleil et tous les astres, daignât former aussi des animalcules sans germe. Il n'y a point là de contradiction dans les termes. Il faudrait chercher ailleurs une preuve démonstrative que Dieu n'existe pas, et c'est ce qu'assurément personne n'a trouvé ni ne trouvera.

L'auteur traite avec mépris les causes finales, parce que c'est un argument rebattu ; mais cet argument si méprisé est de Cicéron et de Newton. Il pourrait par cela seul faire entrer les athées en quelque défiance d'eux-mêmes. Le nombre est assez grand des sages qui, en observant le cours des astres et l'art prodigieux qui règne dans la structure des animaux et des végétaux, reconnaissent une main puissante qui opère ces continuelles merveilles.

---

1. Needham ayant critiqué les découvertes microscopiques de Spallanzani, Spallanzani répliqua en démontrant que ce micrographe avait lui-même commis de nombreuses erreurs dans sa détermination de la nature et des mœurs des infusoires. C'est à la suite de cette polémique que Spallanzani découvrit l'étonnante propriété des infusoires ressuscitants, connus sous le noms de *rotifères*. (G. A.)

2. Lagrange, mort en 1775, à trente-sept ans.

3. Première partie, page 23. (*Note de Voltaire.*) — Voyez, sur les anguilles de Needham, le ch. xx des *Singularités de la nature* (dans les *Mélanges*, année 1768).

L'auteur prétend que la matière aveugle et sans choix produit des animaux intelligents. Produire sans intelligence des êtres qui en ont! cela est-il concevable? ce système est-il appuyé sur la moindre vraisemblance? Une opinion si contradictoire exigerait des preuves aussi étonnantes qu'elle-même. L'auteur n'en donne aucune; il ne prouve jamais rien, et il affirme tout ce qu'il avance. Quel chaos! quelle confusion! mais quelle témérité!

Spinosa du moins avouait une intelligence agissante dans ce grand tout qui constituait la nature; il y avait là de la philosophie. Mais je suis forcé de dire que je n'en trouve aucune dans le nouveau système.

La matière est étendue, solide, gravitante, divisible ; j'ai tout cela aussi bien que cette pierre. Mais a-t-on jamais vu une pierre sentante et pensante? Si je suis étendu, solide, divisible : je le dois à la matière. Mais j'ai sensations et pensées : à qui le dois-je? ce n'est pas à de l'eau, à de la fange; il est vraisemblable que c'est à quelque chose de plus puissant que moi. C'est à la combinaison seule des éléments, me dites-vous. Prouvez-le-moi donc ; faites-moi donc voir nettement qu'une cause intelligente ne peut m'avoir donné l'intelligence. Voilà où vous êtes réduit.

L'auteur combat avec succès le dieu des scolastiques, un dieu composé de qualités discordantes, un dieu auquel on donne, comme à ceux d'Homère, les passions des hommes; un dieu capricieux, inconstant, vindicatif, inconséquent, absurde; mais il ne peut combattre le Dieu des sages. Les sages, en contemplant la nature, admettent un pouvoir intelligent et suprême. Il est peut-être impossible à la raison humaine, destituée du secours divin, de faire un pas plus avant.

L'auteur demande où réside cet être; et de ce que personne sans être infini ne peut dire où il réside, il conclut qu'il n'existe pas. Cela n'est pas philosophique : car de ce que nous ne pouvons dire où est la cause d'un effet, nous ne devons pas conclure qu'il n'y a point de cause. Si vous n'aviez jamais vu de canonniers, et que vous vissiez l'effet d'une batterie de canon, vous ne devriez pas dire : Elle agit toute seule par sa propre vertu.

Ne tient-il donc qu'à dire : Il n'y a point de Dieu, pour qu'on vous en croie sur votre parole?

Enfin sa grande objection est dans les malheurs et dans les crimes du genre humain: objection aussi ancienne que philosophique ; objection commune, mais fatale et terrible, à laquelle on ne trouve de réponse que dans l'espérance d'une vie meilleure.

Et quelle est encore cette espérance? nous n'en pouvons avoir aucune certitude par la raison. Mais j'ose dire que quand il nous est prouvé qu'un vaste édifice, construit avec le plus grand art, est bâti par un architecte quel qu'il soit, nous devons croire à cet architecte quand même l'édifice serait teint de notre sang, souillé de nos crimes, et qu'il nous écraserait par sa chute. Je n'examine pas encore si l'architecte est bon ; si je dois être satisfait de son édifice ; si je dois en sortir plutôt que d'y demeurer ; si ceux qui sont logés comme moi dans cette maison pour quelques jours en sont contents : j'examine seulement s'il est vrai qu'il y ait un architecte, ou si cette maison, remplie de tant de beaux appartements et de vilains galetas, s'est bâtie toute seule.

SECTION V[1].

DE LA NÉCESSITÉ DE CROIRE UN ÊTRE SUPRÊME.

Le grand objet, le grand intérêt, ce me semble, n'est pas d'argumenter en métaphysique, mais de peser s'il faut, pour le bien commun de nous autres animaux misérables et pensants, admettre un Dieu rémunérateur et vengeur, qui nous serve à la fois de frein et de consolation, ou rejeter cette idée en nous abandonnant à nos calamités sans espérances, et à nos crimes sans remords.

Hobbes dit que si dans une république où l'on ne reconnaîtrait point de Dieu, quelque citoyen en proposait un, il le ferait pendre.

Il entendait apparemment, par cette étrange exagération, un citoyen qui voudrait dominer au nom de Dieu, un charlatan qui voudrait se faire tyran. Nous entendons des citoyens qui, sentant la faiblesse humaine, sa perversité et sa misère, cherchent un point fixe pour assurer leur morale, et un appui qui les soutienne dans les langueurs et dans les horreurs de cette vie.

Depuis Job jusqu'à nous, un très-grand nombre d'hommes a maudit son existence ; nous avons donc un besoin perpétuel de consolation et d'espoir. Votre philosophie nous en prive. La fable de Pandore valait mieux, elle nous laissait l'espérance, et

---

1. Quatrième section de l'article dans les *Questions sur l'Encyclopédie*, quatrième partie, 1771. Cette section fait suite à la précédente ; une partie avait paru dans la brochure intitulée Dieu, et dont je parle à l'article Fonte. (B.)

vous nous la ravissez! La philosophie, selon vous, ne fournit aucune preuve d'un bonheur à venir. Non ; mais vous n'avez aucune démonstration du contraire. Il se peut qu'il y ait en nous une monade indestructible qui sente et qui pense, sans que nous sachions le moins du monde comment cette monade est faite. La raison ne s'oppose point absolument à cette idée, quoique la raison seule ne la prouve pas. Cette opinion n'a-t-elle pas un prodigieux avantage sur la vôtre? La mienne est utile au genre humain, la vôtre est funeste; elle peut, quoi que vous en disiez, encourager les Néron, les Alexandre VI, et les Cartouche; la mienne peut les réprimer.

Marc-Antonin, Épictète, croyaient que leur monade, de quelque espèce qu'elle fût, se rejoindrait à la monade du grand Être; et ils furent les plus vertueux des hommes.

Dans le doute où nous sommes tous deux, je ne vous dis pas avec Pascal : *Prenez le plus sûr*. Il n'y a rien de sûr dans l'incertitude. Il ne s'agit pas ici de parier, mais d'examiner: il faut juger, et notre volonté ne détermine pas notre jugement. Je ne vous propose pas de croire des choses extravagantes pour vous tirer d'embarras; je ne vous dis pas : Allez à la Mecque baiser la pierre noire pour vous instruire ; tenez une queue de vache à la main ; affublez-vous d'un scapulaire, soyez imbécile et fanatique pour acquérir la faveur de l'Être des êtres. Je vous dis : Continuez à cultiver la vertu, à être bienfaisant, à regardez toute superstition avec horreur ou avec pitié; mais adorez avec moi le dessein qui se manifeste dans toute la nature, et par conséquent l'auteur de ce dessein, la cause primordiale et finale de tout ; espérez avec moi que notre monade qui raisonne sur le grand Être éternel pourra être heureuse par ce grand Être même. Il n'y a point là de contradiction. Vous ne m'en démontrerez pas l'impossibilité ; de même que je ne puis vous démontrer mathématiquement que la chose est ainsi. Nous ne raisonnons guère en métaphysique que sur des probabilités ; nous nageons tous dans une mer dont nous n'avons jamais vu le rivage. Malheur à ceux qui se battent en nageant! Abordera qui pourra ; mais celui qui me crie : Vous nagez en vain, il n'y a point de port, me décourage et m'ôte toutes mes forces.

De quoi s'agit-il dans notre dispute? de consoler notre malheureuse existence. Qui la console? vous, ou moi?

Vous avouez vous-même; dans quelques endroits de votre ouvrage, que la croyance d'un Dieu a retenu quelques hommes sur le bord du crime : cet aveu me suffit. Quand cette opinion n'aurait prévenu que dix assassinats, dix calomnies, dix jugements iniques sur la terre, je tiens que la terre entière doit l'embrasser.

La religion, dites-vous, a produit des milliasses de forfaits ; dites la superstition, qui règne sur notre triste globe : elle est la plus cruelle ennemie de l'adoration pure qu'on doit à l'Être suprême. Détestons ce monstre qui a toujours déchiré le sein de sa mère : ceux qui le combattent sont les bienfaiteurs du genre humain ; c'est un serpent qui entoure la religion de ses replis : il faut lui écraser la tête sans blesser celle qu'il infecte et qu'il dévore.

Vous craignez « qu'en adorant Dieu on ne redevienne bientôt superstitieux et fanatique » ; mais n'est-il pas à craindre qu'en le niant on ne s'abandonne aux passions les plus atroces et aux crimes les plus affreux ? Entre ces deux excès, n'y a-t-il pas un milieu très-raisonnable ? Où est l'asile entre ces deux écueils ? le voici : Dieu, et des lois sages.

Vous affirmez qu'il n'y a qu'un pas de l'adoration à la superstition. Il y a l'infini pour les esprits bien faits : et ils sont aujourd'hui en grand nombre ; ils sont à la tête des nations, ils influent sur les mœurs publiques ; et d'année en année le fanatisme, qui couvrait la terre, se voit enlever ses détestables usurpations.

Je répondrai encore un mot à vos paroles de la page 223. « Si l'on présume des rapports entre l'homme et cet être incroyable, il faudra lui élever des autels, lui faire des présents, etc ; si l'on ne conçoit rien à cet être, il faudra s'en rapporter à des prêtres qui... etc., etc., etc. » Le grand mal de s'assembler aux temps des moissons pour remercier Dieu du pain qu'il nous a donné ! Qui vous dit de faire des présents à Dieu ? l'idée en est ridicule ; mais où est le mal de charger un citoyen, qu'on appellera *vieillard* ou *prêtre*, de rendre des actions de grâces à la Divinité au nom des autres citoyens, pourvu que ce prêtre ne soit pas un Grégoire VII qui marche sur la tête des rois, ou un Alexandre VI, souillant par un inceste le sein de sa fille, qu'il a engendrée par un stupre, et assassinant, empoisonnant, à l'aide de son bâtard, presque tous les princes ses voisins ; pourvu que dans une paroisse ce prêtre ne soit pas un fripon volant dans la poche des pénitents qu'il confesse[1], et employant cet argent à séduire les petites filles qu'il

---

1. Il s'agit
du bon curé Fantin,
Qui prêchant, confessant les dames de Versailles,
Caressait tour à tour et volait ses ouailles.

Voyez la satire intitulée *le Père Nicodème et Jeannot*. Voyez aussi une des notes

catéchise; pourvu que ce prêtre ne soit pas un Le Tellier[1], qui met tout un royaume en combustion par des fourberies dignes du pilori; un Warburton, qui viole les lois de la société en manifestant les papiers secrets d'un membre du parlement pour le perdre, et qui calomnie quiconque n'est pas de son avis? Ces derniers cas sont rares. L'état du sacerdoce est un frein qui force à la bienséance.

Un sot prêtre excite le mépris; un mauvais prêtre inspire l'horreur; un bon prêtre, doux, pieux, sans susperstition, charitable, tolérant, est un homme qu'on doit chérir et respecter. Vous craignez l'abus, et moi aussi. Unissons-nous pour le prévenir; mais ne condamnons pas l'usage quand il est utile à la société, quand il n'est pas perverti par le fanatisme, ou par la méchanceté frauduleuse.

J'ai une chose très-importante à vous dire. Je suis persuadé que vous êtes dans une grande erreur; mais je suis également convaincu que vous vous trompez en honnête homme. Vous voulez qu'on soit vertueux, même sans Dieu, quoique vous ayez dit malheureusement que « dès que le vice rend l'homme heureux, il doit aimer le vice »; proposition affreuse que vos amis auraient dû vous faire effacer. Partout ailleurs vous inspirez la probité. Cette dispute philosophique ne sera qu'entre vous et quelques philosophes répandus dans l'Europe : le reste de la terre n'en entendra point parler; le peuple ne nous lit pas. Si quelque théologien voulait vous persécuter, il serait un méchant, il serait un imprudent qui ne servirait qu'à vous affermir et à faire de nouveaux athées.

Vous avez tort; mais les Grecs n'ont point persécuté Épicure, les Romains n'ont point persécuté Lucrèce. Vous avez tort; mais il faut respecter votre génie et votre vertu, en vous réfutant de toutes ses forces.

Le plus bel hommage, à mon gré, qu'on puisse rendre à Dieu, c'est de prendre sa défense sans colère; comme le plus indigne portrait qu'on puisse faire de lui est de le peindre vindicatif et furieux. Il est la vérité même : la vérité est sans passions. C'est être disciple de Dieu que de l'annoncer d'un cœur doux et d'un esprit inaltérable.

du *Russe à Paris*, et le chant XVIII de la *Pucelle*. Voltaire en parle encore dans sa *Lettre de milord Cornsbury*, à la suite de l'*Examen important de milord Bolingbroke* (*Mélanges*, année 1767).

1. Sur Le Tellier, voyez le chapitre xxxvii du *Siècle de Louis XIV*; et ci-dessus l'article BULLE.

Je pense avec vous que le fanatisme est un monstre mille fois plus dangereux que l'athéisme philosophique. Spinosa n'a pas commis une seule mauvaise action : Chastel et Ravaillac, tous deux dévots, assassinèrent Henri IV.

L'athée de cabinet est presque toujours un philosophe tranquille, le fanatique est toujours turbulent ; mais l'athée de cour, le prince athée pourrait être le fléau du genre humain. Borgia et ses semblables ont fait presque autant de mal que les fanatiques de Munster et des Cévennes, je dis les fanatiques des deux partis. Le malheur des athées de cabinet est de faire des athées de cour. C'est Chiron qui élève Achille ; il le nourrit de moelle de lion. Un jour Achille traînera le corps d'Hector autour des murailles de Troie, et immolera douze captifs innocents à sa vengeance.

Dieu nous garde d'un abominable prêtre[1] qui hache un roi en morceaux avec son couperet sacré, ou de celui qui, le casque en tête et la cuirasse sur le dos, à l'âge de soixante et dix ans[2], ose signer de ses trois doigts ensanglantés la ridicule excommunication d'un roi de France, ou de... ou de... ou de...!

Mais que Dieu nous préserve aussi d'un despote colère et barbare qui, ne croyant point un Dieu, serait son dieu à lui-même ; qui se rendrait indigne de sa place sacrée, en foulant aux pieds les devoirs que cette place impose ; qui sacrifierait sans remords ses amis, ses parents, ses serviteurs, son peuple, à ses passions ! Ces deux tigres, l'un tondu, l'autre couronné, sont également à craindre. Par quel frein pourrons-nous les retenir ? etc., etc.

Si l'idée d'un Dieu auquel nos âmes peuvent se rejoindre a fait des Titus, des Trajan, des Antonins, des Marc-Aurèle, et ces grands empereurs chinois dont la mémoire est si précieuse dans le second des plus anciens et des plus vastes empires du monde, ces exemples suffisent pour ma cause, et ma cause est celle de tous les hommes.

Je ne crois pas que dans toute l'Europe il y ait un seul homme d'État, un seul homme un peu versé dans les affaires du monde, qui n'ait le plus profond mépris pour toutes les légendes dont nous avons été inondés plus que nous le sommes aujourd'hui de brochures. Si la religion n'enfante plus de guerres civiles, c'est à

---

1. Samuel : voyez dans les *Mélanges*, année 1776, le paragraphe xxxv de *Un Chrétien contre six Juifs*.
2. Jules II. Voyez *Essai sur les Mœurs*, chapitre cxiii.

la philosophie seule qu'on en est redevable : les disputes théologiques commencent à être regardées du même œil que les querelles de Gilles et de Pierrot à la foire. Une usurpation également odieuse et ridicule, fondée d'un côté sur la fraude, et de l'autre sur la bêtise, est minée chaque instant par la raison, qui établit son règne. La bulle *in Cœna Domini*, le chef-d'œuvre de l'insolence et de la folie, n'ose plus paraître dans Rome même. Si un régiment de moines fait la moindre évolution contre les lois de l'État, il est cassé sur-le-champ. Mais quoi! parce qu'on a chassé les jésuites faut-il chasser Dieu? Au contraire, il faut l'en aimer davantage.

SECTION VI[1].

Sous l'empire d'Arcadius, Logomacos, théologal de Constantinople, alla en Scythie, et s'arrêta au pied du Caucase, dans les fertiles plaines de Zéphirim, sur les frontières de la Colchide. Le bon vieillard Dondindac était dans sa grande salle basse, entre sa grande bergerie et sa vaste grange; il était à genoux avec sa femme, ses cinq fils et ses cinq filles, ses parents et ses valets, et tous chantaient les louanges de Dieu après un léger repas. « Que fais-tu là, idolâtre? lui dit Logomacos. — Je ne suis point idolâtre, dit Dondindac. — Il faut bien que tu sois idolâtre, dit Logomacos, puisque tu n'es pas Grec. Çà, dis-moi, que chantais-tu dans ton barbare jargon de Scythie? — Toutes les langues sont égales aux oreilles de Dieu, répondit le Scythe; nous chantions ses louanges. — Voilà qui est bien extraordinaire, reprit le théologal, une famille scythe qui prie Dieu sans avoir été instruite par nous!» Il engagea bientôt une conversation avec le Scythe Dondindac : car le théologal savait un peu de scythe, et l'autre un peu de grec. On a retrouvé cette conversation dans un manuscrit conservé dans la bibliothèque de Constantinople.

LOGOMACOS.
Voyons si tu sais ton catéchisme. Pourquoi pries-tu Dieu ?

DONDINDAC.
C'est qu'il est juste d'adorer l'Être suprême, de qui nous tenons tout.

LOGOMACOS.
Pas mal pour un barbare! Et que lui demandes-tu?

---

1. Dans l'édition de 1764 du *Dictionnaire*, l'article se composait de ce qui forme aujourd'hui cette section VI. (B.)

DONDINDAC.

Je le remercie des biens dont je jouis, et même des maux dans lesquels il m'éprouve; mais je me garde bien de lui rien demander; il sait mieux que nous ce qu'il nous faut, et je craindrais d'ailleurs de demander du beau temps quand mon voisin demanderait de la pluie.

LOGOMACOS.

Ah! je me doutais bien qu'il allait dire quelque sottise. Reprenons les choses de plus haut. Barbare, qui t'a dit qu'il y a un Dieu?

DONDINDAC.

La nature entière.

LOGOMACOS.

Cela ne suffit pas. Quelle idée as-tu de Dieu?

DONDINDAC.

L'idée de mon créateur, de mon maître, qui me récompensera si je fais bien, et qui me punira si je fais mal.

LOGOMACOS.

Bagatelles, pauvretés que cela! Venons à l'essentiel. Dieu est-il infini *secundum quid*, ou selon l'essence?

DONDINDAC.

Je ne vous entends pas.

LOGOMACOS.

Bête brute! Dieu est-il en un lieu, ou hors de tout lieu, ou en tout lieu?

DONDINDAC.

Je n'en sais rien... tout comme il vous plaira.

LOGOMACOS.

Ignorant! Peut-il faire que ce qui a été n'ait point été, et qu'un bâton n'ait pas deux bouts? voit-il le futur comme futur ou comme présent? comment fait-il pour tirer l'être du néant, et pour anéantir l'être?

DONDINDAC.

Je n'ai jamais examiné ces choses.

LOGOMACOS.

Quel lourdaud! Allons, il faut s'abaisser, se proportionner. Dis-moi, mon ami, crois-tu que la matière puisse être éternelle?

DONDINDAC.

Que m'importe qu'elle existe de toute éternité, ou non? je n'existe pas, moi, de toute éternité. Dieu est toujours mon maître; il m'a donné la notion de la justice, je dois la suivre; je ne veux point être philosophe, je veux être homme.

LOGOMACOS.

On a bien de la peine avec ces têtes dures. Allons pied à pied : qu'est-ce que Dieu?

DONDINDAC.

Mon souverain, mon juge, mon père.

LOGOMACOS.

Ce n'est pas là ce que je demande. Quelle est sa nature?

DONDINDAC.

D'être puissant et bon.

LOGOMACOS.

Mais, est-il corporel ou spirituel?

DONDINDAC.

Comment voulez-vous que je le sache?

LOGOMACOS.

Quoi! tu ne sais pas ce que c'est qu'un esprit?

DONDINDAC.

Pas le moindre mot : à quoi cela me servirait-il? en serais-je plus juste? serais-je meilleur mari, meilleur père, meilleur maître, meilleur citoyen?

LOGOMACOS.

Il faut absolument t'apprendre ce que c'est qu'un esprit: c'est, c'est, c'est... Je te dirai cela une autre fois.

DONDINDAC.

J'ai bien peur que vous ne me disiez moins ce qu'il est que ce qu'il n'est pas. Permettez-moi de vous faire à mon tour une question. J'ai vu autrefois un de vos temples : pourquoi peignez-vous Dieu avec une grande barbe?

LOGOMACOS.

C'est une question très-difficile, et qui demande des instructions préliminaires.

DONDINDAC.

Avant de recevoir vos instructions, il faut que je vous conte ce qui m'est arrivé un jour. Je venais de faire bâtir un cabinet au bout de mon jardin ; j'entendis une taupe qui raisonnait avec un hanneton : « Voilà une belle fabrique, disait la taupe ; il faut que ce soit une taupe bien puissante qui ait fait cet ouvrage. — Vous vous moquez, dit le hanneton ; c'est un hanneton tout plein de génie qui est l'architecte de ce bâtiment. » Depuis ce temps-là j'ai résolu de ne jamais disputer.

DIOCLÉTIEN [1].

Après plusieurs règnes faibles ou tyranniques, l'empire romain eut un bon empereur dans Probus, et les légions le massacrèrent. Elles élurent Carus, qui fut tué d'un coup de tonnerre vers le Tigre, lorsqu'il faisait la guerre aux Perses. Son fils Numérien fut proclamé par les soldats. Les historiens nous disent sérieusement qu'à force de pleurer la mort de son père il en perdit presque la vue, et qu'il fut obligé, en faisant la guerre, de demeurer toujours entre quatre rideaux. Son beau-père, nommé Aper, le tua dans son lit pour se mettre sur le trône ; mais un druide avait prédit dans les Gaules à Dioclétien, l'un des généraux de l'armée, qu'il serait immédiatement empereur après avoir tué un sanglier : or un sanglier se nomme en latin *aper*. Dioclétien assembla l'armée, tua de sa main Aper en présence des soldats, et accomplit ainsi la prédiction du druide. Les historiens qui rapportent cet oracle méritaient de se nourrir du fruit de l'arbre que les druides révéraient. Il est certain que Dioclétien tua le beau-père de son empereur ; ce fut là son premier droit au trône : le second, c'est que Numérien avait un frère nommé Carin, qui était aussi empereur, et qui, s'étant opposé à l'élévation de Dioclétien, fut tué par un des tribuns de son armée. Voilà les droits de Dioclétien à l'empire. Depuis longtemps il n'y en avait guère d'autres.

Il était originaire de Dalmatie, de la petite ville de Dioclée, dont il avait pris le nom. S'il est vrai que son père ait été laboureur, et que lui-même dans sa jeunesse ait été esclave d'un sénateur nommé Anulinus, c'est là son plus bel éloge : il ne pouvait devoir son élévation qu'à lui-même ; il est bien clair qu'il s'était concilié l'estime de son armée, puisqu'on oublia sa naissance pour lui donner le diadème. Lactance, auteur chrétien, mais un peu partial, prétend que Dioclétien était le plus grand poltron de l'empire. Il n'y a guère d'apparence que des soldats romains aient choisi un poltron pour les gouverner, et que ce poltron eût passé par tous les degrés de la milice. Le zèle de Lactance contre un empereur païen est très-louable, mais il n'est pas adroit.

---

1. Ce morceau, imprimé en 1756 dans la *Suite des Mélanges* (4ᵉ partie), y était placé entre les deux morceaux qui forment les première et seconde sections de l'article Constantin. (B.)

Dioclétien contint en maître, pendant vingt années, ces fières légions qui défaisaient leurs empereurs avec autant de facilité qu'elles les faisaient : c'est encore une preuve, malgré Lactance, qu'il fut aussi grand prince que brave soldat. L'empire reprit bientôt sous lui sa première splendeur. Les Gaulois, les Africains, les Égyptiens, les Anglais, soulevés en divers temps, furent tous remis sous l'obéissance de l'empire; les Perses mêmes furent vaincus. Tant de succès au dehors, une administration encore plus heureuse au dedans; des lois aussi humaines que sages, qu'on voit encore dans le *Code Justinien;* Rome, Milan, Autun, Nicomédie, Carthage, embellies par sa munificence : tout lui concilia le respect et l'amour de l'Orient et de l'Occident au point que deux cent quarante ans après sa mort on comptait encore et on datait de la première année de son règne, comme on comptait auparavant depuis la fondation de Rome. C'est ce qu'on appelle l'*ère de Dioclétien;* on l'a appelée aussi l'*ère des martyrs*, mais c'est se tromper évidemment de dix-huit années, car il est certain qu'il ne persécuta aucun chrétien pendant dix-huit ans. Il en était si éloigné que la première chose qu'il fit, étant empereur, ce fut de donner une compagnie de gardes prétoriennes à un chrétien nommé Sébastien, qui est au catalogue des saints.

Il ne craignit point de se donner un collègue à l'empire dans la personne d'un soldat de fortune comme lui : c'était Maximien Hercule, son ami. La conformité de leurs fortunes avait fait leur amitié. Maximien Hercule était aussi né de parents obscurs et pauvres, et s'était élevé, comme Dioclétien, de grade en grade par son courage. On n'a pas manqué de reprocher à ce Maximien d'avoir pris le surnom d'*Hercule,* et à Dioclétien d'avoir accepté celui de *Jovien*. On ne daigne pas s'apercevoir que nous avons tous les jours des gens d'église qui s'appellent Hercule, et des bourgeois qui s'appellent César et Auguste.

Dioclétien créa encore deux césars : le premier fut un autre Maximien, surnommé *Galerius,* qui avait commencé par être gardeur de troupeaux. Il semblait que Dioclétien, le plus fier et le plus fastueux des hommes, lui qui le premier introduisit de se faire baiser les pieds, mît sa grandeur à placer sur le trône des césars, des hommes nés dans la condition la plus abjecte : un esclave et deux paysans étaient à la tête de l'empire, et jamais il ne fut plus florissant.

Le second césar qu'il créa était d'une naissance distinguée : c'était Constance Chlore, petit-neveu par sa mère de l'empereur Claude II. L'empire fut gouverné par ces quatre princes. Cette association pouvait produire par année quatre guerres civiles; mais Dioclétien sut tellement être le maître de ses associés qu'il les obligea toujours à le respecter, et même à vivre unis entre eux. Ces princes, avec le nom de césars, n'étaient au fond que ses premiers sujets : on voit qu'il les traitait en maître absolu, car lorsque le césar Galerius, ayant été vaincu par les Perses, vint en Mésopotamie lui rendre compte de sa défaite, il le laissa marcher l'espace d'un mille auprès de son char, et ne le reçut en grâce que quand il eut réparé sa faute et son malheur.

Galère les répara en effet l'année d'après, en 297, d'une manière bien signalée. Il battit le roi de Perse en personne. Ces rois de Perse ne s'étaient pas corrigés depuis la bataille d'Arbelles de mener dans leurs armées leurs femmes, leurs filles et leurs eunuques. Galère prit, comme Alexandre, la femme et toute la famille du roi de Perse, et les traita avec le même respect. La paix fut aussi glorieuse que la victoire : les vaincus cédèrent cinq provinces aux Romains, des sables de Palmyrène jusqu'à l'Arménie.

Dioclétien et Galère allèrent à Rome étaler un triomphe inouï jusqu'alors : c'était la première fois qu'on montrait au peuple romain la femme d'un roi de Perse et ses enfants enchaînés. Tout l'empire était dans l'abondance et dans la joie. Dioclétien en parcourait toutes les provinces : il allait de Rome en Égypte, en Syrie, dans l'Asie Mineure ; sa demeure ordinaire n'était point à Rome : c'était à Nicomédie, près du Pont-Euxin, soit pour veiller de plus près sur les Perses et sur les barbares, soit qu'il s'affectionnât à un séjour qu'il avait embelli.

Ce fut au milieu de ces prospérités que Galère commença la persécution contre les chrétiens. Pourquoi les avait-on laissés en repos jusque-là, et pourquoi furent-ils maltraités alors? Eusèbe dit qu'un centurion de la légion Trajane, nommé Marcel, qui servait dans la Mauritanie, assistant avec sa troupe à une fête qu'on donnait pour la victoire de Galère, jeta par terre sa ceinture militaire, ses armes et sa baguette de sarment, qui était la marque de son office, disant tout haut qu'il était chrétien, et qu'il ne voulait plus servir des païens. Cette désertion fut punie de mort par le conseil de guerre. C'est là le premier exemple avéré de cette persécution si fameuse. Il est vrai qu'il y avait un grand nombre de chrétiens dans les armées de l'empire, et l'intérêt de l'État demandait qu'une telle désertion publique ne fût point autorisée. Le zèle de Marcel était très-pieux, mais il n'était pas raisonnable. Si dans la fête qu'on donnait en Mauritanie on mangeait des viandes offertes aux dieux de l'empire, la loi n'ordonnait point à

Marcel d'en manger ; le christianisme ne lui ordonnait point de donner l'exemple de la sédition, et il n'y a point de pays au monde où l'on ne punît une action si téméraire.

Cependant depuis l'aventure de Marcel, il ne paraît pas qu'on ait recherché les chrétiens jusqu'à l'an 303. Ils avaient à Nicomédie une superbe église cathédrale vis-à-vis le palais, et même beaucoup plus élevée. Les historiens ne nous disent point les raisons pour lesquelles Galère demanda instamment à Dioclétien qu'on abattît cette église ; mais ils nous apprennent que Dioclétien fut très-longtemps à se déterminer : il résista près d'une année. Il est bien étrange qu'après cela ce soit lui qu'on appelle *persécuteur*. Enfin, en 303, l'église fut abattue ; et on afficha un édit par lequel les chrétiens seraient privés de tout honneur et de toute dignité. Puisqu'on les en privait, il est évident qu'ils en avaient. Un chrétien arracha et mit en pièces publiquement l'édit impérial : ce n'était pas là un acte de religion ; c'était un emportement de révolte. Il est donc très-vraisemblable qu'un zèle indiscret, qui n'était pas selon la science, attira cette persécution funeste. Quelque temps après, le palais de Galère brûla ; il en accusa les chrétiens et ceux-ci accusèrent Galère d'avoir mis le feu lui-même à son palais pour avoir un prétexte de les calomnier. L'accusation de Galère paraît fort injuste : celle qu'on intente contre lui ne l'est pas moins, car l'édit étant déjà porté, de quel nouveau prétexte avait-il besoin ? S'il avait fallu en effet une nouvelle raison pour engager Dioclétien à persécuter, ce serait seulement une nouvelle preuve de la peine qu'eut Dioclétien à abandonner les chrétiens, qu'il avait toujours protégés : cela ferait voir évidemment qu'il avait fallu de nouveaux ressorts pour le déterminer à la violence.

Il paraît certain qu'il y eut beaucoup de chrétiens tourmentés dans l'empire ; mais il est difficile de concilier avec les lois romaines tous ces tourments recherchés, toutes ces mutilations, ces langues arrachées, ces membres coupés et grillés, et tous ces attentats à la pudeur, faits publiquement contre l'honnêteté publique. Aucune loi romaine n'ordonna jamais de tels supplices. Il se peut que l'aversion des peuples contre les chrétiens les ait portés à des excès horribles ; mais on ne trouve nulle part que ces excès aient été ordonnés par les empereurs ni par le sénat.

[1] Il est bien vraisemblable que la juste douleur des chrétiens se répandit en plaintes exagérées. Les *Actes sincères* nous racontent

---

1. Voyez, dans les *Éclaircissements historiques* (*Mélanges*, année 1763), la *quatrième sottise de Nonotte*.

que l'empereur étant dans Antioche, le préteur condamna un petit enfant chrétien nommé Romain à être brûlé ; que des Juifs présents à ce supplice se mirent méchamment à rire, en disant : « Nous avons eu autrefois trois petits enfants, Sidrac, Misac et Abdenago, qui ne brûlèrent point dans la fournaise ardente, mais ceux-ci y brûlent. » Dans l'instant, pour confondre les Juifs, une grande pluie éteignit le bûcher, et le petit garçon en sortit sain et sauf, en demandant : *Où est donc le feu?* Les *Actes sincères* ajoutent que l'empereur le fit délivrer, mais que le juge ordonna qu'on lui coupât la langue. Il n'est guère possible de croire qu'un juge ait fait couper la langue à un petit garçon à qui l'empereur avait pardonné.

Ce qui suit est plus singulier. On prétend qu'un vieux médecin chrétien nommé Ariston, qui avait un bistouri tout prêt, coupa la langue de l'enfant pour faire sa cour au préteur. Le petit Romain fut aussitôt renvoyé en prison. Le geôlier lui demanda de ses nouvelles : l'enfant raconta fort au long comment un vieux médecin lui avait coupé la langue. Il faut noter que le petit, avant cette opération, était extrêmement bègue, mais qu'alors il parlait avec une volubilité merveilleuse. Le geôlier ne manqua pas d'aller raconter ce miracle à l'empereur. On fit venir le vieux médecin ; il jura que l'opération avait été faite dans les règles de l'art, et montra la langue de l'enfant qu'il avait conservée proprement dans une boîte comme une relique. « Qu'on fasse venir, dit-il, le premier venu, je m'en vais lui couper la langue en présence de Votre Majesté, et vous verrez s'il pourra parler. » La proposition fut acceptée. On prit un pauvre homme, à qui le médecin coupa juste autant de langue qu'il en avait coupé au petit enfant : l'homme mourut sur-le-champ.

Je veux croire que les *Actes* qui rapportent ce fait sont aussi *sincères* qu'ils en portent le titre ; mais ils sont encore plus simples que sincères, et il est bien étrange que Fleury, dans son *Histoire ecclésiastique*, rapporte un si prodigieux nombre de faits semblables, bien plus propres au scandale qu'à l'édification.

Vous remarquerez encore que dans cette année 303, où l'on prétend que Dioclétien était présent à toute cette belle aventure dans Antioche, il était à Rome, et qu'il passa toute l'année en Italie. On dit que ce fut à Rome, en sa présence, que saint Genest, comédien, se convertit sur le théâtre en jouant une comédie contre les chrétiens [1]. Cette comédie montre bien que le goût de

---

1. Voltaire reparle avec détail de la conversion de saint Genest dans le chapitre xiv de son *Histoire de l'établissement du christianisme*. Voyez *Mélanges*, année 1777.

Plaute et de Térence ne subsistait plus. Ce qu'on appelle aujourd'hui *la comédie* ou *la farce italienne*, semble avoir pris naissance dans ce temps-là. Saint Genest représentait un malade : le médecin lui demandait ce qu'il avait : « *Je me sens pesant*, dit Genest. — Veux-tu que nous te rabotions pour te rendre plus léger? lui dit le médecin. — *Non*, répondit Genest, je veux mourir chrétien, pour ressusciter avec une belle taille. » Alors des acteurs habillés en prêtres et en exorcistes viennent pour le baptiser ; dans le moment Genest devint en effet chrétien, et au lieu d'achever son rôle, il se mit à prêcher l'empereur et le peuple. Ce sont encore les *Actes sincères* qui rapportent ce miracle.

Il est certain qu'il y eut beaucoup de vrais martyrs; mais aussi il n'est pas vrai que les provinces fussent inondées de sang, comme on se l'imagine. Il est fait mention d'environ deux cents martyrs, vers ces derniers temps de Dioclétien, dans toute l'étendue de l'empire romain, et il est avéré, par les lettres de Constantin même, que Dioclétien eut bien moins de part à la persécution que Galère.

Dioclétien tomba malade cette année, et, se sentant affaibli, il fut le premier qui donna au monde l'exemple de l'abdication de l'empire. Il n'est pas aisé de savoir si cette abdication fut forcée ou non. Ce qui est certain, c'est qu'ayant recouvré la santé il vécut encore neuf ans, aussi honoré que paisible, dans sa retraite de Salone, au pays de sa naissance. Il disait qu'il n'avait commencé à vivre que du jour de sa retraite, et lorsqu'on le pressa de remonter sur le trône il répondit que le trône ne valait pas la tranquillité de sa vie, et qu'il prenait plus de plaisir à cultiver son jardin qu'il n'en avait eu à gouverner la terre. Que conclurez-vous de tous ces faits, sinon qu'avec de très-grands défauts il régna en grand empereur, et qu'il acheva sa vie en philosophe?

DE DIODORE DE SICILE, ET D'HÉRODOTE[1].

Il est juste de commencer par Hérodote, comme le plus ancien.

Quand Henri Estienne intitula sa comique rapsodie *Apologie d'Hérodote*, on sait assez que son dessein n'était pas de justifier les contes de ce père de l'histoire ; il ne voulait que se moquer de nous, et faire voir que les turpitudes de son temps étaient pires

1. *Questions sur l'Encyclopédie*, quatrième partie, 1771. (B.)

que celles des Égyptiens et des Perses. Il usa de la liberté que se donnait tout protestant contre ceux de l'Église catholique, apostolique et romaine. Il leur reproche aigrement leurs débauches, leur avarice, leurs crimes expiés à prix d'argent, leurs indulgences publiquement vendues dans les cabarets, les fausses reliques supposées par leurs moines : il les appelle *idolâtres*. Il ose dire que si les Égyptiens adoraient, à ce qu'on dit, des chats et des ognons, les catholiques adoraient des os de morts. Il ose les appeler, dans son discours préliminaire, *théophages*, et même *théokèses* [1]. Nous avons quatorze éditions de ce livre, car nous aimons les injures qu'on nous dit en commun, autant que nous regimbons contre celles qui s'adressent à nos personnes en notre propre et privé nom.

Henri Estienne ne se servit donc d'Hérodote que pour nous rendre exécrables et ridicules. Nous avons un dessein tout contraire; nous prétendons montrer que les histoires modernes de nos bons auteurs, depuis Guichardin, sont en général aussi sages, aussi vraies que celles de Diodore et d'Hérodote sont folles et fabuleuses.

1° Que veut dire le père de l'histoire, dès le commencement de son ouvrage? « Les historiens perses rapportent que les Phéniciens furent les auteurs de toutes les guerres. De la mer Rouge ils entrèrent dans la nôtre, etc. » Il semblerait que les Phéniciens se fussent embarqués au golfe de Suez ; qu'arrivés au détroit de Babel-Mandel, ils eussent côtoyé l'Éthiopie, passé la ligne, doublé le cap des Tempêtes, appelé depuis le *cap de Bonne-Espérance*, remonté au loin entre l'Afrique et l'Amérique, qui est le seul chemin, repassé la ligne, entré de l'Océan dans la Méditerranée par les colonnes d'Hercule : ce qui aurait été un voyage de plus de quatre mille de nos grandes lieues marines, dans un temps où la navigation était dans son enfance.

2° La première chose que font les Phéniciens, c'est d'aller vers Argos enlever la fille du roi Inachus, après quoi les Grecs à leur tour vont enlever Europe, fille du roi de Tyr.

3° Immédiatement après vient Candaule, roi de Lydie, qui, rencontrant un de ses soldats aux gardes, nommé Gygès, lui dit : « Il faut que je te montre ma femme toute nue » ; il n'y manque pas.

---

1. Théokèses signifie *qui rend Dieu à la selle*, proprement ch..; *Dieu*, ce reproche affreux, cette injure avilissante n'a pas cependant effrayé le commun des catholiques : preuve évidente que les livres, n'étant point lus par le peuple, n'ont pͤ̄ nt d'influence sur le peuple. (*Note de Voltaire.*)

La reine, l'ayant su, dit au soldat comme de raison : « Il faut que tu meures, ou que tu assassines mon mari, et que tu règnes avec moi; » ce qui fut fait sans difficulté.

4° Suit l'histoire d'Orion, porté par un marsouin sur la mer, du fond de la Calabre jusqu'au cap de Matapan, ce qui fait un voyage assez extraordinaire d'environ cent lieues.

5° De conte en conte (et qui n'aime pas les contes?) on arrive à l'oracle infaillible de Delphes, qui tantôt devine que Crésus fait cuire un quartier d'agneau et une tortue dans une tourtière de cuivre, et tantôt lui prédit qu'il sera détrôné par un mulet.

6° Parmi les inconcevables fadaises dont toute l'histoire ancienne regorge, en est-il beaucoup qui approchent de la famine qui tourmenta pendant vingt-huit ans les Lydiens? Ce peuple, qu'Hérodote nous peint plus riche en or que les Péruviens, au lieu d'acheter des vivres chez l'étranger, ne trouva d'autre secret que celui de jouer aux dames, de deux jours l'un sans manger, pendant vingt-huit années de suite.

7° Connaissez-vous rien de plus merveilleux que l'histoire de Cyrus? Son grand-père, le Mède Astyage, qui, comme vous voyez, avait un nom grec, rêve une fois que sa fille Mandane (autre nom grec) inonde toute l'Asie en pissant; une autre fois, que de sa matrice il sort une vigne dont toute l'Asie mange les raisins. Et là-dessus, le bonhomme Astyage ordonne à un Harpage, autre Grec, de faire tuer son petit-fils Cyrus : car il n'y a certainement point de grand-père qui n'égorge toute sa race après de tels rêves. Harpage n'obéit point. Le bon Astyage, qui était prudent et juste, fait mettre en capilotade le fils d'Harpage, et le fait manger à son père, selon l'usage des anciens héros.

8° Hérodote, non moins bon naturaliste qu'historien exact, ne manque pas de vous dire que la terre à froment, devers Babylone, rapporte trois cents pour un. Je connais un petit pays qui rapporte trois pour un. J'ai envie d'aller me transporter dans le Diarbeck quand les Turcs en seront chassés par Catherine II, qui a de très-beaux blés aussi, mais non pas trois cents pour un.

9° Ce qui m'a toujours semblé très-honnête et très-édifiant chez Hérodote, c'est la belle coutume religieuse établie dans Babylone, et dont nous avons parlé, que toutes les femmes mariées allassent se prostituer dans le temple de Milita, pour de l'argent, au premier étranger qui se présentait. On comptait deux millions d'habitants dans cette ville : il devait y avoir de la presse aux dévotions. Cette loi est surtout très-vraisemblable chez les Orientaux, qui ont toujours renfermé les dames, et qui plus de dix siècles avant Hérodote imaginèrent de faire des eunuques qui leur répondissent de la chasteté de leurs femmes [1]. Je m'arrête ; si quelqu'un veut suivre l'ordre de ces numéros, il sera bientôt à cent.

Tout ce que dit Diodore de Sicile, sept siècles après Hérodote, est de la même force dans tout ce qui regarde les antiquités et la physique. L'abbé Terrasson nous disait : « Je traduis le texte de Diodore dans toute sa turpitude. » Il nous en lisait quelquefois des morceaux chez M. de La Faye ; et quand on riait, il disait : « Vous verrez bien autre chose. » Il était tout le contraire de Dacier.

Le plus beau morceau de Diodore est la charmante description de l'île Panchaïe, *Panchaïca tellus*, célébrée par Virgile [2]. Ce sont des allées d'arbres odoriférants, à perte de vue ; de la myrrhe et de l'encens pour en fournir au monde entier sans s'épuiser ; des fontaines qui forment une infinité de canaux bordés de fleurs ; des oiseaux ailleurs inconnus, qui chantent sous d'éternels ombrages ; un temple de marbre de quatre mille pieds de longueur, orné de colonnes et de statues colossales, etc., etc.

Cela fait souvenir du duc de La Ferté, qui, pour flatter le goût de l'abbé Servien, lui disait un jour : « Ah ! si vous aviez vu mon fils, qui est mort à l'âge de quinze ans ! quels yeux ! quelle fraîcheur de teint ! quelle taille admirable ! l'Antinoüs du Belvédère n'était auprès de lui qu'un magot de la Chine ; et puis, quelle douceur de mœurs ! faut-il que ce qu'il y a jamais eu de plus beau m'ait été enlevé ! » L'abbé Servien s'attendrit ; le duc de La Ferté, s'échauffant par ses propres paroles, s'attendrit aussi : tous deux enfin se mirent à pleurer ; après quoi il avoua qu'il n'avait jamais eu de fils.

Un certain abbé Bazin avait relevé avec sa discrétion ordinaire un autre conte de Diodore [3]. C'était à propos du roi d'Égypte Sésostris, qui, probablement, n'a pas plus existé que l'île Panchaïe. Le père de Sésostris, qu'on ne nomme point, imagina, le jour que

---

1. Remarquez qu'Hérodote vivait du temps de Xerxès, lorsque Babylone était dans sa plus grande splendeur : les Grecs ignoraient la langue chaldéenne. Quelque interprète se moqua de lui, ou Hérodote se moqua des Grecs. Lorsque les musicos d'Amsterdam étaient dans leur plus grande vogue, on aurait bien pu faire accroire à un étranger que les premières dames de la ville venaient se prostituer aux matelots qui revenaient de l'Inde, pour les récompenser de leurs peines. Le plus plaisant de tout ceci, c'est que des pédants welches ont trouvé la coutume de Babylone très-vraisemblable et très-honnête. (*Note de Voltaire.*)

2. *Panchaia tellus* est d'Ovide, *Metam.*, X, 309 ; Virgile, *Georg.*, II, 139, dit : *Panchaia pinguis*.

3. Voyez le paragraphe xix de *la Philosophie de l'histoire*, devenue l'*Introduction à l'Essai sur les Mœurs*, tome XI, page 61.

son fils naquit, de lui faire conquérir toute la terre dès qu'il serait majeur. C'est un beau projet. Pour cet effet, il fit élever auprès de lui tous les garçons qui étaient nés le même jour en Égypte; et pour en faire des conquérants, on ne leur donnait à déjeuner qu'après leur avoir fait courir cent quatre-vingts stades, qui font environ huit de nos grandes lieues.

Quand Sésostris fut majeur, il partit avec ses coureurs pour aller conquérir le monde. Ils étaient encore au nombre de dix-sept cents, et probablement la moitié était morte, selon le train ordinaire de la nature, et surtout de la nature de l'Égypte, qui de tout temps fut désolée par une peste destructive, au moins une fois en dix ans.

Il fallait donc qu'il fût né trois mille quatre cents garçons en Égypte le même jour que Sésostris; et comme la nature produit presque autant de filles que de garçons, il naquit ce jour-là environ six mille personnes au moins. Mais on accouche tous les jours, et six mille naissances par jour produisent au bout de l'année deux millions cent quatre-vingt-dix mille enfants. Si vous les multipliez par trente-quatre, selon la règle de Kerseboum, vous aurez en Égypte plus de soixante et quatorze millions d'habitants, dans un pays qui n'est pas si grand que l'Espagne ou que la France.

Tout cela parut énorme à l'abbé Bazin, qui avait un peu vu le monde, et qui savait comme il va.

Mais un Larcher, qui n'était jamais sorti du collège Mazarin, prit violemment le parti de Sésostris et de ses coureurs. Il prétendit qu'Hérodote, en parlant aux Grecs, ne comptait point par stades de la Grèce, et que les héros de Sésostris ne couraient que quatre grandes lieues pour avoir à déjeuner. Il accabla ce pauvre abbé Bazin d'injures, telles que jamais savant en *us* ou en *es* n'en avait pas encore dit. Il ne s'en tint pas même aux dix-sept cents petits garçons; il alla jusqu'à prouver, par les prophètes, que les femmes, les filles, les nièces des rois de Babylone, toutes les femmes des satrapes et des mages, allaient par dévotion coucher dans les allées du temple de Babylone pour de l'argent, avec tous les chameliers et tous les muletiers de l'Asie. Il traita de mauvais chrétien, de damné et d'ennemi de l'État, quiconque osait défendre l'honneur des dames de Babylone[1].

Il prit aussi le parti des boucs qui avaient communément les faveurs des jeunes Égyptiennes. Sa grande raison, disait-il, c'est qu'il était allié par les femmes à un parent de l'évêque de Meaux,

---

1. Voyez *la Défense de mon oncle*, chapitre II (*Mélanges*, année 1767).

Bossuet, auteur d'un discours éloquent sur l'*Histoire non universelle*; mais ce n'est pas là une raison péremptoire.

Gardez-vous des contes bleus en tout genre.

Diodore de Sicile fut le plus grand compilateur de ces contes. Ce Sicilien n'avait pas un esprit de la trempe de son compatriote Archimède, qui chercha et trouva tant de vérités mathématiques.

Diodore examine sérieusement l'histoire des Amazones et de leur reine Myrine; l'histoire des Gorgones, qui combattirent contre les Amazones; celle des Titans, celle de tous les dieux. Il approfondit l'histoire de Priape et d'Hermaphrodite. On ne peut donner plus de détails sur Hercule : ce héros parcourt tout l'hémisphère, tantôt à pied et tout seul comme un pèlerin, tantôt comme un général à la tête d'une grande armée. Tous ses travaux y sont fidèlement discutés; mais ce n'est rien en comparaison de l'histoire des dieux de Crète.

Diodore justifie Jupiter du reproche que d'autres graves historiens lui ont fait d'avoir détrôné et mutilé son père. On voit comment ce Jupiter alla combattre des géants, les uns dans son île, les autres en Phrygie, et ensuite en Macédoine et en Italie.

Aucun des enfants qu'il eut de sa sœur Junon et de ses favorites n'est omis.

On voit ensuite comment il devint dieu, et dieu suprême.

C'est ainsi que toutes les histoires anciennes ont été écrites. Ce qu'il y a de plus fort, c'est qu'elles étaient sacrées; et en effet, si elles n'avaient pas été sacrées elles n'auraient jamais été lues.

Il n'est pas mal d'observer que, quoiqu'elles fussent sacrées, elles étaient toutes différentes; et de province en province, d'île en île, chacune avait une histoire des dieux, des demi-dieux et des héros, contradictoire avec celle de ses voisins; mais aussi ce qu'il faut bien observer, c'est que les peuples ne se battirent jamais pour cette mythologie.

L'histoire honnête de Thucydide, et qui a quelques lueurs de vérité, commence à Xerxès; mais avant cette époque, que de temps perdu !

DIRECTEUR [1].

Ce n'est ni d'un directeur de finances, ni d'un directeur d'hôpitaux, ni d'un directeur des bâtiments du roi, etc., etc., que je

---

1. Article ajouté, en 1774, dans l'édition in-4° des *Questions sur l'Encyclopédie*. (B.)

prétends parler, mais d'un directeur de conscience : car celui-là dirige tous les autres ; il est le précepteur du genre humain. Il sait et enseigne ce qu'on doit faire et ce qu'on doit omettre dans tous les cas possibles.

Il est clair qu'il serait utile que dans toutes les cours il y eût un homme *consciencieux*, que le monarque consultât en secret dans plus d'une occasion, et qui lui dît hardiment : *Non licet*. Louis le Juste n'aurait pas commencé son triste et malheureux règne par assassiner son premier ministre et par emprisonner sa mère. Que de guerres aussi funestes qu'injustes de bons directeurs nous auraient épargnées ! que de cruautés ils auraient prévenues !

Mais souvent on croit consulter un agneau, et on consulte un renard. Tartuffe était le directeur d'Orgon. Je voudrais bien savoir quel fut le directeur de conscience qui conseilla la Saint-Barthélemy.

Il n'est pas plus parlé de directeurs que de confesseurs dans l'Évangile. Chez les peuples que notre courtoisie ordinaire nomme *païens*, nous ne voyons pas que Scipion, Fabricius, Caton, Titus, Trajan, les Antonins, eussent des directeurs. Il est bon d'avoir un ami scrupuleux qui vous rappelle à vos devoirs ; mais votre conscience doit être le chef de votre conseil.

Un huguenot fut bien étonné quand une dame catholique lui apprit qu'elle avait un confesseur pour l'absoudre de ses péchés, et un directeur pour l'empêcher d'en commettre. « Comment votre vaisseau, lui dit-il, madame, a-t-il pu faire eau si souvent, ayant deux si bons pilotes ? »

Les doctes observent qu'il n'appartient pas à tout le monde d'avoir un directeur. Il en est de cette charge dans une maison comme de celle d'écuyer : cela n'appartient qu'aux grandes dames. L'abbé Gobelin, homme processif et avide, ne dirigeait que Mme de Maintenon. Les directeurs à la ville servent souvent quatre ou cinq dévotes à la fois ; ils les brouillent tantôt avec leurs maris, tantôt avec leurs amants, et remplissent quelquefois les places vacantes.

Pourquoi les femmes ont-elles des directeurs, et les hommes n'en ont-ils point ? C'est par la raison que Mme de La Vallière se fit carmélite quand elle fut quittée par Louis XIV, et que M. de Turenne, étant trahi par Mme de Coetquen, ne se fit pas moine.

Saint Jérôme et Rufin, son antagoniste, étaient grands directeurs de femmes et de filles ; ils ne trouvèrent pas un sénateur romain, pas un tribun militaire à gouverner. Il faut à ces gens-là du *devoto femineo sexu*. Les hommes ont pour eux trop de barbe au menton, et souvent trop de force dans l'esprit. Boileau a fait, dans la satire des femmes (satire X, v. 566-572), le portrait d'un directeur :

> Nul n'est si bien soigné qu'un directeur de femmes.
> Quelque léger dégoût vient-il le travailler ;
> Une froide vapeur le fait-elle bâiller ;
> Un escadron coiffé d'abord court à son aide :
> L'une chauffe un bouillon, l'autre apprête un remède ;
> Chez lui sirops exquis, ratafias vantés,
> Confitures, surtout, volent de tous côtés, etc.

Ces vers sont bons pour Brossette. Il y avait, ce me semble, quelque chose de mieux à nous dire.

DISPUTE[1].

On a toujours disputé, et sur tous les sujets : *Mundum tradidit disputationi eorum*[2]. Il y a eu de violentes querelles pour savoir si le tout est plus grand que sa partie ; si un corps peut être en plusieurs endroits à la fois ; si la matière est toujours impénétrable ; si la blancheur de la neige peut subsister sans neige ; si la douceur du sucre peut se faire sentir sans sucre ; si on peut penser sans tête.

Je ne fais aucun doute que dès qu'un janséniste aura fait un livre pour démontrer que deux et un font trois, il ne se trouve un moliniste qui démontre que deux et un font cinq.

Nous avons cru instruire le lecteur et lui plaire en mettant sous ses yeux cette pièce de vers sur les disputes. Elle est fort connue de tous les gens de goût de Paris ; mais elle ne l'est point des savants qui disputent encore sur la prédestination gratuite et sur la grâce concomitante, et sur la question si la mer a produit les montagnes.

Lisez les vers suivants sur les disputes : voilà comme on en faisait dans le bon temps.

---

1. *Questions sur l'Encyclopédie*, quatrième partie, 1771. (B.)
2. *Ecclésiaste*, chapitre III, v. 11. (*Note de Voltaire*.)

DISCOURS EN VERS SUR LES DISPUTES,

PAR DE RULHIÈRES.

Vingt têtes, vingt avis; nouvel an, nouveau goût;
Autre ville, autres mœurs; tout change, on détruit tout.
Examine pour toi ce que ton voisin pense :
Le plus beau droit de l'homme est cette indépendance;
Mais ne dispute point; les desseins éternels,
Cachés au sein de Dieu, sont trop loin des mortels.
Le peu que nous savons d'une façon certaine,
Frivole comme nous, ne vaut pas tant de peine.
Le monde est plein d'erreurs; mais de là je conclus
Que prêcher la raison n'est qu'une erreur de plus.

En parcourant au loin la planète où nous sommes,
Que verrons-nous? Les torts et les travers des hommes.
Ici c'est un synode, et là c'est un divan;
Nous verrons le mufti, le derviche, l'iman,
Le bonze, le lama, le talapoin, le pope,
Les antiques rabbins, et les abbés d'Europe,
Nos moines, nos prélats, nos docteurs agrégés :
Êtes-vous disputeurs, mes amis? Voyagez.

Qu'un jeune ambitieux ait ravagé la terre;
Qu'un regard de Vénus ait allumé la guerre;
Qu'à Paris, au Palais, l'honnête citoyen
Plaide pendant vingt ans pour un mur mitoyen;
Qu'au fond d'un diocèse un vieux prêtre gemisse
Quand un abbé de cour enlève un bénéfice;
Et que, dans le parterre, un poëte envieux
Ait, en battant des mains, un feu noir dans les yeux :
Tel est le cœur humain; mais l'ardeur insensée
D'asservir ses voisins à sa propre pensée,
Comment la concevoir? Pourquoi, par quel moyen
Veux-tu que ton esprit soit la règle du mien?

Je hais surtout, je hais tout causeur incommode,
Tous ces demi-savants gouvernés par la mode,
Ces gens qui, pleins de feu, peut-être pleins d'esprit,
Soutiendront contre vous ce que vous aurez dit;
Un peu musiciens, philosophes, poëtes,
Et grands hommes d'État formés par les gazettes;
Sachant tout, lisant tout, prompts à parler de tout,
Et qui contrediraient Voltaire sur le goût,

DISPUTE.

Montesquieu sur les lois, de Brogli sur la guerre,
Ou la jeune d'Egmont sur le talent de plaire.

Voyez-les s'emporter sur les moindres sujets,
Sans cesse répliquant, sans répondre jamais :
« Je ne céderais pas au prix d'une couronne...
Je sens... le sentiment ne consulte personne...
Et le roi serait là... je verrais là le feu...
Messieurs, la vérité mise une fois en jeu,
Doit-il nous importer de plaire ou de déplaire ?... »

C'est bien dit ; mais pourquoi cette rigueur [1] austère ?
Hélas ! c'est pour juger de quelques nouveaux airs,
Ou des deux Poinsinet lequel fait mieux des vers.

Auriez-vous par hasard connu feu monsieur d'Aube [2],
Qu'une ardeur de dispute éveillait avant l'aube ?
Contiez-vous un combat de votre régiment,
Il savait mieux que vous, où, contre qui, comment.
Vous seul en auriez eu toute la renommée,
N'importe, il vous citait ses lettres de l'armée ;
Et, Richelieu présent, il aurait raconté
Ou Gênes défendue, ou Mahon emporté.
D'ailleurs homme de sens, d'esprit et de mérite ;
Mais son meilleur ami redoutait sa visite.
L'un, bientôt rebuté d'une vaine clameur,
Gardait en l'écoutant un silence d'humeur.
J'en ai vu, dans le feu d'une dispute aigrie,
Prêts à l'injurier, le quitter de furie ;
Et, rejetant la porte à son double battant,
Ouvrir à leur colère un champ libre en sortant.
Ses neveux, qu'à sa suite attachait l'espérance,
Avaient vu dérouter toute leur complaisance.
Un voisin asthmatique, en l'embrassant un soir,
Lui dit : « Mon médecin me défend de vous voir. »
Et parmi cent vertus cette unique faiblesse
Dans un triste abandon réduisit sa vieillesse.
Au sortir d'un sermon la fièvre le saisit,
Las d'avoir écouté sans avoir contredit ;

1. Dans quelques éditions, au lieu de *rigueur*, on lit *raideur ;* dans d'autres, *morale*.
2. Oui, je l'ai connu ; il était précisément tel que le dépeint M. de Rulhières, auteur de cette épître. Ce fut sa rage de disputer contre tout venant sur les plus petites choses qui lui fit ôter l'intendance dont il était revêtu. (*Note de Voltaire.*)

DISPUTE.

Et, tout près d'expirer, gardant son caractère,
Il faisait disputer le prêtre et le notaire.

Que la bonté divine, arbitre de son sort,
Lui donne le repos que nous rendit sa mort,
Si du moins il s'est tu devant ce grand arbitre!

Un jeune bachelier, bientôt docteur en titre,
Doit, suivant une affiche, un tel jour, en tel lieu,
Répondre à tout venant sur l'essence de Dieu.
Venez-y, venez voir, comme sur un théâtre,
Une dispute en règle, un choc opiniâtre,
L'enthymème serré, les dilemmes pressants,
Poignards à double lame, et frappant en deux sens;
Et le grand syllogisme en forme régulière,
Et le sophisme vain de sa fausse lumière;
Des moines échauffés, vrai fléau des docteurs,
De pauvres Hibernois, complaisants disputeurs,
Qui, fuyant leur pays pour les saintes promesses,
Viennent vivre à Paris d'arguments et de messes;
Et l'honnête public qui, même écoutant bien,
A la saine raison de n'y comprendre rien.
Voilà donc les leçons qu'on prend dans vos écoles!

Mais tous les arguments sont-ils faux ou frivoles?
Socrate disputait jusque dans les festins,
Et tout nu quelquefois argumentait aux bains.
Était-ce dans un sage une folle manie?
La contrariété fait sortir le génie.
La veine d'un caillou recèle un feu qui dort;
Image de ces gens, froids au premier abord,
Et qui dans la dispute, à chaque repartie,
Sont pleins d'une chaleur qu'on n'avait point sentie.
C'est un bien, j'y consens. Quant au mal, le voici :
Plus on a disputé, moins on s'est éclairci.
On ne redresse point l'esprit faux ni l'œil louche.
Ce mot *j'ai tort,* ce mot nous déchire la bouche.
Nos cris et nos efforts ne frappent que le vent,
Chacun dans son avis demeure comme avant.
C'est mêler seulement aux opinions vaines
Le tumulte insensé des passions humaines.
Le vrai peut quelquefois n'être point de saison;
Et c'est un très-grand tort que d'avoir trop raison.

Autrefois la Justice et la Vérité nues
Chez les premiers humains furent longtemps connues;

Elles régnaient en sœurs; mais on sait que depuis
L'une a fui dans le ciel et l'autre dans un puits.
La vaine Opinion règne sur tous les âges;
Son temple est dans les airs porté sur les nuages;
Une foule de dieux, de démons, de lutins,
Sont au pied de son trône; et, tenant dans leurs mains
Mille riens enfantés par un pouvoir magique,
Nous les montrent de loin sous des verres d'optique.
Autour d'eux, nos vertus, nos biens, nos maux divers,
En bulles de savon sont épars dans les airs;
Et le souffle des vents y promène sans cesse
De climats en climats le temple et la déesse.
Elle fuit et revient. Elle place un mortel
Hier sur un bûcher, demain sur un autel.
Le jeune Antinoüs eut autrefois des prêtres.
Nous rions maintenant des mœurs de nos ancêtres;
Et qui rit de nos mœurs ne fait que prévenir
Ce qu'en doivent penser les siècles à venir.
Une beauté frappante et dont l'éclat étonne,
Les Français la peindront sous les traits de Brionne,
Sans croire qu'autrefois un petit front serré,
Un front à cheveux d'or fut souvent adoré.
Ainsi l'Opinion, changeante et vagabonde,
Soumet la Beauté même, autre reine du monde;
Ainsi, dans l'univers, ses magiques effets
Des grands événements sont les ressorts secrets.
Comment donc espérer qu'un jour, aux pieds d'un sage,
Nous la voyions tomber du haut de son nuage,
Et que la Vérité, se montrant aussitôt,
Vienne au bord de son puits voir ce qu'on fait en haut?

Il est pour les savants, et pour les sages même,
Une autre illusion : cet esprit de système,
Qui bâtit, en rêvant, des mondes enchantés,
Et fonde mille erreurs sur quelques vérités.
C'est par lui qu'égarés après de vaines ombres,
L'inventeur du calcul chercha Dieu dans les nombres,
L'auteur du mécanisme attacha follement
La liberté de l'homme aux lois du mouvement.
L'un d'un soleil éteint veut composer la terre;
La terre, dit un autre, est un globe de verre [1].
De là ces différends soutenus à grands cris;
Et, sur un tas poudreux d'inutiles écrits,
La dispute s'assied dans l'asile du sage.

1. C'est une des rêveries de M. de Buffon. (*Note de Voltaire.*)

DISPUTE.

La contrariété tient souvent au langage ;
On peut s'entendre moins, formant un même son,
Que si l'un parlait basque, et l'autre bas-breton.
C'est là, qui le croirait? un fléau redoutable ;
Et la pâle famine, et la peste effroyable,
N'égalent point les maux et les troubles divers
Que les malentendus sèment dans l'univers.

Peindrai-je des dévots les discordes funestes,
Les saints emportements de ces âmes célestes,
Le fanatisme au meurtre excitant les humains,
Des poisons, des poignards, des flambeaux dans les mains ;
Nos villages déserts, nos villes embrasées,
Sous nos foyers détruits nos mères écrasées ;
Dans nos temples sanglants abandonnés du ciel,
Les ministres rivaux égorgés sur l'autel ;
Tous les crimes unis, meurtre, inceste, pillage,
Les fureurs du plaisir se mêlant au carnage ;
Sur des corps expirants, d'infâmes ravisseurs
Dans leurs embrassements reconnaissant leurs sœurs ;
L'étranger dévorant le sein de ma patrie,
Et sous la piété déguisant sa furie ;
Les pères conduisant leurs enfants aux bourreaux,
Et les vaincus toujours traînés aux échafauds?...
Dieu puissant! permettez que ces temps déplorables
Un jour par nos neveux soient mis au rang des fables.

Mais je vois s'avancer un fâcheux disputeur ;
Son air d'humilité couvre mal sa hauteur ;
Et son austérité, pleine de l'Évangile,
Paraît offrir à Dieu le venin qu'il distille.
« Monsieur, tout ceci cache un dangereux poison :
Personne, selon vous, n'a ni tort ni raison ;
Et sur la vérité n'ayant point de mesure,
Il faut suivre pour loi l'instinct de la nature!

— Monsieur, je n'ai pas dit un mot de tout cela...
— Oh! quoique vous ayez déguisé ce sens-là,
En vous interprétant la chose devient claire...

— Mais en termes précis j'ai dit tout le contraire.
Cherchons la vérité, mais d'un commun accord :
Qui discute a raison, et qui dispute a tort.
Voilà ce que j'ai dit : et d'ailleurs, qu'à la guerre,
A la ville, à la cour, souvent il faut se taire...
— Mon cher monsieur, ceci cache toujours deux sens ;

Je distingue... — Monsieur, distinguez, j'y consens.
J'ai dit mon sentiment, je vous laisse les vôtres,
En demandant pour moi ce que j'accorde aux autres...
— Mon fils, nous vous avons défendu de penser ;
Et pour vous convertir je cours vous dénoncer. »

Heureux ! ô trop heureux qui, loin des fanatiques,
Des causeurs importuns, et des jaloux critiques,
En paix sur l'Hélicon pourrait cueillir des fleurs !
Tels on voit dans les champs de sages laboureurs,
D'une ruche irritée évitant les blessures,
En dérober le miel à l'abri des piqûres [1].

DISTANCE [2].

Un homme qui connaît combien on compte de pas d'un bout de sa maison à l'autre s'imagine que la nature lui a enseigné tout d'un coup cette distance, et qu'il n'a eu besoin que d'un coup d'œil, comme lorsqu'il a vu des couleurs. Il se trompe ; on ne peut connaître les différents éloignements des objets que par expérience, par comparaison, par habitude. C'est ce qui fait qu'un matelot, en voyant sur mer un vaisseau voguer loin du sien, vous dira sans hésiter à quelle distance on est à peu près de ce vaisseau ; et le passager n'en pourra former qu'un doute très-confus.

La distance n'est qu'une ligne de l'objet à nous. Cette ligne se termine à un point : nous ne sentons donc que ce point, et soit que l'objet existe à mille lieues, ou qu'il soit à un pied, ce point est toujours le même dans nos yeux.

Nous n'avons donc aucun moyen immédiat pour apercevoir tout d'un coup la distance, comme nous en avons pour sentir, par l'attouchement, si un corps est dur ou mou ; par le goût, s'il est doux ou amer ; par l'ouïe, si de deux sons l'un est grave et l'autre aigu. Car, qu'on y prenne bien garde, les parties d'un corps qui cèdent à mon doigt sont la plus prochaine cause de ma sen-

---

1. L'insertion de cette pièce de vers dans le *Dictionnaire philosophique* fit la réputation de Claude-Carloman de Rulhières, qui, ayant suivi le baron de Breteuil à Saint-Pétersbourg, a laissé, sur la Pologne et la Russie, plusieurs ouvrages qui devraient toujours être consultés par ceux qui étudient l'histoire des opprimés et de leurs oppresseurs. (E. B.)

2. Cet article se retrouve presque textuellement dans le chapitre vii de la deuxième partie des *Eléments de la philosophie de Newton*. (Voyez *Mélanges*, année 1738.) Il parut tel qu'il est ici dans les *Questions sur l'Encyclopédie*, 4e partie, 1771. (B.)

sation de mollesse; et les vibrations de l'air, excitées par le corps sonore, sont la plus prochaine cause de ma sensation du son. Or, si je ne puis avoir ainsi immédiatement une idée de distance, il faut donc que je connaisse cette distance par le moyen d'une autre idée intermédiaire; mais il faut au moins que j'aperçoive cette idée intermédiaire : car une idée que je n'aurais point ne servira certainement pas à m'en faire avoir une autre.

On dit qu'une telle maison est à un mille d'une telle rivière; mais si je ne sais pas où est cette rivière, je ne sais certainement pas où est cette maison. Un corps cède aisément à l'impression de ma main; je conclus immédiatement sa mollesse. Un autre résiste; je sens immédiatement sa dureté. Il faudrait donc que je sentisse les angles formés dans mon œil, pour en conclure immédiatement les distances des objets. Mais la plupart des hommes ne savent pas même si ces angles existent : donc il est évident que ces angles ne peuvent être la cause immédiate de ce que vous connaissez les distances.

Celui qui, pour la première fois de sa vie, entendrait le bruit du canon ou le son d'un concert ne pourrait juger si on tire ce canon ou si on exécute ce concert à une lieue ou à trente pas. Il n'y a que l'expérience qui puisse l'accoutumer à juger de la distance qui est entre lui et l'endroit d'où part ce bruit. Les vibrations, les ondulations de l'air, portent un son à ses oreilles, ou plutôt à son *sensorium;* mais ce bruit n'avertit pas plus son *sensorium* de l'endroit où le bruit commence qu'il ne lui apprend la forme du canon ou des instruments de musique. C'est la même chose précisément par rapport aux rayons de lumière qui partent d'un objet; ils ne nous apprennent point du tout où est cet objet.

Ils ne nous font pas connaître davantage les grandeurs ni même les figures. Je vois de loin une petite tour ronde. J'avance, j'aperçois et je touche un grand bâtiment quadrangulaire. Certainement ce que je vois et ce que je touche n'est pas ce que je voyais : ce petit objet rond qui était dans mes yeux n'est point ce grand bâtiment carré. Autre chose est donc, par rapport à nous, l'objet mesurable et tangible, autre chose est l'objet visible. J'entends de ma chambre le bruit d'un carrosse : j'ouvre la fenêtre, et je le vois; je descends, et j'entre dedans. Or ce carrosse que j'ai entendu, ce carrosse que j'ai vu, ce carrosse que j'ai touché, sont trois objets absolument divers de trois de mes sens, qui n'ont aucun rapport immédiat les uns avec les autres.

Il y a bien plus : il est démontré qu'il se forme dans mon œil un angle une fois plus grand, à très-peu de chose près, quand je vois un homme à quatre pieds de moi que quand je vois le même homme à huit pieds de moi. Cependant je vois toujours cet homme de la même grandeur. Comment mon sentiment contredit-il ainsi le mécanisme de mes organes? L'objet est réellement une fois plus petit dans mes yeux, et je le vois une fois plus grand. C'est en vain qu'on veut expliquer ce mystère par le chemin que suivent les rayons, ou par la forme que prend le cristallin dans nos yeux. Quelque supposition que l'on fasse, l'angle sous lequel je vois un homme à quatre pieds de moi est toujours à peu près double de l'angle sous lequel je le vois à huit pieds. La géométrie ne résoudra jamais ce problème; la physique y est également impuissante : car vous avez beau supposer que l'œil prend une nouvelle conformation, que le cristallin s'avance, que l'angle s'agrandit, tout cela s'opérera également pour l'objet qui est à huit pas, et pour l'objet qui est à quatre. La proportion sera toujours la même; si vous voyiez l'objet à huit pas sous un angle de moitié plus grand qu'il ne doit être, vous verriez aussi l'objet à quatre pas sous un angle de moitié plus grand ou environ. Donc ni la géométrie ni la physique ne peuvent expliquer cette difficulté.

Ces lignes et ces angles géométriques ne sont pas plus réellement la cause de ce que nous voyons les objets à leur place que de ce que nous les voyons de telles grandeurs et à telle distance. L'âme ne considère pas si telle partie va se peindre au bas de l'œil ; elle ne rapporte rien à des lignes qu'elle ne voit point. L'œil se baisse seulement pour voir ce qui est près de la terre, et se relève pour voir ce qui est au-dessus de la terre. Tout cela ne pouvait être éclairci et mis hors de toute contestation que par quelque aveugle-né à qui on aurait donné le sens de la vue. Car si cet aveugle, au moment qu'il eût ouvert les yeux, eût jugé des distances, des grandeurs et des situations, il eût été vrai que les angles optiques, formés tout d'un coup dans sa rétine, eussent été les causes immédiates de ses sentiments. Aussi le docteur Berkeley assurait, d'après M. Locke (et allant même en cela plus loin que Locke), que ni situation, ni grandeur, ni distance, ni figure, ne serait aucunement discernée par cet aveugle, dont les yeux recevraient tout d'un coup la lumière.

On trouva enfin, en 1729, l'aveugle-né dont dépendait la décision indubitable de cette question. Le célèbre Cheselden, un de ces fameux chirurgiens qui joignent l'adresse de la main aux plus grandes lumières de l'esprit, ayant imaginé qu'on pouvait donner la vue à cet aveugle-né, en lui abaissant ce qu'on appelle des *cataractes*, qu'il soupçonnait formées dans ses yeux presque au moment de sa naissance, il proposa l'opération. L'aveugle eut de la peine à y consentir : il ne concevait pas trop que le sens de la vue pût beaucoup augmenter ses plaisirs. Sans l'envie qu'on lui inspira d'apprendre à lire et à écrire, il n'eût point désiré de voir. Il vérifiait, par cette indifférence, « qu'il est impossible d'être malheureux par la privation des biens dont on n'a pas d'idée » ; vérité bien importante. Quoi qu'il en soit, l'opération fut faite et réussit. Ce jeune homme, d'environ quatorze ans, vit la lumière pour la première fois. Son expérience confirma tout ce que Locke et Berkeley avaient si bien prévu. Il ne distingua de longtemps ni grandeur, ni situation, ni même figure. Un objet d'un pouce mis devant son œil, et qui lui cachait une maison, lui paraissait aussi grand que la maison. Tout ce qu'il voyait lui semblait d'abord être sur ses yeux, et les toucher comme les objets du tact touchent la peau. Il ne pouvait distinguer d'abord ce qu'il avait jugé rond à l'aide de ses mains d'avec ce qu'il avait jugé angulaire, ni discerner avec ses yeux si ce que ses mains avaient senti être en haut ou en bas était en effet en haut ou en bas. Il était si loin de connaître les grandeurs qu'après avoir enfin conçu par la vue que sa maison était plus grande que sa chambre, il ne concevait pas comment la vue pouvait donner cette idée. Ce ne fut qu'au bout de deux mois d'expérience qu'il put apercevoir que les tableaux représentaient des corps saillants, et lorsqu'après ce long tâtonnement d'un sens nouveau en lui il eut senti que des corps, et non des surfaces seules, étaient peints dans les tableaux, il y porta la main, et fut étonné de ne point trouver avec ses mains ces corps solides dont il commençait à apercevoir les représentations. Il demandait quel était le trompeur, du sens du toucher ou du sens de la vue.

Ce fut donc une décision irrévocable que la manière dont nous voyons les choses n'est point du tout la suite immédiate des angles formés dans nos yeux : car ces angles mathématiques étaient dans les yeux de cet homme comme dans les nôtres, et ne lui servaient de rien sans le secours de l'expérience et des autres sens.

L'aventure de l'aveugle-né fut connue en France vers l'an 1735. L'auteur des *Éléments de Newton*, qui avait beaucoup vu Cheselden, fit mention de cette découverte importante ; mais à peine y prit-on garde [1]. Et même lorsqu'on fit ensuite à Paris la même

---

[1]. Voltaire a tiré cet article presque textuellement de ses *Éléments de la philosophie de Newton*. Diderot et Condillac s'occupèrent seuls, en effet, des expériences

opération de la cataracte sur un jeune homme qu'on prétendait privé de la vue dès son berceau, on négligea de suivre le développement journalier du sens de la vue en lui, et la marche de la nature. Le fruit de cette opération fut perdu pour les philosophes.

Comment nous représentons-nous les grandeurs et les distances? De la même façon dont nous imaginons les passions des hommes, par les couleurs qu'elles peignent sur leurs visages, et par l'altération qu'elles portent dans leurs traits. Il n'y a personne qui ne lise tout d'un coup sur le front d'un autre la douleur ou la colère. C'est la langue que la nature parle à tous les yeux; mais l'expérience seule apprend ce langage. Aussi l'expérience seule nous apprend que quand un objet est trop loin, nous le voyons confusément et faiblement. De là nous formons des idées, qui ensuite accompagnent toujours la sensation de la vue. Aussi tout homme qui, à dix pas, aura vu son cheval haut de cinq pieds, s'il voit, quelques minutes après, ce cheval gros comme un mouton, son âme, par un jugement involontaire, conclut à l'instant que ce cheval est très-loin.

Il est bien vrai que, quand je vois mon cheval de la grosseur d'un mouton, il se forme alors dans mon œil une peinture plus petite, un angle plus aigu; mais c'est là ce qui accompagne, non ce qui cause mon sentiment. De même il se fait un autre ébranlement dans mon cerveau, quand je vois un homme rougir de honte, que quand je le vois rougir de colère; mais ces différentes impressions ne m'apprendraient rien de ce qui se passe dans l'âme de cet homme, sans l'expérience, dont la voix seule se fait entendre.

Loin que cet angle soit la cause immédiate de ce que je juge qu'un grand cheval est très-loin quand je vois ce cheval fort petit, il arrive au contraire, à tous les moments, que je vois ce même cheval également grand, à dix pas, à vingt, à trente, à quarante pas, quoique l'angle à dix pas soit double, triple, quadruple. Je regarde de fort loin, par un petit trou, un homme posté sur un

---

de Cheselden qu'avait rapportées Voltaire, l'un dans sa *Lettre sur les aveugles*, et l'autre dans son *Essai sur l'origine des connaissances humaines*. C'est M. Molineux qui, le premier, avait posé et cherché à résoudre le problème de l'aveugle-né recouvrant la vue et jugeant des objets. Il nous semble que l'aveugle opéré, dont Voltaire parle dans la phrase suivante, est le même que mentionne Diderot en commençant sa *Lettre à l'usage de ceux qui voient*. M. de Réaumur, qui faisait abattre la cataracte à cette personne, ne voulut pas que les philosophes fussent présents à l'opération. Remarquons seulement que Diderot parle d'une aveugle-née, et que Voltaire, par oubli sans doute, désigne un jeune homme. (G. A.)

toit : le lointain et le peu de rayons m'empêchent d'abord de distinguer si c'est un homme ; l'objet me paraît très-petit ; je crois voir une statue de deux pieds tout au plus ; l'objet se remue, je juge que c'est un homme, et dès ce même instant cet homme me paraît de la grandeur ordinaire. D'où viennent ces deux jugements si différents? Quand j'ai cru voir une statue, je l'ai imaginée de deux pieds, parce que je la voyais sous un tel angle ; nulle expérience ne pliait mon âme à démentir les traits imprimés dans ma rétine, mais dès que j'ai jugé que c'était un homme, la liaison mise par l'expérience dans mon cerveau entre l'idée d'un homme et l'idée de la hauteur de cinq à six pieds me force, sans que j'y pense, à imaginer, par un jugement soudain, que je vois un homme de telle hauteur, et à voir une telle hauteur en effet.

Il faut absolument conclure de tout ceci que les distances, les grandeurs, les situations, ne sont pas, à proprement parler, des choses visibles, c'est-à-dire ne sont pas les objets propres et immédiats de la vue. L'objet propre et immédiat de la vue n'est autre chose que la lumière colorée ; tout le reste, nous ne le sentons qu'à la longue et par expérience. Nous apprenons à voir précisément comme nous apprenons à parler et à lire. La différence est que l'art de voir est plus facile, et que la nature est également à tous notre maître.

Les jugements soudains, presque uniformes, que toutes nos âmes, à un certain âge, portent des distances, des grandeurs, des situations, nous font penser qu'il n'y a qu'à ouvrir les yeux pour voir de la manière dont nous voyons. On se trompe ; il y faut le secours des autres sens. Si les hommes n'avaient que le sens de la vue, ils n'auraient aucun moyen pour connaître l'étendue en longueur, largeur et profondeur[1] ; et un pur esprit ne la connaîtrait pas peut-être, à moins que Dieu ne la lui révélât. Il est très-difficile de séparer dans notre entendement l'extension d'un objet d'avec les couleurs de cet objet. Nous ne voyons jamais rien que d'étendu, et de là nous sommes tous portés à croire que nous voyons en effet l'étendue. Nous ne pouvons guère distinguer dans notre âme ce jaune que nous voyons dans un louis d'or, d'avec ce louis d'or dont nous voyons le jaune. C'est comme, lorsque nous entendons prononcer ce mot *louis d'or*, nous ne pouvons nous empêcher d'attacher malgré nous l'idée de cette monnaie au son que nous entendons prononcer.

---

1. Voyez, dans les *Eléments de la philosophie de Newton* (*Mélanges*, année 1738) une note sur cette question, chapitre vii de la deuxième partie. (K)

Si tous les hommes parlaient la même langue, nous serions toujours prêts à croire qu'il y aurait une connexion nécessaire entre les mots et les idées. Or tous les hommes ont ici le même langage en fait d'imagination. La nature leur dit à tous : Quand vous aurez vu des couleurs pendant un certain temps, votre imagination vous représentera à tous, de la même façon, les corps auxquels ces couleurs semblent attachées. Ce jugement prompt et involontaire que vous formerez vous sera utile dans le cours de votre vie : car s'il fallait attendre, pour estimer les distances, les grandeurs, les situations de tout ce qui vous environne, que vous eussiez examiné des angles et des rayons visuels, vous seriez mort avant que de savoir si les choses dont vous avez besoin sont à dix pas de vous ou à cent millions de lieues, et si elles sont de la grosseur d'un ciron ou d'une montagne : il vaudrait beaucoup mieux pour nous être nés aveugles.

Nous avons donc peut-être grand tort quand nous disons que nos sens nous trompent. Chacun de nos sens fait la fonction à laquelle la nature l'a destiné. Ils s'aident mutuellement pour envoyer à notre âme, par les mains de l'expérience, la mesure des connaissances que notre être comporte. Nous demandons à nos sens ce qu'ils ne sont point faits pour nous donner. Nous voudrions que nos yeux nous fissent connaître la solidité, la grandeur, la distance, etc. ; mais il faut que le toucher s'accorde en cela avec la vue, et que l'expérience les seconde. Si le P. Malebranche avait envisagé la nature par ce côté, il eût attribué peut-être moins d'erreurs à nos sens, qui sont les seules sources de toutes nos idées.

Il ne faut pas, sans doute, étendre à tous les cas cette espèce de métaphysique que nous venons de voir : nous ne devons l'appeler au secours que quand les mathématiques nous sont insuffisantes.

DIVINITÉ DE JÉSUS [1].

Les sociniens, qui sont regardés comme des blasphémateurs, ne reconnaissent point la divinité de Jésus-Christ. Ils osent prétendre, avec les philosophes de l'antiquité, avec les Juifs, les mahométans, et tant d'autres nations, que l'idée d'un Dieu homme est monstrueuse, que la distance d'un Dieu à l'homme est infinie,

---

1. *Dictionnaire philosophique*, 1767. (B.)

et qu'il est impossible que l'Être infini, immense, éternel, ait été contenu dans un corps périssable.

Ils ont la confiance de citer en leur faveur Eusèbe, évêque de Césarée, qui, dans son *Histoire ecclésiastique*, livre I, chapitre xi, déclare qu'il est absurde que la nature non engendrée, immuable, du Dieu tout-puissant, prenne la forme d'un homme. Ils citent les Pères de l'Église Justin et Tertullien, qui ont dit la même chose : Justin, dans son Dialogue avec Tryphon, et Tertullien, dans son Discours contre Praxéas.

Ils citent saint Paul, qui n'appelle jamais Jésus-Christ Dieu, et qui l'appelle homme très-souvent. Ils poussent l'audace jusqu'au point d'affirmer que les chrétiens passèrent trois siècles entiers à former peu à peu l'apothéose de Jésus, et qu'ils n'élevaient cet étonnant édifice qu'à l'exemple des païens, qui avaient divinisé des mortels. D'abord, selon eux, on ne regarda Jésus que comme un homme inspiré de Dieu ; ensuite comme une créature plus parfaite que les autres. On lui donna quelque temps après une place au-dessus des anges, comme le dit saint Paul [1]. Chaque jour ajoutait à sa grandeur. Il devint une émanation de Dieu produite dans le temps. Ce ne fut pas assez : on le fit naître avant le temps même. Enfin on le fit Dieu consubstantiel à Dieu. Crellius, Voquelsius, Natalis Alexander, Hornebeck, ont appuyé tous ces blasphèmes par des arguments qui étonnent les sages et qui pervertissent les faibles. Ce fut surtout Fauste Socin qui répandit les semences de cette doctrine dans l'Europe ; et sur la fin du xvie siècle il s'en est peu fallu qu'il n'établît une nouvelle espèce de christianisme : il y en avait déjà eu plus de trois cents espèces.

DIVORCE.

SECTION PREMIÈRE [2].

Il est dit dans l'*Encyclopédie*, à l'article DIVORCE, que « l'usage du divorce ayant été porté dans les Gaules par les Romains, ce fut ainsi que Bissine ou Bazine quitta le roi de Thuringe, son mari, pour suivre Childéric, qui l'épousa ». C'est comme si on disait que les Troyens ayant établi le divorce à Sparte, Hélène

---

1. Hebr., i, 4.
2. Cette première section formait tout l'article dans les *Questions sur l'Encyclopédie*, quatrième partie, 1771. (B.)

répudia Ménélas, suivant la loi, pour s'en aller avec Pâris en Phrygie.

La fable agréable de Pâris, et la fable ridicule de Childéric, qui n'a jamais été roi de France, et qu'on prétend avoir enlevé Bazine, femme de Bazin, n'ont rien de commun avec la loi du divorce.

On cite encore Cherebert, régule de la petite ville de Lutèce près d'Issy, *Lutetia Parisiorum*, qui répudia sa femme. L'abbé Velly, dans son *Histoire de France*, dit que ce Cherebert, ou Caribert, répudia sa femme Ingoberge pour épouser Mirefleur, fille d'un artisan, et ensuite Theudegilde, fille d'un berger, qui « fut élevée sur le premier trône de l'empire français ».

Il n'y avait alors ni premier ni second trône chez ces barbares, que l'empire romain ne reconnut jamais pour rois. Il n'y avait point d'empire français.

L'empire des Francs ne commença que par Charlemagne. Il est fort douteux que le mot *Mirefleur* fût en usage dans la langue welche ou gauloise, qui était un patois du jargon celte : ce patois n'avait pas des expressions si douces.

Il est dit encore que le réga ou régule Chilpéric, seigneur de la province du Soissonnais, et qu'on appelle *roi de France*, fit un divorce avec la reine Andove ou Andovère ; et voici la raison de ce divorce.

Cette Andovère, après avoir donné au seigneur de Soissons trois enfants mâles, accoucha d'une fille. Les Francs étaient en quelque façon chrétiens depuis Clovis. Andovère, étant relevée de couche, présenta sa fille au baptême. Chilpéric de Soissons, qui apparemment était fort las d'elle, lui déclara que c'était un crime irrémissible d'être marraine de son enfant, qu'elle ne pouvait plus être sa femme par les lois de l'Église, et il épousa Frédégonde ; après quoi il chassa Frédégonde, épousa une Visigothe, et puis reprit Frédégonde.

Tout cela n'a rien de bien légal, et ne doit pas plus être cité que ce qui se passait en Irlande et dans les îles Orcades.

Le code Justinien, que nous avons adopté en plusieurs points, autorise le divorce ; mais le droit canonique, que les catholiques ont encore plus adopté, ne le permet pas.

L'auteur de l'article dit que « le divorce se pratique dans les États d'Allemagne de la confession d'Augsbourg ».

On peut ajouter que cet usage est établi dans tous les pays du Nord, chez tous les réformés de toutes les confessions possibles, et dans toute l'Église grecque.

DIVORCE.

Le divorce est probablement de la même date à peu près que le mariage. Je crois pourtant que le mariage est de quelques semaines plus ancien ; c'est-à-dire qu'on se querella avec sa femme au bout de quinze jours, qu'on la battit au bout d'un mois, et qu'on s'en sépara après six semaines de cohabitation.

Justinien, qui rassembla toutes les lois faites avant lui, auxquelles il ajouta les siennes, non-seulement confirme celle du divorce, mais il lui donne encore plus d'étendue : au point que toute femme dont le mari était non pas esclave, mais simplement prisonnier de guerre pendant cinq ans, pouvait, après les cinq ans révolus, contracter un autre mariage.

Justinien était chrétien, et même théologien : comment donc arriva-t-il que l'Église dérogeât à ses lois? Ce fut quand l'Église devint souveraine et législatrice. Les papes n'eurent pas de peine à substituer leurs décrétales au code dans l'Occident, plongé dans l'ignorance et dans la barbarie. Ils profitèrent tellement de la stupidité des hommes qu'Honorius III, Grégoire IX, Innocent III, défendirent par leurs bulles qu'on enseignât le droit civil. On peut dire de cette hardiesse : Cela n'est pas croyable, mais cela est vrai.

Comme l'Église jugea seule du mariage, elle jugea seule du divorce. Point de prince qui ait fait un divorce et qui ait épousé une seconde femme sans l'ordre du pape avant Henri VIII, roi d'Angleterre, qui ne se passa du pape qu'après avoir longtemps sollicité son procès en cour de Rome.

Cette coutume, établie dans des temps d'ignorance, se perpétua dans les temps éclairés, par la seule raison qu'elle existait. Tout abus s'éternise de lui-même : c'est l'écurie d'Augias, il faut un Hercule pour la nettoyer.

Henri IV ne put être père d'un roi de France que par une sentence du pape : encore fallut-il, comme on l'a déjà remarqué[1], non pas prononcer un divorce, mais mentir en prononçant qu'il n'y avait point eu de mariage.

SECTION II[2].

---

1. Voyez l'article ADULTÈRE, tome XVII, page 70, et l'*Histoire du Parlement*, chapitre XLI (tome XVI).
2. Cette seconde section se composait du *Mémoire d'un magistrat écrit vers l'an 1764*, qui fait partie de l'article ADULTÈRE, tome XVII, page 68.

DOGMES[1].

On sait que toute croyance enseignée par l'Église est un dogme qu'il faut embrasser. Il est triste qu'il y ait des dogmes reçus par l'Église latine, et rejetés par l'Église grecque. Mais si l'unanimité manque, la charité la remplace : c'est surtout entre les cœurs qu'il faudrait de la réunion.

Je crois que nous pouvons, à ce propos, rapporter un songe qui a déjà trouvé grâce devant quelques personnes pacifiques.

Le 18 février de l'an 1763 de l'ère vulgaire, le soleil entrant dans le signe des poissons, je fus transporté au ciel, comme le savent tous mes amis. Ce ne fut point la jument Borac de Mahomet qui fut ma monture; ce ne fut point le char enflammé d'Élie qui fut ma voiture; je ne fus porté ni sur l'éléphant de Sammonocodom le Siamois, ni sur le cheval de saint George, patron de l'Angleterre, ni sur le cochon de saint Antoine: j'avoue avec ingénuité que mon voyage se fit je ne sais comment.

On croira bien que je fus ébloui; mais ce qu'on ne croira pas, c'est que je vis juger tous les morts. Et qui étaient les juges ? C'était, ne vous en déplaise, tous ceux qui ont fait du bien aux hommes, Confucius, Solon, Socrate, Titus, les Antonins, Épictète, Charron, de Thou, le chancelier de L'Hospital; tous les grands hommes qui, ayant enseigné et pratiqué les vertus que Dieu exige, semblent seuls être en droit de prononcer ses arrêts.

Je ne dirai point sur quels trônes ils étaient assis, ni combien de millions d'êtres célestes étaient prosternés devant l'éternel architecte de tous les globes, ni quelle foule d'habitants de ces globes innombrables comparut devant les juges. Je ne rendrai compte ici que de quelques petites particularités tout à fait intéressantes dont je fus frappé.

Je remarquai que chaque mort qui plaidait sa cause, et qui étalait ses beaux sentiments, avait à côté de lui tous les témoins de ses actions. Par exemple, quand le cardinal de Lorraine se vantait d'avoir fait adopter quelques-unes de ses opinions par le concile de Trente, et que, pour prix de son orthodoxie, il demandait la vie éternelle, tout aussitôt paraissaient autour de lui

---

1. Article ajouté dans l'édition de 1765 du *Dictionnaire philosophique*. Il commençait par le troisième alinéa : « Le 18 février, etc. » Les deux premiers alinéas sont de 1771, *Questions sur l'Encyclopédie*, quatrième partie. (B.)

vingt courtisanes ou dames de la cour, portant toutes sur le front le nombre de leurs rendez-vous avec le cardinal. On voyait ceux qui avaient jeté avec lui les fondements de la Ligue ; tous les complices de ses desseins pervers venaient l'environner

Vis-à-vis du cardinal de Lorraine était Jean Chauvin, qui se vantait, dans son patois grossier, d'avoir donné des coups de pied à l'idole papale, après que d'autres l'avaient abattue. « J'ai écrit contre la peinture et la sculpture, disait-il ; j'ai fait voir évidemment que les bonnes œuvres ne servent à rien du tout, et j'ai prouvé qu'il est diabolique de danser le menuet : chassez vite d'ci le cardinal de Lorraine, et placez-moi à côté de saint Paul. »

Comme il parlait, on vit auprès de lui un bûcher enflammé ; un spectre épouvantable, portant au cou une fraise espagnole à moitié brûlée, sortait du milieu des flammes avec des cris affreux. « Monstre, s'écriait-il, monstre exécrable, tremble! reconnais ce Servet que tu as fait périr par le plus cruel des supplices, parce qu'il avait disputé contre toi sur la manière dont trois personnes peuvent faire une seule substance. » Alors tous les juges ordonnèrent que le cardinal de Lorraine serait précipité dans l'abîme, mais que Calvin serait puni plus rigoureusement[1].

Je vis une foule prodigieuse de morts qui disaient : « J'ai cru, j'ai cru ; » mais sur leur front il était écrit : « J'ai fait » ; et ils étaient condamnés.

Le jésuite Le Tellier paraissait fièrement, la bulle *Unigenitus* à la main. Mais à ses côtés s'éleva tout d'un coup un monceau de deux mille lettres de cachet. Un janséniste y mit le feu : Le Tellier fut brûlé jusqu'aux os, et le janséniste, qui n'avait pas moins cabalé que le jésuite, eut sa part de la brûlure.

Je voyais arriver à droite et à gauche des troupes de fakirs, de talapoins, de bonzes, de moines blancs, noirs et gris, qui s'étaient tous imaginé que, pour faire leur cour à l'Être suprême, il fallait ou chanter, ou se fouetter, ou marcher tout nus. J'entendis une voix terrible qui leur demanda : « Quel bien avez-vous fait aux hommes ? » A cette voix succéda un morne silence ; aucun n'osa répondre, et ils furent tous conduits aux petites-maisons de l'univers : c'est un des plus grands bâtiments qu'on puisse imaginer.

L'un criait : « C'est aux métamorphoses de Xaca qu'il faut

---

1. Cela n'est pas juste ; le cardinal de Lorraine avait allumé plus de bûchers que Calvin. (K.)

croire; » l'autre : « C'est à celles de Sammonocodom. — Bacchus arrêta le soleil et la lune, disait celui-ci. — Les dieux ressuscitèrent Pélops, disait celui-là.—Voici la bulle *in Cœna Domini*, disait un nouveau venu ; » et l'huissier des juges criait : « Aux petites-maisons, aux petites-maisons! »

Quand tous ces procès furent vidés, j'entendis alors promulguer cet arrêt : « DE PAR L'ÉTERNEL, CRÉATEUR, CONSERVATEUR, RÉMUNÉRATEUR, VENGEUR, PARDONNEUR, etc., etc., soit notoire à tous les habitants des cent mille millions de milliards de mondes qu'il nous a plu de former, que nous ne jugerons jamais aucun desdits habitants sur leurs idées creuses, mais uniquement sur leurs actions : car telle est notre justice. »

J'avoue que ce fut la première fois que j'entendis un tel édit : tous ceux que j'avais lus sur le petit grain de sable où je suis né finissaient par ces mots : *Car tel est notre plaisir*[1].

DONATIONS [2].

La république romaine, qui s'empara de tant d'États, en donna aussi quelques-uns.

Scipion fit Massinisse roi de Numidie.

Lucullus, Sylla, Pompée, donnèrent une demi-douzaine de royaumes.

Cléopâtre reçut l'Égypte de César ; Antoine, et ensuite Octave, donnèrent le petit royaume de Judée à Hérode.

Sous Trajan, on frappa la fameuse médaille *regna assignata*, les royaumes accordés.

Des villes, des provinces données en souveraineté à des prêtres, à des colléges, pour la plus grande gloire de Dieu ou des dieux, c'est ce qu'on ne voit dans aucun pays.

Mahomet et les califes ses vicaires prirent beaucoup d'États pour la propagation de leur foi, mais on ne leur fit aucune donation : ils ne tenaient rien que de leur *Alcoran* et de leur sabre.

La religion chrétienne, qui fut d'abord une société de pauvres, ne vécut longtemps que d'aumônes. La première donation est celle d'Anania et de Saphira sa femme : elle fut en argent comptant, et ne réussit pas aux donateurs.

---

1. Formule pour les édits royaux.
2. *Questions sur l'Encyclopédie*, quatrième partie, 1771. (B.)

DONATION DE CONSTANTIN.

La célèbre donation de Rome et de toute l'Italie au pape Silvestre, par l'empereur Constantin, fut soutenue comme une partie du symbole jusqu'au xvie siècle. Il fallait croire que Constantin, étant à Nicomédie, fut guéri de la lèpre à Rome par le baptême qu'il reçut de l'évêque Silvestre (quoiqu'il ne fût point baptisé), et que pour récompense il donna sur-le-champ sa ville de Rome et toutes ses provinces occidentales à ce Silvestre. Si l'acte de cette donation avait été dressé par le docteur de la Comédie-Italienne, il n'aurait pas été plus plaisamment conçu. On ajoute que Constantin déclara tous les chanoines de Rome consuls et patrices, *patricios et consules effici;* qu'il tint lui-même la bride de la haquenée sur laquelle monta le nouvel empereur évêque, *tenentes frenum equi illius* [1].

Quand on fait réflexion que cette belle histoire a été en Italie une espèce d'article de foi, et une opinion révérée du reste de l'Europe pendant huit siècles, qu'on a poursuivi comme des hérétiques ceux qui en doutaient, il ne faut plus s'étonner de rien.

DONATION DE PEPIN.

Aujourd'hui on n'excommunie plus personne pour avoir douté que Pepin l'usurpateur ait donné et pu donner au pape l'exarchat de Ravenne ; c'est tout au plus une mauvaise pensée, un péché véniel qui n'entraîne point la perte du corps et de l'âme.

Voici ce qui pourrait excuser les jurisconsultes allemands qui ont des scrupules sur cette donation.

1° Le bibliothécaire Anastase, dont le témoignage est toujours cité, écrivait cent quarante ans après l'événement.

2° Il n'était point vraisemblable que Pepin, mal affermi en France, et à qui l'Aquitaine faisait la guerre, allât donner en Italie des États qu'il avouait appartenir à l'empereur résidant à Constantinople.

3° Le pape Zacharie reconnaissait l'empereur romain-grec pour souverain de ces terres disputées par les Lombards, et lui en avait prêté serment, comme il se voit par les lettres de cet évêque

---

1. Voyez, tome XV, *Essai sur les Mœurs*, page 239, où cette donation se trouve traduite en entier.

de Rome Zacharie à l'évêque de Mayence Boniface. Donc Pepin ne pouvait donner au pape les terres impériales.

4° Quand le pape Étienne II fit venir une lettre du ciel, écrite de la propre main de saint Pierre à Pepin, pour se plaindre des vexations du roi des Lombards Astolfe, saint Pierre ne dit point du tout dans sa lettre que Pepin eût fait présent de l'exarchat de Ravenne au pape; et certainement saint Pierre n'y aurait pas manqué, pour peu que la chose eût été seulement équivoque; il entend trop bien ses intérêts.

5° Enfin on ne vit jamais l'acte de cette donation, et, ce qui est plus fort, on n'osa pas même en fabriquer un faux. Il n'est pour toute preuve que des récits vagues mêlés de fables. On n'a donc, au lieu de certitude, que des écrits de moines absurdes, copiés de siècle en siècle.

L'avocat italien qui écrivit, en 1722, pour faire voir qu'originairement Parme et Plaisance avaient été concédés au saint-siége comme une dépendance de l'exarchat[1], assure que « les empereurs grecs furent justement dépouillés de leurs droits, parce qu'ils avaient soulevé les peuples contre Dieu ». C'est de nos jours qu'on écrit ainsi! mais c'est à Rome. Le cardinal Bellarmin va plus loin : « Les premiers chrétiens, dit-il, ne supportaient les empereurs que parce qu'ils n'étaient pas les plus forts. » L'aveu est franc, et je suis persuadé que Bellarmin a raison.

DONATION DE CHARLEMAGNE.

Dans le temps que la cour de Rome croyait avoir besoin de titres, elle prétendit que Charlemagne avait confirmé la donation de l'exarchat, et qu'il y avait ajouté la Sicile, Venise, Bénévent, la Corse, la Sardaigne. Mais comme Charlemagne ne possédait aucun de ces États, il ne pouvait les donner; et quant à la ville de Ravenne, il est bien clair qu'il la garda, puisque dans son testament il fait un legs à sa ville de Ravenne, ainsi qu'à sa ville de Rome. C'est beaucoup que les papes aient eu Ravenne et la Romagne avec le temps; mais pour Venise, il n'y a point d'apparence qu'ils fassent valoir dans la place Saint-Marc le diplôme qui leur en accorde la souveraineté.

On a disputé pendant des siècles sur tous ces actes, instruments, diplômes. Mais c'est une opinion constante, dit Giannone, ce martyr de la vérité, que toutes ces pièces furent forgées du

---

1. Page 120, seconde partie. (*Note de Voltaire.*)

temps de Grégoire VII[1] : « È constante opinione presso i più gravi scrittori, che tutti questi instrumenti e diplomi furono supposti ne' tempi d'Ildebrando. »

DONATION DE BÉNÉVENT PAR L'EMPEREUR HENRI III.

La première donation bien avérée qu'on ait faite au siége de Rome fut celle de Bénévent; et ce fut un échange de l'empereur Henri III avec le pape Léon IX : il n'y manqua qu'une formalité, c'est qu'il eût fallu que l'empereur, qui donnait Bénévent, en fût le maître. Elle appartenait aux ducs de Bénévent, et les empereurs romains-grecs réclamaient leurs droits sur ce duché. Mais l'histoire n'est autre chose que la liste de ceux qui se sont accommodés du bien d'autrui.

DONATION DE LA COMTESSE MATHILDE.

La plus considérable des donations, et la plus authentique, fut celle de tous les biens de la fameuse comtesse Mathilde à Grégoire VII. C'était une jeune veuve qui donnait tout à son directeur. Il passe pour constant que l'acte en fut réitéré deux fois, et ensuite confirmé par son testament.

Cependant il reste encore quelque difficulté. On a toujours cru à Rome que Mathilde avait donné tous ses États, tous ses biens présents et à venir à son ami Grégoire VII, par un acte solennel, dans son château de Canossa, en 1077, pour le remède de son âme et de l'âme de ses parents. Et pour corroborer ce saint instrument, on nous en montre un second de l'an 1102, par lequel il est dit que c'est à Rome qu'elle a fait cette donation, laquelle s'est égarée, et qu'elle la renouvelle, et toujours pour le remède de son âme.

Comment un acte si important était-il égaré? la cour romaine est-elle si négligente? comment cet instrument écrit à Canosse avait-il été écrit à Rome? que signifient ces contradictions? Tout ce qui est bien clair, c'est que l'âme des donataires se portait mieux que l'âme de la donatrice, qui avait besoin, pour se guérir, de se dépouiller de tout en faveur de ses médecins.

Enfin voilà donc, en 1102, une souveraine réduite, par un acte en forme, à ne pouvoir pas disposer d'un arpent de terre; et depuis cet acte jusqu'à sa mort, en 1115, on trouve encore des

---

1. Livre IX, chapitre III. (*Note de Voltaire.*)

donations de terres considérables, faites par cette même Mathilde à des chanoines et à des moines. Elle n'avait donc pas tout donné. Et enfin cet acte de 1102 pourrait bien avoir été fait après sa mort par quelque habile homme.

La cour de Rome ajouta encore à tous ses droits le testament de Mathilde, qui confirmait ses donations. Les papes ne produisirent jamais ce testament.

Il fallait encore savoir si cette riche comtesse avait pu disposer de ses biens, qui étaient la plupart des fiefs de l'empire.

L'empereur Henri V, son héritier, s'empara de tout, ne reconnut ni testament, ni donations, ni fait, ni droit. Les papes, en temporisant, gagnèrent plus que les empereurs en usant de leur autorité ; et, avec le temps, ces césars devinrent si faibles qu'enfin les papes ont obtenu de la succession de Mathilde ce qu'on appelle aujourd'hui le *patrimoine de saint Pierre*.

DONATION DE LA SUZERAINETÉ DE NAPLES AUX PAPES.

Les gentilshommes normands qui furent les premiers instruments de la conquête de Naples et de Sicile firent le plus bel exploit de chevalerie dont on ait jamais entendu parler. Quarante à cinquante hommes seulement délivrent Salerne au moment qu'elle est prise par une armée de Sarrasins. Sept autres gentilshommes normands, tous frères, suffisent pour chasser ces mêmes Sarrasins de toute la contrée, et pour l'ôter à l'empereur grec, qui les avait payés d'ingratitude. Il est bien naturel que les peuples dont ces héros avaient ranimé la valeur s'accoutumassent à leur obéir par admiration et par reconnaissance.

Voilà les premiers droits à la couronne des Deux-Siciles. Les évêques de Rome ne pouvaient pas donner ces États en fief plus que le royaume de Boutan ou de Cachemire.

Ils ne pouvaient même en accorder l'investiture, quand on la leur aurait demandée : car dans le temps de l'anarchie des fiefs, quand un seigneur voulait tenir son bien allodial en fief pour avoir une protection, il ne pouvait s'adresser qu'au souverain, au chef du pays où ce bien était situé. Or certainement le pape n'était pas seigneur souverain de Naples, de la Pouille et de la Calabre.

On a beaucoup écrit sur cette vassalité prétendue, mais on n'a jamais remonté à la source. J'ose dire que c'est le défaut de presque tous les jurisconsultes, comme de tous les théologiens. Chacun tire bien ou mal, d'un principe reçu, les conséquences les plus favorables à son parti. Mais ce principe est-il vrai? ce premier fait, sur lequel ils s'appuient, est-il inconstestable? c'est ce qu'ils se donnent bien de garde d'examiner. Ils ressemblent à nos anciens romanciers, qui supposaient tous que Francus avait apporté en France le casque d'Hector. Ce casque était impénétrable sans doute ; mais Hector en effet l'avait-il porté ? Le lait de la Vierge est aussi très-respectable ; mais vingt sacristies qui se vantent d'en posséder une roquille, la possèdent-elles en effet ?

Les hommes de ce temps-là, aussi méchants qu'imbéciles, ne s'effrayaient pas des plus grands crimes, et redoutaient une excommunication qui les rendait exécrables aux peuples, encore plus méchants qu'eux et beaucoup plus sots.

Robert Guiscard et Richard, vainqueurs de la Pouille et de la Calabre, furent d'abord excommuniés par le pape Léon IX. Ils s'étaient déclarés vassaux de l'empire ; mais l'empereur Henri III, mécontent de ces feudataires conquérants, avait engagé Léon IX à lancer l'excommunication à la tête d'une armée d'Allemands. Les Normands, qui ne craignaient point ces foudres comme les princes d'Italie les craignaient, battirent les Allemands, et prirent le pape prisonnier ; mais pour empêcher désormais les empereurs et les papes de venir les troubler dans leurs possessions, ils offrirent leurs conquêtes à l'Église sous le nom d'*oblata*. C'est ainsi que l'Angleterre avait payé le *denier de saint Pierre* ; c'est ainsi que les premiers rois d'Espagne et de Portugal, en recouvrant leurs États contre les Sarrasins, promirent à l'Église de Rome deux livres d'or par an : ni l'Angleterre, ni l'Espagne, ni le Portugal, ne regardèrent jamais le pape comme leur seigneur suzerain.

Le duc Robert, oblat de l'Église, ne fut pas non plus feudataire du pape ; il ne pouvait pas l'être, puisque les papes n'étaient pas souverains de Rome. Cette ville alors était gouvernée par son sénat, et l'évêque n'avait que du crédit : le pape était à Rome précisément ce que l'électeur est à Cologne. Il y a une différence prodigieuse entre être oblat d'un saint et être feudataire d'un évêque.

Baronius, dans ses Actes, rapporte l'hommage prétendu fait par Robert, duc de la Pouille et de la Calabre, à Nicolas II ; mais cette pièce est suspecte comme tant d'autres : on ne l'a jamais vue ; elle n'a jamais été dans aucune archive. Robert s'intitula *duc par la grâce de Dieu et de saint Pierre* ; mais certainement *saint Pierre* ne lui avait rien donné, et n'était point roi de Rome.

Les autres papes, qui n'étaient pas plus rois que saint Pierre, reçurent sans difficulté l'hommage de tous les princes qui se pré-

DONATION DE L'ANGLETERRE ET DE L'IRLANDE AUX PAPES, PAR LE ROI JEAN.

En 1213, le roi Jean, vulgairement nommé *Jean sans Terre*, et plus justement *sans vertu*, étant excommunié et voyant son royaume mis en interdit, le donna au pape Innocent III et à ses successeurs. « Non contraint par aucune crainte, mais de mon plein gré et de l'avis de mes barons, pour la rémission de mes péchés contre Dieu et l'Église, je résigne l'Angleterre et l'Irlande à Dieu, à saint Pierre, à saint Paul, et à monseigneur le pape Innocent, et à ses successeurs dans la chaire apostolique. »

Il se déclara feudataire, lieutenant du pape; paya d'abord huit mille livres sterling comptant au légat Pandolphe; promit d'en payer mille tous les ans; donna la première année d'avance au légat, qui la foula aux pieds, et jura entre ses genoux qu'il se soumettait à tout perdre faute de payer à l'échéance.

Le plaisant de cette cérémonie fut que le légat s'en alla avec son argent, et oublia de lever l'excommunication.

EXAMEN DE LA VASSALITÉ DE NAPLES ET DE L'ANGLETERRE.

On demande laquelle vaut le mieux de la donation de Robert Guiscard ou de celle de Jean sans Terre : tous deux avaient été excommuniés; tous deux donnaient leurs États à saint Pierre, et n'en étaient plus que les fermiers. Si les barons anglais s'indignèrent du marché infâme de leur roi avec le pape, et le cassèrent, les barons napolitains ont pu casser celui du duc Robert; et s'ils l'ont pu autrefois, ils le peuvent aujourd'hui.

De deux choses l'une : ou l'Angleterre et la Pouille étaient données au pape selon la loi de l'Église, ou selon la loi des fiefs; ou comme à un évêque, ou comme à un souverain. Comme à un évêque, c'était précisément contre la loi de Jésus-Christ, qui défendit si souvent à ses disciples de rien prendre, et qui leur déclara que son royaume n'est point de ce monde [1].

Si comme à un souverain, c'était un crime de lèse-majesté impériale. Les Normands avaient déjà fait hommage à l'empereur. Ainsi nul droit, ni spirituel ni temporel, n'appartenait aux papes

---

1. Saint Jean, XVIII, 36.

dans cette affaire. Quand le principe est si vicieux, tous les effets le sont. Naples n'appartient donc pas plus au pape que l'Angleterre.

Il y a encore une autre façon de se pourvoir contre cet ancien marché : c'est le droit des gens, plus fort que le droit des fiefs. Ce droit des gens ne veut pas qu'un souverain appartienne à un autre souverain ; et la loi la plus ancienne est qu'on soit le maître chez soi, à moins qu'on ne soit le plus faible.

DES DONATIONS FAITES PAR LES PAPES.

Si on a donné des principautés aux évêques de Rome, ils en ont donné bien davantage. Il n'y a pas un seul trône en Europe dont ils n'aient fait présent. Dès qu'un prince avait conquis un pays, ou même voulait le conquérir, les papes le lui accordaient au nom de saint Pierre. Quelquefois même ils firent les avances, et l'on peut dire qu'ils ont donné tous les royaumes, excepté celui des cieux.

Peu de gens en France savent que Jules II donna les États du roi Louis XII à l'empereur Maximilien, qui ne put s'en mettre en possession ; et l'on ne se souvient pas assez que Sixte-Quint, Grégoire XIV et Clément VIII, furent près de faire une libéralité de la France à quiconque Philippe II aurait choisi pour le mari de sa fille Claire-Eugénie.

Quant aux empereurs, il n'y en a pas un, depuis Charlemagne, que la cour de Rome n'ait prétendu avoir nommé. C'est pourquoi Swift, dans son *Conte du Tonneau*, dit que milord Pierre devint tout à fait fou, et que Martin et Jean, ses frères, voulurent le faire enfermer par avis de parents. Nous ne rapportons cette témérité que comme un blasphème plaisant d'un prêtre anglais contre l'évêque de Rome.

Toutes ces donations disparaissent devant celles des Indes orientales et occidentales, dont Alexandre VI investit l'Espagne et le Portugal de sa pleine puissance et autorité divine : c'était donner presque toute la terre. Il pouvait donner de même les globes de Jupiter et de Saturne avec leurs satellites.

DONATIONS ENTRE PARTICULIERS.

Les donations des citoyens se traitent tout différemment. Les codes des nations sont convenus d'abord unanimement que personne ne peut donner le bien d'autrui, de même que personne ne peut le prendre : c'est la loi des particuliers.

En France la jurisprudence fut incertaine sur cet objet, comme sur presque tous les autres, jusqu'à l'année 1731, où l'équitable chancelier d'Aguesseau, ayant conçu le dessein de rendre enfin la loi uniforme, ébaucha très-faiblement ce grand ouvrage par l'édit sur les *donations*. Il est rédigé en quarante-sept articles. Mais en voulant rendre uniformes toutes les formalités concernant les donations, on excepta la Flandre de la loi générale ; et en exceptant la Flandre on oublia l'Artois, qui devrait jouir de la même exception : de sorte que, six ans après la loi générale, on fut obligé d'en faire pour l'Artois une particulière.

On fit surtout ces nouveaux édits concernant les donations et les testaments, pour écarter tous les commentateurs qui embrouillent les lois ; et on en a déjà fait dix commentaires.

Ce qu'on peut remarquer sur les donations, c'est qu'elles s'étendent beaucoup plus loin qu'aux particuliers à qui on fait un présent. Il faut payer pour chaque présent aux fermiers du domaine royal, droit de contrôle, droit d'insinuation, droit de centième denier, droit de deux sous pour livre, droit de huit sous pour livre.

De sorte que toutes les fois que vous donnez à un citoyen, vous êtes bien plus libéral que vous ne pensez : vous avez le plaisir de contribuer à enrichir les fermiers généraux ; mais cet argent ne sort point du royaume, comme celui qu'on paye à la cour de Rome.

DORMANTS (LES SEPT) [1].

La fable imagina qu'un Épiménide avait dormi d'un somme pendant vingt-sept ans, et qu'à son réveil il fut tout étonné de trouver ses petits-enfants mariés qui lui demandaient son nom, ses amis morts, sa ville et les mœurs des habitants changés. C'était un beau champ à la critique, et un plaisant sujet de comédie. La légende a emprunté tous les traits de la fable, et les a grossis.

L'auteur de la *Légende dorée* ne fut pas le premier qui, au XIIIe siècle, au lieu d'un dormeur nous en donna sept, et en fit bravement sept martyrs. Il avait pris cette édifiante histoire chez Grégoire de Tours, écrivain véridique, qui l'avait prise chez Sigebert, qui l'avait prise chez Métaphraste, qui l'avait prise chez Nicéphore. C'est ainsi que la vérité arrive aux hommes de main en main.

---

1. *Questions sur l'Encyclopédie*, quatrième partie, 1771. (B.)

Le révérend P. Pierre Ribadeneira, de la compagnie de Jésus, enchérit encore sur la *Légende dorée* dans sa célèbre *Fleur des saints,* dont il est fait mention dans le *Tartuffe* de Molière. Elle fut traduite, augmentée et enrichie de tailles-douces, par le révérend P. Antoine Girard, de la même société; rien n'y manque.

Quelques curieux seront peut-être bien aises de voir la prose du révérend P. Girard; la voici :

« Du temps de l'empereur Dèce, l'Église reçut une furieuse et épouvantable bourrasque. Entre les autres chrétiens l'on prit sept frères, jeunes, bien dispos et de bonne grâce, qui étaient enfants d'un chevalier d'Éphèse, et qui s'appelaient Maximien, Marie, Martinien, Denis, Jean, Sérapion et Constantin. L'empereur leur ôta d'abord leur ceinture dorée... Ils se cachèrent dans une caverne; l'empereur en fit murer l'entrée pour les faire mourir de faim. »

Aussitôt ils s'endormirent tous sept, et ne se réveillèrent qu'après avoir dormi cent soixante et dix-sept ans.

Le P. Girard, loin de croire que ce soit un *conte à dormir debout,* en prouve l'authenticité par les arguments les plus démonstratifs : et quand on n'aurait d'autre preuve que les noms des sept assoupis, cela suffirait; on ne s'avise pas de donner des noms à des gens qui n'ont jamais existé. Les sept dormants ne pouvaient être ni trompés ni trompeurs. Aussi ce n'est pas pour contester cette histoire que nous en parlons, mais seulement pour remarquer qu'il n'y a pas un seul événement fabuleux de l'antiquité qui n'ait été rectifié par les anciens légendaires. Toute l'histoire d'OEdipe, d'Hercule, de Thésée, se trouve chez eux accommodée à leur manière. Ils ont peu inventé, mais ils ont beaucoup perfectionné.

J'avoue ingénument que je ne sais pas d'où Nicéphore avait tiré cette belle histoire. Je suppose que c'était de la tradition d'Éphèse : car la caverne des sept dormants, et la petite église qui leur est dédiée, subsistent encore. Les moins éveillés des pauvres Grecs y viennent faire leurs dévotions. Le chevalier Ricaut et plusieurs autres voyageurs anglais ont vu ces deux monuments; mais pour leurs dévotions, ils ne les y ont pas faites.

Terminons ce petit article par le raisonnement d'Abbadie : « Voilà des *mémoriaux* institués pour célébrer à jamais l'aventure des sept dormants; aucun Grec n'en a jamais douté dans Éphèse; ces Grecs n'ont pu être abusés; ils n'ont pu abuser personne : donc l'histoire des sept dormants est incontestable. »

DROIT[1].

DROIT DES GENS, DROIT NATUREL.

SECTION PREMIÈRE.

Je ne connais rien de mieux sur ce sujet que ces vers de l'Arioste, au chant XLIV (st. 2) :

> Fan lega oggi re, papi e imperatori,
> Doman saran nimici capitali :
> Perchè, qual l'apparenze esteriori,
> Non hanno i cor, non han gli animi tali,
> Che, non mirando al torto più che al dritto,
> Attendon solamente al lor profitto.

> Rois, empereurs, et successeurs de Pierre,
> Au nom de Dieu signent un beau traité :
> Le lendemain ces gens se font la guerre.
> Pourquoi cela? C'est que la piété,
> La bonne foi, ne les tourmentent guère,
> Et que, malgré saint Jacque et saint Matthieu,
> Leur intérêt est leur unique dieu.

S'il n'y avait que deux hommes sur la terre, comment vivraient-ils ensemble? ils s'aideraient, se nuiraient, se caresseraient, se diraient des injures, se battraient, se réconcilieraient, ne pourraient vivre l'un sans l'autre, ni l'un avec l'autre. Ils feraient comme tous les hommes font aujourd'hui. Ils ont le don du raisonnement; oui, mais ils ont aussi le don de l'instinct, et ils sentiront, et ils raisonneront, et ils agiront toujours comme ils y sont destinés par la nature.

Un Dieu n'est pas venu sur notre globe pour assembler le genre humain et pour lui dire : « J'ordonne aux Nègres et aux Cafres d'aller tout nus, et de manger des insectes.

« J'ordonne aux Samoyèdes de se vêtir de peaux de rangifères, et d'en manger la chair, tout insipide qu'elle est, avec du poisson séché et puant, le tout sans sel. Les Tartares du Thibet croiront tout ce que leur dira le dalaï-lama ; et les Japonais croiront tout ce que leur dira le daïri.

---

1. Les deux sections qui forment cet article étaient dans les *Questions sur l'Encyclopédie,* quatrième partie, 1771. (B.)

« Les Arabes ne mangeront point de cochon, et les Vestphaliens ne se nourriront que de cochon.

« Je vais tirer une ligne du mont Caucase à l'Égypte, et de l'Égypte au mont Atlas : tous ceux qui habiteront à l'orient de cette ligne pourront épouser plusieurs femmes ; ceux qui seront à l'occident n'en auront qu'une.

« Si vers le golfe Adriatique, depuis Zara jusqu'à la Polésine, ou vers les marais du Rhin et de la Meuse, ou vers le mont Jura, ou même dans l'île d'Albion, ou chez les Sarmates, ou chez les Scandinaviens, quelqu'un s'avise de vouloir rendre un seul homme despotique, ou de prétendre lui-même à l'être, qu'on lui coupe le cou au plus vite, en attendant que la destinée et moi nous en ayons autrement ordonné.

« Si quelqu'un a l'insolence et la démence de vouloir établir ou rétablir une grande assemblée d'hommes libres sur le Mançanarès ou sur la Propontide, qu'il soit empalé ou tiré à quatre chevaux.

« Quiconque produira ses comptes suivant une certaine règle d'arithmétique à Constantinople, au Grand-Caire, à Tafilet, à Delhi, à Andrinople, sera sur-le-champ empalé sans forme de procès ; et quiconque osera compter sur une autre règle à Rome, à Lisbonne, à Madrid, en Champagne, en Picardie, et vers le Danube, depuis Ulm jusqu'à Belgrade, sera brûlé dévotement pendant qu'on lui chantera des *miserere*.

« Ce qui sera juste tout le long de la Loire, sera injuste sur les bords de la Tamise : car mes lois sont universelles, etc., etc., etc. »

Il faut avouer que nous n'avons pas de preuve bien claire, pas même dans le *Journal chrétien*, ni dans la *Clef du cabinet des princes*, qu'un Dieu soit venu sur la terre promulguer ce droit public. Il existe cependant : il est suivi à la lettre tel qu'on vient de l'énoncer, et on a compilé, compilé, compilé, sur ce droit des nations, de très-beaux commentaires qui n'ont jamais fait rendre un écu à ceux qui ont été ruinés par la guerre, ou par des édits, ou par les commis des fermes.

Ces compilations ressemblent assez aux *Cas de conscience* de Pontas. Voici un cas de loi à examiner : il est défendu de tuer ; tout meurtrier est puni, à moins qu'il n'ait tué en grande compagnie, et au son des trompettes ; c'est la règle.

Du temps qu'il y avait encore des anthropophages dans la forêt des Ardennes, un bon villageois rencontra un anthropophage qui emportait un enfant pour le manger. Le villageois, ému de pitié, tua le mangeur d'enfants, et délivra le petit garçon, qui s'enfuit aussitôt. Deux passants voient de loin le bonhomme, et l'accusent devant le prévôt d'avoir commis un meurtre sur le grand chemin. Le corps du délit était sous les yeux du juge, deux témoins parlaient, on devait payer cent écus au juge pour ses vacations, la loi était précise : le villageois fut pendu sur-le-champ pour avoir fait ce qu'auraient fait à sa place Hercule, Thésée, Roland, et Amadis. Fallait-il pendre le prévôt qui avait suivi la loi à la lettre? Et que jugea-t-on à la grande audience? Pour résoudre mille cas de cette espèce on a fait mille volumes.

Puffendorf établit d'abord des êtres moraux. « Ce sont, dit-il [1], certains modes que les êtres intelligents attachent aux choses naturelles ou aux mouvements physiques, en vue de diriger ou de restreindre la liberté des actions volontaires de l'homme, pour mettre quelque ordre, quelque convenance, et quelque beauté dans la vie humaine. »

Ensuite, pour donner des idées nettes aux Suédois et aux Allemands du juste et de l'injuste, il remarque [2] « qu'il y a deux sortes d'espaces : l'un à l'égard duquel on dit que les choses sont quelque part, par exemple : ici, là ; l'autre à l'égard duquel on dit qu'elles existent en un certain temps, par exemple : aujourd'hui, hier, demain. Nous concevons aussi deux sortes d'états moraux : l'un qui marque quelque situation morale, et qui a quelque conformité avec le lieu naturel ; l'autre qui désigne un certain temps en tant qu'il provient de là quelque effet moral, etc. »

Ce n'est pas tout [3] ; Puffendorff distingue très-curieusement les modes moraux simples et les modes d'estimation, les qualités formelles et les qualités opératives. Les qualités formelles sont de simples attributs, mais les opératives doivent soigneusement se diviser en originales et en dérivées.

Et cependant Barbeyrac a commenté ces belles choses, et on les enseigne dans des universités. On y est partagé entre Grotius et Puffendorf sur des questions de cette importance. Croyez-moi, lisez les Offices de Cicéron [4].

---

1. Tome I, page 2, traduction de Barbeyrac, avec commentaires. (*Note de Voltaire.*)
2. Page 6. (*Id.*)
3. Page 16. (*Id.*)
4. Le premier ouvrage de Samuel Puffendorf, jurisconsulte allemand, *Elementa jurisprudentiæ naturalis methodo mathematica*, a été publié en 1660 et n'a pas été traduit en français ; mais la traduction du second : *De Jure naturæ et gentium, libri VIII* (Londres, 1672, in-4°), a paru à Amsterdam en 1729 (2 vol. in-4°) sous

SECTION II[1].

DROIT PUBLIC.

Rien ne contribuera peut-être plus à rendre un esprit faux, obscur, confus, incertain, que la lecture de Grotius, de Puffendorf, et de presque tous les commentaires sur le droit public.

Il ne faut jamais faire un mal dans l'espérance d'un bien, dit la vertu, que personne n'écoute. Il est permis de faire la guerre à une puissance qui devient trop prépondérante, dit l'*Esprit des lois* [2].

Quand les droits doivent-ils être constatés par la prescription? Les publicistes appellent ici à leur secours le droit divin et le droit humain; les théologiens se mettent de la partie. Abraham, disent-ils, et sa semence, avait droit sur le Chanaan, car il y avait voyagé, et Dieu le lui avait donné dans une apparition. — Mais, nos sages maîtres, il y a cinq cent quarante-sept ans, selon la *Vulgate*, entre Abraham, qui acheta un caveau dans le pays, et Josué, qui en saccagea une petite partie. — N'importe, son droit était clair et net. — Mais la prescription?... — Point de prescription. — Mais ce qui s'est passé autrefois en Palestine doit-il servir de règle à l'Allemagne et à l'Italie?... — Oui; car il l'a dit. — Soit, messieurs, je ne dispute pas contre vous; Dieu m'en préserve!

Les descendants d'Attila s'établissent, à ce qu'on dit, en Hongrie: dans quel temps les anciens habitants commencèrent-ils à être tenus en conscience d'être serfs des descendants d'Attila?

Nos docteurs qui ont écrit sur la guerre et la paix sont bien profonds; à les en croire, tout appartient de droit au souverain pour lequel ils écrivent: il n'a pu rien aliéner de son domaine. L'empereur doit posséder Rome, l'Italie et la France; c'était l'opinion de Bartole: premièrement, parce que l'empereur s'intitule *roi des Romains;* secondement, parce que l'archevêque de Cologne est chancelier d'Italie, et que l'archevêque de Trèves est chancelier des Gaules. De plus, l'empereur d'Allemagne porte un globe doré à son sacre; donc il est maître du globe de la terre.

A Rome il n'y a point de prêtre qui n'ait appris dans son cours

---

ce titre: *le Droit de la nature et des gens, ou Système général des principes les plus importants de la morale, de la jurisprudence et de la politique*, traduit du latin de Samuel de Puffendorf par Jean Barbeyrac, avec des notes et une préface du traducteur. (E. B.)

1. Voyez la note de la page 424.
2. Livre X, chapitre II.

de théologie que le pape doit être souverain du monde, attendu qu'il est écrit que Simon, fils de Jone en Galilée, ayant surnom *Pierre*, on lui dit[1] : « Tu es Pierre, et sur cette pierre je bâtirai mon assemblée. » On avait beau dire à Grégoire VII : « Il ne s'agit que des âmes, il n'est question que du royaume céleste.— Maudit damné, répondait-il, il s'agit du terrestre ; » et il vous damnait, et il vous faisait pendre s'il pouvait.

Des esprits encore plus profonds fortifient cette raison par un argument sans réplique : celui dont l'évêque de Rome se dit vicaire a déclaré que son royaume n'est point de ce monde[2] ; donc ce monde doit appartenir au vicaire quand le maître y a renoncé. Qui doit l'emporter du genre humain ou des décrétales? Les décrétales, sans difficulté.

On demande ensuite s'il y a eu quelque justice à massacrer en Amérique dix ou douze millions d'hommes désarmés? on répond qu'il n'y a rien de plus juste et de plus saint, puisqu'ils n'étaient pas catholiques, apostoliques et romains.

Il n'y a pas un siècle qu'il était toujours ordonné, dans toutes les déclarations de guerre des princes chrétiens, de *courre sus* à tous les sujets du prince à qui la guerre était signifiée par un héraut à cotte de mailles et à manches pendantes. Ainsi, la signification une fois faite, si un Auvergnat rencontrait une Allemande, il était tenu de la tuer, sauf à la violer avant ou après.

Voici une question fort épineuse dans les écoles : le ban et l'arrière-ban étant commandés pour aller tuer et se faire tuer sur la frontière, les Souabes étant persuadés que la guerre ordonnée était de la plus horrible injustice, devaient-ils marcher? Quelques docteurs disaient oui ; quelques justes disaient non : que disaient les politiques ?

Quand on eut bien disputé sur ces grandes questions préliminaires, dont jamais aucun souverain ne s'est embarrassé ni ne s'embarrassera, il fallut discuter les droits respectifs de cinquante ou soixante familles sur le comté d'Alost, sur la ville d'Orchies, sur le duché de Berg et de Juliers, sur le comté de Tournai, sur celui de Nice, sur toutes les frontières de toutes les provinces : et le plus faible perdit toujours sa cause.

On agita pendant cent ans si les ducs d'Orléans, Louis XII, François Ier, avaient droit au duché de Milan en vertu du contrat de mariage de Valentine de Milan, petite-fille du bâtard d'un

---

1. Saint Matthieu, xvi, 18.
2. Saint Jean, xviii, 36.

brave paysan nommé Jacob Muzio : le procès fut jugé par la bataille de Pavie.

Les ducs de Savoie, de Lorraine, de Toscane, prétendirent aussi au Milanais ; mais on a cru qu'il y avait dans le Frioul une famille de pauvres gentilshommes, issue en droite ligne d'Alboin, roi des Lombards, qui avait un droit bien antérieur.

Les publicistes ont fait de gros livres sur les droits au royaume de Jérusalem. Les Turcs n'en ont point fait ; mais Jérusalem leur appartient, du moins jusqu'à présent, dans l'année 1770 ; et Jérusalem n'est point un royaume.

DROIT CANONIQUE[1].

IDÉE GÉNÉRALE DU DROIT CANONIQUE, PAR M. BERTRAND, CI-DEVANT PREMIER PASTEUR DE L'ÉGLISE DE BERNE.

« Nous ne prétendons ni adopter, ni contredire ses principes ; c'est au public d'en juger. »

Le *droit canonique*, ou *canon*, est, suivant les idées vulgaires, la jurisprudence ecclésiastique : c'est le recueil des canons, des règles des conciles, des décrets des papes, et des maximes des Pères.

Selon la raison, selon les droits des rois et des peuples, la jurisprudence ecclésiastique n'est et ne peut être que l'exposé des priviléges accordés aux ecclésiastiques par les souverains représentant la nation.

S'il est deux autorités suprêmes, deux administrations qui aient leurs droits séparés, l'une fera sans cesse effort contre l'autre ; il en résultera nécessairement des chocs perpétuels, des guerres civiles, l'anarchie, la tyrannie, malheurs dont l'histoire nous présente l'affreux tableau.

Si un prêtre s'est fait souverain, si le daïri du Japon a été roi jusqu'à notre XVIe siècle, si le dalaï-lama est souverain au Thibet, si Numa fut roi et pontife, si les califes furent les chefs de l'État et de la religion, si les papes règnent dans Rome, ce sont autant de preuves de ce que nous avançons : alors l'autorité n'est point divisée, il n'y a qu'une puissance. Les souverains de Russie et d'Angleterre président à la religion : l'unité essentielle de puissance est conservée.

Toute religion est dans l'État, tout prêtre est dans la société

---

1. Tout cet article est de 1771, *Questions sur l'Encyclopédie*, cinquième partie. (B.)

civile, et tous les ecclésiastiques sont au nombre des sujets du souverain chez lequel ils exercent leur ministère. S'il était une religion qui établît quelque indépendance en faveur des ecclésiastiques, en les soustrayant à l'autorité souveraine et légitime, cette religion ne saurait venir de Dieu, auteur de la société.

Il est par là même de toute évidence que, dans une religion dont Dieu est représenté comme l'auteur, les fonctions des ministres, leurs personnes, leurs biens, leurs prétentions, la manière d'enseigner la morale, de prêcher le dogme, de célébrer les cérémonies, les peines spirituelles ; que tout, en un mot, ce qui intéresse l'ordre civil, doit être soumis à l'autorité du prince et à l'inspection des magistrats.

Si cette jurisprudence fait une science, on en trouvera ici les éléments.

C'est aux magistrats seuls d'autoriser les livres admissibles dans les écoles, selon la nature et la forme du gouvernement. C'est ainsi que M. Paul-Joseph Rieger, conseiller de cour, enseigne judicieusement le droit canonique dans l'université de Vienne ; ainsi nous voyons la république de Venise examiner et réformer toutes les règles établies dans ses États, qui ne lui conviennent plus. Il est à désirer que des exemples aussi sages soient enfin suivis dans toute la terre.

SECTION PREMIÈRE [1].

DU MINISTÈRE ECCLÉSIASTIQUE.

La religion n'est instituée que pour maintenir les hommes dans l'ordre, et leur faire mériter les bontés de Dieu par la vertu. Tout ce qui dans une religion ne tend pas à ce but doit être regardé comme étranger ou dangereux.

L'instruction, les exhortations, les menaces des peines à venir, les promesses d'une béatitude immortelle, les prières, les conseils, les secours spirituels, sont les seuls moyens que les ecclésiastiques puissent mettre en usage pour essayer de rendre les hommes vertueux ici-bas, et heureux pour l'éternité.

Tout autre moyen répugne à la liberté de la raison, à la nature de l'âme, aux droits inaltérables de la conscience, à l'essence de la religion, à celle du ministère ecclésiastique, à tous les droits du souverain.

1. Voyez la note de la page précédente.

DROIT CANONIQUE.

La vertu suppose la liberté, comme le transport d'un fardeau suppose la force active. Dans la contrainte point de vertu, et sans vertu point de religion. Rends-moi esclave, je n'en serai pas meilleur.

Le souverain même n'a aucun droit d'employer la contrainte pour amener les hommes à la religion, qui suppose essentiellement choix et liberté. Ma pensée n'est pas plus soumise à l'autorité que la maladie ou la santé.

Afin de démêler toutes les contradictions dont on a rempli les livres sur le droit canonique, et de fixer nos idées sur le ministère ecclésiastique, recherchons au milieu de mille équivoques ce que c'est que l'Église.

L'Église est l'assemblée de tous les fidèles appelés certains jours à prier en commun, et à faire en tout temps de bonnes actions.

Les prêtres sont des personnes établies sous l'autorité du souverain pour diriger ces prières et tout le culte religieux.

Une Église nombreuse ne saurait être sans ecclésiastiques; mais ces ecclésiastiques ne sont pas l'Église.

Il n'est pas moins évident que si les ecclésiastiques qui sont dans la société civile avaient acquis des droits qui allassent à troubler ou à détruire la société, ces droits doivent être supprimés.

Il est encore de la plus grande évidence que si Dieu a attaché à l'Église des prérogatives ou des droits, ces droits ni ces prérogatives ne sauraient appartenir primitivement ni au chef de l'Église ni aux ecclésiastiques, parce qu'ils ne sont pas l'Église, comme les magistrats ne sont le souverain ni dans un État démocratique ni dans une monarchie.

Enfin il est très-évident que ce sont nos âmes qui sont soumises aux soins du clergé, uniquement pour les choses spirituelles.

Notre âme agit intérieurement; les actes intérieurs sont la pensée, les volontés, les inclinations, l'acquiescement à certaines vérités. Tous ces actes sont au-dessus de toute contrainte, et ne sont du ressort du ministère ecclésiastique qu'autant qu'il doit instruire et jamais commander.

Cette âme agit aussi extérieurement. Les actions extérieures sont soumises à la loi civile. Ici la contrainte peut avoir lieu; les peines temporelles ou corporelles maintiennent la loi en punissant les violateurs.

La docilité à l'ordre ecclésiastique doit par conséquent toujours être libre et volontaire : il ne saurait y en avoir d'autre. La soumission, au contraire, à l'ordre civil peut être contrainte et forcée.

Par la même raison, les peines ecclésiastiques, toujours spirituelles, n'atteignent ici-bas que celui qui est intérieurement convaincu de sa faute. Les peines civiles, au contraire, accompagnées d'un mal physique, ont leurs effets physiques, soit que le coupable en reconnaisse la justice ou non.

De là il résulte manifestement que l'autorité du clergé n'est et ne peut être que spirituelle ; qu'il ne saurait avoir aucun pouvoir temporel ; qu'aucune force coactive ne convient à son ministère, qui en serait détruit.

Il suit encore de là que le souverain, attentif à ne souffrir aucun partage de son autorité, ne doit permettre aucune entreprise qui mette les membres de la société dans une dépendance extérieure et civile d'un corps ecclésiastique.

Tels sont les principes incontestables du véritable droit canonique, dont les règles et les décisions doivent en tout temps être jugées d'après ces vérités éternelles et immuables, fondées sur le droit naturel et l'ordre nécessaire de la société.

SECTION II [1].

DES POSSESSIONS DES ECCLÉSIASTIQUES.

Remontons toujours aux principes de la société, qui, dans l'ordre civil comme dans l'ordre religieux, sont les fondements de tous droits.

La société en général est propriétaire du territoire d'un pays, source de la richesse nationale. Une portion de ce revenu national est attribuée au souverain pour soutenir les dépenses de l'administration. Chaque particulier est possesseur de la partie du territoire et du revenu que les lois lui assurent, et aucune possession ni aucune jouissance ne peut en aucun temps être soustraite à l'autorité de la loi.

Dans l'état de société nous ne tenons aucun bien, aucune possession de la seule nature, puisque nous avons renoncé aux droits naturels pour nous soumettre à l'ordre civil, qui nous garantit et nous protége : c'est de la loi que nous tenons toutes nos possessions.

1. Voyez la note de la page 429.

Personne non plus ne peut rien tenir sur la terre de la religion, ni domaines, ni possessions, puisque ses biens sont tous spirituels : les possessions du fidèle, comme véritable membre de l'Église, sont dans le ciel : là est son trésor. Le royaume de Jésus-Christ, qu'il annonça toujours comme prochain, n'était et ne pouvait être de ce monde : aucune possession ne peut donc être de droit divin.

Les lévites, sous la loi hébraïque, avaient, il est vrai, la dîme par une loi positive de Dieu ; mais c'était une théocratie qui n'existe plus, et Dieu agissait comme le souverain de la terre. Toutes ces lois ont cessé, et ne sauraient être aujourd'hui un titre de possession.

Si quelque corps aujourd'hui, comme celui des ecclésiastiques, prétend posséder la dîme ou tout autre bien, de droit divin positif, il faut qu'il produise un titre enregistré dans une révélation divine, expresse et incontestable. Ce titre miraculeux ferait, j'en conviens, exception à la loi civile, autorisée de Dieu, qui dit[1] que « toute personne doit être soumise aux puissances supérieures, parce qu'elles sont ordonnées de Dieu, et établies en son nom ».

Au défaut d'un titre pareil, un corps ecclésiastique quelconque ne peut donc jouir sur la terre que du consentement du souverain, et sous l'autorité des lois civiles : ce sera là le seul titre de ses possessions. Si le clergé renonçait imprudemment à ce titre, il n'en aurait plus aucun, et il pourrait être dépouillé par quiconque aurait assez de puissance pour l'entreprendre. Son intérêt essentiel est donc de dépendre de la société civile, qui seule lui donne du pain.

Par la même raison, puisque tous les biens du territoire d'une nation sont soumis sans exception aux charges publiques pour les dépenses du souverain et de la nation, aucune possession ne peut être exemptée que par la loi, et cette loi même est toujours révocable lorsque les circonstances viennent à changer. Pierre ne peut être exempté que la charge de Jean ne soit augmentée. Ainsi l'équité réclamant sans cesse pour la proportion contre toute surcharge, le souverain est à chaque instant en droit d'examiner les exemptions et de remettre les choses dans l'ordre naturel et proportionnel, en abolissant les immunités accordées, souffertes, ou extorquées.

Toute loi qui ordonnerait que le souverain fît tout aux frais du public pour la sûreté et la conservation des biens d'un parti-

---

1. Saint Paul, *Rom.*, XIII, 1.

culier ou d'un corps, sans que ce corps ou ce particulier contribuât aux charges communes, serait une subversion des lois.

Je dis plus : la quotité quelconque de la contribution d'un particulier ou d'un corps quelconque doit être réglée proportionnellement, non par lui, mais par le souverain ou les magistrats, selon la loi et la forme générale. Ainsi le souverain doit connaître et peut demander un état des biens et des possessions de tout corps, comme de tout particulier.

C'est donc encore dans ces principes immuables que doivent être puisées les règles du droit canonique, par rapport aux possessions et aux revenus du clergé.

Les ecclésiastiques doivent sans doute avoir de quoi vivre honorablement, mais ce n'est ni comme membres ni comme représentants de l'Église : car l'Église par elle-même n'a ni règne ni possession sur cette terre.

Mais s'il est de la justice que les ministres de l'autel vivent de l'autel, il est naturel qu'ils soient entretenus par la société, tout comme les magistrats et les soldats le sont. C'est donc à la loi civile à faire la pension proportionnelle du corps ecclésiastique.

Lors même que les possessions des ecclésiastiques leur ont été données par testament, ou de quelque autre manière, les donateurs n'ont pu dénaturer les biens en les soustrayant aux charges publiques, ou à l'autorité des lois. C'est toujours sous la garantie des lois, sans lesquelles il ne saurait y avoir possession assurée et légitime, qu'ils en jouiront.

C'est donc encore au souverain, ou aux magistrats en son nom, à examiner en tout temps si les revenus ecclésiastiques sont suffisants : s'ils ne l'étaient pas, ils doivent y pourvoir par des augmentations de pensions; mais s'ils étaient manifestement excessifs, c'est à eux à disposer du superflu pour le bien commun de la société.

Mais selon les principes du droit vulgairement appelé *canonique*, qui a cherché à faire un État dans l'État, un empire dans l'empire, les biens ecclésiastiques sont sacrés et intangibles, parce qu'ils appartiennent à la religion et à l'Église : ils viennent de Dieu, et non des hommes.

D'abord, ils ne sauraient appartenir, ces biens terrestres, à la religion, qui n'a rien de temporel. Ils ne sont pas à l'Église, qui est le corps universel de tous les fidèles ; à l'Église, qui renferme les rois, les magistrats, les soldats, tous les sujets : car nous ne devons jamais oublier que les ecclésiastiques ne sont pas plus l'Église que les magistrats ne sont l'État.

Enfin, ces biens ne viennent de Dieu que comme tous les autres biens en dérivent, parce que tout est soumis à sa Providence.

Ainsi tout ecclésiastique possesseur d'un bien ou d'une rente en jouit comme sujet et citoyen de l'État, sous la protection unique de la loi civile.

Un bien qui est quelque chose de matériel et de temporel ne saurait être sacré ni saint dans aucun sens, ni au propre ni au figuré. Si l'on dit qu'une personne, un édifice, sont sacrés, cela signifie qu'ils sont consacrés, employés à des usages spirituels.

Abuser d'une métaphore pour autoriser des droits et des prétentions destructives de toute société, c'est une entreprise dont l'histoire de la religion fournit plus d'un exemple, et même des exemples bien singuliers qui ne sont pas ici de mon ressort.

SECTION III[1].

DES ASSEMBLÉES ECCLÉSIASTIQUES OU RELIGIEUSES.

Il est certain qu'aucun corps ne peut former dans l'État aucune assemblée publique et régulière que du consentement du souverain.

Les assemblées religieuses pour le culte doivent être autorisées par le souverain dans l'ordre civil, afin qu'elles soient légitimes.

En Hollande, où le souverain accorde à cet égard la plus grande liberté, de même à peu près qu'en Russie, en Angleterre, en Prusse, ceux qui veulent former une Église doivent en obtenir la permission : dès lors cette Église est dans l'État, quoiqu'elle ne soit pas la religion de l'État. En général, dès qu'il y a un nombre suffisant de personnes ou de familles qui veulent avoir un certain culte et des assemblées, elles peuvent, sans doute, en demander la permission au magistrat souverain, et c'est à ce magistrat à en juger. Ce culte une fois autorisé, on ne peut le troubler sans pécher contre l'ordre public. La facilité que le souverain a eue en Hollande d'accorder ces permissions n'entraîne aucun désordre; et il en serait ainsi partout si le magistrat seul examinait, jugeait, et protégeait.

Le souverain a le droit en tout temps de savoir ce qui se passe dans les assemblées, de les diriger selon l'ordre public, d'en ré-

---

1. Voyez la note de la page 429.

former les abus, et d'abroger les assemblées s'il en naissait des désordres. Cette inspection perpétuelle est une portion essentielle de l'administration souveraine que toute religion doit reconnaître.

S'il y a dans le culte des formulaires de prières, des cantiques, des cérémonies, tout doit être soumis de même à l'inspection du magistrat. Les ecclésiastiques peuvent composer ces formulaires; mais c'est au souverain à les examiner, à les approuver, à les réformer au besoin. On a vu des guerres sanglantes pour des formulaires, et elles n'auraient pas eu lieu si les souverains avaient mieux connu leurs droits.

Les jours de fêtes ne peuvent pas non plus être établis sans le concours et le consentement du souverain, qui en tout temps peut les réformer, les abolir, les réunir, en régler la célébration, selon que le bien public le demande. La multiplication de ces jours de fêtes fera toujours la dépravation des mœurs et l'appauvrissement d'une nation.

L'inspection sur l'instruction publique de vive voix, ou par des livres de dévotion, appartient de droit au souverain. Ce n'est pas lui qui enseigne, mais c'est à lui à voir comment sont enseignés ses sujets. Il doit faire enseigner surtout la morale, qui est aussi nécessaire que les disputes sur le dogme ont été souvent dangereuses.

S'il y a quelques disputes entre les ecclésiastiques sur la manière d'enseigner, ou sur certains points de doctrine, le souverain peut imposer silence aux deux partis, et punir ceux qui désobéissent.

Comme les assemblées religieuses ne sont point établies sous l'autorité souveraine pour y traiter des matières politiques, les magistrats doivent réprimer les prédicateurs séditieux qui échauffent la multitude par des déclamations punissables : il sont la peste des États.

Tout culte suppose une discipline pour y conserver l'ordre, l'uniformité et la décence. C'est au magistrat à maintenir cette discipline, et à y porter les changements que le temps et les circonstances peuvent exiger.

Pendant près de huit siècles les empereurs d'Orient assemblèrent des conciles pour apaiser des troubles qui ne firent qu'augmenter par la trop grande attention qu'on y apporta : le mépris aurait plus sûrement fait tomber de vaines disputes que les passions avaient allumées. Depuis le partage des États d'Occident en divers royaumes, les princes ont laissé aux papes la convocation de ces assemblées. Les droits du pontife de Rome ne sont à cet égard que conventionnels, et tous les souverains réunis peuvent en tout temps en décider autrement. Aucun d'eux en particulier n'est obligé de soumettre ses États à aucun canon sans l'avoir examiné et approuvé. Mais comme le concile de Trente sera apparemment le dernier, il est très-inutile d'agiter toutes les questions qui pourraient regarder un concile futur et général.

Quant aux assemblées, ou synodes, ou conciles nationaux, ils ne peuvent sans contredit être convoqués que quand le souverain les juge nécessaires : ses commissaires doivent y présider et en diriger toutes les délibérations, et c'est à lui à donner la sanction aux décrets.

Il peut y avoir des assemblées périodiques du clergé pour le maintien de l'ordre, et sous l'autorité du souverain ; mais la puissance civile doit toujours en déterminer les vues, en diriger les délibérations, et en faire exécuter les décisions. L'assemblée périodique du clergé de France n'est autre chose qu'une assemblée de commissaires économiques pour tout le clergé du royaume.

Les vœux par lesquels s'obligent quelques ecclésiastiques de vivre en corps selon une certaine règle, sous le nom de *moines* ou de *religieux*, si prodigieusement multipliés dans l'Europe, ces vœux doivent aussi être toujours soumis à l'examen et à l'inspection des magistrats souverains. Ces couvents, qui renferment tant de gens inutiles à la société et tant de victimes qui regrettent la liberté qu'ils ont perdue, ces ordres qui portent tant de noms si bizarres, ne peuvent être établis dans un pays, et tous leurs vœux ne peuvent être valables ou obligatoires que quand ils ont été examinés et approuvés au nom du souverain.

En tout temps le prince est donc en droit de prendre connaissance des règles de ces maisons religieuses, de leur conduite ; il peut réformer ces maisons et les abolir, s'il les juge incompatibles avec les circonstances présentes et le bien actuel de la société.

Les biens et les acquisitions de ces corps religieux sont de même soumis à l'inspection des magistrats pour en connaître la valeur et l'emploi. Si la masse de ces richesses qui ne circulent plus était trop forte ; si les revenus excédaient trop les besoins raisonnables de ces réguliers ; si l'emploi de ces rentes était contraire au bien général ; si cette accumulation appauvrissait les autres citoyens : dans tous ces cas il serait du devoir des magistrats, pères communs de la patrie, de diminuer ces richesses, de les partager, de les faire rentrer dans la circulation qui fait la vie d'un État, de les employer même à d'autres usages pour le bien de la société.

Par les mêmes principes, le souverain doit expressément défendre qu'aucun ordre religieux ait un supérieur dans le pays étranger : c'est presque un crime de lèse-majesté.

Le souverain peut prescrire les règles pour entrer dans ces ordres ; il peut, selon les anciens usages, fixer un âge, et empêcher que l'on ne fasse des vœux que du consentement exprès des magistrats. Chaque citoyen naît sujet de l'État, et il n'a pas le droit de rompre des engagements naturels envers la société, sans l'aveu de ceux qui la gouvernent.

Si le souverain abolit un ordre religieux, ces vœux cessent d'être obligatoires. Le premier vœu est d'être citoyen ; c'est un serment primordial et tacite, autorisé de Dieu, un vœu dans l'ordre de la Providence, un vœu inaltérable et imprescriptible, qui unit l'homme en société avec la patrie et avec le souverain. Si nous avons pris un engagement postérieur, le vœu primitif a été réservé ; rien n'a pu énerver ni suspendre la force de ce serment primitif. Si donc le souverain déclare ce dernier vœu, qui n'a pu être que conditionnel et dépendant du premier, incompatible avec le serment naturel ; s'il trouve ce dernier vœu dangereux dans la société, et contraire au bien public, qui est la suprême loi, tous sont dès lors déliés en conscience de ce vœu. Pourquoi ? parce que la conscience les attachait primitivement au serment naturel et au souverain. Le souverain, dans ce cas, ne dissout point un vœu ; il le déclare nul, il remet l'homme dans l'état naturel.

En voilà assez pour dissiper tous les sophismes par lesquels les canonistes ont cherché à embarrasser cette question, si simple pour quiconque ne veut écouter que la raison.

SECTION IV[1].

DES PEINES ECCLÉSIASTIQUES.

Puisque ni l'Église, qui est l'assemblée de tous les fidèles, ni les ecclésiastiques, qui sont les ministres dans cette Église, au nom du souverain et sous son autorité, n'ont aucune force coactive, aucune puissance exécutrice, aucun pouvoir terrestre, il est évident que ces ministres de la religion ne peuvent infliger que des peines uniquement spirituelles. Menacer les pécheurs de la

---

1. Voyez la note de la page 429.

colère du ciel, c'est la seule peine dont un pasteur peut faire usage. Si l'on ne veut pas donner le nom de *peines* à ces censures ou à ces déclamations, les ministres de la religion n'auront aucune peine à infliger.

L'Église peut-elle bannir de son sein ceux qui la déshonorent ou la troublent? Grande question sur laquelle les canonistes n'ont point hésité de prendre l'affirmative. Observons d'abord que les ecclésiastiques ne sont pas l'Église. L'Église, assemblée dans laquelle sont les magistrats souverains, pourrait sans doute de droit exclure de ses congrégations un pécheur scandaleux, après des avertissements charitables, réitérés et suffisants. Cette exclusion ne peut dans ce cas même emporter aucune peine civile, aucun mal corporel, ni la privation d'aucun avantage terrestre. Mais ce que peut l'Église de droit, les ecclésiastiques qui sont dans l'Église ne le peuvent qu'autant que le souverain les y autorise et le leur permet.

C'est donc encore même dans ce cas au souverain à veiller sur la manière dont ce droit sera exercé : vigilance d'autant plus nécessaire qu'il est plus aisé d'abuser de cette discipline. C'est par conséquent à lui, en consultant les règles du support et de la charité, à prescrire les formes et les restrictions convenables : sans cela, toute déclaration du clergé, toute excommunication serait nulle et sans effet, même dans l'ordre spirituel. C'est confondre des cas entièrement différents que de conclure de la pratique des apôtres la manière de procéder aujourd'hui. Le souverain n'était pas de la religion des apôtres, l'Église n'était pas encore dans l'État; les ministres du culte ne pouvaient pas recourir au magistrat. D'ailleurs, les apôtres étaient des ministres extraordinaires tels qu'on n'en voit plus. Si l'on me cite d'autres exemples d'excommunications lancées sans l'autorité du souverain ; que dis-je? si l'on rappelle ce qu'on ne peut entendre sans frémir d'horreur, des exemples même d'excommunications fulminées insolemment contre des souverains et des magistrats, je répondrai hardiment que ces attentats sont une rébellion manifeste, une violation ouverte des devoirs les plus sacrés de la religion, de la charité et du droit naturel.

On voit donc évidemment que c'est au nom de toute l'Église que l'excommunication doit être prononcée contre les pécheurs publics, puisqu'il s'agit seulement de l'exclusion de ce corps : ainsi elle doit être prononcée par les ecclésiastiques sous l'autorité des magistrats et au nom de l'Église, pour les seuls cas dans lesquels on peut présumer que l'Église entière, bien instruite, la prononcerait si elle pouvait avoir en corps cette discipline qui lui appartient privativement.

Ajoutons encore, pour donner une idée complète de l'excommunication et des vraies règles du droit canonique à cet égard, que cette excommunication légitimement prononcée par ceux à qui le souverain, au nom de l'Église, en a expressément laissé l'exercice, ne renferme que la privation des biens spirituels sur la terre. Elle ne saurait s'étendre à autre chose : tout ce qui serait au delà serait abusif, et plus ou moins tyrannique. Les ministres de l'Église ne font que déclarer qu'un tel homme n'est plus membre de l'Église. Il peut donc jouir, malgré l'excommunication, de tous les droits naturels, de tous les droits civils, de tous les biens temporels, comme homme ou comme citoyen. Si le magistrat intervient, et prive outre cela un tel homme d'une charge ou d'un emploi dans la société, c'est alors une peine civile ajoutée pour quelque faute contre l'ordre civil.

Supposons encore que les ecclésiastiques qui ont prononcé l'excommunication aient été séduits par quelque erreur ou quelque passion (ce qui peut toujours arriver puisqu'ils sont hommes), celui qui a été ainsi exposé à une excommunication précipitée est justifié par sa conscience devant Dieu. La déclaration faite contre lui n'est et ne peut être d'aucun effet pour la vie à venir. Privé de la communion extérieure avec les vrais fidèles, il peut encore jouir ici-bas de toutes les consolations de la communion intérieure. Justifié par sa conscience, il n'a rien à redouter dans la vie à venir du jugement de Dieu, qui est son véritable juge.

C'est encore une grande question dans le droit canonique, si le clergé, si son chef, si un corps ecclésiastique quelconque peut excommunier les magistrats ou le souverain, sous prétexte ou pour raison de l'abus de leur pouvoir. Cette question seule est scandaleuse, et le simple doute une rébellion manifeste. En effet, le premier devoir de l'homme en société est de respecter et de faire respecter le magistrat; et vous prétendriez avoir le droit de le diffamer et de l'avilir! qui vous aurait donné ce droit aussi absurde qu'exécrable? serait-ce Dieu, qui gouverne le monde politique par les souverains, qui veut que la société subsiste par la subordination?

Les premiers ecclésiastiques, à la naissance du christianisme, se sont-ils crus autorisés à excommunier les Tibère, les Néron, les Claude, et ensuite les Constance, qui étaient hérétiques? Comment donc a-t-on pu souffrir si longtemps des prétentions aussi monstrueuses, des idées aussi atroces, et les attentats affreux qui en ont été la suite : attentats également réprouvés par la raison, le droit naturel et la religion? S'il était une religion qui enseignât de pareilles horreurs, elle devrait être proscrite de la société comme directement opposée au repos du genre humain. Le cri des nations s'est déjà fait entendre contre ces prétendues lois canoniques, dictées par l'ambition et le fanatisme. Il faut espérer que les souverains, mieux instruits de leurs droits, soutenus par la fidélité des peuples, mettront enfin un terme à des abus si énormes, et qui ont causé tant de malheurs. L'auteur de l'*Essai sur les Mœurs et l'Esprit des nations* a été le premier qui a relevé avec force l'atrocité des entreprises de cette nature [1].

SECTION V [2].

DE L'INSPECTION SUR LE DOGME.

Le souverain n'est point le juge de la vérité du dogme : il peut juger pour lui-même, comme tout autre homme; mais il doit prendre connaissance du dogme dans tout ce qui intéresse l'ordre civil, soit quant à la nature de la doctrine, si elle avait quelque chose de contraire au bien public, soit quant à la manière de la proposer.

Règle générale dont les magistrats souverains n'auraient jamais dû se départir : rien dans le dogme ne mérite l'attention de la police que ce qui peut intéresser l'ordre public ; c'est l'influence de la doctrine sur les mœurs qui décide de son importance. Toute doctrine qui n'a qu'un rapport éloigné avec la vertu ne saurait être fondamentale. Les vérités qui sont propres à rendre les hommes doux, humains, soumis aux lois, obéissants au souverain, intéressent l'État et viennent évidemment de Dieu.

SECTION VI [3].

INSPECTION DES MAGISTRATS SUR L'ADMINISTRATION DES SACREMENTS.

L'administration des sacrements doit être aussi soumise à l'inspection assidue du magistrat en tout ce qui intéresse l'ordre public.

On convient d'abord que le magistrat doit veiller sur la forme des registres publics des mariages, des baptêmes, des morts, sans aucun égard à la croyance des divers citoyens de l'État.

---

1. Chapitre XXXIX de l'*Essai sur les Mœurs*, tome XI, page 352.
2. Voyez la note de la page 429.
3. Voyez la note de la page 429.

Les mêmes raisons de police et d'ordre n'exigeraient-elles pas qu'il y eût des registres exacts, entre les mains du magistrat, de tous ceux qui font des vœux pour entrer dans les cloîtres, dans les pays où les cloîtres sont admis?

Dans le sacrement de pénitence, le ministre qui refuse ou accorde l'absolution n'est comptable de ses jugements qu'à Dieu ; de même aussi le pénitent n'est comptable qu'à Dieu s'il communie ou non, et s'il communie bien ou mal.

Aucun pasteur pécheur ne peut avoir le droit de refuser publiquement, et de son autorité privée, l'eucharistie à un autre pécheur. Jésus-Christ, impeccable, ne refusa pas la communion à Judas.

L'extrême-onction et le viatique, demandés par les malades, sont soumis aux mêmes règles. Le seul droit du ministre est de faire des exhortations au malade, et le devoir du magistrat est d'avoir soin que le pasteur n'abuse pas de ces circonstances pour persécuter les malades.

Autrefois, c'était l'Église en corps qui appelait ses pasteurs et leur conférait le droit d'instruire et de gouverner le troupeau : ce sont aujourd'hui des ecclésiastiques qui en consacrent d'autres ; mais la police publique doit y veiller.

C'est sans doute un grand abus, introduit depuis longtemps, que de conférer les ordres sans fonction ; c'est enlever des membres à l'État sans en donner à l'Église. Le magistrat est en droit de réformer cet abus.

Le mariage, dans l'ordre civil, est une union légitime de l'homme et de la femme pour avoir des enfants, pour les élever, et pour leur assurer les droits des propriétés sous l'autorité de la loi. Afin de constater cette union, elle est accompagnée d'une cérémonie religieuse, regardée par les uns comme un sacrement, par les autres comme une pratique de culte public : vraie logomachie qui ne change rien à la chose. Il faut donc distinguer deux parties dans le mariage : le contrat civil ou l'engagement naturel, et le sacrement ou la cérémonie sacrée. Le mariage peut donc subsister avec tous ses effets naturels et civils, indépendamment de la cérémonie religieuse. Les cérémonies même de l'Église ne sont devenues nécessaires, dans l'ordre civil, que parce que le magistrat les a adoptées. Il s'est même écoulé un long temps sans que les ministres de la religion aient eu aucune part à la célébration des mariages. Du temps de Justinien, le consentement des parties en présence de témoins, sans aucune cérémonie de l'Église, légitimait encore le mariage parmi les chrétiens. C'est cet empereur qui fit, vers le milieu du vi⁰ siècle, les premières lois pour que les prêtres intervinssent comme simples témoins, sans ordonner encore de bénédiction nuptiale. L'empereur Léon, qui mourut sur le trône en 886, semble être le premier qui ait mis la cérémonie religieuse au rang des conditions nécessaires. La loi même qu'il fit atteste que c'était un nouvel établissement.

De l'idée juste que nous nous formons ainsi du mariage, il résulte d'abord que le bon ordre et la piété même rendent aujourd'hui nécessaires les formalités religieuses, adoptées dans toutes les communions chrétiennes ; mais l'essence du mariage ne peut en être dénaturée, et cet engagement, qui est le principal dans la société, est et doit demeurer toujours soumis, dans l'ordre politique, à l'autorité du magistrat.

Il suit de là encore que deux époux élevés dans le culte même des infidèles et des hérétiques ne sont point obligés de se remarier, s'ils l'ont été selon la loi de leur patrie : c'est au magistrat, dans tous les cas, d'examiner la chose.

Le prêtre est aujourd'hui le magistrat que la loi a désigné librement en certains pays pour recevoir la foi de mariage. Il est très-évident que la loi peut modifier ou changer, comme il lui plaît, l'étendue de cette autorité ecclésiastique.

Les testaments et les enterrements sont incontestablement du ressort de la loi civile et de celui de la police. Jamais les magistrats n'auraient dû souffrir que le clergé usurpât l'autorité de la loi à aucun de ces égards. On peut voir encore, dans le *Siècle de Louis XIV* et dans celui de *Louis XV*, des exemples frappants des entreprises de certains ecclésiastiques fanatiques sur la police des enterrements[1]. On a vu des refus de sacrements, d'inhumation, sous prétexte d'hérésie : barbarie dont les païens mêmes auraient eu horreur.

SECTION VII[2].

JURIDICTION DES ECCLÉSIASTIQUES.

Le souverain peut sans doute abandonner à un corps ecclésiastique ou à un seul prêtre une juridiction sur certains objets et sur certaines personnes, avec une compétence convenable à l'autorité confiée. Je n'examine point s'il a été prudent de remettre

---

1. Voyez, dans le *Siècle de Louis XIV*, le chapitre xxxvi ; dans le *Précis du Siècle de Louis XV*, le chapitre xxxvi ; dans l'*Histoire du Parlement*, le chapitre lxiv ; et ci-après l'article ENTERREMENT.
2. Voyez la note de la page 429.

ainsi une portion de l'autorité civile entre les mains d'un corps ou d'une personne qui avait déjà une autorité sur les choses spirituelles. Livrer à ceux qui devaient seulement conduire les hommes au ciel une autorité sur la terre, c'était réunir deux pouvoirs dont l'abus était trop facile ; mais il est certain du moins qu'aucun homme, en tant qu'ecclésiastique, ne peut avoir aucune sorte de juridiction. S'il la possède, elle est ou concédée par le souverain, ou usurpée : il n'y a point de milieu. Le royaume de Jésus-Christ n'est point de ce monde : il a refusé d'être juge sur la terre ; il a ordonné de rendre à César ce qui appartient à César ; il a interdit à ses apôtres toute domination ; il n'a prêché que l'humilité, la douceur et la dépendance. Les ecclésiastiques ne peuvent tenir de lui ni puissance, ni autorité, ni domination, ni juridiction, dans le monde ; ils ne peuvent donc posséder légitimement aucune autorité que par une concession du souverain, de qui tout pouvoir doit dériver dans la société.

Puisque c'est du souverain seul que les ecclésiastiques tiennent quelque juridiction sur la terre, il suit de là que le souverain et les magistrats doivent veiller sur l'usage que le clergé fait de son autorité, comme nous l'avons prouvé.

Il fut un temps, dans l'époque malheureuse du gouvernement féodal, où les ecclésiastiques s'étaient emparés en divers lieux des principales fonctions de la magistrature. On a borné dès lors l'autorité des seigneurs de fiefs laïques, si redoutable au souverain et si dure pour les peuples ; mais une partie de l'indépendance des juridictions ecclésiastiques a subsisté. Quand donc est-ce que les souverains seront assez instruits ou assez courageux pour reprendre à eux toute autorité usurpée, et tant de droits dont on a si souvent abusé pour vexer les sujets, qu'ils doivent protéger ?

C'est de cette inadvertance des souverains que sont venues les entreprises audacieuses de quelques ecclésiastiques contre le souverain même. L'histoire scandaleuse de ces attentats énormes est consignée dans des monuments qui ne peuvent être contestés ; et il est à présumer que les souverains, éclairés aujourd'hui par les écrits des sages, ne permettront plus de tentatives qui ont si souvent été accompagnées ou suivies de tant d'horreurs.

La bulle *in Cœna Domini* est encore en particulier une preuve subsistante des entreprises continuelles du clergé contre l'autorité souveraine et civile, etc.[1].

---

1. Voyez l'article BULLE, et surtout la première section de l'article PUISSANCE. (*Note de Voltaire.*)

DROIT CANONIQUE.

EXTRAIT DU TARIF DES DROITS [1]

Qu'on paye en France à la cour de Rome pour les bulles, dispenses, absolutions, etc., lequel tarif fut arrêté au conseil du roi, le 4 septembre 1691, et qui est rapporté tout entier dans l'instruction de Jacques Le Pelletier, imprimée à Lyon, en 1699, avec approbation et privilége du roi, à Lyon, chez Antoine Boudet, huitième édition. On en a retiré les exemplaires, et les taxes subsistent.

1° Pour absolution du crime d'apostasie, on payera au pape quatre-vingts livres.

2° Un bâtard qui voudra prendre les ordres payera pour la dispense vingt-cinq livres ; s'il veut posséder un bénéfice simple, il payera de plus cent quatre-vingts livres ; s'il veut que dans la dispense on ne fasse pas mention de son illégitimité, il payera mille cinquante livres.

3° Pour dispense et absolution de bigamie, mille cinquante livres.

4° Pour dispense à l'effet de juger criminellement, ou d'exercer la médecine, quatre-vingt-dix livres.

5° Absolution d'hérésie, quatre-vingts livres.

6° Bref de quarante heures pour sept ans, douze livres.

7° Absolution pour avoir commis un homicide à son corps défendant ou sans mauvais dessein, quatre-vingt-quinze livres. Ceux qui étaient dans la compagnie du meurtrier doivent aussi se faire absoudre, et payer pour cela quatre-vingt-cinq livres.

8° Indulgences pour sept années, douze livres.

9° Indulgences perpétuelles pour une confrérie, quarante livres.

10° Dispense d'irrégularité ou d'inhabilité, vingt-cinq livres ; si l'irrégularité est grande, cinquante livres.

11° Permission de lire les livres défendus, vingt-cinq livres.

12° Dispense de simonie, quarante livres ; sauf à augmenter suivant les circonstances.

13° Bref pour manger les viandes défendues, soixante-cinq livres.

14° Dispense de vœux simples de chasteté ou de religion, quinze livres. Bref déclaratoire de la nullité de la profession d'un religieux ou d'une religieuse, cent livres : si on demande ce bref dix ans après la profession, on le paye le double.

---

1. Voyez ci-après l'article Taxe.

DISPENSES DE MARIAGE.

Dispense du quatrième degré de parenté avec cause, soixante-cinq livres ; sans cause, quatre-vingt-dix livres ; avec absolution des familiarités que les futurs ont eues ensemble, cent quatre-vingts livres.

Pour les parents du troisième au quatrième degré, tant du côté du père que de celui de la mère, la dispense sans cause est de huit cent quatre-vingts livres ; avec cause, cent quarante-cinq livres.

Pour les parents au second degré d'un côté, et au quatrième de l'autre, les nobles payeront mille quatre cent trente livres ; pour les roturiers, mille cent cinquante-cinq livres.

Celui qui voudra épouser la sœur de la fille avec laquelle il a été fiancé payera pour la dispense mille quatre cent trente livres.

Ceux qui sont parents au troisième degré, s'ils sont nobles, ou s'ils vivent honnêtement, payeront mille quatre cent trente livres ; si la parenté est tant du côté du père que de celui de la mère, deux mille quatre cent trente livres.

Parents au second degré payeront quatre mille cinq cent trente livres ; si la future a accordé des faveurs au futur, ils payeront de plus pour l'absolution deux mille trente livres.

Ceux qui ont tenu sur les fonts de baptême l'enfant de l'un ou de l'autre, la dispense est de deux mille sept cent trente livres. Si l'on veut se faire absoudre d'avoir pris des plaisirs prématurés, on payera de plus mille trois cent trente livres.

Celui qui a joui des faveurs d'une veuve pendant la vie du premier mari payera pour l'épouser légitimement cent quatre-vingt-dix livres.

En Espagne et en Portugal, les dispenses de mariage sont beaucoup plus chères. Les cousins germains ne les obtiennent pas à moins de deux mille écus, de dix jules de componade.

Les pauvres ne pouvant pas payer des taxes aussi fortes, on leur fait des remises : il vaut bien mieux tirer la moitié du droit que de ne rien avoir du tout en refusant la dispense.

On ne rapporte pas ici les sommes que l'on paye au pape pour les bulles des évêques, des abbés, etc. : on les trouve dans les almanachs ; mais on ne voit pas de quelle autorité la cour de Rome impose des taxes sur les laïques qui épousent leurs cousines.

DROIT DE LA GUERRE.

DIALOGUE ENTRE UN FRANÇAIS ET UN ALLEMAND [1].

DRUIDES [2].

(La scène est dans le Tartare.)

LES FURIES entourées de serpents, et le fouet à la main.

Allons, Barbaroquincorix, druide celte, et toi, détestable Calchas, hiérophante grec, voici les moments où vos justes supplices se renouvellent : l'heure des vengeances a sonné.

LE DRUIDE ET CALCHAS.

Aïe! la tête, les flancs, les yeux, les oreilles, les fesses! pardon, mesdames, pardon !

CALCHAS.

Voici deux vipères qui m'arrachent les yeux.

LE DRUIDE.

Un serpent m'entre dans les entrailles par le fondement; je suis dévoré.

CALCHAS.

Je suis déchiré : faut-il que mes yeux reviennent tous les jours pour m'être arrachés!

LE DRUIDE.

Faut-il que ma peau renaisse pour tomber en lambeaux! aïe! ouf!

TISIPHONE.

Cela t'apprendra, vilain druide, à donner une autre fois la misérable plante parasite nommée le gui de chêne pour un remède universel. Eh bien! immoleras-tu encore à ton dieu Theutatès des petites filles et des petits garçons? les brûleras-tu encore dans des paniers d'osier, au son du tambour?

LE DRUIDE.

Jamais, jamais, madame ; un peu de charité.

TISIPHONE.

Tu n'en as jamais eu. Courage, mes serpents ; encore un coup de fouet à ce sacré coquin.

---

1. Sous ce titre on trouvait, dans les *Questions sur l'Encyclopédie*, cinquième partie, 1771, le onzième des entretiens entre A, B, C. Voyez les *Mélanges*, année 1768. (B.)

2. *Questions sur l'Encyclopédie*, neuvième partie, 1772. (B.)

ALECTON.

Qu'on m'étrille vigoureusement ce Calchas, qui vers nous s'est avancé

L'œil farouche, l'air sombre, et le poil hérissé [1].

CALCHAS.

On m'arrache le poil, on me brûle, on me berne, on m'écorche, on m'empale.

ALECTON.

Scélérat! égorgeras-tu encore une jeune fille au lieu de la marier, et le tout pour avoir du vent?

CALCHAS ET LE DRUIDE.

Ah! quels tourments! que de peines! et point mourir!

ALECTON ET TISIPHONE.

Ah! ah! j'entends de la musique. Dieu me pardonne! c'est Orphée; nos serpents sont devenus doux comme des moutons.

CALCHAS.

Je ne souffre plus du tout; voilà qui est bien étrange!

LE DRUIDE.

Je suis tout ragaillardi. Oh! la grande puissance de la bonne musique! Eh! qui es-tu, homme divin, qui guéris les blessures et qui réjouis l'enfer?

ORPHÉE.

Mes camarades, je suis prêtre comme vous; mais je n'ai jamais trompé personne, et je n'ai égorgé ni garçon ni fille. Lorsque j'étais sur la terre, au lieu de faire abhorrer les dieux, je les ai fait aimer; j'ai adouci les mœurs des hommes, que vous rendiez féroces; je fais le même métier dans les enfers. J'ai rencontré là-bas deux barbares prêtres qu'on fessait à toute outrance: l'un avait autrefois haché un roi en morceaux, l'autre avait fait couper la tête à sa propre reine, à la Porte-aux-Chevaux. J'ai fini leur pénitence, je leur ai joué du violon; ils m'ont promis que quand ils reviendraient au monde ils vivraient en honnêtes gens.

LE DRUIDE ET CALCHAS.

Nous vous en promettons autant, foi de prêtres.

ORPHÉE.

Oui, mais *passato il pericolo, gabbato il santo.*

(La scène finit par une danse figurée d'Orphée, des damnés et des furies, et par une symphonie très-agréable.)

1. *Iphigénie*, de Racine, acte V, scène dernière. (*Note de Voltaire.*)

E.

ÉCLIPSE.

Chaque phénomène extraordinaire passa longtemps, chez la plupart des peuples connus, pour être le présage de quelque événement heureux ou malheureux. Ainsi, les historiens romains n'ont pas manqué d'observer qu'une éclipse de soleil accompagna la naissance de Romulus, qu'une autre annonça son décès, et qu'une troisième avait présidé à la fondation de la ville de Rome.

Nous parlerons, à l'article VISION DE CONSTANTIN, de l'apparition de la croix qui précéda le triomphe du christianisme ; et, sous le mot PROPHÉTIES, de l'étoile nouvelle qui avait éclairé la naissance de Jésus : bornons-nous ici à ce que l'on a dit des ténèbres dont toute la terre fut couverte avant qu'il rendît l'esprit.

Les écrivains de l'Église, grecs et latins, ont cité comme authentiques deux lettres attribuées à Denis l'Aréopagite, dans lesquelles il rapporte qu'étant à Héliopolis d'Égypte avec Apollophane son ami, ils virent tout d'un coup, vers la sixième heure, la lune qui vint se placer au-dessous du soleil, et y causer une grande éclipse ; ensuite, sur la neuvième heure, ils l'aperçurent de nouveau, quittant la place qu'elle y occupait pour aller se remettre à l'endroit opposé du diamètre. Ils prirent alors les règles de Philippe Aridœus, et ayant examiné le cours des astres, ils trouvèrent que le soleil naturellement n'avait pu être éclipsé en ce temps-là. De plus, ils observèrent que la lune, contre son mouvement naturel, au lieu de venir de l'occident se ranger sous le soleil, était venue du côté de l'orient, et s'en était enfin retournée en arrière de même côté. C'est ce qui fit dire à Apollophane : « Ce sont là, mon cher Denis, des changements des choses divines ; » à quoi Denis répliqua : « Ou l'auteur de la nature souffre, ou la machine de l'univers sera bientôt détruite. »

Denis ajoute qu'ayant exactement remarqué et le temps et l'année de ce prodige, et ayant combiné tout cela avec ce que Paul lui en apprit dans la suite, il se rendit à la vérité ainsi que son ami. Voilà ce qui a fait croire que les ténèbres arrivées à la mort de Jésus-Christ avaient été causées par une éclipse surnaturelle, et ce qui a donné tant de cours à ce sentiment que Maldonat dit que c'est celui de presque tous les catholiques.

Comment en effet résister à l'autorité d'un témoin oculaire, éclairé, et désintéressé, puisque alors on suppose que Denis était encore païen ?

Comme ces prétendues lettres de Denis ne furent forgées que vers le vᵉ ou vɪᵉ siècle, Eusèbe de Césarée s'était contenté d'alléguer le témoignage de Phlégon, affranchi de l'empereur Adrien [1]. Cet auteur était aussi païen, et avait écrit l'histoire des olympiades, en seize livres, depuis leur origine jusqu'à l'an 140 de l'ère vulgaire. On lui fait dire qu'en la quatrième année de la deux cent deuxième olympiade il y eut la plus grande éclipse de soleil qu'on eût jamais vue ; le jour fut changé en nuit à la sixième heure ; on voyait les étoiles, et un tremblement de terre renversa plusieurs édifices de la ville de Nicée en Bithynie. Eusèbe ajoute que les mêmes événements sont rapportés dans les monuments anciens des Grecs comme étant arrivés la dix-huitième année de Tibère. On croit qu'Eusèbe veut parler de Thallus, historien grec, déjà cité par Justin, Tertullien, et Jules Africain ; mais l'ouvrage de Thallus ni celui de Phlégon n'étant point parvenus jusqu'à nous, l'on ne peut juger de l'exactitude des deux citations que par le raisonnement.

Il est vrai que le *Chronicon paschale* des Grecs, ainsi que saint Jérôme, Anastase, l'auteur de l'*Historia miscellanea*, et Fréculphe de Luxem [2] parmi les Latins, se réunissent tous à représenter le fragment de Phlégon de la même manière, et s'accordent à y lire le même nombre qu'Eusèbe. Mais on sait que ces cinq témoins, allégués comme uniformes dans leur déposition, ont traduit ou copié le passage, non de Phlégon lui-même, mais d'Eusèbe, qui l'a cité le premier ; et Jean Philoponus, qui avait lu Phlégon, bien loin d'être d'accord avec Eusèbe, en diffère de deux ans. On pourrait aussi nommer Maxime et Madela comme ayant vécu dans le temps que l'ouvrage de Phlégon subsistait encore, et alors voici le résultat. Cinq des auteurs cités sont des copistes ou des traducteurs d'Eusèbe. Philoponus, là où il déclare qu'il rapporte les propres termes de Phlégon, lit d'une seconde façon,

---

1. Voici le passage de Phlégon, cité par Eusèbe : « La 4ᵉ année de la 202ᵉ olympiade, il y eut une éclipse de soleil, la plus grande qu'on eût encore vue. Il survint à la sixième heure du jour une nuit si obscure que les étoiles parurent dans le ciel. Il se fit, de plus, un grand tremblement de terre qui renversa plusieurs maisons de Nicée, en Bithynie. »

2. M. Louis du Bois, de Lisieux, a le premier, en 1825, signalé le mot *Luxem* comme mis par erreur pour *Lisieux*, dont Fréculphe fut évêque au ɪxᵉ siècle. On a de Fréculphe une *Chronique* en latin, imprimée plusieurs fois au xvɪᵉ siècle, et réimprimée dans la *Bibliotheca Patrum*. (B.)

Maxime d'une troisième, et Madela d'une quatrième ; en sorte qu'il s'en faut de beaucoup qu'ils rapportent le passage de la même manière.

On a d'ailleurs une preuve non équivoque de l'infidélité d'Eusèbe en fait de citations. Il assure que les Romains avaient dressé à Simon, que nous appelons le Magicien, une statue avec cette inscription : « *Simoni deo sancto*, A Simon dieu saint [1]. » Théodoret, saint Augustin, saint Cyrille de Jérusalem, Clément d'Alexandrie, Tertullien, et saint Justin, sont tous six parfaitement d'accord là-dessus avec Eusèbe ; saint Justin, qui dit avoir vu cette statue, nous apprend qu'elle était placée entre les deux ponts du Tibre, c'est-à-dire dans l'île formée par ce fleuve. Cependant cette inscription, qui fut déterrée à Rome, l'an 1574, dans l'endroit même indiqué par Justin, porte : « *Semoni Sanco deo Fidio*, Au dieu Semo Sancus Fidius. » Nous lisons dans Ovide que les anciens Sabins avaient bâti un temple sur le mont Quirinal à cette divinité, qu'ils nommaient indifféremment *Semo, Sancus, Sanctus*, ou *Fidius*; et l'on trouve dans Gruter deux inscriptions pareilles, dont l'une était sur le mont Quirinal, et l'autre se voit encore à Rieti, pays des anciens Sabins.

Enfin les calculs de MM. Hodgson, Halley, Whiston, Gale Morris, ont démontré que Phlégon et Thallus avaient parlé d'une éclipse naturelle arrivée le 24 novembre, la première année de la deux cent deuxième olympiade, et non dans la quatrième année, comme le prétend Eusèbe. Sa grandeur, pour Nicée en Bithynie, ne fut, selon M. Whiston, que d'environ neuf à dix doigts, c'est-à-dire deux tiers et demi du disque du soleil ; son commencement à huit heures un quart, et sa fin à dix heures quinze minutes. Et entre le Caire en Égypte et Jérusalem, suivant M. Gale Morris, le soleil fut totalement obscurci pendant près de deux minutes. A Jérusalem, le milieu de l'éclipse arriva vers une heure un quart après midi.

On ne s'en est pas tenu à ces prétendus témoignages de Denis, de Phlégon et de Thallus ; on a allégué dans ces derniers temps l'histoire de la Chine, touchant une grande éclipse de soleil que l'on prétend être arrivée contre l'ordre de la nature, l'an 32 de Jésus-Christ. Le premier ouvrage où il en est fait mention est une *Histoire de la Chine*, publiée à Paris, en 1672, par le jésuite Greslon. On trouve dans l'extrait qu'en donna le *Journal des Savants*, du 2 février de la même année, ces paroles singulières :

---

1. Voyez l'article Adorer et l'article Noel.

« Les annales de la Chine remarquent qu'au mois d'avril de l'an 32 de Jésus-Christ, il y eut une grande éclipse de soleil qui n'était pas selon l'ordre de la nature. Si cela était, ajoute-t-on, cette éclipse pourrait bien être celle qui se fit au temps de la passion de Jésus-Christ, lequel mourut au mois d'avril, selon quelques auteurs. *C'est pourquoi* les missionnaires de la Chine prient les astronomes de l'Europe d'examiner s'il n'y eut point d'éclipse en ce mois et en cette année, et si naturellement il pouvait y en avoir ; parce que, cette circonstance étant bien vérifiée, on en pourrait tirer de grands avantages pour la conversion des Chinois. »

Pourquoi prier les mathématiciens de l'Europe de faire ce calcul, comme si les jésuites Adam Shâl et Verbiest, qui avaient réformé le calendrier de la Chine et calculé les éclipses, les équinoxes et les solstices, n'avaient pas été en état de le faire eux-mêmes. D'ailleurs l'éclipse dont parle Greslon étant arrivée contre le cours de la nature, comment la calculer ? Bien plus, de l'aveu du jésuite Couplet, les Chinois ont inséré dans leurs fastes un grand nombre de fausses éclipses ; et le Chinois Yam-Quemsiam, dans sa Réponse à l'*Apologie pour la religion chrétienne*, publiée par les jésuites à la Chine, dit positivement que cette prétendue éclipse n'est marquée dans aucune histoire chinoise.

Que penser après cela du jésuite Tachard, qui, dans l'épître dédicatoire de son premier *Voyage de Siam*, dit que la sagesse suprême fit connaître autrefois aux rois et aux peuples d'Orient Jésus-Christ naissant et mourant, par une nouvelle étoile et par une éclipse extraordinaire ? Ignorait-il ce mot de saint Jérôme, sur un sujet à peu près semblable[1] : « Cette opinion, qui est assez propre à flatter les oreilles du peuple, n'en est pas plus véritable pour cela ? »

Mais ce qui aurait dû épargner toutes ces discussions, c'est que Tertullien, dont nous avons déjà parlé, dit que[2] le jour manqua tout d'un coup pendant que le soleil était au milieu de sa carrière ; que les païens crurent que c'était une éclipse, ne sachant pas que cela avait été prédit par Amos en ces termes[3] : « Le soleil se couchera à midi, et la lumière se cachera sur la terre au milieu du jour. » Ceux, ajoute Tertullien, qui ont recherché la cause de cet événement, et qui ne l'ont pu découvrir, l'ont nié ;

---

1. Sur saint Matthieu, chapitre xxvii. (*Note de Voltaire.*)
2. *Apologetique*, chapitre xxi. (*Id.*)
3. Chapitre viii, v. 9. (*Id.*)

mais le fait est certain, et vous le trouverez marqué dans vos archives.

Origène[1], au contraire, dit qu'il n'est pas étonnant que les auteurs étrangers n'aient rien dit des ténèbres dont parlent les évangélistes, puisqu'elles ne parurent qu'aux environs de Jérusalem ; la Judée, selon lui, étant désignée sous le nom de toute la terre en plus d'un endroit de l'Écriture. Il avoue d'ailleurs que le passage de l'Évangile de Luc[2] où l'on lisait de son temps que toute la terre fut couverte de ténèbres à cause de l'éclipse du soleil avait été ainsi falsifié par quelque chrétien ignorant qui avait cru donner par là du jour au texte de l'évangéliste, ou par quelque ennemi malintentionné qui avait voulu faire naître un prétexte de calomnier l'Église, comme si les évangélistes avaient marqué une éclipse dans un temps où il était notoire qu'elle ne pouvait arriver. Il est vrai, ajoute-t-il, que Phlégon dit qu'il y en eut une sous Tibère ; mais comme il ne dit pas qu'elle soit arrivée dans la pleine lune, il n'y a rien en cela de merveilleux.

Ces ténèbres, continue Origène, étaient de la nature de celles qui couvrirent l'Égypte au temps de Moïse, lesquelles ne se firent point sentir dans le canton où demeuraient les Israélites. Celles d'Égypte durèrent trois jours, et celles de Jérusalem ne durèrent que trois heures ; les premières étaient la figure des secondes, et de même que Moïse, pour les attirer sur l'Égypte, éleva les mains au ciel et invoqua le Seigneur, ainsi Jésus-Christ, pour couvrir de ténèbres Jérusalem, étendit ses mains sur la croix contre un peuple ingrat qui avait crié : Crucifiez-le, crucifiez-le.

C'est bien ici le cas de s'écrier aussi comme Plutarque : Les ténèbres de la superstition sont plus dangereuses que celles des éclipses.

ÉCONOMIE[3].

Ce mot ne signifie dans l'acception ordinaire que la manière d'administrer son bien ; elle est commune à un père de famille et à un surintendant des finances d'un royaume. Les différentes sortes de gouvernement, les tracasseries de famille et de cour, les guerres injustes et mal conduites, l'épée de Thémis mise dans

---

1. Sur saint Matthieu, chapitre xxvii. (*Note de Voltaire.*)
2. Chapitre xxiii, v. 45. (*Id.*)
3. *Questions sur l'Encyclopédie*, cinquième partie, 1771. (B.)

les mains des bourreaux pour faire périr l'innocent, les discordes intestines, sont des objet étrangers à l'économie.

Il ne s'agit pas ici des déclamations de ces politiques qui gouvernent un État du fond de leur cabinet par des brochures.

ÉCONOMIE DOMESTIQUE.

La première économie, celle par qui subsistent toutes les autres, est celle de la campagne. C'est elle qui fournit les trois seules choses dont les hommes ont un vrai besoin : le vivre, le vêtir, et le couvert ; il n'y en a pas une quatrième, à moins que ce ne soit le chauffage dans les pays froids. Toutes les trois bien entendues donnent la santé, sans laquelle il n'y a rien.

On appelle quelquefois le séjour de la campagne la *vie patriarcale* ; mais, dans nos climats, cette vie patriarcale serait impraticable, et nous ferait mourir de froid, de faim et de misère.

Abraham va de la Chaldée au pays de Sichem ; de là il faut qu'il fasse un long voyage dans des déserts arides jusqu'à Memphis pour aller acheter du blé. J'écarte toujours respectueusement, comme je le dois, tout ce qui est divin dans l'histoire d'Abraham et de ses enfants ; je ne considère ici que son économie rurale.

Je ne lui vois pas une seule maison : il quitte la plus fertile contrée de l'univers et des villes où il y avait des maisons commodes, pour aller errer dans des pays dont il ne pouvait entendre la langue.

Il va de Sodome dans le désert de Gérare, sans avoir le moindre établissement. Lorsqu'il renvoie Agar et l'enfant qu'il a eu d'elle, c'est encore dans un désert ; et il ne leur donne pour tout viatique qu'un morceau de pain et une cruche d'eau. Lorsqu'il va sacrifier son fils au Seigneur, c'est encore dans un désert. Il va couper le bois lui-même pour brûler la victime, et le charge sur le dos de son fils qu'il doit immoler.

Sa femme meurt dans un lieu nommé *Arbé* ou *Hébron :* il n'a pas seulement six pieds de terre à lui pour l'ensevelir ; il est obligé d'acheter une caverne pour y mettre sa femme : c'est le seul morceau de terre qu'il ait jamais possédé.

Cependant il eut beaucoup d'enfants, car, sans compter Isaac et sa postérité, il eut de son autre femme Céthura, à l'âge de cent quarante ans, selon le calcul ordinaire, cinq enfants mâles qui s'en allèrent vers l'Arabie.

Il n'est point dit qu'Isaac eût un seul quartier de terre dans le pays où mourut son père ; au contraire, il s'en va dans le désert de Gérare avec sa femme Rebecca, chez ce même Abimélech, roi de Gérare, qui avait été amoureux de sa mère.

Ce roi du désert devient aussi amoureux de sa femme Rebecca, que son mari fait passer pour sa sœur, comme Abraham avait donné sa femme Sara pour sa sœur à ce même roi Abimélech, quarante ans auparavant. Il est un peu étonnant que dans cette famille on fasse toujours passer sa femme pour sa sœur, afin d'y gagner quelque chose; mais puisque ces faits sont consacrés, c'est à nous de garder un silence respectueux.

L'Écriture dit qu'il s'enrichissait dans cette terre horrible, devenue fertile pour lui, et qu'il devint extrêmement puissant; mais il est dit aussi qu'il n'avait pas de l'eau à boire, qu'il eut une grande querelle avec les pasteurs du roitelet de Gérare pour un puits, et on ne voit point qu'il eût une maison en propre.

Ses enfants, Ésaü et Jacob, n'ont pas plus d'établissement que leur père. Jacob est obligé d'aller chercher à vivre dans la Mésopotamie, dont Abraham était sorti. Il sert sept années pour avoir une des filles de Laban, et sept autres années pour obtenir la seconde fille. Il s'enfuit avec Rachel et les troupeaux de son beau-père, qui court après lui. Ce n'est pas là une fortune bien assurée.

Ésaü est représenté aussi errant que Jacob. Aucun des douze patriarches, enfants de Jacob, n'a de demeure fixe, ni un champ dont il soit propriétaire. Ils ne reposent que sous des tentes, comme les Arabes bédouins.

Il est clair que cette vie patriarcale ne convient nullement à la température de notre air. Il faut à un bon cultivateur, tel que les Pignoux d'Auvergne, une maison saine tournée à l'orient, de vastes granges, de non moins vastes écuries, des étables proprement tenues : et le tout peut aller à cinquante mille francs au moins de notre monnaie d'aujourd'hui. Il doit semer tous les ans cent arpents en blé, en mettre autant en bons pâturages, posséder quelques arpents de vigne, et environ cinquante arpents pour les menus grains et les légumes; une trentaine d'arpents de bois, une plantation de mûriers, de vers à soie, des ruches. Avec tous ces avantages bien économisés, il entretiendra une nombreuse famille dans l'abondance de tout. Sa terre s'améliorera de jour en jour; il supportera sans rien craindre les dérangements des saisons et le fardeau des impôts, parce qu'une bonne année répare les dommages de deux mauvaises. Il jouira dans son domaine d'une souveraineté réelle, qui ne sera soumise qu'aux lois. C'est l'état le plus naturel de l'homme, le plus tranquille, le plus heureux, et malheureusement le plus rare.

Le fils de ce vénérable patriarche, se voyant riche, se dégoûte bientôt de payer la taxe humiliante de la taille ; il a malheureusement appris quelque latin : il court à la ville, achète une charge qui l'exempte de cette taxe et qui donnera la noblesse à son fils au bout de vingt ans. Il vend son domaine pour payer sa vanité. Une fille élevée dans le luxe l'épouse, le déshonore, et le ruine ; il meurt dans la mendicité, et son fils porte la livrée dans Paris.

Telle est la différence entre l'économie de la campagne et les illusions des villes.

L'économie à la ville est toute différente. Vivez-vous dans votre terre, vous n'achetez presque rien : le sol vous produit tout ; vous pouvez nourrir soixante personnes sans presque vous en apercevoir. Portez à la ville le même revenu, vous achetez tout chèrement, et vous pouvez nourrir à peine cinq ou six domestiques. Un père de famille qui vit dans sa terre avec douze mille livres de rente aura besoin d'une grande attention pour vivre à Paris dans la même abondance avec quarante mille. Cette proportion a toujours subsisté entre l'économie rurale et celle de la capitale. Il en faut toujours revenir à la singulière lettre de Mme de Maintenon à sa belle-sœur Mme d'Aubigné, dont on a tant parlé ; on ne peut trop la remettre sous les yeux :

. . . .
. . . .

« Vous croirez bien que je connais Paris mieux que vous ; dans ce même esprit, voici, ma chère sœur, un projet de dépense tel que je l'exécuterais si j'étais hors de la cour. Vous êtes douze personnes : monsieur et madame, trois femmes, quatre laquais, deux cochers, un valet de chambre.

Quinze livres de viande à cinq sous la livre	3 liv.	15 sous.
Deux pièces de rôti.	2	10
Du pain	1	10
Le vin.	2	10
Le bois.	2	»
Le fruit	1	10
La bougie	»	10
La chandelle.	»	8
	14 liv.	13 sous.

« Je compte quatre sous en vin pour vos quatre laquais et vos deux cochers : c'est ce que Mme de Montespan donne aux siens.

Si vous aviez du vin en cave, il ne vous coûterait pas trois sous : j'en mets six pour votre valet de chambre, et vingt pour vous deux, qui n'en buvez pas pour trois.

« Je mets une livre de chandelle par jour, quoiqu'il n'en faille qu'une demi-livre. Je mets dix sous en bougie ; il y en a six à la livre, qui coûte une livre dix sous, et qui dure trois jours.

« Je mets deux livres pour le bois : cependant vous n'en brûlerez que trois mois de l'année, et il ne faut que deux feux.

« Je mets une livre dix sous pour le fruit ; le sucre ne coûte que onze sous la livre, et il n'en faut qu'un quarteron pour une compote.

« Je mets deux pièces de rôti : on en épargne une quand monsieur ou madame dîne ou soupe en ville ; mais aussi j'ai oublié une volaille bouillie pour le potage. Nous entendons le ménage. Vous pouvez fort bien, sans passer quinze livres, avoir une entrée, tantôt de saucisses, tantôt de langue de mouton ou de fraise de veau, le gigot bourgeois, la pyramide éternelle, et la compote que vous aimez tant [1].

« Cela posé, et ce que j'apprends à la cour, ma chère enfant, votre dépense ne doit pas passer cent livres par semaine : c'est quatre cents livres par mois. Posons cinq cents, afin que les bagatelles que j'oublie ne se plaignent pas que je leur fais injustice. Cinq cents livres par mois font :

Pour votre dépense de bouche.	6,000 liv.
Pour vos habits.	1,000
Pour loyer de maison.	1,000
Pour gages et habits de gens.	1,000
Pour les habits, l'opéra et les magnificences [2] de monsieur.	3,000
	12,000 liv.

« Tout cela n'est-il pas honnête ? etc. »

Le marc de l'argent valait alors à peu près la moitié du numéraire d'aujourd'hui ; tout le nécessaire absolu était de la moitié moins cher, et le luxe ordinaire, qui est devenu nécessaire, et qui n'est plus luxe, coûtait trois à quatre fois moins que de nos jours.

1. Dans ce temps-là, et c'était le plus brillant de Louis XIV, on ne servait d'entremets que dans les grands repas d'appareil. (*Note de Voltaire.*)
2. Mme de Maintenon compte deux cochers, et oublie quatre chevaux, qui, dans ce temps-là, devaient, avec l'entretien des voitures, coûter environ deux mille francs par année. (*Id.*) — Note ajoutée en 1774. (B.)

Ainsi le comte d'Aubigné aurait pu, pour ses douze mille livres de rente, qu'il mangeait à Paris assez obscurément, vivre en prince dans sa terre.

Il y a dans Paris trois ou quatre cents familles municipales qui occupent la magistrature depuis un siècle, et dont le bien est en rentes sur l'Hôtel de Ville. Je suppose qu'elles eussent chacune vingt mille livres de rente : ces vingt mille livres faisaient juste le double de ce qu'elles font aujourd'hui ; ainsi elles n'ont réellement que la moitié de leur ancien revenu. De cette moitié on retrancha une moitié dans le temps inconcevable du système de Lass. Ces familles ne jouissent donc réellement que du quart du revenu qu'elles possédaient à l'avénement de Louis XIV au trône ; et le luxe étant augmenté des trois quarts, reste à peu près rien pour elles, à moins qu'elles n'aient réparé leur ruine par de riches mariages, ou par des successions, ou par une industrie secrète ; et c'est ce qu'elles ont fait.

En tout pays, tout simple rentier qui n'augmente pas son bien dans une capitale, le perd à la longue. Les terriens se soutiennent, parce que, l'argent augmentant numériquement, le revenu de leurs terres augmente en proportion ; mais ils sont exposés à un autre malheur, et ce malheur est dans eux-mêmes. Leur luxe et leur inattention, non moins dangereuse encore, les conduisent à la ruine. Ils vendent leurs terres à des financiers qui entassent, et dont les enfants dissipent tout à leur tour. C'est une circulation perpétuelle d'élévation et de décadence ; le tout faute d'une économie raisonnable, qui consiste uniquement à ne pas dépenser plus qu'on ne reçoit.

DE L'ÉCONOMIE PUBLIQUE.

L'économie d'un État n'est précisément que celle d'une grande famille. C'est ce qui porta le duc de Sully à donner le nom d'*Économies* à ses mémoires. Toutes les autres branches d'un gouvernement sont plutôt des obstacles que des secours à l'administration des deniers publics. Des traités qu'il faut quelquefois conclure à prix d'or, des guerres malheureuses, ruinent un État pour longtemps ; les heureuses même l'épuisent. Le commerce intercepté et mal entendu l'appauvrit encore ; les impôts excessifs comblent la misère.

Qu'est-ce qu'un État riche et bien organisé ? C'est celui où tout homme qui travaille est sûr d'une fortune convenable à sa condition, à commencer par le roi et à finir par le manœuvre.

Prenons pour exemple l'État où le gouvernement des finances est le plus compliqué, l'Angleterre. Le roi est presque sûr d'avoir toujours un million sterling par an à dépenser pour sa maison, sa table, ses ambassadeurs, et ses plaisirs. Ce million revient tout entier au peuple par la consommation : car si les ambassadeurs dépensent leurs appointements ailleurs, les ministres étrangers consument leur argent à Londres. Tout possesseur de terres est certain de jouir de son revenu, aux taxes près imposées par ses représentants en parlement, c'est-à-dire par lui-même.

Le commerçant joue un jeu de hasard et d'industrie contre presque tout l'univers, et il est longtemps incertain s'il mariera sa fille à un pair du royaume, ou s'il mourra à l'hôpital.

Ceux qui, sans être négociants, placent leur fortune précaire dans les grandes compagnies de commerce, ressemblent parfaitement aux oisifs de la France qui achètent des effets royaux, et dont le sort dépend de la bonne ou mauvaise fortune du gouvernement.

Ceux dont l'unique profession est de vendre et d'acheter des billets publics, sur les nouvelles heureuses ou malheureuses qu'on débite, et de trafiquer la crainte et l'espérance, sont en sous-ordre dans le même cas que les actionnaires ; et tous sont des joueurs, hors le cultivateur qui fournit de quoi jouer.

Une guerre survient ; il faut que le gouvernement emprunte de l'argent comptant, car on ne paye pas des flottes et des armées avec des promesses. La chambre des communes imagine une taxe sur la bière, sur le charbon, sur les cheminées, sur les fenêtres, sur les acres de blé et de pâturage, sur l'importation, etc.

On calcule ce que cet impôt pourra produire à peu près ; toute la nation en est instruite ; un acte du parlement dit aux citoyens : Ceux qui voudront prêter à la patrie recevront quatre pour cent de leur argent pendant dix ans ; au bout desquels ils seront remboursés.

Ce même gouvernement fait un fonds d'amortissement du surplus de ce que produisent les taxes. Ce fonds doit servir à rembourser les créanciers. Le temps du remboursement venu, on leur dit : Voulez-vous votre fonds, ou voulez-vous le laisser à trois pour cent? Les créanciers, qui croient leur dette assurée, laissent pour la plupart leur argent entre les mains du gouvernement.

Nouvelle guerre, nouveaux emprunts, nouvelles dettes ; le fonds d'amortissement est vide, on ne rembourse rien.

Enfin ce monceau de papier représentatif d'un argent qui

n'existe pas a été porté jusqu'à cent trente millions de livres sterling, qui font cent vingt-sept millions de guinées, en l'an 1770 de notre ère vulgaire.

Disons en passant que la France est à peu près dans ce cas ; elle doit de fonds environ cent vingt-sept millions de louis d'or. Or ces deux sommes, montant à deux cent cinquante-quatre millions de louis d'or, n'existent pas dans l'Europe. Comment payer ? Examinons d'abord l'Angleterre.

Si chacun redemande son fonds, la chose est visiblement impossible, à moins de la pierre philosophale ou de quelque multiplication pareille. Que faire ? Une partie de la nation a prêté à toute la nation. L'Angleterre doit à l'Angleterre cent trente millions sterling à trois pour cent d'intérêt : elle paye donc de ce seul argent très-modique trois millions neuf cent mille livres sterling d'or chaque année. Les impôts sont d'environ sept millions[1] : il reste donc pour satisfaire aux charges de l'État trois millions et cent mille livres sterling, sur quoi l'on peut, en économisant, éteindre peu à peu une partie des dettes publiques.

La banque de l'État, en produisant des avantages immenses aux directeurs, est utile à la nation parce qu'elle augmente le crédit, que ses opérations sont connues, et qu'elle ne pourrait faire plus de billets qu'il n'en faut sans perdre ce crédit et sans se ruiner elle-même. C'est là le grand avantage d'un pays commerçant, où tout se fait en vertu d'une loi positive, où nulle opération n'est cachée, où la confiance est établie sur des calculs faits par les représentants de l'État, examinés par tous les citoyens. L'Angleterre, quoi qu'on dise, voit donc son opulence assurée tant qu'elle aura des terres fertiles, des troupeaux abondants, et un commerce avantageux[2].

---

1. Ceci était écrit en 1770. (*Note de Voltaire.*)

2. La dette immense de l'Angleterre et de la France prépare à ces deux nations, non une ruine totale ou une décadence durable, mais de longs malheurs et peut-être de grands bouleversements. Cependant, en supposant ces dettes égales (et celle de l'Angleterre est plus forte), la France aurait encore de grands avantages. 1° Quoique la supériorité de sa richesse réelle ne soit point proportionnelle à celle de l'étendue de son territoire et du nombre de ses habitants, cette supériorité est très-grande. 2° L'agriculture, l'industrie et le commerce n'y étant pas aussi près qu'en Angleterre du degré de perfection et d'activité qu'on peut atteindre, leurs progrès peuvent procurer de plus grandes ressources. La suppression des corvées, celle des jurandes pour les métiers comme pour le commerce, la liberté du commerce des blés, des vins, des bestiaux, en un mot les lois faites en 1776 et celles qu'on préparait alors, auraient changé en peu d'années la face de la France. 3° La dette foncière en France étant en très-grande partie à cinq pour cent et au delà, tout ministre éclairé et vertueux que l'on croira établi dans sa place, trouvant à

Si les autres pays parviennent à n'avoir pas besoin de ses blés et à tourner contre elle la balance du commerce, il peut arriver alors un très-grand bouleversement dans les fortunes des particuliers ; mais la terre reste, l'industrie reste, et l'Angleterre, alors moins riche en argent, l'est toujours en valeurs renaissantes que le sol produit : elle revient au même état où elle était au xvie siècle.

Il en est absolument de tout un royaume comme d'une terre d'un particulier : si le fonds de la terre est bon, elle ne sera jamais ruinée ; la famille qui la faisait valoir peut être réduite à l'aumône, mais le sol prospérera sous une autre famille.

Il y a d'autres royaumes qui ne seront jamais riches, quelque effort qu'ils fassent : ce sont ceux qui, situés sous un ciel rigoureux, ne peuvent avoir tout au plus que l'exact nécessaire. Les citoyens n'y peuvent jouir des commodités de la vie qu'en les faisant venir de l'étranger à un prix qui est excessif pour eux. Donnez à la Sibérie et au Kamtschatka réunis [1], qui font quatre fois l'étendue de l'Allemagne, un Cyrus pour souverain, un Solon pour législateur, un duc de Sully, un Colbert pour surintendant des finances, un duc de Choiseul pour ministre de la guerre et de la paix, un Anson pour amiral, ils y mourront de faim avec tout leur génie.

Au contraire, faites gouverner la France par un fou sérieux tel que Lass, par un fou plaisant tel que le cardinal Dubois, par des ministres tels que nous en avons vu quelquefois, on pourra dire d'eux ce qu'un sénateur de Venise disait de ses confrères au roi Louis XII, à ce que prétendent les raconteurs d'anecdotes. Louis XII en colère menaçait de ruiner la république : « Je vous en défie, dit le sénateur ; la chose me paraît impossible : il y a vingt ans que mes confrères font tous les efforts imaginables pour la détruire, et ils n'en ont pu venir à bout. »

Il n'y eut jamais rien de plus extravagant sans doute que de créer une compagnie imaginaire du Mississipi, qui devait rendre

---

emprunter à quatre pour cent lorsqu'il n'empruntera que pour rembourser, pourra diminuer l'intérêt de cette partie de la dette d'un cinquième et au delà, et former de cela seul un fonds d'amortissement. 4° La vente des domaines, et celle des biens du clergé qui appartiennent à l'État, est une ressource immense qui manque encore à l'Angleterre. La publicité des opérations peut aussi avoir lieu en France ; et si la confiance doit être plus grande en Angleterre parce que les membres du Parlement sont eux-mêmes intéressés à ce que la nation soit fidèle à ses engagements, d'un autre côté ces mêmes membres du Parlement ont beaucoup plus d'intérêt à ce que les finances soient mal administrées que n'en peuvent avoir les ministres du roi de France. (K.)

1. Voyez, dans la *Correspondance*, la lettre de Catherine II, du 6-17 octobre 1771.

au moins cent pour un à tout intéressé, de tripler tout d'un coup la valeur numéraire des espèces, de rembourser en papier chimérique les dettes et les charges de l'État, et de finir enfin par la défense aussi folle que tyrannique à tout citoyen de garder chez soi plus de cinq cents francs en or ou en argent. Ce comble d'extravagance étant inouï, le bouleversement général fut aussi grand qu'il devait l'être : chacun criait que c'en était fait de la France pour jamais. Au bout de dix ans il n'y paraissait pas.

Un bon pays se rétablit toujours par lui-même, pour peu qu'il soit tolérablement régi : un mauvais ne peut s'enrichir que par une industrie extrême et heureuse.

La proportion sera toujours la même entre l'Espagne, la France, l'Angleterre proprement dite, et la Suède[1]. On compte communément vingt millions d'habitants en France, c'est peut-être trop[2]; Ustariz n'en admet que sept en Espagne, Nichols en donne huit à l'Angleterre; on n'en attribue pas cinq à la Suède. L'Espagnol (l'un portant l'autre) a la valeur de quatre-vingts de nos livres à dépenser par an ; le Français, meilleur cultivateur, a cent vingt livres; l'Anglais, cent quatre-vingts; le Suédois, cinquante. Si nous voulions parler du Hollandais, nous trouverions qu'il n'a que ce qu'il gagne, parce que ce n'est pas son territoire qui le nourrit et qui l'habille : la Hollande est une foire continuelle, où personne n'est riche que de sa propre industrie ou de celle de son père.

Quelle énorme disproportion entre les fortunes! un Anglais qui a sept mille guinées de revenu absorbe la subsistance de mille personnes. Ce calcul effraye au premier coup d'œil ; mais au bout de l'année il a réparti ses sept mille guinées dans l'État, et chacun a eu à peu près son contingent.

En général l'homme coûte très-peu à la nature. Dans l'Inde, où les raïas et les nababs entassent tant de trésors, le commun peuple vit pour deux sous par jour tout au plus.

Ceux des Américains qui ne sont sous aucune domination, n'ayant que leurs bras, ne dépensent rien; la moitié de l'Afrique a toujours vécu de même, et nous ne sommes supérieurs à tous ces hommes-là que d'environ quarante écus par an ; mais ces quarante écus font une prodigieuse différence : c'est elle qui couvre la terre de belles villes, et la mer de vaisseaux.

---

1. C'est-à-dire si la législation et l'administration ne changent point: car la France, moins peuplée à proportion que l'Angleterre, peut acquérir une population égale ; l'Espagne, la Suède, peuvent en très-peu de temps doubler leur population. (K.)
2. Voyez l'article Dénombrement, section II.

C'est avec nos quarante écus que Louis XIV eut deux cents vaisseaux et bâtit Versailles; et tant que chaque individu, l'un portant l'autre, pourra être censé jouir de quarante écus de rente, l'État pourra être florissant.

Il est évident que plus il y a d'hommes et de richesses dans un État, plus on y voit d'abus. Les frottements sont si considérables dans les grandes machines qu'elles sont presque toujours détraquées. Ces dérangements font une telle impression sur les esprits qu'en Angleterre, où il est permis à tout citoyen de dire ce qu'il pense, il se trouve tous les mois quelque calculateur qui avertit charitablement ses compatriotes que tout est perdu, et que la nation est ruinée sans ressource. La permission de penser étant moins grande en France, on s'y plaint en contrebande; on imprime furtivement, mais fort souvent, que jamais sous les enfants de Clotaire, ni du temps du roi Jean, de Charles VI, de la bataille de Pavie, des guerres civiles, et de la Saint-Barthélemy, le peuple ne fut si misérable qu'aujourd'hui.

Si on répond à ces lamentations par une lettre de cachet qui ne passe pas pour une raison bien légitime, mais qui est très-péremptoire, le plaignant s'enfuit en criant aux alguazils qu'ils n'en ont pas pour six semaines, et que, Dieu merci, ils mourront de faim avant ce temps-là comme les autres.

Bois-Guillebert, qui attribua si impudemment son insensée *Dîme royale* au maréchal de Vauban, prétendait, dans son *Détail de la France*, que le grand ministre Colbert avait déjà appauvri l'État de quinze cents millions, en attendant pis.

Un calculateur de notre temps, qui paraît avoir les meilleures intentions du monde, quoiqu'il veuille absolument qu'on s'enivre après la messe, prétend que les valeurs renaissantes de la France, qui forment le revenu de la nation, ne se montent qu'à environ quatre cents millions; en quoi il paraît qu'il ne se trompe que d'environ seize cents millions de livres à vingt sous la pièce, le marc d'argent monnayé étant à quarante-neuf livres dix. Et il assure que l'impôt pour payer les charges de l'État ne peut être que de soixante et quinze millions, dans le temps qu'il l'est de trois cents, lesquels ne suffisent pas, à beaucoup près, pour acquitter les dettes annuelles.

Une seule erreur dans toutes ces spéculations, dont le nombre est très-considérable, ressemble aux erreurs commises dans les mesures astronomiques prises sur la terre. Deux lignes répondent à des espaces immenses dans le ciel.

C'est en France et en Angleterre que l'économie publique est le plus compliquée. On n'a pas d'idée d'une telle administration dans le reste du globe, depuis le mont Atlas jusqu'au Japon. Il n'y a guère que cent trente ans que commença cet art de rendre la moitié d'une nation débitrice de l'autre, de faire passer avec du papier les fortunes de main en main, de rendre l'État créancier de l'État, de faire un chaos de ce qui devrait être soumis à une règle uniforme. Cette méthode s'est étendue en Allemagne et en Hollande. On a poussé ce raffinement et cet excès jusqu'à établir un jeu entre le souverain et les sujets; et ce jeu est appelé loterie. Votre enjeu est de l'argent comptant; si vous gagnez, vous obtenez des espèces ou des rentes : qui perd ne souffre pas un grand dommage. Le gouvernement prend d'ordinaire dix pour cent pour sa peine. On fait ces loteries les plus compliquées que l'on peut, pour étourdir et pour amorcer le public. Toutes ces méthodes ont été adoptées en Allemagne et en Hollande : presque tout État a été obéré tour à tour. Cela n'est pas trop sage; mais qui l'est? les petits, qui n'ont pas le pouvoir de se ruiner.

ÉCONOMIE DE PAROLES [1].

PARLER PAR ÉCONOMIE.

C'est une expression consacrée aux Pères de l'Église, et même aux premiers instituteurs de notre sainte religion ; elle signifie « parler selon les temps et selon les lieux ».

Par exemple [2], saint Paul étant chrétien vient dans le temple des Juifs s'acquitter des rites judaïques, pour faire voir qu'il ne s'écarte point de la loi mosaïque : il est reconnu au bout de sept jours, et accusé d'avoir profané le temple. Aussitôt on le charge de coups, on le traîne en tumulte : le tribun de la cohorte, *tribunus cohortis* [3], arrive, et le fait lier de deux chaînes [4]. Le lendemain, ce tribun fait assembler le sanhédrin, et amène Paul devant ce tribunal ; le grand-prêtre Annaniah commence

---

1. *Questions sur l'Encyclopédie*, cinquième partie, 1771. (B.)
2. *Actes des apôtres*, chapitre XXI. (*Note de Voltaire.*)
3. Il n'y avait pas, à la vérité, dans la milice romaine, de tribun de cohorte. C'est comme si on disait parmi nous colonel d'une compagnie. Les centurions étaient à la tête des cohortes, et les tribuns à la tête des légions. Il y avait trois tribuns souvent dans une légion ; ils commandaient alors tour à tour, et étaient subordonnés les uns aux autres. L'auteur des *Actes* a probablement entendu que le tribun fit marcher une cohorte. (*Id.*)
4. Chapitre XXII. (*Id.*)

par lui faire donner un soufflet[1], et Paul l'appelle *muraille blanchie*[2].

« Il me donna un soufflet ; mais je lui dis bien son fait[3]. »

« [4] Or, Paul sachant qu'une partie des juges était composée de saducéens, et l'autre de pharisiens, il s'écria : Je suis pharisien et fils de pharisien ; on ne veut me condamner qu'à cause de l'espérance et de la résurrection des morts. Paul ayant ainsi parlé, il s'éleva une dispute entre les pharisiens et les saducéens, et l'assemblée fut rompue : car les saducéens disent qu'il n'y a ni résurrection, ni anges, ni esprits, et les pharisiens confessent le contraire. »

Il est bien évident, par le texte, que Paul n'était point pharisien, puisqu'il était chrétien, et qu'il n'avait point du tout été question dans cette affaire ni de résurrection, ni d'espérance, ni d'anges, ni d'esprits.

Le texte fait voir que saint Paul ne parlait ainsi que pour compromettre ensemble les pharisiens et les saducéens : c'était parler par économie, par prudence ; c'était un artifice pieux, qui n'eût pas été peut-être permis à tout autre qu'à un apôtre.

C'est ainsi que presque tous les Pères de l'Église ont parlé par économie. Saint Jérôme développe admirablement cette méthode dans sa lettre cinquante-quatrième à Pammaque. Pesez ses paroles.

Après avoir dit qu'il est des occasions où il faut présenter un pain et jeter une pierre, voici comme il continue :

« Lisez, je vous prie, Démosthène ; lisez Cicéron ; et si les rhétoriciens vous déplaisent, parce que leur art est de dire le vraisemblable plutôt que le vrai, lisez Platon, Théophraste, Xénophon, Aristote, et tous ceux qui, ayant puisé dans la fontaine de Socrate, en ont tiré divers ruisseaux. Y a-t-il chez eux quelque candeur, quelque simplicité ? quels termes chez eux n'ont pas deux sens ? et quels sens ne présentent-ils pas pour remporter la victoire ? Origène, Méthodius, Eusèbe, Apollinaire, ont écrit des milliers de versets contre Celse et Porphyre. Considérez avec quel artifice, avec quelle subtilité problématique ils combattent l'esprit du diable ; ils disent, non ce qu'ils pensent, mais ce qui est nécessaire : *Non quod sentiunt, sed quod necesse est dicunt.*

« Je ne parle point des auteurs latins Tertullien, Cyprien,

---

1. Un soufflet, chez les peuples asiatiques, était une punition légale. Encore aujourd'hui, à la Chine, et dans les pays au delà du Gange, on condamne un homme à une douzaine de soufflets. (*Note de Voltaire.*)
2. Chapitre xxiii, v. 3. (*Id.*)
3. *Pourceaugnac*, acte I, scène vi.
4. Chapitre iii, v. 6 et suiv. (*Note de Voltaire.*)

Minucius, Victorin, Lactance, Hilaire; je ne veux point les citer ici; je ne veux que me défendre; je me contenterai de vous rapporter l'exemple de l'apôtre saint Paul, etc. »

Saint Augustin écrit souvent *par économie*. Il se proportionne tellement aux temps et aux lieux que, dans une de ses épîtres, il avoue qu'il n'a expliqué la Trinité que « parce qu'il fallait bien dire quelque chose ».

Ce n'est pas assurément qu'il doutât de la sainte Trinité; mais il sentait combien ce mystère est ineffable, et il avait voulu contenter la curiosité du peuple.

Cette méthode fut toujours reçue en théologie. On emploie contre les encratiques un argument qui donnerait gain de cause aux carpocratiens, et quand on dispute ensuite contre les carpocratiens, on change ses armes.

Tantôt on dit que Jésus n'est mort que pour *plusieurs*, quand on étale le grand nombre des réprouvés; tantôt on affirme qu'il est mort pour *tous*, quand on veut manifester sa bonté universelle. Là vous prenez le sens propre pour le sens figuré; ici vous prenez le sens figuré pour le sens propre, selon que la prudence l'exige.

Un tel usage n'est pas admis en justice. On punirait un témoin qui dirait le pour et le contre dans une affaire capitale; mais il y a une différence infinie entre les vils intérêts humains, qui exigent la plus grande clarté, et les intérêts divins, qui sont cachés dans un abîme impénétrable. Les mêmes juges qui veulent à l'audience des preuves indubitables approchantes de la démonstration, se contenteront au sermon de preuves morales, et même de déclamations sans preuves.

Saint Augustin parle *par économie* quand il dit : « Je crois parce que cela est absurde; je crois parce que cela est impossible. » Ces paroles, qui seraient extravagantes dans toute affaire mondaine, sont très-respectables en théologie. Elles signifient : Ce qui est absurde et impossible aux yeux mortels ne l'est point aux yeux de Dieu; or Dieu m'a révélé ces prétendues absurdités, ces impossibilités apparentes : donc je dois les croire.

Un avocat ne serait pas reçu à parler ainsi au barreau. On enfermerait à l'hôpital des fous des témoins qui diraient : Nous affirmons qu'un accusé étant au berceau à la Martinique a tué un homme à Paris; et nous sommes d'autant plus certains de cet homicide qu'il est absurde et impossible. Mais la révélation, les miracles, la foi fondée sur des motifs de crédibilité, sont un ordre de choses tout différent.

Le même saint Augustin dit dans sa lettre cent cinquante-troisième : « Il est écrit [1] que le monde entier appartient aux fidèles ; et les infidèles n'ont pas une obole qu'ils possèdent légitimement. »

Si sur ce principe deux dépositaires viennent m'assurer qu'ils sont fidèles, et si en cette qualité ils me font banqueroute à moi misérable mondain, il est certain qu'ils seront condamnés par le Châtelet et par le parlement, malgré toute l'économie avec laquelle saint Augustin a parlé.

Saint Irénée prétend [2] qu'il ne faut condamner ni l'inceste des deux filles de Loth avec leur père, ni celui de Thamar avec son beau-père, par la raison que la sainte Écriture ne dit pas expressément que cette action soit criminelle. Cette économie n'empêchera pas que l'inceste parmi nous ne soit puni par les lois. Il est vrai que si Dieu ordonnait expressément à des filles d'engendrer des enfants avec leur père, non-seulement elles seraient innocentes, mais elles deviendraient très-coupables en n'obéissant pas. C'est là où est l'économie d'Irénée ; son but très-louable est de faire respecter tout ce qui est dans les saintes Écritures hébraïques ; mais comme Dieu, qui les a dictées, n'a donné nul éloge aux filles de Loth et à la bru de Juda, il est permis de les condamner.

Tous les premiers chrétiens, sans exception, pensaient sur la guerre comme les esséniens et les thérapeutes, comme pensent et agissent aujourd'hui les primitifs appelés *quakers*, et les autres primitifs appelés *dunkars*, comme ont toujours pensé et agi les brachmanes. Tertullien est celui qui s'explique le plus fortement sur ces homicides légaux que notre abominable nature a rendus nécessaires [3] : « Il n'y a point de règle, point d'usage qui puisse rendre légitime cet acte criminel. »

Cependant, après avoir assuré qu'il n'est aucun chrétien qui puisse porter les armes, il dit par économie dans le même livre, pour intimider l'empire romain [4] : « Nous sommes d'hier, et nous remplissons vos villes et vos armées. »

Cela n'était pas vrai, et ne fut vrai que sous Constance Chlore ; mais l'économie exigeait que Tertullien exagérât dans la vue de rendre son parti redoutable.

C'est dans le même esprit qu'il dit [5] que Pilate était chrétien

---

1. Cela est écrit dans les *Proverbes*, chapitre xvii ; mais ce n'est que dans la traduction des Septante, à laquelle toute l'Église s'en tenait alors. (*Note de Voltaire.*)
2. Livre IV, chapitre xxv. (*Id.*)
3. *De l'idolâtrie*, chapitre xix. (*Id.*)
4. *Ibid.*, chapitre xlii. (*Id.*)
5. *Apologetique*, chapitre xxi. (*Id.*)

dans le cœur. Tout son *Apologétique* est plein de pareilles assertions qui redoublaient le zèle des néophytes.

Terminons tous ces exemples du style économique, qui sont innombrables, par ce passage de saint Jérôme dans sa dispute contre Jovinien sur les secondes noces[1] : « Si les organes de la génération dans les hommes, l'ouverture de la femme, le fond de sa vulve, et la différence des deux sexes faits l'un pour l'autre, montrent évidemment qu'ils sont destinés pour former des enfants, voici ce que je réponds : Il s'ensuivrait que nous ne devons jamais cesser de faire l'amour, de peur de porter en vain des membres destinés pour lui. Pourquoi un mari s'abstiendrait-il de sa femme, pourquoi une veuve persévérerait-elle dans le veuvage, si nous sommes nés pour cette action comme les autres animaux? en quoi me nuira un homme qui couchera avec ma femme? Certainement si les dents sont faites pour manger, et pour faire passer dans l'estomac ce qu'elles ont broyé ; s'il n'y a nul mal qu'un homme donne du pain à ma femme, il n'y en a pas davantage si, étant plus vigoureux que moi, il apaise sa faim d'une autre manière, et qu'il me soulage de mes fatigues, puisque les génitoires sont faits pour jouir toujours de leur destinée. — Quoniam ipsa organa, et genitalium fabrica, et nostra feminarumque discretio, et receptacula vulvæ, ad suscipiendos et coalendos fœtus condita, sexus differentiam prædicant, hoc breviter respondebo. Nunquam ergo cessemus a libidine, ne frustra hujuscemodi membra portemus. Cur enim maritus se abstineat ab uxore, cur casta vidua perseveret, si ad hoc tantum nati sumus ut pecudum more vivamus? aut quid mihi nocebit si cum uxore mea alius concubuerit? Quomodo enim dentium officium est mandere, et in alvum ea quæ sunt mansa transmittere, et non habet crimen, qui conjugi meæ panem dederit : ita, si genitalium hoc est officium ut semper fruantur natura sua, meam lassitudinem alterius vires superent; et uxoris, ut ita dixerim, ardentissimam gulam fortuita libido restinguat. »

Après un tel passage, il est inutile d'en citer d'autres. Remarquons seulement que ce style économique, qui tient de si près au polémique, doit être manié avec la plus grande circonspection, et qu'il n'appartient point aux profanes d'imiter dans leurs disputes ce que les saints ont hasardé, soit dans la chaleur de leur zèle, soit dans la naïveté de leur style.

---

[1]. Livre I. (*Note de Voltaire.*)

ÉCROUELLES [1].

Écrouelles, scrofules, appelées *humeurs froides*, quoiqu'elles soient très-caustiques ; l'une de ces maladies presque incurables qui défigurent la nature humaine, et qui mènent à une mort prématurée par les douleurs et par l'infection.

On prétend que cette maladie fut traitée de divine [2], parce qu'il n'était pas au pouvoir humain de la guérir.

Peut-être quelques moines imaginèrent que des rois, en qualité d'images de la Divinité, pouvaient avoir le droit d'opérer la cure des scrofuleux, en les touchant de leurs mains qui avaient été ointes. Mais pourquoi ne pas attribuer, à plus forte raison, ce privilége aux empereurs, qui avaient une dignité si supérieure à celle des rois? pourquoi ne le pas donner aux papes, qui se disaient les maîtres des empereurs, et qui étaient bien autre chose que de simples images de Dieu, puisqu'ils en étaient les vicaires? Il y a quelque apparence que quelque songe-creux de Normandie, pour rendre l'usurpation de Guillaume le Bâtard plus respectable, lui concéda, de la part de Dieu, la faculté de guérir les écrouelles avec le bout du doigt.

C'est quelque temps après Guillaume qu'on trouve cet usage tout établi. On ne pouvait gratifier les rois d'Angleterre de ce don miraculeux, et le refuser aux rois de France leurs suzerains. C'eût été blesser le respect dû aux lois féodales. Enfin, on fit remonter ce droit à saint Édouard en Angleterre, et à Clovis en France.

Le seul témoignage un peu croyable que nous ayons de l'antiquité de cet usage [3] se trouve dans les écrits en faveur de la maison de Lancastre, composés par le chevalier Jean Fortescue, sous le roi Henri VI, reconnu roi de France, à Paris, dans son berceau, et ensuite roi d'Angleterre, et qui perdit ses deux royaumes. Jean Fortescue, grand chancelier d'Angleterre, dit que de temps immémorial les rois d'Angleterre étaient en possession de toucher les gens du peuple malades des écrouelles. On ne voit

---

1. *Questions sur l'Encyclopédie*, cinquième partie, 1771 : voyez aussi sur les écrouelles la lettre du roi de Prusse, du 27 juillet 1775; et la note sur le chapitre XLII de l'*Essai sur les Mœurs*.
2. Voyez DÉMONIAQUES.
3. *Appendix*, numéro VI.

pourtant pas que cette prérogative rendît leurs personnes plus sacrées dans les guerres de la Rose rouge et de la Rose blanche.

Les reines qui n'étaient que femmes de rois ne guérissaient pas les écrouelles, parce qu'elles n'étaient pas ointes aux mains comme les rois ; mais Élisabeth, reine de son chef, et ointe, les guérissait sans difficulté.

Il arriva une chose assez triste à Martorillo le Calabrois, que nous nommons saint François de Paule. Le roi Louis XI le fit venir au Plessis-lès-Tours pour le guérir des suites de son apoplexie ; le saint arriva avec les écrouelles [1] : « Ipse fuit detentus gravi inflatura quam in parte inferiori genæ suæ dextræ circa guttur patiebatur. Chirurgi dicebant morbum esse scropharum. »

Le saint ne guérit point le roi, et le roi ne guérit point le saint.

Quand le roi d'Angleterre Jacques II fut reconduit de Rochester à Whitehall, on proposa de lui laisser faire quelque acte de royauté, comme de toucher les écrouelles ; il ne se présenta personne. Il alla exercer sa prérogative en France, à Saint-Germain, où il toucha quelques Irlandaises. Sa fille Marie, le roi Guillaume, la reine Anne, les rois de la maison de Brunswick, ne guérirent personne. Cette mode sacrée passa quand le raisonnement arriva.

ÉDUCATION [2].

DIALOGUE ENTRE UN CONSEILLER ET UN EX-JÉSUITE.

L'EX-JÉSUITE.

Monsieur, vous voyez le triste état où la banqueroute de deux marchands missionnaires m'a réduit. Je n'avais assurément aucune correspondance avec frère La Valette [3] et frère Sacy ;

---

1. *Acta sancti Francisci Pauli*, page 155. (*Note de Voltaire.*)
2. *Questions sur l'Encyclopédie*, cinquième partie, 1771. (B.)
3. Sur la banqueroute de La Valette et de Sacy, voyez, tome XVI, le chapitre LXVIII de l'*Histoire du Parlement*.

« Les jésuites, dit d'Alembert (*Sur la Destruction des jésuites*), faisaient le commerce à la Martinique ; la guerre leur ayant causé des pertes, ils voulurent faire banqueroute à leurs correspondants de Lyon et de Marseille ; un jésuite de France, à qui ses correspondants s'adressèrent pour avoir justice, leur parla comme le *Rat retiré du monde* :

  Mes amis, dit le solitaire,
  Les choses d'ici-bas ne me regardent plus, etc.

Il leur offrit de *dire la messe* pour obtenir de Dieu, au lieu de l'argent qu'ils demandaient, la grâce de souffrir chrétiennement leur ruine. Ces négociants, volés

j'étais un pauvre prêtre du collége de Clermont, dit *Louis-le-Grand*; je savais un peu de latin et de catéchisme que je vous ai enseigné pendant six ans, sans aucun salaire. A peine sorti du collége, à peine, ayant fait semblant d'étudier en droit, avez-vous acheté une charge de conseiller au parlement, que vous avez donné votre voix pour me faire mendier mon pain hors de ma patrie, ou pour me réduire à y vivre bafoué avec seize louis et seize francs par an, qui ne suffisent pas pour me vêtir et me nourrir, moi et ma sœur la couturière devenue impotente. Tout le monde m'a dit que ce désastre était advenu aux frères jésuites, non-seulement par la banqueroute de La Valette et Sacy, missionnaires, mais parce que frère La Chaise, confesseur, avait été un trigaud, et frère Le Tellier[1], confesseur, un persécuteur impudent; mais je n'ai jamais connu ni l'un ni l'autre : ils étaient morts avant que je fusse né.

On prétend encore que des disputes de jansénistes et de molinistes sur la grâce versatile et sur la science moyenne ont fort contribué à nous chasser de nos maisons; mais je n'ai jamais su ce que c'était que la grâce. Je vous ai fait lire autrefois Despautère et Cicéron, les vers de Commire et de Virgile, le *Pédagogue chrétien* et Sénèque, les *Psaumes* de David en latin de cuisine, et les odes d'Horace à la brune Lalagé et au blond Ligurinus, *flavam religantis comam*[2], renouant sa blonde chevelure. En un mot, j'ai fait ce que j'ai pu pour vous bien élever; et voilà ma récompense !

LE CONSEILLER.

Vraiment, vous m'avez donné là une plaisante éducation; il est vrai que je m'accommodais fort du blond Ligurinus. Mais lorsque j'entrai dans le monde, je voulus m'aviser de parler, et on se moqua de moi; j'avais beau citer les odes à Ligurinus et le *Pédagogue chrétien*[3], je ne savais ni si François Ier avait été fait prisonnier à Pavie, ni où est Pavie; le pays même où je suis né était ignoré de moi; je ne connaissais ni les lois principales, ni les intérêts de ma patrie : pas un mot de mathématiques, pas un mot de saine philosophie; je savais du latin et des sottises.

et persiflés par les jésuites, les attaquèrent en justice réglée... » La Valette et Sacy furent condamnés le 19 novembre 1759; et la sentence fut déclarée exécutoire contre toute la société le 29 mai 1760.

1. La Chaise et Le Tellier, confesseurs de Louis XIV.
2. On lit dans Horace, odes, I, v : *Cui flavam religas comam;* et épode XI : *Longam renodantis comam.* Le poëte latin n'a pas adressé d'ode à Lalagé; mais il la chante dans la 22e ode du livre Ier.
3. Par le P. Philippe d'Oultreman. Voyez ci-après la note à la fin de l'article ENFER.

L'EX-JÉSUITE.

Je ne pouvais vous apprendre que ce qu'on m'avait enseigné. J'avais étudié au même collége jusqu'à quinze ans : à cet âge un jésuite m'*enquinauda*[1] ; je fus novice, on m'abêtit pendant deux ans, et ensuite on me fit régenter. Ne voudriez-vous pas que je vous eusse donné l'éducation qu'on reçoit dans l'École militaire ?

LE CONSEILLER.

Non, il faut que chacun apprenne de bonne heure tout ce qui peut le faire réussir dans la profession à laquelle il est destiné. Clairaut était le fils d'un maître de mathématiques ; dès qu'il sut lire et écrire, son père lui montra son art ; il devint très-bon géomètre à douze ans ; il apprit ensuite le latin, qui ne lui servit jamais à rien. La célèbre marquise du Châtelet apprit le latin en un an, et le savait très-bien ; tandis qu'on nous tenait sept années au collége pour nous faire balbutier cette langue, sans jamais parler à notre raison.

Quant à l'étude des lois, dans laquelle nous entrions en sortant de chez vous, c'était encore pis. Je suis de Paris, et on m'a fait étudier pendant trois ans les lois oubliées de l'ancienne Rome ; ma coutume me suffirait, s'il n'y avait pas dans notre pays cent quarante-quatre coutumes différentes.

J'entendis d'abord mon professeur, qui commença par distinguer la jurisprudence en droit naturel et droit des gens : le droit naturel est commun, selon lui, aux hommes et aux bêtes ; et le droit des gens, commun à toutes les nations, dont aucune n'est d'accord avec ses voisin.

Ensuite on me parla de la loi des douze Tables, abrogée bien vite chez ceux qui l'avaient faite ; de l'édit du préteur, quand nous n'avons point de préteur ; de tout ce qui concerne les esclaves, quand nous n'avons point d'esclaves domestiques (au moins dans l'Europe chrétienne) ; du divorce, quand le divorce n'est pas encore reçu chez nous, etc., etc., etc.

Je m'aperçus bientôt qu'on me plongeait dans un abîme dont je ne pourrais jamais me tirer. Je vis qu'on m'avait donné une éducation très-inutile pour me conduire dans le monde.

J'avoue que ma confusion a redoublé quand j'ai lu nos ordon-

---

1. *Enquinauder*, tromper quelqu'un en l'amusant, l'enjôler. La Fontaine équivoqua plaisamment sur ce mot, dans la satire *le Florentin*, faite contre le musicien Lulli, pour lequel le poëte Quinault travaillait. Lulli me demanda, écrit La Fontaine :

> Du doux, du tendre, et semblables sornettes,
> Petits mots, jargons d'amourettes
> Confits au miel ; bref, il m'*enquinauda*.

nances ; il y en a la valeur de quatre-vingts volumes, qui presque toutes se contredisent: je suis obligé, quand je juge, de m'en rapporter au peu de bon sens et d'équité que la nature m'a donné ; et avec ces deux secours je me trompe à presque toutes les audiences.

J'ai un frère qui étudie en théologie pour être grand-vicaire ; il se plaint bien davantage de son éducation : il faut qu'il consume six années à bien statuer s'il y a neuf chœurs d'anges, et quelle est la différence précise entre un trône et une domination; si le Phison dans le paradis terrestre était à droite ou à gauche du Géhon ; si la langue dans laquelle le serpent eut des conversations avec Ève était la même que celle dont l'ânesse se servit avec Balaam ; comment Melchisédech était né sans père et sans mère ; en quel endroit demeure Énoch, qui n'est point mort ; où sont les chevaux qui transportèrent Élie dans un char de feu, après qu'il eut séparé les eaux du Jourdain avec son manteau, et dans quel temps il doit revenir pour annoncer la fin du monde. Mon frère dit que toutes ces questions l'embarrassent beaucoup, et ne lui ont encore pu procurer un canonicat de Notre-Dame, sur lequel nous comptions.

Vous voyez, entre nous, que la plupart de nos éducations sont ridicules, et que celles qu'on reçoit dans les arts et métiers sont infiniment meilleures.

L'EX-JÉSUITE.

D'accord ; mais je n'ai pas de quoi vivre avec mes quatre cents francs, qui font vingt-deux sous deux deniers par jour ; tandis que tel homme, dont le père allait derrière un carrosse, a trente-six chevaux dans son écurie, quatre cuisiniers, et point d'aumônier.

LE CONSEILLER.

Eh bien ! je vous donne quatre cents autres francs de ma poche : c'est ce que Jean Despautère ne m'avait point enseigné dans mon éducation.

ÉGALITÉ [1].

SECTION PREMIÈRE.

Il est clair que tous les hommes jouissant des facultés attachées à leur nature sont égaux ; ils le sont quand ils s'acquittent

---

1. Dans l'édition de 1764 du *Dictionnaire philosophique*, l'article commençait ainsi :

« Que doit un chien à un chien, et un cheval à un cheval? rien, aucun animal ne dépend de son semblable; mais l'homme ayant reçu le rayon de la divinité

des fonctions animales, et quand ils exercent leur entendement. Le roi de la Chine, le Grand Mogol, le padisha de Turquie ne peut dire au dernier des hommes : Je te défends de digérer, d'aller à la garde-robe, et de penser. Tous les animaux de chaque espèce sont égaux entre eux :

> Un cheval ne dit point au cheval son confrère :
> Qu'on peigne mes beaux crins, qu'on m'étrille et me ferre.
> Toi, cours, et va porter mes ordres souverains
> Aux mulets de ces bords, aux ânes mes voisins;
> Toi, prépare les grains dont je fais des largesses
> A mes fiers favoris, à mes douces maîtresses;
> Qu'on châtre les chevaux désignés pour servir
> Les coquettes juments dont seul je dois jouir;
> Que tout soit dans la crainte et dans la dépendance :
> Et si quelqu'un de vous hennit en ma présence,
> Pour punir cet impie et ce séditieux,
> Qui foule aux pieds les lois des chevaux et des dieux;
> Pour venger dignement le ciel et la patrie,
> Qu'il soit pendu sur l'heure auprès de l'écurie.

Les animaux ont naturellement au-dessus de nous l'avantage de l'indépendance. Si un taureau qui courtise une génisse est chassé à coups de cornes par un taureau plus fort que lui, il va chercher une autre maîtresse dans un autre pré, et il vit libre. Un coq battu par un coq se console dans un autre poulailler. Il n'en est pas ainsi de nous : un petit vizir exile à Lemnos un bostangi; le vizir Azem exile le petit vizir à Ténédos; le padisha exile le vizir Azem à Rhodes; les janissaires mettent en prison le padisha, et en élisent un autre qui exilera les bons musulmans à son choix; encore lui sera-t-on bien obligé s'il se borne à ce petit exercice de son autorité sacrée.

Si cette terre était ce qu'elle semble devoir être, si l'homme y trouvait partout une subsistance facile et assurée, et un climat convenable à sa nature, il est clair qu'il eût été impossible à un homme d'en asservir un autre. Que ce globe soit couvert de fruits salutaires; que l'air qui doit contribuer à notre vie ne nous donne point des maladies et une mort prématurée; que l'homme n'ait

---

qu'on appelle raison, quel en est le fruit? C'est d'être esclave dans presque toute la terre.

« Si cette terre, etc. » (Voyez dans la présente page.) — Le début actuel de l'article et sa division en deux sections sont de 1771, *Questions sur l'Encyclopédie*, cinquième partie. (B.)

besoin d'autre logis et d'autre lit que de celui des daims et des chevreuils; alors les Gengis-kan et les Tamerlan n'auront de valets que leurs enfants, qui seront assez honnêtes gens pour les aider dans leur vieillesse.

Dans cet état naturel dont jouissent tous les quadrupèdes non domptés, les oiseaux et les reptiles, l'homme serait aussi heureux qu'eux; la domination serait alors une chimère, une absurdité à laquelle personne ne penserait: car pourquoi chercher des serviteurs quand vous n'avez besoin d'aucun service?

S'il passait par l'esprit de quelque individu à tête tyrannique et à bras nerveux d'asservir son voisin moins fort que lui, la chose serait impossible: l'opprimé serait sur le Danube avant que l'oppresseur eût pris ses mesures sur le Volga.

Tous les hommes seraient donc nécessairement égaux, s'ils étaient sans besoins; la misère attachée à notre espèce subordonne un homme à un autre homme: ce n'est pas l'inégalité qui est un malheur réel, c'est la dépendance. Il importe fort peu que tel homme s'appelle *sa hautesse*, tel autre *sa sainteté*; mais il est dur de servir l'un ou l'autre.

Une famille nombreuse a cultivé un bon terroir; deux petites familles voisines ont des champs ingrats et rebelles: il faut que les deux pauvres familles servent la famille opulente, ou qu'elles l'égorgent, cela va sans difficulté. Une des deux familles indigentes va offrir ses bras à la riche pour avoir du pain; l'autre va l'attaquer et est battue. La famille servante est l'origine des domestiques et des manœuvres; la famille battue est l'origine des esclaves.

Il est impossible dans notre malheureux globe que les hommes vivant en société ne soient pas divisés en deux classes: l'une, de riches qui commandent; l'autre, de pauvres qui servent; et ces deux se subdivisent en mille, et ces mille ont encore des nuances différentes[1].

Tu viens, quand les lots sont faits, nous dire: « Je suis homme comme vous; j'ai deux mains et deux pieds, autant d'orgueil et plus que vous, un esprit aussi désordonné pour le moins, aussi inconséquent, aussi contradictoire que le vôtre. Je suis citoyen de Saint-Marin, ou de Raguse, ou de Vaugirard: donnez-moi ma part

---

1. Dans l'édition de 1764 du *Dictionnaire philosophique* l'article n'avait qu'une section, et immédiatement après le mot *différentes*, on lisait:

« Tous les opprimés ne sont pas malheureux. La plupart sont nés dans cet état, etc. » Voyez le commencement de la deuxième section. (B.)

de la terre. Il y a dans notre hémisphère connu environ cinquante mille millions d'arpents à cultiver, tant passables que stériles. Nous ne sommes qu'environ un milliard d'animaux à deux pieds sans plumes sur ce continent : ce sont cinquante arpents pour chacun ; faites-moi justice : donnez-moi mes cinquante arpents. »

On lui répond : « Va-t'en les prendre chez les Cafres, chez les Hottentots, ou chez les Samoyèdes ; arrange-toi avec eux à l'amiable ; ici, toutes les parts sont faites. Si tu veux avoir parmi nous le manger, le vêtir, le loger et le chauffer, travaille pour nous comme faisait ton père ; sers-nous, ou amuse-nous, et tu seras payé : sinon tu seras obligé de demander l'aumône, ce qui dégraderait trop la sublimité de ta nature, et t'empêcherait réellement d'être égal aux rois, et même aux vicaires de village, selon les prétentions de ta noble fierté. »

SECTION II.

[1] Tous les pauvres ne sont pas malheureux. La plupart sont nés dans cet état, et le travail continuel les empêche de trop sentir leur situation ; mais quand ils la sentent, alors on voit des guerres, comme celle du parti populaire contre le parti du sénat à Rome, celles des paysans en Allemagne, en Angleterre, en France. Toutes ces guerres finissent tôt ou tard par l'asservissement du peuple, parce que les puissants ont l'argent, et que l'argent est maître de tout dans un État : je dis dans un État, car il n'en est pas de même de nation à nation. La nation qui se servira le mieux du fer subjuguera toujours celle qui aura plus d'or et moins de courage.

Tout homme naît avec un penchant assez violent pour la domination, la richesse et les plaisirs, et avec beaucoup de goût pour la paresse ; par conséquent tout homme voudrait avoir l'argent et les femmes ou les filles des autres, être leur maître, les assujettir à tous ses caprices, et ne rien faire, ou du moins ne faire que des choses très-agréables. Vous voyez bien qu'avec ces belles dispositions il est aussi impossible que les hommes soient égaux qu'il est impossible que deux prédicateurs ou deux professeurs de théologie ne soient pas jaloux l'un de l'autre.

Le genre humain, tel qu'il est, ne peut subsister, à moins qu'il n'y ait une infinité d'hommes utiles qui ne possèdent rien du tout : car, certainement, un homme à son aise ne quittera pas sa

---

1. Voyez la note de la page précédente, et celle de la page 473.

terre pour venir labourer la vôtre ; et si vous avez besoin d'une paire de souliers, ce ne sera pas un maître des requêtes qui vous la fera. L'égalité est donc à la fois la chose la plus naturelle, et en même temps la plus chimérique.

Comme les hommes sont excessifs en tout quand ils le peuvent, on a outré cette inégalité ; on a prétendu dans plusieurs pays qu'il n'était pas permis à un citoyen de sortir de la contrée où le hasard l'a fait naître ; le sens de cette loi est visiblement : « Ce pays est si mauvais et si mal gouverné que nous défendons à chaque individu d'en sortir, de peur que tout le monde n'en sorte. » Faites-mieux : donnez à tous vos sujets envie de demeurer chez vous, et aux étrangers d'y venir.

Chaque homme, dans le fond de son cœur, a droit de se croire entièrement égal aux autres hommes : il ne s'ensuit pas de là que le cuisinier d'un cardinal doive ordonner à son maître de lui faire à dîner, le cuisinier peut dire : « Je suis homme comme mon maître ; je suis né comme lui en pleurant ; il mourra comme moi dans les mêmes angoisses et les mêmes cérémonies. Nous faisons tous deux les mêmes fonctions animales. Si les Turcs s'emparent de Rome, et si alors je suis cardinal et mon maître cuisinier, je le prendrai à mon service. » Tout ce discours est raisonnable et juste : mais en attendant que le Grand Turc s'empare de Rome, le cuisinier doit faire son devoir, ou toute société humaine est pervertie.

A l'égard d'un homme qui n'est ni cuisinier d'un cardinal, ni revêtu d'aucune autre charge dans l'État ; à l'égard d'un particulier qui ne tient à rien, mais qui est fâché d'être reçu partout avec l'air de la protection ou du mépris, qui voit évidemment que plusieurs *monsignori* n'ont ni plus de science, ni plus d'esprit, ni plus de vertu que lui, et qui s'ennuie d'être quelquefois dans leur antichambre, quel parti doit-il prendre ? Celui de s'en aller.

ÉGLISE [1].

PRÉCIS DE L'HISTOIRE DE L'ÉGLISE CHRÉTIENNE.

Nous ne porterons point nos regards sur les profondeurs de la théologie ; Dieu nous en préserve ! l'humble foi seule nous suffit. Nous ne faisons jamais que raconter.

---

1. Cet article a paru tel qu'il est ici dans les *Questions sur l'Encyclopédie*, cinquième partie, 1771 ; mais une partie avait été publiée précédemment. (B).

ÉGLISE.

Dans les premières années qui suivirent la mort de Jésus-Christ, Dieu et homme, on comptait chez les Hébreux neuf écoles, ou neuf sociétés religieuses : pharisiens, saducéens, esséniens, judaïtes, thérapeutes, récabites, hérodiens, disciples de Jean, et les disciples de Jésus, nommés les *frères*, les *galiléens*, les *fidèles*, qui ne prirent le nom de *chrétiens* que dans Antioche, vers l'an 60 de notre ère, conduits secrètement par Dieu même dans des voies inconnues aux hommes.

Les pharisiens admettaient la métempsycose, les saducéens niaient l'immortalité de l'âme et l'existence des esprits, et cependant étaient fidèles au *Pentateuque.*

Pline le Naturaliste[1] (apparemment sur la foi de Flavius Josèphe) appelle les esséniens *gens æterna in qua nemo nascitur*, famille éternelle dans laquelle il ne naît personne, parce que les esséniens se mariaient très-rarement. Cette définition a été depuis appliquée à nos moines.

Il est difficile de juger si c'est des esséniens ou des judaïtes que parle Josèphe quand il dit[2] : « [3] Ils méprisent les maux de la terre ; ils triomphent des tourments par leur constance ; ils préfèrent la mort à la vie lorsque le sujet en est honorable. Ils ont souffert le fer et le feu, et vu briser leurs os, plutôt que de prononcer la moindre parole contre leur législateur, ni manger des viandes défendues. »

Il paraît que ce portrait tombe sur les judaïtes[4], et non pas sur les esséniens, car voici les paroles de Josèphe : « Judas fut l'auteur d'une nouvelle secte, entièrement différente des trois autres, c'est-à-dire des saducéens, des pharisiens et des esséniens. » Il continue et dit : « Ils sont Juifs de nation ; ils vivent unis entre eux, et regardent la volupté comme un vice. » Le sens naturel de cette phrase fait croire que c'est des judaïtes dont l'auteur parle.

Quoi qu'il en soit, on connut ces judaïtes avant que les disciples du Christ commençassent à faire un parti considérable dans le monde. Quelques bonnes gens les ont pris pour des hérétiques qui adoraient Judas Iscariote.

---

1. Livre V, chapitre XVII. (*Note de Voltaire.*)
2. *Hist.*, chapitre XII. (*Id.*)
3. Ce qui suit avait déjà, en grande partie, été imprimé en 1764, dans le *Dictionnaire philosophique*, au mot CHRISTIANISME. (B.)
4. Plus connus sous le nom de *zélateurs* ou zélotes. Les chefs de ce parti furent Juda le Gaulanite, appelé aussi le *Galiléen*, et le pharisien Sadock. Ils enseignaient que les Juifs devaient plutôt mourir que de se soumettre à une puissance humaine. (G. A.)

Les thérapeutes étaient une société différente des esséniens et des judaïtes ; ils ressemblaient aux gymnosophistes des Indes et aux brames. « Ils ont, dit Philon, un mouvement d'amour céleste qui les jette dans l'enthousiasme des bacchantes et des corybantes, et qui les met dans l'état de la contemplation à laquelle ils aspirent. Cette secte naquit dans Alexandrie, qui était toute remplie de Juifs, et s'étendit beaucoup dans l'Égypte. »

[1] Les récabites subsistaient encore[2] ; ils faisaient vœu de ne jamais boire de vin ; et c'est peut-être à leur exemple que Mahomet défendit cette liqueur à ses musulmans.

Les hérodiens regardaient Hérode premier du nom comme un messie, un envoyé de Dieu, qui avait rebâti le temple. Il est évident que les Juifs célébraient sa fête à Rome du temps de Néron, témoin les vers de Perse : *Herodis venere dies*, etc. (Sat. v, v. 180.)

> Voici le jour d'Hérode où tout infâme Juif
> Fait fumer sa lanterne avec l'huile ou le suif.

Les disciples de Jean-Baptiste s'étendirent un peu en Égypte, mais principalement dans la Syrie, dans l'Arabie, et vers le golfe Persique. On les connaît aujourd'hui sous le nom de *chrétiens de saint Jean* ; il y en eut aussi dans l'Asie Mineure. Il est dit dans les *Actes des apôtres* (chap. XIX) que Paul en rencontra plusieurs à Éphèse ; il leur dit : « Avez-vous reçu le Saint-Esprit ? » Ils lui répondirent : « Nous n'avons pas seulement ouï dire qu'il y ait un Saint-Esprit. » Il leur dit : « Quel baptême avez-vous donc reçu ? » Ils lui répondirent : « Le baptême de Jean. »

[3] Les véritables chrétiens cependant jetaient, comme on sait, les fondements de la seule religion véritable.

---

1. Cet alinéa et le suivant n'existaient pas en 1764. (B.)

2. Les récabites ou réchabites dataient de loin. Ils descendaient de Jonadab, fils de Réchab, ami de Jéhu. Ils avaient fait vœu de vivre sous des tentes, en nomades. Mais, au temps de l'invasion de Nabuchodonosor, ils s'étaient réfugiés à Jérusalem. (G. A.)

3. Lorsque ce morceau était en 1764 dans le *Dictionnaire philosophique*, au lieu des deux alinéas qui suivent, on lisait :

« Il y avait, dans les premières années qui suivirent la mort de Jésus, sept sociétés ou sectes différentes chez les Juifs : les pharisiens, les saducéens, les esséniens, les judaïtes, les thérapeutes, les disciples de Jean, et les disciples de Christ, dont Dieu conduisait le petit troupeau dans les sentiers inconnus à la sagesse humaine.

« Les fidèles eurent le nom de chrétiens dans Antioche vers l'année 60 de notre ère vulgaire ; mais ils furent connus dans l'empire romain, comme nous le verrons dans la suite, sous d'autres noms. Ils ne se distinguaient auparavant que par le nom de frères, de saints ou de fidèles. Dieu, qui était descendu, etc. » (B.)

Celui qui contribua le plus à fortifier cette société naissante fut ce Paul même qui l'avait persécutée avec le plus de violence. Il était né à Tarsis[1] en Cilicie[2], et fut élevé par le fameux docteur pharisien Gamaliel, disciple de Hillel. Les Juifs prétendent qu'il rompit avec Gamaliel, qui refusa de lui donner sa fille en mariage. On voit quelques traces de cette anecdote à la suite des *Actes de sainte Thècle*. Ces actes portent qu'il avait le front large, la tête chauve, les sourcils joints, le nez aquilin, la taille courte et grosse, et les jambes torses. Lucien, dans son *Dialogue de Philopatris*, semble faire un portrait assez semblable. On a douté qu'il fût citoyen romain, car en ce temps-là on n'accordait ce titre à aucun Juif[3] : ils avaient été chassés de Rome par Tibère, et Tarsis ne fut colonie romaine que près de cent ans après, sous Caracalla, comme le remarque Cellarius dans sa *Géographie*, liv. III, et Grotius dans son *Commentaire sur les Actes*, auxquels seuls nous devons nous en rapporter.

Dieu, qui était descendu sur la terre pour y être un exemple d'humilité et de pauvreté, donnait à son Église les plus faibles commencements, et la dirigeait dans ce même état d'humiliation dans lequel il avait voulu naître. Tous les premiers fidèles furent des hommes obscurs : ils travaillaient tous de leurs mains. L'apôtre saint Paul témoigne qu'il gagnait sa vie à faire des tentes[4]. Saint Pierre ressuscita la couturière Dorcas, qui faisait les robes des frères. L'assemblée des fidèles se tenait à Joppé, dans la maison d'un corroyeur nommé Simon, comme on le voit au chapitre IX des *Actes des apôtres*.

Les fidèles se répandirent secrètement en Grèce, et quelques-uns allèrent de là à Rome, parmi les Juifs à qui les Romains permettaient une synagogue. Ils ne se séparèrent point d'abord des Juifs ; ils gardèrent la circoncision, et, comme on l'a déjà remarqué ailleurs[5], les quinze premiers évêques secrets de Jérusalem furent tous circoncis ou du moins de la nation juive.

---

1. Lisez *Tarse*.
2. Saint Jérôme dit qu'il était de Giscala en Galilée. (*Note de Voltaire.*) — Voyez tome XVII, page 329.
3. « Son père, dit M. Renan, était en possession du titre de citoyen romain. Sans doute quelqu'un de ses ancêtres avait acheté cette qualité, ou l'avait acquise par des services. On peut supposer que son grand-père l'avait obtenue pour avoir aidé Pompée lors de la conquête romaine. »
4. Paul était tapissier, selon M. Renan, ou, si l'on aime mieux, ouvrier en ces grosses toiles de Cilicie qu'on appelait *cilicium*.
5. Dans la *Conversation de l'intendant des menus* (voyez *Mélanges*, année 1761), et dans le chapitre XI du *Traité sur la Tolérance* (*Mélanges*, année 1763).

Lorsque l'apôtre Paul prit avec lui Timothée, qui était fils d'un père gentil, il le circoncit lui-même dans la petite ville de Listre. Mais Tite, son autre disciple, ne voulut point se soumettre à la circoncision. Les frères disciples de Jésus furent unis aux Juifs, jusqu'au temps où Paul essuya une persécution à Jérusalem, pour avoir amené des étrangers dans le temple. Il était accusé par les Juifs de vouloir détruire la loi mosaïque par Jésus-Christ. C'est pour se laver de cette accusation que l'apôtre saint Jacques proposa à l'apôtre Paul de se faire raser la tête, et de s'aller purifier dans le temple avec quatre Juifs qui avaient fait vœu de se raser. « Prenez-les avec vous, lui dit Jacques (chap. XXI, *Actes des apôtres*) ; purifiez-vous avec eux, et que tout le monde sache que ce que l'on dit de vous est faux, et que vous continuez à garder la loi de Moïse. » Ainsi donc Paul, qui d'abord avait été le persécuteur sanguinaire de la sainte société établie par Jésus, Paul, qui depuis voulut gouverner cette société naissante, Paul, chrétien, judaïse « afin que le monde sache qu'on le calomnie quand on dit qu'il ne suit plus la loi mosaïque ».

Saint Paul n'en fut pas moins accusé d'impiété et d'hérésie, et son procès criminel dura longtemps ; mais on voit évidemment, par les accusations mêmes intentées contre lui, qu'il était venu à Jérusalem pour observer les rites judaïques.

Il dit à Festus ces propres paroles (chap. XXV des *Actes*) : « Je n'ai péché ni contre la loi juive, ni contre le temple. »

Les apôtres annonçaient Jésus-Christ comme un juste indignement persécuté, un prophète de Dieu, un fils de Dieu, envoyé aux Juifs pour la réformation des mœurs.

« La circoncision est utile, dit l'apôtre saint Paul (chap. II, Épît. aux Rom.), si vous observez la loi ; mais si vous la violez, votre circoncision devient prépuce. Si un incirconcis garde la loi, il sera comme circoncis. Le vrai Juif est celui qui est Juif intérieurement. »

Quand cet apôtre parle de Jésus-Christ dans ses Épîtres, il ne révèle point le mystère ineffable de sa consubstantialité avec Dieu. « Nous sommes délivrés par lui (dit-il, chap. V, Épît. aux Rom.) de la colère de Dieu. Le don de Dieu s'est répandu sur nous par la grâce donnée à un seul homme, qui est Jésus-Christ..... La mort a régné par le péché d'un seul homme ; les justes régneront dans la vie par un seul homme, qui est Jésus-Christ. »

Et au chap. VIII : « Nous, les héritiers de Dieu, et les cohéritiers de Christ. » Et au chap. XVI : « A Dieu, qui est le seul sage, honneur et gloire par Jésus-Christ... Vous êtes à Jésus-Christ, et Jésus-Christ à Dieu (I aux Corinth., chap. III). »

Et (I aux Corinth., chap. XV, v. 27) : « Tout lui est assujetti, en exceptant sans doute Dieu, qui lui a assujetti toutes choses. »

On a eu quelque peine à expliquer le passage de l'*Épître aux Philippiens :* « Ne faites rien par une vaine gloire ; croyez mutuellement par humilité que les autres vous sont supérieurs ; ayez les mêmes sentiments que Christ-Jésus, qui, étant dans l'empreinte de Dieu, n'a point cru sa proie de s'égaler à Dieu. » Ce passage paraît très-bien approfondi et mis dans tout son jour dans une lettre qui nous reste des églises de Vienne et de Lyon, écrite l'an 117, et qui est un précieux monument de l'antiquité. On loue dans cette lettre la modestie de quelques fidèles. « Ils n'ont pas voulu, dit la lettre, prendre le grand titre de martyrs (pour quelques tribulations) à l'exemple de Jésus-Christ, lequel, étant empreint de Dieu, n'a pas cru sa proie la qualité d'égal à Dieu. » Origène dit aussi dans son *Commentaire sur Jean :* La grandeur de Jésus a plus éclaté quand il s'est humilié « que s'il eût fait sa proie d'être égal à Dieu ». En effet, l'explication contraire peut paraître un contre-sens. Que signifierait : « Croyez les autres supérieurs à vous ; imitez Jésus, qui n'a pas cru que c'était une proie, une usurpation de s'égaler à Dieu ? » Ce serait visiblement se contredire, ce serait donner un exemple de grandeur pour un exemple de modestie ; ce serait pécher contre la dialectique.

La sagesse des apôtres fondait ainsi l'Église naissante. Cette sagesse ne fut point altérée par la dispute qui survint entre les apôtres Pierre, Jacques et Jean, d'un côté, et Paul, de l'autre. Cette contestation arriva dans Antioche. L'apôtre Pierre, autrement Céphas, ou Simon Barjone, mangeait avec les Gentils convertis, et n'observait point avec eux les cérémonies de la loi, ni la distinction des viandes ; il mangeait, lui, Barnabé, et d'autres disciples, indifféremment du porc, des chairs étouffées, des animaux qui avaient le pied fendu et qui ne ruminaient pas ; mais plusieurs Juifs chrétiens étant arrivés, saint Pierre se remit avec eux à l'abstinence des viandes défendues, et aux cérémonies de la loi mosaïque.

Cette action paraissait très-prudente ; il ne voulait pas scandaliser les Juifs chrétiens ses compagnons ; mais saint Paul s'éleva contre lui avec un peu de dureté. « Je lui résistai, dit-il, à sa face, parce qu'il était blâmable. » (Épître aux Galates, chap. II.)

Cette querelle paraît d'autant plus extraordinaire de la part de saint Paul qu'ayant été d'abord persécuteur il devait être modéré, et que, lui-même, il était allé sacrifier dans le temple à Jérusalem, qu'il avait circoncis son disciple Timothée, qu'il avait accompli les rites juifs, lesquels il reprochait alors à Céphas. Saint Jérôme prétend que cette querelle entre Paul et Céphas était feinte. Il dit dans sa première Homélie, tome III, qu'ils firent comme deux avocats qui s'échauffent et se piquent au barreau, pour avoir plus d'autorité sur leurs clients ; il dit que Pierre Céphas étant destiné à prêcher aux Juifs, et Paul aux Gentils, ils firent semblant de se quereller, Paul pour gagner les Gentils, et Pierre pour gagner les Juifs. Mais saint Augustin n'est point du tout de cet avis. « Je suis fâché, dit-il dans l'Épître à Jérôme, qu'un aussi grand homme se rende le patron du mensonge, *patronum mendacii*. »

¹ Cette dispute entre saint Jérôme et saint Augustin ne doit pas diminuer notre vénération pour eux, encore moins pour saint Paul et pour saint Pierre.

Au reste, si Pierre était destiné aux Juif judaïsants, et Paul aux étrangers, il paraît probable que Pierre ne vint point à Rome. Les *Actes des apôtres* ne font aucune mention du voyage de Pierre en Italie.

Quoi qu'il en soit, ce fut vers l'an 60 de notre ère que les chrétiens commencèrent à se séparer de la communion juive ; et c'est ce qui leur attira tant de querelles et tant de persécutions de la part des synagogues répandues à Rome, en Grèce, dans l'Égypte et dans l'Asie. Ils furent accusés d'impiété, d'athéisme, par leurs frères juifs, qui les excommuniaient dans leurs synagogues trois fois les jours du sabbat. Mais Dieu les soutint toujours au milieu des persécutions.

Petit à petit, plusieurs Églises se formèrent, et la séparation devint entière entre les juifs et les chrétiens, avant la fin du 1ᵉʳ siècle ; cette séparation était ignorée du gouvernement romain. Le sénat de Rome ni les empereurs n'entraient point dans ces querelles d'un petit troupeau que Dieu avait jusque-là conduit dans l'obscurité, et qu'il élevait par des degrés insensibles ².

³ Le christianisme s'établit en Grèce et à Alexandrie. Les chré-

---

1. Cet alinéa n'existait pas en 1764. (B.)

2. C'est ici que finit le passage qu'on lisait, en 1764, dans le *Dictionnaire philosophique*, et qui, dans l'édition de Kehl, conservé au mot CHRISTIANISME, section II, y faisait double emploi.

Dans l'édition de 1764, après le mot *insensibles*, on lisait : « Il faut voir dans quel état, etc. » (voyez page 168). (B.)

3. Ce qui suit, jusqu'à la page 400, se trouvait aussi dans l'article CHRISTIANISME (voyez ci-devant, page 173). (B.)

tiens y eurent à combattre une nouvelle secte de Juifs devenus philosophes à force de fréquenter les Grecs ; c'était celle de la gnose ou des gnostiques ; il s'y mêla de nouveaux chrétiens. Toutes ces sectes jouissaient alors d'une entière liberté de dogmatiser, de conférer et d'écrire, quand les courtiers juifs établis dans Rome et dans Alexandrie ne les accusaient pas auprès des magistrats ; mais sous Domitien la religion chrétienne commença à donner quelque ombrage au gouvernement.

Le zèle de quelques chrétiens, qui n'était pas selon la science, n'empêcha pas l'Église de faire les progrès que Dieu lui destinait. Les chrétiens célébrèrent d'abord leurs mystères dans des maisons retirées, dans des caves, pendant la nuit : de là leur vint le titre de *lucifugaces*, selon Minucius Felix[1]. Philon les appelle *gesséens*. Leurs noms les plus communs, dans les quatre premiers siècles, chez les Gentils, étaient ceux de galiléens et de nazaréens ; mais celui de chrétiens a prévalu sur tous les autres.

Ni la hiérarchie ni les usages ne furent établis tout d'un coup ; les temps apostoliques furent différents des temps qui les suivirent.

La messe, qui se célèbre au matin, était la cène qu'on faisait le soir ; ces usages changèrent à mesure que l'Église se fortifia. Une société plus étendue exigea plus de règlements, et la prudence des pasteurs se conforma aux temps et aux lieux.

Saint Jérôme et Eusèbe rapportent que quand les Églises reçurent une forme, on y distingua peu à peu cinq ordres différents : les surveillants, *épiscopoï*, d'où sont venus les évêques ; les anciens de la société, *presbyteroï*, les prêtres ; *diaconoï*, les servants ou diacres ; les *pistoï*, croyants, initiés, c'est-à-dire les baptisés, qui avaient part aux soupers des agapes, les catéchumènes, qui attendaient le baptême, et les énergumènes, qui attendaient qu'on les délivrât du démon. Aucun, dans ces cinq ordres, ne portait d'habit différent des autres ; aucun n'était contraint au célibat, témoin le livre de Tertullien dédié à sa femme, témoin l'exemple des apôtres. Aucune représentation, soit en peinture, soit en sculpture, dans leurs assemblées, pendant les deux premiers siècles ; point d'autels, encore moins de cierges, d'encens et d'eau lustrale. Les chrétiens cachaient soigneusement leurs livres aux Gentils : ils ne les confiaient qu'aux initiés ; il n'était pas même permis aux catéchumènes de réciter l'Oraison dominicale.

1. L'*Octavius*, chapitre VIII, porte : *Latebrosa et lucifugax natio*. (B.)

DU POUVOIR DE CHASSER LES DIABLES DONNÉ A L'ÉGLISE.

Ce qui distinguait le plus les chrétiens, et ce qui a duré jusqu'à nos derniers temps, était le pouvoir de chasser les diables avec le signe de la croix. Origène, dans son traité contre Celse, avoue, au nombre 133, qu'Antinoüs, divinisé par l'empereur Adrien, faisait des miracles en Égypte par la force des charmes et des prestiges; mais il dit que les diables sortent du corps des possédés à la prononciation du seul nom de Jésus.

Tertullien va plus loin, et, du fond de l'Afrique où il était, il dit, dans son *Apologétique*, au chapitre XXIII : « Si vos dieux ne confessent pas qu'ils sont des diables à la présence d'un vrai chrétien, nous voulons bien que vous répandiez le sang de ce chrétien. » Y a-t-il une démonstration plus claire ?

En effet Jésus-Christ envoya ses apôtres pour chasser les démons. Les Juifs avaient aussi de son temps le don de les chasser, car lorsque Jésus eut délivré des possédés, et eut envoyé les diables dans les corps d'un troupeau de deux mille cochons, et qu'il eut opéré d'autres guérisons pareilles, les pharisiens dirent : « Il chasse les démons par la puissance de Belzébuth. — Si c'est par Belzébuth que je les chasse, répondit Jésus, par qui vos fils les chassent-ils ? » Il est incontestable que les Juifs se vantaient de ce pouvoir : ils avaient des exorcistes et des exorcismes ; on invoquait le nom de Dieu, de Jacob et d'Abraham ; on mettait des herbes consacrées dans le nez des démoniaques. (Josèphe rapporte une partie de ces cérémonies.) Ce pouvoir sur les diables, que les Juifs ont perdu, fut transmis aux chrétiens, qui semblent aussi l'avoir perdu depuis quelque temps.

Dans le pouvoir de chasser les démons était compris celui de détruire les opérations de la magie : car la magie fut toujours en vigueur chez toutes les nations. Tous les Pères de l'Église rendent témoignage à la magie. Saint Justin avoue dans son *Apologétique*, au livre III, qu'on évoque souvent les âmes des morts, et il en tire un argument en faveur de l'immortalité de l'âme. Lactance, au livre VII de ses *Institutions divines*, dit que « si on osait nier l'existence des âmes après la mort, le magicien vous en convaincrait bientôt en les faisant paraître ». Irénée, Clément Alexandrin, Tertullien, l'évêque Cyprien, tous affirment la même chose. Il est vrai qu'aujourd'hui tout est changé, et qu'il n'y a pas plus de magiciens que de démoniaques. Mais Dieu est le maître d'avertir les hommes par des prodiges dans certains temps, et de les faire cesser dans d'autres.

DES MARTYRS DE L'ÉGLISE.

Quand les sociétés chrétiennes devinrent un peu nombreuses, et que plusieurs s'élevèrent contre le culte de l'empire romain, les magistrats sévirent contre elles, et les peuples surtout les persécutèrent. On ne persécutait point les Juifs qui avaient des priviléges particuliers, et qui se renfermaient dans leurs synagogues ; on leur permettait l'exercice de leur religion, comme on fait encore aujourd'hui à Rome ; on souffrait tous les cultes divers répandus dans l'empire, quoique le sénat ne les adoptât pas.

Mais les chrétiens se déclarant ennemis de tous ces cultes, et surtout de celui de l'empire, furent exposés plusieurs fois à ces cruelles épreuves.

Un des premiers et des plus célèbres martyrs fut Ignace, évêque d'Antioche, condamné par l'empereur Trajan lui-même, alors en Asie, et envoyé par ses ordres à Rome, pour être exposé aux bêtes, dans un temps où l'on ne massacrait point à Rome les autres chrétiens. On ne sait point précisément de quoi il était accusé auprès de cet empereur, renommé d'ailleurs pour sa clémence : il fallait que saint Ignace eût de bien violents ennemis. Quoi qu'il en soit, l'histoire de son martyre rapporte qu'on lui trouva le nom de Jésus-Christ gravé sur le cœur, en caractères d'or ; et c'est de là que les chrétiens prirent en quelques endroits le nom de Théophores, qu'Ignace s'était donné à lui-même.

On nous a conservé une lettre de lui[1], par laquelle il prie les évêques et les chrétiens de ne point s'opposer à son martyre : soit que dès lors les chrétiens fussent assez puissants pour le délivrer, soit que parmi eux quelques-uns eussent assez de crédit pour obtenir sa grâce. Ce qui est encore très-remarquable, c'est qu'on souffrit que les chrétiens de Rome vinssent au-devant de lui, quand il fut amené dans cette capitale ; ce qui prouverait évidemment qu'on punissait en lui la personne, et non pas la secte.

Les persécutions ne furent pas continuées. Origène, dans son livre III contre Celse, dit : « On peut compter facilement les chrétiens qui sont morts pour leur religion, parce qu'il en est mort peu, et seulement de temps en temps et par intervalles. »

Dieu eut un si grand soin de son Église, que, malgré ses

---

1. Dupin, dans sa *Bibliothèque ecclésiastique*, prouve que cette lettre est authentique. (*Note de Voltaire.*)

ennemis, il fit en sorte qu'elle tînt cinq conciles dans le premier siècle, seize dans le second, et trente dans le troisième; c'est-à-dire des assemblées secrètes et tolérées. Ces assemblées furent quelquefois défendues, quand la fausse prudence des magistrats craignit qu'elles ne devinssent tumultueuses. Il nous est resté peu de procès-verbaux des proconsuls et des préteurs qui condamnèrent les chrétiens à mort. Ce seraient les seuls actes sur lesquels on pût constater les accusations portées contre eux, et leurs supplices.

Nous avons un fragment de Denis d'Alexandrie, dans lequel il rapporte l'extrait du greffe d'un proconsul d'Égypte, sous l'empereur Valérien; le voici :

Denis, Fauste, Maxime, Marcel et Chéremon, ayant été introduits à l'audience, le préfet Émilien leur a dit : « Vous avez pu connaître par les entretiens que j'ai eus avec vous, et par tout ce que je vous ai écrit, combien nos princes ont témoigné de bonté à votre égard ; je veux bien encore vous le redire : ils font dépendre votre conservation et votre salut de vous-mêmes, et votre destinée est entre vos mains. Ils ne demandent de vous qu'une seule chose, que la raison exige de toute personne raisonnable : c'est que vous adoriez les dieux protecteurs de leur empire, et que vous abandonniez cet autre culte si contraire à la nature et au bon sens. »

Denis a répondu : « Chacun n'a pas les mêmes dieux, et chacun adore ceux qu'il croit l'être véritablement. »

Le préfet Émilien a repris : « Je vois bien que vous êtes des ingrats, qui abusez des bontés que les empereurs ont pour vous. Eh bien! vous ne demeurerez pas davantage dans cette ville, et je vous envoie à Céphro dans le fond de la Libye ; ce sera là le lieu de votre bannissement, selon l'ordre que j'en ai reçu de nos empereurs : au reste, ne pensez pas y tenir vos assemblées, ni aller faire vos prières dans ces lieux que vous nommez des cimetières ; cela vous est absolument défendu, je ne le permettrai à personne. »

Rien ne porte plus les caractères de vérité que ce procès-verbal. On voit par là qu'il y avait des temps où les assemblées étaient prohibées. C'est ainsi qu'en France il est défendu aux calvinistes de s'assembler ; on a même quelquefois fait pendre et rouer des ministres ou prédicants qui tenaient des assemblées malgré les lois ; et depuis 1745, il y en a eu six de pendus. C'est ainsi qu'en Angleterre et en Irlande les assemblées sont défendues aux catholiques romains, et il y a eu des occasions où les délinquants ont été condamnés à la mort.

Malgré ces défenses portées par les lois romaines, Dieu inspira à plusieurs empereurs de l'indulgence pour les chrétiens. Dioclétien même, qui passe chez les ignorants pour un persécuteur, Dioclétien, dont la première année de règne est encore l'époque de l'ère des martyrs, fut, pendant plus de dix-huit ans, le protecteur déclaré du christianisme, au point que plusieurs chrétiens eurent des charges principales auprès de sa personne. Il épousa même une chrétienne ; il souffrit que dans Nicomédie, sa résidence, il y eût une superbe église élevée vis-à-vis son palais.

Le césar Galerius, ayant malheureusement été prévenu contre les chrétiens, dont il croyait avoir à se plaindre, engagea Dioclétien à faire détruire la cathédrale de Nicomédie. Un chrétien plus zélé que sage mit en pièces l'édit de l'empereur ; et de là vint cette persécution si fameuse, dans laquelle il y eut plus de deux cents personnes exécutées à mort dans l'empire romain, sans compter ceux que la fureur du petit peuple, toujours fanatique et toujours barbare, fit périr contre les formes juridiques.

Il y eut en divers temps un si grand nombre de martyrs qu'il faut bien se donner de garde d'ébranler la vérité de l'histoire de ces véritables confesseurs de notre sainte religion, par un mélange dangereux de fables et de faux martyrs.

Le bénédictin dom Ruinart, par exemple, homme d'ailleurs aussi instruit qu'estimable et zélé, aurait dû choisir avec plus de discrétion ses *Actes sincères*[1]. Ce n'est pas assez qu'un manuscrit soit tiré de l'abbaye de Saint-Benoît-sur-Loire, ou d'un couvent de célestins de Paris, conforme à un manuscrit des feuillants, pour que cet acte soit authentique ; il faut que cet acte soit ancien, écrit par des contemporains, et qu'il porte d'ailleurs tous les caractères de la vérité.

Il aurait pu se passer de rapporter l'aventure du jeune Romanus, arrivée en 303. Ce jeune *Romain* avait obtenu son pardon de Dioclétien dans Antioche. Cependant il dit que le juge Asclépiade le condamna à être brûlé : des Juifs présents à ce spectacle se moquèrent du jeune saint Romanus, et reprochèrent aux chrétiens que leur Dieu les laissait brûler, lui qui avait délivré Sidrac, Misac et Abdenago, de la fournaise ; qu'aussitôt il s'éleva, dans le temps le plus serein, un orage qui éteignit le feu ; qu'alors le juge ordonna qu'on coupât la langue au jeune

---

1. *Acta primorum martyrum sincera et selecta*, Paris, 1689, in-4º ; traduit en français par Drouet de Maupertuy. Paris, 1708, in-8º. (E. B.)

Romanus; que le premier médecin de l'empereur, se trouvant là, fit officieusement la fonction de bourreau, et lui coupa la langue dans la racine; qu'aussitôt le jeune homme, qui était bègue auparavant, parla avec beaucoup de liberté; que l'empereur fut étonné que l'on parlât si bien sans langue; que le médecin, pour réitérer cette expérience, coupa sur-le-champ la langue à un passant, lequel en mourut subitement [1].

Eusèbe, dont le bénédictin Ruinart a tiré ce conte, devait respecter assez les vrais miracles opérés dans l'Ancien et dans le Nouveau Testament (desquels personne ne doutera jamais) pour ne pas leur associer des histoires si suspectes, lesquelles pourraient scandaliser les faibles.

Cette dernière persécution ne s'étendit pas dans tout l'empire. Il y avait alors en Angleterre quelque christianisme, qui s'éclipsa bientôt pour reparaître ensuite sous les rois saxons. Les Gaules méridionales et l'Espagne étaient remplies de chrétiens. Le césar Constance Chlore les protégea beaucoup dans toutes ses provinces. Il avait une concubine qui était chrétienne, c'est la mère de Constantin, connue sous le nom de sainte Hélène : car il n'y eut jamais de mariage avéré entre elle et lui, et il la renvoya même dès l'an 292, quand il épousa la fille de Maximien Hercule; mais elle avait conservé sur lui beaucoup d'ascendant, et lui avait inspiré une grande affection pour notre sainte religion.

DE L'ÉTABLISSEMENT DE L'ÉGLISE SOUS CONSTANTIN.

La divine Providence préparait ainsi, par des voies qui semblent humaines, le triomphe de son Église.

Constance Chlore mourut en 306 à York en Angleterre, dans un temps où les enfants qu'il avait de la fille d'un césar étaient en bas âge, et ne pouvaient prétendre à l'empire. Constantin eut la confiance de se faire élire à York par cinq ou six mille soldats, allemands, gaulois et anglais pour la plupart. Il n'y avait pas d'apparence que cette élection, faite sans le consentement de Rome, du sénat et des armées, pût prévaloir; mais Dieu lui donna la victoire sur Maxentius élu à Rome, et le délivra enfin de tous ses collègues. On ne peut dissimuler qu'il ne se rendît d'abord indigne des faveurs du ciel, par le meurtre de tous ses proches, et enfin de sa femme et de son fils.

---

1. La légende du jeune Romanus se trouve déjà racontée à l'article Dioclétien, page 388.

On peut douter de ce que Zosime rapporte à ce sujet. Il dit que Constantin, agité de remords après tant de crimes, demanda aux pontifes de l'empire s'il y avait quelque expiation pour lui, et qu'ils lui dirent qu'ils n'en connaissaient pas. Il est bien vrai qu'il n'y en avait point eu pour Néron, et qu'il n'avait osé assister aux sacrés mystères en Grèce. Cependant les tauroboles étaient en usage, et il est bien difficile de croire qu'un empereur tout-puissant n'ait pu trouver un prêtre qui voulût lui accorder des sacrifices expiatoires. Peut-être même est-il encore moins croyable que Constantin, occupé de la guerre, de son ambition, de ses projets, et environné de flatteurs, ait eu le temps d'avoir des remords. Zosime ajoute qu'un prêtre égyptien arrivé d'Espagne, qui avait accès à sa porte, lui promit l'expiation de tous ses crimes dans la religion chrétienne. On a soupçonné que ce prêtre était Ozius, évêque de Cordoue.

[1] Quoi qu'il en soit, Dieu réserva Constantin pour l'éclairer et pour en faire le protecteur de l'Église. Ce prince fit bâtir sa ville de Constantinople, qui devint le centre de l'empire et de la religion chrétienne. Alors l'Église prit une forme auguste. Et il est à croire que, lavé par son baptême et repentant à sa mort, il obtint miséricorde, quoiqu'il soit mort arien. Il serait bien dur que tous les partisans des deux évêques Eusèbe eussent été damnés.

Dès l'an 314, avant que Constantin résidât dans sa nouvelle ville, ceux qui avaient persécuté les chrétiens furent punis par eux de leurs cruautés. Les chrétiens jetèrent la femme de Maximien dans l'Oronte; ils égorgèrent tous ses parents; ils massacrèrent dans l'Égypte et dans la Palestine les magistrats qui s'étaient le plus déclarés contre le christianisme. La veuve et la fille de Dioclétien s'étant cachées à Thessalonique furent reconnues, et leurs corps jetés dans la mer. Il eût été à souhaiter que les chrétiens eussent moins écouté l'esprit de vengeance; mais Dieu, qui punit selon sa justice, voulut que les mains des chrétiens fussent teintes du sang de leurs persécuteurs, sitôt que ces chrétiens furent en liberté d'agir [2].

1. En 1764, on lisait : « Quoi qu'il en soit, Constantin communia avec les chrétiens, bien qu'il ne fût jamais que catéchumène, et réserva son baptême pour le moment de sa mort. Il fit bâtir sa ville de Constantinople, qui devint le centre de l'empire et de la religion chrétienne. Alors l'Église prit une forme auguste.

« Il est à remarquer que, dès l'an 314, etc. » (B.)

2. C'est ici que finit le second morceau, qui se trouvait aussi à l'article CHRISTIANISME, ainsi qu'il a été dit page 483. (B.)

Constantin convoqua, assembla dans Nicée, vis-à-vis de Constantinople, le premier concile œcuménique, auquel présida Ozius. On y décida la grande question qui agitait l'Église, touchant la divinité de Jésus-Christ[1].

On sait assez comment l'Église, ayant combattu trois cents ans contre les rites de l'empire romain, combattit ensuite contre elle-même, et fut toujours militante et triomphante.

Dans la suite des temps, l'Église grecque presque tout entière, et toute l'Église d'Afrique, devinrent esclaves sous les Arabes, et ensuite sous les Turcs[2], qui élevèrent la religion mahométane sur les ruines de la chrétienne. L'Église romaine subsista, mais toujours souillée de sang par plus de six cents ans de discorde entre l'empire d'Occident et le sacerdoce. Ces querelles mêmes la rendirent très-puissante. Les évêques, les abbés en Allemagne, se firent tous princes, et les papes acquirent peu à peu la domination absolue dans Rome et dans un pays considérable. Ainsi Dieu éprouva son Église par les humiliations, par les troubles, par les crimes, et par la splendeur.

Cette Église latine perdit au XVI° siècle la moitié de l'Allemagne, le Danemark, la Suède, l'Angleterre, l'Écosse, l'Irlande, la meilleure partie de la Suisse, la Hollande ; elle a gagné plus de terrain en Amérique par les conquêtes des Espagnols, qu'elle n'en a perdu en Europe ; mais avec plus de territoire elle a bien moins de sujets.

La Providence divine semblait destiner le Japon, Siam, l'Inde et la Chine, à se ranger sous l'obéissance du pape, pour le récompenser de l'Asie Mineure, de la Syrie, de la Grèce, de l'Égypte, de l'Afrique, de la Russie, et des autres États perdus dont nous avons parlé. Saint François Xavier, qui porta le saint Évangile aux Indes-Orientales et au Japon, quand les Portugais y allèrent chercher des marchandises, fit un très-grand nombre de miracles, tous attestés par les RR. PP. jésuites : quelques-uns disent qu'il ressuscita neuf morts ; mais le R. P. Ribadeneira, dans sa *Fleur des saints*[3], se borne à dire qu'il n'en ressuscita que

---

1. Voyez les articles ARIANISME; CHRISTIANISME, section II; et CONCILES. (*Note de Voltaire.*)

2. Cette page et la page suivante faisaient le troisième double emploi avec l'article CHRISTIANISME (voyez ci-devant, page 175). (B.)

3. *Flos sanctorum, o Libro de las vidas de los santos*, première partie, Madrid, 1599, in-folio ; seconde partie, Madrid, 1610, in-folio. L'ouvrage a été réimprimé, traduit en latin, en italien, en français. Il existe une autre *Fleur des saints*, par Alphonse de Villegas, Madrid, 1652 et suiv., 6 volumes in-folio.

quatre : c'est bien assez. La Providence voulut qu'en moins de cent années il y eût des milliers de catholiques romains dans les îles du Japon ; mais le diable sema son ivraie au milieu du bon grain. Les jésuites, à ce qu'on croit, formèrent une conjuration suivie d'une guerre civile, dans laquelle tous les chrétiens furent exterminés en 1638. Alors la nation ferma ses ports à tous les étrangers, excepté aux Hollandais, qu'on regardait comme des marchands, et non pas comme des chrétiens, et qui furent d'abord obligés de marcher sur la croix pour obtenir la permission de vendre leurs denrées dans la prison où on les renferme lorsqu'ils abordent à Nangazaki.

La religion catholique, apostolique et romaine, fut proscrite à la Chine dans nos derniers temps, mais d'une manière moins cruelle. Les RR. PP. jésuites n'avaient pas, à la vérité, ressuscité des morts à la cour de Pékin ; ils s'étaient contentés d'enseigner l'astronomie, de fondre du canon, et d'être mandarins. Leurs malheureuses disputes avec des dominicains et d'autres scandalisèrent à tel point le grand empereur Yong-tching que ce prince, qui était la justice et la bonté même, fut assez aveugle pour ne plus permettre qu'on enseignât notre sainte religion, dans laquelle nos missionnaires ne s'accordaient pas. Il les chassa avec une bonté paternelle, leur fournissant des subsistances et des voitures jusqu'aux confins de son empire.

Toute l'Asie, toute l'Afrique, la moitié de l'Europe, tout ce qui appartient aux Anglais, aux Hollandais, dans l'Amérique, toutes les hordes américaines non domptées, toutes les terres australes, qui sont une cinquième partie du globe, sont demeurées la proie du démon, pour vérifier cette sainte parole : « Il y a beaucoup d'appelés, mais peu d'élus. » (Matth., xx, 16[1].)

DE LA SIGNIFICATION DU MOT *ÉGLISE*. PORTRAIT DE L'ÉGLISE PRIMITIVE. DÉGÉNÉRATION. EXAMEN DES SOCIÉTÉS QUI ONT VOULU RÉTABLIR L'ÉGLISE PRIMITIVE, ET PARTICULIÈREMENT DES PRIMITIFS APPELÉS *QUAKERS*.

Ce mot grec signifiait, chez les Grecs, *assemblée du peuple*. Quand on traduisit les livres hébreux en grec, on rendit synagogue par église, et on se servit du même nom pour exprimer la *société juive*, la *congrégation politique*, l'*assemblée juive*, le *peuple juif*.

---

[1]. C'est ici que finit le morceau qui faisait double emploi dans l'article CHRISTIANISME (voyez page précédente). (B.)

ÉGLISE.

Ainsi, il est dit dans les *Nombres*[1] : « Pourquoi avez-vous mené l'Église dans le désert? » et dans le *Deutéronome*[2] : « L'eunuque, le Moabite, l'Ammonite, n'entreront pas dans l'Église ; les Iduméens, les Égyptiens, n'entreront dans l'Église qu'à la troisième génération. »

Jésus-Christ dit dans saint Matthieu[3] : « Si votre frère a péché contre vous (vous a offensé), reprenez-le entre vous et lui. Prenez, amenez avec vous un ou deux témoins, afin que tout s'éclaircisse par la bouche de deux ou trois témoins ; et s'il ne les écoute pas, plaignez-vous à l'assemblée du peuple, à l'Église ; et s'il n'écoute pas l'Église, qu'il soit comme un Gentil, ou un receveur des deniers publics. Je vous dis, ainsi soit-il, en vérité, tout ce que vous aurez lié sur terre sera lié au ciel, et ce que vous aurez délié sur terre sera délié au ciel. » (Allusion aux clefs des portes, dont on liait et déliait la courroie.)

Il s'agit ici de deux hommes dont l'un a offensé l'autre et persiste. On ne pouvait le faire comparaître dans l'assemblée, dans l'Église chrétienne : il n'y en avait point encore ; on ne pouvait faire juger cet homme dont son compagnon se plaignait par un évêque et par les prêtres qui n'existaient pas encore ; de plus, ni les prêtres juifs ni les prêtres chrétiens ne furent jamais juges des querelles entre particuliers : c'était une affaire de police ; les évêques ne devinrent juges que vers le temps de Valentinien III.

Les commentateurs ont donc conclu que l'écrivain sacré de cet Évangile fait parler ici notre Seigneur par anticipation ; que c'est une allégorie, une prédiction de ce qui arrivera quand l'Église chrétienne sera formée et établie.

Selden fait une remarque importante sur ce passage[4] : c'est qu'on n'excommuniait point chez les Juifs les publicains, les receveurs des deniers royaux. Le petit peuple pouvait les détester ; mais étant des officiers nécessaires, nommés par le prince, il n'était jamais tombé dans la tête de personne de vouloir les séparer de l'assemblée. Les Juifs étaient alors sous la domination du proconsul de Syrie, qui étendait sa juridiction jusqu'aux confins de la Galilée et jusque dans l'île de Chypre, où il avait des vicegérents. Il aurait été très-imprudent de marquer publiquement son horreur pour les officiers légaux du proconsul. L'injustice

---

1. Chapitre xx, v. 4. (*Note de Voltaire.*)
2. Chapitre xxiii, v. 1, 2, 3. (*Id.*)
3. Chapitre xxviii. (*Id.*)
4. *In Synedris Hebræorum*, lib. II. (*Id.*)

même eût été jointe à l'imprudence: car les chevaliers romains, fermiers du domaine public, les receveurs de l'argent de César, étaient autorisés par les lois.

Saint Augustin, dans son sermon LXXXI, peut fournir des réflexions pour l'intelligence de ce passage. Il parle de ceux qui gardent leur haine, qui ne veulent point pardonner. « Cœpisti habere fratrem tuum tanquam publicanum. Ligas illum in terra ; sed ut juste alliges, vide : nam injusta vincula disrumpit justitia. Quum autem correxeris et concordaveris cum fratre tuo, solvisti eum in terra. — Vous regardez votre frère comme un publicain : c'est l'avoir lié sur la terre ; mais voyez si vous le liez justement, car la justice rompt les liens injustes ; mais si vous avez corrigé votre frère, si vous vous êtes accordé avec lui, vous l'avez délié sur la terre. »

Il semble, par la manière dont saint Augustin s'explique, que l'offensé ait fait mettre l'offenseur en prison, et qu'on doive entendre que s'il est jeté dans les liens sur la terre, il est aussi dans les liens célestes ; mais que si l'offensé est inexorable, il devint lié lui-même. Il n'est point question de l'Église dans l'explication de saint Augustin ; il ne s'agit que de pardonner ou de ne pardonner pas une injure. Saint Augustin ne parle point ici du droit sacerdotal de remettre les péchés de la part de Dieu. C'est un droit reconnu ailleurs, un droit dérivé du sacrement de la confession. Saint Augustin, tout profond qu'il est dans les types et dans les allégories, ne regarde pas ce fameux passage comme une allusion à l'absolution donnée ou refusée par les ministres de l'Église catholique romaine dans le sacrement de pénitence.

DU NOM D'ÉGLISE DANS LES SOCIÉTÉS CHRÉTIENNES.

On ne reconnaît dans plusieurs États chrétiens que quatre Églises, la grecque, la romaine, la luthérienne, la réformée ou calviniste. Il en est ainsi en Allemagne ; les primitifs ou quakers, les anabaptistes, les sociniens, les mennonites, les piétistes, les moraves, les juifs et autres, ne forment point d'église. La religion juive a conservé le titre de synagogue. Les sectes chrétiennes qui sont tolérées n'ont que des assemblées secrètes, des *conventicules* : il en est de même à Londres.

On ne reconnaît l'Église catholique ni en Suède, ni en Danemark, ni dans les parties septentrionales de l'Allemagne, ni en Hollande, ni dans les trois quarts de la Suisse, ni dans les trois royaumes de la Grande-Bretagne.

DE LA PRIMITIVE ÉGLISE, ET DE CEUX QUI ONT CRU LA RÉTABLIR.

Les Juifs, ainsi que tous les peuples de Syrie, furent divisés en plusieurs petites congrégations religieuses, comme nous l'avons vu : toutes tendaient à une perfection mystique.

Un rayon plus pur de lumière anima les disciples de saint Jean, qui subsistent encore vers Mosul. Enfin vint sur la terre le fils de Dieu annoncé par saint Jean. Ses disciples furent constamment tous égaux. Jésus leur avait dit expressément[1] : « Il n'y aura parmi vous ni premier ni dernier... Je suis venu pour servir, et non pour être servi... Celui qui voudra être le maître des autres les servira. »

Une preuve d'égalité c'est que les chrétiens, dans les commencements, ne prirent d'autre nom que celui de *frères*. Ils s'assemblaient et attendaient l'esprit ; ils prophétisaient quand ils étaient inspirés. Saint Paul, dans sa première lettre aux Corinthiens, leur dit[2] : « Si dans votre assemblée chacun de vous a le don du cantique, celui de la doctrine, celui de l'apocalypse, celui des langues, celui d'interpréter, que tout soit à l'édification. Si quelqu'un parle de la langue comme deux ou trois, et par parties, qu'il y en ait un qui interprète.

« Que deux ou trois prophètes parlent, que les autres jugent ; et que si quelque chose est révélé à un autre, que le premier se taise : car vous pouvez tous prophétiser chacun à part, afin que tous apprennent et que tous exhortent ; l'esprit de prophétie est soumis aux prophètes : car le Seigneur est un Dieu de paix... Ainsi donc, mes frères, ayez tous l'émulation de prophétiser, et n'empêchez point de parler des langues. »

J'ai traduit mot à mot, par respect pour le texte, et pour ne point entrer dans des disputes de mots.

Saint Paul, dans la même épître, convient que les femmes peuvent prophétiser, quoiqu'il leur défende au chapitre xiv de parler dans les assemblées. « Toute femme, dit-il[3], priant ou prophétisant sans avoir un voile sur la tête, souille sa tête : car c'est comme si elle était chauve. »

Il est clair, par tous ces passages et par beaucoup d'autres, que

---

1. Matthieu, chapitre xx ; et Marc, chapitres ix et x. (*Note de Voltaire.*)
2. Chapitre xiv, v. 26 et suiv. (*Id.*)
3. Chapitre xi, v. 5. (*Id.*)

les premiers chrétiens étaient tous égaux, non-seulement comme frères en Jésus-Christ, mais comme également partagés. L'esprit se communiquait également à eux; ils parlaient également diverses langues; ils avaient également le don de prophétiser, sans distinction de rang, ni d'âge, ni de sexe.

Les apôtres, qui enseignaient les néophytes, avaient sans doute sur eux cette prééminence naturelle que le précepteur a sur l'écolier; mais de juridiction, de puissance temporelle, de ce qu'on appelle *honneurs* dans le monde, de distinction dans l'habillement, de marque de supériorité, ils n'en avaient assurément aucune, ni ceux qui leur succédèrent. Ils possédaient une autre grandeur bien différente : celle de la persuasion.

Les frères mettaient leur argent en commun[1]. Ce furent eux-mêmes qui choisirent sept d'entre eux pour avoir soin des tables et de pourvoir aux nécessités communes. Ils élurent dans Jérusalem même ceux que nous nommons Étienne, Philippe, Procore, Nicanor, Timon, Parmenas, et Nicolas. Ce qu'on peut remarquer, c'est que parmi ces sept élus par la communauté juive il y a six Grecs.

Après les apôtres, on ne trouve aucun exemple d'un chrétien qui ait eu sur les autres chrétiens d'autre pouvoir que celui d'enseigner, d'exhorter, de chasser les démons du corps des énergumènes, de faire des miracles. Tout est spirituel; rien ne se ressent des pompes du monde. Ce n'est guère que dans le III° siècle que l'esprit d'orgueil, de vanité, d'intérêt, se manifesta de tous côtés chez les fidèles.

Les agapes étaient déjà de grands festins; on leur reprochait le luxe et la bonne chère. Tertullien l'avoue[2] : « Oui, dit-il, nous faisons grande chère; mais dans les mystères d'Athènes et d'Égypte ne fait-on pas bonne chère aussi? Quelque dépense que nous fassions, elle est utile et pieuse, puisque les pauvres en profitent. — Quantiscumque sumptibus constet, lucrum est pietatis, siquidem inopes refrigerio isto juvamus. »

Dans ce temps-là même, des sociétés de chrétiens qui osaient se dire plus parfaites que les autres, les montanistes par exemple, qui se vantaient de tant de prophéties et d'une morale si austère, qui regardaient les secondes noces comme des adultères, et la fuite de la persécution comme une apostasie, qui avaient si publiquement des convulsions sacrées et des extases, qui prétendaient

---

1. *Actes des apôtres*, chapitre VI. (*Note de Voltaire.*)
2. Tertullien, chapitre XXXIX. (*Id.*)

parler à Dieu face à face, furent convaincus, à ce qu'on prétend, de mêler le sang d'un enfant d'un an au pain de l'eucharistie. Ils attirèrent sur les véritables chrétiens ce cruel reproche, qui les exposa aux persécutions.

Voici comme ils s'y prenaient, selon saint Augustin[1]; ils piquaient avec des épingles tout le corps de l'enfant, ils pétrissaient la farine avec ce sang et en faisaient un pain : s'il en mourait, ils l'honoraient comme un martyr.

Les mœurs étaient si corrompues que les saints Pères ne cessaient de s'en plaindre. Écoutez saint Cyprien, dans son livre des *Tombés*[2] : « Chaque prêtre, dit-il, court après les biens et les honneurs avec une fureur insatiable. Les évêques sont sans religion, les femmes sans pudeur ; la friponnerie règne ; on jure, on se parjure ; les animosités divisent les chrétiens ; les évêques abandonnent les chaires pour courir aux foires et pour s'enrichir par le négoce ; enfin nous nous plaisons à nous seuls, et nous déplaisons à tout le monde. »

Avant ces scandales, le prêtre Novatien en avait donné un bien funeste aux fidèles de Rome : il fut le premier antipape. L'épiscopat de Rome, quoique secret et exposé à la persécution, était un objet d'ambition et d'avarice par les grandes contributions des chrétiens, et par l'autorité de la place.

Ne répétons point ici ce qui est déposé dans tant d'archives, ce qu'on entend tous les jours dans la bouche des personnes instruites, ce nombre prodigieux de schismes et de guerres ; six cents années de querelles sanglantes entre l'empire et le sacerdoce ; l'argent des nations coulant par mille canaux, tantôt à Rome, tantôt dans Avignon, lorsque les papes y fixèrent leur séjour pendant soixante et douze ans ; et le sang coulant dans toute l'Europe, soit pour l'intérêt d'une tiare si inconnue à Jésus-Christ, soit pour des questions inintelligibles dont il n'a jamais parlé. Notre religion n'en est pas moins vraie, moins sacrée, moins divine, pour avoir été souillée si longtemps dans le crime et plongée dans le carnage.

Quand la fureur de dominer, cette terrible passion du cœur humain, fut parvenue à son dernier excès, lorsque le moine Hildebrand[3], élu contre les lois évêque de Rome, arracha cette

---

1. Augustin, *De Hæresibus*, hæres. XXVI. (*Note de Voltaire.*)
2. Voyez les *OEuvres de saint Cyprien*, et l'*Histoire ecclésiastique de Fleury*, tome II, page 168, édition in-12, 1725. (*Id.*)
3. Grégoire VII.

capitale aux empereurs, et défendit à tous les évêques d'Occident de porter l'ancien nom de pape pour se l'attribuer à lui seul ; lorsque les évêques d'Allemagne, à son exemple, se rendirent souverains, que tous ceux de France et d'Angleterre tâchèrent d'en faire autant, il s'éleva, depuis ces temps affreux jusqu'à nos jours, des sociétés chrétiennes qui sous cent noms différents voulurent rétablir l'égalité primitive dans le christianisme.

Mais ce qui avait été praticable dans une petite société cachée au monde ne l'était plus dans de grands royaumes. L'Église militante et triomphante ne pouvait plus être l'Église ignorée et humble. Les évêques, les grandes communautés monastiques riches et puissantes, se réunissant sous les étendards du pontife de la Rome nouvelle, combattirent alors *pro aris et pro focis*, pour leurs autels et pour leurs foyers. Croisades, armées, siéges, batailles, rapines, tortures, assassinats par la main des bourreaux, assassinats par la main des prêtres des deux partis, poisons, dévastations par le fer et par la flamme, tout fut employé pour soutenir ou pour humilier la nouvelle administration ecclésiastique ; et le berceau de la primitive Église fut tellement caché sous les flots de sang et sous les ossements des morts qu'on put à peine le retrouver.

DES PRIMITIFS APPELÉS *QUAKERS*[1].

Les guerres religieuses et civiles de la Grande-Bretagne ayant désolé l'Angleterre, l'Écosse et l'Irlande, dans le règne infortuné de Charles Ier, Guillaume Penn, fils d'un vice-amiral, résolut d'aller rétablir ce qu'il appelait la *primitive Église* sur les rivages de l'Amérique septentrionale, dans un climat doux, qui lui parut fait pour ses mœurs. Sa secte était nommée celle des *trembleurs:* dénomination ridicule, mais qu'ils méritaient par les tremblements de corps qu'ils affectaient en prêchant, et par un nasillonnement qui ne fut dans l'Église romaine que le partage d'une espèce de moines appelés *capucins*. Mais on peut, en parlant du nez et en se secouant, être doux, frugal, modeste, juste, charitable. Personne ne nie que cette société de primitifs ne donnât l'exemple de toutes ces vertus.

Penn voyait que les évêques anglicans et les presbytériens

---

1. Voyez aussi sur les quakers et sur G. Penn les quatre premières *Lettres sur les Anglais* (*Mélanges*, année 1734), et l'article QUAKERS, dans le *Dictionnaire philosophique*.

avaient été la cause d'une guerre affreuse pour un surplis, des manches de linon et une liturgie ; il ne voulut ni liturgie, ni linon, ni surplis : les apôtres n'en avaient point. Jésus-Christ n'avait baptisé personne ; les associés de Penn ne voulurent point être baptisés.

Les premiers fidèles étaient égaux : ces nouveaux venus prétendirent l'être autant qu'il est possible. Les premiers disciples reçurent l'esprit et parlaient dans l'assemblée ; ils n'avaient ni autels, ni temples, ni ornements, ni cierges, ni encens, ni cérémonies : Penn et les siens se flattèrent de recevoir l'esprit, et renoncèrent à toute cérémonie, à tout appareil. La charité était précieuse aux disciples du Sauveur : ceux de Penn firent une bourse commune pour secourir les pauvres. Ainsi ces imitateurs des esséniens et des premiers chrétiens, quoique errant dans les dogmes et dans les rites, étaient pour toutes les autres sociétés chrétiennes un modèle étonnant de morale et de police.

Enfin cet homme singulier alla s'établir avec cinq cents des siens dans le canton alors le plus sauvage de l'Amérique. La reine Christine de Suède avait voulu y fonder une colonie qui n'avait pas réussi ; les primitifs de Penn eurent plus de succès.

C'était sur les bords de la rivière Delaware, vers le quarantième degré. Cette contrée n'appartenait au roi d'Angleterre que parce qu'elle n'était réclamée alors par personne, et que les peuples nommés par nous *sauvages*, qui auraient pu la cultiver, avaient toujours demeuré assez loin dans l'épaisseur des forêts. Si l'Angleterre n'avait eu ce pays que par droit de conquête, Penn et ses primitifs auraient eu en horreur un tel asile. Ils ne regardaient ce prétendu droit de conquête que comme une violation du droit de la nature et comme une rapine.

Le roi Charles II déclara Penn souverain de tout ce pays désert, par l'acte le plus authentique, du 4 mars 1681. Penn, dès l'année suivante, y promulgua ses lois. La première fut la liberté civile entière, de sorte que chaque colon possédant cinquante acres de terre était membre de la législation ; la seconde, une défense expresse aux avocats et aux procureurs de prendre jamais d'argent ; la troisième, l'admission de toutes les religions, et la permission même à chaque habitant d'adorer Dieu dans sa maison, sans assister jamais à aucun culte public.

Voici cette loi telle qu'elle est portée :

« La liberté de conscience étant un droit que tous les hommes ont reçu de la nature avec l'existence, et que tous les gens paisibles doivent maintenir, il est fermement établi que personne ne sera forcé d'assister à aucun exercice public de religion.

« Mais il est expressément donné plein pouvoir à chacun de faire librement l'exercice public ou privé de sa religion, sans qu'on puisse y apporter aucun trouble ni empêchement, sous aucun prétexte, pourvu qu'il fasse profession de croire en un seul Dieu éternel, tout-puissant, créateur, conservateur, gouverneur de l'univers, et qu'il remplisse tous les devoirs de la société civile, auxquels on est obligé envers ses compatriotes. »

Cette loi est encore plus indulgente, plus humaine que celle qui fut donnée aux peuples de la Caroline par Locke, le Platon de l'Angleterre, si supérieur au Platon de la Grèce. Locke n'a permis d'autres religions publiques que celles qui seraient approuvées par sept pères de famille. C'est une autre sorte de sagesse que celle de Penn.

Mais ce qui est pour jamais honorable pour ces deux législateurs, et ce qui doit servir d'exemple éternel au genre humain, c'est que cette liberté de conscience n'a pas causé le moindre trouble. On dirait au contraire que Dieu a répandu ses bénédictions les plus sensibles sur la colonie de la Pensylvanie : elle était de cinq cents personnes en 1682 ; et en moins d'un siècle elle s'est accrue jusqu'à près de trois cent mille : c'est la proportion de cent cinquante à un. La moitié des colons est de la religion primitive ; vingt autres religions composent l'autre moitié. Il y a douze beaux temples dans Philadelphie, et d'ailleurs chaque maison est un temple. Cette ville a mérité son nom d'*amitié fraternelle*. Sept autres villes et mille bourgades fleurissent sous cette loi de concorde. Trois cents vaisseaux partent du port tous les ans.

Cet établissement, qui semble mériter une durée éternelle, fut sur le point de périr dans la funeste guerre de 1755, quand d'un côté les Français avec leurs alliés sauvages, et les Anglais avec les leurs, commencèrent par se disputer quelques glaçons de l'Acadie.

Les primitifs, fidèles à leur christianisme pacifique, ne voulurent point prendre les armes. Des sauvages tuèrent quelques-uns de leurs colons sur la frontière : les primitifs n'usèrent point de représailles ; ils refusèrent même longtemps de payer des troupes ; ils dirent au général anglais ces propres paroles : « Les hommes sont des morceaux d'argile qui se brisent les uns contre les autres ; pourquoi les aiderions-nous à se briser ? »

Enfin dans l'assemblée générale par qui tout se règle, les autres religions l'emportèrent ; on leva des milices : les primitifs contribuèrent, mais ils ne s'armèrent point. Ils obtinrent ce qu'ils s'étaient proposé, la paix avec leurs voisins. Ces prétendus sauvages leur dirent : « Envoyez-nous quelque descendant du grand

Penn, qui ne nous trompa jamais ; nous traiterons avec lui. » On leur députa un petit-fils de ce grand homme, et la paix fut conclue.

Plusieurs primitifs avaient des esclaves nègres pour cultiver leurs terres ; mais ils ont été honteux d'avoir en cela imité les autres chrétiens : ils ont donné la liberté à leurs esclaves en 1769.

Toutes les autres colonies les imitent aujourd'hui dans la liberté de conscience : et quoiqu'il y ait des presbytériens et des gens de la haute Église, personne n'est gêné dans sa croyance. C'est ce qui a égalé le pouvoir des Anglais en Amérique à la puissance espagnole, qui possède l'or et l'argent. Il y aurait un moyen sûr d'énerver toutes les colonies anglaises, ce serait d'y établir l'Inquisition.

N. B. L'exemple des primitifs nommés *quakers* a produit dans la Pensylvanie une société nouvelle dans un canton qu'elle appelle Eufrate : c'est la secte des dunkards, ou des dumplers, beaucoup plus détachée du monde que celle de Penn, espèce de religieux hospitaliers, tous vêtus uniformément ; elle ne permet pas aux mariés d'habiter la ville d'Eufrate ; ils vivent à la campagne, qu'ils cultivent. Le trésor public fournit à tous leurs besoins dans les disettes. Cette société n'administre le baptême qu'aux adultes ; elle rejette le péché originel comme une impiété, et l'éternité des peines comme une barbarie. Leur vie pure ne leur laisse pas imaginer que Dieu puisse tourmenter ses créatures cruellement et éternellement. Égarés dans un coin du nouveau monde, loin du troupeau de l'Église catholique, ils sont jusqu'à présent, malgré cette malheureuse erreur, les plus justes et les plus inimitables des hommes.

QUERELLE ENTRE L'ÉGLISE GRECQUE ET LA LATINE DANS L'ASIE ET DANS L'EUROPE.

Les gens de bien gémissent, depuis environ quatorze siècles, que les deux Églises grecque et latine aient été toujours rivales, et que la robe de Jésus-Christ, qui était sans couture, ait été toujours déchirée. Cette division est bien naturelle. Rome et Constantinople se haïssaient ; quand les maîtres se détestent, leurs aumôniers ne s'aiment pas. Les deux communions se disputaient la supériorité de la langue, l'antiquité des siéges, la science, l'éloquence, le pouvoir.

Il est vrai que les Grecs eurent longtemps tout l'avantage : ils se vantaient d'avoir été les maîtres des Latins, et de leur avoir tout enseigné. Les Évangiles furent écrits en grec. Il n'y avait pas un dogme, un rite, un mystère, un usage qui ne fût grec ; depuis le mot de *baptême* jusqu'au mot d'*eucharistie*, tout était grec. On ne connut de Pères de l'Église que parmi les Grecs jusqu'à saint Jérôme, qui même n'était pas Romain, puisqu'il était de Dalmatie. Saint Augustin, qui suivit de près saint Jérôme, était Africain. Les sept grands conciles œcuméniques furent tenus dans des villes grecques ; les évêques de Rome n'y parurent jamais, parce qu'ils ne savaient que leur latin, qui même était déjà corrompu.

L'inimitié entre Rome et Constantinople éclata dès l'an 452, au concile de Chalcédoine, assemblé pour décider si Jésus-Christ avait eu deux natures et une personne, ou deux personnes avec une nature. On y décida que l'Église de Constantinople était en tout égale à celle de Rome pour les honneurs, et le patriarche de l'une égal en tout au patriarche de l'autre. Le pape saint Léon souscrivit aux deux natures ; mais ni lui ni ses successeurs ne souscrivirent à l'égalité. On peut dire que dans cette dispute de rang et de prééminence on allait directement contre les paroles de Jésus-Christ rapportées dans l'Évangile : « Il n'y aura parmi vous ni premier ni dernier. » Les saints sont saints, mais l'orgueil se glisse partout : le même esprit qui fait écumer de colère le fils d'un maçon devenu évêque d'un village, quand on ne l'appelle pas *monseigneur*[1], a brouillé l'univers chrétien.

Les Romains furent toujours moins disputeurs, moins subtils que les Grecs ; mais ils furent bien plus politiques. Les évêques d'Orient, en argumentant, demeurèrent sujets ; celui de Rome, sans arguments, sut établir enfin son pouvoir sur les ruines de l'empire d'Occident ; et on pouvait dire des papes ce que Virgile dit des Scipions et des Césars :

> Romanos rerum dominos gentemque togatam.
> (Virg., *Æneid.*, I, 286.)

vers digne de Virgile, rendu comiquement par un de nos vieux traducteurs :

> Tous gens en robe et souverains des rois.

La haine devint une scission du temps de Photius, pâpa ou surveillant de l'Église bizantine, et Nicolas Ier, pâpa ou surveil-

---

1. Biord, évêque d'Annecy. (K.)

lant de l'Église romaine. Comme malheureusement il n'y eut presque jamais de querelle ecclésiastique sans ridicule, il arriva que le combat commença par deux patriarches qui étaient tous deux eunuques : Ignace et Photius, qui se disputaient la chaire de Constantinople, étaient tous deux chaponnés. Cette mutilation leur interdisant la vraie paternité, ils ne pouvaient être que Pères de l'Église.

On dit que les châtrés sont tracassiers, malins, intrigants. Ignace et Photius troublèrent toute la cour grecque.

Le Latin Nicolas Ier ayant pris le parti d'Ignace, Photius déclara ce pape hérétique, attendu qu'il admettait la procession du souffle de Dieu, du Saint-Esprit, par le Père et par le Fils, contre la décision unanime de toute l'Église, qui ne l'avait fait procéder que du Père.

Outre cette procession hérétique, Nicolas mangeait et faisait manger des œufs et du fromage en carême. Enfin, pour comble d'infidélité, le pâpa romain se faisait raser la barbe, ce qui était une apostasie manifeste aux yeux des pâpas grecs, vu que Moïse, les patriarches et Jésus-Christ, étaient toujours peints barbus par les peintres grecs et latins.

Lorsqu'en 879 le patriarche Photius fut rétabli dans son siége par le huitième concile œcuménique grec, composé de quatre cents évêques dont trois cents l'avaient condamné dans le concile œcuménique précédent, alors le pape Jean VIII le reconnut pour son frère. Deux légats, envoyés par lui à ce concile, se joignirent à l'Église grecque, et déclarèrent Judas quiconque dirait que le Saint-Esprit procède du Père et du Fils; mais ayant persisté dans l'usage de se raser le menton et de manger des œufs en carême, les deux Églises restèrent toujours divisées.

Le schisme fut entièrement consommé l'an 1053 et 1054, lorsque Michel Cerularius, patriarche de Constantinople, condamna publiquement l'évêque de Rome Léon IX et tous les Latins, ajoutant à tous les reproches de Photius qu'ils osaient se servir de pain azyme dans l'eucharistie, contre la pratique des apôtres; qu'ils commettaient le crime de manger du boudin, et de tordre le cou aux pigeons au lieu de le leur couper pour les cuire. On ferma toutes les églises latines dans l'empire grec, et on défendit tout commerce avec quiconque mangeait du boudin.

Le pape Léon IX négocia sérieusement cette affaire avec l'empereur Constantin Monomaque, et obtint quelques adoucissements. C'était précisément le temps où ces célèbres gentilshommes normands, enfants de Tancrède de Hauteville, se moquant du pape et de l'empereur grec, prenaient tout ce qu'ils pouvaient dans la Pouille et dans la Calabre, et mangeaient du boudin effrontément. L'empereur grec favorisa le pape autant qu'il put; mais rien ne réconcilia les Grecs avec nos Latins. Les Grecs regardaient leurs adversaires comme des barbares qui ne savaient pas un mot de grec.

L'irruption des croisés, sous prétexte de délivrer les saints lieux, et dans le fond pour s'emparer de Constantinople, acheva de rendre les Romains odieux.

Mais la puissance de l'Église latine augmenta tous les jours, et les Grecs furent enfin conquis peu à peu par les Turcs. Les papes étaient depuis longtemps de puissants et riches souverains; toute l'Église grecque fut esclave depuis Mahomet II, excepté la Russie, qui était alors un pays barbare, et dont l'Église n'était pas comptée.

Quiconque est un peu instruit des affaires du Levant sait que le sultan confère le patriarcat des Grecs par la crosse et par l'anneau, sans crainte d'être excommunié, comme le furent les empereurs allemands par les papes pour cette cérémonie.

Bien est-il vrai que l'Église de Stamboul a conservé en apparence la liberté d'élire son archevêque; mais elle n'élit que celui qui est indiqué par la Porte-Ottomane. Cette place coûte à présent environ quatre-vingt mille francs, qu'il faut que l'élu reprenne sur les Grecs. S'il se trouve quelque chanoine accrédité qui offre plus d'argent au grand-vizir, on dépossède le titulaire, et on donne la place au dernier enchérisseur, précisément comme Marozia et Théodora donnaient le siège de Rome dans le Xe siècle. Si le patriarche titulaire résiste, on lui donne cinquante coups de bâton sur la plante des pieds, et on l'exile. Quelquefois on lui coupe la tête, comme il arriva au patriarche Lucas Cyrille, en 1638.

Le Grand Turc donne ainsi tous les autres évêchés moyennant finance, et la somme à laquelle chaque évêché fut taxé sous Mahomet II est toujours exprimée dans la patente; mais le supplément qu'on a payé n'y est pas énoncé. On ne sait jamais au juste combien un prêtre grec achète son évêché.

Ces patentes sont plaisantes : « J'accorde à N***, prêtre chrétien, le présent mandement pour perfection de félicité. Je lui commande de résider en la ville ci-nommée, comme évêque des infidèles chrétiens, selon leur ancien usage et leurs vaines et extravagantes cérémonies; voulant et ordonnant que tous les chrétiens de ce district le reconnaissent, et que nul prêtre ni moine ne se marie sans sa permission (c'est-à-dire sans payer). »

L'esclavage de cette Église est égal à son ignorance, mais les Grecs n'ont que ce qu'ils ont mérité ; ils ne s'occupaient que de leurs disputes sur la lumière du Thabor et sur celle de leur nombril, lorsque Constantinople fut prise.

On espère qu'au moment où nous écrivons ces douloureuses vérités, l'impératrice de Russie Catherine II rendra aux Grecs leur liberté. On souhaite qu'elle puisse leur rendre le courage et l'esprit qu'ils avaient du temps de Miltiade, de Thémistocle, et qu'ils aient de bons soldats et moins de moines au mont Athos[1].

DE LA PRÉSENTE ÉGLISE GRECQUE.

Si quelque chose peut nous donner une grande idée des mahométans, c'est la liberté qu'ils ont laissée à l'Église grecque. Ils ont paru dignes de leurs conquêtes, puisqu'ils n'en ont point abusé. Mais il faut avouer que les Grecs n'ont pas trop mérité la protection que les musulmans leur accordent ; voici ce qu'en dit M. Porter, ambassadeur d'Angleterre en Turquie :

« Je voudrais tirer le rideau sur ces disputes scandaleuses des Grecs et des Romains au sujet de Bethléem et de la Terre-Sainte, comme ils l'appellent. Les procédés iniques, odieux, qu'elles occasionnent entre eux font la honte du nom chrétien. Au milieu de ces débats, l'ambassadeur chargé de protéger la communion romaine, malgré sa dignité éminente, devient véritablement un objet de compassion.

« Il se lève dans tous les pays de la croyance romaine des sommes immenses pour soutenir contre les Grecs des prétentions équivoques à la possession précaire d'un coin de terre réputée sacrée, et pour conserver entre les mains des moines de leur communion les restes d'une vieille étable à Bethléem, où l'on a érigé une chapelle, et où, sur l'autorité incertaine d'une tradition orale, on prétend que naquit le Christ ; de même qu'un tombeau,

---

1. Cet article parut en 1771, dans les *Questions sur l'Encyclopédie*. Catherine faisait alors la guerre aux Turcs, et Voltaire lui écrivait, dès le 22 décembre 1770 : «... Votre Majesté aurait peut-être le temps de s'amuser d'une espèce de petite *Encyclopédie* nouvelle, qui paraît devers le mont Jura. Il y est parlé de votre très-admirable personne dès la page 17 du Ier tome, à propos de l'*alphabet*. Il faut que l'auteur soit bien plein de vous, puisqu'il vous met partout où il peut. Je ne sais pas quel est cet auteur, mais sans doute c'est un homme à qui vous avez marqué de la bonté, et qui doit parler de Votre Majesté au mot *Reconnaissance*. Il y a, dit-on, en France, des gens qui trouvent cela mauvais... » Et, le 6 mai 1771 : « Je mets à vos pieds le IVe et le Ve tome des *Questions sur l'Encyclopédie*; je ne puis m'empêcher d'y parler de temps en temps de mon gros Moustapha... etc. »

qui peut être, et plus vraisemblablement peut n'être pas ce qu'on appelle son *sépulcre :* car la situation exacte de ces deux endroits est aussi peu certaine que la place qui recèle les cendres de César. »

Ce qui rend les Grecs encore plus méprisables aux yeux des Turcs, c'est le miracle qu'ils font tous les ans au temps de Pâques. Le malheureux évêque de Jérusalem s'enferme dans le petit caveau qu'on fait passer pour le tombeau de notre Seigneur Jésus-Christ, avec des paquets de petite bougie ; il bat le briquet, allume un de ces petits cierges, et sort de son caveau en criant : « Le feu du ciel est descendu, et la sainte bougie est allumée. » Tous les Grecs aussitôt achètent de ces bougies, et l'argent se partage entre le commandant turc et l'évêque.

On peut juger par ce seul trait de l'état déplorable de cette Église sous la domination du Turc.

L'Église grecque, en Russie, a pris depuis peu une consistance beaucoup plus respectable, depuis que l'impératrice Catherine II l'a délivrée du soin de son temporel ; elle lui a ôté quatre cent mille esclaves qu'elle possédait. Elle est payée aujourd'hui du trésor impérial ; entièrement soumise au gouvernement, contenue par des lois sages, elle ne peut faire que du bien ; elle devient tous les jours savante et utile. Elle a aujourd'hui un prédicateur nommé Platon, qui a fait des sermons que l'ancien Platon grec n'aurait pas désavoués.

ÉGLOGUE [1].

Il semble qu'on ne doive rien ajouter à ce que M. le chevalier de Jaucourt et M. Marmontel ont dit de l'Églogue dans le *Dictionnaire encyclopédique* ; il faut, après les avoir lus, lire Théocrite et Virgile, et ne point faire d'églogues. Elles n'ont été jusqu'à présent parmi nous que des madrigaux amoureux qui auraient beaucoup mieux convenu aux filles d'honneur de la reine mère qu'à des bergers.

L'ingénieux Fontenelle [2], aussi galant que philosophe, qui n'aimait pas les anciens, donne le plus de ridicule qu'il peut au tendre Théocrite, le maître de Virgile ; il lui reproche une églogue qui est entièrement dans le goût rustique ; mais il ne tenait qu'à

1. *Questions sur l'Encyclopédie,* cinquième partie, 1771. (B.)
2. *Discours sur la nature de l'églogue.*

lui de donner de justes éloges à d'autres églogues qui respirent la passion la plus naïve, exprimée avec toute l'élégance et la molle douceur convenable aux sujets.

Il y en a de comparables à la belle ode de Sapho, traduite dans toutes les langues. Que ne nous donnait-il une idée de la Pharmaceutrée imitée par Virgile, et non égalée peut-être! On ne pourrait pas en juger par ce morceau que je vais rapporter ; mais c'est une esquisse qui fera connaître la beauté du tableau à ceux dont le goût démêle la force de l'original dans la faiblesse même de la copie.

> Reine des nuits, dis[1] quel fut mon amour ;
> Comme en mon sein les frissons et la flamme
> Se succédaient, me perdaient tour à tour ;
> Quels doux transports égarèrent mon âme ;
> Comment mes yeux cherchaient en vain le jour ;
> Comme j'aimais, et sans songer à plaire !
> Je ne pouvais ni parler ni me taire...
> Reine des nuits, dis quel fut mon amour.

> Mon amant vint. O moments délectables !
> Il prit mes mains, tu le sais, tu le vis,
> Tu fus témoin de ses serments coupables,
> De ses baisers, de ceux que je rendis,
> Des voluptés dont je fus enivrée.
> Moments charmants, passez-vous sans retour ?
> Daphnis trahit la foi qu'il m'a jurée.
> Reine des cieux, dis quel fut mon amour.

Ce n'est là qu'un échantillon de ce Théocrite dont Fontenelle faisait si peu de cas. Les Anglais, qui nous ont donné des traductions en vers de tous les poëtes anciens, en ont aussi une de Théocrite ; elle est de M. Fawkes : toutes les grâces de l'original s'y retrouvent. Il ne faut pas omettre qu'elle est en vers rimés, ainsi que les traductions anglaises de Virgile et d'Homère. Les vers blancs, dans tout ce qui n'est pas tragédie, ne sont, comme disait Pope[2], que le partage de ceux qui ne peuvent pas rimer.

Je ne sais si, après avoir parlé des églogues qui enchantèrent

---

1. M. Firmin Didot, dans ses *Poésies et Traductions*, 1822, in-12, page 366, observe que « ceux qui ont traduit : *Dis, astre des nuits, d'où naquit mon amour*, se sont trompés, puisque c'est Simèthe qui raconte à la lune l'histoire de son amour ». M. Firmin Didot a mis : *Vois quel fut mon amour.* (B.)

2. Voyez dans les *Articles extraits de la Gazette littéraire* (*Mélanges*, année 1764) celui du 2 mai ; et la dédicace de la tragédie d'*Irène* (tome VI du *Théâtre*).

la Grèce et Rome, il sera bien convenable de citer une églogue allemande, et surtout une églogue dont l'amour n'est pas le principal sujet : elle fut écrite dans une ville qui venait de passer sous une domination étrangère.

ÉGLOGUE ALLEMANDE.

HERNAND, DERNIN.

DERNIN.

Consolons-nous, Hernand, l'astre de la nature
Va de nos aquilons tempérer la froidure ;
Le zéphyr à nos champs promet quelques beaux jours ;
Nous chanterons aussi nos vins et nos amours.
Nous n'égalerons point la Grèce et l'Ausonie ;
Nous sommes sans printemps, sans fleurs et sans génie ;
Nos voix n'ont jamais eu ces sons harmonieux
Qu'aux pasteurs de Sicile ont accordés les dieux.
Ne pourrons-nous jamais, en lisant leurs ouvrages,
Surmonter l'âpreté de nos climats sauvages ?
Vers ces coteaux du Rhin que nos soins assidus
Ont forcés à s'orner des trésors de Bacchus,
Forçons le dieu des vers, exilé de la Grèce,
A venir de nos chants adoucir la rudesse.
Nous connaissons l'amour, nous connaîtrons les vers.
Orphée était de Thrace ; il brava les hivers ;
Il aimait ; c'est assez : Vénus monta sa lyre.
Il polit son pays ; il eut un doux empire
Sur des cœurs étonnés de céder à ses lois.

HERNAND.

On dit qu'il amollit les tigres de ses bois.
Humaniserons-nous les loups qui nous déchiront ?
Depuis qu'aux étrangers les destins nous soumirent,
Depuis que l'esclavage affaissa nos esprits,
Nos chants furent changés en de lugubres cris.
D'un commis odieux l'insolence affamée
Vient ravir la moisson que nous avons semée,
Vient décimer nos fruits, notre lait, nos troupeaux :
C'est pour lui que ma main couronna ces coteaux
Des pampres consolants de l'amant d'Ariane.
Si nous osons nous plaindre, un traitant nous condamne ;
Nous craignons de gémir, nous dévorons nos pleurs.
Ah ! dans la pauvreté, dans l'excès des douleurs,
Le moyen d'imiter Théocrite et Virgile !
Il faut pour un cœur tendre un esprit plus tranquille.

Le rossignol, tremblant dans son obscur séjour.
N'élève point sa voix sous le bec du vautour.
Fuyons, mon cher Dernin, ces malheureuses rives.
Portons nos chalumeaux et nos lyres plaintives,
Aux bords de l'Adigo, loin des yeux des tyrans.

Et le reste [1].

ÉLÉGANCE [2].

Ce mot, selon quelques-uns, vient d'*electus*, choisi. On ne voit pas qu'aucun autre mot latin puisse être son étymologie : en effet, il y a du choix dans tout ce qui est élégant. L'élégance est un résultat de la justesse et de l'agrément.

On emploie ce mot dans la sculpture et dans la peinture. On opposait *elegans signum* à *signum rigens* : une figure proportionnée, dont les contours arrondis étaient exprimés avec mollesse, à une figure trop roide et mal terminée.

La sévérité des anciens Romains donna à ce mot, *elegantia*, un sens odieux. Ils regardaient l'élégance en tout genre comme une *afféterie*, comme une politesse recherchée, indigne de la gravité des premiers temps : *Vitii, non laudis fuit*, dit Aulu-Gelle. Ils appelaient *un homme élégant* à peu près ce que nous appelons aujourd'hui un petit-maître, *bellus homuncio*, et ce que les Anglais appellent *un beau*; mais vers le temps de Cicéron, quand les mœurs eurent reçu le dernier degré de politesse, *elegans* était toujours une louange. Cicéron se sert en cent endroits de ce mot pour exprimer un homme, un discours poli; on disait même alors *un repas élégant*, ce qui ne se dirait guère parmi nous.

Ce terme est consacré en français, comme chez les anciens Romains, à la sculpture, à la peinture, à l'éloquence, et principalement à la poésie. Il ne signifie pas, en peinture et en sculpture, précisément la même chose que *grâce*.

Ce terme *grâce* se dit particulièrement du visage, et on ne dit pas *un visage élégant*, comme *des contours élégants :* la raison en est que la grâce a toujours quelque chose d'animé, et c'est

---

1. Après ces mots, dans les *Questions sur l'Encyclopédie*, on lisait :
« Voici une chose plus extraordinaire, une églogue française sans madrigaux et sans galanterie.
« ÉGLOGUE A M. DE SAINT-LAMBERT, auteur du poëme des *Quatre Saisons*. »
Puis, sous ce titre, Voltaire donnait son *Épître à Saint-Lambert*, imprimée tome X. (B.)

2. *Encyclopédie*, tome V, 1755.

dans le visage que paraît l'âme ; ainsi on ne dit pas *une démarche élégante*, parce que la démarche est animée.

L'élégance d'un discours n'est pas l'éloquence, c'en est une partie : ce n'est pas la seule harmonie, le seul nombre ; c'est la clarté, le nombre et le choix des paroles.

Il y a des langues en Europe dans lesquelles rien n'est si rare qu'un discours élégant : des terminaisons rudes, des consonnes fréquentes, des verbes auxiliaires nécessairement redoublés dans une même phrase, offensent l'oreille même des naturels du pays.

Un discours peut être élégant sans être un bon discours, l'élégance n'étant en effet que le mérite des paroles ; mais un discours ne peut être absolument bon sans être élégant.

L'élégance est encore plus nécessaire à la poésie que l'éloquence, parce qu'elle est une partie de cette harmonie si nécessaire aux vers.

Un orateur peut convaincre, émouvoir même sans élégance, sans pureté, sans nombre : un poëme ne peut faire d'effet s'il n'est élégant. C'est un des principaux mérites de Virgile ; Horace est bien moins élégant dans ses satires, dans ses épîtres : aussi est-il moins poëte, *sermoni propior*[1].

Le grand point dans la poésie et dans l'art oratoire, c'est que l'élégance ne fasse jamais tort à la force ; et le poëte, en cela comme dans tout le reste, a de plus grandes difficultés à surmonter que l'orateur : car, l'harmonie étant la base de son art, il ne doit pas se permettre un concours de syllabes rudes ; il faut même quelquefois sacrifier un peu de la pensée à l'élégance de l'expression : c'est une gêne que l'orateur n'éprouve jamais.

Il est à remarquer que si l'élégance a toujours l'air facile, tout ce qui est facile et naturel n'est cependant pas élégant. Il n'y a rien de si facile, de si naturel que,

> La cigale ayant chanté
> Tout l'été,

et,

> Maître corbeau, sur un arbre perché...

Pourquoi ces morceaux manquent-ils d'élégance ? C'est que cette naïveté est dépourvue de mots choisis et d'harmonie.

> Amants, heureux amants, voulez-vous voyager ?
> Que ce soit aux rives prochaines.
> (La Fontaine, livre IX, fable xi).

---

1. Horace, livre premier des satires, IV, 43.

et cent autres traits ont, avec d'autres mérites, celui de l'élégance.

On dit rarement d'une comédie qu'elle est écrite élégamment : la naïveté et la rapidité d'un dialogue familier excluent ce mérite propre à toute autre poésie.

L'élégance semblerait faire tort au comique ; on ne rit point d'une chose élégamment dite : cependant la plupart des vers de l'*Amphitryon* de Molière, excepté ceux de pure plaisanterie, sont élégants. Le mélange des dieux et des hommes dans cette pièce unique en son genre, et les vers irréguliers qui forment un grand nombre de madrigaux, en sont peut-être la cause.

Un madrigal doit bien plutôt être élégant qu'une épigramme, parce que le madrigal tient quelque chose des stances, et que l'épigramme tient du comique : l'un est fait pour exprimer un sentiment délicat, et l'autre un ridicule.

Dans le sublime, il ne faut pas que l'élégance se remarque : elle l'affaiblirait. Si on avait loué l'élégance du Jupiter Olympien de Phidias, c'eût été en faire une satire ; l'élégance de la Vénus de Praxitèle pouvait être remarquée.

ÉLIE ET ÉNOCH [1].

Élie et Énoch sont deux personnages bien importants dans l'antiquité. Ils sont tous deux les seuls qui n'aient point goûté de la mort, et qui aient été transportés hors du monde. Un très-savant homme a prétendu que ce sont des personnages allégoriques. Le père et la mère d'Élie sont inconnus. Il croit que son pays Galaad ne veut dire autre chose que la circulation des temps ; on le fait venir de Galgala, qui signifie *révolution*. Mais le nom du village de Galgala signifiait-il quelque chose ?

Le mot d'Élie a un rapport sensible avec celui d'*Élios*, le soleil. L'holocauste offert par Élie, et allumé par le feu du ciel, est une image de ce que peuvent les rayons du soleil réunis. La pluie qui tombe après de grandes chaleurs est encore une vérité physique.

Le char de feu et les chevaux enflammés qui enlèvent Élie au ciel sont une image frappante des quatre chevaux du soleil. Le retour d'Élie à la fin du monde semble s'accorder avec l'ancienne opinion que le soleil viendrait s'éteindre dans les eaux, au milieu

---

1. *Questions sur l'Encyclopédie*, cinquième partie, 1771. (B.)

de la destruction générale que les hommes attendaient : car presque toute l'antiquité fut longtemps persuadée que le monde serait bientôt détruit.

Nous n'adoptons point ces allégories, et nous nous en tenons à ce qui est rapporté dans l'Ancien Testament.

Énoch est un personnage aussi singulier qu'Élie, à cela près que la *Genèse* nomme son père et son fils, et que la famille d'Élie est inconnue. Les Orientaux et les Occidentaux ont célébré cet Énoch.

La sainte Écriture, qui est toujours notre guide infaillible, nous apprend qu'Énoch fut père de Mathusala ou Mathusalem, et qu'il ne vécut sur la terre que trois cent soixante et cinq ans, ce qui a paru une vie bien courte pour un des premiers patriarches. Il est dit qu'il marcha avec Dieu, et qu'il ne parut plus, parce que Dieu l'enleva. « C'est ce qui fait, dit dom Calmet, que les Pères et le commun des commentateurs assurent qu'Énoch est encore en vie, que Dieu l'a transporté hors du monde aussi bien qu'Élie, qu'ils viendront avant le jugement dernier s'opposer à l'antechrist, qu'Élie prêchera aux Juifs, et Énoch aux Gentils. »

Saint Paul, dans son Épître aux Hébreux (qu'on lui a contestée), dit expressément : « C'est par la foi qu'Énoch fut enlevé, afin qu'il ne vît point la mort ; et on ne le vit plus, parce que le Seigneur le transporta. »

Saint Justin, ou celui qui a pris son nom, dit qu'Énoch et Élie sont dans le paradis terrestre, et qu'ils y attendent le second avénement de Jésus-Christ.

Saint Jérôme, au contraire, croit[1] qu'Énoch et Élie sont dans le ciel. C'est ce même Énoch, septième homme après Adam, qu'on prétend avoir écrit un livre cité par saint Jude[2].

Tertullien dit[3] que cet ouvrage fut conservé dans l'arche, et qu'Énoch en fit même une seconde copie après le déluge.

Voilà ce que la sainte Écriture et les Pères nous disent d'Énoch ; mais les profanes de l'Orient en disent bien davantage. Ils croient en effet qu'il y a eu un Énoch, et qu'il fut le premier qui fit des esclaves à la guerre : ils l'appellent tantôt Énoch, tantôt Édris ; ils disent que c'est lui qui donna des lois aux Égyptiens sous le nom de ce Thaut appelé par les Grecs Hermès Trismégiste. On lui donne un fils nommé Sabi, auteur de la religion des Sabiens ou Sabéens.

---

1. Jérôme, *Commentaire sur Amos.* (*Note de Voltaire.*)
2. Voyez l'article APOCRYPHES. (*Id.*)
3. Lib. I, *De Cultu fœminarum*, etc. (*Id.*)

Il y avait une ancienne tradition en Phrygie sur un certain Anach, dont on disait que les Hébreux avaient fait Énoch. Les Phrygiens tenaient cette tradition des Chaldéens ou Babyloniens, qui reconnaissaient aussi un Énoch, ou Anach, pour inventeur de l'astronomie.

On pleurait Énoch un jour de l'année en Phrygie, comme on pleurait Adoni, ou Adonis, chez les Phéniciens.

L'écrivain ingénieux et profond qui croit Élie un personnage purement allégorique pense la même chose d'Énoch. Il croit qu'Énoch, Anach, Annoch, signifiait l'*année;* que les Orientaux le pleuraient ainsi qu'Adonis, et qu'ils se réjouissaient au commencement de l'année nouvelle;

Que le Janus connu ensuite en Italie était l'ancien Anach, ou Annoch, de l'Asie;

Que non-seulement Énoch signifiait autrefois chez tous ces peuples le commencement et la fin de l'an, mais le dernier jour de la semaine;

Que les noms d'Anne, de Jean, de Januarius, Janvier, ne sont venus que de cette source.

Il est difficile de pénétrer dans les profondeurs de l'histoire ancienne. Quand on y saisirait la vérité à tâtons, on ne serait jamais sûr de la tenir. Il faut absolument qu'un chrétien s'en tienne à l'Écriture, quelque difficulté qu'on trouve à l'entendre.

ÉLOQUENCE[1].

(Cet article a paru dans le grand Dictionnaire encyclopédique. *Il y a dans celui-ci des additions, et, ce qui vaut bien mieux, des retranchements.)*

L'éloquence est née avant les règles de la rhétorique, comme les langues se sont formées avant la grammaire. La nature rend

---

1. Cet article avait été imprimé, en 1755, dans le tome V de l'*Encyclopédie*. La petite note qui suit l'intitulé fut ajoutée par Voltaire en 1771, lorsqu'il reproduisit ce morceau dans la cinquième partie des *Questions sur l'Encyclopédie*. Les éditeurs de l'*Encyclopédie* avaient, en 1755, fait précéder l'article de Voltaire des phrases qui suivent : « L'article suivant nous a été envoyé par M. de Voltaire, qui, en contribuant par son travail à la perfection de l'*Encyclopédie*, veut bien donner à tous les gens de lettres citoyens l'exemple du véritable intérêt qu'ils doivent prendre à cet ouvrage. Dans la lettre qu'il nous a fait l'honneur de nous écrire à ce sujet, il a la modestie de ne donner cet article que comme une simple esquisse; mais ce qui n'est regardé que comme une esquisse par un grand maître est un tableau précieux pour les autres. Nous exposons donc au public cet excellent

les hommes éloquents dans les grands intérêts et dans les grandes passions. Quiconque est vivement ému voit les choses d'un autre œil que les autres hommes. Tout est pour lui objet de comparaison rapide et de métaphore : sans qu'il y prenne garde, il anime tout, et fait passer dans ceux qui l'écoutent une partie de son enthousiasme. Un philosophe très-éclairé[1] a remarqué que le peuple même s'exprime par des figures ; que rien n'est plus commun, plus naturel que les tours qu'on appelle *tropes*. Ainsi dans toutes les langues, « le cœur brûle, le courage s'allume, les yeux étincellent, l'esprit est accablé, il se partage, il s'épuise, le sang se glace, la tête se renverse, on est enflé d'orgueil, enivré de vengeance » : la nature se peint partout dans ces images fortes, devenues ordinaires.

C'est elle dont l'instinct enseigne à prendre d'abord un air, un ton modeste avec ceux dont on a besoin. L'envie naturelle de captiver ses juges et ses maîtres, le recueillement de l'âme profondément frappée, qui se prépare à déployer les sentiments qui la pressent, sont les premiers maîtres de l'art.

C'est cette même nature qui inspire quelquefois des débuts vifs et animés, une forte passion, un danger pressant, appellent tout d'un coup l'imagination : ainsi un capitaine des premiers califes, voyant fuir les musulmans, s'écria : « Où courez-vous ? ce n'est pas là que sont les ennemis. » On attribue ce même mot à plusieurs capitaines ; on l'attribue à Cromwell. Les âmes fortes se rencontrent beaucoup plus souvent que les beaux esprits. Rasi, un capitaine musulman du temps même de Mahomet, voit les Arabes effrayés qui s'écrient que leur général Dérar est tué : « Qu'importe, dit-il, que Dérar soit mort ? Dieu est vivant et vous regarde ; marchez. »

C'était un homme bien éloquent que ce matelot anglais[2] qui fit résoudre la guerre contre l'Espagne en 1740. « Quand les Espagnols, m'ayant mutilé, me présentèrent la mort, je recommandai mon âme à Dieu, et ma vengeance à ma patrie. »

La nature fait donc l'éloquence ; et si on a dit que les poëtes naissent, et que les orateurs se forment, on l'a dit quand l'éloquence a été forcée d'étudier les lois, le génie des juges, et la méthode du temps : la nature seule n'est éloquente que par élans.

morceau tel que nous l'avons reçu de son illustre auteur. Y pourrions-nous toucher sans lui faire tort ? » La lettre de Voltaire dont il est question dans cette note paraît être perdue. (B.)

1. Dumarsais.
2. Voltaire le nomme Jenkins, chapitre VIII du *Siècle de Louis XIV*.

Les préceptes sont toujours venus après l'art. Tisias fut le premier qui recueillit les lois de l'éloquence, dont la nature donne les premières règles.

Platon dit ensuite, dans son *Gorgias*, qu'un orateur doit avoir la subtilité des dialecticiens, la science des philosophes, la diction presque des poëtes, la voix et les gestes des plus grands acteurs.

Aristote fit voir après lui que la véritable philosophie est le guide secret de l'esprit de tous les arts ; il creusa les sources de l'éloquence dans son livre de la *Rhétorique;* il fit voir que la dialectique est le fondement de l'art de persuader, et qu'être éloquent c'est savoir prouver.

Il distingua les trois genres : le délibératif, le démonstratif, et le judiciaire. Dans le délibératif, il s'agit d'exhorter ceux qui délibèrent à prendre un parti sur la guerre et sur la paix, sur l'administration publique, etc. ; dans le démonstratif, de faire voir ce qui est digne de louange ou de blâme ; dans le judiciaire, de persuader, d'absoudre, et de condamner, etc. On sent assez que ces trois genres rentrent souvent l'un dans l'autre.

Il traite ensuite des passions et des mœurs, que tout orateur doit connaître.

Il examine quelles preuves on doit employer dans ces trois genres d'éloquence. Enfin il traite à fond de l'élocution, sans laquelle tout languit ; il recommande les métaphores, pourvu qu'elles soient justes et nobles ; il exige surtout la convenance et la bienséance. Tous ces préceptes respirent la justesse éclairée d'un philosophe et la politesse d'un Athénien ; et en donnant les règles de l'éloquence, il est éloquent avec simplicité.

Il est à remarquer que la Grèce fut la seule contrée de la terre où l'on connût alors les lois de l'éloquence, parce que c'était la seule où la véritable éloquence existât. L'art grossier était chez tous les hommes : des traits sublimes ont échappé partout à la nature dans tous les temps ; mais remuer les esprits de toute une nation polie, plaire, convaincre et toucher à la fois, cela ne fut donné qu'aux Grecs. Les Orientaux étaient presque tous esclaves : c'est un caractère de la servitude de tout exagérer : ainsi l'éloquence asiatique fut monstrueuse. L'Occident était barbare du temps d'Aristote.

L'*éloquence* véritable commença à se montrer dans Rome du temps des Gracques, et ne fut perfectionnée que du temps de Cicéron. Marc-Antoine l'orateur, Hortensius, Curion, César, et plusieurs autres, furent des hommes éloquents.

Cette *éloquence* périt avec la république, ainsi que celle d'Athènes. L'éloquence sublime n'appartient, dit-on, qu'à la liberté : c'est qu'elle consiste à dire des vérités hardies, à étaler des raisons et des peintures fortes. Souvent un maître n'aime pas la vérité, craint les raisons, et aime mieux un compliment délicat que de grands traits.

Cicéron, après avoir donné les exemples dans ses harangues, donna les préceptes dans son livre de l'*Orateur*; il suit presque toute la méthode d'Aristote, et s'explique avec le style de Platon.

Il distingue le genre simple, le tempéré et le sublime. Rollin a suivi cette division dans son *Traité des études*, et, ce que Cicéron ne dit pas, il prétend que « le tempéré est une belle rivière ombragée de vertes forêts des deux côtés ; le simple, une table servie proprement, dont tous les mets sont d'un goût excellent, et dont on bannit tout raffinement ; que le sublime foudroie, et que c'est un fleuve impétueux qui renverse tout ce qui lui résiste ».

Sans se mettre à *cette table*, sans suivre *ce foudre, ce fleuve,* et *cette rivière,* tout homme de bon sens voit que l'*éloquence simple* est celle qui a des choses simples à exposer, et que la clarté et l'élégance sont tout ce qui lui convient. Il n'est pas besoin d'avoir lu Aristote, Cicéron et Quintilien, pour sentir qu'un avocat qui débute par un exorde pompeux au sujet d'un mur mitoyen est ridicule : c'était pourtant le vice du barreau jusqu'au milieu du XVIIe siècle ; on disait avec emphase des choses triviales. On pourrait compiler des volumes de ces exemples ; mais tous se réduisent à ce mot d'un avocat, homme d'esprit, qui voyant que son adversaire parlait de la guerre de Troie et du Scamandre, l'interrompit en disant : « *La cour observera que ma partie ne s'appelle pas* Scamandre, *mais* Michaut. »

Le genre sublime ne peut regarder que de puissants intérêts, traités dans une grande assemblée. On en voit encore de vives traces dans le parlement d'Angleterre : on a quelques harangues qui y furent prononcées en 1739, quand il s'agissait de déclarer la guerre à l'Espagne. L'esprit de Démosthène et de Cicéron semble avoir dicté plusieurs traits de ces discours ; mais ils ne passeront pas à la postérité comme ceux des Grecs et des Romains, parce qu'ils manquent de cet art et de ce charme de la diction qui mettent le sceau de l'immortalité aux bons ouvrages.

Le genre tempéré est celui de ces discours d'appareil, de ces harangues publiques, de ces compliments étudiés, dans lesquels il faut couvrir de fleurs la futilité de la matière.

Ces trois genres rentrent encore souvent l'un dans l'autre,

ainsi que les trois objets de l'éloquence qu'Aristote considère ; et le grand mérite de l'orateur est de les mêler à propos.

La grande éloquence n'a guère pu en France être connue au barreau, parce qu'elle ne conduit pas aux honneurs comme dans Athènes, dans Rome, et comme aujourd'hui dans Londres, et n'a point pour objet de grands intérêts publics : elle s'est réfugiée dans les oraisons funèbres, où elle tient un peu de la poésie. Bossuet, et après lui Fléchier, semblent avoir obéi à ce précepte de Platon, qui veut que l'élocution d'un orateur soit quelquefois celle même d'un poëte.

L'éloquence de la chaire avait été presque barbare jusqu'au P. Bourdaloue ; il fut un des premiers qui firent parler la raison.

Les Anglais ne vinrent qu'ensuite, comme l'avoue Burnet, évêque de Salisbury. Ils ne connurent point l'oraison funèbre ; ils évitèrent dans les sermons les traits véhéments qui ne leur parurent point convenables à la simplicité de l'Évangile, et ils se défièrent de cette méthode des divisions recherchées, que l'archevêque Fénelon condamne dans ses *Dialogues sur l'éloquence*.

Quoique nos sermons roulent sur l'objet le plus important à l'homme, cependant il s'y trouve peu de morceaux frappants qui, comme les beaux endroits de Cicéron et de Démosthène, soient devenus les modèles de toutes les nations occidentales. Le lecteur sera pourtant bien aise de trouver ici ce qui arriva la première fois que M. Massillon, depuis évêque de Clermont, prêcha son fameux sermon *du petit nombre des élus*. Il y eut un endroit où un transport de saisissement s'empara de tout l'auditoire ; presque tout le monde se leva à moitié par un mouvement involontaire ; le murmure d'acclamation et de surprise fut si fort qu'il troubla l'orateur, et ce trouble ne servit qu'à augmenter le pathétique de ce morceau ; le voici : « Je suppose que ce soit ici notre dernière heure à tous, que les cieux vont s'ouvrir sur nos têtes, que le temps est passé, et que l'éternité commence, que Jésus-Christ va paraître pour nous juger selon nos œuvres, et que nous sommes tous ici pour attendre de lui l'arrêt de la vie ou de la mort éternelle : je vous le demande, frappé de terreur comme vous, ne séparant point mon sort du vôtre, et me mettant dans la même situation où nous devons tous paraître un jour devant Dieu notre juge ; si Jésus-Christ, dis-je, paraissait dès à présent pour faire la terrible séparation des justes et des pécheurs, croyez-vous que le plus grand nombre fût sauvé ? croyez-vous que le nombre des justes fût au moins égal à celui des pécheurs ? croyez-vous que s'il faisait maintenant la discussion des œuvres du grand nombre qui est dans cette église, il trouvât seulement dix justes parmi nous? En trouverait-il un seul? » (Il y a eu plusieurs éditions différentes de ce discours ; mais le fond est le même dans toutes.)

Cette figure, la plus hardie qu'on ait jamais employée, et en même temps la plus à sa place, est un des plus beaux traits d'éloquence qu'on puisse lire chez les nations anciennes et modernes ; et le reste du discours n'est pas indigne de cet endroit si saillant. De pareils chefs-d'œuvre sont très-rares ; tout est d'ailleurs devenu lieu commun. Les prédicateurs qui ne peuvent imiter ces grands modèles feraient mieux de les apprendre par cœur et de les débiter à leur auditoire (supposé encore qu'ils eussent ce talent si rare de la déclamation), que de prêcher dans un style languissant des choses aussi rebattues qu'utiles [1].

On demande si l'éloquence est permise aux historiens : celle qui leur est propre consiste dans l'art de préparer les événements, dans leur exposition toujours élégante, tantôt vive et pressée, tantôt étendue et fleurie ; dans la peinture vraie et forte des mœurs générales et des principaux personnages ; dans les réflexions incorporées naturellement au récit, et qui n'y paraissent point ajoutées. L'éloquence de Démosthène ne convient point à Thucydide ; une harangue directe qu'on met dans la bouche d'un héros qui ne la prononça jamais n'est guère qu'un beau défaut, au jugement de plusieurs esprits éclairés [2].

Si pourtant ces licences pouvaient quelquefois se permettre, voici une occasion où Mézerai, dans sa grande Histoire, semble obtenir grâce pour cette hardiesse approuvée chez les anciens ; il est égal à eux pour le moins dans cet endroit : c'est au commencement du règne de Henri IV, lorsque ce prince, avec très-peu de troupes, était pressé auprès de Dieppe par une armée de trente mille hommes, et qu'on lui conseillait de se retirer en Angleterre. Mézerai s'élève au-dessus de lui-même en faisant parler ainsi le maréchal de Biron, qui d'ailleurs était un homme de génie, et qui peut fort bien avoir dit une partie de ce que l'historien lui

---

1. On lit *utiles* dans l'*Encyclopédie*, où, comme je l'ai dit, ce morceau a été imprimé pour la première fois en 1755 ; dans le tome II des *Nouveaux Mélanges*, où l'article avait été reproduit en 1765 ; dans le tome V des *Questions sur l'Encyclopédie*, publié en 1771, ainsi que dans les éditions in-4°, et de 1775. L'édition de Kehl et, d'après elle, quelques autres, portent *inutiles*. (B.)

2. Fin de l'article en 1771. Ce qui suit existait en 1755, dans l'*Encyclopédie*, et même dans la réimpression de 1765 dont j'ai parlé. Sa suppression justifie la note que Voltaire mit en tête en 1771 : c'est aux éditeurs de Kehl que l'on doit le rétablissement de ce passage. (B.)

attribue : « Quoi! sire, on vous conseille de monter sur mer, comme s'il n'y avait pas d'autre moyen de conserver votre royaume que de le quitter ? Si vous n'étiez pas en France, il faudrait percer au travers de tous les hasards et de tous les obstacles pour y venir : et maintenant que vous y êtes, on voudrait que vous en sortissiez ! et vos amis seraient d'avis que vous fissiez de votre bon gré ce que le plus grand effort de vos ennemis ne saurait vous contraindre de faire ! En l'état où vous êtes, sortir seulement de France pour vingt-quatre heures, c'est s'en bannir pour jamais. Le péril, au reste, n'est pas si grand qu'on vous le dépeint; ceux qui nous pensent envelopper sont ou ceux mêmes que nous avons tenus enfermés si lâchement dans Paris, ou gens qui ne valent pas mieux, et qui auront plus d'affaires entre eux-mêmes que contre nous. Enfin, sire, nous sommes en France, il nous y faut enterrer : il s'agit d'un royaume, il faut l'emporter ou y perdre la vie; et quand même il n'y aurait point d'autre sûreté pour votre sacrée personne que la fuite, je sais bien que vous aimeriez mieux mille fois mourir de pied ferme que de vous sauver par ce moyen. Votre Majesté ne souffrirait jamais qu'on dise qu'un cadet de la maison de Lorraine lui aurait fait perdre terre; encore moins qu'on la vît mendier à la porte d'un prince étranger. Non, non, sire, il n'y a ni couronne ni honneur pour vous au delà de la mer : si vous allez au-devant du secours d'Angleterre, il reculera; si vous vous présentez au port de la Rochelle en homme qui se sauve, vous n'y trouverez que des reproches et du mépris. Je ne puis croire que vous deviez plutôt fier votre personne à l'inconstance des flots et à la merci de l'étranger qu'à tant de braves gentilshommes et tant de vieux soldats qui sont prêts à lui servir de remparts et de boucliers; et je suis trop serviteur de Votre Majesté pour lui dissimuler que si elle cherchait sa sûreté ailleurs que dans leur vertu, ils seraient obligés de chercher la leur dans un autre parti que dans le sien. »

Ce discours fait un effet d'autant plus beau que Mézerai met ici en effet dans la bouche du maréchal de Biron ce que Henri IV avait dans le cœur.

Il y aurait encore bien des choses à dire sur l'éloquence, mais les livres n'en disent que trop; et dans un siècle éclairé, le génie, aidé des exemples, en sait plus que n'en disent tous les maîtres.

EMBLÈME[1].

FIGURE, ALLÉGORIE, SYMBOLE, ETC.

Tout est emblème et figure dans l'antiquité. On commence en Chaldée par mettre un bélier, deux chevreaux, un taureau, dans le ciel, pour marquer les productions de la terre au printemps. Le feu est le symbole de la Divinité dans la Perse; le chien céleste avertit les Égyptiens de l'inondation du Nil; le serpent qui cache sa queue dans sa tête devient l'image de l'éternité. La nature entière est peinte et déguisée.

Vous retrouvez encore dans l'Inde plusieurs de ces anciennes statues effrayantes et grossières dont nous avons déjà parlé[2], qui représentent la vertu munie de dix grands bras avec lesquels elle doit combattre les vices, et que nos pauvres missionnaires ont prise pour le portrait du diable, ne doutant pas que tous ceux qui ne parlaient pas français ou italien n'adorassent le diable.

Mettez tous ces symboles de l'antiquité sous les yeux de l'homme du sens le plus droit, qui n'en aura jamais entendu parler, il n'y comprendra rien : c'est une langue qu'il faut apprendre.

Les anciens poëtes théologiens furent dans la nécessité de donner des yeux à Dieu, des mains, des pieds; de l'annoncer sous la figure d'un homme.

Saint Clément d'Alexandrie[3] rapporte ces vers de Xénophanes le Colophonien, dignes de toute notre attention :

> Grand Dieu! quoi que l'on fasse, et quoi qu'on ose feindre,
> On ne peut te comprendre, et moins encor te peindre.
> Chacun figure en toi ses attributs divers :
> Les oiseaux te feraient voltiger dans les airs,
> Les bœufs te prêteraient leurs cornes menaçantes,
> Les lions t'armeraient de leurs dents déchirantes,
> Les chevaux dans les champs te feraient galoper.

On voit par ces vers de Xénophanes que ce n'est pas d'aujourd'hui que les hommes ont fait Dieu à leur image. L'ancien

---

1. *Questions sur l'Encyclopédie,* cinquième partie, 1771. (B.)
2. Voyez l'article BRACHMANES, page 34; le chapitre XXIX du *Précis du Siècle de Louis XV,* tome XV; le chapitre VI de *Dieu et les Hommes* (*Mélanges,* année 1769); et la seconde note des *Lettres d'Amabed.*
3. *Stromates,* livre V. (*Note de Voltaire.*)

EMBLÈME.

Orphée de Thrace, ce premier théologien des Grecs, fort antérieur à Homère, s'exprime ainsi, selon le même Clément d'Alexandrie :

> Sur son trône éternel, assis dans les nuages,
> Immobile, il régit les vents et les orages ;
> Ses pieds pressent la terre ; et du vague des airs
> Sa main touche à la fois aux rives des deux mers ;
> Il est principe, fin, milieu de toutes choses.

Tout étant donc figure et emblème, les philosophes, et surtout ceux qui avaient voyagé dans l'Inde, employèrent cette méthode ; leurs préceptes étaient des emblèmes, des énigmes.

« N'attisez pas le feu avec une épée, » c'est-à-dire n'irritez point les hommes en colère.

« Ne mettez point la lampe sous le boisseau. » — Ne cachez point la vérité aux hommes.

« Abstenez-vous des fèves. » — Fuyez souvent les assemblées publiques, dans lesquelles on donnait son suffrage avec des fèves blanches ou noires.

« N'ayez point d'hirondelles dans votre maison. » — Qu'elle ne soit point remplie de babillards.

« Dans la tempête adorez l'écho. » — Dans les troubles civils retirez-vous à la campagne.

« N'écrivez point sur la neige. » — N'enseignez point les esprits mous et faibles.

« Ne mangez ni votre cœur ni votre cervelle. » — Ne vous livrez ni au chagrin ni à des entreprises trop difficiles, etc.

Telles sont les maximes de Pythagore, dont le sens n'est pas difficile à comprendre.

Le plus beau de tous les emblèmes est celui de Dieu, que Timée de Locres [1] figure par cette idée : « Un cercle dont le centre est partout, et la circonférence nulle part. » Platon adopta cet emblème ; Pascal l'avait inséré parmi les matériaux dont il voulait faire usage, et qu'on a intitulés ses *Pensées*.

En métaphysique, en morale, les anciens ont tout dit. Nous nous rencontrons avec eux, ou nous les répétons. Tous les livres modernes de ce genre ne sont que des redites.

Plus vous avancez dans l'Orient, plus vous trouvez cet usage

---

1. Ce n'est point Timée de Locres, c'est Mercure Trismégiste qui a dit : *Cujus centrum ubique est, circumferentia vero nusquam.* Voyez le commentaire XVII du livre Ier, question I, chapitre VI, page 145, du *Divinus Pimandrus cum commentariis H. Rosseli*, Cologne, 1630, in-folio. (B.)

des emblèmes et des figures établi; mais plus aussi ces images sont-elles éloignées de nos mœurs et de nos coutumes.

C'est surtout chez les Indiens, les Égyptiens, les Syriens, que les emblèmes qui nous paraissent les plus étranges étaient consacrés. C'est là qu'on portait en procession avec le plus profond respect les deux organes de la génération, les deux symboles de la vie. Nous en rions, nous osons traiter ces peuples d'idiots barbares, parce qu'ils remerciaient Dieu innocemment de leur avoir donné l'être. Qu'auraient-ils dit s'ils nous avaient vus entrer dans nos temples avec l'instrument de la destruction à notre côté?

A Thèbes, on représentait les péchés du peuple par un bouc. Sur la côte de Phénicie, une femme nue avec une queue de poisson était l'emblème de la nature.

Il ne faut donc pas s'étonner si cet usage des symboles pénétra chez les Hébreux, lorsqu'ils eurent formé un corps de peuple vers le désert de la Syrie.

DE QUELQUES EMBLÈMES DANS LA NATION JUIVE.

Un des plus beaux emblèmes des livres judaïques est ce morceau de l'*Ecclésiaste* :

« Quand les travailleuses au moulin seront en petit nombre et oisives, quand ceux qui regardaient par les trous s'obscurciront, que l'amandier fleurira, que la sauterelle s'engraissera, que les câpres tomberont, que la cordelette d'argent se cassera, que la bandelette d'or se retirera..., et que la cruche se brisera sur la fontaine... »

Cela signifie que les vieillards perdent leurs dents, que leur vue s'affaiblit, que leurs cheveux blanchissent comme la fleur de l'amandier, que leurs pieds s'enflent comme la sauterelle, que leurs cheveux tombent comme les feuilles du câprier, qu'ils ne sont plus propres à la génération, et qu'alors il faut se préparer au grand voyage.

Le *Cantique des cantiques*[1] est (comme on sait) un emblème continuel du mariage de Jésus-Christ avec l'Église :

« Qu'il me baise d'un baiser de sa bouche, car vos tétons sont meilleurs que du vin — qu'il mette sa main gauche sous ma tête, et qu'il m'embrasse de la main droite — que tu es belle, ma

---

1. Voltaire en a donné une traduction en vers ; voyez le tome IX de la présente édition.

chère! tes yeux sont des yeux de colombe — tes cheveux sont comme des troupeaux de chèvres, sans parler de ce que tu nous caches — tes lèvres sont comme un petit ruban d'écarlate, tes joues sont comme des moitiés de pommes d'écarlate, sans parler de ce que tu nous caches — que ta gorge est belle! — que tes lèvres distillent le miel! — Mon bien-aimé mit sa main au trou, et mon ventre tressaillit à ses attouchements — ton nombril est comme une coupe faite au tour — ton ventre est comme un monceau de froment entouré de lis — tes deux tétons sont comme deux faons gémeaux de chevreuil — ton cou est comme une tour d'ivoire — ton nez est comme la tour du mont Liban — ta tête est comme le mont Carmel, ta taille est celle d'un palmier. J'ai dit: Je monterai sur le palmier et je cueillerai de ses fruits. Que ferons-nous de notre petite sœur? elle n'a pas encore de tétons. Si c'est un mur, bâtissons dessus une tour d'argent; si c'est une porte, fermons-la avec du bois de cèdre. »

Il faudrait traduire tout le cantique pour voir qu'il est un emblème d'un bout à l'autre; surtout l'ingénieux dom Calmet démontre que le palmier sur lequel monte le bien-aimé est la croix à laquelle on condamna notre Seigneur Jésus-Christ. Mais il faut avouer qu'une morale saine et pure est encore préférable à ces allégories.

On voit dans les livres de ce peuple une foule d'emblèmes typiques qui nous révoltent aujourd'hui, et qui exercent notre incrédulité et notre raillerie, mais qui paraissaient communs et simples aux peuples asiatiques.

Dieu apparaît à Isaïe fils d'Amos, et lui dit[1]: « Va, détache ton sac de tes reins, et tes sandales de tes pieds; et il le fit ainsi, marchant tout nu et déchaux. Et Dieu dit : Ainsi que mon serviteur Isaïe a marché tout nu et déchaux, comme un signe de trois ans sur l'Égypte et l'Éthiopie, ainsi le roi des Assyriens emmènera des captifs d'Égypte et d'Éthiopie, jeunes et vieux, les fesses découvertes, à la honte de l'Égypte. »

Cela nous semble bien étrange; mais informons-nous seulement de ce qui se passe encore de nos jours chez les Turcs et chez les Africains, et dans l'Inde, où nous allons commercer avec tant d'acharnement et si peu de succès. On apprendra qu'il n'est pas rare de voir des santons, absolument nus, non-seulement prêcher les femmes, mais se laisser baiser les parties naturelles avec respect, sans que ces baisers inspirent ni à la femme ni au

---

1. Isaïe, chapitre xx, v. 2 et suiv. (*Note de Voltaire.*)

santon le moindre désir impudique. On verra sur les bords du Gange une foule innombrable d'hommes et de femmes nus de la tête jusqu'aux pieds, les bras étendus vers le ciel, attendre le moment d'une éclipse pour se plonger dans le fleuve.

Le bourgeois de Paris ou de Rome ne doit pas croire que le reste de la terre soit tenu de vivre et de penser en tout comme lui.

Jérémie, qui prophétisait du temps de Joakim, melk de Jérusalem[1], en faveur du roi de Babylone, se met des chaînes et des cordes au cou par ordre du Seigneur, et les envoie aux rois d'Édom, d'Ammon, de Tyr, de Sidon, par leurs ambassadeurs qui étaient venus à Jérusalem vers Sédécias ; il leur ordonne de parler ainsi à leurs maîtres :

« Voici ce que dit le Seigneur des armées, le Dieu d'Israël ; vous direz ceci à vos maîtres : J'ai fait la terre, les hommes, les bêtes de somme qui sont sur la surface de la terre, dans ma grande force et dans mon bras étendu, et j'ai donné la terre à celui qui a plu à mes yeux ; et maintenant donc j'ai donné toutes ces terres dans la main de Nabuchodonosor, roi de Babylone, mon serviteur ; et par-dessus je lui ai donné toutes les bêtes des champs afin qu'elles le servent. J'ai parlé selon toutes ces paroles à Sédécias, roi de Juda, lui disant : Soumettez votre cou sous le joug du roi de Babylone ; servez-le, lui et son peuple et vous vivrez, etc. »

Aussi Jérémie fut-il accusé de trahir son roi et sa patrie, et de prophétiser en faveur de l'ennemi pour de l'argent : on a même prétendu qu'il fut lapidé.

Il est évident que ces cordes et ces chaînes étaient l'emblème de cette servitude à laquelle Jérémie voulait qu'on se soumît.

C'est ainsi qu'Hérodote nous raconte qu'un roi des Scythes envoya pour présent à Darius un oiseau, une souris, une grenouille et cinq flèches. Cet emblème signifiait que si Darius ne fuyait aussi vite qu'un oiseau, qu'une grenouille, qu'une souris, il serait percé par les flèches des Scythes. L'allégorie de Jérémie était celle de l'impuissance, et l'emblème des Scythes était celui du courage.

C'est ainsi que Sextus Tarquinius consultant son père, que nous appelons *Tarquin le Superbe*, sur la manière dont il devait se conduire avec les Gabiens, Tarquin, qui se promenait dans son jardin, ne répondit qu'en abattant les têtes des plus hauts pavots.

---

1. Jérémie, chapitre XXVII, v. 2 et suiv. (*Note de Voltaire.*)

EMBLÈME.   525

Son fils l'entendit, et fit mourir les principaux citoyens. C'était l'emblème de la tyrannie.

Plusieurs savants ont cru que l'histoire de Daniel, du dragon, de la fosse aux sept lions auxquels on donnait chaque jour deux brebis et deux hommes à manger, et l'histoire de l'ange qui enleva Habacuc par les cheveux pour porter à dîner à Daniel dans la fosse aux lions, ne sont qu'une allégorie visible, un emblème de l'attention continuelle avec laquelle Dieu veille sur ses serviteurs ; mais il nous semble plus pieux de croire que c'est une histoire véritable, telle qu'il en est plusieurs dans la sainte Écriture, qui déploie sans figure et sans type la puissance divine, et qu'il n'est pas permis aux esprits profanes d'approfondir. Bornons-nous aux emblèmes, aux allégories véritables indiquées comme telles par la sainte Écriture elle-même.

« [1] En la trentième année, le cinquième jour du quatrième mois, comme j'étais au milieu des captifs sur le fleuve de Chobar, les cieux s'ouvrirent, et je vis les visions de Dieu, etc. Le Seigneur adressa la parole à Ézéchiel, prêtre, fils de Buzi, dans le pays des Chaldéens, près du fleuve Chobar, et la main de Dieu se fit sur lui. »

C'est ainsi qu'Ézéchiel commence sa prophétie ; et après avoir vu un feu, un tourbillon, et au milieu du feu les figures de quatre animaux ressemblants à un homme, lesquels avaient quatre faces et quatre ailes avec des pieds de veau, et une roue qui était sur la terre et qui avait quatre faces, les quatre parties de la roue allant en même temps, et ne retournant point lorsqu'elles marchaient, etc.

Il dit [2] : « L'esprit entra dans moi, et m'affermit sur mes pieds....; ensuite le Seigneur me dit : Fils de l'homme, mange tout ce que tu trouveras ; mange ce livre, et va parler aux enfants d'Israël. En même temps, j'ouvris la bouche, et il me fit manger ce livre ; et l'esprit entra dans moi et me fit tenir sur mes pieds ; et il me dit : Va te faire enfermer au milieu de ta maison. Fils de l'homme, voici des chaînes dont on te liera, etc. Et toi, fils de l'homme [3], prends une brique, place-la devant toi, et trace dessus la ville de Jérusalem, etc. »

« Prends aussi un poêlon de fer, et tu le mettras comme un mur de fer entre toi et la ville ; tu affermiras ta face, tu seras

---

1. Ézéchiel, chapitre I. (*Note de Voltaire.*)
2. *Ibid.*, chapitre II, v. 2 ; et chapitre III, v. 1 et suiv. (*Id.*)
3. *Ibid.*, chapitre IV, v. 1 et suiv. (*Id.*)

devant Jérusalem comme si tu l'assiégeais ; c'est un signe à la maison d'Israël. »

Après cet ordre, Dieu lui ordonne de dormir trois cent quatre-vingt-dix jours sur le côté gauche pour les iniquités d'Israël, et de dormir sur le côté droit pendant quarante jours, pour l'iniquité de la maison de Juda.

Avant d'aller plus loin, transcrivons ici les paroles du judicieux commentateur dom Calmet sur cette partie de la prophétie d'Ézéchiel, qui est à la fois une histoire et une allégorie, une vérité réelle et un emblème. Voici comment ce savant bénédictin s'explique :

« Il y en a qui croient qu'il n'arriva rien de tout cela qu'en vision ; qu'un homme ne peut demeurer si longtemps couché sur un même côté sans miracle ; que l'Écriture ne nous marquant point qu'il y ait eu ici du prodige, on ne doit point multiplier les actions miraculeuses sans nécessité ; que s'il demeura couché ces trois cent quatre-vingt-dix jours, ce ne fut que pendant les nuits ; le jour il vaquait à ses affaires. Mais nous ne voyons nulle nécessité ni de recourir au miracle, ni de chercher des détours pour expliquer le fait dont il est parlé ici. Il n'est nullement impossible qu'un homme demeure enchaîné et couché sur son côté pendant trois cent quatre-vingt-dix jours. On a tous les jours des expériences qui en prouvent la possibilité, dans les prisonniers, dans divers malades, et dans quelques personnes qui ont l'imagination blessée, et qu'on enchaîne comme des furieux. Prado témoigne qu'il a vu un fou qui demeura lié et couché tout nu sur son côté pendant plus de quinze ans. Si tout cela n'était arrivé qu'en vision, comment les Juifs de la captivité auraient-ils compris ce que leur voulait dire Ézéchiel ? comment ce prophète aurait-il exécuté les ordres de Dieu ? Il faut donc dire aussi qu'il ne dressa le plan de Jérusalem, qu'il ne représenta le siége, qu'il ne fut lié, qu'il ne mangea du pain de différents grains, qu'en esprit et en idée. »

Il faut se rendre au sentiment du savant Calmet, qui est celui des meilleurs interprètes. Il est clair que la sainte Écriture raconte le fait comme une vérité réelle, et que cette vérité est l'emblème, le type, la figure d'une autre vérité.

« Prends[1] du froment, de l'orge, des fèves, des lentilles, du millet, de la vesce ; fais-en des pains pour autant de jours que tu dormiras sur le côté. Tu mangeras pendant trois cent quatre-

---

1. Ézéchiel, chapitre IV, v. 9 et 12. (*Note de Voltaire.*)

vingt-dix jours....; tu le mangeras comme un gâteau d'orge, et tu le couvriras de l'excrément qui sort du corps de l'homme[1]. Les enfants d'Israël mangeront ainsi leur pain souillé. »

Il est évident que le Seigneur voulait que les Israélites mangeassent leur pain souillé; il fallait donc que le pain du prophète fût souillé aussi. Cette souillure était si réelle qu'Ézéchiel en eut horreur. Il s'écria[2]: « Ah! ah! ma vie (mon âme) n'a pas encore été pollue, etc. Et le Seigneur lui dit : Va, je te donne de la fiente de bœuf au lieu de fiente d'homme, et tu la mettras avec ton pain. »

Il fallait donc absolument que cette nourriture fût souillée, pour être un emblème, un type. Le prophète mit donc en effet de la fiente de bœuf avec son pain pendant trois cent quatre-vingt-dix jours, et ce fut à la fois une réalité et une figure symbolique.

DE L'EMBLÈME D'OOLLA ET D'OOLIBA.

La sainte Écriture déclare expressément qu'Oolla est l'emblème de Jérusalem. « [3] Fils de l'homme, fais connaître à Jérusalem ses abominations; ton père était un Amorrhéen, et ta mère une Céthéenne. » Ensuite le prophète, sans craindre des interprétations malignes, des plaisanteries alors inconnues, parle à la jeune Oolla en ces termes :

« Ubera tua intumuerunt, et pilus tuus germinavit; et eras nuda et confusione plena. — Ta gorge s'enfla, ton poil germa, tu étais nue et confuse. »

« Et transivi per te, et vidi te; et ecce tempus tuum, tempus amantium; et expandi amictum meum super te, et operui ignominiam tuam. Et juravi tibi, et ingressus sum pactum tecum (ait Dominus Deus), et facta es mihi. — Je passai, je te vis; voici ton temps, voici le temps des amants; j'étendis sur toi mon manteau; je couvris ta vilenie. Je te jurai; je fis marché avec toi, dit le Seigneur, et tu fus à moi. »

« Et habens fiduciam in pulchritudine tua fornicata es in nomine tuo; et exposuisti fornicationem tuam omni transeunti,

---

1. On prétend que Dieu propose seulement au prophète de faire cuire son pain sous la cendre avec des excréments d'hommes ou d'animaux. En effet, dans quelques déserts où les matières combustibles sont rares, la fiente des animaux desséchée est employée souvent à faire cuire les aliments; mais ce n'est pas du pain cuit sous la cendre qu'on prépare avec un feu de cette espèce; et même en adoptant cette explication des commentateurs, il en reste encore assez pour dégoûter un prophète. (K.)
2. Ézéchiel, chapitre IV, v. 14 et 15. (*Note de Voltaire.*)
3. *Ibid.*, chapitre XVI, v. 2 et suiv. (*Id.*)

ut ejus fieres. — Mais, fière de ta beauté, tu forniquas en ton nom, tu exposas ta fornication à tout passant pour être à lui. »

« Et ædificasti tibi lupanar, et fecisti tibi prostibulum in cunctis plateis. — Et tu bâtis un mauvais lieu, tu fis une prostitution dans tous les carrefours. »

« Et divisisti pedes tuos omni transeunti, et multiplicasti fornicationes tuas. — Et tu ouvris les jambes à tous les passants, et tu multiplias tes fornications. »

« Et fornicata es cum filiis Ægypti, vicinis tuis, magnarum carnium ; et multiplicasti fornicationem tuam, ad irritandum me. — Et tu forniquas avec les Égyptiens, tes voisins, qui avaient de grands membres ; et tu multiplias ta fornication pour m'irriter. »

L'article d'Ooliba, qui signifie Samarie, est beaucoup plus fort et plus éloigné des bienséances de notre style.

« Denudavit quoque fornicationes suas, discooperuit ignominiam suam[1]. — Et elle mit à nu ses fornications, et découvrit sa turpitude. »

« Multiplicavit enim fornicationes suas, recordans dies adolescentiæ suæ. — Elle multiplia ses fornications comme dans son adolescence. »

« Et insanivit libidine super concubitum eorum quorum carnes sunt ut carnes asinorum, et sicut fluxus equorum, fluxus eorum. — Et elle fut éprise de fureur pour le coït de ceux dont les membres sont comme les membres des ânes, et dont l'émission est comme l'émission des chevaux. »

Ces images nous paraissent licencieuses et révoltantes : elles n'étaient alors que naïves. Il y en a trente exemples dans le *Cantique des cantiques*, modèle de l'union la plus chaste. Remarquez attentivement que ces expressions, ces images sont toujours très-sérieuses, et que dans aucun livre de cette haute antiquité vous ne trouverez jamais la moindre raillerie sur le grand objet de la génération. Quand la luxure est condamnée, c'est avec les termes propres ; mais ce n'est jamais ni pour exciter à la volupté, ni pour faire la moindre plaisanterie. Cette haute antiquité n'a ni de Martial, ni de Catulle, ni de Pétrone.

D'OSÉE, ET DE QUELQUES AUTRES EMBLÈMES.

On ne regarde pas comme une simple vision, comme une simple figure, l'ordre positif donné par le Seigneur au prophète

---

[1]. Ézéchiel, chapitre XXIII, v. 18 et suiv.

Osée de prendre une prostituée¹, et d'en avoir trois enfants. On ne fait point d'enfants en vision ; ce n'est point en vision qu'il fit marché avec Gomer, fille d'Ébalaïm, dont il eut deux garçons et une fille. Ce n'est point en vision qu'il prit ensuite une femme adultère par le commandement exprès du Seigneur, qu'il lui donna quinze petites pièces d'argent et une mesure et demie d'orge. La première prostituée signifiait Jérusalem, et la seconde prostituée signifiait Samarie. Mais ces prostitutions, ces trois enfants, ces quinze pièces d'argent, ce boisseau et demi d'orge, n'en sont pas moins des choses très-réelles.

Ce n'est point en vision que le patriarche Salmon épousa la prostituée Rahab, aïeule de David. Ce n'est point en vision que le patriarche Juda commit un inceste avec sa belle-fille Thamar, inceste dont naquit David. Ce n'est point en vision que Ruth, autre aïeule de David, se mit dans le lit de Booz. Ce n'est point en vision que David fit tuer Urie, et ravit Bethsabée dont naquit le roi Salomon. Mais ensuite tous ces événements devinrent des emblèmes, des figures, lorsque les choses qu'ils figuraient furent accomplies.

Il résulte évidemment d'Ézéchiel, d'Osée, de Jérémie, de tous les prophètes juifs, et de tous les livres juifs, comme de tous les livres qui nous instruisent des usages chaldéens, persans, phéniciens, syriens, indiens, égyptiens ; il résulte, dis-je, que leurs mœurs n'étaient pas les nôtres, que ce monde ancien ne ressemblait en rien à notre monde.

Passez seulement de Gibraltar à Méquinez, les bienséances ne sont plus les mêmes ; on ne trouve plus les mêmes idées : deux lieux de mer ont tout changé².

EMPOISONNEMENTS³.

Répétons souvent des vérités utiles. Il y a toujours eu moins d'empoisonnements qu'on ne l'a dit ; il en est presque comme des parricides. Les accusations ont été communes, et ces crimes ont été très-rares. Une preuve, c'est qu'on a pris longtemps pour poison ce qui n'en est pas. Combien de princes se sont défaits de ceux qui leur étaient suspects en leur faisant boire du sang de

---

1. Voyez les premiers chapitres du petit prophète Osée. (*Note de Voltaire.*)
2. Voyez l'article Figure. (*Id.*)
3. *Questions sur l'Encyclopédie*, cinquième partie, 1771. (B.)

taureau! combien d'autres princes en ont avalé pour ne point tomber dans les mains de leurs ennemis! Tous les historiens anciens, et même Plutarque, l'attestent.

J'ai été tant bercé de ces contes dans mon enfance qu'à la fin j'ai fait saigner un de mes taureaux, dans l'idée que son sang m'appartenait puisqu'il était né dans mon étable (ancienne prétention dont je ne discute pas ici la validité) : je bus de ce sang comme Atrée et Mlle de Vergy [1]. Il ne me fit pas plus de mal que le sang de cheval n'en fait aux Tartares, et que le boudin ne nous en fait tous les jours, surtout lorsqu'il n'est pas trop gras.

Pourquoi le sang de taureau serait-il un poison quand le sang de bouquetin passe pour un remède? Les paysans de mon canton avalent tous les jours du sang de bœuf, qu'ils appellent de la *fricassée*; celui de taureau n'est pas plus dangereux. Soyez sûr, cher lecteur, que Thémistocle n'en mourut pas [2].

Quelques spéculatifs de la cour de Louis XIV crurent deviner que sa belle-sœur Henriette d'Angleterre avait été empoisonnée avec de la poudre de diamant, qu'on avait mise dans une jatte de fraises, au lieu de sucre râpé; mais ni la poudre impalpable de verre ou de diamant, ni celle d'aucune production de la nature qui ne serait pas venimeuse [3] par elle-même, ne pourrait être nuisible.

Il n'y a que les pointes aiguës, tranchantes, actives, qui puissent devenir des poisons violents. L'exact observateur Mead (que nous prononçons Mide), célèbre médecin de Londres, a vu au microscope la liqueur dardée par les gencives des vipères irritées; il prétend qu'il les a toujours trouvées semées de ces lames coupantes et pointues dont le nombre innombrable déchire et perce les membranes internes [4].

---

1. *Gabrielle de Vergy*, tragédie de de Belloy. Arnaud Baculard a fait sur le même sujet une pièce qu'il a intitulée *Fayel*.

2. L'abbé Guénée, dans ses *Lettres de quelques Juifs portugais, etc.*, quatrième partie, lettre v, dit que Thémistocle s'empoisonna en buvant une coupe pleine du sang d'un taureau qu'on venait d'immoler. (B.)

3. On lit *venimeuse* dans toutes les éditions; ce n'est pas la seule fois que Voltaire a écrit *venimeux* pour *vénéneux*. (B.)

4. On ne peut expliquer les effets d'un poison par une cause mécanique de cette espèce. Quelques-uns paraissent avoir une action chimique sur nos organes, qu'ils détruisent en décomposant la substance qui les forme. Tels sont les poisons caustiques. Le venin de la vipère paraît n'avoir qu'une action purement organique. (Voyez l'ouvrage de M. l'abbé Fontana sur le venin de la vipère.) Nous ne prétendons pas prononcer que l'action mécanique des corps, leur action chimique, leur action organique, soient d'une nature différente; mais les faits prouvent que ces trois espèces d'actions existent, et rien ne nous prouve qu'elles doivent être réduites à une seule, ni même ne nous en fait entrevoir la possibilité. (K.)

La *cantarella*, dont on prétend que le pape Alexandre VI, et son bâtard le duc de Borgia, faisaient un grand usage, était, dit-on, la bave d'un cochon rendu enragé en le suspendant par les pieds la tête en bas, et en le battant longtemps jusqu'à la mort : c'était un poison aussi prompt et aussi violent que celui de la vipère. Un grand apothicaire m'assure que la Tofana, cette célèbre empoisonneuse de Naples, se servait principalement de cette recette. Peut-être tout cela n'est-il pas vrai[1]. Cette science est de celles qu'il faudrait ignorer.

Les poisons qui coagulent le sang, au lieu de déchirer les membranes, sont l'opium, la ciguë, la jusquiam, l'aconit, et plusieurs autres. Les Athéniens avaient raffiné jusqu'à faire mourir par ces poisons réputés froids leurs compatriotes condamnés à mort. Un apothicaire était le bourreau de la république. On dit que Socrate mourut fort doucement, et comme on s'endort ; j'ai peine à le croire.

Je fais une remarque sur les livres juifs, c'est que chez ce peuple vous ne voyez personne qui soit mort empoisonné. Une foule de rois et de pontifes périt par des assassinats ; l'histoire de cette nation est l'histoire des meurtres et du brigandage, mais il n'est parlé qu'en un seul endroit d'un homme qui se soit empoisonné lui-même, et cet homme n'est point un Juif : c'était un Syrien nommé Lysias, général des armées d'Antiochus Épiphane. Le second livre des *Machabées* dit[2] qu'il s'empoisonna : *vitam veneno finivit*. Mais ces livres des *Machabées* sont bien suspects. Mon cher lecteur, je vous ai déjà prié de ne rien croire de léger[3].

Ce qui m'étonnerait le plus dans l'histoire des mœurs des anciens Romains, ce serait la conspiration des femmes romaines pour faire périr par le poison, non pas leurs maris, mais en général les principaux citoyens. C'était, dit Tite-Live, en l'an 423 de la fondation de Rome ; c'était donc dans le temps de la vertu la plus austère ; c'était avant qu'on eût entendu parler d'aucun divorce, quoique le divorce fût autorisé ; c'était lorsque les femmes ne buvaient point de vin, ne sortaient presque jamais de leurs mai-

1. Il est très-vraisemblable que c'est un conte populaire ; il serait plus facile qu'on ne croit de pénétrer ces prétendus secrets ; mais ceux qui savent quelque chose sur ces objets doivent avoir la prudence de se taire. Ce n'est pas qu'il ne soit utile que ces vérités soient connues, comme toute autre espèce de vérité ; mais on ne doit les publier que dans des ouvrages qui fassent connaître en même temps le danger, les précautions qui peuvent en préserver, et les remèdes. (K.)
2. Chapitre x, v. 13. (*Note de Voltaire*.)
3. Voyez CROIRE, page 204.

sons que pour aller aux temples. Comment imaginer que tout à coup elles se fussent appliquées à connaître les poisons, qu'elles s'assemblassent pour en composer, et que sans aucun intérêt apparent elles donnassent ainsi la mort aux premiers de Rome?

Laurent Échard, dans sa compilation abrégée, se contente de dire que « la vertu des dames romaines se démentit étrangement; que cent soixante et dix d'entre elles, se mêlant de faire le métier d'empoisonneuses, et de réduire cet art en préceptes, furent tout à la fois accusées, convaincues, et punies ».

Tite-Live ne dit pas assurément qu'elles réduisirent cet art en préceptes. Cela signifierait qu'elles tinrent école de poisons, qu'elles professèrent cette science, ce qui est ridicule. Il ne parle point de cent soixante et dix professeuses en sublimé corrosif ou en vert-de-gris. Enfin il n'affirme point qu'il y eut des empoisonneuses parmi les femmes des sénateurs et des chevaliers.

Le peuple était extrêmement sot et raisonneur à Rome comme ailleurs; voici les paroles de Tite-Live :

« [1] L'année 423 fut au nombre des malheureuses; il y eut une mortalité causée par l'intempérie de l'air, ou par la malice humaine. Je voudrais qu'on pût affirmer avec quelques auteurs que la corruption de l'air causa cette épidémie, plutôt que d'attribuer la mort de tant de Romains au poison, comme l'ont écrit faussement des historiens pour décrier cette année. »

On a donc écrit *faussement*, selon Tite-Live, que les dames de Rome étaient des empoisonneuses : il ne le croit donc pas ; mais quel intérêt avaient ces auteurs à décrier cette année? c'est ce que j'ignore.

Je vais rapporter le fait, continue-t-il, *tel qu'on l'a rapporté avant moi*. Ce n'est pas là le discours d'un homme persuadé. Ce fait d'ailleurs ressemble bien à une fable. Une esclave accuse environ soixante et dix femmes, parmi lesquelles il y en a de patriciennes, d'avoir mis la peste dans Rome en préparant des poisons. Quelques-unes des accusées demandent permission d'avaler leurs drogues, et elles expirent sur-le-champ. Leurs complices sont condamnées à mort sans qu'on spécifie le genre de supplice.

J'ose soupçonner que cette historiette, à laquelle Tite-Live ne croit point du tout, mérite d'être reléguée à l'endroit où l'on conservait le vaisseau qu'une vestale avait tiré sur le rivage avec sa ceinture, où Jupiter en personne avait arrêté la fuite des Romains, où Castor et Pollux étaient venus combattre à cheval, où l'on

---

1. Première décade, livre VIII. (*Note de Voltaire.*)

avait coupé un caillou avec un rasoir, et où Simon Barjone, surnommé *Pierre*, disputa de miracles avec Simon le Magicien, etc.

Il n'y a guère de poison dont on ne puisse prévenir les suites en le combattant incontinent. Il n'y a point de médecine qui ne soit un poison quand la dose est trop forte.

Toute indigestion est un empoisonnement.

Un médecin ignorant et même savant, mais inattentif, est souvent un empoisonneur ; un bon cuisinier est, à coup sûr, un empoisonneur à la longue, si vous n'êtes pas tempérant.

Un jour, le marquis d'Argenson, ministre d'État au département étranger lorsque son frère était ministre de la guerre, reçut de Londres une lettre d'un fou (comme les ministres en reçoivent à chaque poste) : ce fou proposait un moyen infaillible d'empoisonner tous les habitants de la capitale d'Angleterre. « Ceci ne me regarde pas, nous dit le marquis d'Argenson ; c'est un placet à mon frère. »

ENCHANTEMENT [1],

MAGIE, ÉVOCATION, SORTILÉGE, etc.

Il n'est guère vraisemblable que toutes ces abominables absurdités viennent, comme le dit Pluche, des feuillages dont on couronna autrefois les têtes d'Isis et d'Osiris. Quel rapport ces feuillages pouvaient-ils avoir avec l'art d'enchanter des serpents, avec celui de ressusciter un mort, ou de tuer des hommes avec des paroles, ou d'inspirer de l'amour, ou de métamorphoser des hommes en bêtes?

Enchantement, *incantatio*, vient, dit-on, d'un mot chaldéen que les Grecs avaient traduit par *epóde gonoeïa, chanson productrice*. *Incantatio* vient de Chaldée! allons, les Bochart, vous êtes de grands voyageurs; vous allez d'Italie en Mésopotamie en un clin d'œil ; vous courez chez le grand et savant peuple hébreu ; vous en rapportez tous les livres et tous les usages; vous n'êtes point des charlatans.

Une grande partie des superstitions absurdes ne doit-elle pas son origine à des choses naturelles? Il n'y a guère d'animaux qu'on n'accoutume à venir au son d'une musette ou d'un simple cornet pour recevoir sa nourriture. Orphée, ou quelqu'un de ses

---

1. *Questions sur l'Encyclopédie*, cinquième partie, 1771. (B.)

prédécesseurs, joua de la musette mieux que les autres bergers, ou bien il se servit du chant. Tous les animaux domestiques accouraient à sa voix. On supposa bien vite que les ours et les tigres étaient de la partie : ce premier pas aisément fait, on n'eut pas de peine à croire que les Orphées faisaient danser les pierres et les arbres.

Si on fait danser un ballet à des rochers et à des sapins, il en coûte peu de bâtir des villes en cadence ; les pierres de taille viennent s'arranger d'elles-mêmes lorsque Amphion chante : il ne faut qu'un violon pour construire une ville, et un cornet à bouquin pour la détruire.

L'enchantement des serpents doit avoir une cause encore plus spécieuse. Le serpent n'est point un animal vorace et porté à nuire. Tout reptile est timide. La première chose que fait un serpent (du moins en Europe) dès qu'il voit un homme, c'est de se cacher dans un trou comme un lapin et un lézard. L'instinct de l'homme est de courir après tout ce qui s'enfuit, et de fuir lui-même devant tout ce qui court après lui, excepté quand il est armé, qu'il sent sa force, et surtout qu'on le regarde.

Loin que le serpent soit avide de sang et de chair, il ne se nourrit que d'herbe, et passe un temps très-considérable sans manger : s'il avale quelques insectes, comme font les lézards, les caméléons, en cela il nous rend service.

Tous les voyageurs disent qu'il y en a de très-longs et de très-gros ; mais nous n'en connaissons point de tels en Europe. On n'y voit point d'homme, point d'enfant qui ait été attaqué par un gros serpent ni par un petit ; les animaux n'attaquent que ce qu'ils veulent manger, et les chiens ne mordent les passants que pour défendre leurs maîtres. Que ferait un serpent d'un petit enfant? quel plaisir aurait-il à le mordre? il ne pourrait en avaler le petit doigt. Les serpents mordent, et les écureuils aussi, mais quand on leur fait du mal.

Je veux croire qu'il y a eu des monstres dans l'espèce des serpents comme dans celle des hommes ; je consens que l'armée de Régulus se soit mise sous les armes en Afrique contre un dragon, et que depuis il y ait eu un Normand qui ait combattu contre la gargouille ; mais on m'avouera que ces cas sont rares.

Les deux serpents qui vinrent de Ténédos[1] exprès pour dévorer Laocoon et deux grands garçons de vingt ans, aux yeux de toute l'armée troyenne, sont un beau prodige, digne d'être transmis à la

---

1. Voyez *l'Énéide*, chant II.

postérité par des vers hexamètres, et par des statues qui représentent Laocoon comme un géant, et ses grands enfants comme des pygmées.

Je conçois que cet événement devait arriver lorsqu'on prenait avec un grand vilain cheval de bois[1] des villes bâties par des dieux, lorsque les fleuves remontaient vers leurs sources, que les eaux étaient changées en sang, et que le soleil et la lune s'arrêtaient à la moindre occasion.

Tout ce qu'on a conté des serpents était très-probable dans des pays où Apollon était descendu du ciel pour tuer le serpent Python.

Ils passèrent aussi pour être très-prudents. Leur prudence consiste à ne pas courir si vite que nous, à se laisser couper en morceaux.

La morsure des serpents, et surtout des vipères, n'est dangereuse que lorsqu'une espèce de rage a fait fermenter un petit réservoir d'une liqueur extrêmement âcre, qu'ils ont sous leurs gencives[2]. Hors de là un serpent n'est pas plus dangereux qu'une anguille.

Plusieurs dames ont apprivoisé et nourri des serpents, les ont placés sur leur toilette, et les ont entortillés autour de leurs bras.

Les nègres de Guinée adorent un serpent qui ne fait de mal à personne.

Il y a plusieurs sortes de ces reptiles, et quelques-unes sont plus dangereuses que les autres dans les pays chauds; mais en général le serpent est un animal craintif et doux; il n'est pas rare d'en voir qui tettent les vaches.

Les premiers hommes qui virent des gens plus hardis qu'eux apprivoiser et nourrir des serpents, et les faire venir d'un coup de sifflet comme nous appelons les abeilles, prirent ces gens-là pour des sorciers. Les Psylles et les Marses, qui se familiarisèrent avec les serpents, eurent la même réputation. Il ne tiendrait qu'aux apothicaires du Poitou, qui prennent des vipères par la

---

1. Le cheval de bois était une machine semblable à ce qu'on appela depuis le *bélier*. C'était une longue poutre terminée en tête de cheval : elle fut conservée en Grèce, et Pausanias dit qu'il l'a vue. (*Note de Voltaire*.)
2. Voyez l'ouvrage déjà cité de M. Fontana. Il y décrit les vésicules qui contiennent la liqueur jaune de la vipère, la manière dont les dents qui renferment cette vésicule se reproduisent, et la mécanique singulière par laquelle ce suc pénètre dans les blessures. Il est constamment vénéneux, même sans que la vipère soit irritée. (K.)

queue, de se faire respecter aussi comme des magiciens du premier ordre.

L'enchantement des serpents passa pour une chose constante. La sainte Écriture même, qui entre toujours dans nos faiblesses, daigna se conformer à cette idée vulgaire[1]. « L'aspic sourd qui se bouche les oreilles pour ne pas entendre la voix du savant enchanteur. »

« [2] J'enverrai contre vous des serpents qui résisteront aux enchantements. »

« [3] Le médisant est semblable au serpent qui ne cède point à l'enchanteur. »

L'enchantement était quelquefois assez fort pour faire crever les serpents. Selon l'ancienne physique cet animal était immortel. Si quelque rustre trouvait un serpent mort dans son chemin, il fallait bien que ce fût quelque enchanteur qui l'eût dépouillé du droit de l'immortalité :

> Frigidus in pratis cantando rumpitur anguis.
> (Virg., *Eglog.* viii, 71.)

ENCHANTEMENT DES MORTS, OU ÉVOCATION.

Enchanter un mort, le ressusciter, ou s'en tenir à évoquer son ombre pour lui parler, était la chose du monde la plus simple. Il est très-ordinaire que dans ses rêves on voie des morts, qu'on leur parle, qu'ils vous répondent. Si on les a vus pendant le sommeil, pourquoi ne les verra-t-on point pendant la veille ? Il ne s'agit que d'avoir un esprit de Python ; et pour faire agir cet esprit de Python, il ne faut qu'être un fripon, et avoir affaire à un esprit faible ; or, personne ne niera que ces deux choses n'aient été extrêmement communes.

[4] L'évocation des morts était un des plus sublimes mystères de la magie. Tantôt on faisait passer aux yeux du curieux quelque grande figure noire qui se mouvait par des ressorts dans un lieu un peu obscur ; tantôt le sorcier ou la sorcière se contentait de dire qu'elle voyait l'ombre, et sa parole suffisait. Cela s'appelle la *nécromancie*. La fameuse pythonisse d'Endor a toujours été un

---

1. Psaume LVII, v. 5 et 6. (*Note de Voltaire.*)
2. Jérémie, chapitre VII, iv. 17. (*Id.*)
3. *Ecclésiaste,* chapitre x. (*Id.*)
4. Cet alinéa et les deux suivants n'étaient pas dans l'édition de 1771. Ils sont dans l'édition in-4° de 1774. (B.)

grand sujet de dispute entre les Pères de l'Église. Le sage Théodoret, dans sa question LXII sur le livre des *Rois*, assure que les morts avaient coutume d'apparaître la tête en bas ; et que ce qui effraya la pythonisse, ce fut que Samuel était sur ses jambes.

Saint Augustin, interrogé par Simplicien, lui répond, dans le second livre de ses questions, qu'il n'est pas plus extraordinaire de voir une pythonisse faire venir une ombre que de voir le diable emporter Jésus-Christ sur le pinacle du temple et sur la montagne.

Quelques savants, voyant que chez les Juifs on avait des esprits de Python, en ont osé conclure que les Juifs n'avaient écrit que très-tard, et qu'ils avaient presque tout pris dans les fables grecques ; mais ce sentiment n'est pas soutenable.

DES AUTRES SORTILÉGES.

Quand on est assez habile pour évoquer des morts avec des paroles, on peut à plus forte raison faire mourir des vivants, ou du moins les en menacer, comme le *Médecin malgré lui* dit à Lucas[1] qu'il lui donnera la fièvre. Du moins il n'était pas douteux que les sorciers n'eussent le pouvoir de faire mourir les bestiaux ; et il fallait opposer sortilége à sortilége pour garantir son bétail. Mais ne nous moquons point des anciens, pauvres gens que nous sommes, sortis à peine de la barbarie ! Il n'y a pas cent ans que nous avons fait brûler des sorciers dans toute l'Europe ; et on vient encore de brûler une sorcière, vers l'an 1750, à Vurtzbourg. Il est vrai que certaines paroles et certaines cérémonies suffisent pour faire périr un troupeau de moutons, pourvu qu'on y ajoute de l'arsenic.

L'*Histoire critique des cérémonies superstitieuses*, par Le Brun de l'Oratoire, est bien étrange ; il veut combattre le ridicule des sortiléges, et il a lui-même le ridicule de croire à leur puissance. Il prétend que Marie Bucaille la sorcière, étant en prison à Valogne, parut à quelques lieues de là dans le même temps, selon le témoignage juridique du juge de Valogne. Il rapporte le fameux procès des bergers de Brie, condamnés à être pendus et brûlés par le parlement de Paris en 1691. Ces bergers avaient été assez sots pour se croire sorciers, et assez méchants pour mêler des poisons réels à leurs sorcelleries imaginaires.

Le P. Le Brun proteste[2] qu'il y eut beaucoup de *surnaturel*

---

1. Acte II, scène v.
2. Voyez le *Procès des bergers de Brie*, depuis la page 516. (*Note de Voltaire.*)

dans leur fait, et qu'ils furent pendus en conséquence. L'arrêt du parlement est directement contraire à ce que dit l'auteur. « La cour déclare les accusés dûment atteints et convaincus de superstitions, d'impiétés, sacriléges, profanations, empoisonnements. »

L'arrêt ne dit pas que ce soient les profanations qui aient fait périr les animaux : il dit que ce sont les empoisonnements. On peut commettre un sacrilége sans être sorcier, comme on empoisonne sans être sorcier.

D'autres juges firent brûler, à la vérité, le curé Gaufridi, et ils crurent fermement que le diable l'avait fait jouir de toutes ses pénitentes. Le curé Gaufridi croyait aussi en avoir obligation au diable; mais c'était en 1611 : c'était dans le temps où la plupart de nos provinciaux n'étaient pas fort au-dessus des Caraïbes et des Nègres. Il y en a eu encore de nos jours quelques-uns de cette espèce, comme le jésuite Girard, l'ex-jésuite Nonotte, le jésuite Duplessis, l'ex-jésuite Malagrida; mais cette espèce de fous devient fort rare de jour en jour.

A l'égard de la *lycanthropie,* c'est-à-dire des hommes métamorphosés en loups par des enchantements, il suffit qu'un jeune berger, ayant tué un loup et s'étant revêtu de sa peau, ait fait peur à de vieilles femmes, pour que la réputation du berger devenu loup se soit répandue dans toute la province, et de là dans d'autres. Bientôt Virgile dira (*Ecl.* viii, v. 97) :

> His ego sæpe lupum fieri, et se condere silvis
> Mœrim, sæpe animas imis exire sepulcris.

> Mœris devenu loup se cachait dans les bois :
> Du creux de leurs tombeaux j'ai vu sortir des âmes.

Voir un homme loup est une chose curieuse; mais voir des âmes est encore plus beau. Des moines du Mont-Cassin ne virent-ils pas l'âme de saint Bénédict ou Benoît? Des moines de Tours ne virent-ils pas celle de saint Martin? Des moines de Saint-Denis ne virent-ils pas celle de Charles Martel?

ENCHANTEMENTS POUR SE FAIRE AIMER.

Il y en eut pour les filles et pour les garçons. Les Juifs en vendaient à Rome et dans Alexandrie, et ils en vendent encore en Asie. Vous trouverez quelques-uns de ces secrets dans le *Petit-Albert;*

mais vous vous mettrez plus au fait si vous lisez le plaidoyer [1] qu'Apulée composa lorsqu'il fut accusé par un chrétien, dont il avait épousé la fille, de l'avoir ensorcelée par des philtres. Son beau-père Émilien prétendait qu'Apulée s'était servi principalement de certains poissons, attendu que Vénus étant née de la mer, les poissons devaient exciter prodigieusement les femmes à l'amour.

On se servait d'ordinaire de verveine, de ténia, de l'hippomane, qui n'était autre chose qu'un peu de l'arrière-faix d'une jument lorsqu'elle produit son poulain, d'un petit oiseau nommé parmi nous *hoche-queue,* en latin *motacilla.*

Mais Apulée était principalement accusé d'avoir employé des coquillages, des pattes d'écrevisses, des hérissons de mer, des huîtres cannelées, du calmar, qui passe pour avoir beaucoup de semence, etc.

Apulée fait assez entendre quel était le véritable philtre qui avait engagé Pudentilla à se donner à lui. Il est vrai, qu'il avoue dans son plaidoyer que sa femme l'avait appelé un jour *magicien.* « Mais quoi! dit-il, si elle m'avait appelé *consul,* serais-je consul pour cela? »

Le satyrion fut regardé chez les Grecs et chez les Romains comme le philtre le plus puissant; on l'appelait la *plante aphrodisia, racine de Vénus.* Nous y ajoutons la roquette sauvage: c'est l'*eruca* des Latins [2] : *Et venerem revocans eruca morantem.* Nous y mêlons surtout un peu d'essence d'ambre. La mandragore est passée de mode. Quelques vieux débauchés se sont servis de mouches cantharides, qui portent en effet aux parties génitales, mais qui portent beaucoup plus à la vessie, qui l'excorient, et qui font uriner du sang: ils ont été cruellement punis d'avoir voulu pousser l'art trop loin.

La jeunesse et la santé sont les véritables philtres.

Le chocolat a passé pendant quelque temps pour ranimer la vigueur endormie de nos petits-maîtres vieillis avant l'âge; mais

---

1. *Oratio de Magia.*
2. Martial. (*Note de Voltaire.*) — Ce n'est pas de Martial qu'est la fin de vers citée par Voltaire. La même faute a été commise par le traducteur de Juvénal; Dusaulx, dans sa trente et unième note de la satire IX, va même jusqu'à indiquer l'épigramme LXXV du livre III. Il y est dit :

. . . . . . Nihil erucæ facient.

Mais le
   Venerem revocans eruca morantem

est dans le *Moretum* (v. 86), ouvrage attribué à Virgile. (B.)

on aurait beau prendre vingt tasses de chocolat, on n'en inspirera pas plus de goût pour sa personne.

> . . . . . . Ut ameris, amabilis esto.
>
> (Ovid., *A. A.*, II, 107.)

Pour être aimé, soyez aimable.

ENFER[1].

Inferum, souterrain : les peuples qui enterraient les morts les mirent dans le souterrain ; leur âme y était donc avec eux. Telle est la première physique et la première métaphysique des Égyptiens et des Grecs.

Les Indiens, beaucoup plus anciens, qui avaient inventé le dogme ingénieux de la métempsycose, ne crurent jamais que les âmes fussent dans le souterrain.

Les Japonais, les Coréens, les Chinois, les peuples de la vaste Tartarie orientale et occidentale, ne surent pas un mot de la philosophie du souterrain.

Les Grecs, avec le temps, firent du souterrain un vaste royaume qu'ils donnèrent libéralement à Pluton et à Proserpine sa femme. Ils leur assignèrent trois conseillers d'État, trois femmes de charge, nommées les *Furies*, trois parques pour filer, dévider, et couper le fil de la vie des hommes ; et comme dans l'antiquité chaque héros avait son chien pour garder sa porte, on donna à Pluton un gros chien qui avait trois têtes : car tout allait par trois. Des trois conseillers d'État, Minos, Éaque et Rhadamanthe, l'un jugeait la Grèce, l'autre l'Asie Mineure (car les Grecs ne connaissaient pas alors la grande Asie), le troisième était pour l'Europe.

---

1. Dans l'édition de 1764 du *Dictionnaire philosophique*, l'article commençait par ces mots : « Dès que les hommes vécurent en société, etc. » (Voyez ci-après, page 544.) Tout ce qui précède est de 1771, *Questions sur l'Encyclopédie*, cinquième partie. (B.)
— « Je suis fâché de voir, écrit Voltaire à d'Alembert, 24 mai 1757, que le chevalier de Jaucourt, à l'article Enfer, prétende que l'enfer était un point de la doctrine de Moïse ; cela n'est pas vrai, de par tous les diables ! Pourquoi mentir ? » Et d'Alembert lui répondait : « Vous faites injure au chevalier de Jaucourt, de mettre sur son compte l'article Enfer ; il est de notre théologien, docteur et professeur de Navarre (Mallet), qui est mort à la peine, et qui sait actuellement si l'enfer de la nouvelle loi est plus réel que celui de l'ancienne. Au reste, cet article *Enfer* n'est pas sans mérite, l'auteur y a eu le courage de dire qu'on ne pouvait pas prouver l'éternité des peines par la raison : cela est fort pour un sorbonniste. »

Les poëtes ayant inventé ces enfers s'en moquèrent les premiers. Tantôt Virgile parle sérieusement des enfers dans *l'Énéide*, parce qu'alors le sérieux convient à son sujet; tantôt il en parle avec mépris dans ses *Géorgiques* (II, v. 490 et suiv.) :

> Felix qui potuit rerum cognoscere causas,
> Atque metus omnes et inexorabile fatum
> Subjecit pedibus, strepitumque Acherontis avari!

> Heureux qui peut sonder les lois de la nature,
> Qui des vains préjugés foule aux pieds l'imposture;
> Qui regarde en pitié le Styx et l'Achéron,
> Et le triple Cerbère, et la barque à Caron.

On déclamait sur le théâtre de Rome ces vers de la *Troade* (chœur du II⁰ acte), auxquels quarante mille mains applaudissaient :

> . . . . . Tænara et aspero
> Regnum sub domino, limen et obsidens
> Custos non facili Cerberus ostio,
> Rumores vacui, verbaque inania,
> Et par sollicito fabula somnio.

> Le palais de Pluton, son portier à trois têtes,
> Les couleuvres d'enfer à mordre toujours prêtes,
> Le Styx, le Phlégéton, sont des contes d'enfants,
> Des songes importuns, des mots vides de sens.

Lucrèce, Horace, s'expriment avec la même force ; Cicéron, Sénèque, en parlent de même en vingt endroits. Le grand empereur Marc-Aurèle raisonne encore plus philosophiquement qu'eux tous[1]. « Celui qui craint la mort, craint ou d'être privé de tous sens, ou d'éprouver d'autres sensations. Mais si tu n'as plus tes sens, tu ne seras plus sujet à aucune peine, à aucune misère ; si tu as des sens d'une autre espèce, tu seras une autre créature. »

Il n'y avait pas un mot à répondre à ce raisonnement dans la philosophie profane. Cependant, par la contradiction attachée à l'espèce humaine, et qui semble faire la base de notre nature, dans le temps même que Cicéron disait publiquement : « Il n'y a point de vieille femme qui croie ces inepties, » Lucrèce avouait

---

1. Livre VIII, numéro 62. (*Note de Voltaire.*)

que ces idées faisaient une grande impression sur les esprits ; il vient, dit-il, pour les détruire :

> . . . . . Si certam finem esse viderent
> Ærumnarum homines, aliqua ratione valerent
> Relligionibus atque minis obsistere vatum.
> Nunc ratio nulla est restandi, nulla facultas :
> Æternas quoniam pœnas in morte timendum.
>
> (Lucr., I, v. 108 et seq.)

> Si l'on voyait du moins un terme à son malheur,
> On soutiendrait sa peine, on combattrait l'erreur,
> On pourrait supporter le fardeau de la vie ;
> Mais d'un plus grand supplice elle est, dit-on, suivie :
> Après de tristes jours on craint l'éternité.

Il était donc vrai que parmi les derniers du peuple, les uns riaient de l'enfer, les autres en tremblaient. Les uns regardaient Cerbère, les Furies, et Pluton, comme des fables ridicules ; les autres ne cessaient de porter des offrandes aux dieux infernaux. C'était tout comme chez nous :

> Et quocumque tamen miseri venere, parentant,
> Et nigras mactant pecudes, et Manibu' divis
> Inferias mittunt, multoque in rebus acerbis
> Acrius advertunt animos ad relligionem.
>
> (Lucr., III, v. 51-54.)

> Ils conjurent ces dieux qu'ont forgés nos caprices ;
> Ils fatiguent Pluton de leurs vains sacrifices ;
> Le sang d'un bélier noir coule sous leurs couteaux :
> Plus ils sont malheureux, et plus ils sont dévots.

Plusieurs philosophes qui ne croyaient pas aux fables des enfers voulaient que la populace fût contenue par cette croyance. Tel fut Timée de Locres, tel fut le politique historien Polybe. « L'enfer, dit-il, est inutile aux sages, mais nécessaire à la populace insensée. »

Il est assez connu que la loi du *Pentateuque* n'annonça jamais un enfer[1]. Tous les hommes étaient plongés dans ce chaos de

---

1. Dans le *Dictionnaire encyclopédique*, l'auteur de l'article théologique Enfer semble se méprendre étrangement en citant le *Deutéronome*, au chapitre xxxii, v. 22 et suivants ; il n'y est pas plus question d'enfer que de mariage et de danse. On fait parler Dieu ainsi : « Ils m'ont provoqué dans celui qui n'était pas leur Dieu, et ils m'ont irrité dans leurs vanités ; et moi, je les provoquerai dans celui

contradictions et d'incertitudes quand Jésus-Christ vint au monde. Il confirma la doctrine ancienne de l'enfer ; non pas la doctrine des poëtes païens, non pas celle des prêtres égyptiens, mais celle qu'adopta le christianisme, à laquelle il faut que tout cède. Il annonça un royaume qui allait venir, et un enfer qui n'aurait point de fin.

Il dit expressément à Capharnaüm en Galilée[1] : « Quiconque appellera son frère *Raca* sera condamné par le sanhédrin ; mais celui qui l'appellera *fou* sera condamné aux *gehenei eimom*, gehenne du feu. »

Cela prouve deux choses : premièrement que Jésus-Christ ne voulait pas qu'on dît des injures, car il n'appartenait qu'à lui, comme maître, d'appeler les prévaricateurs pharisiens *race de vipères*; secondement, que ceux qui disent des injures à leur prochain méritent l'enfer, car la gehenna du feu était dans la vallée d'Ennom, où l'on brûlait autrefois des victimes à Moloch ; et cette gehenna figure le feu d'enfer.

Il dit ailleurs[2] : « Si quelqu'un sert d'achoppement aux faibles qui croient en moi, il vaudrait mieux qu'on lui mît au cou une meule asinaire, et qu'on le jetât dans la mer.

« Et si ta main te fait achoppement, coupe-la ; il est bon pour toi d'entrer manchot dans la vie, plutôt que d'aller dans la gehenna du feu inextinguible, où le ver ne meurt point, et où le feu ne s'éteint point.

« Et si ton pied te fait achoppement, coupe ton pied ; il est bon d'entrer boiteux dans la vie éternelle, plutôt que d'être jeté avec tes deux pieds dans la gehenna inextinguible, où le ver ne meurt point, et où le feu ne s'éteint point.

« Et si ton œil te fait achoppement, arrache ton œil ; il vaut

---

qui n'est pas mon peuple, et je les irriterai dans une nation folle. — Un feu s'est allumé dans ma fureur, et il brûlera jusqu'au bord du souterrain, et il dévorera la terre avec ses germes, et il brûlera les racines des montagnes. — J'accumulerai les maux sur eux ; je viderai sur eux mes flèches ; je les ferai mourir de faim ; les oiseaux les dévoreront d'une morsure amère ; j'enverrai contre eux les dents des bêtes avec la fureur des reptiles et des serpents. Le glaive les dévastera au dehors, et la frayeur au dedans, eux et les garçons, et les filles, et les enfants à la mamelle, avec les vieillards. »

Y a-t-il là, s'il vous plaît, rien qui désigne des châtiments après la mort ? Des herbes sèches, des serpents qui mordent, des filles et des enfants qu'on tue, ressemblent-ils à l'enfer ? N'est-il pas honteux de tronquer un passage pour y trouver ce qui n'y est pas ? Si l'auteur s'est trompé, on lui pardonne ; s'il a voulu tromper, il est inexcusable. (*Note de Voltaire*.)

1. Matthieu, chapitre v, v. 22. (*Id.*)
2. Marc, chapitre ix, v. 41 et suiv. (*Id.*)

mieux entrer borgne dans le royaume de Dieu que d'être jeté avec tes deux yeux dans la gehenna du feu, où le ver ne meurt point, et où le feu ne s'éteint point.

« Car chacun sera salé par le feu, et toute victime sera salée par le sel.

« Le sel est bon ; que si le sel s'affadit, avec quoi salerez-vous ?

« Vous avez dans vous le sel, conservez la paix parmi vous. »

Il dit ailleurs, sur le chemin de Jérusalem [1] : « Quand le père de famille sera entré et aura fermé la porte, vous resterez dehors, et vous heurterez, disant : Maître, ouvrez-nous ; et en répondant, il vous dira : *Nescio vos*, d'où êtes-vous ? Et alors vous commencerez à dire : Nous avons mangé et bu avec toi, et tu as enseigné dans nos carrefours ; et il vous répondra : *Nescio vos*, d'où êtes-vous ? ouvriers d'iniquités ! Et il y aura pleurs et grincements de dents quand vous verrez Abraham, Isaac, Jacob, et tous les prophètes, et que vous serez chassés dehors. »

Malgré les autres déclarations positives émanées du Sauveur du genre humain, qui assurent la damnation éternelle de quiconque ne sera pas de notre Église, Origène et quelques autres n'ont pas cru l'éternité des peines.

Les sociniens les rejettent, mais ils sont hors du giron. Les luthériens et les calvinistes, quoique égarés hors du giron, admettent un enfer sans fin [2].

Dès que les hommes vécurent en société, ils durent s'apercevoir que plusieurs coupables échappaient à la sévérité des lois : ils punissaient les crimes publics ; il fallut établir un frein pour les crimes secrets ; la religion seule pouvait être ce frein. Les Persans, les Chaldéens, les Égyptiens, les Grecs, imaginèrent des punitions après la vie ; et de tous les peuples anciens que nous connaissons, les Juifs, comme nous l'avons déjà observé [3], furent les seuls qui n'admirent que des châtiments temporels. Il est ridicule de croire ou de feindre de croire, sur quelques passages très-obscurs, que l'enfer était admis par les anciennes lois des

---

1. Luc, chapitre XIII, v. 25 et suiv. (*Note de Voltaire.*)
2. Dans les *Questions sur l'Encyclopédie*, en 1771, après ces mots *un enfer sans fin*, venait l'alinéa : *Il n'y a pas longtemps*, etc. (voyez page 546), et les deux qui le suivent. L'addition est posthume. (B.)
3. Voyez ci-dessus les articles AME, section IX (t. XVII, p. 160) ; et ATHÉE, section I (t. XVII, p. 456) ; et encore dans les *Melanges*, année 1763, les *Éclaircissements historiques*, douzième sottise de Nonotte; année 1767, la première des *Homélies* ; année 1769, la 7ᵉ des *Notes* de Voltaire *sur le Discours de l'empereur Julien.*

Juifs, par leur *Lévitique*, par leur *Décalogue*, quand l'auteur de ces lois ne dit pas un seul mot qui puisse avoir le moindre rapport avec les châtiments de la vie future. On serait en droit de dire au rédacteur du *Pentateuque:* Vous êtes un homme inconséquent et sans probité, comme sans raison, très-indigne du nom de législateur que vous vous arrogez! Quoi! vous connaissez un dogme aussi réprimant, aussi nécessaire au peuple que celui de l'enfer, et vous ne l'annoncez pas expressément? et tandis qu'il est admis chez toutes nations qui vous environnent, vous vous contentez de laisser deviner ce dogme par quelques commentateurs qui viendront quatre mille ans après vous, et qui donneront la torture à quelques-unes de vos paroles pour y trouver ce que vous n'avez pas dit? Ou vous êtes un ignorant, qui ne savez pas que cette créance était universelle en Égypte, en Chaldée, en Perse; ou vous êtes un homme très-malavisé, si, étant instruit de ce dogme, vous n'en avez pas fait la base de votre religion.

Les auteurs des lois juives pourraient tout au plus répondre : Nous avouons que nous sommes excessivement ignorants; que nous avons appris à écrire fort tard; que notre peuple était une horde sauvage et barbare qui, de notre aveu, erra près d'un demi-siècle dans des déserts impraticables; qu'elle usurpa enfin un petit pays par les rapines les plus odieuses, et par les cruautés les plus détestables dont jamais l'histoire ait fait mention. Nous n'avions aucun commerce avec les nations policées : comment voulez-vous que nous pussions (nous, les plus terrestres des hommes) inventer un système tout spirituel?

Nous ne nous servions du mot qui répond à *âme* que pour signifier la *vie;* nous ne connûmes notre Dieu et ses ministres, ses anges, que comme des êtres corporels : la distinction de l'âme et du corps, l'idée d'une vie après la mort, ne peuvent être que le fruit d'une longue méditation et d'une philosophie très-fine. Demandez aux Hottentots et aux Nègres, qui habitent un pays cent fois plus étendu que le nôtre, s'ils connaissent la vie à venir. Nous avons cru faire assez de persuader à notre peuple que Dieu punissait les malfaiteurs jusqu'à la quatrième génération, soit par la lèpre, soit par des morts subites, soit par la perte du peu de bien qu'on pouvait posséder.

On répliquerait à cette apologie : Vous avez inventé un système dont le ridicule saute aux yeux; car le malfaiteur qui se portait bien, et dont la famille prospérait, devait nécessairement se moquer de vous.

L'apologiste de la loi judaïque répondrait alors : Vous vous trompez : car pour un criminel qui raisonnait juste, il y en avait cent qui ne raisonnaient point du tout. Celui qui, ayant commis un crime, ne se sentait puni ni dans son corps, ni dans celui de son fils, craignait pour son petit-fils. De plus, s'il n'avait pas aujourd'hui quelque ulcère puant, auquel nous étions très-sujets, il en éprouvait dans le cours de quelques années : il y a toujours des malheurs dans une famille, et nous faisions aisément accroire que ces malheurs étaient envoyés par une main divine, vengeresse des fautes secrètes.

Il serait aisé de répliquer à cette réponse, et de dire : Votre excuse ne vaut rien, car il arrive tous les jours que de très-honnêtes gens perdent la santé et leurs biens; et s'il n'y a point de famille à laquelle il ne soit arrivé des malheurs, si ces malheurs sont des châtiments de Dieu, toutes vos familles étaient donc des familles de fripons.

Le prêtre juif pourrait répliquer encore ; il dirait qu'il y a des malheurs attachés à la nature humaine, et d'autres qui sont envoyés expressément de Dieu. Mais on ferait savoir à ce raisonneur combien il est ridicule de penser que la fièvre et la grêle sont tantôt une punition divine, tantôt un effet naturel.

Enfin, les pharisiens et les esséniens, chez les Juifs, admirent la créance d'un enfer à leur mode : ce dogme avait déjà passé des Grecs aux Romains, et fut adopté par les chrétiens.

Plusieurs Pères de l'Église ne crurent point les peines éternelles ; il leur paraissait absurde de brûler pendant toute l'éternité un pauvre homme pour avoir volé une chèvre. Virgile a beau dire, dans son sixième chant de *l'Énéide* (vers 617 et 618) :

. . . . . Sedet æternumque sedebit
Infelix Theseus.

Il prétend en vain que Thésée est assis pour jamais sur une chaise, et que cette posture est son supplice. D'autres croyaient que Thésée est un héros qui n'est point assis en enfer, et qu'il est dans les champs Élysées.

Il n'y a pas longtemps qu'un théologien calviniste, nommé Petit-Pierre, prêcha et écrivit que les damnés auraient un jour leur grâce[1]. Les autres ministres lui dirent qu'ils n'en voulaient point. La dispute s'échauffa ; on prétend que le roi, leur souve-

---

1. Sa brochure est intitulée *Apologie de M. Petit-Pierre, sur son système de non-éternité des peines à venir;* 1761, in-12.

rain, leur manda que puisqu'ils voulaient être damnés sans retour, il le trouvait très-bon, et qu'il y donnait les mains. Les damnés de l'église de Neufchâtel déposèrent le pauvre Petit-Pierre, qui avait pris l'enfer pour le purgatoire. On a écrit que l'un d'eux lui dit : « Mon ami, je ne crois pas plus à l'enfer éternel que vous ; mais sachez qu'il est bon que votre servante, que votre tailleur, et surtout votre procureur, y croient [1]. »

J'ajouterai, pour l'*illustration* de ce passage, une petite exhortation aux philosophes qui nient tout à plat l'enfer dans leurs écrits. Je leur dirai : Messieurs, nous ne passons pas notre vie avec Cicéron, Atticus, Caton, Marc-Aurèle, Épictète, le chancelier de L'Hospital, La Mothe Le Vayer, Des Yveteaux, René Descartes, Newton, Locke, ni avec le respectueux Bayle, qui était si au-dessus de la fortune ; ni avec le vertueux trop incrédule Spinosa, qui, n'ayant rien, rendit aux enfants du grand-pensionnaire de Wit une pension de trois cents florins que lui faisait le grand de Wit, dont les Hollandais mangèrent le cœur quoiqu'il n'y eût rien à gagner en le mangeant. Tous ceux à qui nous avons à faire ne sont pas des Des Barreaux [2], qui payait à des plaideurs la valeur de leur procès qu'il avait oublié de rapporter [3]. Toutes les femmes ne sont pas des Ninon Lenclos, qui gardait les dépôts si religieusement tandis que les plus graves personnages les violaient [4]. En un mot, messieurs, tout le monde n'est pas philosophe.

Nous avons affaire à force fripons qui ont peu réfléchi ; à une foule de petites gens, brutaux, ivrognes, voleurs. Prêchez-leur, si vous voulez, qu'il n'y a point d'enfer, et que l'âme est mortelle. Pour moi, je leur crierai dans les oreilles qu'ils seront damnés s'ils

---

1. Fin de l'article en 1764. (B.)

2. Voyez son article dans le *Catalogue des écrivains*, qui fait partie du *Siècle de Louis XIV*, tome XIV.

3. Et tous ne sont pas non plus des Voltaire, qui aidait de sa bourse ceux qui plaidaient contre lui-même. En 1770, raconte la *Revue des Autographes*, Mme Denis ayant eu un procès avec un agriculteur au sujet d'une portion de terrain qu'elle prétendait appartenir à son oncle, l'agriculteur, à qui l'argent manquait pour soutenir ses droits, conjura Voltaire de lui prêter vingt-cinq louis. « C'est l'héritage de mon père qu'on veut me ravir, et vous seul pouvez me fournir les moyens d'obtenir justice. — Oh! oh! voilà qui est nouveau, s'écria Voltaire. Wagnières, dit-il à son secrétaire, avons-nous cette somme en caisse? — Oui, monsieur Voltaire. — Eh bien ! comptez-les à ce brave homme, qui vient chercher ici des verges pour me fouetter, et qui n'aura pas compté en vain sur mes bons sentiments. »

Et l'agriculteur ayant gagné son procès, Voltaire alla tout de suite féliciter M. Pan...t d'un succès qui lui était dû. (G. A.)

4. Voyez dans les *Mélanges*, année 1751, le morceau *Sur mademoiselle de Lenclos*.

me volent : j'imiterai ce curé de campagne qui, ayant été outrageusement volé par ses ouailles, leur dit à son prône : « Je ne sais à quoi pensait Jésus-Christ de mourir pour des canailles comme vous [1]. »

C'est un excellent livre pour les sots que le *Pédagogue chrétien*, composé par le révérend P. d'Outreman [2], de la compagnie de Jésus, et augmenté par révérend Coulon, curé de Villejuif-lez-Paris. Nous avons, Dieu merci, cinquante et une éditions de ce livre, dans lequel il n'y a pas une page où l'on trouve une ombre de sens commun.

Frère Outreman affirme (page 157, édition in-4°) qu'un ministre d'État de la reine Élisabeth, nommé le baron de Honsden, qui n'a jamais existé, prédit au secrétaire d'État Cécil, et à six autres conseillers d'État, qu'ils seraient damnés et lui aussi ; ce qui arriva, et qui arrive à tout hérétique. Il est probable que Cécil et les autres conseillers n'en crurent point le baron de Honsden ; mais si ce prétendu baron s'était adressé à six bourgeois, ils auraient pu le croire.

Aujourd'hui qu'aucun bourgeois de Londres ne croit à l'enfer, comment faut-il s'y prendre ? quel frein aurons-nous ? celui de l'honneur, celui des lois, celui même de la Divinité, qui veut sans doute que l'on soit juste, soit qu'il y ait un enfer, soit qu'il n'y en ait point.

ENFERS [3].

Notre confrère qui a fait l'article ENFER n'a pas parlé de la descente de Jésus-Christ aux enfers ; c'est un article de foi très-important : il est expressément spécifié dans le symbole dont nous avons déjà parlé [4]. On demande d'où cet article de foi est tiré, car il ne se trouve dans aucun de nos quatre Évangiles ; et le symbole intitulé *des apôtres* n'est, comme nous l'avons observé, que du temps des savants prêtres Jérôme, Augustin et Rufin.

---

1. Fin de l'article en 1771 ; la suite est de 1774. (B.)
2. Outreman ou Oultreman (Philippe), né en 1585, est mort le 16 mai 1652. Le premier tome de son *Pedagogue chrétien* parut en latin en 1641, le second en 1645 ; l'auteur se proposait d'ajouter un 3ᵉ et un 4ᵉ volume. Son livre a été traduit en français. En écrivant *Outreman*, Voltaire écrit comme la *Bibliotheca scriptorum societatis Jesu*.
3. *Questions sur l'Encyclopédie*, neuvième partie, 1772. (B.)
4. A l'article HÉRÉSIE, section Iʳᵉ, publié dès 1771 et à l'article SYMBOLE, publié en 1772, dans le même volume que l'article ENFERS ; ce dernier toutefois n'était qu'un supplément. Voyez aussi le chapitre x de l'*Examen important de milord Bolingbroke* (*Mélanges*, année 1767). (B.)

On estime que cette descente de notre Seigneur aux enfers est prise originairement de l'Évangile de Nicodème, l'un des plus anciens.

Dans cet Évangile, le prince du Tartare et Satan, après une longue conversation avec Adam, Énoch, Élie le Thesbite, et David, « entendent une voix comme le tonnerre, et une voix comme une tempête. David dit au prince du Tartare : Maintenant, très-vilain et très-sale prince de l'enfer, ouvre tes portes, et que le roi de gloire entre, etc. Disant ces mots au prince, le Seigneur de majesté survint en forme d'homme, et il éclaira les ténèbres éternelles, et il rompit les liens indissolubles ; et, par une vertu invincible, il visita ceux qui étaient assis dans les profondes ténèbres des crimes, et dans l'ombre de la mort des péchés [1]. »

Jésus-Christ parut avec saint Michel ; il vainquit la Mort ; il prit Adam par la main ; le bon larron le suivait portant sa croix. Tout cela se passa en enfer en présence de Carinus et de Lenthius, qui ressuscitèrent exprès pour en rendre témoignage aux pontifes Anne et Caïphe, et au docteur Gamaliel, alors maître de saint Paul.

Cet Évangile de Nicodème n'a depuis longtemps aucune autorité. Mais on trouve une confirmation de cette descente aux enfers dans la première Épître de saint Pierre, à la fin du chapitre III : « Parce que le Christ est mort une fois pour nos péchés, le juste pour les injustes, afin de nous offrir à Dieu, mort à la vérité en chair, mais ressuscité en esprit, par lequel il alla prêcher aux esprits qui étaient en prison. »

Plusieurs Pères ont eu des sentiments différents sur ce passage, mais tous convinrent qu'au fond Jésus était descendu aux enfers après sa mort. On fit sur cela une vaine difficulté. Il avait dit sur la croix au bon larron : « Vous serez aujourd'hui avec moi en paradis. » Il lui manqua donc de parole en allant en enfer. Cette objection est aisément répondue en disant qu'il le mena d'abord en enfer et ensuite en paradis.

Eusèbe de Césarée dit [2] que « Jésus quitta son corps sans attendre que la Mort le vînt prendre ; qu'au contraire, il prit la Mort toute tremblante, qui embrassait ses pieds, et qui voulait s'enfuir ; qu'il l'arrêta, qu'il brisa les portes des cachots où étaient renfermées les âmes des saints ; qu'il les en tira, les ressuscita, se

---

1. Voyez le paragraphe XXI de l'*Évangile de Nicodème*, dans la *Collection d'anciens évangiles* (*Mélanges*, année 1769). (B.)
2. Évangile, chapitre II. (*Note de Voltaire.*)

ressuscita lui-même, et les mena en triomphe dans cette Jérusalem céleste, *laquelle descendait du ciel toutes les nuits,* et fut vue par saint Justin ».

On disputa beaucoup pour savoir si tous ces ressuscités moururent de nouveau avant de monter au ciel. Saint Thomas assure dans sa *Somme*[1] qu'ils remoururent. C'est le sentiment du fin et judicieux Calmet. « Nous soutenons, dit-il dans sa dissertation sur cette grande question, que les saints qui ressuscitèrent après la mort du Sauveur moururent de nouveau pour ressusciter un jour. »

Dieu avait permis auparavant que les profanes Gentils imitassent par anticipation ces vérités sacrées. La fable avait imaginé que les dieux ressuscitèrent Pélops; qu'Orphée tira Eurydice des enfers, du moins pour un moment; qu'Hercule en délivra Alceste ; qu'Esculape ressuscita Hippolyte, etc., etc. Distinguons toujours la fable de la vérité, et soumettons notre esprit dans tout ce qui l'étonne, comme dans ce qui lui paraît conforme à ses faibles lumières.

ENTERREMENT [2].

En lisant, par un assez grand hasard, les canons d'un concile de Brague[3], tenu en 563, je remarque que le quinzième canon défend d'enterrer personne dans les églises. Des gens savants m'assurent que plusieurs autres conciles ont fait la même défense. De là je conclus que, dès ces premiers siècles, quelques bourgeois avaient eu la vanité de changer les temples en charniers pour y pourrir d'une manière distinguée : je peux me tromper, mais je ne connais aucun peuple de l'antiquité qui ait choisi les lieux sacrés, où l'on adorait la Divinité, pour en faire des cloaques de morts.

Si on aimait tendrement chez les Égyptiens son père, sa mère, et ses vieux parents qu'on souffre avec bonté parmi nous, et pour lesquels on a rarement une passion violente, il était fort agréable d'en faire des momies, et fort noble d'avoir une suite d'aïeux en chair et en os dans son cabinet. Il est dit même qu'on mettait

1. III° part., quest. LIII. (*Note de Voltaire.*)
2. *Questions sur l'Encyclopédie,* cinquième partie, 1771 ; sur le refus d'enterrement, voyez l'article DROIT CANONIQUE, section VII, page 443, et les ouvrages qui y sont indiqués. (B.)
3. C'est ainsi qu'on lit dans l'édition originale, dans l'édition in-4°, dans l'édition encadrée de 1775, etc. (B.)

souvent en gage chez l'usurier le corps de son père et de son grand-père. Il n'y a point à présent de pays au monde où l'on trouvât un écu sur un pareil effet; mais comment se pouvait-il faire qu'on mît en gage la momie paternelle, et qu'on allât la faire enterrer au delà du lac Mœris, en la transportant dans la barque à Caron, après que quarante juges, qui se trouvaient à point nommé sur le rivage, avaient décidé que la momie avait vécu en personne honnête, et qu'elle était digne de passer dans la barque, moyennant un sou qu'elle avait soin de porter dans sa bouche? Un mort ne peut guère à la fois faire une promenade sur l'eau, et rester dans le cabinet de son héritier, ou chez un usurier. Ce sont là de ces petites contradictions de l'antiquité que le respect empêche d'examiner scrupuleusement.

Quoi qu'il en soit, il est certain qu'aucun temple du monde ne fut souillé de cadavres; on n'enterrait pas même dans les villes. Très peu de familles eurent dans Rome le privilége de faire élever des mausolées malgré la loi des douze Tables, qui en faisait une défense expresse.

Aujourd'hui, quelques papes ont leurs mausolées dans Saint-Pierre; mais ils n'empuantissent pas l'église, parce qu'ils sont très-bien embaumés, enfermés dans de belles caisses de plomb, et recouverts de gros tombeaux de marbre, à travers lesquels un mort ne peut guère transpirer.

Vous ne voyez ni à Rome ni dans le reste de l'Italie aucun de ces abominables cimetières entourer les églises; l'infection ne s'y trouve pas à côté de la magnificence, et les vivants n'y marchent point sur des morts.

Cette horreur n'est soufferte que dans des pays où l'asservissement aux plus indignes usages laisse subsister un reste de barbarie qui fait honte à l'humanité.

Vous entrez dans la gothique cathédrale de Paris; vous y marchez sur de vilaines pierres mal jointes, qui ne sont point au niveau; on les a levées mille fois pour jeter sous elles des caisses de cadavres.

Passez par le charnier qu'on appelle *Saint-Innocent*: c'est un vaste enclos consacré à la peste; les pauvres, qui meurent très souvent de maladies contagieuses, y sont enterrés pêle-mêle; les chiens y viennent quelquefois ronger les ossements; une vapeur épaisse, cadavéreuse, infectée, s'en exhale; elle est pestilentielle dans les chaleurs de l'été après les pluies; et presque à côté de cette voirie est l'Opéra, le Palais-Royal, le Louvre des rois.

On porte à une lieue de la ville les immondices des privés, et on entasse depuis douze cents ans dans la même ville les corps pourris dont ces immondices étaient produites.

L'arrêt que le parlement de Paris a rendu en 1774, l'édit du roi de 1775 contre ces abus, aussi dangereux qu'infâmes, n'ont pu être exécutés : tant l'habitude et la sottise ont de force contre la raison et contre les lois! En vain l'exemple de tant de villes de l'Europe fait rougir Paris ; il ne se corrige point. Paris sera encore longtemps un mélange bizarre de la magnificence la plus recherchée, et de la barbarie la plus dégoûtante[1].

Versailles vient de donner un exemple qu'on devrait suivre partout. Un petit cimetière d'une paroisse très-nombreuse infectait l'église et les maisons voisines. Un simple particulier a réclamé contre cette coutume abominable ; il a excité ses concitoyens ; il a bravé les cris de la barbarie ; on a présenté requête au conseil. Enfin le bien public l'a emporté sur l'usage antique et pernicieux : le cimetière a été transféré à un mille de distance.

ENTHOUSIASME[2].

Ce mot grec signifie *émotion d'entrailles, agitation intérieure*[3]. Les Grecs inventèrent-ils ce mot pour exprimer les secousses qu'on éprouve dans les nerfs, la dilatation et le resserrement des intestins, les violentes contractions du cœur, le cours précipité de ces esprits de feu qui montent des entrailles au cerveau quand on est vivement affecté ?

Ou bien donna-t-on d'abord le nom d'*enthousiasme*, de trouble des entrailles, aux contorsions de cette Pythie, qui sur le trépied de Delphes recevait l'esprit d'Apollon par un endroit qui ne semble fait que pour recevoir des corps ?

Qu'entendons-nous par enthousiasme? que de nuances dans nos affections! Approbation, sensibilité, émotion, trouble, saisissement, passion, emportement, démence, fureur, rage : voilà tous les états par lesquels peut passer cette pauvre âme humaine.

---

1. Depuis la mort de Voltaire, le cimetière des Innocents a été fermé, mais il en subsiste d'autres au milieu de Paris; l'avarice des prêtres s'y joue également et des lois de l'État et de la vie des citoyens. (K.) — Il n'en est plus ainsi depuis que les actes civils sont tenus par l'autorité civile. (B.)
2. *Questions sur l'Encyclopédie*, cinquième partie, 1771. (B.)
3. M. Pierron (*Voltaire et ses Maîtres*, page 322), fait remarquer que cette étymologie n'est pas exacte. Ἔνθεος est celui qui a un Dieu en lui. Ἔνθεος a fait ἐνθουσιάζω, et ἐνθουσιασμός est le substantif de ce verbe.

Un géomètre assiste à une tragédie touchante ; il remarque seulement qu'elle est bien conduite. Un jeune homme à côté de lui est ému, et ne remarque rien ; une femme pleure ; un autre jeune homme est si transporté que, pour son malheur, il va faire aussi une tragédie : il a pris la maladie de l'enthousiasme.

Le centurion ou le tribun militaire, qui ne regardait la guerre que comme un métier dans lequel il y avait une petite fortune à faire, allait au combat tranquillement comme un couvreur monte sur un toit. César pleurait en voyant la statue d'Alexandre.

Ovide ne parlait d'amour qu'avec esprit. Sapho exprimait l'enthousiasme de cette passion ; et s'il est vrai qu'elle lui coûta la vie, c'est que l'enthousiasme chez elle devint démence.

L'esprit de parti dispose merveilleusement à l'enthousiasme; il n'est point de faction qui n'ait ses énergumènes. Un homme passionné qui parle avec action a, dans ses yeux, dans sa voix, dans ses gestes, un poison subtil qui est lancé comme un trait dans les gens de sa faction. C'est par cette raison que la reine Élisabeth défendit qu'on prêchât de six mois en Angleterre sans une permission signée de sa main, pour conserver la paix dans son royaume.

Saint Ignace ayant la tête un peu échauffée lit la vie des Pères du désert, après avoir lu des romans. Le voilà saisi d'un double enthousiasme; il devient chevalier de la vierge Marie, il fait la veille des armes, il veut se battre pour sa dame ; il a des visions ; la Vierge lui apparaît, et lui recommande son fils : elle lui dit que sa société ne doit porter d'autre nom que celui de Jésus.

Ignace communique son enthousiasme à un autre Espagnol nommé Xavier. Celui-ci court aux Indes, dont il n'entend point la langue ; de là au Japon, sans qu'il puisse parler japonais ; n'importe, son enthousiasme passe dans l'imagination de quelques jeunes jésuites qui apprennent enfin la langue du Japon. Ceux-ci, après la mort de Xavier, ne doutent pas qu'il n'ait fait plus de miracles que les apôtres, et qu'il n'ait ressuscité sept ou huit morts pour le moins. Enfin l'enthousiasme devient si épidémique qu'ils forment au Japon ce qu'ils appellent une *chrétienté*. Cette chrétienté finit par une guerre civile et par cent mille hommes égorgés : l'enthousiasme alors est parvenu à son dernier degré, qui est le fanatisme; et ce fanatisme est devenu rage.

Le jeune fakir qui voit le bout de son nez en faisant ses prières s'échauffe par degrés jusqu'à croire que s'il se charge de chaînes pesant cinquante livres, l'Être suprême lui aura beaucoup d'obligation. Il s'endort l'imagination toute pleine de Brama, et il ne manque pas de le voir en songe. Quelquefois même, dans cet état où l'on n'est ni endormi ni éveillé, des étincelles sortent de ses yeux; il voit Brama resplendissant de lumière, il a des extases, et cette maladie devient souvent incurable.

La chose la plus rare est de joindre la raison avec l'enthousiasme; la raison consiste à voir toujours les choses comme elles sont. Celui qui dans l'ivresse voit les objets doubles est alors privé de la raison.

L'enthousiasme est précisément comme le vin : il peut exciter tant de tumulte dans les vaisseaux sanguins, et de si violentes vibrations dans les nerfs, que la raison en est tout à fait détruite. Il peut ne causer que de légères secousses, qui ne fassent que donner au cerveau un peu plus d'activité : c'est ce qui arrive dans les grands mouvements d'éloquence, et surtout dans la poésie sublime. L'enthousiasme raisonnable est le partage des grands poëtes.

Cet enthousiasme raisonnable est la perfection de leur art : c'est ce qui fit croire autrefois qu'ils étaient inspirés des dieux, et c'est ce qu'on n'a jamais dit des autres artistes.

Comment le raisonnement peut-il gouverner l'enthousiasme? c'est qu'un poëte dessine d'abord l'ordonnance de son tableau; la raison alors tient le crayon. Mais veut-il animer ses personnages et leur donner le caractère des passions ; alors l'imagination s'échauffe, l'enthousiasme agit: c'est un coursier qui s'emporte dans sa carrière; mais la carrière est régulièrement tracée.

L'enthousiasme est admis dans tous les genres de poésie où il entre du sentiment; quelquefois même il se fait place jusque dans l'églogue, témoin ces vers de la dixième églogue de Virgile (vers 58 et suivants) :

> Jam mihi per rupes videor lucosque sonantes
> Ire; libet partho torquere cydonia cornu
> Spicula : tanquam hæc sint nostri medicina furoris,
> Aut deus ille malis hominum mitescere discat!

Le style des épîtres, des satires, réprouve l'enthousiasme : aussi n'en trouve-t-on point dans les ouvrages de Boileau et de Pope.

Nos odes, dit-on, sont de véritables chants d'enthousiasme : mais comme elles ne se chantent point parmi nous, elles sont souvent moins des odes que des stances ornées de réflexions ingénieuses. Jetez les yeux sur la plupart des stances de la belle *Ode à la Fortune*, de Jean-Baptiste Rousseau :

ENTHOUSIASME.

> Vous chez qui la guerrière audace
> Tient lieu de toutes les vertus,
> Concevez Socrate à la place
> Du fier meurtrier de Clitus :
> Vous verrez un roi respectable,
> Humain, généreux, équitable,
> Un roi digne de vos autels ;
> Mais, à la place de Socrate,
> Le fameux vainqueur de l'Euphrate
> Sera le dernier des mortels.

Ce couplet est une courte dissertation sur le mérite personnel d'Alexandre et de Socrate : c'est un sentiment particulier, un paradoxe. Il n'est point vrai qu'Alexandre sera le dernier des mortels. Le héros qui vengea la Grèce, qui subjugua l'Asie, qui pleura Darius, qui punit ses meurtriers, qui respecta la famille du vaincu, qui donna un trône au vertueux Abdolonyme, qui rétablit Porus, qui bâtit tant de villes en si peu de temps, ne sera jamais le dernier des mortels.

> Tel qu'on nous vante dans l'histoire
> Doit peut-être toute sa gloire
> A la honte de son rival :
> L'inexpérience indocile
> Du compagnon de Paul-Émile
> Fit tout le succès d'Annibal.

Voilà encore une réflexion philosophique sans aucun enthousiasme. Et de plus, il est très-faux que les fautes de Varron aient fait tout le succès d'Annibal : la ruine de Sagonte, la prise de Turin, la défaite de Scipion père de l'Africain, les avantages remportés sur Sempronius, la victoire de Trébie, la victoire de Trasimène, et tant de savantes marches, n'ont rien de commun avec la bataille de Cannes, où Varron fut vaincu, dit-on, par sa faute. Des faits si défigurés doivent-ils être plus approuvés dans une ode que dans une histoire ?

De toutes les odes modernes, celle où il règne le plus grand enthousiasme qui ne s'affaiblit jamais, et qui ne tombe ni dans le faux ni dans l'ampoulé, est le *Timothée*, ou la fête d'Alexandre, par Dryden : elle est encore regardée en Angleterre comme un chef-d'œuvre inimitable, dont Pope n'a pu approcher quand il a voulu s'exercer dans le même genre. Cette ode fut chantée ; et si on avait eu un musicien digne du poëte, ce serait le chef-d'œuvre de la poésie lyrique.

Ce qui est toujours fort à craindre dans l'enthousiasme, c'est de se livrer à l'ampoulé, au gigantesque, au galimatias. En voici un grand exemple dans l'ode sur la naissance d'un prince du sang royal :

> Où suis-je ? quel nouveau miracle
> Tient encor mes sens enchantés ?
> Quel vaste, quel pompeux spectacle
> Frappe mes yeux épouvantés !
> Un nouveau monde vient d'éclore :
> L'univers se reforme encore
> Dans les abîmes du chaos ;
> Et pour réparer ses ruines,
> Je vois des demeures divines
> Descendre un peuple de héros.
>
> (J.-B. ROUSSEAU, Ode sur la naissance du duc de Bretagne.)

Nous prendrons cette occasion pour dire qu'il y a peu d'enthousiasme dans l'*Ode sur la prise de Namur*.

Le hasard m'a fait tomber entre les mains une critique[1] très-injuste du poëme des *Saisons*, de M. de Saint-Lambert, et de la traduction des *Géorgiques*, de Virgile, par M. Delille. L'auteur, acharné à décrier tout ce qui est louable dans les auteurs vivants, et à louer ce qui est condamnable dans les morts, veut faire admirer cette strophe :

> Je vois monter nos cohortes
> La flamme et le fer en main.
> Et sur les monceaux de piques,
> De corps morts, de rocs, de briques,
> S'ouvrir un large chemin.
>
> (BOILEAU, Ode sur la prise de Namur.)

Il ne s'aperçoit pas que les termes de *piques* et de *briques* font un effet très-désagréable ; que ce n'est point un grand effort de monter sur des *briques*, que l'image de *briques* est très-faible après celle des *morts*; qu'on ne monte point sur des monceaux de *piques*, et que jamais on n'a entassé de *piques* pour aller à l'assaut ; qu'on ne s'ouvre point un large chemin sur des *rocs*; qu'il fallait dire : « Je vois nos cohortes s'ouvrir un large chemin à travers les débris des rochers, au milieu des armes brisées, et sur des morts entassés; »

---

1. C'est le volume de J.-M.-B. Clément, intitulé *Observations critiques sur la nouvelle traduction en vers français des Géorgiques de Virgile, et les poëmes des Saisons, de la Declamation, et de la Peinture;* 1771, petit in-8°.

alors il y aurait eu de la gradation, de la vérité, et une image terrible.

Le critique n'a été guidé que par son mauvais goût, et par la rage de l'envie qui dévore tant de petits auteurs subalternes. Il faut, pour s'ériger en critique, être un Quintilien, un Rollin ; il ne faut pas avoir l'insolence de dire cela est bon, ceci est mauvais, sans en apporter des preuves convaincantes. Ce ne serait plus ressembler à Rollin dans son *Traité des études :* ce serait ressembler à Fréron, et être par conséquent très-méprisable.

ENVIE [1].

On connaît assez tout ce que l'antiquité a dit de cette passion honteuse, et ce que les modernes ont répété. Hésiode est le premier auteur classique qui en ait parlé :

« Le potier porte envie au potier, l'artisan à l'artisan, le pauvre même au pauvre, le musicien au musicien (ou, si l'on veut donner un autre sens au mot *Aoidos*, le poëte au poëte). »

Longtemps avant Hésiode, Job avait dit : *L'envie tue les petits* [2].

Je crois que Mandeville, auteur de la Fable des Abeilles [3], est le premier qui ait voulu prouver que l'envie est une fort bonne chose, une passion très-utile. Sa première raison est que l'envie est aussi naturelle à l'homme que la faim et la soif ; qu'on la découvre dans tous les enfants, ainsi que dans les chevaux et dans les chiens. Voulez-vous que vos enfants se haïssent, caressez l'un plus que l'autre : le secret est infaillible.

Il prétend que la première chose que font deux jeunes femmes qui se rencontrent est de se chercher des ridicules, et la seconde de se dire des flatteries.

Il croit que sans l'envie les arts seraient médiocrement cultivés, et que Raphael n'aurait pas été un grand peintre s'il n'avait pas été jaloux de Michel-Ange.

Mandeville a peut-être pris l'émulation pour l'envie ; peut-être aussi l'émulation n'est-elle qu'une envie qui se tient dans les bornes de la décence.

Michel-Ange pouvait dire à Raphael : Votre envie ne vous a porté qu'à travailler encore mieux que moi ; vous ne m'avez point

---

1. *Questions sur l'Encyclopédie,* cinquième partie, 1771. (B.)
2. Job, chapitre v, v. 2.
3. Sur cette fable, voyez l'article ABEILLES, tome XVII, page 20.

décrié, vous n'avez point cabalé contre moi auprès du pape, vous n'avez point tâché de me faire excommunier pour avoir mis des borgnes et des boiteux en paradis, et de succulents cardinaux avec de belles femmes nues comme la main en enfer, dans mon tableau du jugement dernier. Allez, votre envie est très-louable; vous êtes un brave envieux, soyons bons amis.

Mais si l'envieux est un misérable sans talents, jaloux du mérite comme les gueux le sont des riches; si, pressé par l'indigence comme par la turpitude de son caractère, il vous fait des *Nouvelles du Parnasse*[1]; des *Lettres de madame la comtesse*, des *Années littéraires*[2], cet animal étale une envie qui n'est bonne à rien, et dont Mandeville ne pourra jamais faire l'apologie.

On demande pourquoi les anciens croyaient que l'œil de l'envieux ensorcelait les gens qui le regardaient. Ce sont plutôt les envieux qui sont ensorcelés.

Descartes dit que « l'envie pousse la bile jaune qui vient de la partie inférieure du foie, et la bile noire qui vient de la rate, laquelle se répand du cœur par les artères, etc. » Mais comme nulle espèce de bile ne se forme dans la rate, Descartes, en parlant ainsi, semblait ne pas trop mériter qu'on portât envie à sa physique.

Un certain Voët ou Voëtius, polisson en théologie, qui accusa Descartes d'athéisme, était très-malade de la bile noire; mais il savait encore moins que Descartes comment sa détestable bile se répandait dans son sang.

Mme Pernelle a raison :

> Les envieux mourront, mais non jamais l'envie.
> (*Tartuffe*, acte V, scène III.)

Mais c'est un bon proverbe, qu'*il vaut mieux faire envie que pitié*. Faisons donc envie autant que nous pourrons.

ÉPIGRAMME [3].

Ce mot veut dire proprement *inscription*; ainsi une épigramme devait être courte. Celles de l'Anthologie grecque sont pour la

---

1. Le *Nouvelliste du Parnasse*, 1731, 2 volumes in-12, a pour auteurs les abbés Desfontaines et Granet.
2. Les *Lettres de madame la comtesse* *** (1746, in-12, réimprimées dans le tome II des *Opuscules* de l'auteur, en 1753), et l'*Année littéraire*, sont de Fréron.
3. *Questions sur l'Encyclopédie*, cinquième partie, 1771. (B.)

ÉPIGRAMME.

plupart fines et gracieuses; elles n'ont rien des images grossières que Catulle et Martial ont prodiguées, et que Marot et d'autres ont imitées. En voici quelques-unes traduites avec une brièveté dont on a souvent reproché à la langue française d'être privée. L'auteur est inconnu [1].

SUR LES SACRIFICES A HERCULE.

Un peu de miel, un peu de lait,
Rendent Mercure favorable;
Hercule est bien plus cher, il est bien moins traitable;
Sans deux agneaux par jour il n'est point satisfait.
On dit qu'à mes moutons ce dieu sera propice.
Qu'il soit béni! mais entre nous,
C'est un peu trop en sacrifice :
Qu'importe qui les mange, ou d'Hercule ou des loups [2]?

SUR LAÏS, QUI REMIT SON MIROIR DANS LE TEMPLE DE VÉNUS.

Je le donne à Vénus puisqu'elle est toujours belle;
Il redouble trop mes ennuis :
Je ne saurais me voir dans ce miroir fidèle
Ni telle que j'étais, ni telle que je suis.

SUR UNE STATUE DE VÉNUS.

Oui, je me montrai toute nue
Au dieu Mars, au bel Adonis,
A Vulcain même, et j'en rougis;
Mais Praxitèle, où m'a-t-il vue?

SUR UNE STATUE DE NIOBÉ.

Le fatal courroux des dieux
Changea cette femme en pierre;
Le sculpteur a fait bien mieux :
Il a fait tout le contraire.

---

1. C'est Voltaire lui-même.
2. Cette première épigramme et la quatrième (sur Niobé) ont été l'objet des remarques de M. Boissonade, dans les *Notices et Extraits des manuscrits de la Bibliothèque du roi*, tome X, page 251, à la note.

ÉPIGRAMME.

SUR DES FLEURS, A UNE FILLE GRECQUE QUI PASSAIT POUR ÊTRE FIÈRE.

> Je sais bien que ces fleurs nouvelles
> Sont loin d'égaler vos appas ;
> Ne vous enorgueillissez pas :
> Le temps vous fanera comme elles.

SUR LÉANDRE, QUI NAGEAIT VERS LA TOUR D'HÉRO PENDANT UNE TEMPÊTE.

(Épigramme imitée depuis par Martial [1].)

> Léandre, conduit par l'Amour,
> En nageant, disait aux orages :
> Laissez-moi gagner les rivages,
> Ne me noyez qu'à mon retour.

A travers la faiblesse de la traduction, il est aisé d'entrevoir la délicatesse et les grâces piquantes de ces épigrammes. Qu'elles sont différentes des grossières images trop souvent peintes dans Catulle et dans Martial !

> At nunc pro cervo mentula supposita est.
> (MARTIAL, III, 91.)

> Teque puta cunnos, uxor, habere duos.
> (MARTIAL, XI, 44.)

Marot en a fait quelques-unes, où l'on retrouve toute l'aménité de la Grèce.

> Plus ne suis ce que j'ai été
> Et ne le saurois jamais être ;
> Mon beau printemps et mon été
> Ont fait le saut par la fenêtre.
> Amour, tu as été mon maître,
> Je t'ai servi sur tous les dieux.
> O ! si je pouvois deux fois naître,
> Comment je te servirois mieux !

---

1. *Spect.* XXV ou XXVIII, et livre XIV, 179 ou 181. Chardon de La Rochette (*Mélanges*, I, 287) remarque que l'on chercherait vainement dans l'*Anthologie* l'original des vers de Martial, qui peut cependant les avoir traduits ou imités d'une pièce grecque qui ne nous sera pas parvenue.

Sans le printemps et l'été qui font *le saut par la fenêtre*, cette épigramme serait digne de Callimaque.

Je n'oserais en dire autant de ce rondeau, que tant de gens de lettres ont si souvent répété :

> Au bon vieux temps un train d'amour régnoit
> Qui sans grand art et dons se démenoit,
> Si qu'un bouquet donné d'amour profonde
> C'était donner toute la terre ronde,
> Car seulement au cœur on se prenoit ;
> Et si par cas à jouir on venoit,
> Savez-vous bien comme on s'entretenoit ?
> Vingt ans, trente ans ; cela duroit un monde
>   Au bon vieux temps.
>
> Or est perdu ce qu'amour ordonnoit [1],
> Rien que pleurs feints, rien que changes on n'oit.
> Qui voudra donc qu'à aimer je me fonde,
> Il faut premier que l'amour on refonde,
> Et qu'on la mène ainsi qu'on la menoit
>   Au bon vieux temps [2].

Je dirais d'abord que peut-être ces rondeaux, dont le mérite est de répéter à la fin de deux couplets les mots qui commencent ce petit poëme, sont une invention gothique et puérile, et que les Grecs et les Romains n'ont jamais avili la dignité de leurs langues harmonieuses par ces niaiseries difficiles.

Ensuite je demanderais ce que c'est qu'*un train d'amour qui règne*, un *train qui se démène sans dons*. Je pourrais demander si *venir à jouir par cas* sont des expressions délicates et agréables ; si *s'entretenir et se fonder à aimer* ne tiennent pas un peu de la barbarie du temps, que Marot adoucit dans quelques-unes de ses petites poésies.

Je penserais que *refondre l'amour* est une image bien peu convenable ; que si on le refond on ne le mène pas ; et je dirais enfin que les femmes pouvaient répliquer à Marot : Que ne le refonds-tu toi-même ? quel gré te saura-t-on d'un amour tendre et constant, quand il n'y aura point d'autre amour ?

---

1. Il est évident qu'alors on prononçait tous les *oi* rudement, *prenoit, demenoit, ordonnoit,* et non pas *ordonnait, démenait, prenait,* puisque ces terminaisons rimaient avec *oit*. Il est évident encore qu'on se permettait les bâillements, les hiatus. (*Note de Voltaire.*)
2. Marot, rondeau LXIV.

Le mérite de ce petit ouvrage semble consister dans une facilité naïve ; mais que de naïvetés dégoûtantes dans presque tous les ouvrages de la cour de François Ier !

> [1] Ton vieux couteau, Pierre Martel, rouillé,
> Semble ton v.. jà retrait et mouillé ;
> Et le fourreau tant laid où tu l'engaînes,
> C'est que toujours as aimé vieilles gaînes.
> Quant à la corde à quoi il est lié,
> C'est qu'attaché seras et marié.
> Au manche aussi de corne connoît-on
> Que tu seras cornu comme un mouton.
> Voilà le sens, voilà la prophétie
> De ton couteau, dont je te remercie.

Est-ce un courtisan qui est l'auteur d'une telle épigramme ? est-ce un matelot ivre dans un cabaret ? Marot, malheureusement, n'en a que trop fait dans ce genre.

Les épigrammes qui ne roulent que sur des débauches de moines et sur des obscénités sont méprisées des honnêtes gens ; elles ne sont goûtées que par une jeunesse effrénée, à qui le sujet plaît beaucoup plus que le style. Changez l'objet, mettez d'autres acteurs à la place, alors ce qui vous amusait paraîtra dans toute sa laideur.

ÉPIPHANIE [2].

LA VISIBILITÉ, L'APPARITION, L'ILLUSTRATION, LE RELUISANT.

On ne voit pas trop quel rapport ce mot peut avoir avec trois rois, ou trois mages, qui vinrent d'Orient conduits par une étoile. C'est apparemment cette étoile brillante qui valut à ce jour le titre d'*Épiphanie*.

On demande d'où venaient ces trois rois ? en quel endroit ils s'étaient donné rendez-vous ? Il y en avait un, dit-on, qui arrivait d'Afrique : celui-là n'était donc pas venu de l'Orient. On dit que c'étaient trois mages ; mais le peuple a toujours préféré trois rois. On célèbre partout la fête des rois, et nulle part celle des mages.

---

1. Marot, épigramme 209.
2. *Questions sur l'Encyclopédie*, cinquième partie, 1771. (B.)

ÉPIPHANIE.

On mange le gâteau des rois, et non pas le gâteau des mages. On crie *le roi boit!* et non pas *le mage boit.*

D'ailleurs, comme ils apportaient avec eux beaucoup d'or, d'encens et de myrrhe, il fallait bien qu'ils fussent de très-grands seigneurs. Les mages de ce temps-là n'étaient pas fort riches. Ce n'était pas comme du temps du faux Smerdis.

Tertullien est le premier qui ait assuré que ces trois voyageurs étaient des rois. Saint Ambroise et saint Césaire d'Arles tiennent pour les rois ; et on cite en preuve ces passages du psaume LXXI : « Les rois de Tarsis et des îles lui offriront des présents. Les rois d'Arabie et de Saba lui apporteront des dons. » Les uns ont appelé ces trois rois Magalat, Galgalat, Saraïm ; les autres, Athos, Satos, Paratoras. Les catholiques les connaissaient sous le nom de Gaspard, Melchior, et Balthasar. L'évêque Osorius rapporte que ce fut un roi de Cranganor dans le royaume de Calicut qui entreprit ce voyage avec deux mages, et que ce roi, de retour dans son pays, bâtit une chapelle à la sainte Vierge.

On demande combien ils donnèrent d'or à Joseph et à Marie? Plusieurs commentateurs assurent qu'ils firent les plus riches présents. Ils se fondent sur l'*Évangile de l'enfance*[1], dans lequel il est dit que Joseph et Marie furent volés en Égypte par Titus et Dumachus. Or, disent-ils, on ne les aurait pas volés s'ils n'avaient pas eu beaucoup d'argent. Ces deux voleurs furent pendus depuis ; l'un fut le bon larron, et l'autre le mauvais larron. Mais l'Évangile de Nicodème leur donne d'autres noms : il les appelle Dimas et Gestas[2].

Le même Évangile de l'enfance dit que ce furent des mages et non pas des rois qui vinrent à Bethléem ; qu'ils avaient été à la vérité conduits par une étoile ; mais que l'étoile ayant cessé de paraître quand ils furent dans l'étable, un ange leur apparut en forme d'étoile pour leur en tenir lieu. Cet Évangile assure que cette visite des trois mages avait été prédite par Zoradasht, qui est le même que nous appelons Zoroastre.

Suarez a recherché ce qu'était devenu l'or que présentèrent les trois rois, ou les trois mages. Il prétend que la somme devait être très-forte, et que trois rois ne pouvaient faire un présent médiocre. Il dit que tout cet argent fut donné depuis à Judas,

---

1. Voyez le paragraphe XXIII de l'*Évangile de l'enfance*, dans la *Collection d'anciens évangiles* (*Mélanges*, année 1769). (B.)
2. Voyez le paragraphe IX de l'*Évangile de Nicodème*, dans la *Collection d'anciens évangiles* (*Mélanges*, année 1769). (B.)

qui, servant de maître-d'hôtel, devint un fripon et vola tout le trésor.

Toutes ces puérilités n'ont fait aucun tort à la fête de l'Épiphanie, qui fut d'abord instituée par l'Église grecque, comme le nom le porte, et ensuite célébrée par l'Église latine.

ÉPOPÉE[1].

POËME ÉPIQUE.

Puisque *épos* signifiait *discours* chez les Grecs, un poëme épique était donc un discours ; et il était en vers, parce que ce n'était pas encore la coutume de raconter en prose. Cela paraît bizarre, et n'en est pas moins vrai. Un Phérécide passe pour le premier Grec qui se soit servi tout uniment de la prose pour faire une histoire moitié vraie[2], moitié fausse, comme elles l'ont été presque toutes dans l'antiquité.

Orphée, Linus, Tamyris, Musée, prédécesseurs d'Homère, n'écrivirent qu'en vers. Hésiode, qui était certainement contemporain d'Homère, ne donne qu'en vers sa *Théogonie* et son poëme *des Travaux et des Jours*. L'harmonie de la langue grecque invitait tellement les hommes à la poésie, une maxime resserrée dans un vers se gravait si aisément dans la mémoire, que les lois, les oracles, la morale, la théologie, tout était en vers.

D'HÉSIODE.

Il fit usage des fables qui depuis longtemps étaient reçues dans la Grèce. On voit clairement, à la manière succincte dont il parle de Prométhée et d'Épiméthée, qu'il suppose ces notions déjà familières à tous les Grecs. Il n'en parle que pour montrer qu'il faut travailler, et qu'un lâche repos dans lequel d'autres mythologistes ont fait consister la félicité de l'homme est un attentat contre les ordres de l'Être suprême.

Tâchons de présenter ici au lecteur une imitation de sa fable de Pandore, en changeant cependant quelque chose aux premiers vers, et en nous conformant aux idées reçues depuis Hésiode : car aucune mythologie ne fut jamais uniforme :

---

1. *Questions sur l'Encyclopédie*, cinquième partie, 1771. (B.)
2. Moitié vraie, c'est beaucoup. (*Note de Voltaire.*)

Prométhée autrefois pénétra dans les cieux.
Il prit le feu sacré, qui n'appartient qu'aux dieux.
Il en fit part à l'homme; et la race mortelle
De l'esprit qui meut tout obtint quelque étincelle.
« Perfide! s'écria Jupiter irrité,
Ils seront tous punis de ta témérité. »
Il appela Vulcain; Vulcain créa Pandore.

De toutes les beautés qu'en Vénus on adore
Il orna mollement ses membres délicats;
Les Amours, les Désirs, forment ses premiers pas.
Les trois Graces et Flore arrangent sa coiffure,
Et mieux qu'elles encore elle entend la parure.
Minerve lui donna l'art de persuader;
La superbe Junon celui de commander.
Du dangereux Mercure elle apprit à séduire,
A trahir ses amants, à cabaler, à nuire;
Et par son écolière il se vit surpassé.

Ce chef-d'œuvre fatal aux mortels fut laissé;
De Dieu sur les humains tel fut l'arrêt suprême :
Voilà votre supplice, et j'ordonne qu'on l'aime [1]

Il envoie à Pandore un écrin précieux;
Sa forme et son éclat éblouissent les yeux.
Quels biens doit renfermer cette boîte si belle!
De la bonté des Dieux c'est un gage fidèle;
C'est là qu'est renfermé le sort du genre humain.
Nous serons tous des dieux... Elle l'ouvre; et soudain
Tous les fléaux ensemble inondent la nature.
Hélas! avant ce temps, dans une vie obscure,
Les mortels moins instruits étaient moins malheureux;
Le vice et la douleur n'osaient approcher d'eux;
La pauvreté, les soins, la peur, la maladie,
Ne précipitaient point le terme de leur vie.
Tous les cœurs étaient purs, et tous les jours sereins, etc.

Si Hésiode avait toujours écrit ainsi, qu'il serait supérieur à Homère!

Ensuite Hésiode décrit les quatre âges fameux, dont il est le premier qui ait parlé (du moins parmi les anciens auteurs qui nous restent). Le premier âge est celui qui précéda Pandore,

---

1. On a placé ici ces vers d'Hésiode, qui sont dans le texte avant la création de Pandore. (*Note de Voltaire.*)

temps auquel les hommes vivaient avec les dieux. L'âge de fer est celui du siége de Thèbes et de Troie. « Je suis, dit-il, dans le cinquième, et je voudrais n'être pas né. » Que d'hommes accablés par l'envie, par le fanatisme et par la tyrannie, en ont dit autant depuis Hésiode!

C'est dans ce poëme *des Travaux et des Jours* qu'on trouve des proverbes qui se sont perpétués, comme : « le potier est jaloux du potier; » et il ajoute : « le musicien du musicien, et le pauvre même du pauvre. » C'est là qu'est l'original de cette fable du rossignol tombé dans les serres du vautour[1]. Le rossignol chante en vain pour le fléchir, le vautour le dévore. Hésiode ne conclut pas que « ventre affamé n'a point d'oreilles », mais que les tyrans ne sont point fléchis par les talents.

On trouve dans ce poëme cent maximes dignes des Xénophon et des Caton :

Les hommes ignorent le prix de la sobriété ; ils ne savent pas que la moitié vaut mieux que le tout. — L'iniquité n'est pernicieuse qu'aux petits. — L'équité seule fait fleurir les cités. — Souvent un homme injuste suffit pour ruiner sa patrie. — Le méchant qui ourdit la perte d'un homme prépare souvent la sienne. — Le chemin du crime est court et aisé. Celui de la vertu est long et difficile ; mais près du but il est délicieux. — Dieu a posé le travail pour sentinelle de la vertu.

Enfin ses préceptes sur l'agriculture ont mérité d'être imités par Virgile. Il y a aussi de très-beaux morceaux dans sa *Théogonie*. L'Amour qui débrouille le chaos ; Vénus qui, née sur la mer des parties génitales d'un dieu, nourrie sur la terre, toujours suivie de l'Amour, unit le ciel, la mer et la terre ensemble, sont des emblèmes admirables.

Pourquoi donc Hésiode eut-il moins de réputation qu'Homère? Il me semble qu'à mérite égal Homère dût être préféré par les Grecs : il chantait leurs exploits et leurs victoires sur les Asiatiques, leurs éternels ennemis ; il célébrait toutes les maisons qui régnaient de son temps dans l'Achaïe et dans le Péloponèse ; il écrivait la guerre la plus mémorable du premier peuple de l'Europe contre la plus florissante nation qui fût encore connue dans l'Asie. Son poëme fut presque le seul monument de cette grande époque. Point de ville, point de famille qui ne se crût honorée de trouver son nom dans ces archives de la valeur. On assure même que, longtemps après lui, quelques différends

---

1. Voyez les Fables de La Fontaine, livre IX, fable XVIII.

ÉPOPÉE.

entre des villes grecques, au sujet des terrains limitrophes, furent décidés par des vers d'Homère. Il devint après sa mort le juge des villes dans lesquelles on prétend qu'il demandait l'aumône pendant sa vie. Et cela prouve encore que les Grecs avaient des poëtes longtemps avant d'avoir des géographes.

Il est étonnant que les Grecs, se faisant tant d'honneur des poëmes épiques qui avaient immortalisé les combats de leurs ancêtres, ne trouvassent personne qui chantât les journées de Marathon, des Thermopyles, de Platée, de Salamine. Les héros de ce temps-là valaient bien Agamemnon, Achille, et les Ajax.

Tyrtée, capitaine, poëte et musicien, tel que nous avons vu de nos jours le roi de Prusse, fit la guerre, et la chanta. Il anima les Spartiates contre les Messéniens par ses vers, et remporta la victoire. Mais ses ouvrages sont perdus. On ne dit point qu'il ait paru de poëme épique dans le siècle de Périclès ; les grands talents se tournèrent vers la tragédie : ainsi Homère resta seul, et sa gloire augmenta de jour en jour. Venons à son *Iliade*.

DE L'ILIADE.

Ce qui me confirme dans l'opinion qu'Homère était de la colonie grecque établie à Smyrne, c'est cette foule de métaphores et de peintures dans le style oriental : la terre qui retentit sous les pieds dans la marche de l'armée, comme les foudres de Jupiter sur les monts qui couvrent le géant Typhée ; un vent plus noir que la nuit qui vole avec les tempêtes ; Mars et Minerve, suivis de la Terreur, de la Fuite et de l'insatiable Discorde, sœur et compagne de l'homicide dieu des combats, qui s'élève dès qu'elle paraît, et qui, en foulant la terre, porte dans le ciel sa tête orgueilleuse : toute *l'Iliade* est pleine de ces images ; et c'est ce qui faisait dire au sculpteur Bouchardon : « Lorsque j'ai lu Homère, j'ai cru avoir vingt pieds de haut[1]. »

Son poëme, qui n'est point du tout intéressant pour nous, était donc très-précieux pour tous les Grecs.

Ses dieux sont ridicules aux yeux de la raison, mais ils ne l'étaient pas à ceux du préjugé ; et c'était pour le préjugé qu'il écrivait.

---

1. Voici textuellement le propos naïf de Bouchardon : « Il y a quelques jours qu'il m'est tombé entre les mains un vieux livre français que je ne connaissais point ; cela s'appelle *l'Iliade* d'Homère. Depuis que j'ai lu ce livre-là, les hommes ont quinze pieds pour moi, et je ne dors plus. »

Nous rions, nous levons les épaules en voyant des dieux qui se disent des injures, qui se battent entre eux, qui se battent contre des hommes, qui sont blessés, et dont le sang coule ; mais c'était là l'ancienne théologie de la Grèce et de presque tous les peuples asiatiques. Chaque nation, chaque petite peuplade avait sa divinité particulière qui la conduisait aux combats.

Les habitants des nuées et des étoiles, qu'on supposait dans les nuées, s'étaient fait une guerre cruelle. La guerre des anges contre les anges était le fondement de la religion des brachmanes, de temps immémorial. La guerre des Titans, enfants du Ciel et de la Terre, contre les dieux maîtres de l'Olympe, était le premier mystère de la religion grecque. Typhon, chez les Égyptiens, avait combattu contre Oshireth, que nous nommons Osiris, et l'avait taillé en pièces.

Mme Dacier, dans sa préface de *l'Iliade*, remarque très-sensément, après Eustathe, évêque de Thessalonique, et Huet, évêque d'Avranches, que chaque nation voisine des Hébreux avait son dieu des armées. En effet, Jephté ne dit-il pas aux Ammonites [1] : « Vous possédez justement ce que votre dieu Chamos vous a donné; souffrez donc que nous ayons ce que notre Dieu nous donne ? »

Ne voit-on pas le Dieu de Juda vainqueur dans les montagnes [2], mais repoussé dans les vallées?

Quant aux hommes qui luttent contre les immortels, c'est encore une idée reçue; Jacob lutte une nuit entière contre un ange de Dieu. Si Jupiter envoie un songe trompeur au chef des Grecs, le Seigneur envoie un esprit trompeur au roi Achab. Ces emblèmes étaient fréquents, et n'étonnaient personne. Homère a donc peint son siècle; il ne pouvait pas peindre les siècles suivants.

On doit répéter ici que ce fut une étrange entreprise, dans Lamotte [3], de dégrader Homère, et de le traduire; mais il fut encore plus étrange de l'abréger pour le corriger. Au lieu d'échauffer son génie en tâchant de copier les sublimes peintures d'Homère, il voulut lui donner de l'esprit : c'est la manie de la plupart des Français; une espèce de pointe qu'ils appellent un *trait*, une petite antithèse, un léger contraste de mots leur suffit.

---

1. *Juges*, chapitre XI, v. 24. (*Note de Voltaire.*)
2. *Ibid.*, chapitre I, v. 19. (*Id.*)
3. Voltaire avait parlé de l'étrange entreprise de Lamotte dans le chapitre II de son *Essai sur la poésie épique* (tome VIII, à la suite de *la Henriade*). Voyez aussi dans les *Mélanges*, année 1749, l'article Assaut, dans la *Connaissance des beautés et des défauts de la poésie et de l'éloquence dans la langue française*.

ÉPOPÉE.

C'est un défaut dans lequel Racine et Boileau ne sont presque jamais tombés. Mais combien d'auteurs, combien d'hommes de génie même, se sont laissé séduire par ces puérilités, qui dessèchent et qui énervent tout genre d'éloquence !

En voici, autant que j'en puis juger, un exemple bien frappant. Phénix, au livre neuvième, pour apaiser la colère d'Achille, lui parle à peu près ainsi :

> Les Prières, mon fils, devant vous éplorées,
> Du souverain des dieux sont les filles sacrées ;
> Humbles, le front baissé, les yeux baignés de pleurs,
> Leur voix triste et craintive exhale leurs douleurs.
> On les voit, d'une marche incertaine et tremblante,
> Suivre de loin l'Injure impie et menaçante,
> L'Injure au front superbe, au regard sans pitié,
> Qui parcourt à grands pas l'univers effrayé.
> Elles demandent grâce... et lorsqu'on les refuse,
> C'est au trône de Dieu que leur voix vous accuse ;
> On les entend crier en lui tendant les bras :
> Punissez le cruel qui ne pardonne pas ;
> Livrez ce cœur farouche aux affronts de l'Injure ;
> Rendez-lui tous les maux qu'il aime qu'on endure ;
> Que le barbare apprenne à gémir comme nous.
> Jupiter les exauce ; et son juste courroux
> S'appesantit bientôt sur l'homme impitoyable.

Voilà une traduction faible, mais assez exacte ; et, malgré la gêne de la rime et la sécheresse de la langue, on aperçoit quelques traits de cette grande et touchante image, si fortement peinte dans l'original.

Que fait le correcteur d'Homère ? Il mutile en deux vers d'antithèses toute cette peinture :

> On irrite les dieux ; mais par des sacrifices,
> De ces dieux irrités on fait des dieux propices.
>
> (LAMOTTE-HOUDARD, *Iliade*, ch. VI.)

Ce n'est plus qu'une sentence triviale et froide. Il y a sans doute des longueurs dans le discours de Phénix ; mais ce n'était pas la peinture des Prières qu'il fallait retrancher.

Homère a de grands défauts ; Horace l'avoue [1], tous les

---

1.   . . .   Quandoque bonus dormitat Homerus.
(*Ars poet.*, v. 359.)

hommes de goût en conviennent : il n'y a qu'un commentateur qui puisse être assez aveugle pour ne les pas voir. Pope lui-même, traducteur du poëte grec, dit que « c'est une vaste campagne, mais brute, où l'on rencontre des beautés naturelles de toute espèce, qui ne se présentent pas aussi régulièrement que dans un jardin régulier ; que c'est une abondante pépinière qui contient les semences de tous les fruits, un grand arbre qui pousse des branches superflues qu'il faut couper ».

Mme Dacier prend le parti de la vaste campagne, de la pépinière et de l'arbre, et veut qu'on ne coupe rien. C'était sans doute une femme au-dessus de son sexe, et qui a rendu de grands services aux lettres, ainsi que son mari ; mais quand elle se fit homme, elle se fit commentateur ; elle outra tant ce rôle qu'elle donna envie de trouver Homère mauvais. Elle s'opiniâtra au point d'avoir tort avec M. de Lamotte même. Elle écrivit contre lui en régent de collége, et Lamotte répondit comme aurait fait une femme polie et de beaucoup d'esprit. Il traduisit très-mal *l'Iliade*, mais il l'attaqua fort bien.

Nous ne parlerons pas ici de *l'Odyssée* ; nous en dirons quelque chose quand nous serons à l'Arioste.

DE VIRGILE.

Il me semble que le second livre de *l'Énéide*, le quatrième et le sixième, sont autant au-dessus de tous les poëtes grecs et de tous les latins, sans exception, que les statues de Girardon sont supérieures à toutes celles qu'on fit en France avant lui.

On a souvent dit que Virgile a emprunté beaucoup de traits d'Homère, et que même il lui est inférieur dans ses imitations ; mais il ne l'a point imité dans ces trois chants dont je parle. C'est là qu'il est lui-même ; c'est là qu'il est touchant et qu'il parle au cœur. Peut-être n'était-il point fait pour le détail terrible mais fatigant des combats. Horace avait dit de lui, avant qu'il eût entrepris *l'Enéide* :

. . . . . . Molle atque facetum
Virgilio annuerunt gaudentes rure camœnæ.

(Hor., lib. I, sat. x, vers 44.)

Facetum ne signifie pas ici *facétieux*, mais agréable. Je ne sais si on ne retrouve pas un peu de cette mollesse heureuse et attendrissante dans la passion fatale de Didon. Je crois du moins y

ÉPOPÉE.

retrouver l'auteur de ces vers admirables qu'on rencontre dans ses églogues :

> Ut vidi, ut perii, ut me malus abstulit error!
> (Virg., *eclog.* viii, 41.)

Certainement le chant de la descente aux enfers ne serait pas déparé par ces vers de la quatrième églogue :

> Ille deum vitam accipiet, divisque videbit
> Permixtos heroas, et ipse videbitur illis;
> Pacatumque reget patriis virtutibus orbem.

Je crois revoir beaucoup de ces traits simples, élégants, attendrissants, dans les trois beaux chants de *l'Énéide*.

Tout le quatrième chant est rempli de vers touchants, qui font verser des larmes à ceux qui ont de l'oreille et du sentiment.

> Dissimulare etiam sperasti, perfide, tantum
> Posse nefas, tacitusque mea decedere terra?
> Nec te noster amor, nec te data dextera quondam,
> Nec moritura tenet crudeli funere Dido?
> (V, 305-308.)

> Conscendit furibunda rogos, ensemque recludit
> Dardanium, non hos quæsitum munus in usus,
> (V, 646-647.)

Il faudrait transcrire presque tout ce chant, si on voulait en faire remarquer les beautés.

Et dans le sombre tableau des enfers, que de vers encore respirent cette mollesse touchante et noble à la fois!

> Ne, pueri, ne tanta animis assuescite bella.
> (VI, 832.)

> Tuque prior, tu, parce, genus qui ducis Olympo;
> Projice tela manu, sanguis meus,
> (VI, 834-835.)

Enfin on sait combien de larmes fit verser à l'empereur Auguste, à Livie[1], à tout le palais, ce seul demi-vers :

> Tu Marcellus eris. . . . .
> (VI, 883.)

---

1. M. Mongez a démontré la fausseté de cette anecdote dans un mémoire lu à l'Académie des inscriptions et belles-lettres, en 1818, qui n'est pas encore imprimé

Homère n'a jamais fait répandre de pleurs. Le vrai poëte est, à ce qui me semble, celui qui remue l'âme et qui l'attendrit ; les autres sont de beaux parleurs. Je suis loin de proposer cette opinion pour règle. *Je donne mon avis,* dit Montaigne, *non comme bon, mais comme mien* [1].

DE LUCAIN.

Si vous cherchez dans Lucain l'unité de lieu et d'action, vous ne la trouverez pas ; mais où la trouveriez-vous ? Si vous espérez sentir quelque émotion, quelque intérêt, vous n'en éprouverez pas dans les longs détails d'une guerre dont le fond est rendu très-sec, et dont les expressions sont ampoulées ; mais si vous voulez des idées fortes, des discours d'un courage philosophique et sublime, vous ne les verrez que dans Lucain parmi les anciens. Il n'y a rien de plus grand que le discours de Labiénus à Caton, aux portes du temple de Jupiter Ammon, si ce n'est la réponse de Caton même :

> Hæremus cuncti superis; templöque tacente
> Nil facimus non sponte Dei. . . .
> . . . . . Storiles num legit arenas
> Ut caneret paucis? mersitne hoc pulvere verum?
> Estne Dei sedes nisi terra, et pontus, et aer,
> Et cœlum, et virtus? Superos quid quærimus ultra?
> Jupiter est quodcumque vides, quocumque moveris.
>
> (*Pharsale*, l. IX, v. 573-574 ; 576-580.)

Mettez ensemble tout ce que les anciens poëtes ont dit des dieux, ce sont des discours d'enfants en comparaison de ce morceau de Lucain. Mais dans un vaste tableau où l'on voit cent personnages, il ne suffit pas qu'il y en ait un ou deux supérieurement dessinés.

DU TASSE.

Boileau a dénigré le clinquant du Tasse [2] ; mais qu'il y ait une centaine de paillettes d'or faux dans une étoffe d'or, on doit le pardonner. Il y a beaucoup de pierres brutes dans le grand bâti-

---

dans les volumes de l'Académie, mais qu'on peut voir dans l'*Iconographie romaine*, tome II, soit in-folio, soit in-4°. (B.)

1. Ce ne sont pas tout à fait les expressions de Montaigne, livre Ier, chapitre xxv.
2. Satire ix, vers 176.

ment de marbre élevé par Homère. Boileau le savait, le sentait, et il n'en parle pas. Il faut être juste.

On renvoie le lecteur à ce qu'on a dit du Tasse dans l'*Essai sur la Poésie épique*[1]. Mais il faut dire ici qu'on sait par cœur ses vers en Italie. Si à Venise, dans une barque, quelqu'un récite une stance de la *Jérusalem délivrée*, la barque voisine lui répond par la stance suivante.

Si Boileau eût entendu ces concerts, il n'aurait eu rien à répliquer.

On connaît assez le Tasse : je ne répéterai ici ni les éloges ni les critiques. Je parlerai un peu plus au long de l'Arioste.

DE L'ARIOSTE.

L'*Odyssée* d'Homère semble avoir été le premier modèle du *Morgante*, de l'*Orlando innamorato*, et de l'*Orlando furioso*; et, ce qui n'arrive pas toujours, le dernier de ces poëmes a été sans contredit le meilleur.

Les compagnons d'Ulysse changés en pourceaux ; les vents enfermés dans une peau de chèvre ; des musiciennes qui ont des queues de poisson et qui mangent ceux qui approchent d'elles ; Ulysse qui suit tout nu le chariot d'une belle princesse, qui venait de faire la grande lessive ; Ulysse déguisé en gueux qui demande l'aumône, et qui ensuite tue tous les amants de sa vieille femme, aidé seulement de son fils et de deux valets, sont des imaginations qui ont donné naissance à tous les romans en vers qu'on a faits depuis dans ce goût.

Mais le roman de l'Arioste est si plein et si varié, si fécond en beautés de tous les genres, qu'il m'est arrivé plus d'une fois, après l'avoir lu tout entier, de n'avoir d'autre désir que d'en recommencer la lecture. Quel est donc le charme de la poésie naturelle ! Je n'ai jamais pu lire un seul chant de ce poëme dans nos traductions en prose.

Ce qui m'a surtout charmé dans ce prodigieux ouvrage[2], c'est que l'auteur, toujours au-dessus de sa matière, la traite en badinant. Il dit les choses les plus sublimes sans effort, et il les finit souvent par un trait de plaisanterie qui n'est ni déplacé ni recherché. C'est à la fois *l'Iliade*, *l'Odyssée* et *Don Quichotte*; car son

---

1. A la suite de *la Henriade* (tome VIII).
2. Voltaire avait parlé autrement dans le chapitre vii de son *Essai sur la Poésie épique*.

principal chevalier errant devient fou comme le héros espagnol, et est infiniment plus plaisant. Il y a bien plus, on s'intéresse à Roland, et personne ne s'intéresse à don Quichotte, qui n'est représenté dans Cervantès que comme un insensé à qui on fait continuellement des malices.

Le fond du poëme, qui rassemble tant de choses, est précisément celui de notre roman de *Cassandre*, qui eut tant de vogue autrefois parmi nous, et qui a perdu cette vogue absolument parce qu'ayant la longueur de l'*Orlando furioso*, il n'a aucune de ses beautés ; et quand il les aurait en prose française, cinq ou six stances de l'Arioste les éclipseraient toutes. Ce fond du poëme est que la plupart des héros, et les princesses qui n'ont pas péri pendant la guerre, se retrouvent dans Paris après mille aventures, comme les personnages du roman de *Cassandre* se retrouvent dans la maison de Polémon.

Il y a dans l'*Orlando furioso* un mérite inconnu à toute l'antiquité : c'est celui de ses exordes. Chaque chant est comme un palais enchanté, dont le vestibule est toujours dans un goût différent, tantôt majestueux, tantôt simple, même grotesque. C'est de la morale, ou de la gaieté, ou de la galanterie, et toujours du naturel et de la vérité.

Voyez seulement cet exorde du quarante-quatrième chant de ce poëme, qui en contient quarante-six, et qui cependant n'est pas trop long ; de ce poëme, qui est tout en stances rimées, et qui cependant n'a rien de gêné ; de ce poëme, qui démontre la nécessité de la rime dans toutes les langues modernes ; de ce poëme charmant, qui démontre surtout la stérilité et la grossièreté des poëmes épiques barbares dans lesquels les auteurs se sont affranchis du joug de la rime parce qu'ils n'avaient pas la force de le porter, comme disait Pope [1], et comme l'a écrit Louis Racine, qui a eu raison alors :

> Spesso in poveri alberghi, e in picciol tetti, etc.

On a imité ainsi, plutôt que traduit, cet exorde :

> L'amitié sous le chaume habita quelquefois ;
> On ne la trouve point dans les cours orageuses,
> Sous les lambris dorés des prélats et des rois,
> Séjour des faux serments, des caresses trompeuses,

---

[1]. Voyez dans les *Articles extraits de la Gazette littéraire* (*Mélanges*, année 1764), celui du 2 mai ; et la dédicace d'*Irène* (tome VI du *Théâtre*).

Des sourdes factions, des effrénés désirs ;
Séjour où tout est faux, et même les plaisirs.

Les papes, les césars, apaisant leur querelle,
Jurent sur l'Évangile une paix fraternelle ;
Vous les voyez demain l'un de l'autre ennemis ;
C'était pour se tromper qu'ils s'étaient réunis :
Nul serment n'est gardé, nul accord n'est sincère ;
Quand la bouche a parlé, le cœur dit le contraire.
Du ciel qu'ils attestaient ils bravaient le courroux ;
L'intérêt est le dieu qui les gouverne tous.

Il n'y a personne d'assez barbare pour ignorer qu'Astolphe alla dans le paradis (chant XXXIV) reprendre le bon sens de Roland, que la passion de ce héros pour Angélique lui avait fait perdre, et qu'il le lui rendit très-proprement renfermé dans une fiole.

Le prologue du trente-cinquième chant est une allusion à cette aventure :

Chi salirà per me, madonna, in cielo, etc.

Ceux qui n'entendent pas l'italien peuvent se faire quelque idée de ces strophes par la version française :

Oh ! si quelqu'un voulait monter pour moi
Au paradis ! s'il y pouvait reprendre
Mon sens commun ! s'il daignait me le rendre !...
Belle Aglaé, je l'ai perdu pour toi ;
Tu m'as rendu plus fou que Roland même ;
C'est ton ouvrage : on est fou quand on aime.
Pour retrouver mon esprit égaré
Il ne faut pas faire un si long voyage.
Tes yeux l'ont pris, il en est éclairé,
Il est errant sur ton charmant visage,
Sur ton beau sein, ce trône des amours ;
Il m'abandonne. Un seul regard peut-être,
Un seul baiser peut le rendre à son maître :
Mais sous tes lois il restera toujours.

Ce *molle et facetum* [1] de l'Arioste, cette urbanité, cet atticisme, cette bonne plaisanterie répandue dans tous ses chants, n'ont été ni rendus, ni même sentis par Mirabaud, son traducteur, qui ne

---

1. Horace, livre Ier, satire x.

s'est pas douté que l'Arioste raillait de toutes ses imaginations. Voyez seulement le prologue du vingt-quatrième chant :

> Chi mette il piè sul' amorosa pania
> Cerchi ritrarlo, e non v'inveschi l'ale;
> Chè non è in somma amor se non insania,
> A giudicio de' savi universale.
> E sebben, come Orlando, ognum non smania,
> Suo furor mostra a qualche altro segnale;
> E qual è di pazzia segno più espresso
> Chè per altri voler perder se stesso?

> Varj gli effetti son; ma la pazzia
> È tutt' una però che li fa uscire.
> Gli è come una gran selva, ove la via
> Conviene a forza, a chi vi va, fallire;
> Chi sù, chi giù, chi quà, chi la travia.
> Per concludere in somma, io vi vo' dire :
> A chi in amor s'invecchia, oltr' ogni pena
> Si convengono i ceppi, e la catena.

> Ben mi si potria dir : Frate, tu vai
> L'altrui mostrando, e non vedi il tuo fallo.
> Io vi rispondo che comprendo assai,
> Or che di mente ho lucido intervallo;
> Ed ho gran cura (e spero farlo omai)
> Di riposarmi, e d'uscir fuor di ballo.
> Ma tosto far, come vorrei,, nol posso;
> Che'l male è penetrato infin all'osso.

Voici comme Mirabaud traduit sérieusement cette plaisanterie :
« Que celui qui a mis le pied sur les gluaux de l'amour tâche de l'en tirer promptement, et qu'il prenne bien garde à n'y pas laisser aussi engluer ses ailes : car, au jugement unanime des plus sages, l'amour est une vraie folie. Quoique tous ceux qui s'y abandonnent ne deviennent pas furieux comme Roland, il n'y en a cependant pas un seul qui ne fasse voir de quelque manière combien sa raison est égarée....

« Les effets de cette manie sont différents, mais une même cause les produit ; c'est comme une épaisse forêt où quiconque veut entrer s'égare nécessairement : l'un prend à droite, l'autre prend à gauche ; l'un marche en montant, l'autre en descendant. Sans compter enfin toutes les autres peines que l'amour fait souffrir, il nous ôte encore la liberté et nous charge de fers.

« Quelqu'un me dira peut-être : Eh! mon ami, prenez pour

ÉPOPÉE.

vous-même le conseil que vous donnez aux autres. C'est bien aussi mon dessein à présent que la raison m'éclaire ; je songe à m'affranchir d'un joug qui me pèse, et j'espère que j'y parviendrai. Il est pourtant vrai que le mal étant fort enraciné, il me faudra pour en guérir beaucoup plus de temps que je ne voudrais. »

Je crois reconnaître davantage l'esprit de l'Arioste dans cette imitation faite par un auteur inconnu[1] :

> Qui dans la glu du tendre amour s'empêtre,
> De s'en tirer n'est pas longtemps le maître ;
> On s'y démène, on y perd son bon sens ;
> Témoin Roland et d'autres personnages,
> Tous gens de bien, mais fort extravagants :
> Ils sont tous fous ; ainsi l'ont dit les sages.
>
> Cette folie a différents effets ;
> Ainsi qu'on voit dans de vastes forêts,
> A droite, à gauche, errer à l'aventure
> Des pèlerins au gré de leur monture ;
> Leur grand plaisir est de se fourvoyer,
> Et pour leur bien je voudrais les lier.
>
> A ce propos quelqu'un me dira : Frère,
> C'est bien prêché ; mais il fallait te taire.
> Corrige-toi sans sermonner les gens.
> Oui, mes amis ; oui, je suis très-coupable,
> Et j'en conviens quand j'ai de bons moments ;
> Je prétends bien changer avec le temps,
> Mais jusqu'ici le mal est incurable.

Quand je dis que l'Arioste égale Homère dans la description des combats, je n'en veux pour preuve que ces vers :

> . . . .
> Suona l'un brando e l'altro, or basso or alto :
> Il martel di Vulcano era più tardo
> Nella spelonca affumicata, dove
> Battea all'incude i folgori di Giove.
>
> (Cant. II, st. 8.)
>
> Aspro concento, orribile armonia
> D'alte querele, d'ululi e di strida
> Della misera gente, che peria
> Nel fondo, per cagion della sua guida,

---

1. Voltaire lui-même.

Istranamente concordar s'udia
Col fiero suon della fiamma omicida.
. . . .
(Cant. XIV, st. 134.)

L'alto romor delle sonore trombe,
De' timpani e de' barbari stromenti
Giunti al continuo suon d'archi, di frombe,
Di macchine, di ruote e di tormenti,
E quel di che più par che'l ciel rimbombe,
Gridi, tumulti, gemiti e lamenti,
Rendono un alto suon, ch'a quel s'accorda
Con che i vicin, cadendo, il Nilo assorda.
(Cant. XVI, st. 56.)

. . . .
Alle squallide ripe d'Acheronte
Sciolta dal corpo, più freddo che ghiaccio,
Bestemmiando fuggì l'alma sdegnosa,
Che fu sì altera al mondo e sì orgogliosa.
(Cant. XLVI, st. 140.)

Voici une faible traduction de ces beaux vers :

Entendez-vous leur armure guerrière
Qui retentit des coups de cimeterre?
Moins violents, moins prompts sont les marteaux
Qui vont frappant les célestes carreaux,
Quand, tout noirci de fumée et de poudre,
Au mont Etna Vulcain forge la foudre.
. . . .
Concert horrible, exécrable harmonie
De cris aigus et de longs hurlements,
Du bruit des cors, des plaintes des mourants,
Et du fracas des maisons embrasées
Que sous leurs toits la flamme a renversées!
Des instruments de ruine et de mort
Volant en foule et d'un commun effort,
Et la trompette organe du carnage,
De plus d'horreurs emplissent ce rivage
Que n'en ressent l'étonné voyageur
Alors qu'il voit tout le Nil en fureur,
Tombant des cieux qu'il touche et qu'il inonde,
Sur cent rochers précipiter son onde.
. . . .
Alors, alors, cette âme si terrible,
Impitoyable, orgueilleuse, inflexible,

> Fuit de son corps et sort en blasphémant,
> Superbe encore à son dernier moment,
> Et défiant les éternels abîmes
> Où s'engloutit la foule de ses crimes.

Il a été donné à l'Arioste d'aller et de revenir de ces descriptions terribles aux peintures les plus voluptueuses, et de ces peintures à la morale la plus sage. Ce qu'il y a de plus extraordinaire encore, c'est d'intéresser vivement pour les héros et les héroïnes dont il parle, quoiqu'il y en ait un nombre prodigieux. Il y a presque autant d'événements touchants dans son poëme que d'aventures grotesques ; et son lecteur s'accoutume si bien à cette bigarrure qu'il passe de l'un à l'autre sans en être étonné.

Je ne sais quel plaisant a fait courir le premier ce mot prétendu du cardinal d'Este : « Messer Lodovico, dove avete pigliato tante coglionerie ? » Le cardinal aurait dû ajouter : « Dove avete pigliato tante cose divine ? » Aussi est-il appelé en Italie *il divino Ariosto*.

Il fut le maître du Tasse. L'Armide est d'après l'Alcine. Le voyage des deux chevaliers qui vont désenchanter Renaud est absolument imité du voyage d'Astolphe. Et il faut avouer encore que les imaginations fantasques qu'on trouve si souvent dans le poëme de *Roland le furieux* sont bien plus convenables à un sujet mêlé de sérieux et de plaisant qu'au poëme sérieux du Tasse, dont le sujet semblait exiger des mœurs plus sévères.

Je n'avais pas osé autrefois[1] le compter parmi les poëtes épiques ; je ne l'avais regardé que comme le premier des grotesques ; mais en le relisant je l'ai trouvé aussi sublime que plaisant, et je lui fais très-humblement réparation. Il est très-vrai que le pape Léon X publia une bulle en faveur de l'*Orlando furioso*, et déclara excommuniés ceux qui diraient du mal de ce poëme. Je ne veux pas encourir l'excommunication.

C'est un grand avantage de la langue italienne, ou plutôt c'est un rare mérite dans le Tasse et dans l'Arioste, que des poëmes si longs, non-seulement rimés, mais rimés en stances, en rimes croisées, ne fatiguent point l'oreille, et que le poëte ne paraisse presque jamais gêné.

Le Trissin, au contraire, qui s'est délivré du joug de la rime, semble n'en avoir que plus de contrainte, avec bien moins d'harmonie et d'élégance.

Spencer, en Angleterre, voulut rimer en stances son poëme de la *Fée reine*; on l'estima, et personne ne le put lire.

---

1. Voyez, tome VIII, le chapitre VII de l'*Essai sur la Poésie épique*.

Je crois la rime nécessaire à tous les peuples qui n'ont pas dans leur langue une mélodie sensible, marquée par les longues et par les brèves, et qui ne peuvent employer ces dactyles et ces spondées qui font un effet si merveilleux dans le latin.

Je me souviendrai toujours que je demandai au célèbre Pope pourquoi Milton n'avait pas rimé son *Paradis perdu*, et qu'il me répondit : « *Because he could not*, parce qu'il ne le pouvait pas[1]. »

Je suis persuadé que la rime, irritant, pour ainsi dire, à tout moment le génie, lui donne autant d'élancements que d'entraves ; qu'en le forçant de tourner sa pensée en mille manières, elle l'oblige aussi de penser avec plus de justesse, et de s'exprimer avec plus de correction. Souvent l'artiste, en s'abandonnant à la facilité des vers blancs, et sentant intérieurement le peu d'harmonie que ces vers produisent, croit y suppléer par des images gigantesques qui ne sont point dans la nature. Enfin, il lui manque le mérite de la difficulté surmontée.

Pour les poëmes en prose, je ne sais ce que c'est que ce monstre. Je n'y vois que l'impuissance de faire des vers. J'aimerais autant qu'on me proposât un concert sans instruments. Le *Cassandre* de La Calprenède sera, si l'on veut, un poëme en prose, j'y consens ; mais dix vers du Tasse valent mieux.

DE MILTON.

Si Boileau, qui n'entendit jamais parler de Milton, absolument inconnu de son temps, avait pu lire le *Paradis perdu*, c'est alors qu'il aurait pu dire comme du Tasse :

> Et quel objet enfin à présenter aux yeux
> Que le diable toujours hurlant contre les cieux !
> (BOILEAU, *Art poét.*, III, 203-206.)

Un épisode du Tasse est devenu le sujet d'un poëme entier chez l'auteur anglais ; celui-ci a étendu ce que l'autre avait jeté avec discrétion dans la fabrique de son poëme.

Je me livre au plaisir de transcrire ce que dit le Tasse au commencement du quatrième chant :

> Quinci, avendo pur tutto il pensier volto
> A recar ne' Cristiani ultima doglia,

---

[1]. Voyez la note 2 de la page 507.

> Che sia, comanda, il popol suo raccolto
> (Concilio orrendo!) entro la regia soglia :
> Come sia pur leggiera impresa (ahi stolto!)
> Il repugnare alla divina voglia :
> Stolto! ch'al ciel s'agguaglia, e in obblio pone,
> Come di Dio la destra irata tuone [1].
>
> (St. 2.)

Tout le poëme de Milton semble fondé sur ces vers, qu'il a même entièrement traduits. Le Tasse ne s'appesantit point sur les ressorts de cette machine, la seule peut-être que l'austérité de sa religion et le sujet d'une croisade dussent lui fournir. Il quitte le diable le plus tôt qu'il peut pour présenter son Armide aux lecteurs : l'admirable Armide, digne de l'Alcine de l'Arioste dont elle est imitée. Il ne fait point tenir de longs discours à Bélial, à Mammon, à Belzébuth, à Satan.

Il ne fait point bâtir une salle pour les diables; il n'en fait pas des géants pour les transformer en pygmées, afin qu'ils puissent tenir plus à l'aise dans la salle. Il ne déguise point enfin Satan en cormoran et en crapaud.

Qu'auraient dit les cours et les savants de l'ingénieuse Italie si le Tasse, avant d'envoyer l'esprit de ténèbres exciter Hidraot, le père d'Armide, à la vengeance, se fût arrêté aux portes de l'enfer pour s'entretenir avec la Mort et le Péché; si le Péché lui avait appris qu'il était sa fille, qu'il avait accouché d'elle par la tête; qu'ensuite il devint amoureux de sa fille; qu'il en eut un enfant qu'on appela la Mort; que la Mort (qui est supposée masculin) coucha avec le Péché (qui est supposé féminin), et qu'elle lui fit une infinité de serpents qui rentrent à toute heure dans ses entrailles, et qui en sortent?

De tels rendez-vous, de telles jouissances, sont aux yeux des Italiens de singuliers épisodes d'un poëme épique. Le Tasse les a négligés, et il n'a pas eu la délicatesse de transformer Satan en crapaud pour mieux instruire Armide.

Que n'a-t-on point dit de la guerre des bons et des mauvais anges, que Milton a imitée de la *Gigantomachie* de Claudien? Gabriel consume deux chants entiers à raconter les batailles données dans le ciel contre Dieu même, et ensuite la création du monde. On s'est plaint que ce poëme ne soit presque rempli que d'épisodes : et quels épisodes! c'est Gabriel et Satan qui se disent

---

1. Voltaire a transcrit à la suite de cette stance les stances 3, 7, 8, 9 et 10 du même chant.

des injures ; ce sont des anges qui se font la guerre dans le ciel, et qui la font à Dieu. Il y a dans le ciel des dévots et des espèces d'athées. Abdiel, Ariel, Arioch, Ramiel, combattent Moloch, Belzébuth, Nisroch ; on se donne de grands coups de sabre ; on se jette des montagnes à la tête avec les arbres qu'elles portent, et les neiges qui couvrent leurs cimes, et les rivières qui coulent à leurs pieds. C'est là, comme on voit, la belle et simple nature !

On se bat dans le ciel à coups de canon ; encore cette imagination est-elle prise de l'Arioste ; mais l'Arioste semble garder quelque bienséance dans cette invention. Voilà ce qui a dégoûté bien des lecteurs italiens et français. Nous n'avons garde de porter notre jugement ; nous laissons chacun sentir du dégoût ou du plaisir à sa fantaisie.

On peut remarquer ici que la fable de la guerre des géants contre les dieux semble plus raisonnable que celle des anges, si le mot de *raisonnable* peut convenir à de telles fictions. Les géants de la fable étaient supposés les enfants du Ciel et de la Terre, qui redemandaient une partie de leur héritage à des dieux auxquels ils étaient égaux en force et en puissance. Ces dieux n'avaient point créé les Titans ; ils étaient corporels comme eux. Mais il n'en est pas ainsi dans notre religion. Dieu est un être pur, infini, tout-puissant, créateur de toutes choses, à qui ses créatures n'ont pu faire la guerre, ni lancer contre lui des montagnes, ni tirer du canon.

Aussi cette imitation de la guerre des géants, cette fable des anges révoltés contre Dieu même, ne se trouve que dans les livres apocryphes attribués à Énoch dans le 1ᵉʳ siècle de notre ère vulgaire, livres dignes de toute l'extravagance du rabbinisme.

Milton a donc décrit cette guerre. Il y a prodigué les peintures les plus hardies. Ici ce sont des anges à cheval, et d'autres qu'un coup de sabre coupe en deux, et qui se rejoignent sur-le-champ ; là c'est la Mort qui *lève le nez pour renifler l'odeur des cadavres* qui n'existent pas encore. Ailleurs elle frappe de *sa massue pétrifique sur le froid et sur le sec.* Plus loin, c'est le froid, le chaud, le sec et l'humide, qui se disputent l'empire du monde, et qui *conduisent en bataille rangée des embryons d'atomes.* Les questions les plus épineuses de la plus rebutante scolastique sont traitées en plus de vingt endroits dans les termes mêmes de l'école. Des diables en enfer s'amusent à disputer sur le libre arbitre, sur la prédestination, tandis que d'autres jouent de la flûte.

Au milieu de ces inventions, il soumet son imagination poé-

ÉPOPÉE.

tique, et la restreint à paraphraser dans deux chants les premiers chapitres de la *Genèse :*

> . . . . . God saw the light was good;
> And light from darkness. . . . . .
> Divided: light the day, and darkness night
> He named. . . . .
> (Liv. VII, 249-252.)

> Again God said : let there be firmament.
> (Liv. V, 261.)

> And saw that it was good. . . . .
> (Liv. V, 309.)

C'est un respect qu'il montre pour l'Ancien Testament, ce fondement de notre sainte religion.

Nous croyons avoir une traduction exacte de Milton, et nous n'en avons point. On a retranché ou entièrement altéré plus de deux cents pages qui prouveraient la vérité de ce que j'avance.

En voici un précis que je tire du cinquième chant :

Après qu'Adam et Ève ont récité le psaume CXLVIII, l'ange Raphael descend du ciel sur ses six ailes, et vient leur rendre visite, et Ève lui prépare à dîner. « Elle écrase des grappes de raisin, et en fait du vin doux qu'on appelle *moût;* et de plusieurs graines, et des doux pignons pressés, elle tempéra de douces crèmes... L'ange lui dit bonjour, et se servit de la sainte salutation dont il usa longtemps après envers Marie la seconde Ève : Bonjour, mère des hommes, dont le ventre fécond remplira le monde de plus d'enfants qu'il n'y a de différents fruits des arbres de Dieu entassés sur ta table. La table était un gazon et des sièges de mousse tout autour, et sur son ample carré d'un bout à l'autre tout l'automne était empilé, quoique le printemps et l'automne dansassent en ce lieu par la main. Ils firent quelque temps conversation ensemble sans craindre que le dîner se refroidît[1]. Enfin notre premier père commença ainsi :

« Envoyé céleste, qu'il vous plaise goûter des présents que notre nourricier, dont descend tout bien, parfait et immense, a fait produire à la terre pour notre nourriture et pour notre plaisir; aliments peut-être insipides pour des natures spirituelles. Je sais seulement qu'un père céleste les donne à tous.

« A quoi l'ange répondit : Ce que celui dont les louanges soient

---

1. Mot pour mot : *No fear lest dinner cool.* (*Note de Voltaire.*)

chantées donne à l'homme, en partie spirituel, n'est pas trouvé un mauvais mets par les purs esprits; et ces purs esprits, ces substances intelligentes, veulent aussi des aliments, ainsi qu'il en faut à votre substance raisonnable. Ces deux substances contiennent en elles toutes les facultés basses des sens par lesquelles elles entendent, voient, flairent, touchent, goûtent, digèrent ce qu'elles ont goûté, en assimilent les parties, et changent les choses corporelles en incorporelles : car, vois-tu, tout ce qui a été créé doit être soutenu et nourri ; les éléments les plus grossiers alimentent les plus purs ; la terre donne à manger à la mer ; la terre et la mer, à l'air ; l'air donne de la pâture aux feux éthérés, et d'abord à la lune, qui est la plus proche de nous ; c'est de là qu'on voit sur son visage rond ses taches et ses vapeurs non encore purifiées, et non encore tournées en sa substance. La lune aussi exhale de la nourriture de son continent humide aux globes plus élevés. Le soleil, qui départ sa lumière à tous, reçoit aussi de tous en récompense son aliment en exaltations[1] humides, et le soir il soupe avec l'Océan... Quoique dans le ciel les arbres de vie portent un fruit d'ambrosie, quoique nos vignes donnent du nectar, quoique tous les matins nous brossions les branches d'arbres couvertes d'une rosée de miel, quoique nous trouvions le terrain couvert de graines perlées ; cependant Dieu a tellement varié ici ses présents, et de nouvelles délices, qu'on peut les comparer au ciel. Soyez sûrs que je ne serai pas assez délicat pour n'en pas tâter avec vous.

« Ainsi ils se mirent à table, et tombèrent sur les viandes ; et l'ange n'en fit pas seulement semblant ; il ne mangea pas en mystère, selon la glose commune des théologiens, mais avec la vive dépêche d'une faim très-réelle, avec une chaleur concoctive et transsubstantive : le superflu du dîner transpire aisément dans les pores des esprits ; il ne faut pas s'en étonner, puisque l'empirique alchimiste, avec son feu de charbon et de suie, peut changer ou croit pouvoir changer l'écume du plus grossier métal en or aussi parfait que celui de la mine.

« Cependant Ève servait à table toute nue, et couronnait leurs coupes de liqueurs délicieuses. O innocence ! méritant paradis ! c'était alors plus que jamais que les enfants de Dieu auraient été excusables d'être amoureux d'un tel objet ; mais dans leurs cœurs l'amour régnait sans débauche. Ils ne connaissaient pas la jalousie, enfer des amants outragés. »

---

1. Dans l'édition originale et autres on lit *exaltations humides;* M. Louis du Bois a mis *exhalaisons humides*. (B.)

Voilà ce que les traducteurs de Milton n'ont point du tout rendu ; voilà ce dont ils ont supprimé les trois quarts, et atténué tout le reste. C'est ainsi qu'on en a usé quand on a donné des traductions de quelques tragédies de Shakespeare ; elles sont toutes mutilées et entièrement méconnaissables. Nous n'avons aucune traduction fidèle de ce célèbre auteur dramatique, que celle des trois premiers actes de son *Jules César*, imprimée à la suite de *Cinna*, dans l'édition de Corneille avec des commentaires[1].

Virgile annonce les destinées des descendants d'Énée, et les triomphes des Romains ; Milton prédit le destin des enfants d'Adam : c'est un objet plus grand, plus intéressant pour l'humanité ; c'est prendre pour son sujet l'histoire universelle. Il ne traite pourtant à fond que celle du peuple juif, dans les onzième et douzième chants ; et voici mot à mot ce qu'il dit du reste de la terre :

« L'ange Michel et Adam montèrent dans la *vision de Dieu*; c'était la plus haute montagne du paradis terrestre, du haut de laquelle l'hémisphère de la terre s'étendait dans l'aspect le plus ample et le plus clair. Elle n'était pas plus haute, ni ne présentait un aspect plus grand que celle sur laquelle le diable emporta le second Adam dans le désert, pour lui montrer tous les royaumes de la terre et leur gloire. Les yeux d'Adam pouvaient commander de là toutes les villes d'ancienne et de moderne renommée, sur le siége du plus puissant empire, depuis les futures murailles de Combalu, capitale du grand-kan du Catai, et de Samarcande sur l'Oxus, trône de Tamerlan, à Pékin des rois de la Chine, et de là à Agra, et de là à Lahore du Grand Mogol, jusqu'à la Chersonèse d'or, ou jusqu'au siége du Persan dans Ecbatane, et depuis dans Ispahan, ou jusqu'au czar russe dans Moscou, ou au sultan venu du Turkestan dans Byzance. Ses yeux pouvaient voir l'empire du Négus jusqu'à son dernier port Ercoco, et les royaumes maritimes Mombaza, Quiloa, et Mélinde, et Sofala qu'on croit Ophir, jusqu'au royaume de Congo et Angola plus au sud. Ou bien de là il voyait depuis le fleuve Niger jusqu'au mont Atlas, les royaumes d'Almanzor, de Fez et de Maroc ; Sus, Alger, Tremizen, et de là l'Europe, à l'endroit d'où Rome devait gouverner le monde. Peut-être il vit en esprit le riche Mexique, siége de Montézume, et Cusco dans le Pérou, plus riche siége d'Atabalipa ; et la Guiane, non encore dépouillée, dont la capitale est appelée Eldorado par les Espagnols. »

---

1. Voyez tome VI du *Théâtre*, et la note sur l'article ART DRAMATIQUE, tome XVII, page 398.

Après avoir fait voir tant de royaumes aux yeux d'Adam, on lui montre aussitôt un hôpital ; et l'auteur ne manque pas de dire que c'est un effet de la gourmandise d'Ève.

« Il vit un lazaret où gisaient nombre de malades, spasmes hideux, empreintes douloureuses, maux de cœur, d'agonie, toutes les sortes de fièvres, convulsions, épilepsies, terribles catarrhes, pierres et ulcères dans les intestins, douleurs de coliques, frénésies diaboliques, mélancolies soupirantes, folies lunatiques, atrophies, marasmes, peste dévorante au loin, hydropisies, asthmes, rhumes, etc. »

Toute cette vision semble une copie de l'Arioste : car Astolphe, monté sur l'hippogriffe, voit en volant tout ce qui se passe sur les frontières de l'Europe et sur toute l'Afrique. Peut-être, si on l'ose dire, la fiction de l'Arioste est plus vraisemblable que celle de son imitateur : car en volant, il est tout naturel qu'on voie plusieurs royaumes l'un après l'autre ; mais on ne peut découvrir toute la terre du haut d'une montagne.

On a dit que Milton ne savait pas l'optique ; mais cette critique est injuste ; il est très-permis de feindre qu'un esprit céleste découvre au père des hommes les destinées de ses descendants. Il n'importe que ce soit du haut d'une montagne ou ailleurs. L'idée au moins est grande et belle.

Voici comme finit ce poëme :

La Mort et le Péché construisent un large pont de pierre qui joint l'enfer à la terre pour leur commodité et pour celle de Satan, quand ils voudront faire leur voyage. Cependant Satan revole vers les diables par un autre chemin ; il vient rendre compte à ses vassaux du succès de sa commission ; il harangue les diables, mais il n'est reçu qu'avec des sifflets. Dieu le change en grand serpent, et ses compagnons deviennent serpents aussi.

Il est aisé de reconnaître dans cet ouvrage, au milieu de ses beautés, je ne sais quel esprit de fanatisme et de férocité pédantesque qui dominait en Angleterre du temps de Cromwell, lorsque tous les Anglais avaient la *Bible* et le pistolet à la main. Ces absurdités théologiques, dont l'ingénieux Butler, auteur d'*Hudibras*, s'est tant moqué, furent traitées sérieusement par Milton. Aussi cet ouvrage fut-il regardé par toute la cour de Charles II avec autant d'horreur qu'on avait de mépris pour l'auteur.

Milton avait été quelque temps secrétaire, pour la langue latine, du parlement appelé le *rump* ou le *croupion*. Cette place fut le prix d'un livre latin en faveur des meurtriers du roi Charles Ier : livre (il faut l'avouer) aussi ridicule par le style que détestable par la matière; livre où l'auteur raisonne à peu près comme lorsque, dans son *Paradis perdu*, il fait digérer un ange, et fait passer les excréments par insensible transpiration ; lorsqu'il fait coucher ensemble le Péché et la Mort; lorsqu'il transforme son Satan en cormoran et en crapaud; lorsqu'il fait des diables géants, qu'il change ensuite en pygmées, pour qu'ils puissent raisonner plus à l'aise, et parler de controverse, etc.

Si on veut un échantillon de ce libelle scandaleux qui le rendit si odieux, en voici quelques-uns. Saumaise avait commencé son livre en faveur de la maison Stuart et contre les régicides par ces mots :

« L'horrible nouvelle du parricide commis en Angleterre a blessé depuis peu nos oreilles et encore plus nos cœurs. »

Milton répond à Saumaise : « Il faut que cette horrible nouvelle ait eu une épée plus longue que celle de saint Pierre, qui coupa une oreille à Malchus, ou les oreilles hollandaises doivent être bien longues pour que le coup ait porté de Londres à la Haye ; car une telle nouvelle ne pouvait blesser que des oreilles d'âne. »

Après ce singulier préambule, Milton traite de *pusillanimes* et de *lâches* les larmes que le crime de la faction de Cromwell avait fait répandre à tous les hommes justes et sensibles. « Ce sont, dit-il, des larmes telles qu'il en coula des yeux de la nymphe Salmacis, qui produisirent la fontaine dont les eaux énervaient les hommes, les dépouillaient de leur virilité, leur ôtaient le courage, et en faisaient des hermaphrodites. » Or Saumaise s'appelait Salmasius en latin. Milton le fait descendre de la nymphe Salmacis. Il l'appelle *eunuque* et *hermaphrodite*, quoique hermaphrodite soit le contraire d'eunuque. Il lui dit que ses pleurs sont ceux de Salmacis sa mère, et qu'ils l'ont rendu infâme.

. . . . . Infamis ne quem male fortibus undis
Salmacis enervet. . . . .
(OVIDE, *Met.*, IV, 285-286.)

On peut juger si un tel pédant atrabilaire, défenseur du plus énorme crime, put plaire à la cour polie et délicate de Charles II, aux lords Rochester, Roscommon, Buckingham, aux Waller, aux Cowley, aux Congrève, aux Wycherley. Ils eurent tous en horreur l'homme et le poëme. A peine même sut-on que le *Paradis perdu* existait. Il fut totalement ignoré en France aussi bien que le nom de l'auteur.

Qui aurait osé parler aux Racine, aux Despréaux, aux Molière, aux La Fontaine, d'un poëme épique sur Adam et Ève? Quand les Italiens l'ont connu, ils ont peu estimé cet ouvrage, moitié théologique et moitié diabolique, où les anges et les diables parlent pendant des chants entiers. Ceux qui savent par cœur l'Arioste et le Tasse n'ont pu écouter les sons durs de Milton. Il y a trop de distance entre la langue italienne et l'anglaise.

Nous n'avions jamais entendu parler de ce poëme en France avant que l'auteur de *la Henriade* nous en eût donné une idée dans le neuvième chapitre de son *Essai sur la Poésie épique*. Il fut même le premier (si je ne me trompe) qui nous fit connaître les poëtes anglais, comme il fut le premier qui expliqua les découvertes de Newton et les sentiments de Locke. Mais quand on lui demanda ce qu'il pensait du génie de Milton, il répondit : « Les Grecs recommandaient aux poëtes de sacrifier aux Grâces, Milton a sacrifié au diable. »

On songea alors à traduire ce poëme épique anglais dont M. de Voltaire avait parlé avec beaucoup d'éloges à certains égards [1]. Il est difficile de savoir précisément qui en fut le traducteur. On l'attribue à deux personnes qui travaillèrent ensemble [2]; mais on peut assurer qu'ils ne l'ont point du tout traduit fidèlement. Nous l'avons déjà fait voir [3], et il n'y a qu'à jeter les yeux sur le début du poëme pour en être convaincu.

« Je chante la désobéissance du premier homme, et les funestes effets du fruit défendu, la perte d'un paradis, et le mal de la mort triomphant sur la terre, jusqu'à ce qu'un Dieu homme vienne juger les nations, et nous rétablisse dans le séjour bienheureux. »

Il n'y a pas un mot dans l'original qui réponde exactement à cette traduction. Il faut d'abord considérer qu'on se permet, dans la langue anglaise, des inversions que nous souffrons rarement dans la nôtre. Voici mot à mot le commencement de ce poëme de Milton :

« La première désobéissance de l'homme, et le fruit de l'arbre défendu, dont le goût porta la mort dans le monde, et toutes nos misères avec la perte d'Éden, jusqu'à ce qu'un plus grand

---

1. Dans l'*Essai sur la Poésie épique*, tome VIII.
2. La traduction du *Paradis perdu*, publiée pour la première fois en 1729, est l'ouvrage de Dupré de Saint-Maur et de Boismorand, surnommé l'abbé Sacredieu. Collé, dans ses *Mémoires*, I, 385, raconte que Dupré de Saint-Maur, aidé de son maître d'anglais, faisait une traduction littérale que l'abbé Boismorand rédigeait ensuite à sa manière. (B.)
3. Page 582.

homme nous rétablît [1], et regagnât notre demeure heureuse, Muse céleste, c'est là ce qu'il faut chanter. »

Il y a de très-beaux morceaux, sans doute, dans ce poëme singulier; et j'en reviens toujours à ma grande preuve [2], c'est qu'ils sont retenus en Angleterre par quiconque se pique un peu de littérature. Tel est ce monologue de Satan, lorsque, s'échappant du fond des enfers et voyant pour la première fois notre soleil sortant des mains du Créateur, il s'écrie :

> [3] Toi, sur qui mon tyran prodigue ses bienfaits,
> Soleil, astre de feu, jour heureux que je hais,
> Jour qui fais mon supplice, et dont mes yeux s'étonnent,
> Toi qui sembles le dieu des cieux qui t'environnent,
> Devant qui tout éclat disparaît et s'enfuit,
> Qui fais pâlir le front des astres de la nuit;
> Image du Très-Haut qui régla ta carrière,
> Hélas! j'eusse autrefois éclipsé ta lumière.
> Sur la voûte des cieux élevé plus que toi,
> Le trône où tu t'assieds s'abaissait devant moi :
> Je suis tombé; l'orgueil m'a plongé dans l'abîme.
> Hélas! je fus ingrat; c'est là mon plus grand crime.
> J'osai me révolter contre mon créateur :
> C'est peu de me créer, il fut mon bienfaiteur;
> Il m'aimait : j'ai forcé sa justice éternelle
> D'appesantir son bras sur ma tête rebelle;
> Je l'ai rendu barbare en sa sévérité,
> Il punit à jamais, et je l'ai mérité.
> Mais si le repentir pouvait obtenir grâce!...
> Non, rien ne fléchira ma haine et mon audace;
> Non, je déteste un maître, et sans doute il vaut mieux
> Régner dans les enfers qu'obéir dans les cieux.

Les amours d'Adam et d'Ève sont traités avec une mollesse élégante et même attendrissante, qu'on n'attendrait pas du génie un peu dur et du style souvent raboteux de Milton.

---

1. Il y a dans plusieurs éditions : *Restore us, and regain*. J'ai choisi cette leçon comme la plus naturelle. Il y a dans l'original : *La première désobéissance de l'homme, etc., chantez, Muses célestes*. Mais cette inversion ne peut être adoptée dans notre langue. (*Note de Voltaire.*)

2. Voyez dans le chapitre XXXII du *Siècle de Louis XIV* ce que Voltaire dit à l'occasion de Quinault.

3. Dans le chapitre IX de son *Essai sur la Poésie épique*, imprimé à la suite de *la Henriade*, Voltaire n'avait donné que les onze premiers de ces vers.

DU REPROCHE DE PLAGIAT FAIT A MILTON.

Quelques-uns l'ont accusé d'avoir pris son poëme dans la tragédie du *Bannissement d'Adam*, de Grotius, et dans la *Sarcotis* du jésuite Masenius, imprimée à Cologne en 1654 et en 1661, longtemps avant que Milton donnât son *Paradis perdu*.

Pour Grotius, on savait assez en Angleterre que Milton avait transporté dans son poëme épique anglais quelques vers latins de la tragédie d'*Adam*. Ce n'est point du tout être plagiaire, c'est enrichir sa langue des beautés d'une langue étrangère. On n'accusa point Euripide de plagiat pour avoir imité dans un chœur d'*Iphigénie* le second livre de *l'Iliade*; au contraire, on lui sut très-bon gré de cette imitation, qu'on regarda comme un hommage rendu à Homère sur le théâtre d'Athènes.

Virgile n'essuya jamais de reproche pour avoir heureusement imité dans *l'Énéide* une centaine de vers du premier des poëtes grecs.

On a poussé l'accusation un peu plus loin contre Milton. Un Écossais nommé Will. Lauder, très-attaché à la mémoire de Charles I*er*, que Milton avait insulté avec l'acharnement le plus grossier, se crut en droit de flétrir la mémoire de l'accusateur de ce monarque. On prétendait que Milton avait fait une infâme fourberie pour ravir à Charles I*er* la triste gloire d'être l'auteur de l'*Eikon Basiliké*, livre longtemps cher aux royalistes, et que Charles I*er* avait, dit-on, composé dans sa prison pour servir de consolation à sa déplorable infortune.

Lauder voulut donc, vers l'année 1752, commencer par prouver que Milton n'était qu'un plagiaire, avant de prouver qu'il avait agi en faussaire contre la mémoire du plus malheureux des rois. Il se procura des éditions du poëme de la *Sarcotis*; il paraissait évident que Milton en avait imité quelques morceaux, comme il avait imité Grotius et le Tasse.

Mais Lauder ne s'en tint pas là; il déterra une mauvaise traduction en vers latins du *Paradis perdu* du poëte anglais; et, joignant plusieurs vers de cette traduction à ceux de Masenius, il crut rendre par là l'accusation plus grave et la honte de Milton plus complète. Ce fut en quoi il se trompa lourdement; sa fraude fut découverte. Il voulait faire passer Milton pour un faussaire, et lui-même fut convaincu de l'être. On n'examina point le poëme de Masenius, dont il n'y avait alors que très-peu d'exemplaires en Europe. Toute l'Angleterre, convaincue du mauvais artifice de

ÉPOPÉE.

l'Écossais, n'en demanda pas davantage. L'accusateur, confondu, fut obligé de désavouer sa manœuvre et d'en demander pardon.

Depuis ce temps on imprima une nouvelle édition de Masenius, en 1757[1]. Le public littéraire fut surpris du grand nombre de très-beaux vers dont la *Sarcotis* était parsemée. Ce n'est à la vérité qu'une longue déclamation de collége sur la chute de l'homme ; mais l'exorde, l'invocation, la description du jardin d'Éden, le portrait d'Ève, celui du diable, sont précisément les mêmes que dans Milton. Il y a bien plus : c'est le même sujet, le même nœud, la même catastrophe. Si le diable veut, dans Milton, se venger sur l'homme du mal que Dieu lui a fait, il a précisément le même dessein chez le jésuite Masenius ; et il le manifeste dans des vers dignes peut-être du siècle d'Auguste :

. . . . Semel excidimus crudelibus astris,
Et conjuratas involvit terra cohortes.
Fata manent, tenet et superos oblivio nostri ;
Indecore premimur, vulgi tolluntur inertes
Ac viles animæ, cœloque fruuntur aperto :
Nos, divum soboles, patriaque in sede locandi,
Pellimur exilio, mœstoque Acheronte tenemur.
Heu ! dolor ! et superum decreta indigna ! Fatiscat
Orbis, et antiquo turbentur cuncta tumultu,
Ac redeat deforme Chaos ; Styx atra ruinam
Terrarum excipiat, fatoque impellat eodem
Et cœlum, et cœli cives. Ut inulta cadamus
Turba, nec umbrarum pariter caligine raptam
Sarcoteam, invisum caput, involvamus ! ut astris
Regnantem, et nobis domina cervice minantem,
Ignavi patiamur ? Adhuc tamen improba vivit !
Vivit adhuc, fruiturque Dei secura favore !
Cernimus ! et quicquam furiarum absconditur Orco !
Vah ! pudor, æternumque probrum Stygis ! Occidat, amens,
Occidat, et nostræ subeat consortia culpæ.
Hæc mihi secluso cœlis solatia tantum
Excidii restant. Juvat hac consorte malorum
Posse frui, juvat ad nostram seducere pœnam
Frustra exultantem, patriaque exsorte superbam.
Ærumnas exempla levant ; minor illa ruina est,
Quæ caput adversi labens oppresserit hostis.

(*Sarcotis*, I, 271 et seq.)

[1]. En publiant, en 1757, une édition de la *Sarcotis*, Barbou publia en même temps une traduction en prose par l'abbé Dinouart ; le texte et la traduction sont souvent reliés dans le même volume. (B.)

On trouve dans Masenius et dans Milton de petits épisodes, de légères excursions absolument semblables ; l'un et l'autre parlent de Xerxès, qui couvrit la mer de ses vaisseaux :

> Quantus erat Xerxes, medium dum contrahit orbem
> Urbis in excidium !....
> (*Sarcotis*, III, 461.)

Tous deux parlent sur le même ton de la tour de Babel, tous deux font la même description du luxe, de l'orgueil, de l'avarice, de la gourmandise

Ce qui a le plus persuadé le commun des lecteurs du plagiat de Milton, c'est la parfaite ressemblance du commencement des deux poëmes. Plusieurs lecteurs étrangers, après avoir lu l'exorde, n'ont pas douté que tout le reste du poëme de Milton ne fût pris de Masenius. C'est une erreur bien grande, et aisée à reconnaître.

Je ne crois pas que le poëte anglais ait imité en tout plus de deux cents vers du jésuite de Cologne ; et j'ose dire qu'il n'a imité que ce qui méritait de l'être. Ces deux cents vers sont fort beaux ; ceux de Milton le sont aussi ; et le total du poëme de Masenius, malgré ces deux cents beaux vers, ne vaut rien du tout.

Molière prit deux scènes entières dans la ridicule comédie du *Pédant joué*, de Cyrano de Bergerac [1]. « Ces deux scènes sont bonnes, disait-il en plaisantant avec ses amis ; elles m'appartiennent de droit ; je reprends mon bien. » On aurait été après cela très-mal reçu à traiter de plagiaire l'auteur du *Tartuffe* et du *Misanthrope*.

Il est certain qu'en général Milton, dans son *Paradis*, a volé de ses propres ailes en imitant ; et il faut convenir que s'il a emprunté tant de traits de Grotius et du jésuite de Cologne, ils sont confondus dans la foule des choses originales qui sont à lui ; il est toujours regardé en Angleterre comme un très-grand poëte.

Il est vrai qu'il aurait dû avouer qu'il avait traduit deux cents vers d'un jésuite ; mais de son temps, dans la cour de Charles II, on ne se souciait ni des jésuites, ni de Milton, ni du *Paradis perdu*, ni du *Paradis retrouvé*. Tout cela était ou bafoué ou inconnu.

---

1. Voyez une note sur les *Fourberies de Scapin*, à l'occasion de la *Vie de Molière*, dans les *Mélanges*, année 1739.

ÉPREUVE[1].

Toutes les absurdités qui avilissent la nature humaine nous sont donc venues d'Asie, avec toutes les sciences et tous les arts ! C'est en Asie, c'est en Égypte qu'on osa faire dépendre la vie et la mort d'un accusé ou d'un coup de dés, ou de quelque chose d'équivalent, ou de l'eau froide, ou de l'eau chaude, ou d'un fer rouge, ou d'un morceau de pain d'orge. Une superstition à peu près semblable existe encore, à ce qu'on prétend, dans les Indes, sur les côtes de Malabar, et au Japon.

Elle passa d'Égypte en Grèce. Il y eut à Trézène un temple fort célèbre, dans lequel tout homme qui se parjurait mourait sur-le-champ d'apoplexie. Hippolyte, dans la tragédie de *Phèdre*, parle ainsi à sa maîtresse Aricie :

> Aux portes de Trézène, et parmi ces tombeaux
> Des princes de ma race antiques sépultures,
> Est un temple sacré, formidable aux parjures.
> C'est là que les mortels n'osent jurer en vain ;
> Le perfide y reçoit un châtiment soudain ;
> Et, craignant d'y trouver la mort inévitable,
> Le mensonge n'a point de frein plus redoutable.

Le savant commentateur du grand Racine[2] fait cette remarque sur les épreuves de Trézène :

« M. de Lamotte a dit qu'Hippolyte devait proposer à son père de venir entendre sa justification dans ce temple où l'on n'osait jurer en vain. Il est vrai que Thésée n'aurait pu douter alors de l'innocence de ce jeune prince ; mais il eût eu une preuve trop convaincante contre *la vertu* de Phèdre, et c'est ce qu'Hippolyte ne voulait pas faire. M. de Lamotte aurait dû se défier un peu de son goût, en soupçonnant celui de Racine, qui semble avoir prévu son objection. En effet, Racine suppose que Thésée est si prévenu contre Hippolyte qu'il ne veut pas même l'admettre à se justifier par serment. »

Je dois dire que la critique de Lamotte est de feu M. le marquis de Lassai. Il la fit à table chez M. de La Faye, où j'étais avec feu M. de Lamotte, qui promit qu'il en ferait usage ; et, en effet,

---

1. *Questions sur l'Encyclopédie*, cinquième partie, 1771. (B.)
2. Luneau de Boisjermain, dont Voltaire a déjà parlé à l'article Art dramatique tome XVII, page 414.

dans ses discours sur la tragédie[1], il fait honneur de cette critique à M. le marquis de Lassai. Cette réflexion me parut très-judicieuse, ainsi qu'à M. de La Faye et à tous les convives, qui étaient, excepté moi, les meilleurs connaisseurs de Paris. Mais nous convînmes tous que c'était Aricie qui devait demander à Thésée l'épreuve du temple de Trézène, d'autant plus que Thésée, immédiatement après, parle assez longtemps à cette princesse, laquelle oublie la seule chose qui pouvait éclairer le père et justifier le fils. Cet oubli me paraît inexcusable. Ni M. de Lassai, ni M. de Lamotte ne devaient se défier de leur goût en cette occasion. C'est en vain que le commentateur objecte que Thésée a déclaré à son fils qu'il n'en croira point ses serments :

> Toujours les scélérats ont recours au parjure.
> (*Phèdre*, IV, II.)

Il y a une prodigieuse différence entre un serment fait dans une chambre, et un serment fait dans un temple où les parjures sont punis d'une mort subite. Si Aricie avait dit un mot, Thésée n'avait aucune excuse de ne pas conduire Hippolyte dans ce temple; mais alors il n'y avait plus de catastrophe.

Hippolyte ne devait donc point parler de la vertu du temple de Trézène à son Aricie; il n'avait pas besoin de lui faire serment de l'aimer; elle en était assez persuadée. C'est une légère faute qui a échappé au tragique le plus sage, le plus élégant et le plus passionné que nous ayons eu.

Après cette petite digression, je reviens à la barbare folie des épreuves. Elle ne fut point reçue dans la république romaine. On ne peut regarder comme une des épreuves dont nous parlons l'usage de faire dépendre les grandes entreprises de la manière dont les poulets sacrés mangeaient des vesces. Il ne s'agit ici que des épreuves faites sur les hommes. On ne proposa jamais aux Manlius, aux Camille, aux Scipion, de se justifier en mettant la main dans de l'eau bouillante sans s'échauder.

Ces inepties barbares ne furent point admises sous les empereurs. Mais nos Tartares, qui vinrent détruire l'empire (car la plupart de ces déprédateurs étaient originaires de Tartarie), remplirent notre Europe de cette jurisprudence qu'ils tenaient des Perses. Elle ne fut point connue dans l'empire d'Orient jusqu'à Justinien, malgré la détestable superstition qui régnait alors; mais depuis ce temps les épreuves dont nous parlons y furent

---

1. Lamotte, tome IV, page 308. (*Note de Voltaire.*)

reçues. Cette manière de juger les hommes est si ancienne qu'on la trouve établie chez les Juifs dans tous les temps.

Coré, Dathan et Abiron disputent le pontificat au grand-prêtre Aaron dans le désert; Moïse leur ordonne d'apporter deux cent cinquante encensoirs et leur dit que Dieu choisira entre leurs encensoirs, et celui d'Aaron. A peine les révoltés eurent paru pour soutenir cette épreuve qu'ils furent engloutis dans la terre, et que le feu du ciel frappa deux cent cinquante de leurs principaux adhérents [1]; après quoi le Seigneur fit encore mourir quatorze mille sept cents hommes du parti. La querelle n'en continua pas moins entre les chefs d'Israël et Aaron pour le sacerdoce. On se servit alors de l'épreuve des verges : chacun présenta sa verge, et celle d'Aaron fut la seule qui fleurit.

Quand le peuple de Dieu eut fait tomber les murs de Jéricho au son des trompettes, il fut vaincu par les habitants du village de Haï. Cette défaite ne parut pas naturelle à Josué; il consulta le Seigneur, qui lui répondit qu'Israël avait péché, que quelqu'un s'était approprié une part de ce qui était dévoué à l'anathème dans Jéricho. En effet, tout le butin avait dû être brûlé avec les hommes, les femmes, les enfants, et les bêtes; et quiconque avait sauvé ou emporté quelque chose devait être exterminé [2]. Josué, pour découvrir le coupable, soumit toutes les tribus à l'épreuve du sort. Il tomba d'abord sur la tribu de Juda, ensuite sur la famille de Zaré, puis sur la maison où demeurait Zabdi, et enfin sur le petit-fils de Zabdi, nommé Achan.

L'Écriture n'explique pas comment ces tribus errantes avaient alors des maisons; elle ne dit pas non plus de quel sort on se servait; mais il est certain, par le texte, qu'Achan étant convaincu de s'être approprié une petite lame d'or, un manteau d'écarlate, et deux cents sicles d'argent, fut brûlé avec ses fils, ses brebis, ses bœufs, ses ânes, et sa tente même, dans la vallée d'Achor.

La terre promise fut partagée au sort [3]. On tirait au sort les deux boucs d'expiation pour savoir lequel des deux serait offert en sacrifice [4], tandis qu'on enverrait l'autre au désert.

Quand il fallut élire Saül pour roi [5], on consulta le sort, qui désigna d'abord la tribu de Benjamin, la famille de Métri dans cette tribu, et ensuite Saül, fils de Cis, dans la famille de Métri.

---

1. *Nombres*, chapitre XVI. (*Note de Voltaire.*)
2. Josué, chapitre VII. (*Id.*)
3. Josué, chap. XIV. (*Note de Voltaire.*)
4. Lévit., chapitre XVI. (*Id.*)
5. Livre I des *Rois*, chapitre X. (*Id.*)

Le sort tomba sur Jonathas, pour le punir d'avoir mangé un peu de miel au bout d'une verge[1].

Les matelots de Joppé jetèrent le sort pour apprendre de Dieu quelle était la cause de la tempête[2]. Le sort leur apprit que c'était Jonas, et ils le jetèrent dans la mer.

Toutes ces épreuves par le sort, qui n'étaient que des superstitions profanes chez les autres nations, étaient la voix de Dieu même chez le peuple chéri, et tellement la voix de Dieu que les apôtres tirèrent au sort la place de l'apôtre Judas[3]. Les deux concurrents étaient saint Mathias et Barsabas. La Providence se déclara pour saint Mathias.

Le pape Honorius, troisième du nom, défendit, par une décrétale, que l'on se servît dorénavant de cette voie pour élire des évêques. Elle était assez commune : c'est ce que les païens appelaient *sortilegium*, sortilége. Caton dit dans la *Pharsale* (IX, 581) :

Sortilegis egeant dubii. . . . .

Il y avait d'autres épreuves au nom du Seigneur chez les Juifs, comme les eaux de jalousie[4]. Une femme soupçonnée d'adultère devait boire de cette eau mêlée avec de la cendre, et consacrée par le grand-prêtre. Si elle était coupable, elle enflait sur-le-champ, et mourait. C'est sur cette loi que tout l'Occident chrétien établit les épreuves dans les accusations juridiques, ne sachant pas que ce qui était ordonné par Dieu même dans l'Ancien Testament n'était qu'une superstition absurde dans le Nouveau.

Le duel fut une de ces épreuves, et elle a duré jusqu'au XVIe siècle. Celui qui tuait son adversaire avait toujours raison.

La plus terrible de toutes était de porter, dans l'espace de neuf pas, une barre de fer ardent sans se brûler. Aussi l'histoire du moyen âge, quelque fabuleuse qu'elle soit, ne rapporte aucun exemple de cette épreuve, ni de celle qui consistait à marcher sur neuf coutres de charrue enflammés. On peut douter de toutes les autres, ou expliquer les tours de charlatans dont on se servait pour tromper les juges. Par exemple, il était très-aisé de faire l'épreuve de l'eau bouillante impunément : on pouvait présenter un cuvier à moitié plein d'eau fraîche, et y verser juridiquement

---

[1]. Livre I des *Rois*, chap. XIV, v. 42. (*Note de Voltaire.*)
[2]. Jonas, chapitre I. (*Id.*)
[3]. *Actes des apôtres*, chapitre I. (*Note de Voltaire.*)
[4]. *Nombres*, chapitre V, v. 17. (*Id.*)

de la chaude, moyennant quoi l'accusé plongeait sa main dans de l'eau tiède jusqu'au coude, et prenait au fond l'anneau bénit qu'on y jetait.

On pouvait faire bouillir de l'huile avec de l'eau ; l'huile commence à s'élever, à jaillir, à paraître bouillonner quand l'eau commence à frémir ; et cette huile n'a encore acquis que très-peu de chaleur. On semble alors mettre sa main dans l'eau bouillante, et on l'humecte d'une huile qui la préserve.

Un champion peut très-facilement s'être endurci jusqu'à tenir quelques secondes un anneau jeté dans le feu, sans qu'il reste de grandes marques de brûlures.

Passer entre deux feux sans se brûler n'est pas un grand tour d'adresse quand on passe fort vite, et qu'on s'est bien pommadé le visage et les mains. C'est ainsi qu'en usa ce terrible Pierre Aldobrandin, *Petrus Igneus* (supposé que ce conte soit vrai), quand il passa entre deux bûchers à Florence, pour démontrer, avec l'aide de Dieu, que son archevêque était un fripon et un débauché. Charlatans ! charlatans ! disparaissez de l'histoire.

C'était une plaisante épreuve que celle d'avaler un morceau de pain d'orge, qui devait étouffer son homme s'il était coupable. J'aime bien mieux Arlequin, que le juge interroge sur un vol dont le docteur Balouard l'accuse. Le juge était à table, et buvait d'excellent vin quand Arlequin comparut ; il prend la bouteille et le verre du juge ; il vide la bouteille, et lui dit : « Monsieur, je veux que ce vin-là me serve de poison, si j'ai fait ce dont on m'accuse. »

ÉQUIVOQUE [1].

Faute de définir les termes, et surtout faute de netteté dans l'esprit, presque toutes les lois, qui devraient être claires comme l'arithmétique et la géométrie, sont obscures comme des logogriphes. La triste preuve en est que presque tous les procès sont fondés sur le sens des lois, entendues presque toujours différemment par les plaideurs, les avocats et les juges.

Tout le droit public de notre Europe eut pour origine des équivoques, à commencer par la loi salique. *Fille n'héritera point en terre salique;* mais qu'est-ce que terre salique ? et fille n'héritera-t-elle point d'un argent comptant, d'un collier à elle légué, qui vaudra mieux que la terre ?

---

1. *Questions sur l'Encyclopédie,* cinquième partie, 1771. (B.)

Les citoyens de Rome saluent Karl, fils de Pepin le Bref l'Austrasien, du nom d'*imperator*. Entendaient-ils par là : Nous vous conférons tous les droits d'Octave, de Tibère, de Caligula, de Claude ; nous vous donnons tout le pays qu'ils possédaient ? Mais ils ne pouvaient le donner puisque, loin d'en être les maîtres, ils l'étaient à peine de leur ville. Jamais il n'y eut d'expression plus équivoque ; et elle l'était tellement qu'elle l'est encore.

L'évêque de Rome Léon III, qui, dit-on, déclara Charlemagne empereur, comprenait-il la force des termes qu'il prononçait ? Les Allemands prétendent qu'il entendait que Charles serait son maître ; la daterie a prétendu qu'il voulait dire qu'il serait maître de Charlemagne.

Les choses les plus respectables, les plus sacrées, les plus divines, n'ont-elles pas été obscurcies par les équivoques des langues ?

On demande à deux chrétiens de quelle religion ils sont ; l'un et l'autre répond : Je suis catholique. On les croit tous deux de la même communion : cependant l'un est de la grecque, l'autre de la latine, et tous deux irréconciliables. Si l'on veut s'éclaircir davantage, il se trouve que chacun d'eux entend par catholique *universel*, et qu'en ce cas *universel* a signifié *partie*.

L'âme de saint François est au ciel, est en paradis. Un de ces mots signifie l'*air*, l'autre veut dire *jardin*.

On se sert du mot *esprit* pour exprimer vent, extrait, pensée, brandevin rectifié, apparition d'un corps mort.

L'équivoque a été tellement un vice nécessaire de toutes les langues formées par ce qu'on appelle le *hasard* et par l'habitude, que l'auteur même de toute clarté et de toute vérité daigna condescendre à la manière de parler de son peuple : c'est ce qui fait qu'*héloïm* signifie en quelques endroits des *juges*, d'autres fois des *dieux*, et d'autres fois des *anges*.

« Tu es Pierre, et sur cette pierre je bâtirai mon assemblée, » serait une équivoque dans une langue et dans un sujet profane ; mais ces paroles reçoivent un sens divin de la bouche qui les prononce, et du sujet auquel elles sont appliquées.

« Je suis le Dieu d'Abraham, d'Isaac et de Jacob ; or Dieu n'est pas le Dieu des morts, mais des vivants. » Dans le sens ordinaire ces paroles pouvaient signifier : Je suis le même Dieu qu'ont adoré Abraham et Jacob, comme la terre qui a porté Abraham, Isaac et Jacob porte aussi leurs descendants ; le soleil qui luit aujourd'hui est le soleil qui éclairait Abraham, Isaac et Jacob ; la loi de leurs enfants est leur loi. Et cela ne signifie pas qu'Abraham,

Isaac et Jacob soient encore vivants. Mais quand c'est le Messie qui parle, il n'y a plus d'équivoque ; le sens est aussi clair que divin. Il est évident qu'Abraham, Isaac et Jacob ne sont point au rang des morts, mais qu'ils vivent dans la gloire, puisque cet oracle est prononcé par le Messie ; mais il fallait que ce fût lui qui le dît.

Les discours des prophètes juifs pouvaient être équivoques aux yeux des hommes grossiers qui n'en pénétraient pas le sens ; mais ils ne le furent pas pour les esprits éclairés des lumières de la foi.

Tous les oracles de l'antiquité étaient équivoques : l'un prédit à Crésus qu'un puissant empire succombera ; mais sera-ce le sien ? sera-ce celui de Cyrus ? L'autre dit à Pyrrhus que les Romains peuvent le vaincre, et qu'il peut vaincre les Romains. Il est impossible que cet oracle mente.

Lorsque Septime Sévère, Pescennius Niger et Clodius Albinus disputaient l'empire, l'oracle de Delphes consulté (malgré le jésuite Baltus, qui prétend que les oracles avaient cessé) répondit : « Le brun est fort bon, le blanc ne vaut rien, l'africain est passable. » On voit qu'il y avait plus d'une manière d'expliquer un tel oracle.

Quand Aurélien consulta le dieu de Palmyre (et toujours malgré Baltus), le dieu dit que *les colombes craignent le faucon.* Quelque chose qui arrivât, le dieu se tirait d'affaire. Le faucon était le vainqueur, les colombes étaient les vaincus.

Quelquefois des souverains ont employé l'équivoque aussi bien que les dieux. Je ne sais quel tyran ayant juré à un captif de ne le pas tuer, ordonna qu'on ne lui donnât point à manger, disant qu'il lui avait promis de ne le pas faire mourir, mais non de contribuer à le faire vivre[1].

ESCLAVES[2].

SECTION PREMIÈRE.

Pourquoi appelons-nous *esclaves* ceux que les Romains appelaient *servi*, et les Grecs δοῦλοι? L'étymologie est ici fort en défaut, et les Bochart ne pourront faire venir ce mot de l'hébreu.

Le plus ancien monument que nous ayons de ce nom d'*esclave* est le testament d'un Ermangaut, archevêque de Narbonne, qui

---

1. Voyez l'article ABUS DES MOTS. (*Note de Voltaire.*)
2. Les quatre sections de cet article ont paru dans les *Questions sur l'Encyclopédie*, cinquième partie, 1771. (B.)

lègue à l'évêque Frédelon son esclave Anaph, *Anaphum slavonium.*
Cet Anaph était bien heureux d'appartenir à deux évêques de suite.

Il n'est pas hors de vraisemblance que les Slavons étant venus du fond du Nord, avec tant de peuples indigents et conquérants, piller ce que l'empire romain avait ravi aux nations, et surtout la Dalmatie et l'Illyrie, les Italiens aient appelé *schiavitù* le malheur de tomber entre leurs mains, et *schiavi* ceux qui étaient en captivité dans leurs nouveaux repaires.

Tout ce qu'on peut recueillir du fatras de l'histoire du moyen âge, c'est que du temps des Romains notre univers connu se divisait en hommes libres et en esclaves. Quand les Slavons, Alains, Huns, Hérules, Lombards, Ostrogoths, Visigoths, Vandales, Bourguignons, Francs, Normands, vinrent partager les dépouilles du monde, il n'y a pas d'apparence que la multitude des esclaves diminua : d'anciens maîtres se virent réduits à la servitude ; le très-petit nombre enchaîna le grand, comme on le voit dans les colonies où l'on emploie les nègres, et comme il se pratique en plus d'un genre.

Nous n'avons rien dans les anciens auteurs concernant les esclaves des Assyriens et des Égyptiens.

Le livre où il est le plus parlé d'esclaves est *l'Iliade*. D'abord la belle Chryséis est esclave chez Achille. Toutes les Troyennes, et surtout les princesses, craignent d'être esclaves des Grecs, et d'aller filer pour leurs femmes.

L'esclavage est aussi ancien que la guerre, et la guerre aussi ancienne que la nature humaine.

On était si accoutumé à cette dégradation de l'espèce qu'Épictète, qui assurément valait mieux que son maître, n'est jamais étonné d'être esclave.

Aucun législateur de l'antiquité n'a tenté d'abroger la servitude ; au contraire, les peuples les plus enthousiastes de la liberté, les Athéniens, les Lacédémoniens, les Romains, les Carthaginois, furent ceux qui portèrent les lois les plus dures contre les serfs. Le droit de vie et de mort sur eux était un des principes de la société. Il faut avouer que, de toutes les guerres, celle de Spartacus est la plus juste, et peut-être la seule juste.

Qui croirait que les Juifs, formés, à ce qu'il semblait, pour servir toutes les nations tour à tour, eussent pourtant quelques esclaves aussi ? Il est prononcé dans leurs lois[1] qu'ils pourront

---

1. *Exode,* chapitre xxi; *Lévitique,* chapitre xxv, etc.; *Genèse,* chapitres xxvii, xxxii (*Note de Voltaire.*)

acheter leurs frères pour six ans, et les étrangers pour toujours. Il était dit que les enfants d'Ésaü devaient être les serfs des enfants de Jacob. Mais depuis, sous une autre économie, les Arabes, qui se disaient enfants d'Ésaü, réduisirent les enfants de Jacob à l'esclavage.

Les Évangiles ne mettent pas dans la bouche de Jésus-Christ une seule parole qui rappelle le genre humain à sa liberté primitive, pour laquelle il semble né. Il n'est rien dit dans le Nouveau Testament de cet état d'opprobre et de peine auquel la moitié du genre humain était condamnée; pas un mot dans les écrits des apôtres et des Pères de l'Église pour changer des bêtes de somme en citoyens, comme on commença à le faire parmi nous vers le XIIIe siècle. S'il est parlé de l'esclavage, c'est de l'esclavage du péché.

Il est difficile de bien comprendre comment, dans saint Jean[1], les Juifs peuvent dire à Jésus : « Nous n'avons jamais servi sous personne, » eux qui étaient alors sujets des Romains; eux qui avaient été vendus au marché, après la prise de Jérusalem; eux dont dix tribus, emmenées esclaves par Salmanazar, avaient disparu de la face de la terre, et dont deux autres tribus furent dans les fers des Babyloniens soixante et dix ans; eux, sept fois réduits en servitude dans leur terre promise, de leur propre aveu ; eux qui dans tous leurs écrits parlaient de leur servitude en Égypte, dans cette Égypte qu'ils abhorraient, et où ils coururent en foule pour gagner quelque argent, dès qu'Alexandre daigna leur permettre de s'y établir. Le révérend P. dom Calmet dit qu'il faut entendre ici une *servitude intrinsèque*, ce qui n'est pas moins difficile à comprendre.

L'Italie, les Gaules, l'Espagne, une partie de l'Allemagne, étaient habitées par des étrangers devenus maîtres, et par des natifs devenus serfs. Quand l'évêque de Séville Opas et le comte Julien appelèrent les Maures mahométans contre les rois chrétiens visigoths qui régnaient delà les Pyrénées, les mahométans, selon leur coutume, proposèrent au peuple de se faire circoncire, ou de se battre, ou de payer en tribut de l'argent et des filles. Le roi Roderic fut vaincu : il n'y eut d'esclaves que ceux qui furent pris à la guerre; les colons gardèrent leurs biens et leur religion en payant. C'est ainsi que les Turcs en usèrent depuis en Grèce. Mais ils imposèrent aux Grecs un tribut de leurs enfants, les mâles pour être circoncis et pour servir d'icoglans et de janissaires; les filles, pour être élevées dans les sérails. Ce tribut fut

---

1. Chapitre VIII. (*Note de Voltaire.*)

depuis racheté à prix d'argent. Les Turcs n'ont plus guère d'esclaves pour le service intérieur des maisons que ceux qu'ils achètent des Circassiens, des Mingréliens et des Petits-Tartares.

Entre les Africains musulmans et les Européans chrétiens, la coutume de piller, de faire esclave tout ce qu'on rencontre sur mer a toujours subsisté. Ce sont des oiseaux de proie qui fondent les uns sur les autres. Algériens, Marocains, Tunisiens, vivent de piraterie. Les religieux de Malte, successeurs des religieux de Rhodes, jurent de piller et d'enchaîner tout ce qu'ils trouveront de musulmans. Les galères du pape vont prendre des Algériens, ou sont prises sur les côtes septentrionales d'Afrique. Ceux qui se disent blancs vont acheter des nègres à bon marché, pour les revendre cher en Amérique. Les Pensylvaniens seuls ont renoncé depuis peu solennellement à ce trafic, qui leur a paru malhonnête.

SECTION II [1].

J'ai lu depuis peu au mont Krapack, où l'on sait que je demeure, un livre fait à Paris, plein d'esprit, de paradoxes, de vues et de courage, tel à quelques égards que ceux de Montesquieu, et écrit contre Montesquieu [2]. Dans ce livre on préfère hautement l'esclavage à la domesticité, et surtout à l'état libre de manœuvre. On y plaint le sort de ces malheureux hommes libres, qui peuvent gagner leur vie où ils veulent, par le travail pour lequel l'homme est né, et qui est le gardien de l'innocence comme le consolateur de la vie. Personne, dit l'auteur, n'est chargé de les nourrir, de les secourir; au lieu que les esclaves étaient nourris et soignés par leurs maîtres ainsi que leurs chevaux. Cela est vrai; mais l'espèce humaine aime mieux se pourvoir que dépendre; et les chevaux nés dans les forêts les préfèrent aux écuries.

Il remarque avec raison que les ouvriers perdent beaucoup de journées, dans lesquelles il leur est défendu de gagner leur vie; mais ce n'est point parce qu'ils sont libres, c'est parce que nous avons quelques lois ridicules et beaucoup trop de fêtes.

Il dit très-justement que ce n'est pas la charité chrétienne qui a brisé les chaînes de la servitude, puisque cette charité les a resserrées pendant plus de douze siècles [3]; et il pouvait encore

---

1. Voyez la note 2 de la page 599.
2. *Théorie des lois civiles*, par M. Linguet. (K.)
3. Voyez la section III. (*Note de Voltaire.*)

ajouter que chez les chrétiens, les moines mêmes, tout charitables qu'ils sont, possèdent encore des esclaves réduits à un état affreux, sous le nom de *mortaillables*, de *mainmortables*, de *serfs de glèbe*.

Il affirme, ce qui est très-vrai, que les princes chrétiens n'affranchirent les serfs que par avarice. C'est en effet pour avoir l'argent amassé par ces malheureux qu'ils leur signèrent des patentes de manumission ; ils ne leur donnèrent pas la liberté, ils la vendirent. L'empereur Henri V commença ; il affranchit les serfs de Spire et de Vorms au xii° siècle. Les rois de France l'imitèrent. Cela prouve de quel prix est la liberté, puisque ces hommes grossiers l'achetèrent très-chèrement.

Enfin c'est aux hommes sur l'état desquels on dispute à décider quel est l'état qu'ils préfèrent. Interrogez le plus vil manœuvre, couvert de haillons, nourri de pain noir, dormant sur la paille dans une hutte entr'ouverte ; demandez-lui s'il voudrait être esclave, mieux nourri, mieux vêtu, mieux couché ; non-seulement il répondra en reculant d'horreur, mais il en est à qui vous n'oseriez en faire la proposition.

Demandez ensuite à un esclave s'il désirerait d'être affranchi, et vous verrez ce qu'il vous répondra. Par cela seul la question est décidée [1].

Considérez encore que le manœuvre peut devenir fermier, et de fermier propriétaire. Il peut même, en France, parvenir à être conseiller du roi, s'il a gagné du bien. Il peut être, en Angleterre, franc-tenancier, nommer un député au parlement ; en Suède, devenir lui-même un membre des états de la nation. Ces perspectives valent bien celle de mourir abandonné dans le coin d'une étable de son maître.

SECTION III [2].

Puffendorf dit [3] que l'esclavage a été établi « par un libre consentement des parties, et par un contrat de faire afin qu'on nous donne ».

Je ne croirai Puffendorf que quand il m'aura montré le premier contrat.

---

1. Il est très-possible qu'un homme préfère l'esclavage à la misère ; mais cette alternative n'est pas une condition nécessaire de la vie humaine. D'ailleurs on est souvent à la fois esclave et misérable. (K.)
2. Voyez la note 2 de la page 599.
3. Livre VI, chapitre iii. (*Note de Voltaire.*)

Grotius demande si un homme fait captif à la guerre a le droit de s'enfuir (et remarquez qu'il ne parle pas d'un prisonnier sur sa parole d'honneur). Il décide qu'il n'a pas ce droit. Que ne dit-il aussi qu'ayant été blessé il n'a pas le droit de se faire panser? La nature décide contre Grotius.

Voici ce qu'avance l'auteur de *l'Esprit des lois*[1], après avoir peint l'esclavage des Nègres avec le pinceau de Molière :

« M. Perry dit que les Moscovites se vendent aisément; j'en sais bien la raison, c'est que leur liberté ne vaut rien. »

Le capitaine Jean Perry, Anglais qui écrivait en 1714 l'*État présent de la Russie*, ne dit pas un mot de ce que *l'Esprit des lois* lui fait dire[2]. Il n'y a dans Perry que quelques lignes touchant l'esclavage des Russes; les voici : « Le czar a ordonné que, dans tous ses États, personne à l'avenir ne se dirait son golup ou esclave, mais seulement raab, qui signifie *sujet*. Il est vrai que ce peuple n'en a tiré aucun avantage réel, car il est encore aujourd'hui effectivement esclave[3]. »

L'auteur de *l'Esprit des lois* ajoute que, suivant le récit de Guillaume Dampier, « tout le monde cherche à se vendre dans le royaume d'Achem ». Ce serait là un étrange commerce. Je n'ai rien vu dans le *Voyage de Dampier* qui approche d'une pareille idée. C'est dommage qu'un homme qui avait tant d'esprit ait hasardé tant de choses, et cité faux tant de fois[4].

SECTION IV[5].

SERFS DE CORPS, SERFS DE GLÈBE, MAINMORTE, ETC.

On dit communément qu'il n'y a plus d'esclaves en France, que c'est le royaume des Francs; qu'esclave et franc sont contradictoires; qu'on y est si franc que plusieurs financiers y sont morts en dernier lieu avec plus de trente millions de francs

---

1. Livre XV, chapitre vi. (*Note de Voltaire.*)
2. Voltaire répète à peu près ce qu'il a dit dans le huitième entretien de l'A, B, C (voyez *Mélanges*, année 1768).
3. Page 228, édition d'Amsterdam, 1717. (*Note de Voltaire.*)
4. Voyez à l'article Lois les grands changements faits depuis en Russie. Voyez aussi quelques méprises de Montesquieu. (*Note de Voltaire.*) — Cette note de Voltaire existe dès 1771 telle qu'elle est ici. Plusieurs *méprises* de Montesquieu sont relevées dans des articles du *Dictionnaire philosophique*; voyez Amour socratique, Argent, Femme, Inceste, etc., et surtout Lois (Esprit des); voyez aussi dans les *Mélanges*, année 1768, l'A, B, C (dialogue Ier); et année 1777, le *Commentaire sur l'Esprit des lois*.
5. Voyez la note 2 de la page 599.

acquis aux dépens des descendants des anciens Francs, s'il y en a. Heureuse la nation française d'être si franche! Cependant, comment accorder tant de liberté avec tant d'espèces de servitudes, comme, par exemple, celle de la mainmorte?

Plus d'une belle dame à Paris, bien brillante dans une loge de l'Opéra, ignore qu'elle descend d'une famille de Bourgogne, ou du Bourbonnais, ou de la Franche-Comté, ou de la Marche, ou de l'Auvergne, et que sa famille est encore esclave mortaillable, mainmortable.

De ces esclaves, les uns sont obligés de travailler trois jours de la semaine pour leur seigneur; les autres, deux. S'ils meurent sans enfants, leur bien appartient à ce seigneur; s'ils laissent des enfants, le seigneur prend seulement les plus beaux bestiaux, les meilleurs meubles à son choix, dans plus d'une coutume. Dans d'autres coutumes, si le fils de l'esclave mainmortable n'est pas dans la maison de l'esclavage paternel depuis un an et un jour à la mort du père, il perd tout son bien, et il demeure encore esclave: c'est-à-dire que s'il gagne quelque bien par son industrie, ce pécule à sa mort appartiendra au seigneur.

Voici bien mieux: un bon Parisien va voir ses parents en Bourgogne ou en Franche-Comté, il demeure un an et un jour dans une maison mainmortable, et s'en retourne à Paris; tous ses biens, en quelque endroit qu'ils soient situés, appartiendront au seigneur foncier, en cas que cet homme meure sans laisser de lignée.

On demande, à ce propos, comment le comté de Bourgogne eut le sobriquet de *franche* avec une telle servitude. C'est sans doute comme les Grecs donnèrent aux furies le nom d'Euménides, *bons cœurs*.

Mais le plus curieux, le plus consolant de toute cette jurisprudence, c'est que les moines sont seigneurs de la moitié des terres mainmortables.

Si par hasard un prince du sang, ou un ministre d'État, ou un chancelier, ou quelqu'un de leurs secrétaires, jetait les yeux sur cet article, il serait bon que dans l'occasion il se ressouvînt que le roi de France déclare à la nation, dans son ordonnance du 18 mai 1731, que « les moines et les bénéficiers possèdent plus de la moitié des biens de la Franche-Comté ».

Le marquis d'Argenson, dans le *Droit public ecclésiastique*, auquel il eut la meilleure part[1], dit qu'en Artois, de dix-huit charrues, les moines en ont treize.

---

1. Voyez le chapitre CXXXIX de l'*Essai sur les Mœurs*, tome XII, page 345.

On appelle les moines eux-mêmes *gens de mainmorte*, et ils ont des esclaves. Renvoyons cette possession monacale au chapitre des contradictions.

Quand nous avons fait quelques remontrances modestes sur cette étrange tyrannie de gens qui ont juré à Dieu d'être pauvres et humbles[1], on nous a répondu : Il y a six cents ans qu'ils jouissent de ce droit ; comment les en dépouiller ? Nous avons répliqué humblement : Il y a trente ou quarante mille ans, plus ou moins, que les fouines sont en possession de manger nos poulets ; mais on nous accorde la permission de les détruire quand nous les rencontrons.

N. B. C'est un péché mortel dans un chartreux de manger une demi-once de mouton ; mais il peut en sûreté de conscience manger la substance de toute une famille. J'ai vu les chartreux de mon voisinage hériter cent mille écus d'un de leurs esclaves mainmortables, lequel avait fait cette fortune à Francfort par son commerce. Il est vrai que la famille dépouillée a eu la permission de venir demander l'aumône à la porte du couvent, car il faut tout dire.

Disons donc que les moines ont encore cinquante ou soixante mille esclaves mainmortables dans le royaume des Francs. On n'a pas pensé jusqu'à présent à réformer cette jurisprudence chrétienne qu'on vient d'abolir dans les États du roi de Sardaigne ; mais on y pensera. Attendons seulement quelques siècles, quand les dettes de l'État seront payées.

1. *Au roi en son conseil, pour les sujets du roi qui réclament la liberté en France ; contre des moines bénédictins devenus chanoines de Saint-Claude en Franche-Comté, 1760.*
Supplique des serfs de Saint-Claude ; Requête au roi pour les serfs de Saint-Claude, 1775.

TABLE

DES MATIÈRES CONTENUES DANS LE DEUXIÈME VOLUME

DU

DICTIONNAIRE PHILOSOPHIQUE.

	Pages.
BLASPHÈME.	1
BLÉ ou BLED. — Section première. Origine du mot et de la chose	5
Section II. Richesse du blé.	7
Section III. Histoire du blé en France	9
Section IV. Des blés d'Angleterre	12
Section V. Mémoire court sur les autres pays, 14. — Résumé.	15
Section VI. Blé, grammaire, morale.	16
BOEUF APIS (PRÊTRES DU).	17
BOIRE A LA SANTÉ	17
BORNES DE L'ESPRIT HUMAIN.	19
BOUC. Bestialité, sorcellerie.	20
BOUFFON, BURLESQUE. Bas comique.	24
BOULEVERT, ou BOULEVART	30
BOURGES.	30
BOURREAU.	31
BRACHMANES, BRAMES, 32. — De la métempsycose des brachmanes, 35. — Des hommes et des femmes qui se brûlent chez les brachmanes.	36
BULGARES ou BOULGARES.	38
BULLE, 41. — Bulles de la croisade et de la composition, 46. — Bulle *Unigenitus*.	47
CALEBASSE.	49
CARACTÈRE	50
CARÊME. — Section première	53
Section II	55
CARTÉSIANISME	56
CATÉCHISME CHINOIS. Premier entretien, 60. — Second entretien, 62. — Troisième entretien, 65. — Quatrième entretien, 69. — Cinquième entretien, 72. — Sixième entretien.	75
CATÉCHISME DU CURÉ.	77
CATÉCHISME DU JAPONAIS	81
CATÉCHISME DU JARDINIER	86

TABLE DES MATIÈRES.

Pages.

DE CATON, du suicide, et du livre de l'abbé de Saint-Cyran qui légitime le suicide, 89. — Précis de quelques suicides singuliers, 92. — Des lois contre le suicide 95
CAUSES FINALES. — Section première 97
    Section II 102
    Section III 104
CELTES 106
CÉRÉMONIES, TITRES, PRÉÉMINENCES, etc. 108
CERTAIN, CERTITUDE 117
CÉSAR 121
CHAINE DES ÊTRES CRÉÉS 123
CHAINE ou GÉNÉRATION DES ÉVÉNEMENTS 125
CHANGEMENTS ARRIVÉS DANS LE GLOBE 127
CHANT, MUSIQUE, MÉLOPÉE, GESTICULATION, SALTATION.
    Questions sur ces objets 130
CHARITÉ. — Maisons de charité, de bienfaisance, hôpitaux, hôtels-dieu, etc. 133
CHARLATAN 138
    De la charlatanerie des sciences et de la littérature 140
CHARLES IX 141
CHEMINS 143
CHIEN 147
DE LA CHINE. — Section première 149
    De l'expulsion des missionnaires de la Chine, 152. — Du prétendu athéisme de la Chine 154
    Section II 156
CHRISTIANISME. — Section première. Établissement du christianisme, dans son état civil et politique. 159
    Section II. Recherches historiques sur le christianisme 160
CHRONOLOGIE 175
    De la vanité des systèmes, surtout en chronologie 177
CICÉRON 178
CIEL MATÉRIEL 182
CIEL DES ANCIENS 186
CIRCONCISION 190
CLERC 193
    Du célibat des clercs. 194. — Des clercs du secret, devenus depuis secrétaires d'État et ministres 197
CLIMAT 197
    Influence du climat 200
CLOU 202
COHÉRENCE, COHÉSION, ADHÉSION 204
COLIMAÇON 204
COMMERCE 204
CONCILES. — Section première. Assemblée d'ecclésiastiques convoquée pour résoudre des doutes ou des questions sur les points de foi ou de discipline 205

TABLE DES MATIÈRES.

	Pages.
Section II. Notice des conciles généraux	214
Section III	219
CONFESSION	223
De la révélation de la confession, 226. — Si les laïques et les femmes ont été confesseurs et confesseuses, 228. — Des billets de confession	230
CONFIANCE EN SOI-MÊME	232
CONFISCATION	232
CONQUÊTE. — Réponse à un questionneur sur ce mot	234
CONSCIENCE. — Section première. De la conscience du bien et du mal.	234
Section II. Si un juge doit juger selon sa conscience ou selon les preuves.	236
Section III. De la conscience trompeuse	237
Section IV. Liberté de conscience	238
CONSEILLER ou JUGE	240
CONSÉQUENCE	242
CONSPIRATIONS CONTRE LES PEUPLES, ou PROSCRIPTIONS.	244
CONSTANTIN. — Section première. Du siècle de Constantin	244
Section II.	247
CONTRADICTIONS. — Section première	251
Section II. Exemples tirés de l'histoire, de la sainte Écriture, de plusieurs écrivains, du fameux curé Meslier, d'un prédicant nommé Antoine, etc., 256. — Des contradictions dans quelques rites, 258. — Des contradictions dans les affaires et dans les hommes, ibid. — Des contradictions dans les hommes et dans les affaires, 259. — Des contradictions apparentes dans les livres, ibid. — Contradictions dans les jugements sur les ouvrages	266
CONTRASTE	267
CONVULSIONS	268
COQUILLES (DES), et des systèmes bâtis sur des coquilles	269
CORPS	269
COURTISANS LETTRÉS	272
COUTUMES	272
CREDO	273
CRIMES ou DÉLITS DE TEMPS ET DE LIEU	273
Des crimes de temps et de lieu qu'on doit ignorer	274
Question si deux témoins suffisent pour faire pendre un homme.	276
CRIMINALISTE	278
CRIMINEL. — Procès criminel.	278
Procédure criminelle chez certaines nations, 280. — Exemple tiré de la condamnation d'une famille entière	281
CRITIQUE	284
CROIRE	292
CROMWELL. — Section première	294
Section II.	298
CUISSAGE ou CULAGE. — Droit de prélibation, de marquette, etc.	299
CUL	301
CURÉ DE CAMPAGNE. — Section première.	303
Section II.	305

18. — Table des matières.

# TABLE DES MATIÈRES.

Pages.

CURIOSITÉ	306
CYRUS	309
DANTE (LE)	312
DAVID	315
DÉCRÉTALES. — Lettres des papes qui règlent les points de doctrine ou de discipline, et qui ont force de loi dans l'Église latine	319
DÉFLORATION	324
DÉISME	324
DÉJECTION. — Excréments; leur rapport avec le corps de l'homme, avec ses idées et ses passions.	325
DÉLITS LOCAUX.	326
DÉLUGE UNIVERSEL	327
DÉMOCRATIE.	331
DÉMONIAQUES. — Possédés du démon, énergumènes, exorcisés, *ou plutôt*, malades de la matrice, des pâles couleurs, hypocondriaques, épileptiques, cataleptiques, guéris par les émollients de M. Pomme, grand exorciste.	336
DENIS (SAINT) L'ARÉOPAGITE, et la fameuse éclipse.	338
De la grande éclipse observée par Denis	339
DÉNOMBREMENT. — Section première	340
Section II.	345
DESTIN.	347
DÉVOT.	349
DICTIONNAIRE.	351
Extrait des Réflexions d'un académicien sur le *Dictionnaire de l'Académie*.	355
DIEU, DIEUX. — Section première	357
Section II	359
Lettre de Maxime de Madaure, 361. — Réponse d'Augustin, 362. — D'une calomnie de Warburton contre Cicéron, au sujet d'un dieu suprême, 363. — Les Romains ont-ils pris tous leurs dieux des Grecs?.	364
Section III. Examen de Spinosa, 365. — Profession de foi de Spinosa, 366. — Du fondement de la philosophie de Spinosa	367
Section IV. Du *Système de la nature*, 369. — Histoire des anguilles sur lesquelles est fondé le *système*	372
Section V. De la nécessité de croire un Être suprême.	376
Section VI	381
DIOCLÉTIEN	384
DE DIODORE DE SICILE, ET D'HÉRODOTE	389
DIRECTEUR.	394
DISPUTE.	396
Discours en vers sur les disputes, par de Rulhières	397
DISTANCE.	402
DIVINITÉ DE JÉSUS	408
DIVORCE. — Section première	409
Section II	411
DOGMES	412

TABLE DES MATIÈRES.

	Pages
DONATIONS.	414

Donation de Constantin, 415. — Donation de Pepin, *ibid.* — Donation de Charlemagne, 416. — Donation de Bénévent, par l'empereur Henri III, 417. — Donation de la comtesse Mathilde, *ibid.* — Donation de la suzeraineté de Naples aux papes, 418. — Donation de l'Angleterre et de l'Irlande aux papes, par le roi Jean, 420. — Examen de la vassalité de Naples et de l'Angleterre, *ibid.* — Des donations faites par les papes, 421. — Donations entre particuliers 421

DORMANTS (LES SEPT). 422

DROIT. — Droit des gens; droit naturel. — SECTION PREMIÈRE . . . 424
    SECTION II. — Droit public 427

DROIT CANONIQUE. — Idée générale du droit canonique, par M. Bertrand, ci-devant premier pasteur de l'église de Berne 420
    SECTION PREMIÈRE. Du ministère ecclésiastique 430
    SECTION II. Des possessions ecclésiastiques 432
    SECTION III. Des assemblées ecclésiastiques ou religieuses . . . 435
    SECTION IV. Des peines ecclésiastiques 439
    SECTION V. De l'inspection sur le dogme 441
    SECTION VI. Inspection des magistrats sur l'administration des sacrements 441
    SECTION VII. Juridiction des ecclésiastiques 443
    Extrait du tarif des droits qu'on paye en France à la cour de Rome pour les bulles, dispenses, absolutions, etc., 445. — Dispenses de mariage. . 446

DROIT DE LA GUERRE. 447
DRUIDES. 447
ÉCLIPSE. 449
ÉCONOMIE. 453
    Économie domestique 454
    De l'économie publique. 458

ÉCONOMIE DE PAROLES. — Parler par économie. 464
ÉCROUELLES. 469
ÉDUCATION. — Dialogue entre un conseiller et un ex-jésuite. . . . 470
ÉGALITÉ. — SECTION PREMIÈRE 473
    SECTION II. 476

ÉGLISE. — Précis de l'histoire de l'Église chrétienne, 477. — Du pouvoir de chasser les diables donné à l'Église, 485. — Des martyrs de l'Église, 486. — De l'établissement de l'Église sous Constantin, 489. — De la signification du mot *Église*. Portrait de l'Église primitive. Dégénération. Examen des sociétés qui ont voulu rétablir l'Église primitive, et particulièrement des primitifs appelés *quakers*, 492. — Du nom d'Église dans les sociétés chrétiennes, 494. — De la primitive Église, et de ceux qui ont cru la rétablir, 495. — Des primitifs appelés *quakers*, 498. — Querelle entre l'Église grecque et la latine; dans l'Asie et dans l'Europe, 501. — De la présente Église grecque 505

ÉGLOGUE 506
    Églogue allemande 508
ÉLÉGANCE. 509
ÉLIE ET ÉNOCH 511

TABLE DES MATIÈRES.

Pages

ÉLOQUENCE 513
EMBLÈME. — Figure, allégorie, symbole, etc., 520. — De quelques emblèmes dans la nation juive, 522. — De l'emblème d'Oolla et d'Ooliba, 527. — D'Osée, et de quelques autres emblèmes 528
EMPOISONNEMENTS 529
ENCHANTEMENT. — Magie, évocation, sortilége, etc., 533. — Enchantement des morts, ou évocation, 536. — Des autres sortiléges, 537. — Enchantements pour se faire aimer 538
ENFER 540
ENFERS 548
ENTERREMENT 550
ENTHOUSIASME 552
ENVIE 557
ÉPIGRAMME, 558. — Sur les sacrifices à Hercule, 559. — Sur Laïs, qui remit son miroir dans le temple de Vénus, *ibid.* — Sur une statue de Vénus, *ibid.* — Sur une statue de Niobé, *ibid.* — Sur des fleurs, à une fille grecque qui passait pour être fière, 560. — Sur Léandre qui nageait vers la tour d'Héro pendant une tempête. 560
ÉPIPHANIE. — La visibilité, l'apparition, l'illustration, le reluisant . . 562
ÉPOPÉE. — Poëme épique, 564. — D'Hésiode, *ibid.* — De *l'Iliade*, 567. — De Virgile, 570. — De Lucain, 572. — Du Tasse, *ibid.* — De l'Arioste, 573. — De Milton, 580. — Du reproche de plagiat fait à Milton . . 590
ÉPREUVE. 593
ÉQUIVOQUE 597
ESCLAVES. — SECTION PREMIÈRE 599
    SECTION II. 602
    SECTION III. 603
    SECTION IV. Serfs de corps, serfs de glèbe, mainmorte, etc. 604

FIN DE LA TABLE DU TOME XVIII.

www.ingramcontent.com/pod-product-compliance
Lightning Source LLC
Chambersburg PA
CBHW060410230426
43663CB00008B/1439